Ecuador

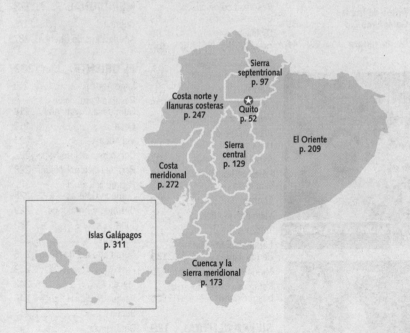

Sierra
septentrional
p. 97

Costa norte y
llanuras costeras
p. 247

Quito
p. 52

Sierra
central
p. 129

El Oriente
p. 209

Costa
meridional
p. 272

Islas Galápagos
p. 311

Cuenca y la
sierra meridional
p. 173

EDICIÓN ESCRITA Y DOCUMENTADA POR

Regis St. Louis,
Greg Benchwick, Michael Grosberg, Luke Waterson

SOMBRERO, CUENCA P. 186

ALLEN CRAIG SCHLOSSMAN GETTY IMAGES ©

ALCATRAZ PATIAZUL P. VI

RACHEL MACKAY GETTY IMAGES ©

Sumario

Bienvenidos a Ecuador

Aunque sea pequeño, Ecuador posee numerosas maravillas: arquitectura colonial, pintorescas aldeas quechuas, selva amazónica e imponentes cumbres andinas.

Esplendor cultural

En los centros históricos de Quito y Cuenca pueden verse preciosas plazas, iglesias, monasterios del s. xvii y bellas mansiones restauradas. Un modo genial de sumergirse en el pasado es pasear por sus calles empedradas entre joyas arquitectónicas de la era colonial española. Fuera de las ciudades hay aldeas andinas célebres por sus coloridas telas y sus mercados; pueblos afroamericanos, donde se puede acabar el día degustando marisco; y remotos poblados amazónicos donde los chamanes recolectan las hierbas tradicionales.

La aventura andina

Emprender una caminata por los Andes es entrar en un cuento de hadas, un mosaico de aldeas, arroyos y campos sobrevolado por cóndores. Aunque la vista desde lo alto es sublime, no hace falta escalar una montaña para disfrutar de los Andes. Los verdes paisajes de su entorno son ideales para ir en bicicleta de montaña, montar a caballo o hacer excursiones entre aldeas, pernoctando en las casas de huéspedes que hay por el camino. Además, existen otros lugares que ofrecen aventuras igual de atractivas, como practicar surf en los exigentes rompientes de la costa del Pacífico o hacer *rafting* en los ríos de aguas bravas de clase V.

Observación de la naturaleza

Los paisajes volcánicos de aspecto sobrenatural de las célebres islas Galápagos son un imán para los amantes de la naturaleza. Allí pueden verse cara a cara enormes y torpes tortugas, huidizas iguanas marinas (el único lagarto acuático del mundo), leones marinos de ojos saltones, alcatraces patiazules saltarines y una legión de raras especies terrestres y acuáticas. Observar la naturaleza de la selva amazónica es una experiencia única. Hay que adentrarse en ríos y senderos forestales en busca de monos, perezosos, tucanes y delfines de río.

Un paisaje sublime

Tras varios días de aventura ecuatoriana, aguardan hermosos rincones donde relajarse entre un paisaje imponente. El altiplano ofrece haciendas históricas donde cargar las pilas, y cerca de Mindo se gozará de una belleza zen en un refugio en pleno bosque nuboso. Poblaciones tranquilas e intemporales como Vilcabamba y pintorescos pueblos con antiguas minas de oro como Zaruma son el antídoto perfecto contra el frenesí de la vida moderna. Si se prefiere la costa, se encontrarán desde aldeas remotas, como Ayampe y Olón, hasta los bellos pueblos de las Galápagos, con grandes playas y magníficas puestas de sol.

MAREMAGNUM / GETTY IMAGES ©

Por qué me encanta Ecuador

Regis St Louis, autor

Cuando alguien me dice que quiere viajar a Sudamérica y no sabe por dónde empezar, siempre recomiendo Ecuador, simplemente porque lo tiene todo: picos andinos, selva tropical amazónica, mercados indígenas, pueblos coloniales y playas bañadas en sol, por no hablar de su famosa cadena de islas volcánicas habitadas por fascinante fauna. El tamaño del país, relativamente pequeño, se suma a su atractivo y facilita la visita, así como sus buenas carreteras y moneda sin complicaciones. Pero lo mejor de todo son los ecuatorianos: amables, generosos y orgullosos del trecho que han recorrido en la última década; son el mayor tesoro nacional.

Para más información sobre los autores, véase p. 408.

Arriba: Mercado, Guamote (p. 171).

Ecuador y las islas Galápagos

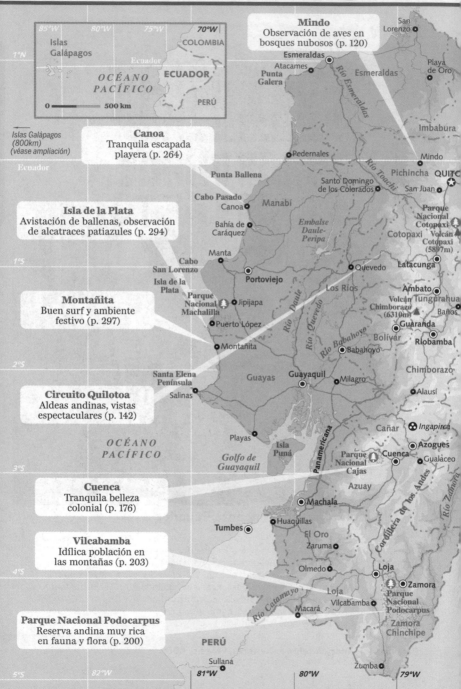

Mindo
Observación de aves en bosques nubosos (p. 120)

Canoa
Tranquila escapada playera (p. 264)

Isla de la Plata
Avistación de ballenas, observación de alcatraces patiazules (p. 294)

Montañita
Buen surf y ambiente festivo (p. 297)

Circuito Quilotoa
Aldeas andinas, vistas espectaculares (p. 142)

Cuenca
Tranquila belleza colonial (p. 176)

Vilcabamba
Idílica población en las montañas (p. 203)

Parque Nacional Podocarpus
Reserva andina muy rica en fauna y flora (p. 200)

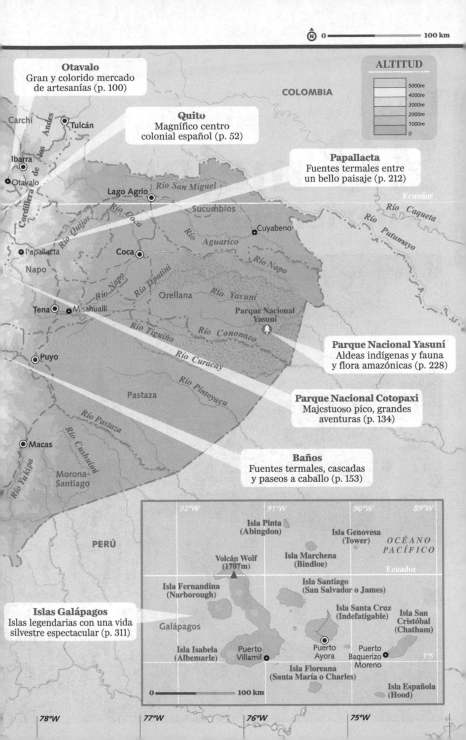

Otavalo
Gran y colorido mercado
de artesanías (p. 100)

Quito
Magnífico centro
colonial español (p. 52)

Papallacta
Fuentes termales entre
un bello paisaje (p. 212)

Parque Nacional Yasuní
Aldeas indígenas y fauna
y flora amazónicas (p. 228)

Parque Nacional Cotopaxi
Majestuoso pico, grandes
aventuras (p. 134)

Baños
Fuentes termales, cascadas
y paseos a caballo (p. 153)

Islas Galápagos
Islas legendarias con una vida
silvestre espectacular (p. 311)

COLOMBIA

ALTITUD

5000m
4000m
3000m
2000m
1000m
0

N 0 ———————— 100 km

Carchí
Tulcán
Ibarra
Otavalo
Cordillera de los Andes
Lago Agrio
Río San Miguel
Sucumbíos
Ecuador
Río Caqueta
Río Putumayo
Río Coca
Río Quijos
Papallacta
Coca
Napo
Río Aguarico
Cuyabeno
Río Napo
Orellana
Río Napo
Río Yasuní
Río Tiputini
Parque Nacional Yasuní
Tena
Misahuallí
Río Tiguiño
Río Cononaco
Puyo
Río Curacay
Río Pintoyacu
Pastaza
Río Pastaza
Macas
Río Cushuími
Morona-Santiago
Río Yukipa

PERÚ

92°W   91°W   90°W   89°W

Isla Pinta
(Abingdon)
Isla Genovesa
(Tower)
OCÉANO
PACÍFICO
Volcán Wolf
(1707m)
Isla Marchena
(Bindloe)
Ecuador
Isla Fernandina
(Narborough)
Isla Santiago
(San Salvador o James)
Isla Santa Cruz
(Indefatigable)
Isla San Cristóbal
(Chatham)
Galápagos
Isla Isabela
(Albemarle)
Puerto Villamil
Puerto Ayora
Puerto Baquerizo Moreno
1°S
Isla Floreana
(Santa María o Charles)
Isla Española
(Hood)
0 ———— 100 km

78°W   77°W   76°W   75°W

Las
20 mejores
experiencias

1

Centro histórico de Quito

1 El centro histórico de Quito (p. 54), bullicioso y en muy buen estado de conservación, es una joya de estilo colonial español, con numerosas iglesias ornamentadas y lúgubres monasterios cuya construcción duró siglos, plazas abarrotadas de gente y campanarios inquietantes. En cada rincón se respira historia. Si se quiere conocer su pasado, hay que dejar atrás los callejones adoquinados y adentrarse en museos, casonas y santuarios. Tras esto, nada mejor que ir a comer a uno de los clásicos restaurantes del centro o unirse al jolgorio de la concurrida calle La Ronda, antes de recogerse en una pensión con encanto.

Iguanas en las Galápagos

2 Cuando se trata de vérselas con especies prehistóricas, las islas Galápagos (p. 311) no tienen rival. Ajenas al ruido de los turistas, las especies de lagartos iguana únicas que habitan el archipiélago ni se inmutan y prosiguen con su quehacer parsimonioso. Las iguanas marinas grises o negras yacen al sol, amontonadas torpemente en forma de pirámide, mientras las imponentes iguanas terrestres amarillas se alimentan mordisqueando los cactus. Abajo: Iguana terrestre.

JUERGEN RITTERBACH / GETTY IMAGES ©

2

NIGEL PAVITT / GETTY IMAGES ©

Artesanía en el mercado de Otavalo

3 Cada sábado, todo el mundo acude al pueblo de Otavalo (p. 100), en los Andes, epicentro de la artesanía indígena otavaleña. La plaza de los Ponchos es el centro del enorme mercado, y que sigue durante la semana, de forma no oficiosa, en días alternos. El surtido es inmenso; la calidad, dispar, y el gentío tal vez agobiante, pero se pueden encontrar gangas increíbles, como coloridas alfombras, artesanía tradicional, ropa, arte folclórico y sombreros panamá de calidad.

Parque Nacional Yasuní

4 Esta enorme extensión de selva protegida (p. 228) alberga una biodiversidad deslumbrante, casi sin parangón. Se pueden hacer emocionantes salidas en canoa por riachuelos frondosos y cruzar la jungla a pie con guías expertos, para descubrir toda suerte de flores, plantas y criaturas de las que nunca se ha oído hablar antes y, menos aún, observado. Varios grupos indígenas, que mantienen con reserva sus tradiciones, habitan este lugar maravilloso que, por ahora, conserva su belleza natural intacta.

Playas de la costa norte

5 Quien no asocie Ecuador con sol y playa quedará sorprendido si visita la costa. Allí encontrará una multitud de aldeas de pescadores, centros vacacionales, locales llenos de surfistas y preciosos enclaves de arena dorada. Uno de los mejores es Canoa (p. 258). Tiene una larga y pintoresca playa con acantilados de fondo y olas excelentes para hacer surf. Al anochecer, sus animados bares y restaurantes ponen el perfecto colofón al día. Arriba dcha.: Playa de Same (p. 260).

Cuenca

6 Cuenca (p. 176) es un centro colonial con aspecto de cuento, declarado Patrimonio Mundial por la Unesco. Desde el s. XVI sus visitantes gozan del encanto de sus calles adoquinadas, sus edificios de fachadas coloristas y su imponente catedral, donde cada rincón merece una foto. El ambiente relajado, algo bohemio, y la amabilidad de sus gentes alegran el corazón y el espíritu. Si a ello se le añade una vida nocturna de primera, museos, galerías y los mejores restaurantes del país, se entiende por qué es un destino de visita obligada en el sur de Ecuador.

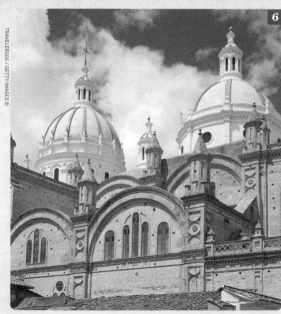

TRAVELER1115 / GETTY IMAGES ©

Circuito de Quilotoa

7 La aventura empieza a 3000 m de altura, en el popular circuito de Quilotoa (p. 142), una ardua ruta que atraviesa aldeas indígenas y colonias de pintores hasta un lago de color azul intenso situado en un cráter, en el corazón de la sierra central. Lo mejor del circuito es que esta aventura se puede adaptar a las necesidades de cada uno. Desde hacer voluntariado en un proyecto de agricultura sostenible a recorrer caminos olvidados de aldea en aldea, a pie y en bici. Hay para elegir.

El TelefériQo

8 He aquí otra de las formas de llegar a las cimas andinas: el TelefériQo (p. 78), que trepa hasta las impresionantes cumbres que abrazan Quito, a 4100 m de altura. La ciudad brinda unas vistas sublimes y, si hace buen día, las mejores se disfrutan desde Cruz Loma. Desde la cima se ve como Quito se expande por el valle andino y se vislumbran, en la distancia, cimas majestuosas como el Cotopaxi. Una vez en la cumbre se puede seguir la aventura y caminar o ir a caballo hasta la cumbre del Rucu Pichincha (4680 m).

7

8

MICHEL LIZARAZABURU / GETTY IMAGES ©

GLENN BARTLEY / AGEPHOTO ©

Los vapores termales de Papallacta

9 Disfrutar de los baños públicos de la aldea andina de Papallacta (p. 212), bonitos y cuidados, es como estar en las nubes. En un entorno de montañas, se puede pasar de un baño termal caliente a otro, nadar en una piscina fabulosa, darse un chapuzón vigorizante en la piscina helada y regresar a los baños de vapor. Nada mejor y más mágico que quedarse de noche y tumbarse a ver salir las estrellas en el inmenso cielo negro.

Avistar ballenas en la costa de la isla de la Plata

10 Cuando se habla de espectáculos naturales impresionantes, hay pocas cosas comparables al impacto de ver cómo emerge del agua la joroba de una ballena. Cada año, entre junio y septiembre, casi 1000 de estas majestuosas criaturas migran a las aguas cercanas a las costas de Ecuador. El pueblo pesquero de Puerto López (p. 291) es el principal centro de salidas organizadas en barco. También se pueden ver delfines, orcas, calderones y ballenas picudas.

Parque Nacional Podocarpus

11 Junto a la frontera con Perú se halla el Parque Nacional Podocarpus (p. 200), una de las reservas montañosas meridionales menos visitadas. Alberga picos de entre 900 y 3600 m de altura y una enorme variedad de fauna y flora. Se estima que cuenta con unas 3000 especies vegetales, algunas únicas en el mundo, y los amantes de las aves pueden descubrir unas 600 especies únicas. Por si fuera poco, sus senderos, lagos y paisajes espectaculares lo convierten en una de las atracciones más excepcionales y menos conocidas de Ecuador.

Parque Nacional Cotopaxi

12 El Parque Nacional Cotopaxi (p. 134) alberga el volcán más célebre de Ecuador y permite acceder rápidamente a la aventura desde la capital, con paisajes impagables y los mejores alojamientos de montaña del lugar. Los pocos afortunados que logren alcanzar la cima del volcán Cotopaxi, de 5897 m de altura, disfrutarán de la recompensa. Quien prefiera pasar de crampones y piolets, puede sacar fotos a salvo desde el borde, o bien hacer excursiones, ir en bici o montar a caballo por los lagos y cerca de los picos volcánicos de la zona.

Vilcabamba

13 En Vilcabamba (p. 203) el aire es ideal; ni muy cálido ni muy frío, con un fresco aroma de montaña y un toque de incienso en sus efímeras laderas. Esto confiere a la región un halo místico, irresistible para muchos. Quizá este sea el motivo por el cual en el lugar haya más negocios de extranjeros que en cualquier otro sitio de Ecuador. ¿Y quién osa culparlos? Ofrece excursiones estupendas, tiene cerca un parque nacional que invita a vivir aventuras a caballo y en bici de montaña, y sus perfectos *spa* hacen realidad todo deseo de un viajero.

14

15

Surf en Montañita

14 Su clima fiable garantiza unas vacaciones de playa perfectas todo el año. Esta aldea costera (p. 297) es una parada obligada si se quiere surcar las olas, y alberga una agradable comunidad de surfistas y sosegados viajeros con rastas. Es fácil encontrar lugareños dispuestos a dar clases a quienes no teman los embates de las olas y tragar algo de agua salada. Aunque no se tenga intención de encaramarse a una ola furiosa, sentarse en la playa a mirar las proezas de otros, con una puesta de sol impresionante de fondo, no es un mal plan.

Punta Suárez

15 Asomarse a los espectaculares acantilados de la punta oeste de la isla Española (p. 340) es como divisar el fin del mundo conocido. El mar se extiende inmenso hasta el horizonte, interrumpido solo de vez en cuando por el surtidor de una ballena. Anidan los albatros ondulados y sus crías de aspecto mullido, mientras los pinzones se desplazan a saltitos por las piedras del camino. Junto al precipicio se repliegan los alcatraces de Nazca y los patiazules, mientras aves tropicales de pico rojo y halcones de las Galápagos exhiben su virtuosismo aéreo.

ALFREDO MAIQUEZ / GETTY IMAGES ©

Malecón de Guayaquil

16 El paseo del río es el símbolo de la renovación y el orgullo de Guayaquil (p. 274). Por él desfilan parejas acarameladas, oficinistas en su pausa para comer y familias de paseo. La orilla, antaño descuidada y con mala fama, combina las ventajas de hacer de plaza y de parque público. Los monumentos históricos lindan con jardines cuidados, un museo de primera y un cine, todo a solo un paseo de un moderno parque infantil. Desde la zona de restaurantes y cafeterías al aire libre, con vistas al río, el centro de la ciudad parece quedar muy lejos.

Excursiones y observación de aves en Mindo

17 En pleno bosque nuboso, entre Quito y la costa del Pacífico, se halla este agradable pueblo de merecida fama. Aunque Mindo (p. 120) ya no sea un lugar ignoto y poco frecuentado, mantiene sus dos principales reclamos: observar aves y hacer excursionismo. La biodiversidad es tan rica que permite a los amantes de los pájaros pasarse días viendo especies diferentes, mientras los excursionistas gozan de las cascadas, el denso bosque nuboso y los altos acantilados.

Ascensión al volcán Cayambe

18 En la región septentrional de los Andes ecuatorianos, los escaladores no saben qué montaña o volcán elegir. El volcán Cayambe es sin duda el más impresionante: su pico nevado se alza majestuoso sobre el pueblo del mismo nombre (p. 99). Este volcán extinto es el tercer pico más alto del país y la zona del mundo más elevada en la línea del ecuador. La ascensión es dura, pero factible con unos días de entrenamiento previo, y las vistas resultan imponentes.

Baños

19 Encajado en un mágico valle, entre los Andes y el Amazonas, Baños (p. 153) alberga cascadas y multitud de manantiales. El descenso en bicicleta de montaña hasta la remota Puyo, en la cuenca amazónica, hace las delicias tanto de amantes del pedal como de naturalistas. Para quienes prefieran el remo, hay rutas en aguas bravas y travesías en aguas tranquilas. Además, Baños es el destino más popular entre los viajeros independientes de la región andina y siempre hay ambiente.

'Rafting' en aguas bravas cerca de Tena

20 Para gozar de soberbio *rafting* en Sudamérica hay que visitar las aguas cercanas a Tena (p. 230). Allí los ríos se agitan por valles tropicales y cañones rociados por cascadas, y ofrecen aventuras memorables. Sus curtidos operadores instruyen en el arte de remar y llevan por todas partes, desde serenos meandros en la selva hasta excursiones por colosales rápidos de clase V en las que se acampa en la jungla entre chapuzones.

PUESTA A PUNTO LAS 20 MEJORES EXPERIENCIAS

19

20

Lo esencial

Para más información, véase 'Guía práctica' (p. 375)

Moneda
Dólar estadounidense (US$)

Idioma
Español

Dinero
Hay cajeros automáticos en ciudades y pueblos grandes. Hoteles, restaurantes y tiendas de calidad aceptan tarjetas de crédito.

Visados
Para estancias de menos de 90 días, los visitantes de la mayoría de los países no necesitan visado.

Teléfono móvil
Los teléfonos con GSM que usan 850MHz (GSM 850) funcionan con las redes Claro y Movistar.

Hora local
Ecuador Continental (GMT/UTC menos 5 h), Galápagos (GMT/UTC menos 6 h)

Transporte
Muchos autobuses, y son baratos (1 US$/h de viaje aprox.).

Cuándo ir

Puerto Ayora
ene-may

Quito
jun-sep

Canoa
dic-feb

Coca
dic-mar

Cuenca
jun-sep

Veranos de templados a cálidos, inviernos suaves
Clima tropical, lluvia todo el año
Clima seco
Desierto, clima árido

Temporada alta (jun-sep)

➡ En la sierra los días son soleados y claros, y en el Oriente llueve menos.

➡ La temporada baja en las Galápagos es entre junio y diciembre. El tiempo es más frío y seco.

➡ En el Oriente la temporada baja va de abril a julio. Suele llover mucho.

Temporada media (oct-nov)

➡ En la sierra el clima es más fresco, con más chubascos (sol por la mañana y lluvia por la noche).

Temporada baja (dic-may)

➡ En la sierra las temperaturas son más frescas y llueve más.

➡ En la costa, la temporada alta abarca de abril a diciembre. Temperaturas cálidas y lluvias habituales.

➡ De enero a mayo es temporada alta en las Galápagos.

Webs

Lonely Planet (www.lonely planet.es) Información sobre destinos y foro para intercambiar opiniones.

Hip Ecuador (www.hipecuador.com) Información sobre Ecuador.

Ministerio de Turismo Ecuador (http://ecuador.travel) Información lo más destacado, gastronomía y consejos de viaje.

Latin American Network Information Center (http://lanic.utexas.edu/la/ecuador) Decenas de enlaces con todo lo relacionado con el Ecuador.

Teléfonos útiles

Se debe marcar el prefijo regional y después, el número de siete dígitos.

Ambulancia	☎131
Información telefónica	☎104
Emergencias (solo en las ciudades más importantes)	☎911
Bomberos	☎102
Policía	☎101

Tipos de cambio

Argentina	1 ARS	0,11 US$
Chile	1000 CLP	1,62 US$
Colombia	1000 COP	0,39 US$
México	10 MXN	0,65 US$
Venezuela	1 VEF	0,15 US$
Zona euro	1 €	1,09 US$

Para saber los tipos de cambio actuales, véase www.xe.com.

Presupuesto diario

HASTA 30 US$

➡ Dormitorios compartidos: 7-10 US$; pensiones económicas: 10-15 US$/persona

➡ Menús de almuerzo: 2,50-3,50 US$

➡ Alquiler de bicicletas desde Baños a Puyo: 10 US$/día

ENTRE 30-100 US$

➡ Habitación doble en hotel medio: 40-60 US$

➡ Cena para dos en un buen restaurante: 18-30 US$

➡ Excursiones para hacer escalada, bicicleta y observar aves: 60-80 US$/día

➡ Alojamiento en la selva: 4 días desde 250 US$

MÁS DE 100 US$

➡ Visita a las Galápagos con un buen operador turístico: desde 300 US$/día

➡ Buen alojamiento en la amazonia: unos 250 US$/día

➡ Haciendas en Cotopaxi: desde 100 US$/día

Horario comercial

Restaurantes 10.30-23.00 lu-sa

Bares 18.00-24.00 lu-ju, hasta 2.00 vi y sa, cerrado do

Tiendas 9.00-19.00 lu-vi, 9.00-12.00 sa

Bancos 8.00-14.00 u 8.00-16.00 lu-vi

Oficinas de correos 8.00-18.00 lu-vi, 8.00-13.00 sa

Locutorios 8.00-22.00 todos los días

Cómo llegar

Aeropuerto internacional Mariscal Sucre (p. 91; Quito) El nuevo aeropuerto de Quito está unos 38 km al este del centro. Los taxis desde el centro salen por entre 22 y 26 US$. Para ahorrar, se puede ir en lanzadera (8 US$) al antiguo aeropuerto y luego tomar un taxi (8-10 US$).

Aeropuerto internacional José Joaquín de Olmedo (p. 289; Guayaquil) Un trayecto en taxi al centro sale por unos 5 US$. Un autobús Metrovía para frente al aeropuerto y lleva al centro (0,25 US$).

Cómo desplazarse

El transporte más habitual en Ecuador es el autobús, que goza de una extensa red nacional.

Autobús Llega a todas partes. Las salidas son frecuentes y las tarifas rondan los 1-1,50 US$/h de trayecto.

Automóvil Para ir al ritmo que se quiera. Las carreteras están en muy buen estado.

Barco Los barcos interisleños permiten hacer una excursión por las cuatro islas habitadas de las Galápagos. Los viajes rondan los 30 US$.

Avión Para llegar a las Galápagos y a refugios remotos de la jungla. Ahorran largos viajes en autobús.

Más información sobre **cómo desplazarse** en p. 387.

En busca de...

Esplendor colonial

Ecuador es un tesoro de portentos arquitectónicos. Impresionantes iglesias, catedrales y conventos, muchos del s. XVI, presiden sus bellas plazas. Dos de sus mejores centros virreinales, rivales en belleza, son Patrimonio Mundial de la Unesco.

Quito Las animadas calles del centro histórico revelan fascinantes escenas a cada paso. Para viajar al pasado (p. 54) lo mejor es adentrarse en el evocador ambiente de las iglesias, visitar casas museo y galerías de arte colonial.

Cuenca Aunque más pequeña y tranquila, es también impresionante, con sus ingentes campanarios que presiden las calles adoquinadas y el gorgoteo del río que discurre por el centro (p. 176).

Loja Alberga un centro colonial pequeño y pintoresco con calles y plazas centenarias (p. 193).

Riobamba Bulliciosa urbe de soportales, preciosas iglesias coloniales y un bello convento del s. XVI restaurado (p. 165).

Paisajes espectaculares

Ecuador es sinónimo de cumbres espectaculares, selvas nubosas, verdor amazónico y las islas Galápagos. Cuenta con infinidad de destinos para gozar del paisaje.

Laguna Quilotoa Es un lago azul topacio, enclavado en un cráter volcánico, fabuloso para ir de excursión (p. 144).

Cascada de San Rafael Vale la pena dar un rodeo para contemplar esta cascada, la más alta de Ecuador (p. 214).

Lagunas de Mojanda Encaramados en las alturas, estos lagos andinos relucen como joyas en la sierra septentrional (p. 108).

Parque Nacional Cotopaxi Se puede escalar, hacer excursionismo o simplemente contemplar el volcán Cotopaxi, de 5897 m de altura, desde una de las haciendas históricas que hay en sus faldas (p. 134).

Isla Isabela (Albemarle) La fauna no es el único encanto de las Galápagos, también hay paisajes como el lago Darwin o el volcán Sierra Negra, en la isla Isabela (p. 330).

Parque Nacional Sumaco-Galeras Jungla, bosque nuboso y páramo reunidos en senderos inolvidables y unos cuantos refugios de turismo ecológico (p. 228).

Actividades al aire libre

Este país andino, asombroso y salvaje, tiene todo lo que los adictos a la adrenalina pueden desear: cumbres nevadas, ríos alborotados y buenas olas para hacer surf.

Tirolinas Cerca de Mindo (p. 120) y Baños (p. 159) uno puede deslizarse sobre el dosel forestal a toda velocidad por varias tirolinas.

'Rafting' en aguas bravas En Tena, en el Oriente, están los mejores descensos de Ecuador, de auténtico infarto. Hay para todos los gustos, de clase III a clase V (p. 230).

Bicicleta de montaña Existen varias rutas estupendas, pero una de las favoritas es la bajada por la ladera del Chimborazo, de 6310 m de altura. Mejor organizarla desde Riobamba (p. 165).

Surf Hay buenas olas por toda la costa, e incluso en las Galápagos; Canoa (p. 264) y Montañita (p. 297) son excelentes para aprender.

Mercados de artesanía

Hay que dejar espacio en la maleta o comprar una bolsa

extra. Ecuador es un paraíso para los amantes de los mercados. Se puede encontrar de todo y más: jerséis de lana, bolsas tejidas a mano, cerámica, zampoñas y cestería ornamentada.

Otavalo Es la madre de todos los mercados, enorme y de visita obligada en el primer viaje. Los sábados ocupa prácticamente todo el centro de la ciudad (p. 100).

Mercado artesanal La Mariscal Si no se tiene oportunidad de salir de Quito, este mercado semanal cuenta con una buena oferta de ropa y artesanía (p. 88).

Saquisilí Muy concurrido por los propios lugareños, se celebra cada jueves y es una estupenda muestra de la vida en la sierra (p. 147).

Gualaceo, Chordeleg y Sigsig En las afueras de Cuenca, estas tres aldeas especializadas en artesanía celebran mercados dominicales donde los artesanos locales venden sus creaciones (p. 191).

Descubrir la flora y la fauna

Una impresionante variedad de animales puebla las selvas lluviosas y nubosas, los páramos altos de la sierra, la selva seca tropical y las islas Galápagos. Tanto el Amazonas como las Galápagos son lugares excelentes para ver animales.

Observación de aves Los bosques nubosos que rodean Mindo son una meca para los amantes de las aves (p. 122). Tienen registradas más de 600 especies.

Refugios en la selva amazónica En el curso bajo del

Arriba: Hombre cofán.
Abajo: Mercado, Gualaceo (p. 191).

río Napo (p. 223) hay algunos refugios para espiar monos, tucanes, caimanes, delfines de río, etc.

Parque Nacional Podocarpus Un número colosal de animales y plantas, como tapires, osos y casi 600 especies de aves (p. 200), pueblan este inmenso y desconocido parque.

Las Galápagos Los animales son tan accesibles que casi hay que andar con cuidado para no tropezarse con ellos (p. 3111).

Escalada y excursionismo

Nada como calzarse los crampones y ascender a un volcán de 5000 m, abrirse camino entre selvas protegidas o trazar una ruta entre aldeas por la sierra.

Quilotoa Una excursión para caminantes ávidos de paisajes espectaculares, desde Quilotoa a Chugchilán y luego a Isinliví, pernoctando en sencillas pensiones (p. 142).

Cotopaxi Aunque es una de las ascensiones más populares, solo una de cada dos personas la completan. En Quito se pueden encontrar guías (p. 134).

Camino del Inca Es una ruta de tres días (40 km) a Ingapirca, que discurre por el antiguo Camino Inca con preciosas vistas de las montañas (p. 191).

Parque Nacional Machalilla Cerca de Puerto López (p. 291), este parque nacional costero es ideal para excursiones de uno o más días.

Historia precolombina

Ecuador es tierra de muchas culturas. Los ancestros de sus pueblos nativos habitaron cada rincón del país.

Casa del Alabado Este encantador museo alberga arte precolombino y explora las creencias amerindias (p. 58).

Museo Nacional Para zambullirse en el pasado gracias a la mayor colección de arte precolombino del país. Imprescindible contemplar las joyas de oro (p. 61).

Ingapirca Para ver de cerca la cantería megalítica inca en el enclave arqueológico mejor conservado de Ecuador (p. 190).

Agua Blanca En esta población indígena costera hay guías que ofrecen visitas al fascinante museo arqueológico y los restos de la zona, antaño emplazamiento central de los manteños (p. 294).

Playas

Ecuador no es famoso por su litoral, pero en la costa hay algunos pueblos y playas con encanto.

Los Frailes Playa de deslumbrante arena blanca cerca de Puerto López. La rodean cortos senderos (p. 295).

Bahía Tortuga Impresionante franja de arena en la isla Santa Cruz con una serena laguna cerca (p. 315).

Canoa Tranquila población costera que invita a pasear por su playa (p. 264).

Montañita Pueblo lleno de amantes del surf, con buenas olas y vida nocturna (p. 297).

La costa norte Si se busca un rincón apartado, nada como una estancia junto al mar en Mompiche (p. 263) o Same (p. 260).

La Lobería Punto de observación de lobos marinos en Floreana. Lo suyo es pasar la noche en Puerto Velasco Ibarra, levantarse temprano y gozar de su inolvidable vista (p. 325).

Cultura indígena

Ecuador cuenta con una población de más de tres millones de indígenas de al menos 12 grupos étnicos diferentes. Los proyectos de ecoturismo gestionados por las comunidades suelen ser una experiencia inolvidable.

Tsáchila Cerca de Santo Domingo, se puede aprender todo sobre la tradición y creencias de la comunidad tsáchila, (p. 249).

Cofán Este pueblo habita en las entrañas de la selva amazónica y está reconstruyendo un excelente proyecto de ecoturismo. Observar la selva a través de sus ojos brinda una visión profunda del Amazonas (p. 219).

Shuar En Macas, en el Oriente, se puede organizar una visita guiada a las aldeas shuar, pernoctar allí y descubrir el modo de vida tradicional de la selva (p. 242).

Saraguro Al sur de Cuenca, es un destino ideal para conocer esta comunidad indígena de habla quechua. En la zona hay varias atracciones naturales y la comunidad organiza alojamiento en casas particulares (p. 192).

Mes a mes

Febrero

En Quito y en toda la sierra los días son frescos y lluviosos, mientras en el Oriente el clima es seco y soleado. En la costa se alternan los días de sol radiante y de aguaceros intensos.

⚜ Carnaval

Se celebra los días previos al Miércoles de Ceniza con batallas de agua donde se puede acabar empapado de líquidos sospechosos. Guaranda es célebre por su carnaval, con coloridos bailes y desfiles.

⚜ Fiesta de Frutas y Flores

Esta fiesta de Ambato coincide con el carnaval y reúne frutas y flores, toros, desfiles y bailes callejeros

hasta la madrugada. A diferencia de otros festivales de Ecuador, está prohibido arrojar agua.

Marzo

Aunque la temporada de lluvias en la sierra, de octubre a mayo, está en pleno apogeo, marzo es buena época para evitar las muchedumbres. Hay que contar con días soleados en el Oriente y una mezcla de sol y chubascos en la costa.

⚜ Fiesta del Durazno

La pequeña aldea de Gualaceo, en el altiplano del sur, tiene por protagonista del festival anual de la cosecha a uno de sus mejores frutos, el durazno. Se celebra el 4 de marzo y trae flores, artesanía y música en directo.

⚜ Semana Santa

En Semana Santa, a finales de marzo o principios de abril, se celebran en todo Ecuador procesiones religiosas. Las del Viernes Santo en Quito, con los penitentes ataviados de túnicas púrpura, es una de las más coloristas.

Abril

En los Andes los días siguen soleados por la mañana y con chubascos por la tarde. En el Oriente y en la costa impera el sol, con aguaceros frecuentes.

⚜ Día de la Fundación de Cuenca

Alrededor del 12 de abril Cuenca celebra su fundación, uno de los mayores acontecimientos de la sierra meridional. Hay música, desfiles, ornamentadas carrozas y fuegos artificiales. De día la gente abarrota los puestos de comida que hay junto al río.

⚜ Batalla de la Independencia de Tapi

La gran noche de Riobamba, el 21 de abril, conmemora esta histórica batalla de 1822. Hay una feria agrícola y las actividades típicas de la región andina: desfiles, bailes y comida y bebida en abundancia.

Mayo

Se acerca la estación seca en la sierra y los días se

tornan más soleados, los chubascos disminuyen y se trasladan al Oriente. En las Galápagos, de enero a junio, impera la estación cálida y lluviosa, con días sofocantes y lluvias regulares.

Festival Chonta

Se celebra la última semana de mayo en Macas y es la fiesta shuar más importante del año. Culmina con una danza para que fermente la chicha, una bebida alcohólica de maíz.

Corpus Christi

En muchos pueblos de la región andina esta festividad católica, que tiene lugar a finales de mayo o junio, se combina con la tradicional celebración de la cosecha, con procesiones y danzas en la calle. Las de Cuenca son especialmente bonitas.

Junio

La estación seca en la sierra coincide con la temporada alta de turismo, cuando muchos estadounidenses visitan el país. Suele llover en el Oriente y en las Galápagos el clima es fresco y seco, con mala mar durante agosto.

Inti Raymi

Esta reciente reinvención de la conmemoración prehispánica del solsticio de verano es común en toda la región andina septentrional. En Otavalo coincide con las fiestas de San Juan Bautista, el 24 de junio, y San Pedro y San Pablo, el 29 de junio.

Julio

Es perfecto para visitar los Andes, con días claros y soleados, mientras en el Oriente predomina la lluvia. En las Galápagos y en la costa el clima se mantiene fresco y seco, y ocasionalmente nublado.

Fundación de Guayaquil

Las noches previas al aniversario de la fundación de la ciudad, el 25 de julio, hay bailes en la calle, fuegos artificiales y procesiones. Coincidiendo con la fiesta nacional del 24 de julio, aniversario de Simón Bolívar, la ciudad entera se paraliza y se entrega a la fiesta.

Agosto

En la sierra el clima aún es cálido y seco, mientras que en el Oriente las lluvias intensas se toman un respiro. Es la época con más afluencia de visitantes, pues coincide con las vacaciones en Europa y EE UU.

La Virgen de El Cisne

Cada 15 de agosto, en la sierra meridional, miles de peregrinos participan en esta extraordinaria romería de 70 km que va desde Loja a la aldea de El Cisne, donde se halla la imagen mariana.

Fiestas de San Lorenzo

Para mover el esqueleto al son de la marimba y la salsa hay que ir a esta localidad norteña afroecua-

toriana. Las fiestas se celebran el 10 de agosto.

Septiembre

La región serrana sigue soleada y despejada, y el Oriente combina lluvia y calor intenso. Septiembre es un mes animado, con destacadas fiestas tradicionales.

Fiesta del Yamor

El mayor festival de la provincia de Imbabura marca el equinoccio de otoño y el Colla Raymi (fiesta de la luna) con corridas de toros, bailes, peleas de gallos, fiestas, ágapes y mucho yamor, una bebida sin alcohol a base de siete variedades de cereales.

Feria Mundial del Banano

La tercera semana de septiembre, Machala rinde homenaje a esta fruta con música, desfiles y fuegos artificiales. Uno de los principales actos es el certamen de belleza que elige a la reina del banano.

Fiesta de la Mamá Negra

Latacunga es la sede de una de las celebraciones más famosas de la región andina, en honor a la Virgen de la Merced. La Mamá Negra, encarnada por un hombre travestido, rinde homenaje a la liberación de los esclavos africanos en el s. xix.

Octubre

Octubre tiene menos turistas y precios más bajos. El mar está más agitado en

las Galápagos, razón por la que hay mejores ofertas.

✯ Día de la Independencia

Esta concurrida fiesta (9 de octubre) celebra la independencia de Guayaquil de España. Es un día muy animado en esa ciudad tropical, cuyos habitantes acuden al centro a ver los desfiles, conciertos, festejos y fuegos artificiales.

Diciembre

Pese al clima, más frío y lluvioso en la región andina, un gran número de estadounidenses y europeos visitan Ecuador durante sus vacaciones.

✯ Fiestas de Quito

Todo el mundo espera que llegue la gran fiesta de Quito, con corridas de toros, desfiles y bailes en la calle que duran toda la primera semana de diciembre. Hay conciertos de música al aire libre por toda la ciudad.

✯ Fiesta de Baños

El 16 de diciembre es el mejor día de Baños para el amante de la fiesta. Señalan el evento varios conciertos, fiestas callejeras, y abundante comida y bebida.

✯ Celebraciones de fin de año

Los desfiles y bailes comienzan el día 28 de diciembre y culminan en Nochevieja con fuegos artificiales y la quema de efigies de tamaño real por las calles. Se celebra por todo lo alto en Quito y Guayaquil (sobre todo en el Malecón).

Arriba: Trajes coloridos en el festival de Inti Raymi.
Abajo: Procesión del Viernes Santo, Quito.

Itinerarios

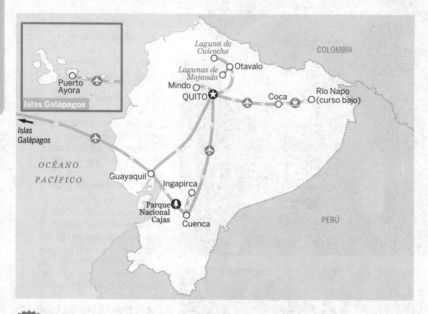

2 SEM Lo mejor de Ecuador

Un menú repleto de acción, con tesoros virreinales, selvas nubosas y lluviosas, un sinfín de mercados y una fauna asombrosa. Se empieza por **Quito** para pasar dos días empapándose de la arquitectura del casco antiguo. Luego, se recorre el trayecto de 2½ h hacia el norte hasta **Otavalo** para ver su famoso mercado (mejor un sábado). Se puede pernoctar allí y hacer una excursión a los imponentes lagos de la **laguna de Cuicocha** o las **lagunas de Mojanda.** El cuarto día, se va al oeste (por Quito) a ver los exuberantes bosques nubosos de **Mindo.** Se puede dormir en un refugio ribereño o de montaña, luego se regresa a la capital para ir en avión a **Cuenca,** tesoro colonial del sur. Se disfruta de dos días visitando las iglesias de 500 años de antigüedad y el **Parque Nacional Cajas, un enclave de ensueño 30 km al oeste.** Si hay tiempo, pueden verse las ruinas incas de **Ingapirca** antes de ir a **Guayaquil** para volar a las **Galápagos;** allí se disfruta de cuatro días observando fauna de isla en isla. El último tramo consiste en volar a Guayaquil y de allí a **Coca** (por Quito), puerta del Amazonas. Se aconseja pasar tres días en un refugio de la jungla en el **Bajo Napo,** uno de los mejores lugares donde ver la fauna amazónica de Ecuador.

3 SEM Explorar los Andes

Un recorrido por la columna vertebral del país que abarca sublimes paisajes andinos, aletargadas aldeas y una mezcla de encanto colonial y ruinas precolombinas. Ideal para hacer excursiones, bicicleta de montaña y escalada. La aventura empieza en **Quito** para aclimatarse a la altura y descubrir una de las capitales más fascinantes de América del Sur. Tras dos noches allí, se pone rumbo al sur y se pasan una o dos noches en alguna de las haciendas históricas de la falda del **volcán Cotopaxi,** donde se puede montar a caballo, hacer excursiones o, si se está preparado, acometer una de la cumbres más famosas del país. El cuarto día se va al sur, hasta **Latacunga** para adentrarse en los paisajes montañosos del **Circuito de Quilotoa**, una estupenda excursión a pie entre aldeas indígenas a gran altura, pernoctando por el camino en sencillas pensiones.

Tras pasar dos días entre las nubes en la zona de Quilotoa, se desciende hasta el maravilloso pueblo subtropical de **Baños** para gozar de sus fuentes termales. Hay una gran oferta de encantadores alojamientos con vistas, y se puede hacer un descenso en bici visitando las refrescantes cascadas de Puyo, en el Oriente. Después de Baños, hay que dirigirse a **Riobamba,** un enclave ideal para emprender una ruta de infarto, a pie o en bici, alrededor del **volcán Chimborazo.** Desde Riobamba se va en autobús a **Alausí** y se viaja en tren por la famosa **Nariz del Diablo** para gozar de sus vistas de Chimborazo, El Altar, Laguna de Colta y el resto de paisajes que tachonan la Avenida de los volcanes. De vuelta en **Alausí**, se continúa en autobús hasta la maravillosa ciudad colonial de **Cuenca**. Allí se disfrutará de unos días entre iglesias, plazas tranquilas y bucólicas orillas fluviales antes de emprender la marcha al yacimiento inca de **Ingapirca.** Se puede visitar en autobús, con un viaje organizado de un día o, aún mejor, en una excursión a pie de tres jornadas por el Camino del Inca, contratando el material y el guía en Cuenca. Finalmente, se regresa a Quito para una última noche de fiesta, primero en Zazu y luego, de copas y baile en La Juliana.

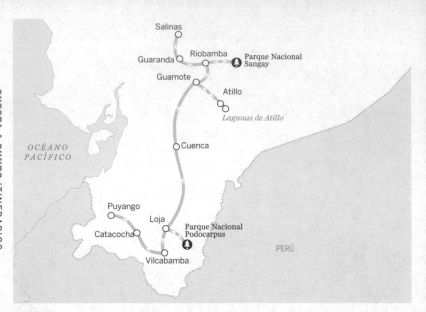

Lagunas de Atillo

OCÉANO
PACÍFICO

PERÚ

El sur

Al sur de Quito aguardan pueblos con populosos mercados, remotas aldeas indígenas y parques nacionales sin aglomeraciones. Se inicia el viaje en **Riobamba**, capital provinciana y algo insulsa que celebra los sábados un gran mercado. Desde allí, hay que desviarse hacia el oeste, hasta **Guaranda,** un pintoresco pueblo de camino a **Salinas,** una encantadora aldea rural donde se pueden visitar las cooperativas que producen chocolate, quesos, setas y productos de lana, o simplemente dar un paseo a pie o caballo por el campo. Tras pernoctar en la aldea, se regresa a **Riobamba** para emprender la marcha hacia el **Parque Nacional Sangay,** al este, un enclave con volcanes fabulosos y una gran variedad de flora y fauna. Habrá que regresar a Riobamba para tomar rumbo sur hasta el bonito pueblo quechua de **Guamote.** Se puede pernoctar en Inti Sisa, un albergue gestionado por la comunidad, donde organizan salidas en bicicleta de montaña, a caballo. A ser posible, hay que intentar que la visita sea un jueves, día en que el enorme mercado indígena invade la población.

Después de Guamote se viaja al sur hasta Atillo, para pasar dos días de estupendas excursiones por las cristalinas **lagunas de Atillo.** Luego, se regresa a Guamote y se prosigue al sur hasta **Cuenca.** Tras esos días de duro viaje, hay que mimarse con una estancia en una de las excelentes pensiones de la ciudad y una comida en uno de sus eclécticos restaurantes. Luego se va a **Loja,** donde se puede degustar la especialidad local, el cuy (conejillo de Indias) o los manjares de maíz y plátano.

Desde Loja se va al este hasta el **Parque Nacional Podocarpus,** hogar de una pasmosa biodiversidad que ofrece excursiones por paisajes de bosque nuboso y páramo. Después se puede seguir hacia el sur hasta **Vilcabamba,** un bonito pueblo donde aguardan buenas caminatas, ciclismo y paseos a caballo, aunque también es ideal para gozar simplemente del sereno paisaje. A continuación, abrirse paso por el lado occidental de los Andes hasta **Catacocha,** pueblo de montaña con encanto y poco frecuentado. Allí se pasa un día antes de ir a **Puyango** para visitar una de las selvas petrificadas más grandes de América del Sur.

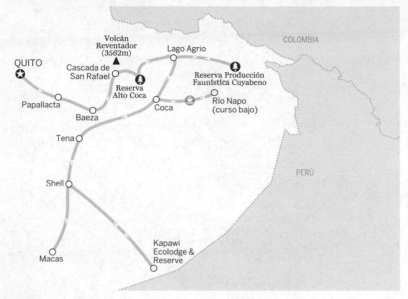

3 SEM Aventura en el Oriente

El Oriente es la parte ecuatoriana del Amazonas, una de las zonas de mayor diversidad biológica del mundo y un paraíso para los amantes de la aventura, la fauna y los antropólogos en ciernes. El viaje comienza en **Quito,** donde hay que reservar la estancia en los albergues de la selva. Tras avituallarse de todo lo necesario, se toma un autobús al sureste, hacia **Papallacta,** un deslumbrante complejo termal. Cuenta con alojamiento de precio alto y económico, y es ideal para pasar la noche antes de seguir al este hasta **Baeza**, una base agradable para hacer excursionismo, ciclismo, *rafting*, observar aves y demás actividades. Desde allí se puede ir al norte hasta la magnífica **cascada de San Rafael**, la más alta del país. Para disfrutar de vistas expectaculares del cercano volcán Reventador –en activo–, hay que ascender hasta la remota **Reserva Alto Coca**. Tiene bosque nuboso y brinda excelentes oportunidades para hacer excursiones y observar aves, y además cuenta con rústicas cabañas con impresionantes vistas del volcán.

Luego se sigue hasta la dura ciudad petrolera de **Lago Agrio,** y desde allí, dirigirse a la **Reserva Producción Faunística Cuyabeno,** una espectacular reserva de selva tropical rica en biodiversidad. Se pueden pasar unos días en el Cuyabeno Lodge y luego volver a Lago Agrio y de allí a **Coca**, otro minúsculo pueblo ribereño convertido en ciudad petrolera. Después de dar un paseo por el río, se busca un guía (siempre es mejor organizarlo antes en Quito) para visitar el curso del **Bajo Napo,** donde se hallan los mejores albergues en la selva del país, ideales para observar la fauna a pie, en canoa o desde los miradores elevados sobre el techo selvático.

Tras cumplir el cupo de pescar pirañas, ver caimanes y observar aves, se regresa a Coca y se desciende hasta **Tena**, una ciudad ribereña ideal para formarse una visión distinta de la selva tropical: haciendo *rafting* en sensacionales rápidos de clase IV. Si queda tiempo, se puede hacer una excursión al sur del Oriente por **Macas**, o bien ir a la **Kapawi Ecolodge & Reserve**, gestionada por los achuar. Se llega en vuelo chárter gestionado por **Shell** y es un rincón deliciosamente remoto de la Amazonia.

OCÉANO PACÍFICO

10 DÍAS Sol y surf

Los pueblos costeros y las playas de Ecuador son preciosos, y atraen a gran variedad de viajeros en busca de sol, surf y marisco. Se puede empezar por las tranquilas poblaciones costeras que hay cerca de **Same** y el Corredor Turístico Galera-San Francisco, en la costa norte. Tras el largo viaje desde Quito, es ideal reservar una cabaña frente al mar, pasear por la playa y comer marisco. El segundo día, se toma un autobús hasta **Mompiche,** guarida de surfistas y buscadores de paraísos con una playa de arena, grandes olas y divertido ambiente. Se puede hacer una excursión en barco para ver ballenas o visitar el paraíso isleño de **isla Portete.** Y luego continuar hacia el sur.

La siguiente parada es **Canoa,** un aletargado pueblo costero con un largo tramo de arena contra boscosos acantilados. Invita a quedarse: ofrece cursos de surf y salidas a caballo o en bici a sus solitarias playas. El pueblo cuenta con buenos alojamientos en primera línea de mar y restaurantes correctos. Durante la estancia, hay que dejar tiempo para ir a **Río Muchacho,** una granja ecológica donde se puede hacer noche y disfrutar de una estupenda comida.

El sexto día se prosigue hacia el sur hasta **Bahía de Caráquez,** donde se puede hacer una visita (mejor si se programa con antelación) al fascinante yacimiento arqueológico de **Chirije.** También se pueden explorar manglares, observar aves fragata y hacer un ecocircuito por la ciudad. El séptimo día se sigue hacia **Puerto López,** probablemente vía Manta. Este anodino pueblo es de paso obligado para ir a la **isla de la Plata,** un lugar precioso para ver alcatraces azules sin tener que volar a las Galápagos. De mediados de junio a principios de octubre es la temporada de avistamiento de ballenas. Otras atracciones de la zona son la playa de **Los Frailes,** la comunidad indígena de **Agua Blanca** y la selva tropical circundante, que ofrece memorables excursiones.

Los dos últimos días pueden pasarse en **Montañita,** festiva ciudad de surfistas. Si se busca algo más sosegado, es mejor parar en **Ayampe** u **Olón.** Y si queda tiempo, se da un rodeo hasta Dos Mangas para visitar sus cascadas y descubrir remotas aldeas costeras.

Arriba: Cascada de San Rafael (p. 214).

Derecha: Cocinando cuy (conejillo de Indias).

STEVE ALLEN / GETTY IMAGES ©

Puenting en Baños (p. 153)

Preparación del viaje
Al aire libre

Ecuador es el marco ideal para correr fabulosas aventuras, y al ser un país pequeño se pueden combinar muchas actividades en poco tiempo. Es posible observar aves en el bosque nuboso, organizar excursiones en los Andes y bucear con la fauna marina de las islas Galápagos. Además, hay excelentes oportunidades para practicar surf, bicicleta de montaña y *rafting*.

Lo mejor al aire libre

La mejor cima

Las fabulosas vistas desde la cima del imponente volcán Cotopaxi (5897 m) son para aquellos que estén en buena forma.

La mejor excursión

El Camino del Inca es una ruta de varios días por la antigua vía inca (de 40 km) hasta del yacimiento arqueológico de Ingapirca.

La mejor observación de aves

El bosque nuboso de Mindo alberga cientos de coloridas especies.

Lo mejor en bicicleta

El descenso de 61 km desde Baños, en las estribaciones andinas, hasta Puyo, puerta del Amazonas.

El mejor 'rafting'

En Tena y Macas, en el Oriente, se pueden hacer descensos de *rafting* a través de la densa selva.

El mejor surf

Montañita, Mompiche y Canoa cuentan con buenos rompientes, pero las olas más estimulantes están en la isla San Cristóbal, en las Galápagos.

(5897 m). Ofrece excelentes excursiones por el volcán y los alrededores, pero con pocas rutas marcadas; hay que orientarse por cuenta propia o contratar un guía.

➡ **Parque Nacional Cajas** (p. 188) El pintoresco páramo, nombre que se da a los altiplanos andinos en Ecuador, alberga un gran número de circuitos, algunos mejor indicados que otros, con fabulosas vistas de los lagos de montaña. Hay que ir preparado para la lluvia; la época más seca es entre agosto y enero.

➡ **Circuito de Quilotoa** (p. 142) Cerca del espectacular lago, de un intenso azul, del cráter del Quilotoa se pueden hacer buenas excursiones, como rutas entre aldeas. Una buena opción para organizarse un circuito a medida es ir de Quilotoa a Isinliví, pernoctando en Chugchilán.

➡ **Parque Nacional Podocarpus** (p. 200) Este parque combina planicies semitropicales y frondosas con regiones de montaña. Ofrece excursiones inolvidables, como una ruta de un día por el bosque nuboso.

➡ **Parque Nacional Machalilla** (p. 294) Es el único parque nacional en la costa. Cubre 400 km^2 y acoge circuitos que recorren zonas de selva tropical seca y nubosa. El parque incluye la isla de la Plata, con varios circuitos circulares. Se conoce como "las Galápagos de los pobres", por su rica fauna y por ser mucho más accesible que el famoso archipiélago.

➡ **Camino del Inca** (p. 191) Un circuito fabuloso que cubre parte del antiguo Camino Real que unía Cuzco (Perú) y Quito. Nada queda del trazado original a excepción del yacimiento arqueológico de Ingapirca, pero la ruta, de tres días, es espectacular.

Excursionismo

Las posibilidades para realizar esta actividad son ilimitadas, con paisajes espectaculares garantizados. Las cumbres nevadas, el bosque nuboso y la jungla frondosa de la región oriental son marcos ideales. Las mejores rutas para realizar de forma independiente están en los parques naturales.

Los mejores destinos

➡ **Parque Nacional Cotopaxi** (p. 134) Este parque de 330 km^2 alberga el activo volcán homónimo, el segundo pico más alto de Ecuador

Observación de aves

No hay ninguna otra parte del mundo donde exista tanta diversidad de aves en un país tan pequeño. En el continente y en las Galápagos hay clasificadas unas 1600 especies, algunas de ellas únicas. El campo de acción es uno de los mayores desafíos para los observadores de aves, pues consta de selva tropical, bosque nuboso e islas.

Bosque nuboso

Uno de los lugares recomendados para comenzar a explorar está al norte de Quito. Los bosques nubosos de las afueras de Mindo son el paraíso de los amantes de las aves. Entre las más destacadas están el gallito de las rocas andino, el frutero escamado y los quetzales de cabeza dorada y cresta. Se han detectado en la zona más de 400 especies de aves, y además tiene guías y refugios excelentes.

Amazonas

La región amazónica del Bajo Napo es un destino soberbio. Tiene registradas más de 500 especies de aves y los refugios de su jungla se cuentan entre los mejores de Ecuador. Algunos hasta tienen torres para observar el dosel forestal y biólogos por guías.

Islas Galápagos

Tienen 28 especies autóctonas que han sufrido evoluciones extraordinarias. La isla Santa Cruz, con el mayor recuento de aves de todas, es perfecta para comenzar la búsqueda de las 13 especies de pinzones de Darwin. En los alrededores de Puerto Ayora se pueden avistar ejemplares de alcatraces patiazules, imponentes aves fragata y martinetes.

Escalada en el volcán Chimborazo (p. 163).

Alpinismo

El decorado de la aventura lo proporcionan los Andes, que atraviesan el país de arriba a abajo, con 10 picos de más de 5000 m. Ocho de ellos se hallan en la sierra central, la zona de Ecuador que reúne las cumbres más impresionantes. No hay que olvidar que son volcanes y que su estado puede cambiar rápidamente. Para quienes busquen una cima que no requiera material especializado una opción es el volcán Imbabura (4609 m), en la sierra norte, a las afueras de Ibarra. Es una cima exigente pero muy gratificante.

Las mejores escaladas

Se necesita el equipo estándar para nieve y hielo, como mínimo: cuerda, crampones, piolet, crema protectora solar y ropa de abrigo. A menos que se sea muy experto, es mejor contratar un guía en Quito o Riobamba. En los Andes el tiempo puede cambiar muy repentinamente y hay casos de alpinistas muy experimentados que han fallecido. Varias agencias ofrecen equipo de alquiler y guías. Cobran unos 180 US$ por persona por una escalada de dos días. Los mejores guías están acreditados con un carné de la Asociación Ecuatoriana de Guías de Montaña (ASEGUIM). Se puede escalar todo el año pero los mejores meses son de junio a agosto y de diciembre a febrero.

Principales picos

Volcán Chimborazo (p. 163) La cima más alta de Ecuador es un volcán extinguido que alcanza los 6310 m de altura. Para los alpinistas avezados es una ascensión relativamente sencilla, pero

---

OTROS DESTINOS PARA OBSERVAR AVES

➡ Parque Nacional Cajas (p. 188)

➡ Parque Nacional Podocarpus (p. 200)

➡ Reserva de Jorupe (p. 208)

➡ Bosque Protector Cerro Blanco (p. 290)

➡ Reserva Ecológica Manglares Churute (p. 304)

Fotografiando al cormorán de las Galápagos, que no vuela (p. 311).

el equipo de escalada en hielo es imprescindible. Desde el albergue de montaña, en general se sigue la ruta normal, de 8-10 h hasta la cima y de 2-4 h para volver. Riobamba es el mejor lugar para organizar una expedición con guía y alquilar equipos.

Volcán Cotopaxi (p. 135) Es el segundo mayor pico del país (5897 m), uno de los más populares de los Andes entre los alpinistas expertos. Es un volcán activo que se puede ascender en una larga jornada desde el albergue, aunque es más sensato hacerlo en dos. Los alpinistas deben esperar unos días para aclimatarse antes de atacar la cima. Los alojamientos en Cotopaxi y alrededores son perfectos para este periplo.

Los Ilinizas (p. 133) El serrado pico del Iliniza Sur (5248 m) es el séptimo más alto y el de mayor dificultad de Ecuador, solo para alpinistas muy experimentados. Por otro lado, el Iliniza Norte (5126 m) es una subida dura pero factible con experiencia. La aldea de El Chaupi es un buen campo base para alpinistas y excursionistas que necesiten aclimatarse, con unas cuantas pensiones sencillas pero agradables.

Volcán El Altar (p. 161) Este volcán de 5319 m, extinto desde hace mucho, es una de las montañas más bellas y técnicas de Ecuador. La mejor época para ir es de diciembre a marzo. En julio y agosto suele estar cubierto de nubes.

Bicicleta de montaña

Hay varios sitios excelentes para practicar bicicleta de montaña, sobre todo en las laderas de Cotopaxi y Chimborazo, con descensos cargados de adrenalina. Las mejores agencias, con las mejores bicis, guías y equipos están en Quito y Riobamba.

Baños también abunda en ciclistas de montaña, gracias al popular descenso (por carretera) hasta Puyo, conocido como la Ruta de las Cascadas. Recorre el cañón del río Pastaza, bajando de forma ininterrumpida desde Baños, a 1800 m de altura, hasta la población selvática de Puyo, a 950 m. La ruta tiene 61 km y hay varias cascadas por el camino para refrescarse.

Submarinismo y buceo

Las islas Galápagos son uno de los mejores destinos del mundo para hacer

Surf en las Galápagos (p. 311).

submarinismo, con una fauna submarina espectacular compuesta de tiburones, rayas, tortugas, pingüinos, leones marinos, morenas, caballitos de mar, peces de toda clase y, con suerte, delfines e incluso ballenas. Las fuertes corrientes y la baja temperatura del agua resultan difíciles para principiantes. Hay operadores de buceo en Puerto Ayora y Puerto Baquerizo Moreno.

Los submarinistas experimentados de presupuesto dilatado pueden apuntarse al circuito de una semana a bordo de un barco especializado en buceo. Tiene paradas en los puntos acuáticos de mayor interés del archipiélago. Los que busquen algo menos comprometido, pueden disfrutar de dos inmersiones con botellas en un día. Las Galápagos también resultan ideales para bucear con tubo, pues la fauna marina se halla a poca profundidad.

En el continente se pueden contratar inmersiones con operadores de Puerto López y Montañita. Su fondo marino, con tramos de arrecife de coral y arena, alberga peces ángel, peces trompeta, peces globo, morenas, peces loro, peces mata, peces guitarra y tiburones de aleta blanca. La temperatura del agua ronda los 22°C de enero a abril

y los 18°C el resto del año; los operadores alquilan trajes de neopreno.

Surf

Pese a no ser conocido como uno de los grandes destinos del surf, Ecuador ofrece muy buenos rompientes. La temporada suele ir de noviembre a abril y los mejores meses son enero y febrero. El localismo es mínimo. Ecuatorianos y extranjeros parecen llevarse bien.

El más clásico del continente es el rompiente en arrecife de Montañita, rápido y potente. De diciembre a mayo está en su mejor momento, con olas de hasta 2 y 3 m. Además, cuenta con rompientes en playa aceptables por los alrededores. Cerca de Muisne, en la provincia de Esmeraldas, está Mompiche, un rompiente de izquierda donde, en un día bueno, se puede surfear hasta 500 m. Canoa ofrece entretenimiento con rompientes en playa de derecha e izquierda, además de un ambiente agradable.

En las Galápagos, la isla San Cristóbal acoge tres de los mejores rompientes en arrecife del mundo, todos cerca del pueblo de Puerto Baquerizo Moreno; solo para surfistas expertos. El acceso al lugar resulta caro y mantiene a las masas alejadas. La mejor temporada para la práctica del surf en las islas es de diciembre a mayo. Isla Isabela también tiene buenas olas cerca de Puerto Villamil, igual que San Cristóbal.

'Rafting' en aguas bravas

En Ecuador se puede practicar kayak y *rafting* de primera todo el año. Hay ríos que cuentan con tramos de casi 100 km de aguas bravas de clase III-IV, antes de que su cauce se apacigüe y fluya hacia el Pacífico por un lado y hacia la cuenca amazónica por el otro. La mejor época es de octubre a febrero.

La Asociación de Guías de Aguas Rápidas del Ecuador (AGAR) acoge solo a las empresas más fiables. Esta guía solo recomienda compañías reputadas. Cuando se salga, hay que asegurarse de que tenga buenos chalecos salvavidas, guías profesio-

Arriba: *Rafting* en aguas bravas, río Pastaza (p. 156).

Derecha: Buceo con un tiburón ballena en la isla Wolf (Wenman; p. 341), Galápagos.

AVENTURAS ALTERNATIVAS

Aparte de volcanes y selvas, Ecuador tiene otros muchos ases en la manga, como valles, cuevas, ríos y la cercanía providencial de la plataforma continental, que ofrecen aventuras de lo más singulares.

Espeleología Ubicada en las estribaciones orientales de los Andes, la cueva de los Tayos es el paraíso de los amantes de la espeleología. La aventura empieza con un descenso de 70 m.

'Tubing' Aunque algunos prefieren el kayak y el *rafting*, en Mindo no hay nada comparable a deslizarse río abajo con el trasero embutido en una cámara de neumático. Y todo con un guía.

Tirolinas Baños y Mindo tienen impresionantes tirolinas para deslizarse sobre el dosel forestal.

Observar ballenas Durante la migración anual de las ballenas jorobadas (junio-septiembre), muchos operadores de barcos de la costa ofrecen circuitos para observarlas, sobre todo desde Puerto López y Mompiche.

Barranquismo y 'puenting' El barranquismo es una de las aficiones favoritas en Baños. Incluye rápel por cascadas, baños en ríos y breves caminatas por gargantas. Los más osados también pueden hacer *puenting*.

nales, kits de primeros auxilios y bolsa de salvamento. Algunos proveedores ofrecen alquileres de trajes de neopreno, para los descensos más largos.

El mejor 'rafting'

Tena (p. 230) Es la capital de facto de las aguas bravas ya que está cerca del curso alto del río Napo (clase III+) y el río Misahuallí (clase IV+), dos de los más conocidos del país.

Macas (p. 245) Hacia el sur está el río Upano (clase III-IV+), cerca de Macas, ideal para salidas de varios días, con un paisaje selvático deslumbrante, como el espectacular tramo de la gorja de Namangosa, con más de una decena de cascadas.

Río Blanco En las laderas occidentales de los Andes, unas 2½ h al oeste de Quito, se halla el río Blanco (clase III-IV). Se puede hacer *rafting* todo el año y es ideal para una salida de un día desde la capital. Cuenta con unos 200 km de aguas bravas practicables, como el difícil tramo de su curso alto. La época más agitada es entre febrero y junio. También tiene tramos para principiantes absolutos y familias, cerca de Quito, con descensos de clase II-III. Para circuitos en los alrededores de Quito, véase p. 69.

El Chaco (p. 215), en las estribaciones orientales de los Andes, es el pueblo de acceso al río Quijos, de clase IV-V, rodeado de vegetación.

Río Pastaza y río Patate (p. 154) Son dos de los ríos más populares del país, dada su cercanía a la meca turística de Baños. Lamentablemente, el Patate sigue muy contaminado.

Excursiones a caballo

En Ecuador se pueden hacer estupendos paseos a caballo, sobre todo en el altiplano. Por desgracia, muchos de los animales que se emplean en las excursiones no reciben buenos cuidados. Aun así, hay algunas agencias que los tratan bien, de modo que vale la pena elegirlas, aunque las excursiones sean más caras. En las haciendas de la sierra suele haber opciones para practicar la equitación. Los alrededores de Vilcabamba albergan buenas rutas. Las excursiones pueden durar entre unas horas y varios días. Baños es también excelente para contratar una excursión.

Otro buen sitio para montar a caballo es la Reserva Geobotánica Pululahua, cerca de Quito. Está en un cráter volcánico y tiene bosques nubosos y un microclima fascinante. Desde allí pueden contratarse excursiones a caballo de uno o varios días.

RideAndes (www.rideandes.com) es un operador caro pero fiable. Ofrece circuitos de uno o varios días y otros a medida para jinetes expertos y noveles.

Delfines en León Dormido (Kicker Rock; p. 324), isla San Cristóbal.

Preparación del viaje
Antes de ir a las Galápagos

Antes de salir hacia las islas hay varias cosas que hay que tener en cuenta: el tiempo y las estaciones, circuitos por tierra o mar, el itinerario a seguir y estrategias para ahorrar en presupuesto. Los viajeros independientes pueden visitarlas por cuenta propia en los barcos que las comunican y alojarse en sus hoteles, aunque no verán tanta fauna ni tantos paisajes.

Las mejores aventuras al aire libre

El mejor buceo
La Corona del Diablo, en isla Floreana

Los Túneles frente a Isabela

La mejor observación de aves
Punta Suárez, en la Española

Isla Genovesa

El mejor buceo
Isla Wolf

Isla Darwin

Las Rocas Gordon, frente a Santa Cruz

Las mejores excursiones
Los volcanes Alcedo y Sierra Negra, en la Isabela

Cerro Crocker, Santa Cruz

Las mejores rutas en bicicleta
Región montañosa de San Cristóbal

Región montañosa de Santa Cruz

El mejor bronceado
Bahía Tortuga, junto a Puerto Ayora

Cerro Brujo en San Cristóbal

El mejor surf
Puerto Baquerizo Moreno

Isla Isabela

Los mejores paisajes
Isla Bartolomé, isla Rábida, Bahía del Correo (Floreana)

Cuándo ir

No hay una mala época para ir, aunque deben tenerse en cuenta varios factores. Las islas tienen dos estaciones, pero la temporada alta del turismo suele ser de diciembre a abril, julio y agosto.

Estación cálida y lluviosa (enero-mayo) Suele hacer sol y calor, con una temperatura media de 25°C y lluvias cortas e intensas. Coincide con el período vacacional de Navidades y Pascua, así que hay más grupos y más barcos. El mes más cálido es marzo, con una media de 31°C. La temperatura del agua oscila alrededor de los 25°C de febrero a abril. Es la época de floración y los paisajes se llenan de color, las tortugas marinas anidan y muchas especies se aparean.

Estación fría y seca (junio-diciembre) Habitualmente conocida como la garúa debido a la neblina que cubre la región montañosa. La temperatura es agradable, con una media de 22°C, pero el agua está más fría, entre 18 y 20°C, fruto de la dominante corriente de Humboldt. El mar puede alborotarse durante las travesías nocturnas entre islas. Suele haber menos visitantes y es la estación preferida por los submarinistas, que se equipan con trajes de neopreno de 6-7 mm de grosor y capucha. Es posible encontrarse con algún pingüino, los albatros llegan a la Española y es la época de apareamiento de los alcatraces azules.

Tipos de circuitos

En las Galápagos hay básicamente tres tipos de circuitos: los más habituales y recomendados son los viajes en barco, pernoctando a bordo. Tienen un impacto medioambiental relativamente bajo y ofrecen un contacto total con la fauna y la geografía. También existen las salidas diurnas con regreso a la isla por la noche, o bien la estancia en hoteles de islas diferentes.

Circuitos en barco

La mayoría de los viajeros visita las Galápagos en un crucero, pernoctando a bordo. Los hay de hasta tres semanas, pero los más habituales suelen ser de cinco a ocho días. Es difícil hacer justicia a las islas en menos de tres días, cinco sería el mínimo. Si se desea visitar las islas Isabela y Fernandina se recomienda hacerlo en ocho días. El primer día comprende la llegada en avión hacia mediodía, así que en realidad se pierde la mitad, y el último hay que estar en el aeropuerto por la mañana. Por lo tanto, un circuito de cinco días se queda en realidad en tres.

Itinerarios
Los barcos van a casi todas las islas, aunque para llegar a las más apartadas, obvia-

mente, se tarda más. Suelen tener itinerarios establecidos así que, en caso de querer visitar una isla en concreto, hay que decidirlo con antelación. Conviene asegurarse de que el circuito no incluya más de una noche o medio día en Puerto Ayora o Puerto Baquerizo Moreno; siempre hay tiempo de quedarse por libre unos días más.

El itinerario diario de la mayoría de los barcos suele ser empezar por la mañana con la salida en panga, un bote pequeño que traslada a los pasajeros desde el buque hasta la orilla, para observar aves y demás fauna, seguido de buceo por los alrededores. Mientras el barco se dirige a otra isla se sirve la comida y los tentempiés, y por la tarde se repite una combinación similar. Antes de cenar se suele disponer de unas horas y, al acabar de comer, se explica el plan del día siguiente. Esta rutina puede parecer un fastidio para los viajeros independientes, pero al final es un viaje agotador y resulta infinitamente más cómodo ir con todo planeado.

TIPOS DE BARCOS

Hay desde yates pequeños hasta grandes embarcaciones tipo crucero, pero el más común es el motovelero, una embarcación mediana para unos 20 pasajeros.

Propinas

Al final del viaje es habitual dar propina a la tripulación y al guía. Algunos operadores aconsejan repartirla a partes iguales entre ambos; otros dan más a la tripulación que al guía. La cantidad es una decisión personal, pero a continuación se ofrecen unas indicaciones generales:

Puerto Ayora (p. 315).

Para clase turista y turista superior, la norma son 10-15 US$ por persona y día, a dividir entre guía y tripulación. En los barcos de primera clase y de lujo, suele dejarse 15-20 US$ por persona y día (también a repartir).

Circuitos desde hoteles

Este tipo de circuitos saltan de isla a isla, pernoctando en hoteles de tres o cuatro

---

GALÁPAGOS POR CUENTA PROPIA

Se puede gozar de las islas aunque no se tenga dinero para hacer un crucero o no gusten los circuitos organizados. Las cuatro habitadas (Santa Cruz, San Cristóbal, Isabela y Floreana) ofrecen alojamiento para todos los bolsillos. Los barcos interisleños las comunican a diario (el trayecto es agitado). Y desde las poblaciones principales se puede salir de excursión a pie o en bicicleta (salvo en Floreana). También se pueden hacer circuitos de un día para practicar buceo con tubo, ver fauna o hacer caminatas guiadas (los precios oscilan entre 60 y 180 US$, según el tipo de circuito y la distancia recorrida).

La desventaja de ir por cuenta propia es que solo se podrán visitar ciertos lugares, pues un día de excursión desde esas poblaciones no lleva a muchos de los rincones más impresionantes. Sin embargo, a algunos viajeros les compensa la sensación de libertad, sin horarios fijos ni rutas marcadas, por no mecionar los precios más asequibles.

El Pináculo (p. 337), isla Bartolomé.

lugares diferentes, normalmente Santa Cruz, San Cristóbal, Isabela y Floreana. Los circuitos suelen durar cinco días y cuatro noches y acostumbran a costar entre 600 y más de 1800 US$ por persona, sin contar el billete de avión y la entrada al parque. Varias de las agencias de viajes de Puerto Ayora y Puerto Baquerizo Moreno los reservan. Para estas salidas se recomiendan Red Mangrove Aventura Lodge (p. 320) en Puerto Ayora; Tropiceo (p. 280), una agencia con sede en Quito, y Galakiwi (p. 327).

El problema de las empresas turísticas es que combinan varios tipos de barcos, hoteles y guías, por lo que resulta difícil garantizar la calidad de todos, que puede variar mucho. La relación de camaradería que se crea entre viajeros y guías durante el circuito en barco lo hace mucho más ameno, pero eso se pierde si se cambia de guía en cada etapa.

Circuitos diurnos

Los circuitos diurnos en barco salen de Puerto Ayora y de Puerto Baquerizo Moreno. Puesto que se tarda varias horas en ir y volver solo es posible visitar las islas centrales. Algunas salidas incluyen visitas a otras partes de Santa Cruz o San Cristóbal.

Uno de los inconvenientes de esta modalidad es que no permite visitar las islas ni a primera hora de la mañana ni a última de la noche. Las embarcaciones más económicas son lentas y están abarrotadas, las visitas son muy cortas, los guías no tienen mucha formación y la tripulación a veces no es muy respetuosa con el entorno. No obstante, si se dispone de tiempo y presupuesto limitados, las excursiones de un día son prácticas. Las empresas de Puerto Ayora y Puerto Baquerizo Moreno cobran de 80 a 180 US$ por persona y día, dependiendo del destino y la calidad del barco y los guías.

Reservas de circuitos

La mayoría de los viajeros organiza los circuitos antes de llegar a las islas. Se puede hacer en el país de origen (sale más caro pero es fiable) o en Quito, Guayaquil o Cuenca. Hacer reservas en Ecuador suele ser más barato, pero en temporada alta

Lobos marinos en las Galápagos, isla Española (p. 340).

se clasifican según los siguientes precios por día (excepto para los barcos con pernoctación incluida):

Yates para turistas (turista superior o estándar): 240-340 US$

Yates de primera clase: 340-450 US$

Barcos de lujo: desde 450 US$

Para evitar decepciones, antes de reservar mejor preguntar lo siguiente:

¿Trabaja el guía por cuenta propia? Los guías afiliados a un barco o una compañía suelen preocuparse más por la satisfacción de sus pasajeros y es menos probable que se tomen sus quejas a la ligera.

¿Cuál es el itinerario? Para ver qué actividades y fauna hay en cada lugar, se puede consultar el capítulo "Islas Galápagos". Recalar medio día en Puerto Ayora, Puerto Baquerizo Moreno y/o Puerto Villamil puede suponer una sobredosis de civilización.

➡ **¿Me aseguran que habrá equipo de buceo de mi talla?** Los barcos se encargan de facilitar gafas y tubos de buceo y aletas, pero algunos no cuentan con suficientes trajes y aletas de ciertas tallas para todo el pasaje.

➡ **¿Cuál es su política de reembolso?** Se debe leer la letra pequeña y aclarar cuánto dinero se

la cosa se puede retardar y perder tiempo previsto de viaje. Otra cosa a tener en cuenta si se organiza desde Ecuador es que los protocolos de seguridad de algunos bancos y compañías de tarjetas de crédito dificultan el pago de sumas relativamente altas cuando se está en el extranjero.

La elección de un barco

Hay seis barcos (*Celebrity Xpedition, Explorer II, Endeavour, Galápagos Legend, Santa Cruz* y *Silver Galapagos*) que llevan hasta 98 pasajeros cada uno, y cuatro (*Isabela II, Eclipse, La Pinta* e *Islander*) con aforo para 48 pasajeros cada uno; todos son de lujo o de primera clase. La mayor parte de los 75 barcos y yates restantes tiene capacidad para 20 personas o menos. Además, hay diversos catamaranes. Los grupos que reserven con mucha antelación pueden negociar tarifas tan buenas como las de última hora y casi todos los operadores cobran un 15-20% menos en temporada baja (de junio a diciembre).

Los precios no incluyen el vuelo, la entrada de 100 US$ a los parques ni las bebidas. De forma general, las embarcaciones

---

QUÉ LLEVAR

➡ prismáticos
➡ una buena cámara réflex de un solo objetivo o una digital
➡ cámara GoPro (para hacer fotos bajo el agua)
➡ mochila pequeña
➡ sombrero de ala ancha
➡ gafas de sol
➡ ropa ligera de algodón
➡ calzado resistente para caminar
➡ impermeable
➡ jersey fino
➡ chanclas
➡ equipo para nadar
➡ pastillas contra el mareo
➡ dinero en efectivo para la entrada a los parques y propinas
➡ botella de agua para rellenar

Arriba: Buceador y tortuga verde marina.

Izquierda: Iguana terrestre de las Galápagos.

devuelve en caso de avería mecánica o imprevistos que supongan la cancelación o alteración del viaje.

➡ **¿Qué tal es la comida?** Puede que resulte difícil de saber, ya que los cocineros varían y las agencias están poco dispuestas a garantizar determinados productos. Con todo, si se considera importante, vale la pena preguntar.

¿Una o dos camas? Aviso a parejas: todos los barcos cuentan con un número limitado de camarotes con cama de matrimonio. A menos que se reserve con tiempo, es posible acabar en dos estrechas camas individuales.

Lo habitual es que los barcos y las empresas reciban tanto comentarios favorables como críticas negativas. Cada viajero tiene expectativas y estándares diferentes y a veces hay cosas que en un viaje salen mal y al siguiente funciona perfectamente. Que la experiencia salga bien dependerá de varias cosas, como la buena química entre los pasajeros; cuanto más pequeño sea el barco, más importante será llevarse bien con todos. Por otro lado, las embarcaciones grandes pueden resultar más impersonales y el viaje puede perder su cariz de experiencia excepcional.

Hay varias empresas y barcos que se recomienda consultar.

Adventure Life (☑en EE UU 800-344-6118; www.adventure-life.com) Reservas en una gran variedad de barcos de todas las categorías.

Columbus Travel (☑02-222-6612, en EE UU 877-436-7512; www.columbusecuador.com) Excelente atención al cliente. La variedad de barcos disponibles depende del presupuesto y las fechas del viaje.

Haugan Cruises (☑en EE UU 800-769-0869; www.haugancruises.com) Tiene dos de las embarcaciones más actualizadas. Ambas son catamaranes con balcones privados y un *jacuzzi*.

Detour Destinations (☑en EE UU 866-386-4168; www.detourdestinations.com) Para viajeros activos, incluye una gran variedad de deportes, como salidas a las islas en *paddle* surf.

Ecoventura (☑02-283-9390, en EE UU 800-633-7972; www.ecoventura.com) Pioneros en el turismo sostenible y de conservación. Se recomienda encarecidamente sus cuatro barcos, incluido el de submarinismo con pernoctación.

Ecuador Adventure (☑02-604-6800, en EE UU 800-217-9414; www.ecuadoradventure.ec) Especializada en circuitos con alojamiento en hotel enfocado al deporte (excursionismo, ciclismo de montaña, ciclismo y kayak).

Galapagos Odyssey (☑02-286-0355; www.galapagosodyssey.com) Un yate de lujo para 16 pasajeros, con *jacuzzi*.

CIRCUITOS DE SUBMARINISMO CON ALOJAMIENTO EN BARCO

El hábitat submarino de las Galápagos es como un acuario de lo más surtido, por lo que no es de extrañar que sea uno de los mejores lugares del mundo para hacer submarinismo. Las fuertes corrientes, la mala visibilidad ocasional y las bajas temperaturas no lo hacen indicado para principiantes. Cuando el agua es cálida, entre enero y marzo, hay pocas corrientes y el agua está algo turbia. De julio a octubre la visibilidad mejora pero el agua se enfría. Además de multitud de peces tropicales, hay tiburones, peces martillo y peces manta en abundancia y algún que otro caballito de mar.

Los circuitos estándar en barco con noche incluida tienen prohibido ofrecer buceo con botellas. Para hacer inmersiones, ahora mismo solo hay siete barcos: el *M/V Galápagos Sky* y el *Deep Blue* de Ecoventura; el *Aggressor III*; el *Wolf Buddy* y el *Darwin Buddy*; el *Gala I* y el *Humboldt Explorer*. Como la oferta es tan escasa, suelen reservarse con hasta seis meses de antelación. El precio medio de una semana en un barco con todo incluido oscila entre 4000 y 5500 US$, e incluye hasta cuatro o cinco inmersiones diarias, más las paradas en algún punto de interés en tierra.

La mayor parte de los barcos en los que se pernocta van a Wolf y Darwin, al noroeste de las islas más grandes, donde existe una gran variedad de especies de tiburones. Julio es el mejor mes para hacer submarinismo con los tiburones ballena, aunque suele haber de mayo a octubre.

La mayor parte de los submarinistas opta por salidas de un día desde Puerto Ayora o Puerto Baquerizo Moreno.

Abordando una panga (lancha) en la isla Genovesa (antes Tower; p. 341).

Happy Gringo Travel (☎02-512-3486; www.happygringo.com) Excelente agencia con una amplia variedad de barcos. Tiene ofertas de última hora.

Lindblad Expeditions National Geographic (☎en EE UU 800-397-3348; www.expeditions.com) Cuenta con los yates National Geographic Islander (48 pasajeros) y Endeavour (96 pasajeros).

Metropolitan Touring (☎02-298-8312, en EE UU 888-572-0166; www.metropolitan-touring.com) Afiliada con el Finch Bay Hotel de Puerto Ayora. Reserva los yates de lujo *La Pinta* e *Isabela II*.

Natural Habitat Adventures (☎en EE UU 800-543-8917; www.nathab.com) Ofrece un circuito de 10 días que cubre largas distancias en catamarán y luego se detiene a explorar rincones en kayak. Es casi único en su especie.

Row Adventures (☎en EE UU 800-451-6034; www.rowadventures.com) Acampada de lujo y circuitos en kayak.

Sangay Touring (☎02-222-1336; www.sangay.com) Un equipo con amplia experiencia y con más de sesenta barcos.

Trips & Dreams (☎099-235-1335; www.tripsanddreams.com) Operador de primera en Guayaquil. Tiene un gran surtido de circuitos y unas de las mejores ofertas de última hora.

Reservas locales

Aunque sale más barato contratar en Puerto Ayora o Puerto Baquerizo Moreno, la mayoría de los viajeros llega con las reservas hechas. Por lo general, al llegar a las Galápagos suele haber más barcos económicos. Contratar un circuito desde las Galápagos lleva varios días, a veces una semana o más. No es una buena opción si se tiene poco tiempo.

Lo prioritario es encontrar un buen capitán y un guía naturalista que sea entusiasta. Lo ideal sería conocerles, ver el barco antes de hacer la reserva y acordar un itinerario de calidad. Los circuitos de última hora de cuatro y ocho días cuestan como mínimo entre 650 o 1400 US$.

Peligros y advertencias

Existen riesgos y molestias habituales en los circuitos en barco a las Galápagos

Almuerzo a bordo.

y, en ocasiones, cuanto más barato es el viaje, más posibilidades hay de que haya problemas. Esto no significa que los más caros estén exentos de percances, aunque las empresas suelen reaccionar con más rapidez.

Algunos de los inconvenientes más habituales son los cambios de barco a última hora (permitidos según la letra pequeña del contrato), cancelaciones por falta de pasajeros, mala tripulación, escasez de bebidas, cambios de itinerario, averías mecánicas, equipos de buceo en mal estado, cobros ocultos (p. e., 5 US$ al día por un traje de buzo), malos olores, plagas y *overbooking*. A veces se comparte camarote sin garantía de que la otra persona sea del mismo sexo. Hay que pedir siempre una fotografía o plano del barco, también de los camarotes, antes de hacer la reserva.

Resulta frustrante, aunque es frecuente, descubrir que hay compañeros de viaje que han pagado mucho menos por lo mismo. Como ya no se puede hacer mucho al respecto, mejor no preguntar y disfrutar del viaje.

Cuando las cosas van mal es muy difícil conseguir un reembolso. Si hay problemas, se debe informar a la capitanía de Puerto Ayora y ponerse en contacto con la agencia con la que se ha hecho la reserva. También se debería comunicar cualquier contratiempo a la **Cámara de Turismo** (www.galapagostour.org) de Puerto Ayora. Tiene una base de datos de quejas que comparte con agencias y turistas.

En alguna ocasión se ha informado sobre miembros de la tripulación de embarcaciones turísticas (y, con mayor frecuencia, de barcas de pesca) que han incurrido en pesca ilegal y matanza de fauna. Este tipo de denuncias hay que dirigirlas a la oficina de la Reserva Natural, un edificio verde a la izquierda de la entrada de la Estación Científica Charles Darwin, en Puerto Ayora.

Con tantos barcos por todas partes es fácil olvidar que las islas son lugares remotos, inhóspitos y peligrosos. Desde 1990 han desaparecido 17 personas; la mayoría fueron rescatadas, pero algunos murieron porque se desviaron del camino indicado.

De un vistazo

Quito

Arte y arquitectura
Vida nocturna
Paisaje

Arte y arquitectura

El casco antiguo de Quito es Patrimonio Mundial de la Unesco. Engloba un magnífico conjunto de iglesias barrocas, calles y plazas pintorescas y tejados coloniales. Se pueden visitar sus claustros de monasterios del s. XVI, admirar obras maestras de la Escuela Quiteña y las tallas precolombinas de sus excelentes museos.

Cena, copas y baile

Quito es tentador: ceviche, corvina, seco de chivo (estofado de cabra) y sabores internacionales de Italia, Perú, o Japón. Luego hay que moverse en una *salsateca* (discoteca para bailar salsa) o ir de bar en bar por el Mariscal.

Paisaje

A esta ciudad andina no le faltan vistas. Está situada a 2850 m de altura y flanqueada por el colosal volcán Pichincha, y permite admirar su panorama desde varios puntos: azoteas, parques o desde lo alto del Pichincha.

p. 52

Sierra septentrional

Paisaje
Observación de aves
Compras

Paisaje

Las cumbres andinas albergan los mejores paisajes del país. No hay que perderse las nieves que coronan el volcán Cotacachi, las impresionantes vistas desde la carretera Panamericana en dirección norte o las fascinantes lagunas de Mojanda, cerca de Otavalo.

Observación de aves

Las montañas del norte son una de las regiones con más diversidad de aves del país. Los amantes de estos animales gustan sobre todo de las reservas de bosque nuboso que hay cerca de Mindo, pues encierran gran variedad de vida aviar.

Compras

El enorme mercado de ropa y artesanía de Otavalo es un regalo para la vista: tallas de *tagua*, cuadros sobre folclore, coloridos pañuelos, mantas y chales de alpaca. Si se buscan artículos de piel, no hay que perderse Cotacachi.

p. 97

Sierra central

Aventuras al aire libre
Cultura
Paisajes espectaculares

Cuenca y la sierra meridional

Aventuras al aire libre
Arte y arquitectura
Gastronomía

El Oriente

Naturaleza
Aventura
Cultura indígena

Aventuras al aire libre

Para vivir aventuras, cualquier punto de la región serrana central es adecuado: hay volcanes, ríos para hacer *rafting*, puentes desde los que saltar y montañas para recorrer en bici.

Descubrimiento cultural

En el día a día del corazón de los Andes perviven tradiciones antiquísimas. Los visitantes serán recompensados con intensos festivales, florecientes mercados de artesanía, remotas aldeas indígenas y espléndidos museos en Ambato y Riobamba.

Paisajes espectaculares

Cada rincón es una postal. La columna vertebral de América del Sur alberga volcanes coronados de nieve y altos páramos, cañones escupidos por tumultuosos ríos que fluyen hacia el Amazonas y haciendas centenarias edificadas con antiguas piedras incas.

Aventuras al aire libre

Los exploradores más intrépidos tienen a su disposición diversos parques nacionales con paisajes espléndidos, vida salvaje y aventuras por doquier. No es fácil adentrarse de pleno en la zona rural, pero el esfuerzo merece la pena por las vistas, los animales y el entorno.

Arte y arquitectura

La ciudad colonial de Cuenca es un auténtico museo al aire libre, con una arquitectura impresionante en su centro histórico y una población creativa y acogedora.

Gastronomía

En el sur se cuece la gastronomía más preciada del país. Por ejemplo la espléndida fanesca de Cuenca, una sopa de alubias y bacalao tradicional del Viernes Santo, o las delicias de Loja como los quimbolitos y las humitas, similares a los tamales. Si se desea algo más exótico, siempre está el cuy, conejillo de Indias asado.

Observación de la naturaleza

Caimanes, osos perezosos, anacondas, araguatos, loros... son algunas de las increíbles criaturas que se pueden ver desde uno de los albergues que se hallan en plena selva lluviosa ecuatoriana. Incluso se puede nadar entre pirañas sin miedo a ser devorado.

Aventura

Si adentrarse en lo profundo de la selva tropical no basta como aventura, a Oriente le sobran emociones: *rafting* en aguas bravas, kayak, *tubing*, escalada y paseos a caballo.

Cultura indígena

Las visitas organizadas a las comunidades indígenas son una manera fantástica y muy divertida de interactuar culturalmente. Para aprender a cocinar platos tradicionales, hacer trampas para animales, construir barcas y buscar oro.

p. 129

p. 173

p. 209

Costa norte y llanuras costeras

Pueblos de playa
Gastronomía
Ecoturismo

Costa meridional

Playas
Naturaleza
Gastronomía

Islas Galápagos

Naturaleza
Buceo y submarinismo
Paisaje

Pueblos de playa

Puede que Ecuador no sea sinónimo de playa, pero la costa norte posee un buen número de pueblos sugestivos que cuentan con playas estupendas para practicar surf, especialmente Mompiche.

Gastronomía

La cocina manabita y la esmeraldeña se cuentan entre las mejores de Ecuador. La costa norte es el destino perfecto para degustar los sabores locales repletos de picante y coco. No hay que perderse el mejor ceviche del país, en la provincia de Esmeraldas.

Ecoturismo

La zona cuenta con los mejores destinos de ecoturismo de todo el país, como la reserva selvática de Playa de Oro y la Reserva Biológica Bilsa. Otros puntos de interés son los manglares de los alrededores de Muisne y el circuito de ecoturismo por la bahía de Caráquez.

p. 247

Playas

La península de Santa Elena alberga pueblos vacacionales frecuentados por los guayaquileños, donde priman los condominios y la fina arena blanca. Al norte, de camino a Puerto López, hay pueblos costeros con olas y olas, sobre todo en Montañita, Olón y Ayampe.

Observación de la naturaleza

Aquí las ballenas jorobadas en migración comparten espacio con grupos de marsopas, y hay varias reservas naturales y selvas nubosas en los montes cercanos donde se puede hacer observación de aves de primera.

Gastronomía

La larga línea costera de la región garantizan el pescado y marisco fresco. Incluso los restaurantes más simples ofrecen moluscos, ceviche, cazuelas de marisco y langosta por doquier. El panorama culinario de Guayaquil es el escaparate de los mejores restaurantes de Ecuador.

p. 272

Observación de la naturaleza

Para ver de cerca reptiles de aspecto prehistórico y una buena colección de aves, desde vastas colonias de especies marinas endémicas, albatros y cormoranes de las Galápagos, hasta minúsculos sinsontes y aves de presa.

Buceo y submarinismo

La diversidad de vida acuática es pasmosa. Se puede bucear con tubo junto a tortugas, rayas, tiburones, peces tropicales, lobos marinos, pingüinos e iguanas marinas ramoneando algas. Los submarinistas cuentan con varias opciones y puntos de inmersión memorables, recomendables para un nivel intermedio o superior.

Paisajes

El excepcional paisaje de las Galápagos toma forma de grandes fumarolas, fantásticos escarpes rocosos, brumosos altiplanos y preciosas playas de todos los colores.

p. 311

En ruta

Quito

1,6 MILLONES HAB. / 2800 M ALT.

Los mejores restaurantes

➡ Zazu (p. 84)

➡ La Choza (p. 84)

➡ Theatrum (p. 81)

➡ Bohemia Cafe & Pizza (p. 79)

➡ Dios No Muere (p. 80)

Los mejores alojamientos

➡ Casa San Marcos (p. 72)

➡ Hotel San Francisco de Quito (p. 71)

➡ Café Cultura (p. 76)

➡ Hotel El Relicario del Carmen (p. 72)

➡ Hostal El Arupo (p. 75)

Por qué ir

Esta capital andina goza de una ubicación impresionante. Está situada a gran altitud, rodeada de picos de montaña cuyo verdor se oculta bajo la gris neblina de la tarde. Sus modernos bloques de apartamentos y modestas casas de hormigón pueblan sus faldas, y los domingos sus animadas calles comerciales, atestadas de tráfico, se convierten en serenos barrios. La cultura tradicional de la sierra ecuatoriana, cálida y tranquila, rebosa de puestos de mercado, chamanes sanadores y sombrereros de cuarta generación, y se mezcla con la vibrante y sofisticada cocina y vida nocturna.

La joya de la ciudad es el casco antiguo, Patrimonio Mundial de la Unesco, con sus monumentos coloniales y tesoros arquitectónicos. No tiene una yerma "milla de los museos"; la vida diaria late bajo sus edificios restaurados junto a pintorescas plazas y magníficas iglesias repletas de arte. Los viajeros –y muchos lugareños– visitan la "gringolandia" del Mariscal, zona de pensiones, agencias de viajes, restaurantes de corte étnico y bares.

Cuándo ir
Quito

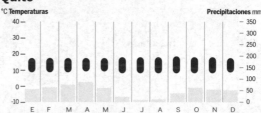

Todo el año Temperaturas diurnas suaves y noches frescas, soleado por la mañana y lluvioso por la noche.

Jun-sep El mejor clima, más cálido y despejado, y con menos lluvia.

Oct-may Más fresco y lluvioso, pero con menos visitantes.

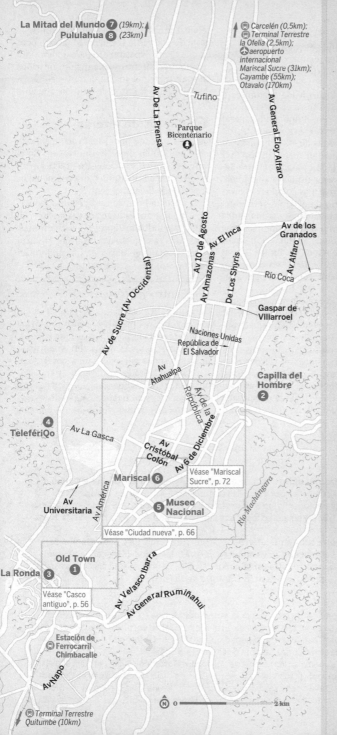

La Mitad del Mundo **7** (19km);
Pululahua **8** (23km)

Carcelén (0,5km);
Terminal Terrestre
la Ofelia (2,5km);
aeropuerto
internacional
Mariscal Sucre (31km);
Cayambe (55km);
Otavalo (170km)

Tufiño

Av De La Prensa

Parque
Bicentenario

Av General Eloy Alfaro

Av 10 de Agosto

Av El Inca

Av Amazonas

De Los Shyris

Av de los
Granados

Av Alfaro

Río Coca

Gaspar de
Villarroel

Av de Sucre (Av Occidental)

Naciones Unidas

República de
El Salvador

Av
Atahualpa

Capilla del
Hombre
2

4
TelefériQo

Av La Gasca

Av de la
República

Av
Cristóbal
Colón

Av 6 de Diciembre

Mariscal **6**

Véase "Mariscal
Sucre", p. 72

Av Universitaria

Av América

5 Museo
Nacional

Río Machángara

Véase "Ciudad nueva", p. 66

Old Town
1

La Ronda **3**

Véase "Casco
antiguo", p. 56

Av Velasco Ibarra

Av General Rumiñahui

Estación de
Ferrocarril
Chimbacalle

Av Napo

N   0   2 km

Terminal Terrestre
Quitumbe (10km)

Imprescindible

1 Explorar los callejones adoquinados del **centro histórico** (p. 54), uno de los mejores enclaves de arquitectura colonial de América.

2 Observar la evocadora obra de Oswaldo Guayasamín en la **Capilla del Hombre** (p. 60).

3 Tomarse un canelazo (aguardiente de caña de azúcar caliente con canela) y escuchar música en directo en la animada calle de **La Ronda** (p. 55).

4 Subir en el **TelefériQo** (p. 78) hasta el volcán Pichincha y disfrutar de las vistas de la capital.

5 Descubrir la enorme cantidad de tesoros precolombinos del **Museo Nacional** (p. 61).

6 Sumarse a la fiesta en el **Mariscal** (p. 85), la zona más noctámbula.

7 Acercarse al ombligo del mundo en los museos *kitsch* de la **Mitad del Mundo** (p. 93).

8 Ir de excursión a **Pululahua** (p. 95), un lugar que parece propio de la Tierra Media.

Historia

La sede de la capital se remonta a tiempos prehispánicos. Sus primeros habitantes fueron los pacíficos quitus, que le dieron nombre.

Para cuando llegaron los españoles a Ecuador en 1526, Quito ya era una importante ciudad inca. Pero Rumiñahui, general de Atahualpa, prefirió arrasarla antes de dejarla caer en manos de los conquistadores. Por eso no quedan restos incas. El 6 de diciembre de 1534 el lugarteniente Sebastián de Benalcázar fundó la ciudad actual sobre sus ruinas. Los colonos llegaron junto a un puñado de órdenes religiosas (franciscana, dominicana y agustina, entre otras). Construyeron iglesias, monasterios y llevaron a cabo obras públicas, a menudo con los nativos de albañiles. En los ss. XVII y XVIII Quito sufrió un lento crecimiento, pero, en comparación con Lima, permaneció estancada.

En el s. XIX el fervor revolucionario se apoderó de la ciudad y en 1830 Quito se convirtió en la capital de la recién inaugurada República del Ecuador. Durante el siguiente siglo, el crecimiento demográfico y los proyectos urbanísticos la transformaron. Aparte de otras obras, construyó su propio observatorio astronómico (el primero de Sudamérica), así como una crucial vía ferroviaria que llevaba a Guayaquil y fomentó el comercio. El centro colonial se mantuvo como corazón comercial hasta después de la II Guerra Mundial, época en que Quito experimentó (como ahora) un rápido crecimiento y expansión, nutridos en gran parte por los inmigrantes en busca de trabajo que llegaron de todos los rincones del país.

◉ Puntos de interés

Quito se extiende por el suelo de un elevado valle andino en dirección norte-sur. En el centro histórico se encuentra prácticamente toda su célebre arquitectura colonial. Los lugareños lo llaman el centro.

Al norte del centro está la Quito moderna, con los grandes negocios y servicios. Allí están casi todos los hoteles y restaurantes, sobre todo en el gueto de viajeros de Mariscal Sucre (llamado el Mariscal), que abunda en pensiones, bares y restaurantes.

◉ Centro histórico

Con sus calles estrechas, arquitectura colonial y alegres plazas, el centro histórico es una maravilla para pasear. Sus iglesias, conventos, capillas y monasterios, construidos hace siglos por artesanos y obreros nativos, están labrados de leyendas y empapados de historia. Es una zona muy activa, llena de vendedores ambulantes, paseantes, taxis en busca de clientes, ruidosos autobuses y

---

QUITO EN...

Dos días

Se parte de la **Plaza Grande** (p. 56), en el centro, con un café en la **Dulcería Colonial** (p. 80). Desde allí, un paseo por sus calles pintorescas llevará por **La Compañía de Jesús** (p. 55), los puntos de interés de la **plaza San Francisco** (p. 55) y la cercana **Casa del Alabado** (p. 58). De noche, se toma una copa o se cena en la terraza de **Vista Hermosa** (p. 81).

El segundo día, se sube en **TelefériQo** (p. 78) a Cruz Loma. Se visita la **Capilla del Hombre** (p. 60) y el **Museo Guayasamín** (p. 60) para luego ir al Mariscal a comprar recuerdos y tomar café en la **Galería Ecuador** (p. 88). La noche se acaba con una cena y música en directo en **Azuca Beach** (p. 83), en la plaza Foch.

Cuatro días

El tercer día se puede ir de excursión a **la Mitad del Mundo** (p. 93), seguida de un almuerzo frente a un espectacular paisaje en el vecino **El Cráter** (p. 95). De noche (si es fin de semana), uno puede unirse al gentío que desfila por **La Ronda** (p. 55) y disfrutar de música en directo mientras se cena o se toma una copa.

El último día, se admiran los colibríes en el **Jardín Botánico** (p. 62), se viaja al pasado en el **Museo Nacional** (p. 61) y se ve la última exposición del **Centro de Arte Contemporáneo** (p. 61). Por la noche se disfruta del capricho de una cena en uno de los mejores restaurantes de Quito, como el **Zazu** (p. 84) o el **Theatrum** (p. 81).

INDISPENSABLE

PLAZA SAN FRANCISCO

Un paseo desde las estrechas calles coloniales del casco antiguo hasta la **plaza San Francisco** (plano p. 56) desvelará una de las mejores vistas del país: una arrolladora plaza empedrada con el Pichincha como telón de fondo y los largos muros encalados y las torres gemelas de la iglesia más antigua de Ecuador.

Iglesia y monasterio de San Francisco (plano p. 56; Cuenca cerca de Sucre; ⊗7-11.00 diarios, 15.00-18.00 lu-ju) Su monasterio es el edificio colonial más grande de Quito. Su construcción empezó unas semanas después de la fundación de la ciudad, en 1534, pero no se acabó hasta 70 años después. Gran parte de la iglesia se ha reconstruido debido a los daños causados por terremotos, pero aún conserva partes originales. La **capilla del Señor Jesús del Gran Poder,** a la derecha del altar mayor, tiene sus azulejos originales. El propio **altar mayor** es un ejemplo espectacular de talla barroca, y gran parte del tejado muestra influencias moriscas.

Su fundador fue el misionero franciscano Joedco Ricke, quien, según se dice, fue el primer hombre que sembró trigo en Ecuador.

El Museo Francisco (Museo Fray Pedro Gocial; plano p. 56; Cuenca 477 y Sucre; entrada 2 US$; ⊗9.00-17.30 lu-sa, hasta 13.00 do) Está a la derecha de la entrada principal de la iglesia de San Francisco, dentro de su convento. Contiene algunas de las mejores piezas de arte de la iglesia, entre ellas cuadros, esculturas y muebles del s. xvi, algunos con preciosos detalles de hierro forjado e incrustaciones de nácar. La entrada incluye un circuito guiado.

Los buenos guías harán reparar en las representaciones mudéjares de los ocho planetas girando alrededor del sol en el techo y explicarán cómo entra la luz por la ventana trasera en los solsticios e iluminan el altar mayor. También mostrarán una rara técnica confesional, gracias a la cual dos personas de pie en esquinas separadas pueden oírse hablando en susurros a la pared.

Capilla de Cantuña (plano p. 56; Cuenca esq. Bolívar) Alberga una pequeña colección de arte de la Escuela Quiteña y está envuelta en una de las más famosas leyendas de Quito, la del constructor nativo de Cantuña. Al parecer este vendió su alma al diablo a cambio de que le permitiera acabar la iglesia a tiempo. Pero, justo antes de la medianoche del día de la fecha final, Cantuña retiró una piedra del edificio. De este modo la iglesia jamás se acabó, y así engañó al diablo y salvó su alma.

policías dirigiendo el tráfico a golpe de silbato por sus angostas calles de un sentido. Es un rincón mágico: cuanto más se visita, más se descubre.

Las iglesias abren a diario (por lo general hasta las 18.00), pero los domingos se llenan de fieles. Suelen cerrar entre las 13.00 y las 15.00 para el almuerzo.

El corazón del centro es la pintoresca **Plaza Grande,** rodeada de palmeras y edificios históricos, y pletórica de vida cotidiana.

La Ronda es una estrecha calle empedrada restaurada por completo. Sus edificios del s. xvii, propios de una postal, albergan animados restaurantes, bares y pintorescas tiendas. Las noches de viernes y sábados se llena de vida, pues la música en directo se vierte en la calle y los vendedores de canelazo se ocupan de mantener el calor. En las calles hay placas que describen su historia,

así como la de los artistas, escritores y figuras políticas que residieron en ellas. No hay que perdérselo.

★**Iglesia de la Compañía de Jesús**   IGLESIA
(plano p. 56; www.fundacioniglesiadelacompania. org.ec; García Moreno y Sucre; adultos/estudiantes 4/2 US$; ⊗9.30-18.30 lu-vi, hasta 16.00 sa, 12.30-16.00 do) La iglesia más ornamentada de Quito descuella entre el esplendor barroco del centro con sus cúpulas verdes y doradas. Ofrece circuitos guiados gratis que describen sus rasgos únicos, como sus elementos moriscos, perfecta simetría (empezando por el trampantojo de la escalera de caracol al fondo), elementos simbólicos (sus muros de ladrillo rojo evocan la sangre de Cristo) y su sincretismo (plantas ecuatorianas y rostros indígenas ocultos en los pilares).

Casco antiguo

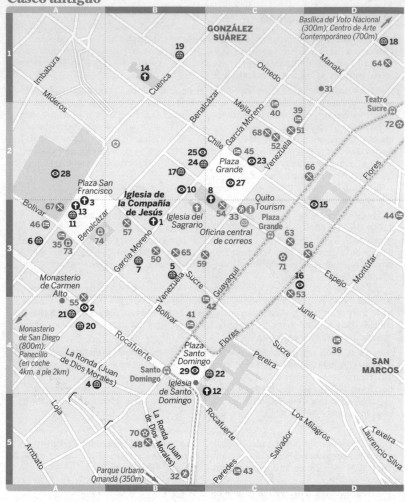

Es, en definitiva, una fabulosa iglesia dorada jesuita. Empezó a construirse en 1605 y se acabó 160 años después. Solo el altar mayor llevó 20 años (el expresidente Gabriel García Moreno yace sepultado allí). El órgano, hecho en EE UU, es de 1888 aproximadamente. Destacan los retratos de estilo claroscuro de la serie de Nicolás Javier Goríbar *Los profetas* y también los grandes cuadros de 1879 *Infierno* y *Juicio Final* –se ignora qué pasó con los originales, del hermano Hernando de la Cruz (1620)–. Los quiteños la llaman con orgullo la iglesia más bella del país y es fácil ver por qué.

Plaza Grande　　　　　　　　　　　PLAZA
(Plaza de la Independencia; plano p. 56) Al pasear por la Quito colonial, se pasará varias veces por la Plaza Grande (cuyo nombre oficial es Plaza de la Independencia). En su lado suroeste se alza la **catedral** (plano p. 56; Plaza Grande; entrada 1,50 US$; ☺9.00-17.15 lu-sa). No es la más ornada de las iglesias del centro, pero tiene varias obras religiosas fascinantes de artistas de la Escuela Quiteña. También se verá la intrincada tumba del Mariscal Sucre, figura crucial en la independencia de Quito. Tras el altar mayor hay una placa que indica

1111111

1

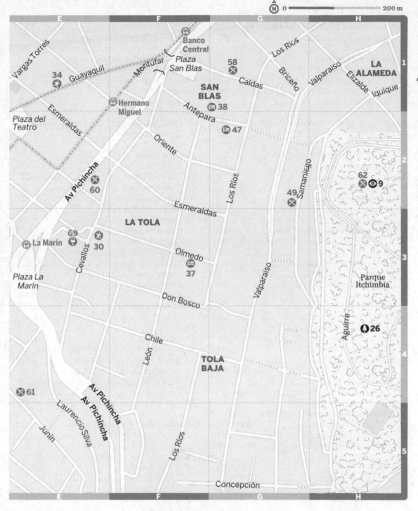

dónde murió el presidente Gabriel García Moreno el 6 de agosto de 1875. Tras recibir una herida de machete a las puertas del Palacio de Carondelet, lo llevaron moribundo a la catedral.

La catedral guarda *La última cena*, que representa a Cristo y a los discípulos disfrutando de un asado de cuy, chicha y humitas. El cuadro sobre la Natividad tiene una llama y un caballo contemplando al recién nacido Jesús. La entrada incluye un circuito guiado gratis.

El edificio con la bandera nacional en el lado noroeste de la plaza es el **Palacio de Carondelet** (plano p. 56; Plaza Grande), sede del Gobierno y residencia presidencial. Si el presidente está ausente, puede visitarse en un circuito que suele limitarse a dos salas de Estado, el balcón para ver la plaza y un vistazo al colorido mosaico de Guayasamín, que retrata el descenso de Francisco de Orellana por el Amazonas. Los lunes se efectúa el cambio de guardia a las 11.00 en la plaza.

En el lado noreste está el antiguo **Palacio Arzobispal** (plano p. 56; Chile), hoy un soportal de pequeñas tiendas y varios res-

Casco antiguo

taurantes entre García Moreno y Venezuela. Los restaurantes merecen la pena, pues son de los pocos que abren los domingos por la noche en el centro. Hay un par de comida rápida y otros de más categoría con terraza interior. Los sábados se celebran las Noches Patrimoniales, conciertos que suelen darse en el patio cubierto de 18.00 a 22.00.

Casa del Alabado   MUSEO
(plano p. 56; ☎02-228-0940; www.alabado.org; Cuenca N1-41; entrada 4 US$; ☉9.30-17.30) Museo privado en una casa colonial. Tiene exposiciones de aire contemporáneo que muestran su impresionante colección de piezas precolombinas. Estas se organizan por temas, como los chamanes y el más allá, con textos explicativos (y audioguías), y exploran las creencias

indígenas que representan sus joyas y objetos de cerámica de excelente factura.

Museo de la Ciudad   MUSEO

(plano p. 56; ☎02-295-3643; www.museociudad quito.gob.ec; García Moreno cerca de Rocafuerte; entrada 3 US$; ◷9.30-16.30 ma-do) Está pasado el **Arco de la Reina** (plano p. 56; García Moreno esq. Rocafuerte), que se construyó en el s. XVIII para dar cobijo a los feligreses. Es un museo de primera que recoge la vida cotidiana en Quito a través de los siglos. El edificio en sí mismo, un antiguo hospital de 1563, es ya una obra de arte. El precio de la entrada incluye un circuito guiado.

Museo del Carmen Alto   MUSEO

(plano p. 56; ☎02-228-1513; García Moreno S1-47 cerca de Rocafuerte; adultos/estudiantes/niños 3/2/1 US$; ◷9.30-17.30 mi-do) Joven museo en el antiguo convento del Carmen de San José (o Carmen Alto), un antiguo convento carmelita. Tiene exposiciones fascinantes que ahondan en la vida diaria de las monjas que lo habitaban, como Marianita de Jesús (1618-1645), patrona de la ciudad, a la que los quiteños llaman Santa. Tiene textos explicativos y guías.

Varias salas justo a la entrada exhiben grandes y conmovedores cuadros de temática religiosa. Su edificio encalado de dos plantas rodea un patio interior bañado en sol. La última visita es a las 16.30.

Basílica del Voto Nacional   IGLESIA

(Venezuela esq. Carchi; entrada iglesia/torre 1/ 2 US$; ◷9.00-16.30) Esta enorme iglesia gótica se alza sobre una colina en el noreste del centro. Su construcción arrancó en 1926 y duró varias décadas. Las gárgolas que asoman entre sus muros tienen forma de tortuga e iguana. Pero sus elementos más destacados son sus **torres**, a las que se puede subir si sobra valor. El ascenso incluye el paso sobre una tambaleante tabla de madera dentro del tejado principal y empinadas escaleras (fijas y de mano, con sólidas barandillas).

También se puede ascender por una escalera de caracol y tres de mano para entrar y subir a la torre del reloj.

La Merced   IGLESIA

(plano p. 56; Cuenca esq. Chile; ◷7.00-12.00 y 14.00-17.00) GRATIS Iglesia del s. XVIII con la torre más alta de la Quito colonial. Es rica en arte fascinante, como los cuadros que muestran volcanes en erupción por encima de los tejados

de la iglesia de la Quito colonial y la capital cubierta de cenizas.

Cuenta la leyenda que la torre, única parte sin bendecir de la iglesia, está poseída por el diablo. Al parecer, la única persona lo bastante fuerte como para resistirse a este fue el campanero Ceferino. Desde que murió en 1810 nadie ha osado entrar en la torre.

Museo de Arte Colonial   MUSEO

(plano p. 56; Mejía Oe6-132 cerca de Cuenca; entrada 2 US$; ◷9.00-17.00 ma-vi, desde 10.00 sa) Ocupa una casa del s. XVII restaurada en toda su gloria. Alberga una excelente colección de arte colonial. Tiene famosos cuadros y esculturas de la Escuela Quiteña, entre ellas las obras de Miguel de Santiago, Bernardo de Legarda y Manuel Chili, el artista indígena llamado Caspicara.

Monasterio de San Diego   MONASTERIO, MUSEO

(Calicuchima 117 y Farfán; entrada 2 US$; ◷9.30-12.30 y 14.30-17.30) Bello monasterio del s. XVII al noroeste del Panecillo. Se alza en un sereno patio tras los gruesos muros sobre el centro. Tiene destacadas obras coloniales de las escuelas Quiteña y Cuzqueña, entre ellas uno de los más exquisitos púlpitos de Quito, del notable tallista indígena Juan Bautista Menacho.

También tiene un fascinante cuadro del s. XVIII de Miguel de Santiago sobre la última cena. Pero la pieza más curiosa es el cuadro *Tránsito de la vida a la muerte* atribuido a Hieronymus Bosch, *El Bosco*. Nadie ha podido explicar cómo llegó allí. Al final del circuito se puede subir al campanario por una estrecha escalera y caminar por el tejado.

Centro Cultural Metropolitano   CENTRO ARTÍSTICO

(plano p. 56; Moreno esq. Espejo; ◷9.00-17.00 ma-do, patio hasta 19.30) GRATIS Se halla frente a la Plaza Grande, restaurado a la perfección. Alberga la biblioteca municipal y salas de conferencias, y ofrece exposiciones temporales de arte. Su ubicación rezuma historia: al parecer fue la sede prehispánica de uno de los palacios de Atahualpa; una escuela jesuita entre 1597 y 1767; un cuartel militar tras la expulsión de los jesuitas a finales de la década de 1700, y en 1809, la sede donde las fuerzas monárquicas contuvieron a un grupo de revolucionarios y un año después los mataron.

INDISPENSABLE

CAPILLA DEL HOMBRE Y MUSEO GUAYASAMÍN

Complejo con dos puntos de interés, la **Capilla del Hombre** (www.guayasamin.org; Calvache E18-94 y Chávez, Bellavista; adultos/jubilados y estudiantes/niños 6/3 US$/gratis, Museo Guayasamín incl.; ☉10.00-17.00 ma-do) y el **Museo Guayasamín** (www.guayasamin.org; Calvache E18-94 y Chávez, Bellavista; adultos/jubilados y estudiantes/niños 6/3 US$/gratis, Capilla del Hombre incl.; ☉10.00-17.00 ma-do). Corona una colina en el barrio de Bellavista, al noreste del centro. Expone la vida y obra del prolífico y extraordinario pintor ecuatoriano Oswaldo Guayasamín (1919-1999), uno de los artistas sudamericanos más importantes de la era moderna. La Capilla del Hombre, que quedó inacabada en vida de Guayasamín, es un colosal monumento y museo con enormes murales del artista que representan el sufrimiento de los pobres indígenas de Latinoamérica, acompañado por la eterna esperanza humanista de un futuro mejor. Estos cuadros incorporan motivos y símbolos precolombinos, con ecos de Van Gogh, El Greco y Picasso, entre otros, y son tan conmovedores como impresionantes desde un punto de vista formal.

Una de las obras más destacadas es *Los Mutilados*, reflexión sobre la guerra civil española. Otra obra innovadora es la escultural *El cóndor y el toro*, que representa la lucha forzada entre un toro y un cóndor durante el *Yawar raymi* (festival de la sangre). Durante dicho festival, se ataba un cóndor al cuello de un toro; si el cóndor ganaba, la cosecha sería buena.

La antigua casa de Guayasamín no es menos destacable. Está en lo alto de una cuesta y se ha convertido en un maravilloso museo. El artista fue un ávido coleccionista de obras de arte y el museo tiene sus cuadros de Picasso, Chagall y Goya. Su extraordinaria colección de piezas de hueso, metal y cerámica precolombinas se ha organizado de forma temática –cuencos, figurillas de fertilidad, máscaras funerarias, etc.– y el diseño geométrico y tenues colores reflejan la influencia en su obra.

El museo alberga asimismo la colección de arte religioso de Guayasamín, que incluye obras de talentosos artistas indígenas de la Escuela Quiteña. E incluso hay una colección de sangrientos crucifijos (aunque Guayasamín era agnóstico, incorporó en su trabajo imágenes de tortura religiosa y de Cristo). La pieza más destacada es un minúsculo crucifijo con un péndulo en forma de corazón dentro que oscila contra la caja torácica cuando se toca (o cuando se respira encima, según el vigilante de la sala).

La casa es de estilo ranchero y luce una decoración extravagante. Se conserva tal como estaba cuando vivía Guayasamín: su ropa aún cuelga en el armario de su dormitorio. Se puede pasear por casi toda la casa, e incluso entrar en el baño, que, naturalmente tiene uno o dos cuadros valiosos, y también se puede tocar su piano (él no tocaba). Su lujo y recuerdos, como una carta de Pablo Neruda, son un homenaje a la fama y riqueza que alcanzó este artista de origen humilde.

Los circuitos gratis por ambos museos son muy recomendables y se incluyen en el precio de la entrada; los hay con frecuencia.

Un taxi desde el Mariscal sale por unos 3 US$; es el modo más práctico de llegar. También se puede tomar el autobús de Bellavista a Florestal en el centro histórico o el Mariscal. Si se prefiere algo de actividad aeróbica, hay una larga caminata cuesta arriba. Lo mejor es subirla en taxi y bajar a pie.

Monasterio de Santa Catalina MONASTERIO (plano p. 56; Espejo 779 y Flores; entrada 1,50 US$; ☉8.30-17.00 lu-vi, hasta 12.30 sa) Convento y monasterio en activo al sur de San Agustín. Se fundó en 1592 y sus monjas permanecen enclaustradas durante cinco años. Elaboran toda clase de productos naturales, como champú, vino, crema de manos, elixires y demás. Los venden por una puerta giratoria que las mantiene ocultas.

El circuito gratis por su museo permite ver cuadros religiosos del s. XVIII, algunos completamente horripilantes.

Casa Museo María Augusta Urrutia EDIFICIO HISTÓRICO, MUSEO (plano p. 56; ☎02-258-0103; www.fmdj.org; Moreno N2-60; entrada 2 US$; ☉10.00-18.00 ma-vi, 9.30-17.30 sa y do) De todos los museos de Quito, este es el que no hay que perderse. Ocupa una casa del s. XIX en perfecto estado, que en su día fue la morada de la filántropa más querida de la capital, María Augusta Urrutia. Tiene muebles de época, vidrieras de colores, arte europeo y un verde patio. Ofrece circuitos guiados gratis.

Centro de Arte Contemporáneo
MUSEO

(www.centrodeartecontemporaneo.gob.ec; Dávila y Venezuela; ☺9.00-17.30 ma-do) GRATIS Excelente museo en un antiguo hospital militar restaurado. Ofrece modernas exposiciones multimedia y espectáculos de arte moderno de primera. Tiene una cafetería.

Casa de las Artes
GALERÍA

(plano p. 56; Casa 989, La Ronda; ☺10.00-19.00 ma-ju, hasta 22.00 vi y sa, 11.00-15.00 do) GRATIS Centro cultural situado en uno de los bellos edificios restaurados de la pintoresca Ronda. Muestra exposiciones pequeñas pero espléndidas. Además, a veces expone las deliciosas tallas policromadas en miniatura del maestro escultor del s. XVIII Toribio Ávila, cuya obra adorna también la sacristía de la iglesia de San Francisco. (A finales de la década de 1700 Ávila vivió una breve temporada en el nº 18 de La Ronda.)

Plaza Santo Domingo
PLAZA

(plano p. 56) Esta plaza cerca de la punta suroeste de la calle Guayaquil es una guarida habitual de artistas callejeros. Hordas de quiteños la llenan para ver a *clowns* y magos en ciernes. Es muy bonita de noche, cuando se iluminan las cúpulas de la sexcentista **iglesia de Santo Domingo** (plano p. 56; Flores esq. Rocafuerte; ☺7.00-13.00 y 17.00-19.00) GRATIS, en su lado sureste; merece la pena visitarla por su techo morisco, tallas de madera y trono de plata del altar mayor. Debió de ser un lugar inspirador para estudiar filosofía cuando alojó el Colegio Mayor de San Fernando en la era colonial. Al lado está el **Museo Dominicano Fray Pedro Bedón** (plano p. 56; entrada 2 US$; ☺9.00-17.00 lu-vi, hasta 14.00 sa), con un precioso claustro ajardinado y un fenomenal conjunto de arte religioso colonial.

Museo Camilo Egas
MUSEO

(plano p. 56; Venezuela 1302 y Esmeraldas; ☺8.00-17.00 ma-sa, 10.00-16.00 sa y do) GRATIS Alberga su colección, pequeña pero icónica, en una casa colonial restaurada. Se compone de obras de Camilo Egas (1899-1962), el primer pintor indigenista de Ecuador. Una de sus galerías acoge exposiciones temporales de pintores contemporáneos.

Monasterio de San Agustín
MONASTERIO

(plano p. 56; Chile y Guayaquil; entrada 2 US$; ☺9.00-12.30 y 14.00-17.00 lu-vi, 9.00-12.30 sa) Se halla a dos cuadras de la Plaza Grande y es un soberbio ejemplo de arquitectura del s. XVII. Muchos de los héroes de las batallas por la independencia de Ecuador yacen enterrados en él, y además es la sede donde se firmó la declaración de Independencia el 10 de agosto de 1809.

Casa de Sucre
MUSEO

(plano p. 56; Venezuela 573 y Sucre; ☺9.00-17.30) GRATIS Antigua casa restaurada una cuadra y media al sureste de La Compañía. Fue el hogar del Mariscal Antonio José de Sucre, héroe del movimiento independentista del país, y hoy es un pequeño museo lleno de muebles de principios del s. XIX. Hay circuitos guiados gratis.

Museo Alberto Mena Caamaño
MUSEO

(plano p. 56; Espejo cerca de García Moreno; entrada 1,50 US$; ☺9.00-17.00 ma-vi, hasta 13.30 sa y do) Para hacerse con una visión de los albores de la historia colonial de Quito a través de figuras de cera. Hace hincapié en los sucesos de agosto de 1810, cuando se ejecutaba a los quiteños independentistas. También tiene arte contemporáneo y colonial.

Teatro Sucre
TEATRO

(plano p. 56; Guayaquil y Manabí) Majestuoso edificio de 1878 que se alza en la alegre plaza del Teatro. Ofrece los mejores espectáculos de teatro, danza y música de Quito, y tiene un espléndido restaurante en la segunda planta. En las cuadras circundantes ha arraigado la prostitución.

⊙ Ciudad nueva

★ Museo Nacional
MUSEO

(plano p. 66; av. Patria esq. av. 12 de Octubre; ☺8.30-16.30 ma-vi, 10.00-16.00 sa y do) GRATIS Se halla en el emblemático edificio acristalado circular de la Casa de la Cultura Ecuatoriana y alberga una de las mayores colecciones de arte ecuatoriano del país, con magníficas obras religiosas coloniales y prehispánicas. La Sala de Arqueología tiene más de 1000 piezas de cerámica que datan de entre el año 12 000 a.C. y el 1534 d.C. Las obras de la Sala de Oro incluyen una magnífica máscara del sol radiante, y la Sala de Arte Colonial contiene obras maestras de la Escuela Quiteña.

El laberíntico espacio de la exposición arqueológica arranca con puntas de flecha de los primeros cazadores-recolectores nómadas de Ecuador, sigue con la cultura valdivia (primeros agricultores sedentarios del país) y acaba con los incas. De paso se ven piezas extraordinarias, como las "botellas silbato" de la cultura chorrera, figuras que muestran las deformaciones craneales que practicaban los machalillas, los cuencos serpentinos de los Jama-Coaque, representaciones de cerámica de *tzantzas* (cabezas reducidas), las "hachas moneda" de los Milagro-Quevedo y las famosas sillas ceremoniales de piedra de los manteños.

Mindalae – Museo Etnográfico de Artesanía de Ecuador
MUSEO

(plano p. 66; Reina Victoria N26-166 y La Niña; entrada 3 US$; ☺9.00-18.00 lu-sa) Este pequeño museo merece una visita. Está al norte del Mariscal y expone arte, ropa y utensilios de los pueblos indígenas de Ecuador, con énfasis en los del Oriente. Lo dirige la destacada Fundación Sinchi Sacha y tiene un bonito café al aire libre (abierto de 7.00 a 24.00).

Museo de Arte Moderno e Instrumentos Musicales
MUSEO

(plano p. 66; av. Patria esq. av. 12 de Octubre; entrada 2 US$; ☺9.00-16.30 ma-sa) Está en el mismo edificio que el Museo Nacional pero se accede por otra entrada. Es un espacio algo caótico y cavernoso con una colección de instrumentos musicales de Ecuador, Sudamérica y otros lugares. También tiene salas con lienzos de algunos de los artistas más famosos del país, como Oswaldo Guayasamín, Eduardo Kingman y Camilo Egas, así como exposiciones de estudiantes. Estaba prevista la apertura de un museo etnográfico.

Parque El Ejido
PARQUE

(plano p. 66) Este agradable y arbolado parque se halla al noreste de La Alameda. Es un rincón popular para improvisar partidos de fútbol y voleibol. Los fines de semana hay **espectáculos de arte al aire libre** en la av. Patria, en su punta norte. Allí mismo, artesanos y vendedores ambulantes ponen sus puestos y convierten las aceras en un mercado de artesanía.

Observatorio de Quito
OBSERVATORIO, MUSEO

(plano p. 66; parque La Alameda; entrada 2 US$; ☺10.00-17.00 ma-do) Lo inauguró el presidente García Moreno en 1864 y es el más antiguo del continente. Tiene un museo de péndulos, sextantes, cronómetros y demás

instrumentos históricos del s. xix. Los jueves y viernes abre al público para que vea las estrellas (con sesiones a las 8.00 y las 19.30; entrada 3 US$); se aconseja ir solo si el cielo está despejado). Está dentro del pequeño parque La Alameda.

Parque La Carolina
PARQUE

(plano p. 66) Este parque gigante al norte del Mariscal se llena de familias los fines de semana, atraídas por los barcos de pedales, los partidos de fútbol y voleibol, y por los carriles bici. Lo más popular es el **Jardín Botánico** (www.jardinbotanicoquito.com; adultos/niños 3,50/2 US$; ☺9.00-17.00), cuyos hábitats autóctonos abarcan páramo, bosque nuboso, humedales y otras zonas, además de un orquideario, un invernadero amazónico y un jardín etnobotánico (explora las plantas que usan grupos indígenas). También tiene zona infantil.

En el parque hay además un **Vivarium** (www.vivarium.org.ec; parque La Carolina; adultos/niños 3/2 US$; ☺9.30-17.30 ma-do), donde podrán verse (e incluso tocar) reptiles y anfibios. Cerca está el **Museo de Ciencias Naturales** (parque La Carolina; adultos/niños 2/0,60 US$; ☺8.00-13.00 y 13.45-16.30 lu-vi, 9.00-13.00 sa), lleno de insectos muertos y animales disecados.

Santuario de Guápulo
IGLESIA

(El Calvario N27-138; entrada 1,50 US$; ☺8.00-17.30, a veces cerrado para comidas) Este santuario del s. xvii, pieza central del barrio, se alza a los pies de la colina sobre Guápulo. Tiene una excelente colección de arte y escultura de la Escuela Quiteña, y un impresionante púlpito del s. xviii del maestro tallista Juan Bautista Menacho.

Palacio Legislativo
EDIFICIO DESTACADO

(plano p. 66; Montalvo cerca de av. 6 de Diciembre) Está entre los parques de La Alameda y El Ejido. Un friso colosal que representa la historia de Ecuador cubre su fachada norte.

Museo Amazónico
MUSEO

(plano p. 66; av. 12 de Octubre 1436; entrada 2 US$; ☺9.00-13.00 y 14.00-17.30 lu-vi) Museo descuidado encima de la librería Abya Yala. Alberga una pequeña exposición de objetos indígenas, entre ellos la única muestra quiteña de *tzantzas* (cabezas reducidas), además de tocados de plumas, animales disecados (cóndor, perezoso) y perturbadoras fotos de contaminación petrolera en el Amazonas.

🏃 Actividades

Quienes tengan sed de aventura pueden dedicar un día a hacer escalada en roca, excursionismo y ciclismo, y todo en la misma ciudad. La antigua estación de autobuses del centro histórico se ha convertido en el **Parque Urbano Qmandá** (☎02-257-3645; 24 de Mayo), un complejo deportivo cubierto y reluciente con pista de voleibol, campo de fútbol, rocódromo, salas de yoga y piscinas. También hay música en directo y otros eventos culturales, y tienen expuesta una impresionante maqueta a escala de la capital. Se accede por el nuevo puente cubierto a unas manzanas de La Ronda.

Ciclismo

BiciQuito (plano p. 66; www.biciq.gob.ec; Cordero 1221 y Joaquín, Mariscal; ⊙7.00-19.00 lu-sa) es el programa municipal para compartir bicicletas, parecido al de Nueva York o París. Es gratis y basta con registrarse en la oficina del Mariscal (se necesita una copia del pasaporte). Los domingos, cuando la av. Amazonas se cierra al tráfico, uno puede registrarse en cualquiera de las estaciones de la urbe. Las bicicletas son, como poco, robustas.

Las empresas locales de ciclismo de montaña alquilan bicicletas y ofrecen circuitos excelentes, como salidas de un día por el páramo del Parque Nacional Cotopaxi, descensos por sus colinas, viajes con parada en las fuentes termales de Papallacta y excursiones de dos días a Cotopaxi y Chimborazo, y a Cotopaxi y laguna Quilotoa. Los viajes de un día cuestan unos 50 US$, sin incluir la entrada al parque. Se aconseja comparar precios antes de comprometerse con un operador.

Biking Dutchman — CICLISMO
(plano p. 72; ☎02-256-8323; www.bikingdutchman.com; Foch E4-283 cerca de av. Amazonas; circuitos de 1 día desde 50 US$) El operador pionero en ciclismo de montaña de Ecuador. Tiene buenas bicis y guías, y una excelente reputación. Además, ofrece circuitos de uno a cuatro días.

Retro Bici Club — CICLISMO
(plano p. 72; ☎099-502-9088; av. Amazonas N23-78 cerca de Wilson; medio/1 día completo 8/12 US$) Ciclistas serios que reparan, restauran y alquilan bicicletas para la ciudad.

Arie's Bike Company — CICLISMO
(☎02-238-0802; www.ariesbikecompany.com) Pertenece a una pareja ecuatoriano-holandesa y organiza salidas en bicicleta de montaña por Ecuador.

Escalada

Mono Dedo — ESCALADA EN ROCA
(plano p. 66; ☎02-290-4496; www.monodedoecuador.com; Larrea N24-36 cerca de Coruña; entrada 3 US$; ⊙11.00-21.00 lu-vi, 10.00-13.00 sa) Gimnasio de escalada muy recomendable, con servicio completo e instructores expertos. Organiza toda clase de viajes por Ecuador.

Rocódromo — ESCALADA EN ROCA
(plano p. 66; Queseras del Medio s/n, La Vicentina; entrada 2 US$; ⊙8.00-19.30) Instalación al aire libre que alcanza los 25 m con paredes con varias vías. Está frente al Coliseo General Rumiñahui.

A PEDAL POR QUITO

Cada domingo, la avenida Amazonas y casi todo el casco antiguo se cierran al tráfico motorizado entre las 8.00 y las 14.00, y miles de ciclistas invaden las calles en el **ciclopaseo** semanal. El recorrido, de unos 30 km, se puede hacer entero o parcialmente; llega hasta el aeropuerto viejo y cruza el caso antiguo hasta la zona sur de Quito. Es una forma fabulosa de descubrir la ciudad.

Los más aventureros pueden unirse a los **recorridos nocturnos** que cada lunes congregan a unos 20-50 intrépidos ciclistas a las 20.00 delante de la tienda de bicicletas **El Rey** (p. 93), en el Mariscal. El paseo dura unas tres horas y cada vez sigue una ruta distinta, aunque casi siempre se sube El Panecillo. Está bien organizado, con guías delante y detrás para que nadie se quede rezagado. Al final se suele ir a comer y beber algo para reponer fuerzas. No se cobra por participar, pero se agradecen donativos para mantener la actividad. Se pueden alquilar bicicletas por 8 US$ la noche.

También se puede preguntar por salidas en grupo fuera de la ciudad. Suele haber excursiones periódicas al bosque nuboso, bajadas hasta la costa o por las rutas más duras de los Andes.

La cafetería La Cleta (p. 84) es otro lugar interesante para los amantes del pedal.

ⓘ LO NUEVO

→ BiciQuito (p. 63), el programa de bicicletas compartidas permite recoger y dejar una bici en varias estaciones repartidas por la capital.

→ El grande y reluciente aeropuerto está 37 km al noreste de Quito. El antiguo, 9 km al norte del Mariscal, se ha convertido en un parque público.

→ Las compañías de autobuses interurbanos ya no pueden recoger a los pasajeros en sus oficinas urbanas. Hay que ir a una de las tres estaciones.

→ En teoría los taxis se han equipado con "botones del pánico", situados en el brazo del asiento trasero. Al presionarlos, se alerta a la policía con una señal de GPS y se inicia una grabación de vídeo y audio.

→ El revitalizado sistema ferroviario del país ofrece ahora varias rutas, como el viaje de lujo a Guayaquil y excursiones de un día. Arrancan en la estación renovada al sur del centro.

→ El Museo del Carmen Alto (p. 59), uno de los más interesantes de la capital. Abrió en el 2013 en un antiguo convento de monjas carmelitas.

→ El hotel de lujo y proyecto museístico de La Compañía de Jesús (p. 55), una de las iglesias más importantes de Quito. En el momento de escribir esta guía se desarrollaba a ritmo lento.

→ Han abierto varias cervecerías artesanales que sirven zumo de cebada en consonancia.

→ We Help (p. 90), negocio privado frente a la plaza Foch, es la mejor tienda del casco nuevo para obtener información sobre la ciudad.

→ TAME (☎1800-500-800, 396-6300; www.tame.com.ec; av. Amazonas N24-260 esq. av. Cristóbal Colón), la línea aérea nacional, empezó a ofrecer vuelos diretos entre Quito y el neoyorquino JFK en el 2013.

→ Los museos de la Capilla del Hombre y Guaysamín (p. 60), unidos por una rampa, comparten hoy el mismo acceso y una sola entrada.

→ La antigua estación de autobuses del centro se ha transformado en el Parque Urbano Qmandá (p. 63), un complejo multideportivo moderno y cubierto.

→ La nueva sede de la Unión de Naciones Suramericanas eclipsa el monumento de la Mitad del Mundo.

🎓 Cursos

Quito es un buen lugar para pulir (o empezar a aprender) esos pasos de salsa.

Danza

**Academia Salsa
y Merengue** CURSO DE DANZA
(plano p. 72; ☎02-222-0427; tropicaldancing@ hotmail.com; Foch E4-256 y av. Amazonas; clases particulares/grupo 10/6 US$/h; ⊙10.00-20.00 lu-vi) La regenta Sylvia García, una bailarina profesional con varias décadas de experiencia. Ofrece clases de una amplia variedad de estilos.

Ritmo Salvaje CURSO DE DANZA
(plano p. 72; ☎02-222-4603; García E5-45; clases particulares 10 US$; ⊙10.00-20.00 lu-vi) Espacio pequeño y popular que da una clase introductoria los jueves noche a las 20.00. Las noches de los viernes y sábados se convierte en un popular local de salsa (entrada 3 US$; gratis si se toman clases).

Ritmo Tropical CURSO DE DANZA
(plano p. 72; ☎02-255-7094; www.ritmotropical salsa.com; av. Amazonas N24-155 y Calama; clases particulares/grupo 10/6 US$; ⊙9.00-20.00 lu-vi) Además de sus populares clases de salsa, enseña tango y capoeira.

Candeias CURSO DE CAPOEIRA
(plano p. 66; ☎02-224-4314; www.candeiasecua dor.com; Mundo Juvenil, parque La Carolina) Es una de las mejores escuelas de capoeira del país. Ofrece clases para grupos con regularidad. Hay que llamar o consultar su agenda en línea.

☞ Circuitos

Quito es uno de los lugares de Ecuador donde es más fácil contratar un circuito guiado, ya se trate de un crucero por las Galápagos, escalada, refugios en el Amazonas, una salida en bici o *rafting* en aguas bravas. Hay itinerarios de un día, dos y varias semanas que pueden hacerse a medida para grupos pequeños. Muchas agencias ofrecen circuitos estándar a lugares cercanos como Mitad del Mundo, Pululahua y destinos más alejados, como Otavalo, Mindo, Cotopaxi y Baños. Hay que asegurarse de pasarse entre semana (muchas oficinas cierran los fines de semana). Si se hace un viaje largo se recomienda conocer antes al guía.

Happy Gringo CIRCUITOS GUIADOS
(☎02-512-3486; www.happygringo.com; Aldaz N34-155 cerca de Portugal, edificio Catalina Plaza, 2º) Empresa británico-holandesa dirigida a un público de presupuesto medio. Organiza itinerarios personalizados de entre una semana y un mes por el país, desde las Galápagos al Amazonas. La dirigen guías profesionales y tiene chóferes privados. Es una de las mejores compañías de circuitos nacionales de la ciudad.

CarpeDM Adventures CIRCUITOS GUIADOSS
(plano p. 56; ☎02-295-4713; www.carpedm.ca; Antepara E4-70) Saca una nota muy alta gracias a sus precios asequibles y amplio surtido de circuitos, aunque descuella entre el resto de agencias por su excelente servicio. La dirige el simpático, fiable y ducho Paul Parreno, que ofrece salidas a Cotopaxi, Otavalo y Mindo, y circuitos gratis a pie por El Centro de lunes a viernes. Tiene la oficina en el Secret Garden Hostel de la zona de San Blas, en el centro.

Surtrek EXCURSIONISMO, ESCALADA
(plano p. 66; ☎02-250-0660; www.surtrek.com; San Ignacio E10-114 y Plácido Caamaño) Compañía de primera con años de experiencia en excursionismo y escalada. Organiza circuitos personalizados y ofrece otros por las Galápagos.

Sangay Touring CIRCUITOS GUIADOS
(plano p. 72; ☎02-222-1336; www.sangay.com; av. Amazonas N23-31 cerca de Veintimilla) Tiene toda una variedad de circuitos estándar de un día, como excursiones en todoterreno, senderismo y visitas a bosques nubosos y volcanes. También organiza circuitos económicos por las Galápagos.

Compañía de Guías de Montaña ESCALADA
(plano p. 66; ☎02-290-1551; www.companiadeguias.com; av. 6 de Diciembre N20-50 y Washington) Magnífico operador de escalada. Sus guías son todos miembros de la Asociación Ecuatoriana de Guías de Montaña (ASEGUIM).

Freedom Bike CIRCUITOS EN MOTOCICLETA
(plano p. 72; ☎02-250-4339; www.freedombikerental.com; Mera N22-37) Ofrece circuitos guiados en motocicleta (por carretera y fuera de ella), de entre cuatro y doce días con guía. También se puede hacer un circuito por cuenta propia con un GPS programado. Estos últimos van de un día por Quito a tres explorando parte de los Andes y el Oriente (25 US$/día por una motocicleta con casco y guantes).

Eos Ecuador CIRCUITOS GUIADOS
(plano p. 72; ☎02-601-3560; www.eosecuador.travel; av. Amazonas N24-66 y Pinto) ✈ Tiene una buena oferta de viajes de escalada, senderismo y visitas a las Galápagos y el Amazonas, así como estancias en alojamiento fruto de iniciativas orientadas al turismo en comunidades indígenas.

Gulliver CIRCUITOS GUIADOSS
(plano p. 72; ☎02-252-9297; www.gulliver.com.ec; Mera 24-156 cerca de Calama) Operador reputado que ofrece salidas de excursionismo, escalada, ciclismo de montaña y paseos a caballo por los Andes. Tiene muy buenos precios y salidas diarias.

High Summits CIRCUITOS GUIADOS
(plano p. 72; ☎02-290-5503; www.highsummits.com; Pinto 5-29 cerca de Mera, 2º) Compañía veterana que organiza circuitos de escalada por Ecuador. Tiene guías, todos miembros de la ASEGUIM. También gestiona circuitos por Rucu Pichincha.

Tierra de Fuego CIRCUITOS
(plano p. 72; ☎02-250-1418; www.ecuadortierradefuego.com; av. Amazonas N23-23 esq. Veintimilla) Especializada en circuitos de un día por Quito y viajes a las Galápagos.

Safari Tours CIRCUITOS GUIADOS
(plano p. 72; ☎02-255-2505; www.safari.com.ec; Reina Victoria N25-33, 10º, cerca de av. Colon) De espléndida reputación y con mucha experiencia. Ofrece toda clase de viajes y circuitos, desde escalada por volcanes y salidas por la jungla a circuitos en todoterreno y

Ciudad nueva

Casa de la Música (380m)

San Telmo (560m)

Hotel Finlandia (680m); Centro Comercial Quicentro (1km) / República de El Salvador

Happy Gringo (130m)

Centro Comercial Iñaquito (1km); Multicines (1km)

Cinemark (1km)

Capilla del Hombre (1.1km); Museo Guayasamín (1.1km)

BELLAVISTA

Camino de Orellana

Bosmediano

Eloy Alfaro

Nortega

Bellavista

San Martín

González Suárez

Coruña

Barón de Humboldt

LA PAZ

Whymper

38

48 47

La Paz

Noboa

Bello Horizonte

Orellana

45

6

2

9

13

11

Parque La Carolina

Av de los Shyris

Severino

Martín

Tobar

Almagro

Apallana

Av de la República

Aguilera

50

San Salvador

La Pradera

Orellana

32

La Pinta

Oficina del Napo y Wildlife Center

4

Pinzón

Av de la República

61

49

La Rábida

55

36

La Niña

52

26

La Pradera

Av Amazonas

Grecia

La Granja

Hungría

Mariana de Jesús

Italia

Polonia

Av Amazonas

LA PRADERA

Av Alfaro

Colegio Militar

Orellana

COLÓN

Santa María

Av Colón

Cordero

14

South American Explorers

Mariana de Jesús

Floron

Mariana de Jesús

Cuero y Caicedo

Inglaterra

Vancouver

Acosta

Javier Ascázubi

Colón

Av Amazonas

Av Atahualpa

San Gabriel

Cuero y Caicedo

Carvajal

Bartolomé de las Casas

Selva Alegre

José Valentín

Mariana de Jesús

Cruz de Castilla

Toribio Méndez

Versalles

Ulloa

Av América

Seminario Mayor

MIRAFLORES

Av La Gasca

Humberto Albornoz Park (2km); Vulqano Park (2km); TelefériQo (2km)

Moran

Marchena

42

Universidad Central

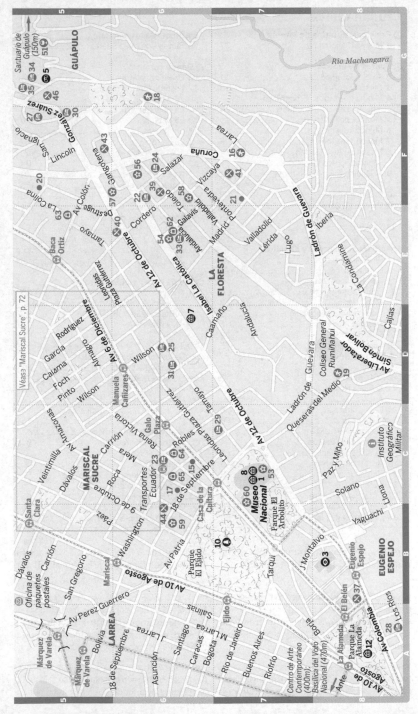

Ciudad nueva

expediciones personalizadas fuera de las rutas marcadas. Está en el Mariscal.

Tropic CIRCUITOS GUIADOS
(☎888-207-8615; www.tropiceco.com; Pasaje Sánchez Melo cerca de av. Galo Plaza Laso) 🌿 Agencia veterana con muchos circuitos de tres a seis días por el Oriente, los Andes y por bosques nubosos.

Yacu Amu Rafting CIRCUITOS DE RAFTING
(plano p. 72; ☎02-290-4054; www.raftingecuador.com; Foch 746 cerca de Mera) Gran operador es-

pecializado en *rafting*. Tiene salidas diarias al Toachi y a Río Blanco, y varias de clase III a IV.

Zenith Travel CIRCUITOS
(plano p. 72; ☎02-252-9993; www.zenithecuador.com; Mera N24-264 y Cordero) Agencia frecuentada por gays con un amplio surtido de circuitos, entre ellos urbanos, visitas al mercado de Otavalo, a Cotopaxi, al Amazonas y a las Galápagos.

Adventure Edge CIRCUITOS DE AVENTURA
(☎02-254-5938; www.adventuredge.com; Pinto E4-385 cerca de Mera, Rm 306) Agencia recomenda-

da del Mariscal. Ofrece una gran variedad de circuitos de corte aventurero, como salidas para practicar ciclismo de montaña, senderismo, *rafting* y kayak.

Dracaena
CIRCUITOS

(plano p. 72; ☎02-290-6644; www.amazondracaena. com; Pinto E4-353) ✈ Ofrece circuitos por Cuyabeno desde su base en el Nicky Amazon Lodge.

Condor Trek
ESCALADA

(plano p. 72; ☎02-222-6004; Reina Victoria N24-295) Reputado operador de escalada que ofrece circuitos guiados por casi todos los picos de Ecuador.

Sierra Nevada Expeditions
ESCALADA, RAFTING

(plano p. 72; ☎02-255-3658; www.sierranevada trek.com; Pinto 4E-152 cerca de Cordero) Lleva mucho tiempo en el sector y ofrece circuitos de escalada y *rafting*. Su propietario, Freddy Ramírez, está ya muy consolidado en el negocio y es un guía de montaña de espléndida reputación.

Neotropic Turis
CIRCUITOS

(☎02-292-6153; www.neotropicturis.com; Los Shyris N36-188 cerca de Naciones Unidas) ✈ Regenta el maravilloso Cuyabeno Lodge, en la Reserva Producción Faunística Cuyabeno.

Latin Adventures
CIRCUITOS CULTURALES

(plano p. 56; ☎02-316-1568; www.latinadventures. ec; Caldas E1-38 cerca de Cevallos, plaza San Blas) Ofrece muchos circuitos, con énfasis en la cultura indígena, por Santo Domingo, el Oriente y demás rincones.

Nuevo Mundo Expeditions
CIRCUITOS POR EL RÍO

(plano p. 66; ☎02-256-5621; www.nuevomundoex peditions.com; calle 18 de Septiembre E4-161 cerca de Mera) Equipo profesional sumado a los mejores guías y circuitos. Organiza cruceros de cuatro a cinco días por el Napo a bordo del confortable *Manatee Amazon Explorer*.

Gray Line
CIRCUITOS

(☎02-394-8520; www.graylineecuador.com) Franquicia de la compañía con sede en EE UU. Gestiona circuitos urbanos (29 US$) y salidas estándar de dos días a Otavalo (55 US$), Cotopaxi (70 US$) y Papallacta (70 US$). Pueden reservarse en We Help (p. 90), plaza Foch.

Circuitos por Quito

Caminos de San Roque
CIRCUITOS A PIE

(☎02-228-9441; www.caminosdesanroque.com) ✈ Proyecto de gestión comunitaria que ofrece circuitos guiados a pie (6,50 US$/persona) por San Roque, un barrio del centro unas cuadras al oeste de la plaza San Francisco. Efectúa paradas en varias tiendecitas de artesanía.

Quito Eterno
CIRCUITOS A PIE

(plano p. 56; ☎02-228-9506; www.quitoeterno.org; la Ronda 989) Circuitos diarios a pie con guías vestidos de época que ilustran sobre aspectos poco conocidos de la historia y los puntos de interés del centro.

Free Walking Tour Ecuador
CIRCUITOS A PIE

(plano p. 56; www.freewalkingtourecuador.com; Cevallos N6-78) Guías ecuatorianos que ofrecen circuitos a diario (salvo do). Comienzan a las 10.30 desde el Community Hostel del centro. Son gratis pero aceptan propina.

Quito Turismo
CIRCUITOS A PIE

(plano p. 56; www.quito.com.ec) Operador que dirige la oficina de turismo de Quito, frente a la Plaza Grande. Ofrece un abanico de circuitos guiados por el centro, entre ellos uno nocturno.

Quito Tour Bus
CIRCUITO EN AUTOBÚS

(www.quitotourbus.com; adultos/niños 12/6 US$; ☉9.00-16.00) Circuitos que operan las autoridades de turismo de la ciudad. Cuentan con autobuses de dos plantas a los que se puede subir y bajar a voluntad. Paran en 12 importantes puntos de interés, como La Compañía, la basílica, el parque La Carolina, El Panecillo y el TelefériQo. Se pueden adquirir billetes y horarios en la oficina de turismo de Quito (p. 90) en el centro, en We Help (p. 90) de Mariscal o en el propio autobús.

Los sábados y domingos de 11.00 a 18.00 ofrece un circuito a la Mitad del Mundo y al mirador del cráter volcánico de Pululahua (adultos/niños 25/12 US$; el precio incluye la entrada a los puntos de interés, el autobús y guía.

✿ Fiestas y celebraciones

Carnaval
FIESTA

Se celebra el fin de semana antes del Miércoles de Ceniza (por lo general, en febrero). Incluye intensas guerras de agua que no dejan títere con cabeza.

Semana Santa
FIESTA RELIGIOSA

En Semana Santa se celebran pintorescas procesiones religiosas. La más espectacular es la de los *cucuruchos* (penitentes con capirotes) el Viernes Santo.

Fiesta de la Fundación de Quito
FIESTA DE LA CIUDAD

(☉principios dic) Es el mayor acontecimiento anual de Quito. Se celebra el 6 de diciembre, aunque las fiestas en sí empiezan bastante antes. Conmemoran la fundación de la ciudad por los españoles.

A finales de noviembre, Quito elige a una reina, y las noches son coto de los pintorescos chivas (autobuses sin techo), que invaden las calles llenos de lugareños de jarana. Durante la semana que conduce hasta el gran día, hay corridas en la plaza de toros, unos 2 km al norte del parque La Carolina, en la av. Amazonas, y se baila flamenco por toda la capital, pues los quiteños se sienten unidos a sus raíces españolas. La cosa va tomando cuerpo según se acerca el 6 de diciembre. Grupos locales y DJ ofrecen conciertos al aire libre por toda Quito, cuyos comercios cierran casi por completo hacia el día 5, cuando todo el mundo está ya de fiesta.

Fin de Año   FIESTA

Al igual que en el resto de Ecuador, los capitalinos reciben el nuevo año quemando intrincadas marionetas gigantes en las calles a medianoche, lanzando cohetes al cielo y poniendo la seguridad pública en peligro en general.

🛏 Dónde dormir

Casi todos los viajeros se quedan cerca del Mariscal, que está repleto de pensiones, albergues, bares y restaurantes. El barrio de La Floresta es más tranquilo y menos turístico, y por tanto una alternativa agradable a solo unas cuadras. En el centro hay varios alojamientos, sobre todo hoteles de categoría, y ofrece fácil acceso a sus museos, iglesias y demás puntos de interés, por no mencionar su bella arquitectura histórica. La pega es que apenas hay vida nocturna, salvo los fines de semana en La Ronda. Hay varios albergues en su vecindario de San Blas, una modesta zona obrera por la que de noche es mejor desplazarse en taxi. Se aconseja estar al tanto del proyecto hotelero del Monasterio de Quito (www.monasterioquito.com), que propone un replanteamiento conservacionista de una pequeña parte de la Compañía de Jesús de Quito y la construcción de un museo.

Las cadenas internacionales, como Marriott, Best Western, Swissôtel y Hilton, están por toda la ciudad.

🛏 Centro histórico

★La Posada Colonial   PENSIÓN $
(plano p. 56; ☑02-228-2859; www.laposadacolonial.com; Paredes S1-49 y Rocafuerte; h 11 US$/persona; @🛜) Fácil solución para quienes buscan alojamiento económico y sencillo en el centro pero no quieren un albergue, y encima está cerca de La Ronda. Tiene dormitorios con techo alto y suelo de madera, casi todos con varias camas, por lo que sale bien de precio si se viaja en grupo. Los baños son pequeños. Tiene una pequeña terraza con buenas vistas y una cocina para uso común.

Quito Backpacker Guesthouse   PENSIÓN $

(plano p. 56; ☑02-257-0459; www.quitobackpacker-guesthouse.com; Oriente E3-108 esq. Léon, San Blas; dc 7 US$, h 20 US$, sin baño 9 US$; 🛜) Excelente y nueva opción si se buscan precios de albergue y ambiente de pensión familiar. Ocupa una gran casa colonial de San Blas y tiene varias plantas de habitaciones amplias, cocina en cada planta, y una terraza en la azotea. Tiene un bar excelente y una sala de juegos. El recomendable operador de circuitos CarpeDM tiene una oficina en el edificio.

Secret Garden   ALBERGUE $

(plano p. 56; ☑02-295-6704; www.secretgardenquito.com; Antepara E4-60, San Blas; dc 11 US$, d 39 US$, sin baño 32 US$; @🛜) Albergue eternamente popular de innegable ambiente social. No es lugar para introvertidos y amantes de la intimidad. Viajeros curtidos que trabajan de camareros en Quito y otros especímenes de la ruta sudamericana intercambian anécdotas mientras se toman una cerveza en su terraza con mágicas vistas del centro. Sus habitaciones, con suelo de madera, son sencillas pero están limpias. Unas empinadas escaleras llevan a la terraza, que hace las veces de recepción. Ofrece cenas a diario (ppales. de 4 a 5 US$), plazas de voluntariado, programa de eventos (noches de concursos, barbacoas a la australiana) y CarpeDM, una agencia de circuitos de primera.

Colonial House   ALBERGUE $

(plano p. 56; ☑02-316-3350; www.colonialhousequito.com; Olmedo E-432 y Los Ríos; dc 10 US$, h 25 US$, sin baño 20 US$; @🛜) Su fachada es colonial pero esta caótica pensión no tiene nada de regio, histórico ni elegante. De hecho, está bastante desaliñada, empezando por su descuidado patio ajardinado, donde se puede acampar o hacer pesas. Sus 16 habitaciones tienen diversas formas y diverso atractivo. El ambiente es bohemio y afable hasta el punto de la dejadez, según quién ande en la recepción. Tiene lavandería, cocina para los huéspedes y varias zonas comunitarias pequeñas.

QUITO PARA NIÑOS

Quito abunda en entretenimiento infantil. El parque La Carolina (p. 62) es un buen sitio para empezar: se puede ir en bote de pedales por el lago, o bien visitar el museo de historia natural o el Vivarium (p. 62), donde serpientes, tortugas y lagartos despertarán interés y puede que miedo. Cerca está el Jardín Botánico (p. 62), con una zona interactiva para niños. El parque también es hogar de **Mundo Juvenil** (plano p. 66; ☑246 5846; www.mundojuvenil.ec), que ofrece un pequeño planetario, espectáculos infantiles y exposiciones temporales.

En la base del TelefériQo está Vulqano Park (p. 78), un parque de atracciones con autos de choque y demás diversiones de feria.

Pero la mayor novedad de categoría en ocio infantil es el **Museo Interactivo de Ciencia** (☑02-261-7141; www.museo-ciencia.gob.ec; Sincholagua esq. Vicente Maldonado, Chimbacalle; adultos/niños 3/1 US$; ☺9.00-17.00 mi-do). Ocupa una antigua fábrica textil al sur del centro y tiene muchas exposiciones interactivas para niños pequeños y adolescentes.

El **Museo del Agua-Yaku** (☑02-251-1100; www.yakumuseoagua.gob.ec; El Placer Oe11-271; adultos/estudiantes/niños 3/2/1 US$; ☺9.00-17.30 ma-do) se construyó en las faldas más bajas del Pichincha, donde estaban antiguamente los primeros tanques de distribución de agua de la urbe. Narra la historia de la relación de Quito con el suministro más vital a través de exposiciones interactivas aptas para niños.

En Quito es difícil hallar servicios de canguro orientados a turistas, a menos que uno se aloje en los mejores hoteles, en cuyo caso estos se harán cargo de las gestiones.

Hostal San Blas HOTEL $
(plano p. 56; ☑02-228-9480; www.hostalsanblas.com.ec; Caldas E1-38, plaza San Blas; i/d 15/24 US$, sin baño 13/20 US$) Opción aceptable por su ubicación en una bonita plaza cerca del transporte público. Eso sí no importa que las habitaciones sean pequeñas, oscuras y no tengan ventanas. Ofrece descuentos para el gimnasio de al lado.

Hostel Revolution PENSIÓN $
(plano p. 66; ☑02-254-6458; www.hostelrevolutionquito.com; Los Ríos N13-11 cerca de Castro; dc/i/d/tr 10/15/27/33 US$; @☎) Excelente para huir del circo de Mariscal. Ocupa una casa colonial y es tranquila. Tiene habitaciones confortables, cocina compartida, terraza con vistas y un alegre bar-*lounge* donde juntarse con otros viajeros. Además, está a una cuadra subiendo desde el parque La Alameda.

★**Hotel San Francisco de Quito** HOTEL $$
(plano p. 56; ☑02-228-7758; www.sanfranciscodequito.com.ec; Sucre Oe3-17; i/d 32/51 US$; @☎) No se exagera al decir que entrar por la puerta de aspecto medieval de este hotel histórico a su florido patio interior es como viajar a otro siglo, en concreto al año 1698, cuando se fundaron sus cimientos. Tiene habitaciones de varios tamaños y formas, todas con suelo de madera y muebles acogedores.

Al ser un edificio colonial, muchas estancias carecen de ventanas, pero sus puertas se abren a un balcón que da al delicioso patio. Otras están en un pequeño edificio contiguo, junto a una bonita terraza. Sirve un sencillo desayuno en su comedor de ladrillo abovedado en la planta baja.

Portal de Cantuña HOTEL-BOUTIQUE $$
(plano p. 56; ☑02-228-2276; www.portaldecantunaquito.com; Bolivar OE6-105 esq. Cuenca; h 70 US$; ☎) ✐ Edificio restaurado de mediados del s. XIX oculto en una calleja. En su día alojó a una orden de monjas, que sin duda se habrían distraído con las bonitas vidrieras que cubren su patio interior, adornos barrocos y de pan de oro, y su ambiente general de calidez y rica suntuosidad. Solo hay wifi en el vestíbulo.

Mia Leticia HOTEL $$
(plano p. 56; ☑02-295-1980; www.mialeticia.com; Montúfar N5-91 y Mejía; i/d 35/55 US$; @☎) Su interior es menos majestuoso que su exterior colonial, y el atrio cubierto es oscuro. Pero sus sencillas habitaciones tienen suelo de madera y grandes ventanas que dan mucha luz (se aconseja pedir una que dé a la calle). A los baños, sin embargo, no les vendría mal un arreglo. Está en una plaza pequeña y animada frente a Pichincha, la calle mayor del centro.

Mariscal Sucre

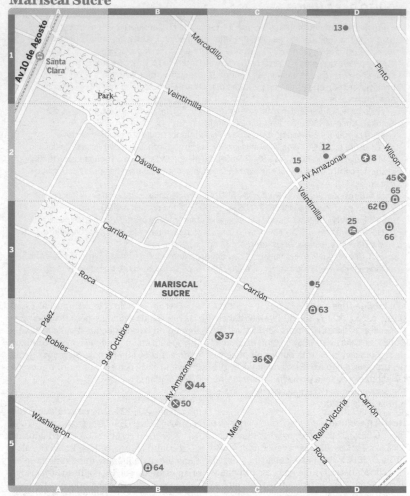

Hotel Real Audiencia　　　　HOTEL **$$**
(plano p. 56; ☑02-295-0590; www.realaudiencia.
com; Bolívar Oe3-18 y Guayaquil; i/d 45/72 US$
desayuno incl.; @🛜) Ofrece una experiencia
hotelera más estándar que otros negocios
del centro, tanto en cuanto a estilo como
a servicio.

Tiene habitaciones con suelos de imi-
tación de madera y agradables baños
modernos con buenas duchas. El perso-
nal de recepción es profesional y algo
formal. Tiene un restaurante con vistas
en la terraza.

★**Casa San Marcos**　　HOTEL-BOUTIQUE **$$$**
(plano p. 56; ☑02-228-1811; www.casasanmarcos.
com; Junín E1-36 y Montúfar; h 170-300 US$ desayu-
no incl.; 🛜) Mansión colonial bien restaurada
con seis habitaciones, todas con muebles antiguos, óleos de los ss. XVIII y XIX y accesorios
de lujo. También tiene una galería de arte y
un anticuario. La sala donde sirve el desayuno tiene pintorescas vistas del Panecillo.

★**Hotel El Relicario
del Carmen**　　　　　PENSIÓN **$$$**
(plano p. 56; ☑02-228-9120; www.hotelrelica
riodelcarmen.com; Venezuela 1041 y Olmedo; i/d/tr

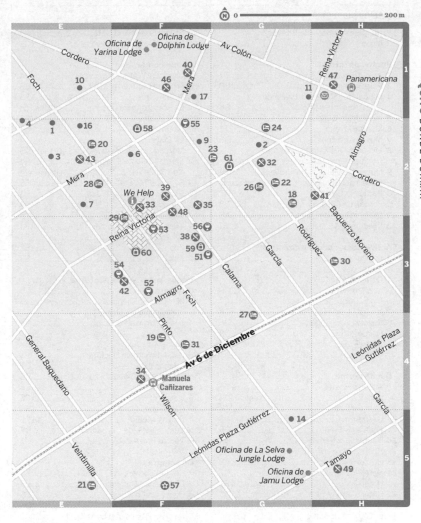

N 0 —————————————— 200 m

100/154/172 US$ desayuno incl.; @ 🛜) Deliciosa pensión con 18 habitaciones situada en una mansión colonial salpicada de coloridos cuadros y vidrieras de colores. Sus habitaciones son aún más deliciosas, con suelo de madera y techo con vigas vista (pero baños pequeños); casi todas dan al patio interior.

Casa Gangotena
HOTEL **$$$**

(plano p. 56; 🕿02-400-8000; www.casagangotena. com; Bolívar Oe6-41; h desde 450 US$ desayuno incl.; @ 🛜) Hotel con vistas a la plaza San Francisco. Es uno de los mejores alojamientos de Quito, con servicios de primera y habi-

taciones de elegante diseño situadas en una hermosa mansión restaurada que mezcla *art nouveau* con modernismo contemporáneo. Las zonas comunitarias incluyen una biblioteca forrada de madera, un patio cubierto y una terraza. Las estancias con vistas a la plaza tienen columnas de mármol flanqueando las ventanas y grandes camas.

Plaza Grande
HOTEL **$$$**

(plano p. 56; 🕿02-251-0777; www.plazagrandequito. com; García Moreno esq. Chile; ste desde 400 US$; @ 🛜) Es uno de los mejores hoteles de Quito. Tiene *suites* preciosas con detalles en made-

Ciudad nueva

ra tallada, lámparas de araña y baños de mármol con *jacuzzi*. Algunas habitaciones tienen pequeños balcones. Hay un pequeño *spa,* varios restaurantes y servicio de primera.

Hotel Patio Andaluz   HOTEL $$$
(plano p. 56; ☑02-228-0830; www.hotelpatioandaluz.com; García Moreno N6-52; d 300 US$; @🖥) Está en una casa reformada del s. XVI. Es elegante y tiene lujosas habitaciones con balcones interiores. La madera está presente por todas partes y el servicio es impecable;

la serenidad inunda el lugar. En su patio cubierto hay un fabuloso restaurante de cocina española y ecuatoriana.

La Mariscal

Blue House   PENSIÓN $
(plano p. 72; ☑02-222-3480; www.bluehousequito.com; Pinto E8-24; dc 8 US$, d 30 US$, sin baño 24 US$; @🖥) Acogedora pensión con ocho agradables habitaciones: cuatro dormitorios con entre seis y ocho camas, y cuatro privadas. Todas tienen el suelo de madera y se hallan

en una casa reformada en una calle tranquila. Hay un espacio para celebrar barbacoas, un confortable salón con chimenea y cocina para uso de los huéspedes.

Magic Bean PENSIÓN $
(plano p. 72; ☎02-256-6181; www.magicbeanquito. com; Foch E5-08 y Mera; dc/i/d 14/28/36 US$; ☐) Es más conocida por su animado restaurante. Solo tiene cuatro habitaciones, todas muy limpias y agradables. Pero se advierte a los viajeros de sueño ligero que los fines de semana es muy ruidosa.

Casa Helbling PENSIÓN $
(plano p. 72; ☎02-222-6013; www.casahelbling. de; Veintimilla E8-152 cerca de av. 6 de Diciembre; i/d 32/44 US$, sin baño 21/32 US$; ☐) Ocupa una íntima casa colonial en el Mariscal. Está limpia, es tranquila y agradable. Tiene una cocina para los huéspedes, lavandería y relajantes zonas comunitarias.

El Cafecito ALBERGUE $
(plano p. 72; ☎02-223-4862; www.cafecito.net; Cordero 1124; dc 8 US$, h 25 US$/persona, sin baño 15 US$; ☐) Está en una casa colonial amarilla pintada con grafitis por fuera y es un sitio popular entre viajeros de presupuesto ajustado, sobre todo por su ambiente apacible y su encantadora cafetería restaurante. Los dormitorios están bien, aunque son pequeños y algo viejos. Las habitaciones privadas son claustrofóbicas; es mejor evitarlas.

Vibes ALBERGUE $
(plano p. 72; ☎02-255-5154; www.vibesquito.com; Pinto cerca de av. 6 de Diciembre; dc 9 US$; ☐) Albergue desarreglado con siete habitaciones y muebles viejunos que ocupa una casa colonial. Está bien para quien busque juerga en el Mariscal junto a otros viajeros. Los domingos por la mañana parece un piso de estudiantes recuperándose de una fiesta monumental. El propietario es simpático y afable, y hay un bar y mesa de billar.

★ Hostal El Arupo PENSIÓN $$
(plano p. 72; ☎02-255-7543; www.hostalelarupo. com; Rodríguez E7-22; i/d/tr 30/45/48 US$ desayuno incl.; ☐) Acogedora e íntima, todo un refugio de la locura de la vecina plaza Foch. Es una casa impoluta y hogareña con un pequeño y bonito patio delantero. Las habitaciones tienen el suelo de madera y camas firmes. También tiene una cocina comunitaria inmaculada, donde se sirve el desayuno, y un pequeño salón. Su hotel hermano, **El Arupo Bed & Breakfast** (plano p. 72; ☎02-

252-3528; www.hostalelarupo.com; García E5-45; i/d 25/42 US$; ☐), tiene estancias algo más pequeñas y se halla en una zona más ruidosa.

La Casa Sol PENSIÓN $$
(plano p. 72; ☎02-223-0798; www.lacasasol.com; Calama 127, cerca de av. 6 de Diciembre; i/d 58/72 US$ desayuno incl.; ☐) Acogedora pensión de precio medio con un invitador vestíbulo de tonos coloniales y alegres habitaciones de cara a un patio interior. Está lleno de agradables detalles, así como de arte y fotografías en pasillos y estancias.

Antinea Apart Hotel HOTEL $$
(plano p. 72; ☎02-250-6838; www.hotelantinea.com; Rodríguez 175 y Almagro; i/d desde 61/71 US$; ☐) Mansión remodelada de curiosa decoración. Tiene habitaciones barrocas con un popurrí de arte y muebles dispares. Por desgracia, casi todas tienen un aspecto viejo. Solo las *suites*, espaciosas y algo más caras, tienen chimenea y merecen la pena. Tiene un bonito patio.

Cayman Hotel PENSIÓN $$
(plano p. 72; ☎02-256-7616; www.hotelcaymanquito. com; Rodríguez E7-29; i/d/tr 46/73/92 US$ desayuno incl.; ☐) Casa reformada en una calle relativamente tranquila del Mariscal. Tiene habitaciones alegres y luminosas con el suelo de madera, contraventanas y mullidos edredones blancos, pero algunas son demasiado pequeñas para ofrecer una buena relación calidad-precio. También hay un agradable *lounge* interior, y una zona de aparcamiento y jardín al aire libre.

Fuente de Piedra 1 PENSIÓN $$
(plano p. 66; ☎02-252-5314; www.ecuahotel.com; Wilson E9-80 cerca de Tamayo; i/d 57/68 US$ desayuno incl.; ☐) Ocupa una bonita casa co-

---

ⓘ CONSEJOS: ALOJAMIENTO EN EL AEROPUERTO

Se planea construir varios hoteles de cadenas internacionales cerca del aeropuerto, entre las que destaca el Wyndham Gran Condor, que estará en el mismo recinto aeroportuario. En la actualidad el mejor hotel cerca del aeropuerto es la **Posada Mirolindo** (☎02-215-0363; www.posadamirolindo. com; Oyambarillo; i/d 50/90 US$ desayuno incl.; ☐), un lugar bonito y acogedor a solo 10 km. Merece la pena si se tiene un vuelo muy temprano a/desde las Galápagos o el Amazonas.

lonial y tiene habitaciones encaladas con el suelo de madera o terracota y buenas ventanas (algunas con excelentes vistas). El patio abierto hace las veces de restaurante. Tiene otra sede igual de recomendable, la **Fuente de Piedra II** (plano p. 72; ✆02-290-0323; www. ecuahotel.com; Mera N23-21 cerca de Baquedano; i/d 57/68 US$ desayuno incl.; 🛜).

Hotel Sierra Madre   PENSIÓN $$
(plano p. 66; ✆02-250-5687; www.hotelsierramadre. com; Veintimilla 464; i/d 66/79 US$; @🛜) Se halla en un edificio restaurado de la era colonial. Tiene 21 habitaciones de distinto tamaño, con camas estupendas y cálidos colores. Las mejores tienen el techo abovedado y galerías. Abajo hay un restaurante.

Posada del Maple   PENSIÓN $$
(plano p. 72; ✆02-254-4507; www.posadadelmaple. com; Rodríguez E8-49; dc 9 US$, i/d 25/41 US$, sin baño 23/30 US$; @🛜) Este lugar, favorito durante años, ha visto mejores días. Sus habitaciones tienen muebles viejos y deteriorados, aunque hay algunos rincones y salas confortables, y cocina para los huéspedes. Está en una calle tranquila.

Hotel Los Alpes   PENSIÓN $$
(plano p. 66; ✆02-256-1110; www.hotellosalpes.com; Tamayo 233 y Washington; i/d/tr 68/80/92 US$ desayuno incl.; @🛜) De regencia italiana. Tiene un llamativo papel de pared, platos decorativos y fruslerías doradas que no le restan encanto alpino. Hay habitaciones espaciosas con suelo de madera y otras más pequeñas con moqueta y aire de cabaña.

★ Café Cultura   PENSIÓN $$$
(plano p. 66; ✆02-222-4271; www.cafecultura.com; Robles 513; i/d 100/122 US$; @🛜) Pintoresca mansión convertida en pensión. Tiene jardín, chimeneas, una buena cafetería restaurante y habitaciones bonitas llenas de murales.

Nü House   HOTEL $$$
(plano p. 72; ✆02-255-7845; www.nuhousehotels. com; Foch E6-12; h sa y do/lu-vi 110/130 US$ desayuno incl.) Está en pleno corazón de la acción. Ofrece un toque de modernismo con detalles de estilo escandinavo en un edificio de madera y cristal. Sus siete plantas se alzan por encima de la plaza Foch. Pese a la locura al pie de calle, las ventanas de doble cristal mantienen el ruido a raya en sus 57 habitaciones. Estas lucen líneas puras, grandes ventanas y colores únicos. Las triples (166 US$) y

cuádruples (200 US$) ofrecen una excelente relación calidad-precio.

Casa Foch   PENSIÓN $$$
(plano p. 72; ✆02-222-1305; www.hotelcasafoch. com; Foch E4-301; i/d/tr 89/102/120 US$ desayuno incl.; 🛜) Está en una mansión restaurada cerca del centro del Mariscal y tiene bonitas estancias de techo alto, suelo de madera y chimenea. Algunas tienen balcones. También hay una pequeña zona al aire libre con chimenea y un acogedor salón donde se sirve también el desayuno. El ruido es un problema los fines de semana.

Hostal de la Rábida   PENSIÓN $$$
(plano p. 66; ✆02-222-2169; www.hostalrabida. com; La Rábida 227 cerca de Santa María; i/d 73/93 US$; @🛜) Servicio solícito, invitadoras zonas comunes y habitaciones elegantes son la excelente fórmula de esta pensión angloitaliana. Tiene habitaciones luminosas con suelo de madera y las paredes adornadas con arte (láminas botánicas y similares). Varias habitaciones tienen terraza. El salón con chimenea es un acogedor rincón para refugiarse en las tardes frías.

Hotel Vieja Cuba   PENSIÓN $$$
(plano p. 66; ✆02-290-6729; www.hotelviejacuba. com; La Niña N26-202 y Almagro; i/d 64/88 US$ desayuno incl.; 🛜) Ocupa una antigua casa colonial convertida en una atractiva pensión con un encantador acento cubano. Ofrece un ambiente alegre y estancias con suelo de madera que invitan a quedarse. También hay un jardincillo.

La Floresta y alrededores

La Casona de Mario   PENSIÓN $
(plano p. 66; ✆02-254-4036; www.casonademario. com; Andalucía N24-115; h sin baño 12 US$/persona; 🛜) Está en una bonita casa antigua y ofrece una espléndida relación calidad-precio, con habitaciones íntimas, baños compartidos, un florido jardín, salón para ver la televisión y cocina comunitaria.

Hotel Finlandia   HOTEL $$
(✆02-224-4287; www.hotelfinlandia.com.ec; Finlandia 35-129 esq. Suecia; i/d 84/102 US$; P❀@🛜) Hotel de varias plantas con habitaciones de estilo *boutique* en Benalcácar, acomodado barrio residencial y de negocios. A breve distancia hay varios restaurantes y cafeterías, y el parque La Carolina está a solo una cuadra.

🚶 Circuito a pie
Por el casco antiguo

INICIO PLAZA GRANDE
FINAL PARQUE LA ALAMEDA
DISTANCIA 3 KM; 4 H

Se empieza en la bulliciosa ① **Plaza Grande** (p. 56) entre limpiabotas, vocingleros vendedores y bancos desgastados. Después de ver el ② **Palacio de Carondelet** (p. 57); y el cambio del guardia si es lunes. Después hay que visitar la ③ **catedral** y contemplar las pinturas de la Escuela Quiteña. Luego se baja por García Moreno hacia ④ **La Compañía de Jesús** (p. 55), la iglesia más asombrosa de Quito. Después se debe caminar en dirección noroeste por Sucre hasta la ⑤ **plaza y el monasterio de San Francisco** (p. 55), un lugar impresionante con el Pichincha de telón de fondo si el día está despejado.

Desde la plaza, si se ataja por Bolívar y se gira a la derecha en García Moreno, tras cruzar bajo el arco en Rocafuerte se alcanza el ⑥ **Museo de la Ciudad** (p. 59), un lugar ideal para descubrir la evolución de Quito. Luego, por García Moreno se llega a la histórica calle de ⑦ **La Ronda,** llena de casas virreinales con balcones, galerías y tiendas. Al atardecer empiezan los conciertos y se convierte en el sitio más animado de todo el casco antiguo. Desde La Ronda, se gira a la izquierda en la calle Guayaquil y se avanza hasta la ⑧ **plaza y la iglesia de Santo Domingo** (p. 61), del s. XVII.

Desde la plaza de Santo Domingo, se sigue hacia el norte por Flores hasta la interesante ⑨ **plaza del Teatro.** Desde allí se puede caminar hacia Esmeraldas, en dirección norte, y girar primero a la izquierda y luego, a la derecha, en Venezuela, para seguir después hacia el norte hasta la imponente ⑩ **basílica del Voto Nacional** (p. 59). Se puede subir a lo alto de la torre del reloj para gozar de vistas fabulosas del casco antiguo. Tras ello, hay que dirigirse hacia el este por Caldas hasta el bullicio de la calle Guayaquil. Tras echar un vistazo a la bonita ⑪ **plaza de San Blas,** se pone rumbo al ⑫ **parque La Alameda** y al ⑬ **observatorio de Quito** (p. 62), un lugar muy bien restaurado donde se pueden ver instrumentos del s. XIX y mirar las estrellas, si la niebla lo permite.

QUITO DESDE ARRIBA: LOS MEJORES MIRADORES

TelefériQo (av. Occidental esq. av. La Gasca; entrada 8,50 US$; ⊘9.00-18.00 lu-vi, hasta 20.00 sa y do) Este tranvía brinda vistas espectaculares del paisaje montañoso de la capital. Lleva por un recorrido de 2,5 km (10 min) que asciende por las laderas del volcán Pichincha hasta la cima de Cruz Loma. Una vez arriba (unos meros 4100 m), se puede escalar hasta la cumbre del Rucu Pichincha (4680 m); llevará unas 3 h a los excursionistas curtidos. Hay tramos escarpados; se recomienda informarse sobre los peligros antes de emprender la caminata. A unos 500 m de la estación de la cima se pueden alquilar caballos (10 US$/h); se verán los carteles que rezan "paseos a caballo". Se aconseja no ir a Rucu Pichincha hasta haberse aclimatado en Quito durante un par de días. En la estación de la base está el parque infantil de atracciones **Vulqano Park** (☎02-222-2733; www.vulqanopark.com; paseos desde 0,50 hasta 2 US$; ⊘11.00-19.00 lu-vi, hasta 21.00 sa y do). Se recomienda visitarlo por la mañana, que es cuando hay mejores vistas. Las nubes suelen aparecer a mediodía. Un taxi hasta allí desde el Mariscal cuesta unos 5 US$.

El Panecillo (entrada 1 US$; ⊘9.00-18.00, hasta 17.00 sa y do) es una colina al sur del centro rematada por una estatua colosal de la Virgen de Quito, coronada de estrellas, alas angelicales y un dragón encadenado encima del mundo. Se construyó entre 1955 y 1975, y es un punto emblemático de la ciudad. Los quiteños afirman con orgullo que es la única Virgen del mundo representada con alas. Desde la cumbre hay maravillosas vistas de la urbe y los volcanes que la rodean. El mejor momento para ver los volcanes (sobre todo en temporada de lluvia) es por la mañana temprano, antes de que se asienten las nubes. El aumento de vigilancia policial permite subir sin peligro por las escaleras al final de la calle García Moreno. Sin embargo, un taxi desde el centro (4 US$) sigue siendo el mejor modo de ir; se puede parar uno en la cima o, si se ha llegado en taxi, pedir al conductor que espere para volver.

La Cima de la Libertad (av. de los Libertadores s/n; entrada 1 US$; ⊘9.00-17.00 ma-vi, 10.00-14.00 sa) Monumento en la ladera del Pichincha. Ofrece unas de las mejores vistas de Quito. Se construyó donde se libró la Batalla de Pichincha, que ganó el mariscal Antonio José de Sucre. Se lidió el 24 de mayo de 1822 y resultó decisiva en la lucha por la independencia de España. También hay un museo militar y un mural de mosaicos de Eduardo Kingman. El taxi es el mejor medio para visitar el monumento, que se alza unos kilómetros al noroeste del monasterio de San Diego (y a unos 4 km del corazón del centro).

Mirador de Guápulo (plano p. 66; calle Larrea) Si se recorre la av. 12 de Octubre cuesta arriba desde el Mariscal, se llegará al Hotel Quito, en la cima. Tras este unas abruptas escaleras bajan por el otro lado hasta el histórico barrio de Guápulo. Las vistas desde el mirador son magníficas. En un día despejado se puede ver el volcán Cayambe y el cerro Puntas, así como el rico barrio de Cumbayá, en cuya plaza mayor hay buenos bares y restaurantes. Se verá la estatua de Francisco de Orellana, que representa al español contemplando el valle en los albores de su épico viaje desde Quito al Atlántico. Fue el primer descenso de un europeo por el Amazonas.

Parque Itchimbia (plano p. 56) Este herboso parque está en lo alto de una colina del centro y brinda vistas fabulosas de Quito. Es el sitio ideal para celebrar un *picnic*, empaparse de sol y gozar de las vistas. Su pieza central es el **Centro Cultural Itchimbia** (plano p. 56; gratis; ⊘variable), situado en un gran edificio de hierro y cristal. Alberga exposiciones de arte y eventos culturales. El parque es un destino popular para correr. Los autobuses con el cartel de "Pintado" llevan al lugar desde el centro histórico. También se puede ir a pie (al este) por Elizalde, desde donde unas empinadas escaleras llevan al parque.

Hostal Villa Nancy PENSIÓN **$$**
(plano p. 66; ☎02-255-0839; www.hotelvillanancy.com; Muros N27-94; i/d 45/65 US$ desayuno incl.; @🛜) Se halla en un rico barrio residencial. Consiste en una hermosa casa grande con contraventanas de madera y bonitas habitacio-

nes de grandes ventanas y un cuidado diseño de líneas puras. Tiene solario, sauna y un pequeño jardín.

Aleida's Hostal PENSIÓN **$$**
(plano p. 66; ☑02-223-4570; www.aleidashostal.com.ec; Andalucía 559; i/d 28/45 US$, sin baño 19/34 US$; @🛜) Pensión acogedora regentada por una familia en La Floresta. Tiene habitaciones con muebles confortables y el suelo de madera. Las mejores (como la nº 15) tienen vistas excelentes; otras tienen ventanas que dan al interior y son oscuras.

Stubel Suites and Cafe HOTEL **$$$**
(plano p. 66; ☑02-601-3499; www.stubel-suites.com; Pasaje Stubel 1, cerca de León Larrea; d desde 100 US$; @🛜) Hotel de primera en lo alto de Guápulo. Tiene bonitas habitaciones modernas con telas de lujo, enormes ventanas y comodidades decentes (sauna, gimnasio, centro de masajes). Cuanto más caras, mejores las vistas; las más caras de todas tienen galerías. El restaurante también goza de vistas fabulosas.

Anahi HOTEL-BOUTIQUE **$$$**
(plano p. 66; ☑02-250-1421; www.anahihotelquito.com; Tamayo N23-95, cerca de Wilson; ste 130-160 US$ desayuno incl; @🛜) Es estiloso y aporta al barrio lo último en diseño. Tiene habitaciones luminosas decoradas con obras de arte, algunas con balcones y todas con accesorios de lujo. Los pasillos (y algunas habitaciones) tienen paredes de piedra que recuerdan a un templo inca. Tiene una galería en la planta superior con vistas soberbias.

Casa Aliso PENSIÓN **$$$**
(plano p. 66; ☑02-252-8062; www.casaliso.com; Salazar E12-137, cerca de Toledo; i/d 140/170 US$ desayuno incl; 🛜) Esta encantadora pensión de 10 habitaciones saca excelentes notas por su amable servicio, acogedoras salas de estar (donde uno puede sentarse junto al fuego y disfrutar de una copa de vino o una taza de té) y cómodas habitaciones de corte clásico (algunas con vistas al jardín). Está en una calle tranquila de una casa reformada de la década de 1930.

Hotel Quito HOTEL **$$$**
(plano p. 66; ☑02-396-4900; www.hotelquito.com; González Suárez N27-142; i/d 146/160 US$; @🛜🞐) Enorme hotel emblemático de Quito con 215 habitaciones en la colina sobre Guápulo. Todas las habitaciones tienen balcón y ofrecen vistas memorables, al igual que el bar restaurante de la séptima planta.

Suites González Suárez HOTEL **$$$**
(plano p. 66; ☑02-223-2003; www.hotelgonzalez-suarez.com; San Ignacio esq. González Suárez; ste 73-123 US$ desayuno incl.; @🛜) Hotel sobre una ladera. Tiene 11 habitaciones enmoquetadas con alegres paredes amarillas y vistas espectaculares de Guápulo. Algunas tienen balcones; en la mejor hay sauna y *jacuzzi*.

🍴 Dónde comer

La capital culinaria de Ecuador es un sitio estupendo para explorar los clásicos platos de los Andes y otros rincones. En el centro se hallan casi todos los restaurantes tradicionales; algunos llevan generaciones perfeccionando sus recetas familiares. El seco de chivo (estofado de cabra) es un clásico nacional que suele servirse con arroz amarillo y patacones (plátano frito). Naturalmente las patatas, de origen andino, forman parte de imaginativos platos como los *llapingachos* (crepes asadas de queso y patata), que suelen servirse con bistec a la parrilla o huevos fritos. Algunos sitios sirven además cuy asado (concijillo de Indias asado), especialidad indígena que se remonta a los incas.

El rico panorama gastronómico quiteño ofrece además una buena selección de cocina internacional para todos los gustos y bolsillos. Hay de todo, desde modernos restaurantes de *sushi* a *trattorias*. El Mariscal tiene el surtido más amplio y la concentración más densa de restaurantes étnicos e internacionales. Si se busca algo más refinado y los mejores restaurantes de la urbe, hay que ir a La Floresta, La Pradera y alrededores. Fuera del radar turístico está Benalcázar, un barrio caro lleno de recintos residenciales, oficinas, cafés y restaurantes modernos que merece la pena explorar. Limita con el parque La Carolina al este y con la av. 6 de Diciembre al oeste. Se llega en el Ecovía a Eloy Afaro o Benalcázar.

Los domingos cierran muchos restaurantes.

🍴 Centro histórico

⭐ **Bohemia Cafe & Pizza** PIZZERÍA **$**
(plano p. 56; La Ronda; *pizza* 12 US$) En este diminuto local uno se sentirá como un quiteño. Está en La Ronda, una zona muy animada de noche entre semana. Recibe a los clientes habituales como a familiares y su menú, aunque limitado, tiene *pizza* excelente y nachos hechos de totopos de maíz caseros. Imbatible su oferta de gigantes *micheladas*, mezcla de cerveza, lima, sal y salsas por 4 US$.

Mercado central MERCADO $
(plano p. 56; av. Pichincha; comidas 1,50-4 US$; ⊘8.00-16.00 lu-sa, hasta 15.00 do) Para ver puesto tras puesto de la comida más tradicional (y barata) de Quito, hay que ir derecho al mercado central, entre Esmeraldas y Manabí. Vende de todo, desde locro de papas (sopa de patata servida con aguacate y queso) a *yaguarlocro* (sopa de patata y morcilla) o fritada (tiras de cerdo fritas con maíz).

También hay fruta, verdura, carne y pescado frescos, flores y productos farmacéuticos, todo en su sección claramente señalizada.

Cafetería Modelo ECUATORIANA $
(plano p. 56; Sucre esq. García Moreno; ppales. 2-5 US$; ⊘8.00-20.00 lu-sa, hasta 18.00 do) Abrió en 1950 y es uno de los cafés más antiguos de la capital, ideal para probar tentempiés tradicionales como las empanadas de verde (con masa de plátano), los quimbolitos (pastelillos de harina de maíz) y los tamales. La **Cafetería Modelo II** (plano p. 56; Venezuela N6-19; ppales. 2-5 US$; ⊘8.00-20.00 lu-sa, hasta 18.00 do) luce la misma decoración clásica y música en directo algunas noches entre semana.

Frutería Monserrate ECUATORIANA $
(plano p. 56; ☑02-258-3408; Espejo Oe2-12; ppales. 4 US$; ⊘8.30-20.00 lu-vi, 9.00-18.00 sa y do) Restaurante informal y popular con decoración de aire industrial. Sirve consistentes desayunos, sándwiches, ceviche y deliciosas ensaladas de fruta entre otras cosas. Hay otra **Frutería Monserrate** (plano p. 56; Sodiro cerca de Colombia; ppales. 2 US$; ⊘8.00-19.30 lu-vi, 9.00-17.00 sa y do) en la frontera entre el centro y el casco nuevo, al norte del parque La Alameda.

Dulceria Colonial CAFÉ, POSTRES $
(plano p. 56; Plaza Grande, Espejo y Venezuela; sándwiches 2,50 US$; ☏) Lleva 27 años en el negocio. Es un sitio minúsculo perfecto para ver pasar a la gente por la Plaza Grande, animada a todas horas. Para tomarse un café, un pedazo de pastel o un helado y disfrutar del ambiente.

Cevichería Puerto Azul PESCADO Y MARISCO $
(plano p. 56; Mejía entre Venezuela y García Moreno; ppales. 6-7,50 US$) En esta zona las cevicherías son escasas y están desperdigadas. Pero el comedor marítimo de Puerto Azul es un sitio agradable para gozar de una buena cazuela, ceviche, encebollado y demás platos de pescado y marisco.

El Kukurucho del Maní GOLOSINAS $
(plano p. 56; Rocafuerte Oe5-02 cerca de García Moreno; tentempiés 0,50-1 US$; ⊘8.00-19.00 lu-sa, 9.00-18.00 do) Delicioso puesto de tentempiés que prepara kilos de frutos secos, granos de maíz y coquitos (dulces de coco) en una gigante caldera de cobre.

Restaurante Govindas Gopal VEGETARIANA $
(plano p. 56; Esmeraldas 853; ppales. 1,50 US$; ⊘9.00-15.00 lu-sa; ☑) Sirve con orgullo comida 100% vegetariana. Sus fieles devoran sabrosos platos de comida fresca, así como yogur y cereales, zumos y dulces. El menú varía.

La Exquisita ECUATORIANA $
(plano p. 56; Caldas y Los Ríos, San Blas; ppales. 2,50-4 US$; ⊘8.30-15.00) Esta cafetería de dos plantas se llena de oficinistas a la hora del almuerzo, que es cuando, pese a ser un restaurante tan simple, acuden músicos a regalar serenatas en busca de propina. Sirve buenos almuerzos a los que duermen en los alojamientos vecinos.

Jugos de la Sucre JUGOS $
(plano p. 56; Sucre Oe5-53; bebidas 0,75 US$; ⊘9.00-17.00 ma-vi, 10.00-14.00 sa) Imbatible puesto de jugos que elabora raciones de vitaminas líquidas recién hechas. Se aconseja probar el de tomate de árbol (tamarillo), maracuyá o guanábana.

Restaurante Vegetariano Ari VEGETARIANA $
(plano p. 56; Sucre Oe4-48; ppales. 3 US$; ⊘8.00-17.00 lu-sa; ☑) Ari es un espacio colorido y cuadrado, oculto en la segunda planta de un centro comercial. Sirve versiones vegetarianas de clásicos ecuatorianos, como ceviche, además de jugos y ensalada de frutas.

Magda SUPERMERCADO
(plano p. 56; Venezuela N3-62; ⊘8.30-19.00 lu-sa, 9.00-17.00 do) Supermercado bien surtido y bien situado.

★ **Dios no Muere** PARRILLA, INTERNACIONAL $$
(plano p. 56; Junin esq. Flores; ppales. 5,50-17,50; ⊘8.00-22.00 lu-sa) Excéntrico restaurante junto a un monasterio del s. XVII. Su dueño, nativo de Louisiana, se enorgullece con razón de la calidad de su comida. Sirve carne ecuatoriana e importada que se prepara en la cocina esquinera de la planta baja. Se llena enseguida, pues solo hay dos mesas en cada una de sus diminutas plantas y unas pocas más en la calle.

El encantador hijo del dueño se encarga de las mesas, y la banda sonora se compone de temas religiosos. Hay platos del día de cocina cajún, como sándwiches de Po Boy, y sus hamburguesas de "Bourbon street" cambian a diario. La parrillada es para los carnívoros empedernidos. El menú incluye cervezas artesanales y café ecuatoriano ecológico.

Tianguez
ECUATORIANA **$$**
(plano p. 56; plaza San Francisco; ppales. 6-14 US$; ☺9.00-19.00 do-ju, hasta 8.00-23.00 vi y sa; ☎) Cafetería artesanal oculta entre los arcos de piedra bajo el monasterio de San Francisco. Prepara sabrosos tentempiés (tamales, sopas, alitas a la barbacoa) y consistentes platos principales. Las mesas de la plaza son perfectas para ver gente con un canelazo (aguardiente con sidra caliente y canela) de noche o con un té de coca por la tarde.

Café Mosaico
CAFÉ **$$**
(plano p. 56; ☏02-254-2871; Samaniego N8-95; ppales. 9-16 US$; ☺16.00-23.00 lu-mi, 13.00-23.00 ju-do) Sirve una mezcla de comida griega y ecuatoriana cerca del parque Itchimbia. Está cubierto de hiedra y es famoso por sus magníficas vistas. La terraza es excelente para tomar una copa al anochecer.

San Agustín
ECUATORIANA **$$**
(plano p. 56; Guayaquil N5-59; ppales 6-9 US$; ☺9.30-18.00 lu-vi, 10.30-16.00 sa y do; ☎) Iconos religiosos *kitsch* y radios antiguas decoran este clásico de la vieja escuela. Sirve comida ecuatoriana a bulliciosa clientela trabajadora. Se recomienda pedir el excelente seco de chivo, la corvina o el arroz marinero, seguido de los clásicos helados de paila (casero y servido en copas de cobre).

Pizza SA
PIZZERÍA **$$**
(plano p. 56; Espejo Oe2-46; *pizzas* 8-16 US$; ☺12.00-21.00 lu-sa, hasta 20.00 do) Está en una calle peatonal salpicada de restaurantes que da al Teatro Bolívar. Es un sitio informal con mesas en la acera que sirve buenas *pizzas*. También hay sándwiches, ensaladas y calzones.

Vista Hermosa
INTERNACIONAL **$$**
(plano p. 56; ☏02-295-1401; Mejía 453, 5°; ppales. 10-13 US$; ☺13.00-24.00 lu-sa, hasta 21.00 do) Amado local del centro que sirve sus platos frente a un magnífico panorama de 360º del casco antiguo en su terraza. De jueves a sábado se suma a su magia la música en directo (a partir de las 20.00). Hay que llegar pronto para adelantarse al gentío.

ⓘ LAS ALTURAS ANDINAS

¿Dejaron sin aliento las escaleras del hotel? ¿La cabeza duele o da vueltas? ¿Se tienen problemas para dormir? Si es así, probablemente se estén sufriendo los síntomas más leves del mal de altura, que desaparecen al cabo de uno o dos días. La altura de Quito, que alcanza aproximadamente los 2850 m, puede causar ese efecto si se llega desde el nivel del mar. Para reducir los síntomas hay que tomarse las cosas con calma al llegar, comer ligero y evitar el tabaco y el alcohol. Para aliviarlos, dicen que no hay nada como el té de coca, que sirven algunos cafés, como el Tianguez.

Pim's
ECUATORIANA **$$**
(plano p. 56; Iquique; ppales. 10-16 US$; ☺12.00-22.00 lu-sa, hasta 18.00 do) Popular cadena de cierta categoría con un local en el parque Itchimbia. Tiene vistas fantásticas de la ciudad y sirve rica comida ecuatoriana tradicional, así como sánwiches y pasta. También se puede tomar un cóctel en su elegante comedor o en el patio exterior.

Octava de Corpus
INTERNACIONAL **$$$**
(plano p. 56; ☏02-295-2989; Junín E2-167; ppales. 13-19 US$; ☺12.30-22.00 lu-sa) Para vivir una experiencia culinaria completamente distinta hay que visitar este restaurante. Es poco conocido y ocupa una casa colonial en la hermosa Junín. Su decoración rebosa arte, y Jaime, su amable propietario, también es un ávido coleccionista de vinos capaz de recomendar más de 300 cosechas. Es esencial reservar.

★ Theatrum
ECUATORIANA **$$$**
(plano p. 56; ☏02-257-1011; www.theatrum.com. ec; Manabí N8-131, Teatro National Sucre, 2º; ppales. 14-24 US$; ☺12.30-15.30 y 19.00-22.30 lu-vi, 18.00-22.30 sa y do) En la segunda planta del histórico Teatro Sucre. Elabora platos creativos, como raviolis de cangrejo y mascarpone o corvina al horno con setas. Los sirve en su teatral comedor, decorado con pesadas cortinas y terciopelo negro y rojo. Si se busca la más pura decadencia, se aconseja el sabroso menú de desgustación (5 platos por 52 US$).

Café del Fraile
ECUATORIANA **$$$**
(plano p. 56; Chile Oe4-22, pasaje Arzobispal, 2º; ppales. 7-20 US$; ☺10.00-22.00; ☎) Su surtido de sándwiches, platos a la parrilla, ceviches

y hamburguesas es algo caro, pero es el precio a pagar por las mesas de su confortable galería y su encanto rústico (faroles de hierro fundido, techos con vigas de madera).

La Mariscal

★ La Unión
PANADERÍA $

(plano p. 72; Reina Victoria esq. Colón; ppales. 2-3 US$; ⊙6.00-22.00) Bulliciosa panadería siempre llena. Atrae por su mostrador de cristal lleno de cruasanes, tartas de frutas del bosque y helado, y también por sus contundentes sándwiches.

Suvlaki
GRIEGA $

(plano p. 72; av. Amazonas N21-108; ppales. 4 US$; ⊙8.30-19.00 lu-vi, hasta 16.00 sa) El sitio ideal para comer brochetas de sabrosa carne a la parrilla. Es un sitio informal que suma cada vez más fieles por su servicio rápido, terraza y alegre interior, decorado con fotos de iconos griegos.

Casa Quebecua
CANADIENSE $

(plano p. 72; Calama cerca de Reina Victoria; ppales. 5 US$; ⊙12.00-24.00 lu-ju, hasta 2.00 vi y sa) Sus dueños son quebequenses con morriña, ávidos de platos cargados de colesterol y del aire invernal de una cabaña de troncos del norte. Sirven una buena *poutine*, con patatas fritas, queso fresco y salsa de carne, que va acompañada de ingredientes extras como pollo y bistec. Los perritos calientes y las hamburguesas lo hacen popular entre la clientela de los bares del Mariscal.

Chandani Tandoori
INDIA $

(plano p. 72; Mera 1333; ppales. 3,50-8 US$; ⊙12.00-22.00 lu-sa, hasta 16.00 do; ✍) Vibrantes temas de Bollywood y platos humeantes de *tikka masala* conforman la banda sonora de este restaurante, bueno, sencillo y económico. Sirve varios tipos de platos de verdura y carne.

El Maple
VEGETARIANA $

(plano p. 72; Pinto E7-68 cerca de Almagro; ppales. 5-8 US$; ⊙12.00-21.00 lu y ma, hasta 22.30 mi-sa, hasta 18.00 do; ✍) Amado restaurante que elabora buena comida vegetariana de influencias internacionales (burritos *tex-mex*, platos de fideos asiáticos, cremosa pasta). Sus menús de cuatro platos brindan una buena relación calidad-precio, y los jugos son exquisitos.

Cacao & Cacao Chocolate & Coffee Shop
CAFÉ $

(plano p. 72; Mera N21-241; ppales. 3 US$; ⊙8.00-19.30 lu-vi, 9.00-13.30 y 15.00-19.00 sa; 🖂) Una o dos mesas dentro o en el pequeño patio exterior componen este local. Sirve buen café, pastas y chocolate hecho con cacao de cultivo ecológico. Tiene otro local cerca, en Veintimilla con Reina Victoria.

Canoa Manabita
PESCADO $

(plano p. 72; Calama 247; ppales. 6-8 US$; ⊙10.00-19.00 ma-do) Local modesto e informal con mesas de *picnic* que gusta a los quiteños por su sabroso ceviche, sus cazuelas, el encebollado (sopa de pescado, yuca y cebolla) y otros platos de marisco.

Spanes
COLOMBIANA $

(plano p. 66; av. Amazonas N20-51; ppales. 5-9 US$; ⊙8.00-20.00 lu-sa, hasta 17.00 do; 🖂) Comida rápida a la colombiana, como arepas con ajiaco, especialidad botogana de tres tipos de patatas con pollo y maíz. También sirve almuerzos baratos y contundentes.

Kallari
CAFÉ $

(plano p. 72; www.kallari.com; Wilson E4-266 y Mera; ppales. 3-5 US$; ⊙10.00-18.00 lu-vi; 🖂) Cooperativa propiedad de la comunidad quechua de Napo. Sirve satisfactorios desayunos y almuerzos, y además vende sus famosas tabletas de chocolate.

Mercado La Floresta
MERCADO $

(plano p. 66; Galavis esq. Andalucía; ⊙9.00-16.00 vi) Pequeño y delicioso mercado de frutas en el tranquilo barrio de La Floresta.

Supermaxi
SUPERMERCADO $

(plano p. 66; La Niña esq. Pinzón) El mayor y mejor supermercado cerca del Mariscal.

Mercado Santa Clara
MERCADO $

(plano p. 66; Dávalos esq. Versalles; ⊙8.00-17.00) Principal mercado de productos frescos de la ciudad nueva, con una extraordinaria selección; también hay puestos de comida a buen precio.

★ Crepes & Waffles
INTERNACIONAL, POSTRES $$

(plano p. 66; ☎02-250-0658; Orellana esq. La Rabida; ppales. 9-15 US$; ⊙12.00-22.00 lu-sa, 9.00-21.00 do; 🖂🚼) Helados con sirope que hacen la boca agua, crepes dulces y saladas, gofres, ensaladas y platos más convencionales vegeterianos, de carne y pescado. Pertenece a una cadena sudamericana con otros locales en Quito. Es elegante y el servicio es muy amable.

También es perfecto para tomar café o un postre, y como restaurante en toda regla para tomar el *brunch* o comer en una cita romántica.

★ **Cosa Nostra** ITALIANA $$
(plano p. 72; ☎02-252-7145; Baquerizo Moreno esq.
Almagro; ppales. 9-16 US$; ◷12.30-15.00 y 18.30-
22.30 ma-do; ☎) De propiedad italiana y con
un bonito patio, acogedor comedor y un nú-
mero considerable de variedades de *pizzas*
cubiertas generosamente de ingredientes y
hechas en horno de ladrillo. Para los auto-
res de esta guía, es la mejor. También sirve
buenos ñoquis y otros tipos de pasta. Y de
postre, tiramisú.

Azuca Beach PESCADO $$
(plano p. 72; Foch cerca de Reina Victoria; ppales. 10-
14 US$; ◷cierra do; ☎) Este local moderno y
sofisticado con vistas a la alegre plaza Foch
tiene una ecléctica clientela. Su especialidad
favorita son los platos de la costa sudamericana, entre ellos varios tipos de ceviche. El bar
de bambú, las palmeras y sus cócteles tropicales se suman a su ambiente de *lounge* (se
aconsejan los afrutados mojitos y caipiriñas).
Es muy popular de noche para tomar copas.

Ofrece clases de salsa gratis los martes por
la noche desde las 20.30 hasta el cierre, y salsa y merengue en directo los fines de semana
por la noche.

Baalbek ORIENTE MEDIO $$
(plano p. 72; av. 6 de Diciembre y Wilson; ppales. 6-
15 US$; ◷12.00-17.00 do-ma, hasta 22.30 mi-sa)
Auténtica comida libanesa que se sirve rápi-
do en un confortable comedor contemporá-
neo con estética y música de Oriente Medio.
Casi todos sus platos pueden pedirse enteros
o en media ración.

Q INTERNACIONAL $$
(plano p. 72; plaza Foch; ppales. 5-15 US$; ◷6.00-
24.00 lu-ju, hasta 2.00 vi y sa; ☎) Moderno restaurante que acoge entre semana a gente de la
moda y famosos de la televisión. Su nombre
viene de la q del quinde (colibrí) que ha ani-
dado en su techo de aire amazónico. Tiene
música en directo casi todas las noches; los
miércoles, toca *jazz* y *blues*. Los sábados actúa un DJ a lo *lounge*.

Magic Bean INTERNACIONAL $$
(plano p. 72; Foch E5-08; ppales. 6-12 US$; ◷8.00-
23.00; ☎) Casi siempre está lleno, pues atrae
por sus desayunos y almuerzos de estilo ame-
ricano, espumosos zumos, cafés y postres. Es
mejor disfrutarlo en su terraza cubierta.

Ethnic Coffee ECUATORIANA $$
(plano p. 72; av. Amazonas cerca de Robles; ppales.
6-12 US$; ◷9.00-21.00 lu-vi; ☎) Local de alegre
decoración que sirve tentempiés (tamales,

empanadas, *quimbolitos*) y platos más sóli-
dos (pescado a la parrilla con gambas). Tiene
una terraza entre helechos y plantas, y música en directo los viernes (de 18.30 a 20.30).

La Canoa ECUATORIANA $$
(plano p. 72; Cordero E4-375 cerca de Mera; ppales.
6-10 US$; ◷24 h) Respetable restaurante de
Guayaquil, un buen sitio para probar clási-
cos ecuatorianos como la fritada con mote
y chicharrones (cerdo guisado a fuego lento
con maíz cocido), el caldo de morcilla, la
bandera (plato de marisco) y otras delicias.

Boca del Lobo INTERNACIONAL $$
(plano p. 72; Calama 284; ppales. 8-14 US$; ◷17.00-
1.00) Elegantes ecuatorianos y extranjeros
bien vestidos se mezclan entre su música
de ambiente y su raclette, crepes, sándwiches, postres de pastelería y dulces cócteles.
La decoración es muy *kitsch*, con globos de
cristal de colores, pajareras vacías y cuadros
psicodélicos.

La Bodeguita de Cuba CUBANA $$
(plano p. 66; Reina Victoria 1721; ppales. 8 US$;
◷12.00-23.00 lu y ma, hasta 1.00 mi-ju, hasta 2.00
vi y sa) Un sitio estupendo para probar la
comida y la diversión cubanas. Tiene un
cálido interior, paredes con grafitis y te-
rraza. Los miércoles y jueves por la noche
tocan orquestas (al lado está el Varadero,
que ofrece salsa los fines de semana por
la noche).

El Mariachi Taco Factory MEXICANA $$
(plano p. 72; Foch cerca de Mera; ppales. 7-9 US$)
Tranquilo restaurante de Mariscal. Sus coloridos manteles artesanales, carteles de
mariachis y paredes que parecen de adobe
conjuran una leve imagen de la vieja México.
Los platos de humeantes fajitas combinan de
maravilla con sus margaritas heladas.

Café Amazonas ECUATORIANA $$
(plano p. 72; av. Amazonas esq. Roca; ppales. 5-9
US$; ◷7.00-21.00 lu-sa, hasta 19.00 do; ☎) Su leal
clientela habitual acude por su seco de chi-
vo, locro de papas (sopa de patatas) y demás
comida casera, pero también para ver gente
en su terraza. Siempre tiene fútbol en uno de
los pequeños televisores.

★ **Mare Nostrum** PESCADO Y MARISCO $$$
(plano p. 72; ☎02-252-8686; www.marenostrumqui
to.com; Foch 172 esq. Tamayo; ppales. 12-28 US$;
◷12.00-16.00 y 19.00-22.30) Ocupa un edificio
que parece un castillo, con armaduras y todo,
y sillas y mesas gigantes de madera. Sirve

decadentes platos de marisco de influencia española y ecuatoriana.

Noe Sushi Bar JAPONESA $$$
(plano p. 66; ☎02-322-7378; Isabel La Católica N24-827; cena 2 personas 50-80 US$; ◷12.30-16.00 y 18.30-22.00) Restaurante estiloso y minimalista. Ofrece *sushi* y *sashimi* tierno y fresco, *teppanyaki*, ternera de Kobe y otras delicias niponas.

Achiote ECUATORIANA $$$
(plano p. 66; Rodríguez esq. Reina Victoria; ppales. 9-30 US$; ◷12.00-22.00) Platos ecuatorianos con un toque refinado en un entorno cálido y contemporáneo. Sirve excelentes empanadas, ceviches, ricos guisos de pescado y llapingachos. De jueves a domingo hay música en directo (a partir de las 19.00).

Mama Clorinda ECUATORIANA $$$
(plano p. 72; ☎02-254-4362; Reina Victoria 1144 y Calama; ppales. 11-27 US$; ◷11.00-22.00 lu-sa) Animado restaurante de varias plantas junto a la plaza Foch. Sirve sabrosas especialidades nacionales a una clientela extranjera en su mayor parte. Se recomiendan los llapingachos con bistec o, a los más osados, el cuy.

La Pradera y La Carolina

Zao ASIÁTICA $$
(plano p. 66; ☎02-252-3496; av. Alfaro N10-16 cerca de San Salvador; ppales. 8-10 US$; ◷12.30-15.30 lu-do, 19.00-23.30 lu-sa) Bullicioso local decorado con pantallas de madera tallada, estatuas de samuráis y brillantes faroles de papel. Sirve *samosas*, suculentos platos de fideos, salteados de verduras, sushi y otros sabores de Asia. Los fines de semana un DJ se suma al ambiente festivo y alegra las noches.

★Zazu FUSIÓN $$$
(plano p. 66; ☎02-254-3559; www.zazuquito.com; Aguilera 331; ppales. 18-33 US$; ◷12.30-24.00 lu-vi, 19.00-24.00 sa) Es uno de los mejores restaurantes de Quito. Sirve pescado y marisco, carne a la parrilla y ceviches elaborados con primor en un elegante comedor, con música de ambiente electrónica y un invitador bar a media luz. Su chef peruano fusiona lo oriental con lo occidental y ofrece platos como atún rebozado con pistacho, *tartar* de Wagyu con *mousse* de gorgonzola y bullabesa de marisco.

San Telmo ASADOR $$$
(☎02-333-1944; Portugal esq. Casanova; ppales. 20-30 US$) Es uno de los mejores asadores de Quito, un elegante restaurante de varias

plantas, casi siempre lleno de hombres. Su parrilla atiende un gran surtido de carne, cuyos mejores cortes son de Argentina. Tiene una buena selección de vinos y platos para los que no comen carne (pasta, pescado).

La Floresta

Traviesas Artesanos del Café CAFÉ $
(plano p. 66; Coruña N30-123 cerca de Whymper; ppales. 5 US$; ◷8.00-20.00 lu-vi, 10.00-20.00 sa y do; ☏) Los cafeteros entendidos y aspirantes a baristas deben visitar este agradable y refinado café. Hay que escoger un método –vertido, filtrado, Chemex, prensa francesa o aeroprensa– y degustar un sándwich, una ensalada o un delicioso pastel de queso mientras se espera el café.

★Jürgen Cafe HOLANDÉS $$
(plano p. 66; Coruña N30-123 y Whymper, La Floresta; ppales. 6,50-10 US$; ◷7.00-20.00 lu-sa, hasta 14.00 do) Pertenece a Jürgen Spelier, panadero neerlandés de cuarta generación que también lo regenta. Es un restaurante informal pero sofisticado, escandinavo hasta la médula, desde su diseño de líneas puras y decoración en madera clara hasta su *pannekoek*, versión holandesa de las crepes.

La Briciola ITALIANA $$
(plano p. 66; ☎02-254-5157; Toledo 1255; ppales. 10-13 US$; ◷12.30-15.00 y 19.30-23.00 lu-sa) Favorito veterano con un extraordinario y variado menú. Sirve grandes raciones y el vino no es caro. Se recomienda reservar.

★La Choza ECUATORIANA $$
(plano p. 66; ☎02-223-0839; www.lachozaec. com; av. 12 de Octubre N24-551 cerca de Cordero; ppales. 7-12 US$; ◷12.00-16.00 y 18.30-22.00 lu-vi, 12.00-16.00 sa y do) Uno de los mejores restaurantes quiteños para probar la cocina ecuatoriana tradicional. Sirve generosos platos de llapingachos, corvina asada y bistec con toda su guarnición en un comedor amplio con coloridos manteles artesanales y música andina.

La Cleta CAFÉ $$
(plano p. 66; Lugo N24-250; *pizzas* 4-12 US$; ◷15.00-23.00 lu-sa; ☏) Los amantes del ciclismo no deben perderse esta pequeña cafetería restaurante de ingenioso diseño. Lo tiene todo hecho de piezas de bicicleta, desde sillas

VISTAS SOBRE QUITO

Su emplazamiento, en las alturas andinas y en un entorno montañoso, garantiza unas vistas estupendas. A continuación se incluye una lista con los mejores sitios para gozar de las vistas panorámicas con una copa o algo de comer.

Vista Hermosa (p. 81) Como su nombre indica, es un local excelente para disfrutar de las vistas sin salir del casco antiguo.

Casa Gangotena (p. 78) La terraza de este hotel histórico ofrece asientos en primera fila para contemplar la plaza San Francisco.

Café Mosaico (p. 81) Comida griega y puestas de sol.

El Ventanal (☎02-257-2232; www.elventanal.ec; Carchi cerca de Nicaragua; ppales. 15-30 US$; ⊗12.00-15.00 y 18.00-22.00 ma-sa, 12.00-17.00 do) Restaurante del casco antiguo, uno de los mejores sitios para admirar las luces de la ciudad mientras se disfruta de exquisita cocina ecuatoriana. Es difícil dar con su entrada; lo mejor es ir en taxi.

Pim's (p. 81) Ubicado en un lugar tranquilo, en el parque Itchimbía.

Hotel Real Audiencia (p. 72) Este hotel de precio medio cuenta con un restaurante en la última planta con vistas espectaculares de la plaza de Santo Domingo y los alrededores.

Z(inc) (p. 66) Para deleitarse con un cóctel en la barra contemplando las luces de Quito tras los enormes ventanales.

El Cráter (p. 95) Este restaurante y pensión tiene vistas al interior de una caldera volcánica. Está en las afueras de Quito, pero vale la pena el desplazamiento: es un lugar mágico.

Ananké (p. 86) En la zona bohemia de Guápulo, ideal para salir de noche.

Mirador de Guápulo (p. 86) Un sitio tranquilo para disfrutar de vistas preciosas sobre el barrio.

Techo del Mundo (plano p. 66; ☎02-396-4901; www.techodelmundo.com; av. González Suárez N27-142) Bar y restaurante del Hotel Quito. Ofrece relucientes vistas nocturnas de la ciudad y el valle.

y mesas, a lámparas y taburetes). Su personal elabora sabrosas *pizzas* y lasañas.

Z(inc)   LOUNGE $$
(plano p. 66; Rivet cerca de Coruña; ppales. 10-16 US$; ⊗12.00-16.00 y 19.00-24.00 lu-sa) Es mitad bar y mitad restaurante, y luce un moderno interior industrial dividió en varios niveles. Abundan la madera, los metales oscuros, el ladrillo de obra vista y las velas. Se aconseja tomarse un cóctel de lichi en el patio delantero antes de entrar a comer su *pizza* de masa fina hecha en horno de piedra, sus hamburguesas de solomillo, la *tempura* de gambas y otros platos ideales para compartir.

Segundo Muelle   PERUANA $$$
(plano p. 66; Isabel La Católica N24-883; ppales. 15-20 US$) Otro ejemplo de la conquista peruana (al menos en lo que a cocina se refiere). Es un restaurante moderno e innovador, excelente para probar delicioso ceviche, especiados *risottos* y sabrosos platos para compartir.

🍷 Dónde beber y vida nocturna

Casi toda la vida nocturna de Quito, o farra, como aquí la llaman, se concentra en el Mariscal y alrededores. El epicentro es la plaza Foch, donde se difumina la frontera entre bar y discoteca. Para bien o para mal, los bares del Mariscal suelen ser ruidosos y tristemente célebres por la "caza de gringos", que consiste en el flirteo de ecuatorianos con los turistas (lo cual puede ser agradable o molesto, según el estado de ánimo). Los bares con pista de baile suelen cobrar entrada, que por lo general incluye una copa. Las noches de lunes a miércoles atraen a una clientela algo mayor, y los viernes y sábados se llena de jóvenes ecuatorianos.

No hay que perderse una noche de fin de semana de paseo por La Ronda, estrecha calle empedrada del centro repleta de bares y restaurantes. En la ciudad hay también unas seis cervecerías artesanales. Para una noche más sosegada, hay que ir a uno de los sofisticados locales de La Floresta, Guápulo o Benalcázar. La Floresta, en la zona que limita por un lado con las avenidas 12 de Octubre y 6 de Diciembre, y por el otro con Wilson y Patria, también cuenta con algunos locales dirigidos a universitarios.

En Quito es obligatorio visitar al menos una salsateca (discotecas entregadas a bailar salsa). Si el viajero no sabe bailar salsa, puede tomar antes unas clases.

Bares, discotecas y demás abrevaderos tienen prohibido servir alcohol de lunes a jueves a partir de la medianoche y después de las 2.00 los viernes y sábados (los domingos cierran). Cuando se salga de noche hay que llevar siempre encima un documento de identidad, pues algunos locales exigen verificar la edad.

Dirty Sánchez · LOUNGE

(plano p. 72; Pinto E7-38 cerca de Reina Victoria) Este local de nombre descarado es un pequeño *lounge* de ambiente bohemio con mucho arte. Sirve café y cócteles decentes, pone mejor música y tiene una clientela más relajada. Todo ello lo hace descollar. Está lleno de residentes extranjeros.

Cherusker · BAR

(plano p. 72; Pinto esq. Diego de Almagro; ⊗13.00-1.00 lu-ju, hasta 3.00 vi y sa) Ocupa una casa colonial roja de dos plantas y se ha ganado a su leal clientela con sus ricas cervezas, cálido ambiente bohemio y animado patio. De vez en cuando ofrece música en directo los fines de semana.

Bandido Brewing · CERVECERÍA

(plano p. 56; Olmedo E1-136 cerca de Cevallos, San Blas; ⊗16.00-11 lu-sa) Sus dueños son de Oregón y elaboran sus cervezas de fermentación alta, entre ellas la Macuipucuna Cloud Forest Coffee Porter, que lleva café de cultivo local. El barrio del centro donde se halla puede ser peligroso de noche.

Bungalow 6 · CLUB

(plano p. 72; Calama esq. Diego de Almagro; ⊗19.00-3.00 mi-sa) Local nocturno popular entre quiteños y extranjeros. Los fines de semana suele generar largas colas, así como la noche de chicas de los miércoles (las mujeres beben gratis hasta las 22.00). Hay buena música, tiene una pista de baile pequeña pero animada y arriba hay un laberinto de coloridas salas (con futbolín, billar y una terracita).

Mirador de Guápulo · CAFÉ

(plano p. 66; Camino de Orellana N27-492 cerca de pasaje Stubel) Acogedor bar cafetería sobre el acantilado frente a Guápulo. Las vistas son insuperables y la comida, a base de empanadas, sándwiches y platos similares, es sabrosa, aunque no hay mucho ambiente aparte del paisaje. Sin embargo, las noches de miércoles a sábado se suma a su atractivo la música en directo (hacia las 20.00).

Coffee Tree · BAR

(plano p. 72; Reina Victoria esq. Foch; ⊗24 h) Bar al aire libre en la alegre Reina Victoria. Es un buen sitio para empezar la noche. Sus mesas son ideales para ver gente, y cerca hay muchos otros locales de bebida y comida. Sus camareros elaboran excelentes bebidas con base de café y huevos rancheros para desayunar.

Finn McCool's · PUB

(plano p. 72; Diego de Almagro cerca de Pinto; ⊗17.00-2.00) Bar irlandés orgulloso de sus colores. Reúne a una mezcla de quiteños y residentes extranjeros que acuden por sus partidas de billar, futbolín, comida de pub y noches temáticas (concursos los martes, música en directo o micro abierto los jueves, noches de fútbol si hay partido). Los fines de semana por la noche no cabe un alfiler.

Selfie Club Disco · CLUB

(antiguamente El Aguijón; plano p. 72; Calama E7-35; entrada 5-10 US$; ⊗21.00-3.00 ma-sa) Espacio abierto de corte industrial lleno de lugareños. Tiene grandes pantallas que proyectan vídeoarte sobre la pista de baile. Los fines de semana los DJ ponen un poco de todo.

Turtle's Head Pub & Microbrewery · BAR

(plano p. 66; La Niña E4-451) *Pub* escocés que sirve buenas cervezas artesanales y comida de *pub*. Hay futbolín, billar y, de vez en cuando, música en directo.

Ananké · LOUNGE

(plano p. 66; Orellana 781, Guápulo) Merece la pena la excursión. Es un bar pizzería cálido y elegante. Tiene varias salas de alegre decoración distribuidas en una antigua casa de dos plantas, una terracita con chimenea y varios rincones para esconderse con un cóctel y unos amigos. En días despejados, las vistas de Guápulo son soberbias.

Mayo 68 · CLUB

(plano p. 72; García 662) Concurrido club de salsa, pequeño pero bien ubicado en el Mariscal. Tiene una clientela local.

☆ Ocio

El Estadio Olímpico Atahualpa (6 de Diciembre esq. Naciones Unidas), en el norte, cerca del centro comercial Quicentro, es el principal estadio de fútbol de Quito, con aforo para 37 750 personas. Acoge los partidos del equipo nacional de Ecuador, el Deportivo Quito (www.deportivoquito.com) y El Nacional (www.elnacional.ec). Para llegar hay que ir en un autobús Ecovía hasta la parada del estadio. Para ver conciertos y eventos deportivos, se recomienda visitar www.ecutickets.ec.

Música en directo

★**El Pobre Diablo** — MÚSICA EN DIRECTO
(plano p. 66; ☎02-223-5194; www.elpobrediablo. com; Isabel La Católica E12-06; ☻12.00-15.00 y 19.00-2.00 lu-sa) Quiteños y residentes extranjeros lo tienen por uno de los mejores locales para escuchar música en directo. Es un sitio agradable y tranquilo con una cuidada selección de talento (*jazz*, *blues*, música del mundo, sonidos experimentales). Hay actuaciones casi cada noche. También es estupendo para comer, pues sirve deliciosa cocina de fusión, tiene una buena carta de cócteles y un ambiente excelente.

La Juliana — MÚSICA EN DIRECTO
(plano p. 66; av. 12 de Octubre cerca de Coruña; entrada 10-20 US$; ☻22.00-2.00 ju-sa) Ocupa una antigua casa remodelada y es un espacio alegre con una buena mezcla de bandas (*rock*, salsa, merengue) que animan la pista de baile casi todas las noches de los fines de semana.

Casa de la Música — MÚSICA EN DIRECTO
(☎02-226-1965; www.casadelamusica.ec; Valderrama cerca de Mariana de Jesús) Sala contemporánea de excelente acústica. Acoge a orquestas de primera, entre ellas la filarmónica de Quito, y músicos del mundo entero.

Varadero — MÚSICA EN DIRECTO
(plano p. 66; Reina Victoria esq. La Pinta) Local junto a La Bodeguita de Cuba que cobra vida los fines de semana por la noche, cuando se transforma en una alegre salsateca. Merece la pena el precio de la entrada cuando actúa la dueña, una talentosa cubana.

House of Rock — MÚSICA EN DIRECTO
(plano p. 66; ☎02-297-3437; www.houseofrock. ec; Isabel La Católica 1160, cerca de Coruña) Club de *rock* que ofrece música en directo las noches de jueves a sábado. Acoge a algunas de las mejores bandas emergentes de Quito.

Café Libro — MÚSICA EN DIRECTO
(plano p. 72; ☎02-250-3214; www.cafelibro. com; Leonidas Plaza N23-56; entrada 3-20 US$; ☻12.00-14.00 lu-vi, 17.00-24.00 ma-ju, 18.00-2.00 vi y sa) Local veterano que ofrece música en diercto, lecturas poéticas, danza contemporánea, tango, *jazz* y demás actuaciones para los amantes de las artes. También hay clases de *jazz*, salsa y tango (10 US$), y siempre se puede jugar al ajedrez o al go.

Cines

Casi todas las salas ofrecen películas populares en inglés con subtítulos en español. Las entradas cuestan unos 5 US$.

Ocho y Medio — CINE
(plano p. 66; www.ochoymedio.net; Valladolid N24-353 y Vizcaya; ☻café 11.00-22.30) Sala de La Floresta que proyecta grandes películas de arte y ensayo y algún que otro número de danza, obra de teatro o concierto. Tiene un café al lado.

Cinemark — CINE
(www.cinemark.com.ec; Naciones Unidas y av. América) Ofrece los últimos estrenos taquilleros de Hollywood.

Multicines — CINE
(www.multicines.com.ec; Centro Comercial Iñaquito) Otro gran multicines.

Teatro y danza

Teatro Sucre — ARTES ESCÉNICAS
(plano p. 56; ☎02-228-2136; www.teatrosucre.org; Manabí N8-131; entrada 5-50 US$) Es el teatro más antiguo de la ciudad. Se ha restaurado y se alza elegante sobre la plaza del Teatro. Acoge actuaciones que abarcan desde *jazz* y música clásica a *ballet*, danza moderna y ópera.

Teatro Bolívar — ARTES ESCÉNICAS
(plano p. 56; ☎258-2487, 258-2486; www.teatro bolivar.org; Espejo) Es uno de los teatros más ilustres e importantes de Quito.

Humanizarte — DANZA
(plano p. 56; ☎02-257-3486; fundacion_humani zarte@hotamil.com; Casa 707, La Ronda; entrada 5 US$; ☻desde 21.00 vi y sa) Excelente teatro y grupo de danza. Presenta a artistas andinos y actualmente actúa en La Ronda los fines de semana por la noche. Ofrece clases de danza folclórica andina.

Ballet Folclórico Nacional
Jacchigua
DANZA

(plano p. 66; ☏02-295-2025; www.jacchiguaesecuador.com; av. Patria esq. av. 12 de Octubre; entrada 30 US$; ☺19.30 mi y vi) Ballet folclórico tan turístico como espectacular. Actúa en el Teatro Demetrio Aguilera, en la Casa de la Cultura Ecuatoriana, y es todo un espectáculo. Se pueden reservar las entradas en línea.

Teatro Prometeo
ARTES ESCÉNICAS

(plano p. 66; ☏02-290-2272; www.casadecultura.gob.ec; av. 6 de Diciembre N16-224) Local afiliado a la Casa de La Cultura Ecuatoriana. Ofrece espectáculos económicos, a menudo de danza moderna.

Teatro Patio de Comedias
ARTES ESCÉNICAS

(plano p. 66; ☏02-256-1902; www.patiodecomedias.org; calle 18 de Septiembre E4-26) Presenta obras y actuaciones de jueves a domingo, por lo general a las 20.00. Está cerca del Mariscal, entre la calle 9 de Octubre y la av. Amazonas.

🛍 De compras

En el Mariscal hay excelentes tiendas de artesanía. Si se compra en puestos callejeros, hay que regatear. En las tiendas más caras los precios suelen ser fijos, aunque el regateo no está descartado. Los recuerdos son algo más baratos fuera de Quito, si es que hay tiempo y ganas de buscarlos.

El panorama galerístico de Quito es muy limitado. Solo hay unos pocos locales que exponen y venden arte local.

Los centros comerciales son prácticamente idénticos a sus primos norteamericanos y venden marcas internacionales. Casi todas las tiendas cierran los domingos, pero estos centros suelen abrir todos los días entre las 10.00 y las 20.30. Todos tienen restaurantes y plantas de restauración.

★ Galería Ecuador
ARTESANÍA, LIBROS

(plano p. 72; www.galeriaecuador.com; Victoria N24-263 cerca de García) Reluciente complejo de dos plantas junto a la plaza Foch. Ofrece productos de Ecuador de excelente calidad que van desde artesanía, joyas, ropa, CD y libros de lujo a bombones, vino y licores, entre ellos un suave elixir de chocolate. Tiene un estupendo café y ofrece información turística, mapas incluidos.

Galería Latina
ARTESANÍA

(plano p. 72; Mera N23-69) Es una de las mejores tiendas de ropa y artesanía de Quito. Tiene un gran surtido de hermosas piezas, como tallas de tagua, coloridas telas andinas, joyas, jerséis y objetos hechos a mano de toda Latinoamérica. Los precios son más altos, pero también lo es la calidad.

Mercado Artesanal
La Mariscal
ARTESANÍA

(plano p. 66; Washington entre Mera y Reina Victoria; ☺9.00-19.00) Media cuadra llena de puestos de artesanía a buen precio y de diversa calidad. Es espléndido para comprar recuerdos. Cuando se editó esta obra había noticia de un posible traslado a una zona cercana de este mercado.

Folklore Olga Fisch
ARTESANÍA

(plano p. 66; Colón E10-53) Es la tienda de la legendaria diseñadora Olga Fisch (que falleció en 1991), y un buen lugar para comprar artesanía de gran calidad. Fisch era una artista húngara que emigró a Ecuador en 1939 y trabajó con artistas indígenas, mezclando las bellas artes y el arte tradicional.

Ari Gallery
JOYERÍA

(plano p. 56; ☏02-228-4157; www.ushinajewelry.com; plaza San Francisco, Bolívar Oe6-23) Byron Ushiña, diseñador de joyas que aprendió el oficio de su padre y su abuelo, vende hermosas piezas únicas que incorporan motivos precolombinos, piedras semipreciosas y raros materiales de Ecuador.

Ag
JOYERÍA, ANTIGÜEDADES

(plano p. 72; ☏02-255-0276; Mera 614) Vende una asombrosa y curiosa selección de joyería artesanal de plata de toda Sudamérica. También tiene antigüedades.

Homero Ortega P. & Hijos
SOMBREROS

(plano p. 56; www.homeroortega.com; Benalcázar N2-52 cerca de Sucre) Es uno de los mayores vendedores nacionales de los famosos sombreros de paja ecuatorianos, también llamados panamás o "de Panamá". Ofrece un variado surtido de su conocida marca Cuenca.

La Bodega
ARTESANÍA

(plano p. 72; Mera N22-24) Lleva en el negocio unos 30 años. Vende una amplia y maravillosa variedad de artesanía de gran calidad, nueva y antigua.

Tianguez
ARTESANÍA

(plano p. 56; plaza San Francisco) Está junto al café del mismo nombre y es socia de la Organización Mundial del Comercio Justo. Tiene extraordinaria artesanía de todo Ecuador.

Latino Americana ARTESANÍA
(plano p. 72; av. Amazonas N21-20) Vende una
enorme selección de artesanía, además de
panamás, cerámica, joyas y ropa de alpaca.
Se recomienda confirmar la calidad.

Cienfuegos Galería GALERÍA
(plano p. 66; Galavis y Andalucía 614; ⊙11.00-17.00
lu-vi, 10.00-14.00 sa) Pequeña galería junto al
mercado La Floresta que expone la obra de
artistas ecuatorianos.

Galería Beltrán GALERÍA
(plano p. 66; Reina Victoria N21-30; ⊙9.30-19.00
lu-vi, 10.00-14.00 sa) Lleva más de 30 años en
el negocio del arte. Vende cuadros de artistas nacionales célebres.

Tatoo EQUIPAMIENTO DEPORTIVO
(plano p. 72; Mera N23-54) Tiene equipos de
calidad de escalada, *rafting* y demás deportes de aventura.

Explorer EQUIPAMIENTO DEPORTIVO
(plano p. 72; Foch esq. Reina Victoria) Vende caro
equipo de marca para hacer actividades al
aire libre en la misma plaza Foch.

Libri Mundi LIBROS
(plano p. 72; Mera 851; ⊙9.00-19.00 lu-vi, 9.00-
14.00 y 15.00-18.00 sa) Es una de las mejores
librerías de Quito. Tiene una buena selección de títulos en español, inglés, alemán
y francés.

Confederate Books LIBROS
(Calama esq. Mera) Gran selección de libros
de segunda mano en inglés y otros idiomas.

Librería inglesa LIBROS
(plano p. 72; Calama 217) Buen surtido de libros de segunda mano en inglés.

**Centro Comercial
El Jardín** CENTRO COMERCIAL
(plano p. 66; av. Amazonas y av. República) Reluciente centro comercial cerca del parque
La Carolina.

**Centro Comercial
Iñaquito** CENTRO COMERCIAL
(CCI; www.cci.com.ec; av. Amazonas y Naciones
Unidas) En la punta norte del parque La
Carolina.

**Centro Comercial
Quicentro** CENTRO COMERCIAL
(www.quicentro.com; av. 6 de Diciembre y Naciones Unidas) Otro popular centro comercial
en Naciones Unidas.

ℹ Información

PELIGROS Y ADVERTENCIAS

Quito tiene su buena cuota de robos y delitos
menores, pero el peligro puede reducirse si
se toman ciertas precauciones.

Mariscal Sucre, donde se concentran las
pensiones, restaurantes y vida nocturna, es coto
de atracadores y carteristas. En la plaza Foch y
alrededores hay mucha presencia policial, cada
vez mayor y más visible. De noche, si hay que
recorrer unas cuantas manzanas, es mejor tomar un taxi. Los domingos, días muy solitarios,
muchas calles pueden parecer inseguras.

La mayor parte de tiendas y restaurantes
del centro cierran de noche, por lo que puede
ser peligroso caminar solo por sus cuadras mal
iluminadas. En esta zona los atracos son menos
habituales, pero los carteristas, los tirones y los
timos no son raros. Hay que andarse ojo avizor.

Los carteristas son un grave problema en el
tranvía. Hay que mantenerse alerta si se viaja en
él y evitar tomarlo en horas punta y de noche.
Debe llevarse el bolso o bolsa siempre cerca
(en el regazo); es habitual que se abran los bolsos
cuando están entre las piernas o bajo el asiento.

Es recomendable usar los cajeros automáticos
de día, escoger cajeros que no estén aislados
(en centros comerciales o bancos, etc.) y mantenerse alerta al dejarlos.

Si roban al viajero, debe denunciarlo a la policía en una comisaría o en la oficina al servicio de
la seguridad turística, con sedes en el aeropuerto y en la estación de autobuses de Quitumbe.
También se puede pedir ayuda llamando al
1-800-TURISMO (887476).
Comisaría de policía (☎02-254-3932; Reina
Victoria N21 208 cerca de Roca; ⊙24 h)
Comisaría de policía (plano p. 56; ☎02-251-
0896; Chile entre Moreno y Venezuela, Plaza
Grande; ⊙10.00-18.00)

URGENCIAS

Ambulancia (☎131)
Urgencias (☎911)
Bomberos (☎102)
Policía (☎101)
Seguridad turística (☎02-254-3983)

ACCESO A INTERNET

La zona del Mariscal está llena de cibercafés;
muchos ofrecen tarifas baratas para llamadas
internacionales. En el centro hay menos, aunque
hay uno en el Palacio Arzobispal, frente a la Plaza Grande. Casi todos cobran entre 0,60 y 1,25
US$ la hora. El wifi es cada vez más habitual en

los cafés, restaurantes, bares, hoteles e incluso en parques públicos.

INFORMACIÓN EN LA RED

Corporación Metropolitana de Turismo (www.quito.com.ec)
Gay Guide to Quito (www.quitogay.net)

LAVANDERÍAS

Laundry Service Mariscal (Rodríguez 228; ⊙8.30-19.00 lu-sa) Abre las 24 h y cobra 1,70 US$ por kilo de ropa.
Mama Cuchara (Paredes entre Rocafuerte y La Ronda; ⊙8.00-13.00 y 14.00-17.00 lu-vi) Es una de las pocas del centro, a 1,25 US$ el kilo de ropa.

MAPAS Y PLANOS

La oficina de turismo de Quito y We Help, en Mariscal Sucre, ofrecen excelentes planos urbanos gratis.

En la sala de mapas del Instituto Geográfico Militar (p. 161) se venden mapas topográficos de gran calidad y varios mapas turísticos (cuando los hay). Está en lo alto de una colina al sureste del parque El Ejido. Allí no llega ningún autobús; hay que ir a pie o en taxi. Además, debe dejarse el pasaporte en la entrada. Aparte del colosal mapa de Quito a la venta, tiene pocos mapas urbanos.

ASISTENCIA MÉDICA

Dr. John Rosenberg (☏02-252-1104, 09-973-9734; jrd@pi.pro.ec; Foch cerca de av. 6 de Diciembre) Internista especializado en medicina tropical. Habla inglés y alemán, hace visitas a domicilio y atiende urgencias casi a cualquier hora. Está en Foch; se verá el cartel de Medcenter.
Hospital Metropolitano (☏02-399-8000; www.hospitalmetropolitano.org; Mariana de Jesús cerca de Arteta) El mejor hospital de la ciudad. Está al oeste del parque La Carolina, en el barrio de San Gabriel.
Hospital Voz Andes (☏02-226-2142; www.hospitalvozandes.org; Villalengua Oe2-37 esq. av. 10 de Agosto) Hospital de dirección estadounidense con un ala de pacientes externos y sala de urgencias. Está cerca de la parada de tranvía de Iñaquito, al noroeste del parque La Carolina.

DINERO

En la zona nueva hay varias casas de cambio, en la av. Amazonas, entre av. Patria y Orellana. Hay bancos por toda la ciudad.
Banco de Guayaquil (av. Amazonas N22-147 esq. Veintimilla) Cajero automático y cambio de cheques de viaje.

Banco de Guayaquil (Colón esq. Reina Victoria) Cajero automático y cambio de cheques de viaje.
Banco del Pacífico (Guayaquil esq. Chile) Cajero automático y cambio de cheques de viaje.
Banco del Pacífico (12 de Octubre esq. Cordero) Cajero automático y cambio de cheques de viaje.
Banco del Pichincha (Guayaquil entre Olmedo y Manabí) Cajero automático y cambio de cheques de viaje.
Producambios (av. Amazonas 350, La Mariscal) Cajero automático y cambio de cheques de viaje.
Servicio Cambios (Venezuela N5-15)
Western Union (av. de la República) Transferencias desde el extranjero, cajero automático y cambio de cheques de viaje.
Western Union (av. Colón 1333) Transferencias desde el extranjero, cajero automático y cambio de cheques de viaje.

CORREOS

Oficina central de correos (plano p. 56; Reina Victoria esq. Colón; ⊙8.00-19.00 lu-vi, hasta 12.00 sa y do) La sede del Mariscal es más práctica.

INFORMACIÓN TURÍSTICA

South American Explorers (SAE; plano p. 66; ☏02-222-7235; www.saexplorers.org; Mariana de Jesús Oe3-32 esq. Ulloa; ☏) Sede del club de esta organización sin ánimo de lucro que mantienen sus socios. Tiene otros centros en Quito, Lima y Cuzco, en Perú; en Buenos Aires, y una sede principal en Ithaca, Nueva York. Es una fuente de información para viajeros, aventureros e investigadores, etc. Ofrece ingente información y consejos sobre Latinoamérica. Está 10 min a pie al oeste del parque La Carolina.
Quito Tourism (Corporación Metropolitana de Turismo; plano p. 56; ☏02-257-2445; www.quito.com.ec; Venezuela esq. Chile; ⊙9.00-18.00 lu-vi, hasta 20.00 sa, 10.00-17.00 do; ☏) El centro goza de una buena ubicación y es práctico para cuestiones generales, para preguntar por señas y obtener mapas. La tienda de artesanía El Quinde ocupa la mitad del espacio. También se ofrecen circuitos guiados a pie por el centro.
We Help (plano p. 72; Foch E6-11 y Victoria; ☏) Esta tienda tiene de todo: mapas, información turística y sobre transporte, entradas para conciertos y lavabos públicos. También hay mostradores de Gray Line y de la Oficina de turismo de Quito. Tiene ordenadores e impresoras para uso (razonable) del público, un cajero de Pacífico y de Probanco (8.00 a 3.00) y consigna de equipaje. Es de propiedad privada. La opera el grupo dueño del Nu Hotel,

al otro lado de la calle, y muchos de los restaurantes de la plaza Foch.

AGENCIAS DE VIAJES

Ecuadorian Tours (📞02-256-0488; www. ecuadoriantours.com; av. Amazonas N21-33 esq. Washington) Buena agencia de viajes que ofrece un servicio muy completo.

Metropolitan Touring (📞02-250-6652; www. metropolitan-touring.com; av. Amazonas N20-39 esq. calle 18 de Septiembre) La mayor agencia de viajes de Ecuador.

ℹ️ Cómo llegar y salir

AVIÓN

El **aeropuerto internacional Mariscal Sucre** (📞02-395-4200; www.aeropuertoquito.aero) está 37 km al este de Quito, en un ancho valle cerca de Tababela. Es un complejo moderno con la pista de aterrizaje más larga de Latinoamérica y la segunda torre de control más alta del mundo (tras la de Cancún). Sin embargo, la terminal es bastante más pequeña que la de Guayaquil. Tiene un centro comercial con

restaurantes y cafés caros frente a la terminal de pasajeros.

AUTOBÚS

Quito tiene dos estaciones principales de autobuses (y una tercera más pequeña). Todas están muy lejos del centro (al menos a 1 h en transporte público, 30 min o más en taxi). Las compañías ya no tienen permitido embarcar a sus pasajeros en sus oficinas de la ciudad.

Terminales

Terminal Terrestre Quitumbe (📞02-398-8200; Cóndor Ñan y Sucre) Está 10 km al suroeste del centro. Viaja al sur y centro de los Andes, a la costa y el Oriente (como por ejemplo a Baños, Cuenca, Guayaquil, Coca y –aparte de Otavalo y Mindo– a casi todos los destinos de interés para los viajeros). Se llega en el trolebús (C4); hay que bajar en la última parada. Un taxi sale por unos 12-14 US$.

Terminal Terrestre Carcelén (📞02-396-1600; Eloy Alfaro) Terminal del norte con vehículos para Otavalo, Ibarra, Mindo, Santo Domingo, Tulcán y otros destinos septentrionales. Para

AUTOBUSES DESDE QUITO

DESTINO	PRECIO (US$)	DURACIÓN (H)
Ambato	2,50	2½
Atacames	8	7
Baños	3,50	3
Coca	10	10
Cuenca	10-12	10-12
Esmeraldas	7,25	6
Guayaquil	7	8
Huaquillas	9	11
Ibarra	3	2½
Lago Agrio	8	7-8
Latacunga	1,50	2
Loja	14-17	14-15
Machala	10	10
Manta	10	10
Otavalo	2	8-9
Portoviejo	9	9
Puerto López	12	10
Puyo	6	5½
Riobamba	4	4
San Lorenzo	7	6½
Santo Domingo	3	3
Tena	6	5
Tulcán	5	5

llegar hay que ir en trolebús hacia el norte hasta la terminal Y hacer transbordo al autobús que lleva a Carapungo; el viajero tendrá que decirle al conductor adónde va, pues el autobús para a una cuadra más o menos de la estación. Un taxi cuesta entre 10 y 12 US$.

Terminal Terrestre La Ofelia (Vázquez de Cepeda y la Prensa) Está en el norte y ofrece servicios a destinos del noroeste de Quito, como Nanegalito y Mindo, así como a Cayambe. Un taxi sale por unos 10 US$.

Compañías de autobuses

Entre las más grandes se cuentan las siguientes:

Baños Bus Company (Terminal Quitumbe) Compañía muy recomendable que ofrece recibo de equipaje, asientos limpios y cómodos, y, lo más importante, no recoge a pasajeros en ruta ni permite a nadie ir de pie. Une Quito con Baños y Tena. No debe confundirse con Baños Express ni Trans Baños.

Cooperativa Flor de Valle/Cayambe (www.flordelvalle.com.ec) Ofrece varios viajes diarios a Mindo desde la Terminal Terrestre La Ofelia, a la que se llega tomando el Metrobús que va al norte hasta la última parada. Hay salidas más frecuentes a Cayambe, donde se puede hacer transbordo a los autobuses que van para Otavalo, Ibarra u otros destinos del norte.

Flota Imbabura (☑02-256-5620; Manuel Larrea esq. Portoviejo) Cuenca, Guayaquil, Manta.

Panamericana (plano p. 72; ☑02-255-7134; av. Colón entre Reina Victoria y Almagro) Guayaquil, Machala, Cuenca, Manta, Esmeraldas.

Transportes Ecuador (plano p. 66; ☑02-222-5315; Mera N21-44) Guayaquil.

Transportes Occidentales (☑02-250-2733; calle 18 de Septiembre Oe2-142) Lago Agrio, Esmeraldas, Huaquillas.

Transportes Rutas de América (☑02-250-3611; www.rutasamerica.com; Alegre 01-72 esq. av. 10 de Agosto) Rutas internacionales a Caracas por Cali (lu y ju 22.00) y a Lima (ju 18.00 y sa 22.00).

AUTOMÓVIL Y MOTOCICLETA

Alquilar un automóvil para desplazarse por Quito es mala idea. El tráfico es una pesadilla; es más barato y práctico ir en taxi o autobús. Sin embargo, si se quiere salir de la ciudad para explorar las zonas circundantes, un coche de alquiler ofrece flexibilidad y libertad para huir de las rutas más turísticas. Casi todas las agencias de alquiler tienen oficinas en la capital. No obstante, las tarifas de las compañías internacionales suelen ser más baratas si se recoge el vehículo en el aeropuerto. Para alquilar una moto se recomienda **Freedom** (☑02-250-4339; www.freedombikerental.com; Mera N22-37; bicicleta/

motocicleta desde 15/39 US$/día). Está bien ubicado y también alquila bicicletas.

Avis (☑02-601-6000; www.avis.com.ec; aeropuerto)

Budget (☑02-281-8040; www.budget-ec.com; aeropuerto)

Hertz (☑02-281-8410; www.hertzecuador.com.ec; aeropuerto)

Localiza (☑02-600-2975; www.localiza.com/ecuador; aeropuerto)

Thrifty (☑02-222-8688; www.thrifty.com.ec; aeropuerto)

TREN

Tras una sustanciosa inversión en la red ferroviaria del país, esta luce revitalizada y vuelve a ofrecer viajes en cámara lenta por espectaculares paisajes a gran altitud. **Tren Ecuador** (www.trenecuador.com) tiene cuatro rutas (ju-do). Todas arrancan en la bella estación de ferrocarril de Chimbacalle (estación de trenes de Quito), situada 2 km al sur del centro, y llevan a Machachi (ida y vuelta 15 US$); a los pies del Cotopaxi (ida y vuelta 20 US$); a Latacunga (ida y vuelta 10 US$), y a la emblemática ruta Tren Crucero, que lleva cuatro días y tres noches por 450 km hasta la costera Guayaquil (1270 US$).

❶ Cómo desplazarse

A/DESDE EL AEROPUERTO

Los precios de los taxis al centro son fijos. Oscilan entre 24 y 26 US$ por ir al Mariscal o al centro. Al salir de la aduana se verá un quiosco con las tarifas anunciadas. Según el tráfico y la hora del día, el trayecto puede durar entre 50 min y 1½ h.

Cada ½ h sale la lanzadera de **Aeroservicios** (☑02-604-3500; www.aeroservicios.com.ec; billete 8 US$), que lleva en 30 min del aeropuerto al Parque Bicentenario (antiguo aeropuerto), en la punta norte de la av. Amazonas. Desde allí los taxis al Mariscal o al centro salen más baratos, pues quedan solo a 9 y 15 km respectivamente.

La alternativa más económica y menos práctica es ir en autobús público (2 US$) a/desde la terminal de Río Coca, al norte del Mariscal.

AUTOMÓVIL

Conducir por Quito puede sacar de quicio, pues está llena de calles de un solo sentido y el tráfico es muy denso. Se recomienda no dejar el vehículo de noche en la calle. Hay garajes privados por toda la ciudad, donde se puede aparcar toda la noche por unos 12 US$.

TRANSPORTE PÚBLICO

Autobús

Los autobuses locales (0,25 US$) funcionan de 6.00 a 21.00 y son prácticos, pues, pese a las paradas designadas, se puede bajar y subir en cualquier esquina. Las rutas no están señalizadas con números, pero en el cristal delantero se anuncian la primera y última parada. Hay que vigilar bien las pertenencias. Los autobuses verdes llevan a las afueras.

Quito tiene tres rutas de autobús con acceso a silla de ruedas mediante rampa eléctrica (0,25 US$): el Trole, el Ecovía y el Metrobús. Todas van de norte a sur por las tres vías principales y todos tienen paradas designadas y carriles propios, por lo que ofrecen un servicio rápido y eficaz.

Trole Atraviesa la ciudad por Maldonado y la av. 10 de Agosto. Acaba en la terminal de Quitumbe, al suroeste del centro. En el centro, los trolebuses que viajan al sur toman la ruta oeste que lleva por Guayaquil, y los que viajan en dirección norte llevan por Flores y Montúfar.

Ecovía Viaja por el lado oriental, por la av. 6 de Diciembre, entre Río Coca (desde donde se puede hacer transbordo a un autobús que lleva al aeropuerto) en el norte y La Marín, zona del centro, en el sur.

Metrobús La ruta discurre por la av. América desde la Universidad Central del Ecuador (al noroeste del parque El Ejido) hasta el norte del antiguo aeropuerto.

TAXI

Casi todos los taxis son amarillos. Hay muchos, aunque en hora punta y los domingos o cuando llueve no se encuentran tan fácilmente. Entre las compañías de taxi se cuentan **Urgentaxi** (☏02-222-2111), **City Taxi** (☏02-263-3333) y **Río Coca** (☏02-334-2727).

Los taxis están obligados por ley a usar los taxímetros de día, pero muchos taxistas no los usan. En general proponen un precio entre 2 y 5 US$ por un trayecto al centro, lo cual sale más caro que con el taxímetro puesto. Si se insiste en que lo pongan en marcha, suelen ceder. De lo contrario, se recomienda parar otro. De noche casi todos los taxis apagan el taxímetro y la bajada de bandera se sitúa en los 2 US$.

En Quito ya operan servicios mediante aplicaciones descargables similares a Uber o Lyft. A través de ellas los conductores responden en unos minutos a una solicitud. La que funcionaba mejor en el momento de escribir esta guía era **Easy Taxi** (www.easytaxi.ec; Tappsi es otra). En Easy Taxi los conductores deben usar el taxíme-tro y los pasajeros pagan 0,50 US$ por viaje por el uso de la aplicación.

La bajada de bandera de día es de 1 US$. Los trayectos breves arrancan en ese precio y pueden llegar hasta los 4 US$ más o menos. También se puede alquilar un taxi por unos 8 US$/h; es un buen modo de visitar puntos de interés fuera de la capital. Si se regatea bien y no se quiere ir muy lejos, se puede alquilar un taxi por 60 US$ aproximadamente todo el día.

A fin de reducir el crimen en los taxis, estos (y los autobuses) deben tener botones de emergencia conectados a un GPS en el brazo del asiento trasero para alertar automáticamente a la policía y poner en marcha una grabación de vídeo y audio. Cuando los autores de esta guía visitaron la ciudad, el sistema solo estaba instalado en un 30% de los taxis.

BICICLETA

Se pueden alquilar bicicletas en **Cicleadas El Rey** (☏02-222-1884; www.cicleadaselrey.com; Amazonas esq. Cordero; bicicletas ½/1 día 12/15 US$; ☺9.00-19.00 lu-vi, 9.30-14.00 do). Allí se reúnen los lunes sobre las 20.00 los ciclistas para dar vueltas por la ciudad. Quito también tiene los ciclopaseos de los domingos, día en que las calles principales se cierran al tráfico motorizado (p. 63).

ALREDEDORES DE QUITO

Quito es una base excelente para explorar el espectacular paisaje y biodiversidad de la región, pues ofrece varias excursiones estupendas de un día (incluidas varias rutas en tren). También pueden visitarse Otavalo, Cotopaxi, Mindo y las fuentes termales de Papallacta.

ⓘ Cómo llegar y salir

Se puede ir en autobús público a la Mitad del Mundo, la Reserva Geobotánica Pululahua, el volcán Pichincha y el Refugio de Vida Silvestre Pasochoa. El trayecto dura unas 2 h. Otra opción es ir en taxi, siempre que se puedan pagar entre 30 y 60 US$. Las agencias de viajes de Quito ofrecen además excursiones de un día a todos los destinos.

La Mitad del Mundo

En 1736 Charles Marie de La Condamine hizo las mediciones que demostraban que la línea ecuatorial pasaba por el lugar (o cerca, más bien). Las mediciones de su expedición

MISTERIOS DE LA TIERRA MEDIA

La idea de tener un pie en cada hemisferio resulta curiosa. Al aproximarse al ecuador surgen historias sobre la misteriosa energía del lugar, pero ¿qué hay de cierto y de ficción en todo ello?

Sin rodeos, vamos a desmontar el primer mito. El ecuador no se halla en la Mitad del Mundo, pero está cerca. El Sistema de Posicionamiento Global (GPS) indica que hay una desviación de 240 m. En cualquier caso no hay por que decírselo a los amigos cuando vean las fotos donde uno aparece con una pierna en cada hemisferio.

Otra historia difícil de creer es el de la cisterna del váter. Una de las atracciones del Museo Solar Inti Ñan es una demostración de cómo el agua, al norte del ecuador, se va por el desagüe en dirección contraria a las agujas del reloj, mientras que en el sur, a tres metros, lo hace al revés. Los expertos dicen que está trucado. La ley de Coriolis, según la cual los sistemas climáticos viran a la derecha en el hemisferio norte y a la izquierda en el sur, no afecta a cuerpos tan pequeños como un fregadero o un váter. Cuando desagua, el agua gira en cualquier dirección, dependiendo de las tuberías, los remolinos, la forma del lavabo y otros factores.

Ahora algo que sí es cierto: se pesa menos en el ecuador. Esto se debe a que la fuerza centrífuga es mayor allí que en los polos, aunque con una diferencia de solo un 0,3% y no del 1,5-2% que la báscula del monumento da a entender.

También es cierto que los equinoccios de primavera y otoño son los únicos días en que el Sol incide directamente encima del ecuador. De hecho, esto es lo que define un equinoccio. Con todo, esto no significa que el día y la noche duren lo mismo, como dicen muchos. Esto ocurre antes del equinoccio de primavera y después del de otoño y depende del lugar del planeta donde se esté.

Lo más fascinante, más que todos los engaños que se perpetúan en Inti Ñan y la Mitad del Mundo, es que, en realidad, en el auténtico ecuador (a 0,00 grados según el GPS) se hallan los restos de un templo prehispánico erigido hace más de mil años y llamado Catequill. Está en lo alto de una loma, al otro lado de la carretera desde la Mitad del Mundo.

dieron pie al sistema métrico y demostraron que el mundo no era perfectamente redondo, sino que se abomba en el ecuador. Hoy la zona se ha convertido en un entorno circense *kitsch*, resultado tal vez de nuestra creencia infantil de que hay de verdad una línea pintada alrededor del mundo (para algunos pasa lo mismo con los trópicos de Cáncer y Capricornio) y que una visita al ecuador es tan obligatoria como hacer paracaidismo o ir en barco a la Antártida. Hay puestos de comida y artesanía, bullicioso gentío de fin de semana y todo un surtido de atracciones y puntos de interés (para algunos hay que pagar la entrada aparte), pero poco tiene que ver con el ecuador. **Calima Tours** (☏02-239-4796; www.mitaddelmundotour.com; excursión 8 US$/persona), dentro del complejo, gestiona breves excursiones por el borde del cráter del cercano Pululahua.

El Reloj Solar Quitsato, 7 km al sur de Cayambe, es otro monumento al ecuador: un enorme reloj de sol anunciado por un cilindro de 10 m.

Eclipsa el monumento la nueva **sede de la Unión de Naciones Suramericanas** (UNASUR), llamada "Néstor Kirchner" en honor al expresidente argentino. Es un edificio de llamativo estilo modernista cuyas estructuras cubistas desafían la gravedad. Parece una nave espacial deforme. Lo diseñó Diego Guayasamín y se inauguró en diciembre de 2014. En la Sala de Presidentes se aloja la *Serie las manos,* mural de 10,5 por 3,3 m del tío del arquitecto, Oswaldo, uno de los artistas más célebres del país.

Museo Solar Inti Ñan MUSEO
(adultos/niños 4/2 US$; ⏱9.30-17.00) Este ameno museo es más interesante que el complejo oficial situado a un centenar de metros. Tiene laberínticas exposiciones exteriores sobre geografía astronómica y explica la importancia de la situación geográfica de Ecuador. Una de sus piezas más destacadas es el "cronómetro solar", un instrumento único de 1865 que muestra con los rayos del sol y con precisión el tiempo astronómico y convencional, así como el mes, día y estación. Pero la verda-

dera razón para visitar el museo es, naturalmente, ver sus muestras de agua y energía, aunque cada cual decidirá si le parece serio o una casa de feria. Además, supuestamente es el auténtico punto de paso del ecuador, aunque no lo es.

La Mitad del Mundo   LUGAR DESTACADO
(www.mitaddelmundo.com; entrada 2 US$, entrada monumento 3 US$; ⊙9.00-18.00 lu-vi, hasta 19.00 sa y do) En el corazón de la Mitad del Mundo se alza la pieza central del parque: un **monumento** de piedra trapezoidal de 30 m de altura. Lo corona un globo de latón con un mirador y un museo etnográfico, que ofrece una excelente introducción a los grupos indígenas de Ecuador a través de dioramas, prendas de ropa y fotografías.

❶ Cómo llegar y salir

Quito se extiende prácticamente 22 km al norte hasta la Mitad del Mundo. Es fácil llegar en transporte público: hay que tomar el Metrobús (0,25 US$) que lleva al norte hasta la última parada, Ofelia, y luego hacer transbordo al autobús de la Mitad del Mundo (otros 0,25 US$), bien señalizado. El trayecto entero dura entre 1 y 1½ h.

Reserva Geobotánica Pululahua y alrededores

Reserva de 3383 Ha unos 4 km al noroeste de la Mitad del Mundo. La parte más interesante es el **cráter volcánico** del extinto Pululahua. Al parecer, se formó en tiempos antiguos, cuando se derribó su cono y dejó un enorme cráter de unos 400 m de profundidad y 5 km de diámetro. Su fondo llano y fértil se explota con fines agrícolas.

El cráter está abierto por el lado occidental, por donde sopla con fuerza el húmedo viento del Pacífico. A veces las nubes y la bruma dificultan su visión. El aire húmedo en combinación con las abruptas paredes del cráter crean distintos microclimas, por lo que la vegetación en las fértiles laderas volcánicas es exuberante y diversa. Tiene muchas flores y varias especies de aves.

Puede entrarse al cráter a pie por un empinado sendero que arranca en el **mirador de Ventanillas,** en su cara sureste (se llega en autobús desde la Mitad del Mundo). La ruta del sendero es ideal para ver sus plantas y aves, pues gran parte del fondo llano está cultivado. También hay una carretera

sin asfaltar en la cara suroeste, pasando por Moraspungo.

Templo del Sol   LUGAR HISTÓRICO
(entrada 3 US$; ⊙10.00-17.00 ma-do) Cerca del mirador de Ventanillas está el Templo del Sol, recreación de un templo inca con reliquias precolombinas y tallas de piedra. Su circuito guiado es algo efectista. Lo lleva a cabo un "príncipe inca" vestido a la sazón que habla de supuestos rituales y creencias antiguos. Acaba con una demostración pictórica del artista ecuatoriano Cristóbal Ortega Maila, que pinta con habilidad y rapidez usando solo las manos (sin pinceles). Tiene buenas vistas desde lo alto.

🛏 Dónde dormir y comer

Pululahua Hostel   ALBERGUE $$
(☎099-946-6636; www.pululahuahostal.com; cabana i/d desde 30/40 US$, sin baño 20/30 US$) 🖋 Pensión agradable de corte ecologista dentro del cráter. Tiene algunas habitaciones sencillas y confortables en un entorno inmaculado. Sus propietarios preparan comidas sabrosas con ingredientes de su granja ecológica siempre que pueden (almuerzo o cena 10 US$). Los huéspedes pueden usar el jacuzzi (3,50 US$), alquilar bicicletas (5 US$/h) o caballos (desde 10 US$/h) y trabajar como voluntarios.

El Cráter   HOTEL $$$
(☎02-239-8132; www.elcrater.com; h 112 US$ desayuno incl.; ☎) Está cerca del mirador de Ventanillas. Es tranquilo y tiene 12 habitaciones amplias y bonitas con camas grandes, pintorescas paredes de falsa piedra y ventanas que enmarcan el paisaje volcánico a un lado y Quito al otro. El restaurante sirve buena comida ecuatoriana frente a vistas igual de impresionantes (ppales. 10-14 US$; abierto de 12.00 a 16.30).

❶ Información

La entrada oficial a la reserva cuesta 2 US$; debe pagarse antes de visitar el cráter o según se entra en coche por Moraspungo. Los fines de semana se alquilan caballos cerca del mirador (10 US$/h).

❶ Cómo llegar y salir

El modo más fácil de ir al mirador es a través del económico circuito organizado que sale desde la Mitad del Mundo, o el que arranca en Quito y visita ambos puntos de interés en un día. Un taxi de ida y vuelta desde la Mitad del Mundo sale por unos 5 US$.

Volcán Pichincha

Es el volcán más próximo a Quito y asoma sobre su lado oeste. Tiene dos cimas principales, la más cercana, la del dormido **Rucu Pichincha** (4680 m), y la más alta, la del **Guagua Pichincha** (4794 m), que está activo y supervisado por vulcanólogos. En 1660 una gran erupción enterró a Quito en 40 cm de ceniza. En el s. xix hubo tres erupciones menores. En 1981 se dieron tres ligeras, pero en 1999 rugió de verdad y expulsó una nube de humo de 18 km de altura que alfombró de ceniza la ciudad.

Ascender a cualquiera de las cimas es extenuante pero sencillo desde el punto de vista técnico, y no exige equipo especial. Al Rucu Pichincha se sube desde lo alto del TelefériQo, desde donde lleva entre 3 y 3½ h coronarlo. Los problemas de seguridad que solían asolar esta ruta, en especial los robos, están prácticamente resueltos. Sin embargo, el tiempo sigue siendo un problema. Cuando se asienta la niebla, es fácil desorientarse. Se recomienda, pues, consultar la previsión antes de salir y llevar un teléfono móvil por si se necesita asistencia. Varias compañías de circuitos, como High Summits (p. 63), ofrecen excursiones guiadas.

Escalar el humeante Guagua Pichincha es ya una empresa más larga. Se accede por el pueblo de Lloa, al sureste de Quito. Desde allí hay unas 8 h a pie hasta el **refugio** (dc 5 US$). Luego hay una breve pero agotadora caminata hasta la cima. Si se sale a pie desde Lloa, coronarla lleva dos días. Se aconseja gestionar el viaje a través de una agencia de montañismo de Quito.

Refugio de Vida Silvestre Pasochoa

Esta verde reserva forestal prácticamente virgen se extiende por las faldas del extinto Pasochoa, a solo 30 km de Quito, aunque parece mucho más lejos. El **Refugio de Vida Silvestre Pasochoa** (entrada 10 US$; ☉8.00-17.00), que ocupa un terreno situado entre los 2900 y los 4200 m, tiene una amplia variedad de árboles y arbustos de altiplano, entre ellos las podocarpáceas, únicas coníferas autóctonas de los Andes ecuatorianos, así como orquídeas, helechos y líquenes, y más de 100 especies de aves. Los excursionistas deben visitarlo para experimentar la sensación de aislamiento que despierta. Tiene varios senderos, desde los cortos y sencillos a los que brindan caminatas de un día entero, y uno de 8 h que lleva fuera de la reserva y a la cumbre del Pasochoa. Hay un **refugio** (Refugio de Vida Silvestre Pasochoa; dc/d 6/10 US$) con cocina y baños que permite acampar (5 US$; hay que llevarse el equipo).

La entrada a la reserva está unos 7 km al sur de Amaguaña. Desde la quiteña plaza La Marín (1½ h) salen autobuses que llevan al lugar. Se puede alquilar una *camioneta* (8 US$) para recorrer el resto del camino. Una alternativa más práctica es dejar que una compañía de circuitos de Quito organice el viaje.

Sierra septentrional

Incluye »

Los mejores restaurantes

➡ Hostería La Mirage (p. 110)

➡ Sumac (p. 110)

➡ Mashpi (p. 126)

➡ Dragonfly Inn (p. 123)

➡ Heladería Rosalía Suárez (p. 114)

Los mejores alojamientos

➡ Hotel Riviera-Sucre (p. 103)

➡ La Luna (p. 109)

➡ Hostería Cananvalle (p. 113)

➡ Hacienda Cusin (p. 107)

➡ El Monte Sustainable Lodge (p. 124)

Por qué ir

Recorrer la sinuosa Panamericana a través de los imponentes Andes hasta la ajetreada ciudad comercial de Otavalo y los pueblos indígenas circundantes es una experiencia única. A medida que la cordillera traza una curva hacia el norte de Quito, los picos volcánicos comienzan a despuntar. Se trata del palpitante corazón de Ecuador y la cuna de la cultura andina, donde el viajero encontrará desde artículos de cuero hasta alfombras tradicionales, y a precios muy económicos.

Los paisajes de alta montaña dan paso a las sofocantes llanuras del oeste, una rica zona de transición donde los cafetales prosperan en el espectacular valle del Intag. Más al sur, Mindo es una buena base para los amantes de la observación de aves, el senderismo y otras actividades al aire libre. En toda la zona hay alojamientos en plena selva, pensados para quienes busquen un retiro en la jungla. Vaya adonde vaya, el viajero podrá disfrutar de aventuras lejos de las multitudes, de programas de ecoturismo basados en la comunidad y de oportunidades de voluntariado.

Cuándo ir
Otavalo

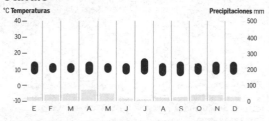

Jun El 24 de junio Otavalo celebra el Inti Raymi, un colorista festival pagano.

Principios sep No hay que perderse la Fiesta del Yamor, la celebración indígena de la cosecha, en Otavalo.

Finales sep Música, baile y comida aguardan en la popular fiesta anual de Ibarra.

0 — 50 km

COLOMBIA

Reserva Ecológica
Cayapas-Mataje

San Lorenzo

La Tola

Calderón

Borbón
Maldonado
Concepción

San Javíer
de Cochaví

Ricaurte

Guachucal

Chical

Lita

Río Blanco

Río San Juan

Rumichaca Ipiales

Volcán
Chiles
(4768m)

Tulcán

Túfiño

Río Cayapas

San Miguel

Río Verde

Guallupe

El Limonal

Río Lita

Río Mira

Reserva
Ecológica
El Ángel

Carchi

Reserva
Biológica
Guandera

Río San Miguel

Reserva Ecológica
Cotacachi-Cayapas

Esmeraldas

Río Santiago

Imbabura

El Ángel

San
Gabriel

Grutas de
la Paz

**Mariscal
Sucre**

Primer
Paso

Valle
Chota

Bolívar

Ambuqui

Tumbabiro

Salinas

Río Chota

Volcán
Cotacachi
(4939m)

Laguna
Yaguarcocha

Pimampiro

Río Apuela

Apuela

Reserva
Biológica
Los Cedros

**Valle del
Intag**

Laguna de
Cuicocha

Cotacachi

7

Ibarra

La Esperanza

Río Dorado

Río Guayllabamba

Chontal

Junín

5

García
Moreno

Otavalo

2

Volcán Imbabura
(4609m)

Mariana
Acosta

Pedro
Vicente
Maldonado

Reserva
Mashpi

La Delicia

Nanegal

Volcán Fuya
Fuya
(4263m)

Reserva Biológica
Maquipucuna

1

**Lagunas
de Mojanda**

4

**San Pablo
del Lago**

Olmedo

Sucumbíos

Pacto Tulipe

Bosque Nublado
Santa Lucía

Cochasquí

Reserva Ecológica
Cayambe-Coca

Puerto
Quito (30km)

Los Bancos

Nanegalito

Reserva
Yunguilla

Tabacundo

Cayambe

Ecuador

Santa Rosa

Nono

San Antonio

Cangahua

**Volcán
Cayambe
(5790m)**

6

Volcán
Reventador
(3562m)

Río Salado

Pichincha

Reserva
Bellavista

Mindo

3

Bosque Protector
Mindo- Nambillo

Calderón

Guayllabamba

El Quinche

Napo

Santo
Domingo de
los
Colorados
(20 km)

Tandayapa

Volcán Pichincha
(4784m)

QUITO

Aeropuerto internacional
de Quito Mariscal Sucre

Reserva Ecológica
Cayambe-Coca

Chiriboga

San Juan

Pifo

Oyacachi

8

Río Quijos

Río Toachi

Volcán Atacazo
(4463m)

Río Pita

Papallacta

El Chaco

Río Papallacta

Alluriquín

Río Pilatón

Sangolquí

Volcán
Antisana
(5753m)

Baeza

Cornejo
Astorga

Alóag

Refugio de
Vida Silvestre
Pasochoa

Panamericana

Cordillera Oriental de los Andes

Imprescindible

1 Admirar las vistas
haciendo senderismo por las
lagunas de Mojanda (p. 108),
en las afueras de Otavalo.

2 Surtirse de artesanía en
el colorido **mercado** de
Otavalo (p. 100).

3 Descubrir la vida aviar en
una caminata por los bosques
nubosos de **Mindo** (p. 120).

4 Dar un paseo a caballo
desde una **hacienda colonial**
(p. 107) de San Pablo del
Lago.

5 Maravillarse ante el
exuberante paisaje del **valle
del Intag** (p. 116).

6 Coronar el imponente
volcán Cayambe (p. 99),
cubierto de glaciares.

7 Comprar artículos
de cuero baratísimos en la
encantadora **Cotacachi**
(p. 109).

8 Deleitarse con la
naturaleza en la sierra de
los alrededores de **Oyacachi**
(p. 99).

Cayambe

51 000 HAB. / 3011 M ALT.

La cumbre nevada del Cayambe señorea las onduladas tierras de labranza que rodean la ciudad epónima, situada 64 km al norte de Quito por la Panamericana. La región está considerada la capital ecuatoriana de las flores, como acreditan los enormes invernaderos blancos que pueblan las laderas. Sin embargo, casi todo el mundo pasa a toda velocidad de camino a Otavalo. Y aunque la ciudad en sí misma no tiene mucho que ofrecer al viajero (los elaborados columpios del parque aledaño a la carretera llamarán la atención de los niños), lo cierto es que constituye una buena base para visitar lugares poco frecuentados de la región, y la carretera asciende hasta una cota considerable del flanco del volcán, con vistas sensacionales.

Dónde dormir y comer

Cerca del cruce de la Panamericana y Sucre, frente a la plaza de toros, se apiñan varias tiendas que venden los típicos bizcochos y queso de hoja (queso fresco hervido). **Hilda Ruiz** (Panamericana esq. Sucre; sándwiches 3 US$; ☺6.00-24.00; 🛜), quizá la más vistosa de todas, despacha sándwiches y capuchinos.

La Gran Colombia HOTEL $
(☎02-236-1238; Panamericana esq. Calderon; h 20 US$/persona; P🛜) Instalado en un edificio amarillo con franjas rojas, junto a la Panamericana y a un paso de varios restaurantes, casi todas las habitaciones (con camas confortables y televisión por cable) tienen una singular alcoba con escritorio. El ruido de los autobuses hace de despertador. Cuenta con restaurante.

Hacienda Guachala HACIENDA $$
(☎02-361-0908; www.guachala.com; Cangahua; i/d/tr/c 40/57/89/105 US$ desayuno incl.; P🛜🏊) Datada de 1580, esta extensa hacienda es la más antigua del país, si bien se ha reformado desde entonces. Ofrece habitaciones encaladas, un soleado patio con una fuente, establos y un restaurante y supone una base estupenda para los amantes del senderismo y los paseos a caballo. Queda 7 km al sur de Cayambe, en la carretera a Cangahua (y Oyacachi). Un taxi desde el centro cuesta 3 US$.

Bucanero Marisquería PESCADO Y MARISCO $$
(Alianza esq. Restauracion; ppales. 6,50-8 US$; ☺12.00-18.00) En este popular restaurante, antes de sentarse, se pide la comida en la caja; los domingos lo llenan familias que acuden atraídas por su ceviche, su cazuela (guiso de marisco), su encebollado (sopa de pescado, yuca y cebolla) y su encocado (gambas y pescado cocinados en una sabrosa salsa de coco especiada).

ℹ Información

Hay un cajero del Banco Pacífico en la Panamericana, cerca de Junín; la oficina de turismo está situada en la esquina de Rocafuerte con Bolívar, en el parque central.

ℹ Cómo llegar y salir

➡ Los autobuses de Flor de Valle salen de la terminal norte de Ofelia, en Quito (0,75 US$, 50 min, cada 20 min). También puede tomarse cualquier autobús hacia Ibarra u Otavalo desde la quiteña terminal de Carcelén. Hay autobuses que continúan hacia el norte aproximadamente cada 10 min.

➡ Los autobuses a Canghua salen cada ½ h desde la esquina de las calles Sucre y Restauración.

Reserva Ecológica Cayambe-Coca

Esta enorme reserva de 4031 km² se extiende por cuatro provincias, entre ellas el Oriente (p. 209), e incluye tundra alpina y selva tropical. Dentro de sus límites se alzan los volcanes Reventador (3562 m) y Cayambe (5790 m). En días despejados, la carretera (alternativa) que va al norte, de Cayambe a Ibarra y cruza el pueblo de Olmedo, ofrece excelentes vistas. El **volcán Cayambe** es el tercer pico más alto de Ecuador y el punto más elevado del mundo por el que pasa directamente el ecuador, con 4600 m en su cara sur. Para ascender a la cima de este volcán extinto, se recomienda contactar con alguna agencia de viajes en Quito (p. 65) especializada en montañismo. Hay un refugio de montaña (20 US$/persona), si bien solo es accesible en todoterreno. El ascenso de 7 h es más difícil que el del Cotopaxi, normalmente más concurrido. Una excursión guiada de dos días y una noche cuesta unos 240 US$ e incluye traslados, equipo, comidas y la pernoctación en el refugio.

Oyacachi

Hacia el sur el viajero encontrará la aldea de Oyacachi (3200 m), rodeada de picos de montaña y conocida por sus sugerentes **fuentes termales** (entrada 2,50 US$), atendidas por los lugareños y siempre repletas los fines de semana. Hay unos cuantos albergues básicos (5-10 US$) y una zona de acampada, así como varios restaurantes que sirven trucha fresca. Una camioneta desde Cayambe cuesta 30 US$.

La **caminata** de Oyacachi a El Chaco, que sigue una ruta centenaria de dos a tres días, atraviesa el corazón del parque y lleva desde las estribaciones orientales de los Andes hasta el Oriente. Recorridos unos 10 km por la carretera asfaltada, esta se vuelve más difícil de seguir, convirtiéndose en una verdadera senda entre naturaleza virgen que exige vadear varios ríos. Otra **ruta de senderismo**, con inicio en el puesto de guardabosques de Las Puntas, pasa por varios lagos de montaña al sur de las fuentes termales de Papallacta. Para contratar un guía (30 US$/día) –algo muy recomendable, por otro lado–, basta con dirigirse a la oficina de turismo comunitario de las fuentes termales de Oyacachi, o contactar con una agencia de viajes en Otavalo o Quito.

Otavalo

52 700 HAB. / 2550 M ALT.

Otavalo ha albergado desde hace siglos uno de los mercados más importantes de los Andes, una fiesta semanal que venera a los dioses del comercio. Los vendedores presentan toda suerte de artículos, desde artesanía tradicional hasta un creciente número de objetos chinos que tratan de camuflarse entre el resto. Esta tradición comercial se remonta a la época preincaica, cuando los comerciantes llegaban a pie desde la selva prestos a entablar negocios. Los incas, los españoles y, por último, los ecuatorianos han sacado partido de los exquisitos tejidos y de la destreza textil de los otavaleños. Sin embargo, la vida mejoró para muchos tras la reforma agraria de 1964, que abolió la arraigada tradición de la servidumbre y permitió a los lugareños poseer tierras.

Hoy en día, el mercado se ha convertido en una encrucijada cultural a gran escala, amén de un destino imprescindible para turistas de todo el orbe. No cabe duda de que está a años luz de la pequeña localidad que a principios de los noventa visitaban los mochileros, pero no hay que obviarla por su popularidad. Los otavaleños y los indígenas de los pueblos circundantes todavía visten sus trajes tradicionales. Las mujeres van ataviadas con blusas blancas bordadas, faldas largas de lana, fachalinas (pañuelos sobre los hombros), cinturones tejidos, alpargatas y collares de abalorios, mientras que los hombres llevan sombrero de fieltro, poncho azul y pantalones hasta la pantorrilla y se hacen una larga coleta con el cabello. Y aunque muchos otavaleños viven a duras penas de su artesanía, lo cierto es que son el pueblo indígena que goza de mayor éxito comercial de todo el país.

Otavalo no es particularmente atractiva desde el plano arquitectónico, y el número de tiendas modernas que venden artículos como televisores o zapatillas rivaliza con las dedicadas a productos más tradicionales. Aun así, y pese al enfoque mercantil, el ambiente es agradable y relajado; además, siempre se puede alzar la vista y contemplar las montañas de los contornos. No en vano, una vez realizadas las compras de rigor, serán sus picos, sus lagos escondidos y sus pequeños pueblos encaramados en las laderas lo que mantendrán entretenido al viajero.

⊙ Puntos de interés

Mercado de artesanía MERCADO
(plaza de Ponchos; 🏃) La plaza de Ponchos, núcleo del mercado de artesanía, se llena a diario de vendedores que comercian con artículos de lana como alfombras, tapices, mantas, ponchos, jerséis, bufandas, guantes y gorros, además de blusas bordadas, hamacas, tallas de madera, abalorios, cuadros, alfombrillas entretejidas y joyería hecha con tagua (semilla también conocida como "marfil vegetal"). Sin embargo, los sábados, el día oficial del mercado, es cuando este alcanza su máxima expresión, invadiendo las calles aledañas y prácticamente la mitad del centro urbano. Es costumbre regatear, sobre todo si se van a comprar varios artículos. Y aunque no hay que tener reparo en pedir un descuento, tampoco hay que ser despiadado.

Los puestos de comida del extremo norte auguran ollas de sopa de pollo o de callos calentadas en hornillos portátiles, crujiente pescado frito, cochinillo con mote (maíz desgranado), y chicha (bebida a partir de maíz o yuca fermentados) en cubos de plástico.

Entre junio y agosto lo mejor es ir de compras el viernes, antes de que los grupos de turistas abarroten las callejuelas.

Los mercados no están exentos de carteristas, de ahí que convenga dejar los objetos de valor en el hotel y guardar el dinero a buen recaudo.

Parque Cóndor
RESERVA DE AVES

(☎06-304-9399; entrada 4,50 US$; ☺9.30-17.00 mi-do; 🚻) ✆ Dedicada a la rehabilitación de rapaces, en esta fundación de dirección holandesa se puede observar de cerca al cóndor andino, así como águilas, búhos y halcones. No hay que perderse las exhibiciones gratuitas de vuelo a las 11.30 y 16.30. El centro está en la pronunciada loma de Pucará de Curyloma, a 2 km de la ciudad.

Mercado
MERCADO

(Panamericana esq. Colón; ☺7.00-13.00) En la última visita se estaba construyendo un enorme complejo cubierto al oeste de la Panamericana. Una vez se finalicen las obras (su apertura se ha pospuesto varias veces debido a escándalos de corrupción relacionados con los contratos de construcción), está previsto que albergue a los vendedores que hasta la fecha se agrupaban en el caótico meollo junto a la esquina de las calles Montalvo y Jaramillo, donde se comercializa con toda clase de artículos, desde exóticas frutas de la sierra y bolsas de especias molidas hasta fregonas y herramientas para tejer. Los sábados es un hervidero de productos frescos. El recinto también contará con un **patio de comidas**.

Mercado de animales
MERCADO

(Panamericana; ☺6.00-13.00 sa) Aunque probablemente no se necesite un cochinillo chillón, conejillos de Indias o una vaca adormilada, vale la pena acercarse a este mercado semanal por su ambiente y el caos que irradia. Queda al otro lado de la Panamericana; para llegar, hay que cruzar el puente al final de la calle Colón y seguir a la multitud.

El Lechero
PUNTO DE INTERÉS

Aunque este árbol plantado a las afueras de Otavalo es famoso por sus poderes curativos, es mucho más, pues desempeña una labor más eficaz como lugar de *picnic* o enclave romántico con fantásticas vistas de la ciudad. Se encuentra a un paseo de 4 km en pendiente. La carrera en taxi cuesta 4 US$; se puede pedir al taxista que espere si no se quiere regresar a pie.

Para llegar, hay que salir de la población por Piedrahita en dirección sur y seguir las flechas pintadas a lo largo del camino. Después de recorrer varios tramos sin asfaltar, se cruza un aromático bosque de eucaliptos hasta lo alto de un cerro, donde se observará un árbol solitario y achaparrado. Continuando al norte durante 1 km más se llega al Parque Cóndor.

⌖ Circuitos

★ Runa Tupari
Native Travel
CULTURA, ACTIVIDADES AL AIRE LIBRE

(☎06-292-2320; www.runatupari.com; Sucre esq. Quiroga, 3°) ✆ Este operador de merecida fama colabora con comunidades locales indígenas, mestizas y afroecuatorianas a fin de ofrecer visitas a lugares de interés, senderismo, paseos a caballo y excursiones en bicicleta. Las estancias en casas particulares rurales cuestan 25 US$ por noche y los diferentes programas de voluntariado, 15 US$ por día, con alojamiento y manutención incluidos.

Entre las opciones menos convencionales figuran un bacheado descenso de 2000 m en bicicleta de montaña, que penetra en el bosque nuboso tropical del Intag (85 US$/persona), y el ascenso de 10 h (ida y vuelta) a la cima del volcán Cotacachi (4939 m; 70 US$/persona). También organiza excursiones de entre un día y una semana para todos los gustos y necesidades.

Sus guías no solo son profesionales, fiables y entusiastas, sino que además ofrecen traslados a diario que permiten explorar la región al ritmo que uno elija.

También tiene una pequeña oficina en Cotacachi, concretamente en El Convento, un híbrido de restaurante, café, panadería y tienda de comercio justo gestionado por una organización local que vela por las personas con discapacidad.

Ecomontes Tour
CIRCUITO DE AVENTURA

(☎06-292-6244; www.otavaloguide.com; Sucre esq. Morales) Esta agencia con sede en Quito cuenta con una oficina en Otavalo y ofrece excursiones de senderismo de un día y con pernoctación, salidas de ciclismo (10 US$), escalada, equitación (excursión de un día a El Lechero 45 US$, con pernoctación en El Ángel 125 US$), barranquismo y *rafting* en los ríos Chota, Intag o Mira (45-60 US$), así como estancias con familias indígenas (35 US$, comidas incl.). Una excursión de dos días al valle del Intag cuesta 120 US$.

Diceny Viajes
CIRCUITO CULTURAL

(☎099-705-4295, 06-290-4491; zulayviajes@hotmail.com; av. de Los Sarances 505 y de Yamor) ✆ La otavaleña Zulay Sarabino abrió la primera agencia de circuitos turísticos de Otavalo y lleva ya más de tres décadas en activo. Se encuentra a 30 m de la Universidad de Otavalo, sector IOA (Instituto Otavaleño de Antropología). Sus guías, muy bien informados, conducen circuitos a varios pueblos donde

Otavalo

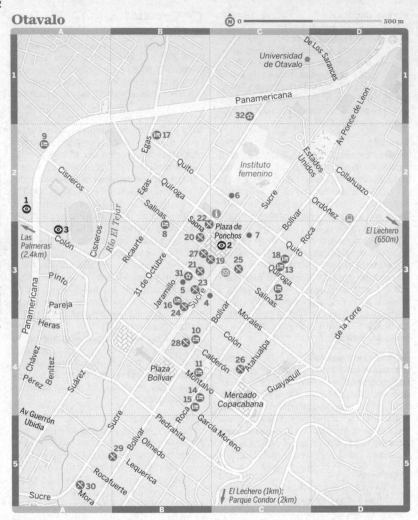

0   500 m

los visitantes podrán culturizarse acerca de la artesanía, la música y las tradiciones locales.

Leyton's Tours   CIRCUITOS GUIADOS
(☎06-292-2388; www.leytontoursotavalo.com; Quito esq. Jaramillo) Completo operador que organiza excursiones guiadas, equitación, rápel y visitas a comunidades indígenas de la zona.

🎇 Fiestas y celebraciones

Algunos pueblos de los alrededores todavía celebran rituales precolombinos que pueden prolongarse durante dos semanas.

Fiesta del Yamor   CULTURAL
Celebrada durante las dos primeras semanas de septiembre, la fiesta más conocida de Otavalo conmemora la cosecha de otoño. Se elige una reina que supervisa las procesiones y hay música en directo y baile, fuegos artificiales y peleas de gallos. Los asistentes consumen cantidades ingentes de chicha de yamor, una singular bebida sin alcohol en cuya producción se emplean siete variedades de maíz que se hierven a fuego lento (las versiones fermentadas durante más tiempo sí tienen alcohol).

Otavalo

SIERRA SEPTENTRIONAL OTAVALO

Fiesta de San Juan Bautista FIESTA RELIGIOSA
El 24 de junio se celebra esta fiesta también conocida como Inti Raymi, su nombre pagano. Se dice que los indígenas locales viven y mueren para celebrarla, ahorrando dinero durante todo el año para los trajes, la comida y la bebida. Las festividades continúan hasta el 29 de junio, **Día de San Pedro y San Pablo.** Hay, además, una corrida de toros en Otavalo y una regata en la laguna de San Pablo, así como otros actos en la cercana Ilumán.

🛏 Dónde dormir

Los fines de semana conviene reservar siempre con antelación, incluso en el caso de los hoteles económicos. Las numerosas opciones sumamente recomendables fuera de la ciudad, a menudo accesibles por senderos rurales y dispuestas en encantadores entornos bucólicos, brindan una experiencia completamente distinta y son ideales para disfrutar de la paz y el sosiego.

★**Hotel Riviera-Sucre** PENSIÓN $
(☎06-292-0241; www.rivierasucre.com; García Moreno 380 esq. Roca; h 18 US$/persona; @📶) El establecimiento con mejor relación calidad-precio de la ciudad propone deliciosas habitaciones con suelos de madera y techos altos dispuestas en torno a un cautivador patio interior. En la cocina comunitaria se puede preparar un bocado o tomar un café antes de solazarse en el florido jardín trasero. Fundamental reservar los fines de semana.

Hotel Santa Fé 2 HOTEL $
(☎06-292-0161; www.hotelsantafeotavalo.com; Colón 507 y Sucre; h 13 US$/persona; P📶) Los amantes de los interiores de madera quedarán prendados de este hotel al estilo del suroeste, aun cuando la brillante decoración de imitación de madera reluce notablemente. El establecimiento matriz, el más antiguo **Hotel Santa Fé 1** (☎06-292-3640; Roca 7-34 esq. Moreno; h 13 US$/persona), tiene habitaciones más pequeñas, con baños algo apretados.

Hotel Otavalo HOTEL $
(☎06-292-3712; www.hotelotavalo.com.ec; Roca 504-758; h 15 US$/persona desayuno incl.; 📶) Alojado en un enorme edificio colonial con un patio interior techado, se trata de un clásico entre grupos de turistas. Todas las habitaciones tienen el techo alto, aunque las del 2º piso, con el suelo de madera, prevalecen sobre las de la planta baja, con moquetas deshilachadas. Pídase ver varias para calibrar cuál recibe más luz natural.

Cabañas El Rocío PENSIÓN $
(☎06-292-4606; rocioe@hotmail.com; Barrio San Juan; h 11 US$/persona; P📶) Aunque pueda desalentar su letrero desvaído y su ubicación junto a la carretera, este encantador alojamiento compensa con una estupenda selec-

ción de habitaciones y cabañas de aire alpino, a un corto paseo del centro de Otavalo.

Hostal Valle del Amanecer
PENSIÓN $

(☎06-292-0990; www.hostalvalledelamanecer.com; Roca esq. Quiroga; h 16 US$/persona desayuno incl, sin baño 13 US$; ☎) Sus microscópicas habitaciones rodean un acogedor patio empedrado lleno de hamacas. Tiene restaurante y alquila bicicletas por 8 US$ al día.

Rincón del Viajero
HOTEL $

(☎06-292-1741; www.hostalrincondelviajero.com; Roca 11-07; h 15 US$/persona desayuno incl., sin baño 12 US$/persona; P☎) Aunque debería modernizarse su ajada decoración setentera, es un lugar con buena relación calidad-precio, aunque sus baños privados son meros cubículos. Posee un salón con chimenea, una soleada terraza en la azotea con hamacas y una sala con TV. Hay una zona de acampada (3 US$/persona) en su otra propiedad, a unos 1,5 km de la Panamericana, en la carretera a las lagunas de Mojanda.

Hostal Runa Pacha
HOTEL $

(☎06-292-5566; Roca 10-02; h 8 US$/persona, sin baño 6 US$; P☎) También valdría la pena modernizar las habitaciones de este hotel renovado por fuera, pero por estos precios es mejor no quejarse. Las habitaciones, muy básicas, están limpias y algunas disfrutan de estrechos balcones, lo que permite asomarse para respirar aire fresco.

Flying Donkey Hostal
ALBERGUE $

(☎06-292-8122; www.flyingdonkeyotavalo.com; Calderón 510 esq. Bolívar; h 9 US$/persona; ☎) Salvo por un sofá pegado a la recepción, la falta de salón no anima a quedarse holgazaneando durante mucho tiempo. Tiene una terraza en la azotea, habitaciones limpias (con TV viejos) y un personal agradable. El ruido y la luz de la calle pueden suponer un problema.

★Hostal Doña Esther
PENSIÓN $$

(☎06-292-0739; www.otavalohotel.com; Montalvo 4-44; i/d/tr 34/49/61 US$; @☎) Hotelito colonial de dueños holandeses, con atractivas habitaciones alrededor de un patio adornado con cerámicas y helechos. El servicio es amable, se intercambian libros y posee un recomendable restaurante.

Acoma
HOTEL $$

(☎06-292-6570; www.hotelacoma.com; Salinas 7-57; i/d 35/50 US$ desayuno incl.; P@☎) De estilo rústico contemporáneo, con preciosos suelos de madera de cedro, mosaicos y tragaluces en torno a un elegante bar. Las pequeñas habitaciones con baños compartidos del menos lujoso edificio anexo, en la parte trasera, despiertan envidias por las del edificio principal.

La Posada del Quinde
PENSIÓN $$

(☎06-292-0750; www.posadaquinde.com; Quito esq. Egas; i/d 60/80 US$ desayuno incl.; P☎) La principal baza de este exitoso hotel es su enorme y atractivo jardín y su recomendable restaurante. Valdría la pena remozar algunas de las habitaciones y es preferible obviar su ubicación, en los límites de la ciudad, entre grafitos.

✖ Dónde comer

Para una localidad del tamaño y el perfil turístico de Otavalo, lo cierto es que su oferta gastronómica resulta bastante deslucida. Algunas de las mejores experiencias epicúreas las brindan los alojamientos y las haciendas en las afueras de la ciudad, muchos de los cuales también admiten clientes ocasionales (con reserva).

Se recomienda probar tentempiés callejeros típicos como, por ejemplo, los churos, unos diminutos caracoles andinos de lago que se venden en paquetitos con sal, lima y cebolla y se succionan directamente de sus conchas.

★Cosecha Coffee Shop
CAFÉ, SÁNDWICHES $

(Jaramillo esq. Salinas; sándwiches 5-7 US$; ☎8.00-21.00, cerrado lu; ☎) Regentado por un joven estadounidense, este moderno café no desentonaría en un barrio neoyorquino de moda (¡sirve hasta *bagels*!). Sus sándwiches, en *focaccias* caseras, van cargados de ingredientes locales, y sus capuchinos no admiten réplica.

Posiblemente sea el mejor lugar de Otavalo para ponerse al día con el trabajo (si se lleva el portátil, claro) o leer, o simplemente para darse un respiro del trajín de la plaza de Ponchos.

Oro Mar
PESCADO Y MARISCO $

(Salinas esq. Sucre; ppales. 5-9 US$; ☎7.00-18.00) Su gama cromática en tonos azules, sus murales de temática marinera y sus generosas raciones (puede pedirse media) de cazuelas, encebollados, pescado frito y arroces son el reclamo perfecto para quienes añoren el mar.

Taco Bello
MEXICANA $

(Mejia 5-23; ppales. 2,50-4 US$; ☎12.00-22.00) Los tacos, burritos, enchiladas y fajitas de este pequeño y sencillo local son realmente tentadores. Una amalgama de rostros de actrices de Hollywood, sombreros e iconografía religiosa adorna las paredes.

Oraibi
VEGETARIANA $
(Sucre esq. Colón; ppales. 3-10 US$; ⏱11.00-19.00 mi-sa; 🖼) Encantador oasis vegetariano de elegancia rústica en una antigua hacienda en pleno centro. La carta comprende desde *pizzas* y sándwiches hasta ensaladas y tortillas. Fuera hay un espacioso jardín con mantelerías blancas, mucha sombra y música andina en directo todos los días de 13.00 a 16.00.

Yolanda's Chicha de Yamor
ECUATORIANA $
(Sucre esq. Mora; principales 3-8 US$; ⏱fin ago-med sep, durante festival) Yolanda Cabrera se ha hecho famosa por preparar delicias locales como tortillas de maíz, empanaditas y fritada (carne de cerdo frita), la preferida del lugar. Con todo, la estrella del elenco es su chicha de yamor, que ella misma remueve en burbujeantes calderos sobre humeantes fuegos.

Gran Chifa
CHINA $
(Morales entre Jaramillo y Sucre; ppales. 3,50-7 US$; ⏱12.00-22.00) Sobrio comedor en un 2º piso iluminado en exceso que agrada con descomunales raciones de versiones patrias de comida china, más una pequeña selección de comida callejera, como salchipapas (salchichas y patatas fritas). Interesa sentarse junto a la ventana para ver el desfile humano.

Buenavista
INTERNACIONAL $
(Salinas esq. Jaramillo; ppales. 3-6 US$; ⏱10.00-22.00 mi-lu; 🖼) Puede que el servicio sea brusco y la comida internacional mediocre (mejor evitar la pasta), pero su terraza regala unas vistas inmejorables del mercado de la plaza de Ponchos y la carta de cócteles es de lo más completa.

Shenandoah Pie Shop
PANADERÍA $
(plaza de Ponchos; porciones pastel 2 US$; ⏱10.00-21.00; 🖼) Aunque el dueño es bastante irascible y el local no destaca por su aspecto, las tartas de fruta casera son las mejores de Otavalo y el helado hará las delicias de los más glotones.

La Mía
SUPERMERCADO $
(Quiroga esq. Jaramillo) Flamante y amplio establecimiento en plena plaza de Ponchos.

Santa Marita
SUPERMERCADO $
(Atahualpa esq. Calderón) El mejor supermercado moderno de toda la ciudad.

Árbol de Montalvo
PIZZERÍA $$
(Montalvo 4-44; ppales. 7-9 US$; ⏱6-21.00 lu-ju, 12.00-22.00 vi-do; 🖼) En la parte trasera del Hostal Doña Esther sirven las únicas *pizzas* al horno de leña de Otavalo. Aunque son con diferencia las mejores de la ciudad, su masa es tan fina que hay quienes necesitan dos para aplacar el apetito. Redondean la carta ensaladas ecológicas, verduras de temporada y pastas de inspiración mediterránea.

Mi Otavalito
ECUATORIANA $$
(Sucre 11-19; principales 6,50-11 US$; ⏱11.30-21.00) Coqueto establecimiento de decoración rústica y temática otavaleña que atrae a turistas ecuatorianos y extranjeros por igual. Los ingredientes frescos priman en sus carnes a la parrilla, su trucha y sus sustanciosas sopas.

Café Pachamama
INTERNACIONAL $$
(Quito y Egas; ppales. 9 US$; ⏱7.00-20.00; 🖼) El restaurante de La Posada del Quinde emplea ingredientes frescos y ecológicos (en la medida de lo posible) y cuenta con un hermoso patio para comer al fresco con sol. Destacan sus desayunos y postres, así como sus sándwiches, ensaladas y principales como empanada de pollo y camarones rebozados en quinoa. Algunos fines de semana por la noche hay folclore en directo.

SISA
INTERNACIONAL $$
(☎06-292-5624; Calderón 4-9 esq. Sucre; ppales. 5-12 US$; 🖼) Tres plantas integran este atractivo complejo. Daily Grind, en la planta baja, es un buen sitio para tomar un café o un postre; en la 2ª planta sirven sándwiches y en la superior, la típica cocina internacional. Los sábados y domingos proyectan lo último de Hollywood y cine de autor en una pantalla gigante.

Quino
PESCADO Y MARISCO $$
(Roca esq. Montalvo; ppales. 5-9 US$; ⏱12.00-23.00 ma-do) Popular restaurante donde poder degustar excelentes platos de pescado en un ambiente de iluminación tenue. Eso sí, nada de prisas: todos los principales se cocinan desde cero y llevan aproximadamente media hora.

🍺 Dónde beber y ocio

Hay varios bares en la calle Morales, entre las calles Sucre y Jaramillo; destacan La Taberna, el Red Pub y el Fauna, siendo este último el más grande y moderno de los tres.

Los fines de semana, la oferta noctámbula (principalmente salsa y merengue) puede alargarse hasta altas horas. Más de media docena de lugares, entre ellos El Parche, se encuentran en la avenida 31 de Octubre, entre la calle Quito y la Panamericana, y por lo general abren hasta las 2.00 de jueves a sábado.

Peña La Jampa MÚSICA EN DIRECTO
(av. 31 de Octubre esq. Panamericana; ☺19.00-3.00 vi y sa) Emblemático espacio, frecuentado por lugareños, con una mezcla de salsa, merengue, *rock* en español y música folclórica. La noche no suele animarse hasta pasadas las 23.00.

Amauta MÚSICA EN DIRECTO
(Morales 5-11 esq. Jaramillo; ☺20.00-4.00 vi y sa) Céntrico sótano que alberga música andina en directo, generalmente a partir de las 22.00.

ℹ Información

Hospital (☎06-292-3566; Sucre) Unos 400 m al noreste del centro.

Jakob Niessen (☎099-247-2778; Bolívar esq. Calderón) Arraigado médico alemán altamente recomendado.

Lavandería (Morales esq. Sucre; ☺8.00-17.00 lu-sa) La única de toda la ciudad.

Comisaría de policía (☎101; av. Ponce de León)

Oficina de correos (Sucre esq. Salinas, 2º)

Oficina de turismo (iTur; ☎06-292-7230; www.visitotavalo.com; Quiroga esq. Jaramillo; ☺8.00-18.00 lu-sa) Su atento personal puede recomendar circuitos, hoteles y actividades. También alberga exposiciones de arte, fotografía e historia y, en la 2ª planta, tiene ordenadores de acceso libre. Hay planes para que abra los domingos.

ℹ Cómo llegar y salir

➳ Otavalo está bien comunicado con Quito y representa un importante centro de transportes para las pequeñas localidades de la sierra septentrional. La ajetreada **estación de autobuses** (Atahualpa esq. Ordoñez), en esencia un aparcamiento, está oportunamente ubicada, a unas manzanas de la plaza de Ponchos.

➳ Para llegar a Tulcán y a la frontera con Colombia, hay que viajar hasta Ibarra y cambiar de autobús.

➳ Los vetustos autobuses locales, con tarifas de aproximadamente 1 US$ por hora de viaje, van al sur hasta San Pablo del Lago (20 min) y Araque (30 min). La Cooperativa Imbaburapac viaja a Ilumán (30 min), Agato (1 h) y San Pablo del Lago (15 min). Transportes Otavalo tiene servicios a Intag (con el letrero de "Santa Rosa de Pucara") a las 7.30, 10.30 y 14.00. Salvo para ir a Quito, todos los autobuses salen cada 15-20 min.

➳ Los taxis son baratos, abundantes y fáciles de detener. Cualquier carrera urbana cuesta 1 US$. Algunos ejemplos son: Apuela (45 US$), Ambuqui (20 US$), Cayambe (12 US$), Ibarra (10 US$), Quinchuqui (4 US$), Tulcán (50 US$); haciendas cercanas a la laguna de San Pablo (3-5 US$). Un taxi al aeropuerto Mariscal Sucre, en las afueras de Quito, cuesta 55-60 US$; a cualquier punto del centro de la capital, 70 US$.

Alrededores de Otavalo

Las empinadas laderas que rodean Otavalo lucen un verde mosaico de tierras de labranza, una gratificante recompensa para los viajeros que busquen desfondarse haciendo ejercicio y contemplar amplias vistas. Las espectaculares lagunas de Mojanda (p. 108), al suroeste de Otavalo, constituyen un fabuloso destino de senderismo.

Las haciendas escondidas, en tiempos ostentosos epicentros de la sociedad colonial, invitan hoy a los viajeros a disfrutar de sus vastas tierras y de su fascinante historia. También cabe destacar el lago más grande de Ecuador, la **laguna de San Pablo,** un entorno más clásico, con barcas de remos y lustrosos hoteles en la orilla. **4 Volcanoes** (www.4volcanoes.com), de dueños alemanes y con sede en una refinada propiedad (en alquiler) de la zona, recibe estupendas críticas por sus excursiones a caballo.

La Panamericana sale de Otavalo hacia el noreste y pasa por los pueblos de Peguche,

AUTOBUSES DESDE OTAVALO

DESTINO	TARIFA (US$)	DURACIÓN
Apuela	1,95	2½ h
Cayambe	0,75	45 min
Cotacachi	0,25	15 min
Ibarra	0,45	30 min
Quito	2	3 h

Cotacachi

Hacienda
Pinsaquí

Quiroga

Carabuela

Laguna de
Cuicocha (7km);
Apuela (55km)

Ilumán

Panamericana

Quinchuquí

Volcán
Imbabura ▲
(4609m)

Peguche

Laguna de
Cuicocha
(8km)

Quinchinche

Agato

Cascadas
de Peguche

Las Palmeras

Loma Pucará ▲
(2790m)

Ali
Shungu

El Lechero

Véase "Otavalo",
p. 102

Rose
Cottage

Cabañas
del Lago

Casa
Mojanda

Lago de
San Pablo

Araque

La Luna

Cascada de
Taxopambu

Hostería
Puerto Lago

San Pablo
del Lago

Hacienda
Cusín

Lagunas de
Mojanda (12km)

San Rafael

Panamericana

Quito (90km)

González
Suárez

Agato e **Ilumán**, conocidos por sus talleres de tejidos; Ilumán también es notorio por su asociación de chamanes, integrada por 120 miembros. A solo 6 km más al norte por la Panamericana, se llega a **Atuntaqui,** cuyo flamante **Museo Fábrica Textil Imbabura** (www.fabricaimbabura.gob.ec; adultos/niños 3/ 1,50 US$; ⊕9.00-17.00 mi-vi, 10.00-18.00 sa y do) justifica la visita. Los pueblos del suroeste de la laguna de San Pablo fabrican fuegos artificiales, esterillas de totora (caña) y otros productos hechos con caña. Una magnífica forma de explorar estos y otros pueblos cercanos es con alguno de los operadores de circuitos recomendados de Otavalo, ya que los precios no son mucho más caros que alquilar un taxi. Casi todos están bien conectados en autobús.

🛏 Dónde dormir y comer

Buena parte de los alojamientos se agrupan en el rango de precio alto. Otavalo y otros lugares de interés de la zona quedan a un corto trayecto por carretera; y aunque el taxi es una opción barata, estos lugares son especialmente recomendables con vehículo propio. Todos han de reservarse con antelación para los fines de semana.

⭐**Hacienda Cusín** HACIENDA **$$$** (📞06-291-8316; www.haciendacusin.com; i/d/tr/c 122/145/187/197 US$; menú almuerzo/cena 18/ 22 US$; ☎) 🅿 Situada en las afueras de San Pablo del Lago, al sur, a 10 km de Otavalo, es un lugar de cuento de hadas. Altos cedros dan sombra a los senderos del jardín, que conectan sus acogedoras casitas y emblemáticos edificios. Los interiores, con impresionantes puertas de madera tallada, óleos europeos y antigüedades y tejidos sudamericanos, son de museo.

Los huéspedes pueden jugar al *squash*, montar a caballo o en bicicleta, desconectar en la biblioteca (todas las habitaciones disponen de su propia colección) o acurrucarse junto a la chimenea del bar. Su elegante comedor sirve deliciosas comidas elaboradas con frutas y verduras ecológicas de cultivo propio. Ofrece todo tipo de actividades, desde expediciones a caballo con pernoctación hasta cursos para aprender a tejer. La conexión wifi suele ser irregular.

Hacienda Pinsaquí HACIENDA $$$
(☏06-294-6116; www.haciendapinsaqui.com; i/d/ tr/c 112/144/155/175 US$ desayuno incl.; menú comida 27 US$; ☎) Instalada en una antigua hacienda textil colonial, ofrece un pedazo del Ecuador de antaño. El huésped se sumergirá en el pasado gracias a sus techos envigados, su majestuoso recinto y su refinada decoración. Varias de las 30 habitaciones y *suites* tienen *jacuzzi* y chimenea.

Algunas partes de la propiedad (construida en 1790) sobrevivieron al desastroso terremoto de 1857, y todo el conjunto rezuma historia: Simón Bolívar acostumbraba a alojarse en el lugar de camino a Bogotá. No hay que dejar de visitar la capilla y el acogedor bar, perfecto para tomar un canelazo (aguardiente de caña caliente con zumo y canela). O, si se prefiere, lanzarse a la naturaleza a lomos de un caballo.

Ali Shungu CABAÑA $$$
(☏08-950-9945; www.alishungu.com; Quinchinche; h y cena 95 US$/persona desayuno incl.; P☎) Dos veteranos expatriados estadounidenses regentan este conjunto de cuatro casitas independientes en una ladera con vistas espectaculares 5 km a las afueras de Otavalo. Cada una puede acomodar hasta ocho personas en dos dormitorios y cuenta con cocina completa, un sensacional salón con enormes ventanales, chimenea, jardín privado y una decoración a base de artesanía de la zona.

Las Palmeras CABAÑA $$$
(☏06-292-2607; www.laspalmerasinn.com; h/ste desde 74/122 US$; ☎) Ofrece vistosas cabañas enclavadas en las colinas, con acogedoras habitaciones amuebladas al estilo colonial. Se puede alquilar una bicicleta, montar a caballo o simplemente disfrutar del paisaje. Las comidas del restaurante saben a gloria.

Hostería Puerto Lago CABAÑA $$$
(☏06-292-0920; www.puertolago.com; i/d/ste 74/86/128 US$; ppales. 8-20 US$; ☎) Un inmaculado césped donde pastan llamas rodea unas austeras cabañas encaradas al lago de San Pablo, 5 km al sureste de Otavalo. Su popular restaurante de manteles blancos ofrece cocina tradicional junto al agua, y los huéspedes pueden entretenerse dándole al kayak, al remo o al tenis.

Cabañas del Lago CABAÑA $$$
(☏06-291-8108; www.cabanasdellago.com.ec; h 85 US$, cabañas 100-135 US$; ☎) Apunta a familias con sus 27 cabañas de tamaño dispar y montones de actividades. Tiene campo de fútbol, minigolf, motos de agua y toda clase de deportes acuáticos, que se practican en el lado este del lago. Su restaurante es el epicentro de la acción.

Lagunas de Mojanda

Una maltrecha carretera adoquinada conduce hasta lo alto del páramo andino y recala junto a tres lagos color turquesa incrustados cual piedras preciosas en mitad de las montañas. Enclavada 17 km al sur de Otavalo, la zona pasó a ser un espacio protegido en el 2002 y desde entonces se ha convertido en un popular destino de domingueros. Para acampar es preferible la orilla sur de la **laguna Grande**, o el sencillo refugio de piedra (hay que llevar saco de dormir y comida). Las agencias de Otavalo pueden organizar excursiones en kayak hasta el lugar.

No muy lejos asoma el escarpado pico del **Fuya Fuya**, un volcán extinto (4263 m). El pronunciado ascenso a la cima se realiza en 1½-2 h y tiene su punto de partida cerca del lugar donde los taxis descargan el pasaje. Una ruta similar, aunque más corta, conduce a lo alto del **cerro Tourichupa** (3950 m).

Otra opción muy recomendable, exenta de pendientes, es el **circuito** que arranca en la orilla de la laguna Grande y avanza hacia la laguna Chiquita, rodeando el cerro Negro (4260 m) hasta un mirador (4000 m), y luego continúa hasta el refugio (con vistas de la laguna Negra) antes de regresar al camino junto a la laguna Grande.

La Luna (p. 109) dispone de excelentes y detallados mapas de senderismo de la zona.

Pasada Casa Mojanda, en la carretera a las lagunas de Mojanda, se encuentra señalizada la cabecera de la ruta de la **cascada de Taxopamba,** un hermoso paraje a ½ h de paseo.

Un taxi entre Otavalo y la zona de los alojamientos de las lagunas de Mojanda cuesta unos 10 US$ por trayecto, más 10 US$ por hora de espera. Las agencias de Otavalo ofrecen excursiones guiadas con traslados incluidos. Un taxi de Otavalo a cualquiera de los alojamientos reseñados sale por 4 US$.

🛏 Dónde dormir y comer

★ La Luna PENSIÓN $$
(☎099-829-4913; www.lalunaecuador.com; acampada 8 US$, dc 12 US$, i/d 30/45 US$, sin baño desde 22/36 US$; ☎) Situada 4,5 km al sur de Otavalo, en el largo ascenso a las lagunas de Mojanda, ofrece vistas de órdago a precios muy ajustados. Los huéspedes comen en la acogedora casa principal, las duchas tienen agua caliente y cuatro de las habitaciones dobles poseen baño privado y chimenea. Se preparan *picnics* previa solicitud.

Rose Cottage CABAÑA $$
(☎099-772-8115; www.rosecottageecuador.com; dc 14 US$, h desde 40 US$, i/d sin baño 16/35 US$; ☎) Una amplia oferta dc alojamiento económico y espectaculares vistas andinas van de la mano en esta excelente opción en lo alto de una pronunciada colina a solo 3 km de Otavalo.

★ Casa Mojanda CABAÑA $$$
(☎08-033-5108; www.casamojanda.com; i/d 110/183 US$ desayuno y cena incl.; ☎) De camino a las lagunas de Mojanda, 4 km al sur de Otavalo, aparece esta encantadora posada con preciosas vistas de las empinadas tierras de labranza andinas. Sus alegres casitas de adobe están equipadas con radiadores eléctricos y baños con agua caliente; algunas tienen chimenea. Nada supera su *jacuzzi* al aire libre tras un día de senderismo o equitación. Las comidas se preparan con ingredientes de la huerta y los afables patronos (de Ecuador y Brooklyn) son una fuente de conocimiento.

Peguche

Técnicas modernas y tradicionales coexisten en esta pequeña y aletargada aldea de tejedores, donde poder observar la lana teñida a mano tendida al viento y escuchar el zumbido de los telares eléctricos. Por Peguche pasan los autobuses de la Cooperativa Imbaburapac de camino a Agato desde Otavalo.

🅞 Puntos de interés

Cascadas de Peguche CASCADA
Se trata de una serie de saltos de agua, sagrados para los lugareños, donde no está bien vista la presencia de visitantes durante el Inti Raymi, la fiesta del sol, en junio, cuando los hombres de la zona realizan baños rituales. Es un lugar desarrollado en cuya entrada empedrada se concentran puestos de artesanía, bebidas y tentempiés. Hay que registrarse

en el mostrador de entrada (gratis, pero se solicita un donativo) y seguir el corto sendero hacia las fuentes termales, un pequeño puente bajo las dos cascadas principales o dos miradores (uno en cada orilla del río).

🛏 Dónde dormir

Hostal Aya Huma ALBERGUE $
(☎06-269-0333; www.ayahuma.com; Los Corazos, Peguche; i/d/tr/c 22/35/46/57 US$, dc 7 US$, acampada 4 US$/persona) Pegado a las vías férreas, a cuatro largas manzanas de la Panamericana, su oficina recuerda a la estación de trenes de un pueblo. Las habitaciones son sencillas pero están limpias, y el café sirve copiosos desayunos y buena comida vegetariana. Conviene reservar o puede que esté cerrado.

La Casa Sol HOTEL $$
(☎06-269-0500; www.lacasasol.com/casaotavalo.com; Peguche; i/d 60/74 US$ desayuno incl.) Un camino empinado junto al desvío a las cascadas lleva hasta este remanso de paz en tonos pastel, con muros de terracota y tejados de tejas. Las habitaciones son cálidas y están amuebladas con sencillez.

🔒 De compras

Para llegar a las tiendas que se indican a continuación quizá haya que preguntar a la gente del lugar.

El Gran Cóndor ARTESANÍA
(www.artesaniaelgrancondor.com; ☉8.00-19.00 lu-vi, 11.00-16.00 do) En la plaza central, muy indicada para los fanáticos de los tejidos que no hayan encontrado lo que buscaban en Otavalo. Vende productos de primera elaborados en la zona, como jerséis, bufandas y tapices. Hay que llamar con antelación para concertar las demostraciones de teñido y tejido.

Taller de Instrumentos Andinos-Nañda Mañachi MÚSICA, ARTESANÍA
Lo lleva una familia que fabrica artesanalmente instrumentos musicales tradicionales como zampoñas y charangos (especie de mandolina de 10 cuerdas hecha con el caparazón de un armadillo).

Tejidos Mimahuasi ARTESANÍA
Ideal para echar un vistazo al proceso de tejido.

Cotacachi

17 100 HAB. / 2418 M ALT.
Cotacachi se ha labrado fama por sus curtidores y su vía principal, la calle 10 de Agosto,

alineada por tiendas de artículos de cuero a muy buen precio. Pero su principal atractivo, del cual puede dar fe un creciente número de jubilados norteamericanos afincados en la región, es su ambiente apacible, casi aletargado. Relativamente próspera, ordenada y a poca distancia de la laguna de Cuicocha y el volcán Cotacachi, seguramente atraería a más viajeros si gozara de mayor capacidad hotelera. El domingo es día de mercado (a años luz del de Otavalo en cuanto a tamaño), y casi todos los comercios ofrecen descuentos pagando en efectivo. Hay varios cajeros, entre ellos uno del Banco Guayaquil en la esquina de la calle Rocafuerte junto al parque San Francisco.

⊙ Puntos de interés y actividades

Museo de las Culturas MUSEO
(Moreno 13-41; ⊙9.00-12.00 y 14.00-17.00 lu-vi, 14.00-17.00 sa, 10.00-13.00 do) GRATIS Instalado en el antiguo palacio municipal neoclásico, presenta la historia etnográfica de la región, desde el año 8500 a.C. pasando por las etapas colonial y republicana. Su principal gancho son los trajes y las fotografías de las fiestas religiosas indígenas.

🛏 Dónde dormir

Land of the Sun HOTEL HISTÓRICO $$
(☎06-291-6009; Moreno y Sucre; h 32 US$/persona desayuno incl., principales 4-10 US$; P@🐾) Céntrico y atractivo hotel de estilo colonial que ofrece tentadoras habitaciones con suelos de madera alrededor de un idílico patio; las mejores tienen balcón con vistas al convento. Cuenta con una sauna y un sublime restaurante en el patio (7.00-21.00).

★**Hostería La Mirage** HOTEL $$$
(☎06-291-5237; www.mirage.com.ec; calle 10 de Agosto; h 427-976 US$ desayuno y cena incl.; P🐾) Una carretera de entrada sin asfaltar es la antesala de uno de los hoteles de más postín de Ecuador. Cruzando sus puertas de hierro se observan cúpulas blancas y pórticos de columnas por cuyo césped pasean pavos reales. La exquisita decoración es de estilo Luis XIV, con cuadros originales, camas con dosel y refinada ropa de cama. Si el viajero logra salir de la habitación, no debería perderse la piscina cubierta, ni tampoco el *jacuzzi* y el fabuloso *spa*, adornados con pétalos de rosa. También organiza tenis, paseos a caballo, salidas para observar aves y ciclismo de montaña. El estiloso restaurante promete una experiencia memorable de fusión internacional. Quienes deseen darse un capricho en un precioso entorno andino, difícilmente encontrarán algo mejor. Queda 500 m al noreste de la plaza principal.

🍴 Dónde comer

Mercado Jatuk Cem 'Cotacachi' MERCADO $
(calle 10 de Agosto esq. Salinas; ppales. 2-4,50 US$; ⊙6.00-16.00) Los puestos de este patio de comidas techado acogen todo tipo de establecimientos, desde marisquerías a parrillas, siendo la comida tan buena como en los restaurantes para turistas de la ciudad por un tercio del precio. Está oportunamente ubicado, frente a la terminal de autobuses y junto al mercado de frutas, verduras y flores, y algunos sitios abren hasta las 19.00.

Cafe Río Intag CAFÉ $
(Imbabura 863, parque San Francisco; sándwiches 3 US$; ⊙8.00-21.00; 🛜) Moderno local de estilo universitario, con cómodos sofás y un genial escondite escaleras abajo, donde poder tomar un café de cultivo ecológico del valle del Intag, un trozo de tarta o un sándwich. Fuera hay un tablón de anuncios con actividades culturales en la zona.

★**Sumac** INTERNACIONAL $$
(☎06-291-6704; Peñaherrera y Proano; comida de 4 platos 12 US$; ⊙12.00-16.00 y 17.00-20.00 lu-sa) Su chef ecuatoriano, instruido en cocina francesa en Quito, deleita con platos de carne y pescado y postres presentados con visos artísticos, todo ello a partir de productos autóctonos.

ⓘ Cómo llegar y salir

Cotacachi se halla al oeste de la Panamericana, 15 km al norte de Otavalo. Desde Otavalo, los autobuses de 6 de Julio y Transportes Cotacachi salen aproximadamente cada 20 min (0,25 US$, 20 min) hacia la terminal de Cotacachi, en un extremo de la ciudad. Un taxi entre ambas poblaciones cuesta 5 US$.

Reserva Ecológica Cotacachi-Cayapas

Esta reserva (entrada lago 1 US$, entrada todo el parque 2 US$) protege una enorme franja de los andes occidentales. Su gama de cotas, desde el volcán Cotacachi hasta la pluvisilva de las llanuras costeras, es sinónimo de una impresionante biodiversidad.

Viajar del altiplano a las planicies de la reserva es casi imposible debido a la densidad de la vegetación, por eso casi todos los visitantes se acercan a las llanuras desde San Miguel, a orillas del río Cayapas, o al altiplano que circunda la laguna de Cuicocha. Desde Cotacachi, justo antes de llegar a la laguna de Cuicocha, un puesto de guardabosques sirve de entrada a la reserva (la carretera a Intag pasa por delante).

A menos de 1 h por carretera en dirección este, las tremendamente populares **fuentes termales de Chachimbiro** constituyen una especie de complejo al estilo Disney, con piscinas para todos los gustos y vistas sensacionales. Desde Cotacachi, el trayecto de ida y vuelta en taxi (con varias horas de espera) sale por 35 US$. Más al oeste, en lo alto de un páramo, se halla la **laguna de Piñán**, con maravillosas vistas y rutas de senderismo; para excursiones organizadas se recomienda contactar con Runa Tupari (p. 101), en Otavalo.

Puntos de interés

Laguna de Cuicocha   LAGO
Siguiendo 18 km en dirección oeste desde Cotacachi se llega a esta serena y oscura laguna, enclavada en un cráter volcánico a 3100 m de altura. De 3 km de ancho y 200 m de profundidad, luce dos islas fruto de erupciones posteriores. Las islas recuerdan al lomo de dos conejillos de Indias, de ahí su nombre (*cuicocha* significa "lago del cuy" en quechua). Un breve sendero asciende hasta varios miradores desde la zona del aparcamiento cerca de la entrada.

Otro paseo muy recomendable es la **ruta** que rodea la laguna. Conocido como el **sendero Las Orquídeas**, arranca justo después del último mirador y discurre por lo alto de la cresta, con vistas de la orilla a sus pies. Los colibríes se alimentan del néctar de coloridas flores y algún que otro cóndor planea en círculos sobre el vítreo paisaje. Los 14 km del circuito pueden llevar entre 3½ y 5 h, dependiendo del estado físico del viajero. En días despejados es posible divisar el volcán Cotacachi.

Se alquilan barcas para hacer travesías cortas por las islas.

Dónde dormir y comer

Hostería Cuicocha   PENSIÓN **$$**
(☎06-301-7219; www.cuicocha.org; 55 US$/persona desayuno y cena incl., principales 4-9 US$; ☎) Aunque ajada y marchita, la decoración no desmerece en absoluto las preciosas vistas de la laguna y las montañas desde algunas de las habitaciones de este edificio de ladrillo, que también alberga un restaurante (ppales. 4-10 US$) abierto al público y un mostrador de información general que rara vez está atendido. Una advertencia: si se viaja solo, puede resultar bastante desapacible de noche.

Cómo llegar y salir

En Cotacachi se alquilan camionetas para ir a la laguna de Cuicocha (ida y vuelta 10-12 US$, incluida ½ h de espera). Para ahorrar algo de dinero existe la posibilidad de tomar un autobús de Transportes Cotacachi hasta Quiroga, a solo 10 min de trayecto (desde Otavalo o Cotacachi), y una vez allí continuar en taxi.

Ibarra

140 000 HAB. / 2225 M ALT.
La capital de la provincia de Imbabura (la urbe más grande al norte de Quito) se mueve al ritmo diario de sus afanosos habitantes,

¡PASAJEROS AL TREN!

Conocida como el Tren de la Libertad, esta ruta de ferrocarril recientemente restaurada conecta Ibarra y el pueblo de Salinas, más al sur, que parece un lugar fantasma. El trayecto de ida y vuelta solo es de 30 km, pero lleva 6 h debido a que el tren traquetea lentamente y, en Salinas, se da algo de tiempo para visitar el museo de la sal, de modesto interés. Además, una compañía de baile afroecuatoriana ameniza el viaje y varios guardas de seguridad privada motorizados escoltan el convoy durante todo el trayecto para asegurarse de que no se produzcan accidentes –ya sea con el tráfico o con el parsimonioso ganado–, dando la sensación de que se forma parte de un desfile presidencial. **Tren Ecuador** (☎1-800-873-637, estación de Ibarra 06-295-0390; www.trenecuador.com; ida y vuelta 20 US$; ☒) presta servicio en la modernizada estación de Ibarra, con salidas a las 10.30 de miércoles a domingo.

Ibarra

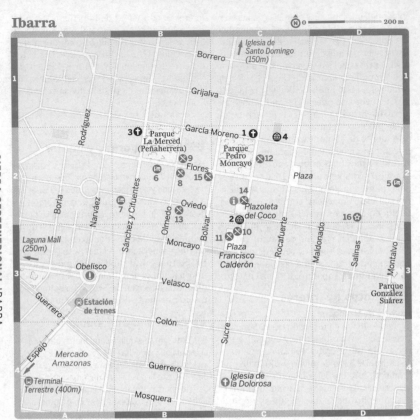

una mezcla de afroecuatorianos, indígenas y mestizos. Conocida como "la ciudad blanca", las calles del centro de Ibarra están flanqueadas por ornamentados y enjalbegados ejemplos de arquitectura colonial. Aunque la mayor parte de las plantas bajas de los edificios están ocupadas por comercios y se respira un bullicioso ambiente comercial, sus bonitas plazas abrazadas por palmeras y sus iglesias barrocas aportan un distintivo toque de sofisticación.

No lejos asoma el imponente volcán Imbabura, y la laguna de Yahuarcocha (su nombre en quechua significa "lago de sangre", por los cerca de 30 000 guerreros caranquíes aniquilados por las tropas del emperador inca Huayna Capac) dista apenas 3 km al noreste. Hoy recorren la orilla corredores, ciclistas y gente en barca. Si se añade un par de museos pequeños pero interesantes, un recomendable trayecto en tren, buenos cafés y su proximidad a Otavalo y varios pueblos

indígenas, más de uno se preguntará a qué se debe la falta de infraestructura turística.

Puntos de interés y actividades

Centro Cultural
MUSEO
(Sucre esq. Oviedo; ⊗9.00-17.00 lu-vi, 10.00-16.00 sa y do) GRATIS Alberga una pequeña pero impresionante colección de pintura sacra de los ss. xiv-xix, así como cerámica y objetos de oro prehistóricos de Pimampiro. Las explicaciones están en español e inglés.

Museo Arqueológico y Etnográfico Atahualpa
MUSEO
(García Moreno esq. Sucre, Teatro Sucre, 2º; ⊗8.00-12.30 y 14.00-17.30 lu-vi, 9.30-17.00 sa) GRATIS Sus pequeñas salas exhiben fascinantes objetos precolombinos hallados en la zona, la mayoría de los cuales (incluidas piezas ceremoniales de cerámica, esculturas y armamento, así como cráneos deformados deliberada-

Ibarra

mente) pertenecen a la cultura preincaica de los caranquis.

Parque La Merced
PLAZA
También conocida como Peñaherrera, la plaza principal de la ciudad se construyó a principios del s. XIX, siendo su rasgo más destacado la **iglesia de la Merced,** con un altar cubierto de pan de oro donde se encuentra la imagen de la Virgen de la Merced, santa patrona de las fuerzas armadas. En esta iglesia se celebra una misa en recuerdo de las víctimas y los supervivientes del devastador terremoto de 1868.

Parque Pedro Moncayo
PLAZA
Esta hermosa plaza llena de palmeras está dominada por la **catedral,** de estilo barroco. Los altares están cubiertos con pan de oro y cuadros de los 12 apóstoles adornan los pilares. El parque lleva el nombre del periodista y diplomático autóctono Pedro Moncayo (1807-1888).

Iglesia de Santo Domingo
IGLESIA
En el extremo norte de la calle Bolívar se encuentra el coqueto **parque Santo Domingo,** detrás del cual se erige una iglesia dominica en cuyo altar se exhibe *La Virgen del Rosario,* obra del célebre pintor Diego de Robles.

Fly Ecuador
DEPORTES DE AVENTURA
(☎06-295-3297; www.flyecuador.com.ec; Villamar 261 esq. Olmedo; 67 US$/persona) Para disfrutar de un soberbio panorama a vista de pájaro de la campiña circundante, no hay nada como un salto en parapente en tándem desde las colinas aledañas. Sus experimentados instructores también ofrecen cursos de varios días para quienes deseen lanzarse en solitario.

🛏 Dónde dormir

Si bien hay varios alojamientos económicos, los más atractivos se hallan al oeste de la ciudad, cerca de la Panamericana. Suelen reservarse con antelación, máxime los fines de semana y las dos últimas semanas de septiembre, durante la animada fiesta anual de Ibarra.

Hotel Barcelona
HOTEL $
(☎06-260-0871; suarezmagdalena@yahoo.es; Flores 8-51 esq. Sánchez y Cifuentes; h 10 US$/persona, sin baño 8 US$; ☏) Obviando el deprimente vestíbulo, este encalado hotel de tres plantas es una grata sorpresa, con amplias habitaciones de techos altos y suelos de madera; las que dan al parque, además de recibir mucha luz, sufren el ruido matinal. Asombran detalles como el interruptor en la ducha.

Hotel Imbabura
HOTEL $
(☎06-295-8522; info@hotelimbabura-lapileta.com; Oviedo 9-33; h 8 US$/persona; ☏) Como se deduce de los precios, las habitaciones de este edificio colonial no son tan majestuosas como sugieren su estructura y su patio interior: todas tienen baño compartido y son adustas, aunque limpias, con falsos techos y paredes descascarilladas. En la última visita carecía de letrero y hasta dirección. Para encontrarlo, lo mejor es tomar como referencia la tienda de golosinas situada enfrente.

Hostal del Río
HOTEL $$
(☎06-261-1885; jimmyguzman@hotmail.com; Montalvo 4-55 esq. Flores; h 20-30 US$/persona; ☏☏) Con toques de estilo colonial y luminosas habitaciones con suelos de madera maciza, es una excelente opción en una calle tranquila, unas manzanas al este del centro.

⭐ Hostería Cananvalle
CABAÑA $$
(☎98-260-9132; hosteria-cananvalle.com; h 60-70 US$ desayuno incl.; ☏☏) 🍴 En una bucólica propiedad con vistas al cañón y las montañas, esta granja familiar en activo constituye una escapada de ensueño. Hay una casa principal

cubierta de enredaderas y varias cabañas independientes. Casi todos los alimentos son de producción propia y los dueños están comprometidos con el medio ambiente y el turismo sostenible. Está a 10 min del centro, cruzando la vía.

Hostería Chorlaví   HOTEL HISTÓRICO $$$

(☎06-293-2222; www.haciendachorlavi.com; Panamericana Sur 4½; i/d/tr 105/126/165 US$ desayuno incl.; P🖥📶❄) Los visitantes de fin de semana descienden en masa sobre esta clásica hacienda para gozar de su piscina y sus pistas de tenis. Es un lugar encantador, con habitaciones llenas de antigüedades, aunque sin caer en la cursilería. El ambiente es menos apacible los fines de semana, cuando recibe grupos de turistas atraídos por la música en directo. Está 4,5 km al sur de Ibarra, señalizado a la derecha de la Panamericana.

🍴 Dónde comer

Existen algunos chifas (restaurantes chinos) al sur de la calle Flores, entre las calles Olmedo y Sucre. A un corto paseo desde la estación de trenes, en la parte oeste del centro, está situado el **Laguna Mall** (www.lagunamall.com.ec; Acosta esq. Galindo), un enorme y moderno centro comercial que cuenta con varios restaurantes, una zona de restauración, un supermercado, un cine (www.starcines.com) y tiendas.

Comedores   COMEDOR $

(Olmedo esq. Parque La Merced) Alrededor de media docena de comedores (restaurantes económicos) y otros tantos puestos callejeros de dulces, se concentran en los pequeños soportales de la fortaleza de ladrillo en el lado oriental del parque La Merced. Entre los dulces más habituales se encuentran el arrope de mora (empalagoso sirope mezclado con agua o licor de frutas) y las nogadas (especie de torta garapiñada a base de nueces, azúcar, leche y clara de huevo).

Ana de Nuñez   DULCES $

(Flores esq. Olmedo) Diminuta tienda repleta de dulces típicos ibarreños como nogadas y arrope de mora.

Heladería Rosalía Suárez   HELADERÍA $

(Oviedo 7-82; cucurucho/vaso 90 ¢/1,30 US$; ⏰7.00-18.00) En 1897, cuando apenas tenía 17 años, Rosalía Suárez descubrió que el mejor helado no necesitaba crema de leche, y desde entonces su heladería causa furor. Hoy la regenta su nieto y sirve helados de paila o, dicho de otro modo, sorbetes elaborados con auténtico zumo de frutas tropicales y clara de huevo, previamente removidos con una cuchara de madera en un gran caldero de cobre (o paila) y enfriados en un lecho de paja y hielo.

Justo enfrente se encuentra un local competidor de idéntico nombre, también dirigido por un descendiente de Rosalía.

El Coyote   MEXICANA $

(plaza Francisco Calderón; ppales 5-8 US$; ⏰12.00-22.00 lu-ju, hasta 24.00 vi y sa) Los calefactores exteriores y el tequila caldean el ambiente al anochecer en este establecimiento con zona de asientos exclusivamente en la plaza. Su sabrosa carta de clásicos mexicanos (burritos, tacos, enchiladas y fajitas) la completa un puñado de platos ecuatorianos.

La Hacienda   ECUATORIANA, INTERNACIONAL $

(Oviedo esq. Sucre; ppales. 4-8 US$; ⏰8.00-22.30 lu-sa) Agradable local decorado como un granero, especializado en bocadillos de *baguette*. Si se comparte mesa, mejor pedir una ración de tapas (15 US$) para dos o tres personas. También ofrece una completa

AUTOBUSES DESDE IBARRA

DESTINO	TARIFA (US$)	DURACIÓN (H)
Ambato	5	5
Cuenca	14	12
El Ángel	1,25	1½
Guayaquil	10	10
Otavalo	0,45	20 min
Quito	3	3
San Lorenzo	4	4
Santo Domingo	5	6
Tulcán	2,50	2½

carta de desayunos y café decente (un bien escaso en Ibarra).

Donde el Argentino ARGENTINA $
(plaza Francisco Calderón; ppales. 5-10 US$; ⊙12.00-21.00 ma-do) El viajero creerá haberse transportado al Cono Sur en este microscópico café con muchísimo ambiente y suculentos bistecs con patatas fritas. Con sol, la terraza invade la plaza.

El Quinde Café CAFÉ $
(Sucre y Flores; ppales. 3 US$; ⊙8.00-22.00 lu-sa; 🛜) Un encantador matrimonio lleva este coqueto establecimiento situado en el parque Pedro Moncayo, donde poder degustar café de la zona, tartas y repostería. La planta de arriba es un buen sitio para apostarse libro en mano o frente al portátil.

Olor a Café CAFÉ, ECUATORIANA $$
(Flores esq. Bolívar; ppales. 9-15 US$; ⊙8.00-20.00 lu-vi; 🛜) El céntrico punto de encuentro literario de Ibarra ocupa un señorial edificio de la época colonial, que, al decir de sus patronos, es insuperable para proponer matrimonio. Tiene una pared alineada de obras de ficción de culto a la venta. La carta recoge desde hamburguesas, pollo *thai* con pasta y *filet mignon* hasta sándwiches, bebidas de café y bollería. En la estación de trenes tiene otra sucursal (mi-do) con unas pocas mesas.

☆ Ocio

Café Arte MÚSICA EN DIRECTO, CINE
(Salinas 5-43; ⊙17.00-3.00 vi y sa) Por sorprendente que parezca, es uno de los mejores locales de música en directo de todo Ecuador, y sirve de escenario para grupos de lugares tan lejanos como Cuba o España. La música abarca desde *jazz* y flamenco a *rock*. Las actuaciones empiezan los viernes y sábados sobre las 22.00. También se programan películas, clases de baile y exposiciones de arte.

❶ Información

Todos los parques del centro disponen de wifi gratuita, aunque estos autores tuvieron problemas conectándose.

Oficina de turismo (iTur; ☑098-123-2789, 06-260-8489; www.touribarra.gob.ec; Oviedo esq. Sucre; ⊙15.00-17.00 lu y ma, 9.30-12.30 mi-vi) La atiende un personal sumamente atento que puede organizar actividades de turismo comunitario, alpinismo y senderismo.

SecoMatic (Sánchez y Cifuentes esq. Lequerica) Es la única lavandería del centro. Lavar

y secar cuesta 2 US$/kg de ropa, con un recargo del 20% en entregas 24 h.

❶ Cómo llegar y desplazarse

➜ La moderna estación de autobuses de Ibarra se conoce como la **Terminal Terrestre** (av. Teodoro Gómez esq. Espejo). Un taxi a/desde el centro cuesta 1 US$. Los autobuses a Quito salen aproximadamente cada 10 min.

➜ Los autobuses al pueblo de La Esperanza (0,25 US$, 25 min) parten desde el lado norte del parque Germán Grijalva, en el centro.

➜ **Explorer Rentacar** (☑06-295-1668; www.rentacarexplorer.com; Olmedo 869) es, con tarifas a partir de 38 US$/día, la única opción de toda Ibarra para explorar la zona en vehículo propio.

La Esperanza

2992 M ALT.

Esta pintoresca aldea se asienta sobre las pronunciadas laderas del **volcán Imbabura** (4609 m), 7 km al sur de Ibarra, y es un buen alto en el camino, además del mejor lugar para ascender hasta su cima. Para ello, hay que empezar temprano y seguir el camino por la exigente cresta, que salva un desnivel de 2000 m hasta la cumbre, 8 km al suroeste. El último tramo transcurre por un terreno de rocas sueltas. Se puede hacer por libre, pero si se carece de experiencia, conviene contratar a un guía local o ir con un operador desde Otavalo (60 US$). Lleva entre 6 y 10 h, ida y vuelta. Quienes sean menos ambiciosos pueden intentar el más fácil ascenso a la **loma Cubilche** (3886 m), enclavada al sur de La Esperanza y con unas vistas sensacionales.

Se puede llegar a pie desde Ibarra, o bien tomar uno de los frecuentes autobuses (0,25 US$, 25 min) o un taxi (5 US$ aprox.).

Casa Aída PENSIÓN $
(☑06-266-0221; www.casaaida.com; calle Gallo Plaza; acampada/dc/h 4/7/14 US$/persona; 🛜) Cálida pensión que invita al descanso en sus habitaciones de vivos colores, sencillas pero limpias y cómodas. Aída es una magnífica fuente de información local y hace que el huésped se sienta como en casa con sus famosas y reconstituyentes tortitas, almuerzos de *picnic* y cenas. Además, puede ayudar a contratar un guía para acometer el ascenso al Imbabura.

Tradiciones San Clemente CASA PARTICULAR $$
(☑06-266-0045; www.sanclementetours.com; San Clemente; h pensión completa 35 US$/persona) 🖋

Iniciativa de turismo comunitario que organiza estancias con familias en el cercano pueblo de San Clemente.

Valle del Intag

Es imposible no disfrutar del espectacular descenso al valle del río Intag, donde los árboles rebosan de frutas y los niños montan caballos embridados con un pedazo de cuerda. El exuberante valle no solo es famoso por su café, sino también por su activismo. Las comunidades rurales han luchado desde principios de los noventa para frenar las grandes explotaciones de cobre, responsables de un enorme impacto medioambiental. En el 2011, el Gobierno ecuatoriano firmó un acuerdo con la compañía chilena Codelco, el mayor productor mundial, a fin de avanzar las prospecciones. El proyecto cobró auge en el 2014, lo mismo que su rechazo. Varias protestas han derivado en incidentes y hoy se observa gran presencia policial, sobre todo en la parte baja del valle. Esto no debería desalentar al viajero, aunque conviene informarse antes acerca de la situación. Para ampliar detalles se recomienda consultar la web de DECOIN (Defensa y Conservación Ecológica de Intag; www.decoin.org) y su periódico comunitario (www.intagnewspaper.org) , o ver el documental *Bajo Suelos Ricos*, del 2008.

Respaldados por la Unión de Organizaciones Campesinas e Indígenas de Cotacachi, las comunidades de Intag han puesto en marcha un programa de reintroducción de cultivos autóctonos y plantas medicinales que llevan plantándose en los Andes desde hace cientos, si no miles de años. El objetivo es aumentar la biodiversidad agrícola y mantener las tradiciones culinarias. Para ver y probar los resultados se puede reservar una estancia en un alojamiento rural familiar a través de Runa Tupari (p. 101), en Otavalo.

Para programas de voluntariado en la zona, se puede contactar con Siempre Verde (p. 384) y el Andean Bear Conservation Project (p. 384).

Cabe destacar las obras de asfaltado y mejora de la carretera que cruza el valle, vía Chontal y Nanegalito, que en adelante será una paisajística ruta alternativa para el trayecto entre Otavalo y Mindo (sin necesidad de cruzar Quito). Transportes Otavalo ofrece tres salidas diarias entre Otavalo y Santa Rosa.

🛏 Dónde dormir

Intag Cloud Forest Reserve   CABAÑA $$
(www.intagcloudforest.com; h 50 US$/persona comida incl.) 🖈 A 1 h a pie de Santa Rosa se encuentra esta reserva (visitantes de un día 10 US$) compuesta por un bosque nuboso primario y gestionada por el fundador de DECOIN. Los visitantes (en grupos de ocho o más, solo con reserva previa) se alojan en rústicas cabañas con agua calentada con energía solar. También ofrece senderismo, observación de aves y comidas vegetarianas.

⭐ **El Refugio de Intag**   PENSIÓN $$$
(www.elrefugiocloudforest.com; Santa Rosa; i/d 62/112 US$ desayuno incl.; 🕿) 🖈 En una idílica ubicación a solo 1 km de Santa Rosa, esta propiedad de 30 Ha, atravesada por un río y dotada de varias cabañas agradablemente rústicas, es el refugio perfecto tanto para los amantes de las aves como para quienes busquen tranquilidad. Ofrece paseos guiados y comidas caseras (8 US$).

Apuela

La diminuta localidad de Apuela descansa a orillas del río Intag, que ha tallado un enorme tajo a través de las montañas en su impetuoso discurrir hacia el Pacífico. Los domingos, los vecinos abarrotan el centro para jugar al fútbol y peinar el mercado en busca de provisiones y tejanos.

🏃 Actividades

Nangulví Thermal Springs   BAÑOS TERMALES
(entrada 3 US$, cabañas h 12 US$/persona; ⊙7.00-21.00) Este complejo de piscinas alicatadas ha vivido tiempos mejores, pero sigue siendo un lugar estupendo para descomprimirse, sobre todo al atardecer, cuando los últimos rayos del sol se despiden del valle. Dispone de un grupo de cabañas y un restaurante (comidas 2 US$).

🛏 Dónde dormir

Finca San Antonio   CABAÑA $
(📞06-264-8627; www.intagtour.com; h 8 US$/persona) Cruzando el pueblo hasta Cuellaje se llega a esta granja con sencillas cabañas o dormitorios colectivos. También organiza estancias con familias locales y cuenta con cocina a disposición de los huéspedes. Pagando algo más se puede disfrutar de excursiones guiadas, una visita a una quesería o salidas para pescar truchas.

Cabañas Río Grande CABAÑA $$
(📞06-264-8296; h 30 US$; 🏊) El mejor aloja-
miento de la zona ofrece prolijas cabañas
de madera para cuatro personas a orillas
del agitado Intag, además de una amplia y
cuidada piscina bajo las amenazantes mon-
tañas. Preparan comidas (ppales. 4-6 US$)
por encargo.

🔒 De compras

Asociación Río Intag CAFÉ, ARTESANÍA
(📞06-256-6029; www.aacri.com) Cerca de la pla-
za se encuentra el genial Café Río Intag, una
empresa en régimen de cooperativa cuyos
granos proceden del grupo de agricultores
y artistas locales que integran la Asociación
Río Intag. También vende artesanía elabora-
da por mujeres de la zona.

ℹ️ Cómo llegar y salir

Desde Otavalo (3 US$, 2½ h) salen como mínimo
cuatro autobuses diarios con destino a Apuela.

Junín

En las remotas sierras andinas de la carrete-
ra de Junín, el viajero disfrutará de bonitas
vistas antes de recalar en el pueblo agrícola
de García Moreno, donde una angosta vía
ribeteada por bananos se precipita hacia las
onduladas colinas que se extienden hasta el
horizonte.

🛏️ Dónde dormir

**Junín Cloud Forest
Reserve** REFUGIO $$
(📞08-887-1860, 08-149-1654; www.junincloudforest.
com; h 35 US$/persona comidas incl.) La altamen-
te recomendable Reserva Comunitaria de
Junín gestiona un alojamiento de bambú de
tres plantas que triunfa entre los amantes
de las aves. Se podrá descansar en hamacas
en la terraza y descubrir la colección de orquídeas antes de dar un paseo hasta las cascadas con afables guías. Las habitaciones,
con literas, son sencillas pero acogedoras;
las comidas vegetarianas se acompañan del
intenso café de Intag.

Hay que contactar con el centro con antelación para visitarlo o participar como
voluntario (25 US$/persona, o 15 US$/perso-
na para estancias con familias; por ejemplo
trabajar en la granja). En la temporada de
lluvias, los servicios de autobús son limitados
debido al estado de las carreteras; se aconseja
organizar el transporte o contratar un guía
al reservar.

Reserva Biológica Los Cedros

Los Cedros REFUGIO $$
(📞099-277-8878, en Quito 02-361-2546; www.
reservaloscedros.org; todo incluido 65 US$/perso-
na) 🌿 Situado en una soberbia y apartada
reserva de bosque primario contigua a la
Reserva Ecológica Cotacachi-Cayapas, en-
tre las instalaciones figuran una estación
de investigación científica, comedor, cocina,
dormitorios colectivos, habitaciones privadas,
agua caliente y electricidad. El precio incluye
todas las comidas y servicio de guías, pero se
exige una estancia mínima de tres noches.
Se aceptan voluntarios (450 US$ al mes, mín.
2 semanas).

La reserva es uno de los pocos lugares de
acceso al Chocó Sur, un ecosistema forestal
considerado una de las regiones ecológicas
con mayor diversidad del planeta. Entre sus
tesoros naturales se incluyen más de 240 es-
pecies de aves, 400 tipos de orquídeas y más
de 960 polillas nocturnas.

Los huéspedes de Los Cedros llegan al
pueblo de Chontal (donde se puede tomar
una camioneta hasta la cabecera) y acome-
ten una exigente caminata de 1½ h hasta la
cordillera de la Plata. Hay que ponerse en con-
tacto previamente con la reserva para organi-
zar el servicio de guías y mulas, si fuese preciso.

Desde Quito puede hacerse en un día si se
toma el autobús de las 6.00 desde la termi-
nal de La Ofelia (2,50 US$, 3½ h); también
hay servicios diarios a Chontal desde Apuela
(2 US$, 3 h) y Otavalo (3,50 US$, 5 h). La
nueva carretera que une Mindo y Otavalo vía
Chontal y Nanegalito facilitará el acceso a Los
Cedros en un futuro próximo.

Al norte de Carchi

Pasada Ibarra, la Panamericana zigzaguea
hacia el norte, ofreciendo asfalto de sobra a
los ciclistas que pedalean por esta extenuante
ruta cada fin de semana. Al entrar en el **valle
del río Chota**, a 1565 m de altura, la carrete-
ra se precipita abruptamente. Unos montes
áridos y redondeados cubiertos de cactus
abrazan un exuberante valle nutrido por un
río color chocolate. A 1 h por carretera de
Ibarra, este cálido enclave es perfecto como
excursión de un día.

También merecen visitarse las **grutas
de la Paz**, donde se encuentra una famosa
cueva convertida en capilla, así como unas

fuentes termales (jueves-domingo) y unas cascadas a las que se llega fácilmente a pie. Otros lugares dignos de una visita cerca de la Panamericana son las cascadas de Paluz, 3 km al norte de San Gabriel, y los hoteles con piscina jalonados de palmeras de la zona de Ambuquí.

La caña de azúcar prolifera en la región, y los habitantes del valle, afroecuatorianos descendientes de los esclavos de las plantaciones del s. XVII, la cultivan y cosechan. La carretera está salpicada de puestos donde poder saborear las jugosas cañas. Los agricultores locales también cultivan gran variedad de frutas, alubias, yuca y tomates, hoy tan importantes como la caña.

Un rasgo distintivo de la cultura afroamerindia regional es la bomba, un estilo musical que mezcla una briosa base de percusión africana y las quejumbrosas notas del altiplano. En las paradas de autobús y los puestos de fruta, los niños bailan al ritmo con sus cabezas. La programación de fiestas y conciertos es irregular, aunque a veces se anuncian en Ibarra.

Reserva Biológica Guandera

Situada en una cota de entre 3100 y 3600 m en una cadena de transición (de bosque a páramo) 11 km al este de San Gabriel, esta húmeda y tropical reserva forestal montañosa (1000 Ha) fue creada en 1994 por la Fundación Jatun Sacha. Sus proyectos incluyen tareas de reforestación y la búsqueda de alternativas al cultivo intensivo de patatas con pesticidas. Entre sus atracciones se cuentan los esquivos osos andinos de anteojos, loros y tucanes de montaña. Jatun Sacha gestiona un refugio (dc 15 US$). Se exige reservar y pagar con antelación en la oficina de Jatun Sacha (☎ 02-243-2240; www.jatunsacha.org; Eugenio de Santillán N34-248 esq. Maurián, Urbanización Rumipamba, Quito) ✈ en Quito. La reserva acepta voluntarios durante un mínimo de dos semanas.

La reserva queda a 1½ h a pie desde el pueblo de San Gabriel, pero la oficina puede organizar el transporte previa solicitud.

El Ángel

6300 HAB. / 3000 M ALT.

Prados de color ocre ondean en los montes que envuelven el descarnado pueblo andino de El Ángel. Constituye el punto de entrada a los páramos epónimos, un neblinoso y apartado espacio natural que da cobijo a zorros y cóndores y forma parte de la Reserva Ecológica El Ángel (entrada 2 US$), de 160 km², hogar de los frailejones, unas etéreas plantas de hojas peludas y tallos fornidos. Las lagunas del Voladero son un destino popular y accesible. Se pueden organizar visitas a través de los hoteles locales o las agencias de Otavalo. El pueblo cobra vida con el mercado de los lunes.

El Ángel Hostería (☎ 06-297-7584; Panamericana Norte esq. av. Espejo 1302; h 18 US$/persona) ofrece acogedoras cabañas con techos altos, cómodas camas y modernos baños. Muy bien gestionada, organiza excursiones guiadas a la reserva y circuitos urbanos. Está a 10 min a pie del centro.

Transportes Espejo, en la plaza principal, viaja a Quito (3,70 US$, 4 h), vía Ibarra (1,25 US$, 1½ h), cada hora. También hay un autobús diario a Tulcán (1,50 US$, 1½ h). En la plaza se concentran taxis compartidos que cubren el trayecto a/desde el cruce con la calle Bolívar (1 US$), desde donde salen frecuentes autobuses rumbo norte a Tulcán o sur a Ibarra y Quito. En la plaza también alquilan todoterrenos privados para visitar la reserva (ida y vuelta con 30 min de espera 30 US$).

Valle del río Mira

La ropa de lana podrá guardarse ante la sinuosa y paisajística ruta hacia las húmedas llanuras tropicales que lindan con la costa norte. Los agricultores cultivan caña de azúcar, bananas y frutas tropicales en las empinadas laderas de este valle a 1000 m de altura.

🛏 Dónde dormir

★ Bosque de Paz   B&B

(☎06-264-8692; www.bospas.org; dc/h 13/18 US$/persona desayuno incl.; voluntarios por día/mes 18/235 US$) ✈ Regentado por una amable pareja belga-ecuatoriana, se trata de un acogedor alojamiento en un exuberante entorno, a 15 min de paseo de la parada de autobús. La comida es deliciosa (ppales. 4-7 US$) y ofrecen excursiones guiadas. Piet, su dueño, disfruta compartiendo sus conocimientos sobre plantas tropicales y conservación. La granja, muy indicada para cualquiera interesado en la restauración ecológica y la permacultura, promueve la reforestación y los pesticidas ecológicos. Está en las afueras de El Limonal, a 1½ h de Ibarra.

Tulcán

60 400 HAB. / 3000 M ALT.

Esta ajetreada ciudad serrana es la última parada en Ecuador para quienes viajan a Colombia por tierra. Para tratarse de una población fronteriza –sobre todo si se compara con Huaquillas, en la frontera peruana–, Tulcán, con sus angostas calles abarrotadas, ambiente comercial y jardines ornamentales, casi recuerda a una gran urbe. Pero eso no justifica la visita a esta capital de provincias, salvo si se va o viene de Colombia. Las calles Bolívar y Sucre aglutinan casi todos los hoteles, restaurantes y tiendas.

◉ Puntos de interés y actividades

★ **Cementerio de Tulcán** CEMENTERIO, JARDINES (Cotoapaxi esq. av. del Cementerio; ⊙8.00-18.00) GRATIS Un laberinto de cipreses esculpidos en forma de protuberancias, tótems precolombinos, figuras mitológicas, animales y formas geométricas alinea tumbas y mausoleos adornados con velas y flores de plástico. Los arbustos y setos van tomando forma gracias a las labores de poda del hijo del maestro original y otro artista.

🛏 Dónde dormir

Casi todos los viajeros procedentes de Colombia siguen directamente hasta Ibarra u Otavalo. Pese a todo, Tulcán tiene un par de sitios más que aceptables para hacer noche.

Hotel Lumar HOTEL $
(☎06-298-7137; hotel_lumar@hotmail.com; Sucre esq. Pichincha; h 16,50 US$/persona; 🛜) Cómoda apuesta económica con habitaciones limpias con moqueta, TV y mobiliario anticuado.

Grand Hotel Comfort HOTEL $$
(☎06-298-8832; www.grandhotelcomfort.com; Colón esq. Chimborazo; i/d 40/60 US$ desayuno incl.; P🌀🛜) Moderno y alto edificio con habitaciones en colores alegres, bonitos dibujos hechos con plantilla de animales en las paredes y grandes ventanales con vistas sobre los tejados hasta el parque Ayora. Contiguos hay un restaurante, un salón de belleza y una tienda de ropa.

Palacio Imperial Hotel HOTEL $$
(☎06-298-0638; www.hotelpalacioimperial.com; Sucre esq. Pichincha; i/d 45/78 US$ desayuno incl.; P🌀🛜) Céntrico hotel con pequeñas habitaciones de estilo *boutique* y acertado diseño, unido a un recomendable restaurante chino.

🍴 Dónde comer

En Tulcán la comida callejera tiene sabor colombiano. Junto a la frontera hay puestos de tentempiés y carritos de comida rápida.

Mercado Plaza Central MERCADO $
(Boyacá entre Bolívar y Sucre; ppales. 3 US$; ⊙7.00-17.00) Este ordenado mercado techado, que ocupa una manzana entera, es un sitio excelente para comer. Basta con hacer el pedido en algún comedor, escoger un zumo y dar con una mesa.

Cafe Tulcán CAFÉ, SÁNDWICHES $
(Sucre entre Juin y Ayacucho; sándwiches 2 US$; ⊙7.30-19.30 lu vi) Popular y moderno, lleva despachando sándwiches, café y trozos de tarta desde 1945.

Pak Choy CHINA $$
(Sucre esq. Pichincha; ppales. 4-8 US$; ⊙8.00-23.00; 🛜) Elegantes camareros vestidos con chaleco y corbata sirven sencilla comida china en un comedor de categoría (para Tulcán), repartido en dos niveles. Se halla en el Palacio Imperial Hotel.

ℹ Información

El cambio de dólares a pesos colombianos es algo más ventajoso en Tulcán que en la frontera. Si estuvieran cerradas las oficinas de cambio, se puede probar con los cambistas callejeros, generalmente maletín en mano. Hay una sucursal del Banco Guayaquil y otra del Banco Pichincha, ambas con cajero, en el lado sur de la plaza de Independencia.

Consulado de Colombia (☎06-298-0559; tulcan.consulado.gov.co; calle Bolívar entre Junín y Ayacucho; ⊙8.00-13.00 y 14.30-15.30 lu-vi)
Oficina de turismo (iTur; ☎06-298-5760; Cotopaxi y av. del Cementerio; ⊙8.00-18.00 lu-vi) En la entrada del cementerio; la atiende un amable personal.

ℹ Cómo llegar y salir

CRUCE DE FRONTERAS

➡ Todos los trámites se cumplimentan en el paso fronterizo de Rumichaca (6.00-22.00, a diario), a 6 km de Tulcán. Deberán sellar su

AL OESTE DE TULCÁN

Aguas Hediondas A 16 km de Tulcán y 6 km pasado el pueblo de Tufiño, estas fuentes termales a gran temperatura y con un alto contenido en azufre hacen honor a su nombre. Muchas de las piscinas están en el lado colombiano de la frontera, y aunque se pueden visitar con un pase de un día, quienes deseen pernoctar deberán acceder por el paso fronterizo de Tulcán. Se aconseja llegar antes de las 16.00, cuando las fuentes comienzan a despedir mayor hedor; conviene ir entre semana para evitar aglomeraciones.

Volcán Chiles Pasadas las fuentes, en la carretera principal, en plena frontera, este impresionante pico (4768 m) ofrece un ascenso de 6 h hasta la cumbre que resulta un verdadero desafío. Las vistas son espectaculares; no en vano, los lugareños dicen que en días despejados puede verse el océano. Para llegar, hay que tomar un autobús o un taxi hasta Tufiño y contratar a un guía en la plaza principal del pueblo. Dada la situación de inestabilidad del lado colombiano, se recomienda informarse antes de viajar por esta apartada región.

pasaporte incluso quienes hagan una excursión de un día a Ipiales.

↦ Los microbuses a la frontera (0,80 US$) salen desde la esquina de las calles Venezuela y Bolívar (junto al parque Ayora, en Tulcán) una vez se llenan. Los taxis (5 US$) salen del mismo punto.

↦ Del lado colombiano, los trámites de entrada son muy sencillos. Conviene consultar el consulado colombiano para cerciorarse de que no se precisa visado. Estos tienen una validez de 30 o 90 días.

↦ Desde la frontera no faltan taxis (1 US$) hasta Ipiales, la primera ciudad de Colombia, a 2 km, con abundantes hoteles y conexiones en autobús para continuar el viaje.

AVIÓN

TAME vuela entre Quito y Tulcán, cuyo aeropuerto se encuentra 5 km al este del centro. Cuando se redactó esta guía no operaban con regularidad los vuelos de Tulcán a Cali, en Colombia.

AUTOBÚS

Los autobuses a Ibarra (2,50 US$, 2½ h), El Ángel (1,50 US$, 1½ h) y Quito (4,80 US$, 5 h) salen de la terminal de autobuses, unos 2 km al suroeste del centro, en la carretera a Ibarra. En ocasiones se realizan controles de aduanas e inmigración (bastante rápidos) entre Tulcán e Ibarra.

LADERA OCCIDENTAL DE LOS ANDES

La antigua carretera a Santo Domingo discurre por espectaculares despeñaderos a medida que desciende entre bosques nubosos. A solo unas horas de Quito, el viajero puede experimentar un agradable impacto climático en las montañas frías y húmedas. La zona es conocida por la observación de aves, pero el paisaje también invita al ciclismo de montaña, los paseos a caballo y el senderismo. Mindo es su principal reclamo: un aletargado pueblo que en tiempos recientes ha crecido considerablemente, llenándose de sencillos alojamientos pensados para los amantes de la naturaleza. El resto de la región depara alojamientos apartados y reservas lejos de las multitudes.

La zona protege algunas de las últimas extensiones que quedan del bosque del Chocó Andino, un corredor ecológico que cubre partes de Colombia y el sur de Panamá, así como la costa ecuatoriana. Su fauna y flora, aún relativamente desconocida, está amenazada por la tala, la quema de rastrojos y la contaminación del agua, una lacra que ha diezmado hábitats naturales por toda la región. Las reservas, en cotas entre los 500 y los 1400 m, se hallan técnicamente en bosques nubosos tropicales y reciben un promedio anual de precipitaciones de 6000 mm, con una humedad media diaria del 85-95% (la zona está libre de malaria y dengue, pero conviene tener repelente de insectos a mano).

Mindo

4000 HAB. / 1250 M ALT.

Con un encantador entorno, rodeado por doquier por boscosas montañas, el diminuto Mindo se ha convertido en un destino muy popular entre los mochileros. Oportunamente ubicado, cerca de la carretera principal entre Quito y Esmeraldas, al pueblo se accede a través de un sinuoso descenso que culmina en un centro urbano bastante destartalado pero agradable. Pese a todo, su desarrollo sigue estancado: había planes para acometer la construcción de un hospital nuevo, la red de alcantarillado, un paseo fluvial y pavimentar calles y carreteras. Amantes de las aves, excursionistas y visitantes de fin de semana acuden en tropel desde Quito y otros lugares para disfrutar de las actividades ideadas por los lugareños en torno al bosque nuboso.

◉ Puntos de interés y actividades

Tarabita TELEFÉRICO
(carretera hasta Cascada de Nambillo; entrada 5 US US$; ☺8.30-16.00 ma-do) Este singular teleférico, operado manualmente, atraviesa una cuenca por encima del tupido bosque nuboso hasta el Bosque Protector Mindo-Nambillo, donde se pueden visitar varias cascadas. No apto para personas con problemas de vértigo, la cesta metálica avanza por cables de acero a 152 m del suelo. El billete incluye un mapa con rutas. Aunque la cascada Nambillo es la más cercana (15 min a pie), se lleva la palma la serie de cinco (1 h a pie). Desde el centro se puede llegar en taxi por 2 US$ o a pie, dando un agradable paseo de 7 km en pendiente.

Cascada Nambillo CASCADA
(entrada 3 US$) Muy popular entre familias de fin de semana, es la serie de cascadas a la que se llega más fácilmente de la zona, aunque implica tomar la Tarabita o recorrer un empinado sendero que arranca unos 2 km pasado el teleférico (venden agua y tentempiés en el quiosco de bambú donde se paga la entrada). Hay varios sitios habilitados para nadar (en temporada seca), así como un rudimentario tobogán.

Mariposas de Mindo GRANJA DE MARIPOSAS
(☎02-224-2712; www.mariposasdemindo.com; entrada 5 US$; ☺9.00-16.00) En Mindo hay varias granjas de mariposas, pero esta es la mejor. Se recomienda visitarla en el momento más cálido del día, hacia las 11.00, pues las mariposas se muestran más activas. También dispone de un restaurante y de alojamiento.

Armonía Orchid Garden JARDINES
(www.birdingmindo.com; entrada 2 US$; ☺7.00-17.00) Impresionante colección de más de 200 orquídeas.

Tubing RAFTING
(6 US$/persona, 4 mín.) Dependiendo de la época del año y del caudal, deslizarse en *tubing* por el río Mindo (a menudo gris debido a las cenizas del volcán Pichincha) puede parecerse más a lanzarse en una máquina de *pinball*. El descenso suele hacerse en grupo, al menos sobre cinco grandes flotadores sujetos entre sí. Se impone contar con un guía capaz de virar y empujar los flotadores a fin de evitar rocas, zonas poco profundas y árboles a baja altura.

Conviene pecar de prudente y no practicar *tubing* después de fuertes lluvias. Cualquier compañía del centro puede organizar una excursión con poca antelación; el precio incluye el transporte hasta el punto de inicio. En la temporada seca algunos operadores prefieren el río El Blanco.

Mindo Canopy Adventure DEPORTES DE AVENTURA
(☎09-453-0624; www.mindocanopy.com; circuito 2½ h 20 US$/persona) A mitad de camino por la carretera que sube hasta la Tarabita, esta veterana empresa permite sobrevolar el dosel selvático (a mayor velocidad cuando llueve) gracias a 10 cables diferentes, de entre 20 y 400 m de longitud.

Bee Tours CIRCUITO ECOLÓGICO
(☎02-217-0296; 25 US$/persona) Ingo, el dueño alemán del café Beehive, describe el ciclo vital de las abejas en un paseo por una de sus cercanas colmenas, vestido como es debido. Los circuitos duran entre 2 y 4 h y salen a primera hora de la mañana.

☞ Circuitos

Mindo Bird Adventure CIRCUITOS
(☎099-356-2080, 02-217-0178; www.mindobirdadventure.com) Contiguo al restaurante El Chef, reserva toda clase de circuitos, desde pesca deportiva a barranquismo; un guía recomendable para la observación de aves es Álex Luna.

La Isla CIRCUITO ECOLÓGICO
(☎02-217-0286, 098-634-0341; www.laislamindo.com; av. Quito esq. av. 9 de Octubre) Organiza equitación, barranquismo, *tubing* y observación de aves.

OBSERVACIÓN DE AVES EN MINDO

Con más de 600 especies de aves catalogadas, la zona de Mindo se ha convertido en un popular destino para los amantes de las aves.

Si no se distingue una chachalaca cabecirrufa de un corcovado frentirrojo y se tiene un interés relativo, lo mejor es recorrer los senderos por cuenta propia desde la Casa Amarilla, a un par de manzanas del parque central. Además de una gran variedad de aves, los lugareños aseguran haber visto pumas, osos andinos de anteojos y monos.

Hay que tener presente que es una actividad para madrugadores, que por lo general tiene lugar de 6.00 a 10.00. Además, muchos de los mejores avistamientos no se realizan en Mindo, sino en las reservas privadas (muchas cobran entrada) de los alrededores, pudiendo encontrarse a tiro de caminata o a 2 h en automóvil.

Aparte de las excelentes reservas y alojamientos de los bosques nubosos (p. 126), hay varios parajes naturales también recomendables como excursión de un día:

Santuario del Río Silanche Situado entre Pedro Vicente Maldonado y Puerto Quito, en una cota de unos 400 m, Silanche se asemeja más a una selva tropical y es conocido por su extraordinaria concentración de vida aviar.

Santuario de Aves Milpe Reserva de 100 Ha situada en las estribaciones superiores, 15 km al oeste de Mindo, cerca de Los Bancos.

Paz de las Aves Reserva privada de bosque subtropical a 1 h de Mindo, cerca de la carretera a Quito.

Janacocha Integrado en la Reserva Jocotoco, a 3400 m de altura, este bosque nuboso linda con el *páramo*. Desde el centro un taxi sale por unos 50 US$, ida y vuelta.

Pululahua y Calacalí Bosque de clima templado con matorrales áridos, a 50 min de Mindo.

23 de Junio Comunidad agrícola al sur de Los Bancos, conocida por ser el hogar del pájaro paraguas longipéndulo.

Reserva El Bravo Accesible a pie, al final de la carretera a San Lorenzo.

Coyote la Pena Tanto el taxi como la entrada cuestan 20 US$.

Las Tangaras Gestionada por voluntarios, se llega a pie a través de una pronunciada bajada desde la carretera al Tarabita.

San Lorenzo En la carretera al Tarabita, constituye la excursión más básica para principiantes.

Guías de observación de aves

En la zona hay multitud de guías competentes y profesionales. Casi todos cobran un mínimo de 40 US$ por día, pudiendo llegar hasta 100 US$ o más, dependiendo del tamaño del grupo que tenga que atender y de la reserva que se quiera visitar.

Algunos guías recomendados son:

Fernando Arias (098-388-3865; tntedoblef@yahoo.es)

Irman Arias (099-170-8720; www.mindobirdguide.com)

Marcelo Arias (099-340-6321; www.ecuadorbirdingtours.com)

Danny Jumbo (099-328-0769)

Nolberto Jumbo (088-563-8011)

Julia Patiño (02-390-0419, 088-616-2816; juliaguideofbird@yahoo.com)

Sandra Patiño (099-935-9363)

Jorge Pilco (088-296-4705; jorpian17@hotmail.com)

📖 Dónde dormir

Gracias a la continua proliferación de establecimientos, la oferta de alojamiento de Mindo es enorme; las señalizaciones son casi inexistentes, por lo que no hay que tener reparo en preguntar a los lugareños.

🏘 En el pueblo

Caskaffesu
PENSIÓN $

(☎02-217-0100, 099-386-7154; www.caskaffesu. com; Sixto Durán Ballén esq. av. Quito; h 20 US$/ persona; 🛜) Regentado por una agradable pareja ecuatoriana-estadounidense, se trata de una sencilla y céntrica propuesta a un paso de la carretera principal. Los dos pisos de habitaciones de adobe, dotadas de un ligero toque mediterráneo, rodean un pequeño y frondoso patio. A veces se imparten clases de yoga en la terraza y su café acoge conciertos de música andina de miércoles a sábado.

La Casa de Cecilia
ALBERGUE $

(☎02-217-0243, 099-334-5393; www.lacasadece cilia.com; av. 9 de Octubre; h 7-10 US$/persona; 🛜) Laberinto de literas con un bucólico patio exterior y una ubicación ribereña; ideal para relajarse. Sus dos anexos, de dos pisos, tienen varias habitaciones privadas muy a cuenta. Hay una chimenea en el porche con hamacas y una cocina al aire libre a orillas del río. Si hace buen día no hay que perderse la poza fluvial y la plataforma para tomar el sol. Consúltese sobre descuentos para estancias e intercambios de trabajo.

La Posada de Mindo
HOTEL $

(☎02-217-0199, 098-837-7820; www.lapossada demindo.com; Aguirre; i/d 15/30 US$ desayuno incl., cabañas i/d 20/35 US$ desayuno incl.; P🛜) Al atardecer, las aves empiezan su animado festín en las pasionarias que rodean esta propiedad unas manzanas al norte del parque central. El edificio principal, tipo cabaña de madera, cuenta con habitaciones inmaculadas y acogedoras, mientras que las cabañas independientes, con porche y hamacas, ofrecen mayor intimidad.

Casa de Piedra
PENSIÓN $

(☎02-217-0436; www.mindocasadepiedra.com; h 20 US$/persona desayuno incl.; P🛜🏊) Cruzando el río que atraviesa Mindo, al norte del parque central, se halla esta coqueta pensión con un florido y arbolado jardín y piscina. Hospedarse aquí, ya sea en las habitaciones con suelos de madera de la casa principal o en la acogedora cabaña de un dormitorio (para 4 personas), es como hacerlo con una familia. Las del 3er piso son las mejores por las vistas. También hay una equipada casita para grupos.

Cabañas Armonía
CABAÑA $

(☎02-217-0131, 099-943-5098; www.birdingmin do.com; h 25 US$/persona desayuno incl.) Acurrucado en unos descuidados jardines, el alojamiento lo componen varias cabañas rústicas y tranquilas, y dormitorios colectivos en la casa principal. Está pegado al Jardín de Orquídeas Armonía.

Rubby's Place
PENSIÓN $

(☎099-193-1853; rubbyhostal@yahoo.com; h 15 US$/persona desayuno incl., sin baño 10 US$; P🛜) Si se sigue la calle Quito (la arteria principal) y luego se continúa durante 250 m, pasado el parque central, el viajero encontrará este edificio de madera de dos plantas, con cómodas y limpias habitaciones, todas con balcón y bonitas vistas. Sirven café y té de cortesía.

Dragonfly Inn
PENSIÓN $$

(☎02-217-0462, 099-238-2189; www.mindo.biz; i/d/tr 30/53/73 US$ desayuno incl.; P🛜) Está en uno de los edificios más hermosos de Mindo, a la entrada al pueblo y junto al puente. Ofrece habitaciones impecables con balcón privado con hamacas. Su personal es atento y eficiente, y el restaurante contiguo, de los mejores del lugar.

Sisakuna Lodge
CABAÑA $$

(☎02-217-0343; www.sisakunalodge.com; Garzón Thomas esq. Aguirre; i/d 45/60 US$ desayuno incl.; P🛜) A un corto paseo del centro, en la carretera a la Tarabita, ofrece cabañas de madera alrededor de un bar y restaurante tipo pabellón. Su pequeño tamaño hace que sea poco indicado para quienes busquen intimidad.

Mindo Real
PENSIÓN $$

(☎02-217-0120, 099-766-3845; www.mindoreal. com; h 25 US$/persona desayuno incl.; P🛜🏊) Lo bastante apartada del centro para ser tranquila pero apenas a 500 m de todos los servicios, esta pensión de dos pisos tiene habitaciones espaciosas y modernas, y un dueño muy afable.

Hostería Arasari
CABAÑA $$

(☎02-207-1880; www.hosteriaarasari.com; 32 US$/persona desayuno incl., acampada 5 US$/ persona; P🛜🏊) Cruzando una pasarela de

EL RITUAL DEL GALLITO DE LAS ROCAS

Aunque la mayor parte de los pájaros se acicalan y pavonean para atraer a los miembros del sexo opuesto, el gallito andino de las rocas (*Rupicola peruvianus*) se lleva la palma por su persistencia.

Todos los días, llueva o truene, los machos, con su protuberante cresta rojo intenso o naranja, se reúnen a las 6.00 para graznar ruidosamente, bailar en las ramas, descender en picado y pelearse, con la esperanza de llamar la atención de alguna hembra. Este comportamiento propio de los machos se conoce como *lek* en el caso de cualquier especie ornitológica. Si tienen suerte, una hembra de color marrón apagado bajará entre los machos y elegirá a uno para aparearse. Pero las más de las veces ninguna hembra aparece.

Así, ¿cómo pueden las hembras resistirse a semejante despliegue? Tal vez estén demasiado ocupadas criando de sus polluelos; de hecho, las hembras construyen los nidos y cuidan de sus pequeños, mientras que los machos se centran exclusivamente en la posibilidad de aparearse.

camino al río Mindo se llega a esta angosta y alargada propiedad jalonada de pequeñas cabañas de piedra y madera. La zona de acampada, con baños, está delante de la entrada, en un pequeño y cuidado campo de fútbol.

Fuera del pueblo

Mindo Gardens Lodge REFUGIO $$
(099-722-3260; www.mindogardens.com; i/d 55/74 US$ desayuno incl.; P) Propiedad de una cadena hotelera ecuatoriana, reina un ambiente de lugar pequeño e íntimo. Los arbolados jardines están surcados por senderos que llevan hasta el edificio principal y las acogedoras cabañas. Se halla a 4 km del pueblo, en la carretera que pasa por la granja de mariposas. Un sendero conduce a la Tarabita. Muy recomendable su restaurante.

La Roulotte CABAÑA $$
(098-976-4484; www.hosteriaroulottemindo. com; h 65 US$ desayuno incl.; P) En la carretera, pasada la granja de mariposas, a 2 km del pueblo. Sus cinco pequeñas habitaciones en forma de carromato tienen cabida para todo lo necesario: literas, chimenea, baño y mucho color. Para estirar las piernas, nada mejor que el recinto del hotel, donde sus propietarios ecuatoriano-suizos sirven suculentas comidas y ayudan a organizar actividades por la zona.

★**El Monte Sustainable Lodge** REFUGIO $$$
(02-217-0102, 099-308-4675; www.ecuador cloudforest.com; cabañas 118 US$/persona comidas y actividades incl.; P) Regentado por una adorable pareja estadounidense-ecuatoriana, se trata de un exuberante remanso de paz con tres estupendas cabañas privadas a la vera del río. Cada cabaña puede acomodar cuatro personas y tiene bañera. Queda 4 km al sur de Mindo por una serpenteante pista; también se llega en la Tarabita.

El refugio comunitario cuenta con mobiliario rústico, chimeneas, biblioteca y electricidad mediante paneles solares. La comida es deliciosa y en buena parte vegetariana, a partir de ingredientes procedentes de su huerta ecológica. Los huéspedes pueden pasear por los senderos o darse un chapuzón en la piscina de agua de río. Resérvese con tiempo para organizar el transporte desde Mindo.

Séptimo Paraíso REFUGIO $$$
(099-368-4421, en Quito 02-317-1475; www. septimoparaiso.com; h/ste 114/154 US$ desayuno incl., ppales. 6-12 US$; P) En la pronunciada bajada desde la carretera principal, a 2 km del pueblo, se esconde esta colección de atractivos edificios de madera con conciencia ecológica. Las habitaciones, rústicas e infravaloradas, tienen paredes revestidas de madera, pinceladas de color y alguna que otra antigüedad. También cuenta con un excelente restaurante, La Chorrera, una piscina climatizada y *jacuzzi*.

El hotel gestiona la Green Mindo Foundation, que realiza proyectos de investigación y recuentos de aves en el bosque nuboso, además de promover la conservación del medio ambiente, reforestar antiguos pastos y supervisar una reserva de 170 Ha.

Casa Divina   CABAÑA **$$$**

(☎099-050-9626; www.mindocasadivina.com; i/d 110/195 US$ desayuno y cena incl.; P🛜) Altamente recomendable por su apartada y tranquila ubicación, a 1 km del pueblo, consiste en un pequeño complejo de tres lujosas cabañas de madera de dos pisos. Los porches con hamacas constituyen un cómodo enclave para observar aves. Los dueños son sumamente hospitalarios.

✕ Dónde comer

Cuando se redactó esta guía, se rumoreaba que todos los restaurantes de la avenida principal iban a montar terrazas techadas en plena calle. Casi todos los alojamientos de las afueras aceptan clientes ocasionales en sus restaurantes.

⭐**Beehive**   CAFÉ **$**

(www.thebeehivemindo.com; sándwiches 5 US$; ⏲8.00-20.00 lu-ju y do, hasta 22.00 vi y sa; 🛜)
🌿 Regentado por Ingo y Genny, una pareja germano-ecuatoriana, este moderno local de diseño escandinavo, situado por encima del río, se especializa en platos combinados a base de *falafel, hummus,* queso, albóndigas, salchichas, ensalada y otros bocados; los *brownies,* tartas y bebidas de café son igualmente buenos y las cervezas artesanas (5 US$), impredecibles, dicho por el propio Ingo.

Mishqui Quinde Heladería   CAFÉ **$**

(2 US$; ⏲horario varia mi-do) Los amantes de la quinoa quedarán prendados de este pintoresco lugar instalado en una microscópica furgoneta retirada, aparcada permanentemente en un solar. La comida gira en torno a la quinoa: en hamburguesas (2,50 US$), pudines, helados y batidos artesanos, donde puede combinarse con sabores como mora, chocolate, maracuyá y más.

Hummingbagel   CAFÉ **$**

(ppales. 4 US$; ⏲8.30-17.00 lu-vi, hasta 19.00 sa y do) Para dar tregua a los almuerzos, se pueden probar los sándwiches de *bagel* (ensalada de pollo, chorizo, etc.) de este coqueto café revestido de madera. Sirve buen café y vende chocolate y miel artesanales.

La Repostería   CAFÉ, ALEMANA **$**

(ppales. 2,50-4 US$; ⏲7.30-20.00; 🛜) Un angosto camino de tierra conduce a este pequeño café de propietario alemán, con unas pocas mesas dentro y fuera. La especialidad

son las salchichas, pero también ofrece sopas, sándwiches, helados y pasteles.

Columpios   ZUMOS, VEGETARIANA **$**

(ppales. 3 US$) Conocido en el pueblo por sus columpios a modo de asientos, este minúsculo bar de zumos al aire libre agrada con batidos, ensaladas y hamburguesas vegetarianas. Queda a unas manzanas del parque central, en la carretera a la Tarabita.

El Chef   ASADOR **$**

(av. Quito; principales 3-8 US$; ⏲9.00-19.00) Apuesta sencilla pero convincente, muy exitosa por sus menús del día. Pruébese el lomo a la piedra o una contundente hamburguesa.

Dragonfly Inn Restaurant   ECUATORIANA **$$**

(av. Quito; ppales. 10-17 US$; 🛜) Alojado en el igualmente recomendable hotel del mismo nombre, es el mejor restaurante de Mindo. Las especialidades incluyen trucha a la parrilla, pollo en salsa de chocolate y solomillo de 300 g; y los almuerzos (10 US$) superan lo habitual por estos lares. Son muy acogedores tanto el luminoso comedor frontal como el espacio cubierto en la parte de atrás, junto al río.

Si se les avisa con antelación pueden organizar clases de cocina (15-30 US$/persona) y cenas de cuatro platos con degustaciones de vino y chocolate.

El Quetzal   ECUATORIANA **$$**

(www.elquetzaldemindo.com; av. 9 de Octubre; ppales. 6-15 US$; ⏲8.00-23.00; 🛜) Maravilloso y tranquilo café y restaurante que acierta en todo: vende excelente café y chocolate, sirve gran selección de desayunos y sándwiches, y ofrece platos patrios que cambian a diario. Pero si goza de fama local es por el *brownie,* especialidad de su dueño estadounidense.

**Restaurante Pizzería
El Tigrillo**   PIZZERÍA, ECUATORIANA **$$**

(av. Quito; *pizza* 9,50 US$; ⏲10.00-24.00) Sencillo sencillo lugar al aire libre, enfrente de la estación de autobuses. Las generosas *pizzas* se cocinan en un horno de ladrillo y, además, sirve económicos desayunos, almuerzos y platos típicos, como tilapia o trucha, acompañados de plátano macho.

Padrino's   PANADERÍA, PIZZERÍA **$$**

(av. Quito; *pizza* 7 US$) Modesta panaderíapizzería atendida únicamente por el dueño, de ahí que la espera ronde la media hora.

❶ Información

Cajero automático (Plaza Grande) En la última visita se estaba instalando un cajero del Banco Pichincha, que debería aceptar tarjetas extranjeras.

Centro Municipal de Información Turística (av. Quito esq. 9 de Octubre) Muy útil, facilita planos y consejos sobre senderismo circuitos y alojamiento. Se encuentra cruzando la Plaza Grande.

❶ Cómo llegar y salir

➺ Hay varios autobuses diarios a Quito (3 US$, 2½ h, 6.30, 11.00, 13.45, 15.00 y 17.00 lu-vi), operados por la Cooperativa Flor de Valle, que salen de la oficina a una manzana de la plaza principal; es posible apearse en Nanegalito (1,50 US$) para tomar una camioneta a otros destinos de la zona. Los fines de semana hay salidas casi cada hora de 11.00 a 17.00.

➺ De la plaza principal salen los autobuses de la Cooperativa Kennedy a Santo Domingo (3 US$, 3 h), donde se puede conectar para continuar hasta Puerto López. Varios autobuses de Kennedy viajan (6.30 y 7.00) vía Los Bancos (desde allí hay servicios frecuentes hasta Esmeraldas) y Pedro Vicente Maldonado hasta Puerto Quito.

➺ Si se pierden estos servicios, habrá que dirigirse al cruce de la "Y", en lo alto del cerro (taxi 3 US$, camioneta 0,50 US$) y tomar alguno de los frecuentes autobuses entre Quito y la costa.

➺ Los taxis, regulados con tarifas fijas, aguardan en una esquina dos manzanas pasado el puente. Normalmente son camionetas, provistas de una identificación oficial verde. La carrera a Quito cuesta 50 US$, al aeropuerto 80 US$ y directamente a Otavalo, al norte, 120 US$.

Refugios y reservas en el bosque nuboso

La mayor parte de las reservas privadas (Masphi es una excepción) aceptan visitas de un día pagando una entrada (10-25 US$, guías aparte) y pueden organizar el transporte privado desde Quito o Mindo. Además de las indicadas a continuación, la zona cuenta con otras iniciativas de ecoturismo basado en la comunidad. La carrera a cualquiera de ellas cuesta 50-80 US$. Como alternativa hay autobuses con frecuencia a Nanegalito, un pueblo a 56 km por la carretera entre Quito y Mindo, que es algo así como un centro de transportes; las camionetas desde allí hasta las reservas cuestan 15-25 US$. La población de Nanegal es otro punto de acceso. No es necesario un todoterreno para acceder a la mayoría de ellas.

Reserva Biológica Mashpi

Mashpi REFUGIO $$$
(☎02-298-8200; www.mashpilodge.com; 2 noches todo incl. 1375 US$/persona; ✺🖚) 🌿 Lujoso alojamiento con vistas a las más de 1000 Ha de su reserva privada, que alberga varios microclimas y cuatro cuencas hidrográficas. Aunque el refugio parece una casa ultramoderna de los Hamptons, el paisaje que se observa desde sus grandes ventanales recuerda más a *Parque Jurásico*.

Los huéspedes podrán culturizarse sobre los esfuerzos para la conservación y la fascinante ecología de la región de El Choco mediante paseos por la naturaleza y diversas caminatas guiadas centradas en la observación de aves. Los días transcurren al estilo de un exclusivo crucero por las Galápagos (de hecho, muchos huéspedes combinan ambas cosas), con actividades matinales y vespertinas, solo interrumpidas por comidas de primera (el desayuno y el almuerzo son tipo bufé). Otros elementos destacados son la ruta de 2 km en tranvía (para hasta 7 personas) y la bicicleta aérea (para 2), que atraviesa 200 m de selva, alcanzando una altura máxima de 60 m. Su torre de observación de 30 m regala espectaculares vistas.

Reserva Biológica Maquipucuna

Maquipucuna Lodge REFUGIO $$$
(www.maqui.org; h 155 US$/persona comidas incl., sin baño 112 US$, acampada 12 US$) 🌿 Situado en una reserva de 60 km², este refugio deliciosamente rústico ofrece fantásticas vistas desde las hamacas de la terraza y comidas sabrosas y saludables en el restaurante, que también sirve café de cultivo propio. Además de varias habitaciones en el edificio principal, cuenta con una cabaña familiar equipada con dos baños y terraza privada.

La reserva, que integra una estación de investigación, abarca gran variedad de bosques nubosos montanos y premontanos en el nacimiento del río Alambi, en cotas entre los 1200 y los 2800 m. Además, alberga 370 especies de aves, entre ellas 30 de colibríes; 240 especies de mariposas; y 45 especies de mamíferos, incluido el oso andino de anteojos, que suele verse cuando empiezan a dar sus frutos los aguacatillos (versión reducida del aguacate).

La Fundación Maquipucuna, sin ánimo de lucro, administra la reserva desde finales de los ochenta. La gestionan Rodrigo Ontaneda y Rebecca Justicia, una apasionada y comprometida pareja que lidera los esfuerzos para la conservación de la región. Un factor fundamental ha sido colaborar con las comunidades locales (en particular con los agricultores) para impulsar medios de vida sostenibles.

Los huéspedes de un día pagan una entrada de 10 US$ y pueden contratar a un guía por 25 US$, aunque merece la pena pasar al menos una noche. Los senderos varían desde un cómodo paseo de 1 km hasta una exigente caminata de 5,5 km; también organizan circuitos guiados acerca del cultivo de café o las orquídeas salvajes. La fundación puede organizar el traslado en un vehículo privado desde Quito por 80 US$. Con vehículo propio, hay que tener en cuenta que se necesitará un todoterreno para recorrer los 7 km desde la carretera principal.

Bosque Nublado Santa Lucía

Bosque Nublado Santa Lucía REFUGIO $$
(☑02-215-7242; www.santaluciaecuador.com; dc/h sin baño 35/56 US$/persona comidas incl., cabañas 75 US$/persona comidas incl.) Este atractivo alojamiento descansa sobre el extremo de un risco, con soberbias panorámicas de los exuberantes montes y valles de los contornos. Las habitaciones son sencillas pero cómodas; los baños son compartidos. Los retretes sirven para hacer compost y la electricidad se genera con energía solar. Las cabañas, lujosas en comparación, disfrutan de impresionantes vistas del bosque nuboso, pueden alojar entre 2 y 3 personas y tienen baño privado. Se sirven excelentes comidas como ensaladas, tortitas de patata y sopas.

La incursión en el Bosque Nublado Santa Lucía es solo para los más osados. La propiedad y la gestión de la reserva corresponde a una cooperativa compuesta por 12 familias que, en busca de un futuro más sostenible, dejaron de cultivar naranjilla con pesticidas y empezaron a dedicarse al turismo y la conservación. Considerada uno de los mejores ejemplos de ecoturismo del país, Santa Lucía ha recibido numerosos premios por promover la sostenibilidad y reducir la pobreza. Se aceptan voluntarios.

Se recomienda pasar una estancia mínima de tres días, con entrada a la reserva y servicio de guías el primer y último día incluidos en el precio. Los guías acreditados pertenecen a familias locales y conocen al dedillo los nombres de las plantas y las aves. El aparcamiento donde arranca el pronunciado sendero hasta el refugio (lleva 1-2 h completarlo; las mulas cargan con el equipaje) está a 1 km pasado Maquipucuna. Cubrir el trayecto en mula en vez de caminando cuesta 20 US$ adicionales.

Reserva Bellavista

Bellavista Lodge REFUGIO $$
(☑02-223-2123, 099-416-5868; www.bellavista cloudforest.com; dc 35 US$, i/d 132/224 US$ comidas incl.) 🌿 Merece la pena pasar una o dos noches en esta reserva de 700 Ha, aunque solo sea por las extraordinarias vistas panorámicas desde su cúpula geodésica de madera. Encima de la biblioteca-bar-restaurante se reparten cinco pequeñas habitaciones, sobre las cuales, a su vez, hay una zona de dormitorios de dos pisos, con un baño compartido, restaurante y terraza. Para mayor intimidad, también hay cabañas privadas, más grandes, a poca distancia.

A 1 km se halla una estación de investigación con cocina y un dormitorio de 12 camas para viajeros de presupuesto ajustado.

Esta reserva está en las estribaciones occidentales de los Andes, a unos 2000 m sobre el nivel del mar. Alrededor del 25% es bosque primario; el resto se ha talado selectiva o completamente, pero está en proceso de reforestación. Fue, además, uno de los primeros proyectos de ecoturismo de la zona. Hay 8 km de senderos bien señalizados y su rica vida aviar la convierte en una zona muy recomendable.

Tandayapa

Tandayapa Bird Lodge REFUGIO $$$
(☑02-244-7520, 099-923-1314; www.tandayapa. com; i/d 126/213 US$ comidas incl.) Auténtico paraíso para los amantes de las aves, con especies destacadas como el gallito de las rocas andino, el frutero escamado, el quetzal de cola dorada y el de cola blanca. Con apenas 12 habitaciones, reina un ambiente íntimo y relajado. El refugio ofrece avezados guías, cómodos alojamientos en el bosque nuboso

con una sensacional terraza con vistas, una plataforma por el dosel selvático y multitud de senderos para excursiones de un día.

Los comederos, oportunamente situados, aumentan las probabilidades de los avistamientos desde el refugio. Los precios no incluyen a los guías, que han de ser contratados con mucha antelación, aunque normalmente hay guías voluntarios que prestan sus servicios de forma gratuita.

Reserva Yunguilla

Reserva Yunguilla REFUGIO $
(☎099-954-1537; www.yunguilla.org.ec; acampada 5 US$, h con pension completa 35 US$/persona) Unas 80 familias del pueblo de Yunguilla están detrás de este proyecto de ecoturismo basado en la comunidad, que protege unas 2600 Ha de bosque nuboso. Sus tres habitaciones pueden acomodar hasta nueve personas y dispone de una zona de acampada.

Se pueden recorrer a pie los 12 km entre Yunguilla y Maquipucuna, por un tramo bien conservado del Camino Real, un sendero inca (que a su vez discurre por el trazado de una ruta yumbo aún más antigua) que comienza en Quito y cruza toda la región. Un taxi de Calcali a Yunguilla cuesta 4 US$.

Sierra central

Las mejores
excursiones

➡ Laguna Limpiopungo
(p. 136)

➡ Laguna Quilotoa (p. 144)

➡ Sendero de los
Contrabandistas (p. 159)

➡ Parque Nacional Sangay
(p. 160)

➡ Volcán Chimborazo (p. 163)

Los mejores
alojamientos

➡ Hostería La Ciénega (p. 137)

➡ Hostal Tiana (p. 140)

➡ Hotel Roka Plaza (p. 149)

➡ Posada del Arte (p. 156)

➡ Llullu Llama (p. 147)

Por qué ir

El techo de Ecuador ofrece más aventura por metro cuadrado que la mayor parte de los lugares de la tierra. Esta inmensa región tallada por el fuego y el hielo aviva la imaginación e invita a sumergirse en los mitos y la belleza de los Andes. Posee volcanes espectaculares, picos con glaciares, prados, bellas ciudades coloniales, haciendas bucólicas y valles verdes y escarpados por los que el viajero descenderá del altiplano atravesando cascadas y pueblos indígenas hasta llegar a las inmediaciones de la famosa cuenca del Amazonas.

Casi todas las excursiones a esta región incluyen un par de días en sus parques nacionales y reservas, como las de Los Ilinizas, Cotopaxi, Llanganates, Chimborazo y Sangay. El Circuito de Quilotoa lleva a senderistas y ciclistas por comunidades indígenas hasta un cráter con un lago de profundidad abismal. También hay trenes turísticos y mercados de artesanía, y abundantes aventuras tropicales en el exuberante valle que conduce a la animada ciudad de Baños.

Cuándo ir
Riobamba

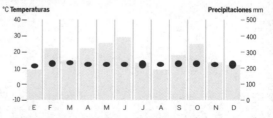

Jun-sep La estación seca es la mejor época para montañeros, ciclistas y senderistas.	**Sep o nov** Fiesta de la Mamá Negra en Latacunga.

Dic y ene La estación seca deja paso a la aventura… ¡y todo está verde!

Imprescindible

1 Recorrer las carreteras secundarias del **Circuito de Quilotoa** (p. 142).

2 Remojarse en las cascadas en la **ruta Baños-Puyo** (p. 159).

3 Tomar la carretera hasta **Salinas** (p. 162) con las montañas como sublime telón de fondo.

4 Subir al tren de la **Nariz del Diablo** (p. 171), un descenso digno de montaña rusa por una empinada ladera rocosa.

5 Hacer excursiones a lo largo y ancho de uno de los volcanes activos más altos del mundo en el **Parque Nacional Cotopaxi** (p. 134).

6 Tocar las nubes a pie o en bicicleta en el **volcán Chimborazo** (p. 163).

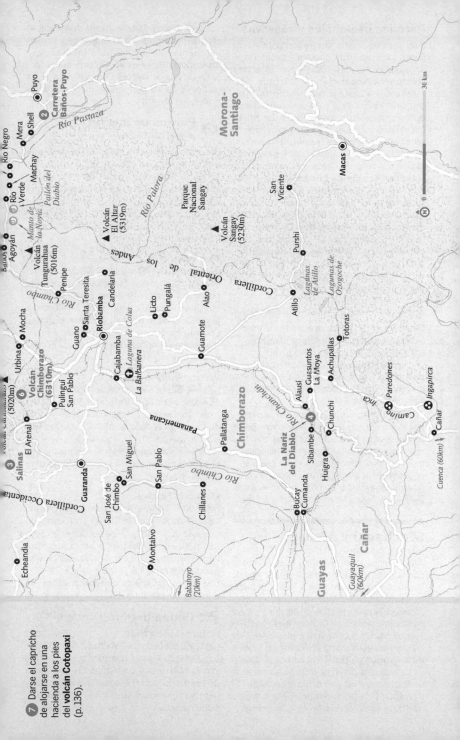

Parques nacionales y reservas

Para ser una región tan pequeña, la sierra central cuenta con una serie considerable de zonas protegidas. Todas salvo el **Parque Nacional Llanganates** (p. 151), que realmente es naturaleza por descubrir, ofrecen actividades para todo el mundo, desde quienes acuden para pasar el día hasta los excursionistas y alpinistas más experimentados. El **Parque Nacional Cotopaxi** (p. 134), uno de los más visitados del país, está a un salto de Quito o Latacunga. La **Reserva Ecológica Los Ilinizas** (p. 133) engloba los dos montes homónimos, y llega hasta la laguna Quilotoa. El volcán Chimborazo es el centro de la **Reserva de Producción Faunística Chimborazo** (p. 163), donde grupos de vicuñas corretean por el páramo. El **Parque Nacional Sangay** (p. 160) es el mayor de la región, con un terreno variado que engloba desde selva hasta picos helados.

ℹ️ Cómo llegar y desplazarse

El aeropuerto de Latacunga es, en teoría, internacional, pero no tiene servicio de pasajeros. Los autobuses llegan a casi todas partes. Los principales centros de transporte son Latacunga, Ambato, Baños, Riobamba y Guaranda. Para ir a zonas remotas, a menudo hay que hacer transbordo en estas ciudades.

Siguen los trabajos en las líneas ferroviarias que atraviesan este territorio, en su mayor parte destinadas a las excursiones turísticas a pueblos apartados; consúltense las líneas en funcionamiento en www.trenecuador.com. Desplazarse en automóvil de alquiler, en un circuito o en taxi (contratado para todo el día) es una manera fácil y segura de llegar a los rincones más apartados.

Machachi y Aloasí

6855 HAB. Y 12 470 HAB.

Ambas localidades se hallan unos 35 km al sur de Quito, aunque en lados opuestos de la carretera Panamericana, y hacen de puerta de entrada a los Andes y a la naturaleza. Aloasí es la más atractiva de las dos y ofrece excursiones en tren a Quito y al sur, hacia el Parque Nacional Cotopaxi. Ambas sirven de escala alternativa para hacer excursiones a dicho parque y a la reserva de Los Ilinizas.

La tranquila Aloasí, al oeste de la carretera, se encuentra a los pies del extinto volcán El Corazón (4788 m), llamado así por la forma que trazan dos cañones en su ladera oeste.

La activa ciudad de Machachi queda al este de la autopista. Su bonita plaza principal cuenta con hilo musical y los domingos un importante **mercado** invade la ciudad. El 23 de julio se celebra una bulliciosa fiesta en honor de los campesinos mestizos de los Andes, los *chagras*.

◎ Puntos de interés y actividades

Enfrente de la estación de trenes de Aloasí hay un **jardín de esculturas** gratuito. La Estación Hostería-Granja posee un zoo de animales domésticos, un restaurante y una granja 100 m al noreste de la terminal de trenes. Allí se pueden alquilar bicicletas y caballos (15 US$/h), así como tocar a las llamas, los burros y a un avestruz.

Tren Ecuador TREN
(Ferrocarril Transandino; ☎1-800-873-637; www.trenecuador.com; ida y vuelta adultos/niños 15/8 US$) posee dos trenes que pasan por la terminal de Aloasí (llamada también de Machachi, a pesar de estar al oeste de la Panamericana). Cuando los trenes van muy llenos, a veces "dicen" que pondrán un autobús para el viaje de regreso.

Páramo Infinito TREN
(☎1-800-873-637; www.trenecuador.com; terminal de Aloasí; billete 35 US$) Excursión de 8 h en tren turístico por los rincones de la reserva de Los Ilinizas. Sale de Aloasí los sábados y domingos a las 10.30 y llega hasta la estación Boliche del Parque Nacional Cotopaxi, pero al viajero no le quedará mucho tiempo para visitar el parque.

Machachi Festivo TREN
(☎1-800-873-637; www.trenecuador.com; terminal de Aloasí; billete 36 US$; 🚻) Tren turístico que sale de Quito de jueves a domingo a las 8.15 y para en Aloasí para asistir a una exhibición de danza y tomar un café. También se puede contratar un paseo a caballo, visitar una granja de abejas y almorzar antes del regreso. El viaje dura 8 h.

🛏️ Dónde dormir y comer

Hotel Estancia Real HOTEL $
(☎02-231-5760; Cordero, Machachi; h 10 US$/persona) Uno de los muchos hoteles económicos al otro lado de la plaza Mayorista (de abastos) de Machachi. Los colchones son irregulares, pero las habitaciones están limpias y son bastante cómodas.

La Estación Hostería-Granja HACIENDA **$$**
(📞02-230-9246, 099-277-1578; www.hosteriagran-jalaestacion.com; Aloasí; i/d 60/70 US$ desayuno incl.; 🛜) Esta laberíntica hacienda del s. XIX enfrente de la estación de trenes de Aloasí es el mejor establecimiento de la zona. Ofrece habitaciones decoradas de modo original y con vigas de madera vista, un servicio amable y abundantes zonas al aire libre para descansar y disfrutar de las vistas.

En el patio trasero hay varias habitaciones espaciosas con estufas de leña y construidas a juego con la casa. El restaurante, adornado con antigüedades relacionadas con la agricultura, sirve almuerzos y cenas por 15 US$.

El Café de la Vaca ECUATORIANA **$$**
(📞02-231-5012; Panamericana km 23; ppales. 4-8 US$; ⊗8.00-17.30) Los fines de semana por la noche las colas para cenar están prácticamente aseguradas por la cantidad de visitantes que acuden desde Quito a este local a degustar el queso recién traído de la granja que acompaña a cada pedido. Los platos ecuatorianos y la enorme variedad de combinados de desayuno (que se sirven todo el día) son ideales acompañados de un jugo de frutas recién hecho.

ℹ Cómo llegar y desplazarse

Los autobuses que salen de la terminal de autobuses de Quito rumbo a Latacunga por la Panamericana efectúan parada en Machachi (1 US$, 1 h). Para regresar a Quito o Latacunga hay que parar un autobús en la misma Panamericana.

Aunque el servicio de trenes está pensado para viajes de ida y vuelta, en las líneas Machachi Festivo (p. 132) y Páramo Infinito (p. 132) se puede optar por hacer un solo trayecto.

Desde Machachi, al menos cada hora, salen unos autobuses escolares de vivos colores con destino a la vecina Aloasí. La última parada está en la estación de trenes, a unos 3 km de la Panamericana.

Reserva Ecológica Los Ilinizas

Esta reserva ecológica abarca aproximadamente 150 000 Ha de picos volcánicos, pequeñas explotaciones agrícolas, páramo, selva nubosa y valle. La entrada está 55 km al sur de Quito y se extiende por gran parte del circuito del Quilotoa. Es muy buena para el senderismo, y aunque los caminos no

están señalizados, los lugareños pueden dar indicaciones.

El pequeño pueblo de **El Chaupi** es el mejor acceso septentrional a los dos picos gemelos del parque, el Iliniza Norte (5126 m) y el Iliniza Sur (5248 m), la sexta y la octava montañas más altas de Ecuador, respectivamente. Ambas, que en otro tiempo formaban parte de un único cono volcánico, están separadas por un estrecho collado.

Para entrar en el parque hay que seguir a pie desde El Chaupi (o contratar una camioneta) unos 3 km hasta el **control** (entrada principal del parque, donde a veces hay personal; horario 8.00-16.00, entrada gratis), y luego continuar otros 6 km hasta el aparcamiento del santuario de la Virgen. Desde allí queda una caminata de unas 2 h hasta el refugio Nuevos Horizontes (p. 134).

🏃 Actividades

Aunque tienen una altitud similar, el **Iliniza Sur** presenta un glaciar permanente debido a su mayor grado de humedad. El Sur es una ascensión muy técnica, para la que es necesaria preparación, un guía y equipo para escalada en hielo. Muy utilizada para aclimatarse, la ruta del **Iliniza Norte** es una ascensión más asequible, pero aun así difícil, con pedregales, rocas por las que hay que trepar cerca de la cima y a veces nieve. En el Hostal La Llovizna de El Chaupi se pueden contratar excursiones guiadas, bicicleta de montaña (25 US$/día), paseos a caballo (25 US$/h) y trabajo voluntario. La Llovizna alquila, además, equipo de escalada, sacos de dormir y bicicletas de montaña.

🛏 Dónde dormir y comer

Huerta Sacha REFUGIO **$**
(📞098-906-7082; www.huertasacha.com; h 25 US$/persona desayuno incl.) Esta granja lechera ocupa 16 Ha en la parte alta del parque y está 4 km al oeste de El Chaupi. En la cafetería central los viajeros se cuentan historias, y las acogedoras habitaciones privadas disponen de agua caliente (en serio) y literas o dos camas. Algunas incluso son románticas, con chimenea y alfombra de piel de vaca. Este refugio se especializa en expediciones a caballo y es de lo más agradable.

Hostal La Llovizna ALBERGUE **$**
(📞099-119-4928; iliniza_blady@yahoo.com; El Chaupi; h 25 US$/persona desayuno y cena incl.; 🛜) A unos 500 m de El Chaupi, en la carretera a Ilinizas, este lugar recuerda vagamente al

lejano oeste. Las habitaciones, grandes y cálidas, poseen camas firmes; también hay otras muy pequeñas y acogedoras en la buhardilla.

Refugio Nuevos Horizontes CABAÑA $
(☎02-367-4125; nuevos.horizontes.refuge@gmail.com; dc 15 US$) Esta rústica cabaña a 4650 m en el corazón de la reserva, tiene cocina y capacidad para 25 personas. Las agencias locales tal vez puedan facilitar el desayuno y la cena al viajero. De noche las temperaturas son bajas y se necesita saco de dormir.

Hostería PapaGayo HOSTERÍA $$
(☎02-231-0002; www.hosteria-papagayo.com; Panamericana Sur km 26; i/d/cabaña 45/75/120 US$; @🛜) Esta hacienda remodelada, de 150 años de antigüedad, tiene mucho éxito entre los mochileros y es una base de operaciones muy práctica para explorar los Ilinizas, el Corazón y el Cotopaxi. Dispone de dormitorios y habitaciones, algunas con hogar, así como de un acogedor restaurante, un montón de animales de granja y unos anfitriones muy agradables que pueden organizar excursiones, salidas a caballo y contratar guías.

Está 500 m al oeste de la Panamericana, por el desvío que queda 1 km al sur de la caseta de peaje de Machachi; si se llama con tiempo, una camioneta vendrá a recoger al viajero desde Machachi o El Chaupi.

Chuquiragua Lodge REFUGIO $$
(☎02-367-4046; www.ecuadortreasures.com; El Chaupi; dc 16 US$, h 25-70 US$/persona ; @🛜) Este nuevo alojamiento de estilo hacienda, 1 km al oeste de la Panamericana, en la entrada de la ciudad, tiene habitaciones para todos los gustos. Hay dormitorios con colchas mullidas y colchones gruesos; habitaciones *premium* (las más ventajosas) con bonitas vistas y chimenea, y habitaciones superiores, algo recargadas (y caras). Y también una encantadora zona de *spa* con un gran *jacuzzi* y baños de vapor.

❶ Cómo llegar y salir

Los autobuses azules y blancos con el indicador "El Chaupi" (0,35 US$, 40 min) salen de Machachi más o menos cada hora hasta que oscurece desde Amazonas esquina 11 de Noviembre, con regreso desde la Plaza Mayor de El Chaupi en el mismo horario.

Si se viaja en automóvil desde Machachi, un cartel indica el desvío hacia El Chaupi desde la Panamericana, unos 6 km al sur de Machachi. La carretera de grava sigue 7 km más hasta El Chaupi. Desde allí, la carretera se torna en una pista de tierra y avanza otros 9 km hasta el aparcamiento de Los Ilinizas, con un pequeño santuario consagrado a la Virgen.

También se puede tomar una camioneta en Machachi que lleve directamente al aparcamiento por 25 US$. Los camiones desde El Chaupi cuestan unos 13 US$.

Parque Nacional Cotopaxi

Aunque el **volcán Cotopaxi** puede verse desde varias provincias, su mole majestuosa y su simetría cónica adquieren una nueva dimensión desde su propio **parque nacional** (☎luvi 02-204-1520, sa y do 099-9498-0121; entrada 10 US$). Las laderas del Cotopaxi, cubiertas de un manto de hielo que da paso al dorado y verde páramo, están pobladas por caballos salvajes, llamas, zorros, ciervos, cóndores y el escasísimo oso de anteojos.

Hay que ir temprano para tener las mejores vistas. Se pueden efectuar excursiones a pie y en bicicleta de montaña a las ruinas prehispánicas situadas en los lagos de la zona y por las rutas del parque, con guía o por cuenta propia. La ascensión a la cima es una experiencia que todo aventurero en buena forma debería intentar.

El parque (32 000 Ha) se puede visitar muy bien en un día desde Latacunga o Quito. La mayoría de los visitantes entran por el **control Caspi,** aunque hay excelentes refugios de fácil acceso por el **control Norte.** La entrada es gratis, pero no incluye las tasas de pernoctación en los refugios ni en los *campings.* Oficialmente el acceso principal está abierto de 7.00 a 16.30, pero en coche se puede salir hasta las 18.30. A pie, se puede entrar o salir a cualquier hora.

◉ Puntos de interés y actividades

Entre los peligros de la zona destacan el mal de altura y los toros. Estos problemas pueden evitarse: el primero, realizando una buena aclimatación en Quito durante un par de días, bebiendo abundante agua y aplicándose protección solar; y el segundo, manteniendo las distancias. El Porvenir (p. 137<) posee una tirolina (19 US$) de 520 m al estilo Supermán (con la cabeza por delante) y un recorrido de cuerdas (19 US$).

Centro de visitantes MUSEO
(entrada principal del sur) GRATIS Dentro del parque, a 9 km del control Caspi, este sencillo

museo cuenta la historia natural de la zona. Se recomienda hacer una pausa y tomar un té en la cafetería o echar un vistazo a la tienda de artesanía. Hay un pequeño jardín botánico y un sendero de 800 m que atraviesa el páramo.

Pucará del Salitre YACIMIENTO ARQUEOLÓGICO
Esta fortaleza inca construida hacia finales del s. xv se halla en la carretera al río Pita. Algunas partes están parcialmente restauradas.

★ Volcán Cotopaxi ESCALADA
Las ascensiones a la cima pueden organizarse desde Quito y Latacunga; aunque no entrañan gran dificultad (salvo atravesar unas cuantas grietas y las estremecedoras vibraciones al subir por seracs caídos), sí que exigen esfuerzo físico y soportar bajas temperaturas, y quienes sufran vértigo no se sentirán nada cómodos.

La ruta se inicia hacia medianoche desde el refugio José Rivas, donde se puede cocinar y dormir en literas (habrá que llevar un saco de dormir y un candado para guardar las pertenencias). Incluso los escaladores experimentados, en forma y aclimatados no alcanzan la cima hasta el amanecer, y eso en uno de cada dos intentos (no hay garantías de culminar con éxito el ascenso). La recompensa para los que lleguen a la cima –si el día es claro– son unas vistas impresionantes de la cordillera y de las fumarolas del cráter.

Incluso las personas sin experiencia pueden coronar la cima sin peligro. Es preciso contar con un guía competente y llevar equipo de calidad (cuerdas y arneses sin rasgaduras, piolet y crampones, botas con doble aislamiento y chaquetas –nunca de algodón: no mantiene el calor cuando llueve, a diferencia de los tejidos sintéticos y la lana–,

Zona del Parque Nacional Cotopaxi ⓝ 0 ━━━━━ 10 km

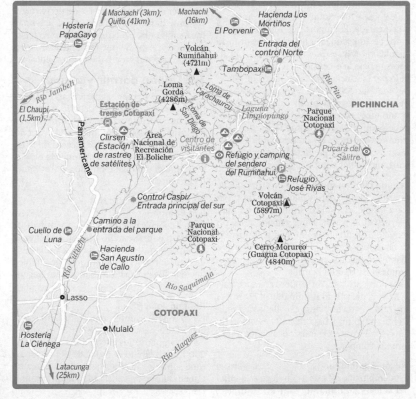

LAS NIEVES DEL COTOPAXI

Las nieves del Cotopaxi pueden llegar a desaparecer. Según un estudio reciente, los glaciares del Cotopaxi disminuyeron un 40% entre 1976 y 2010. Los glaciares tropicales de los Andes se están derritiendo a una velocidad alarmante, y muchos desaparecerán completamente muy pronto, según Climate News Network. Muchos científicos lo atribuyen al aumento de las temperaturas en el océano Pacífico, que ha provocado lluvia en vez de nieve en los glaciares de la región. El deshielo anual de los glaciares es esencial para los agricultores, los proyectos hidroeléctricos y los habitantes de las ciudades, y un deshielo más rápido podría causar graves impactos económicos en el país.

gafas de sol, agua, comida, linterna frontal y equipo para emergencias). El guía debe enseñar a frenar una caída, a utilizar el piolet y a colocarse los crampones la tarde anterior a la escalada. Es importante reunirse con él antes de emprender la marcha, preguntarle cuántas veces ha escalado la montaña, qué se necesita para la ascensión y si ha sido acreditado por la Asociación Ecuatoriana de Guías de Montaña (ASEGUIM). Si el arnés presenta rasgaduras, hay que exigir su sustitución; y si uno no se encuentra cómodo con el guía, debe pedir al operador que lo cambie. Recuérdese que todas las agencias utilizan a los mismos guías, así que habrá que acudir a la que tenga mejor equipo.

Laguna Limpiopungo   EXCURSIONISMO
En este lago poco profundo y lleno de carrizos a los pies del volcán Rumiñahui habitan aves acuáticas permanentes y migratorias. Un sencillo camino de 2,6 km con plataformas de observación da la vuelta al lago. Hay que mantenerse a distancia de los toros que acostumbran a beber en la orilla.

Al norte del lago, un sendero conduce hasta la cima del volcán Rumiñahui (4721 m); al sur, otra vereda atraviesa el collado de Loma Gorda (4286 m) y baja hasta la estación de ferrocarril. Ambas excursiones ocupan una jornada completa.

Volcán Rumiñahui   EXCURSIONISMO
Esta empinada ruta de 4-5 h llega a la cima del volcán Rumiñahui (4721 m). Empieza

dentro del parque, a unos 10 km del control Caspi. Hay que llevar abundante agua.

Observación de aves   OBSERVACIÓN DE AVES
El parque posee una gran riqueza ornitológica. Hay que estar ojo avizor por si se divisa el gigantesco cóndor andino en las alturas y el colibrí del Chimborazo, uno de los colibríes que vive a mayor altitud del mundo. La avefría andina, la lavandera de Baird, la focha andina, el caricari, la cerceta andina, la gaviota andina y el andarríos solitario son visitantes habituales de la laguna Limpiopungo.

Refugio José Rivas   EXCURSIONISMO
Para divertirse fatigando los pulmones vale la pena subir los últimos 200 m del camino de tierra que conduce desde el aparcamiento de este refugio hasta el mismo (a estas altitudes se tarda por lo menos 1 h). La tarde se puede pasar jugando en los cercanos campos nevados. No se debe subir hasta el glaciar (200 m por encima del refugio) sin guía: hay grietas muy peligrosas.

Bicicleta de montaña   BICICLETA DE MONTAÑA
Recorrer el circuito de pistas de tierra relativamente llanas del parque es una actividad muy solicitada, así como el descenso hasta el control Caspi. Se pueden contratar en las agencias de viajes de Latacunga y Quito.

🛏 Dónde dormir y comer

Casi todos los refugios organizan excursiones de un día y paseos a caballo, y cuentan además con restaurante. Hay *campings* en el parque (gratis) en el inicio de la ruta del Rumiñahui, en Tambopaxi y cerca de la estación de trenes. Los excursionistas ocasionales pueden alojarse en Aloasí, El Chaupi o Latacunga.

Rumiñahui Trailhead Hut
and Camping   CABAÑA $
(Ruta del Rumiñahui; dc 20 US$) Al inicio de la ruta hay un sencillo refugio con literas, acampada gratis, estufas de leña y una zona de comedor abierta (cena 10 US$). También hay parrillas exteriores, baños y un parque infantil.

Refugio José Rivas   CABAÑA $
(dc 20 US$) Recientemente reformada, esta acogedora cabaña a 4800 m la usan casi exclusivamente los escaladores. Está unos 200 m más abajo del glaciar del Cotopaxi (que solía llegar a la puerta de la cabaña). Caben 20 personas. El guía puede tramitar las reservas.

Hacienda Los Mortiños
REFUGIO $$

(☎02-334-2520; www.losmortinos.com; dc/i/d 28/78/84 US$; 🖥) Es el mejor alojamiento de esta zona del parque, cerca del control Norte. La moderna casa de adobe ofrece preciosos baños, techos inclinados, cómodas habitaciones privadas y dormitorios de 6 y 16 camas, y vistas increíbles de los volcanes vecinos.

El ambiente es muy hogareño y la familia Fernández informa sobre las excursiones al parque. Si se llama previamente, personalizan la estancia. Las comidas (8-13 US$) se preparan en la atractiva cocina abierta. También alquilan caballos (35 US$) y bicicletas (16 US$).

Cuello de Luna
PENSIÓN $$

(☎999-727-535; www.cuellodeluna.com; i 48-67 US$, d 59-84 US$, desayuno incl.; 🖥) Divertida opción de precio medio, situada a 1,5 km por un desvío próximo a la entrada sur del Parque Nacional Cotopaxi. Las habitaciones tienen vigas de madera vista y chimenea. Las superiores son algo más elegantes. La nº 26 tiene las mejores vistas.

★ Hostería La Ciénega
HACIENDA $$$

(☎02-271-9182; www.haciendalacienega.com; Panamericana km 326, Lasso; i/d/tr 74/89/107 US$ desayuno incl.; 🖥🍴) Esta hacienda de 400 años de antigüedad ha acogido a visitantes tan ilustres como los integrantes de la Misión Geodésica Francesa o el mismísimo Alexander von Humboldt, así como algún que otro presidente ecuatoriano. Desde 1982 es un hotel, pero aún conserva el encanto de antaño: una larga vía de acceso flanqueada por eucaliptos, muros de 1 m de grosor y una vieja capilla. El moderno anexo es menos atractivo (aunque cuesta lo mismo), así que conviene confirmar que la reserva es para la casa original. En el bar-restaurante se sirven platos clásicos ecuatorianos, caros pero muy buenos. La Ciénaga está 2 km al oeste de la Panamericana, 1 km al sur del pueblo de Lasso. El autobús deja en el arco de entrada a la finca del hotel, al borde de la Panamericana, desde donde se puede seguir a pie.

Tambopaxi
CABAÑA $$$

(☎02-600-0365; www.tambopaxi.com; acampada 7 US$/persona, dc/i/d 24/91/115 US$, desayuno incl.; 🖥) 🖉 Este proyecto de turismo sostenible, a unos 25 km de la entrada sur del parque por la carretera principal, participa en la conservación de la fauna y flora y en la protección de los cursos fluviales. Desde el rústico refugio principal, con calefacción, se ven llamas y caballos salvajes. El almuerzo cuesta 19 US$.

Por la mañana se puede usar el telescopio del comedor para observar a los montañeros sudando para alcanzar la cima del Cotopaxi. Los dormitorios tienen mullidos edredones y unas vistas espléndidas del volcán. Las habitaciones privadas están en el edificio nuevo.

El Porvenir
HACIENDA $$$

(☎02-204-1520; www.tierradelvolcan.com; acampada/dc/h/ste 5/42/93/139 US$ desayuno incl.; 🖥) 🖉 A solo 4 km de la entrada norte del parque, El Porvenir combina el confort rústico de una hacienda auténtica con un gran sentido ecológico y muchas actividades al aire libre, como paseos a caballo, tirolinas y bicicleta de montaña. Los dormitorios son caros, pero al autor le encantan las acogedoras habitaciones privadas y *suites*. La ubicación, en lo alto del páramo, con vistas del Cotopaxi, es espectacular. La agradable zona de estar se mantiene calentita gracias al fuego de leña. Hay que llamar con antelación para concertar el transporte.

Hacienda San Agustín de Callo
HACIENDA $$$

(☎02-271-9160; www.incahacienda.com; i/d/ste 219/382/437 US$; 🖥) La típica mampostería inca que forma muchas de sus paredes hace que este hotel sea único y misterioso. Todas las habitaciones son de estilo rústico, con chimenea, colchas lujosas y murales. Aun así, cabría esperar más por este precio.

Esta hacienda ha vivido mucho en los últimos cinco siglos. Originalmente era un pucará, una fortaleza inca, pero luego sirvió como monasterio agustino. La Misión Geodésica Francesa la usó como punto de triangulación para medir el ecuador en 1748; en 1802 acogió a Alexander von Humboldt y en 1880, al escalador Edward Whymper.

🛈 Cómo llegar y salir

AUTOMÓVIL

Todas las haciendas ofrecen transporte desde Quito, en muchos casos pagando un suplemento.

Los fines de semana acuden muchos lugareños al parque y hay posibilidades de encontrar transporte desde el desvío a la entrada principal o incluso hasta la laguna Limpiopungo (a las mujeres que viajen solas quizá les convenga más contratar un circuito guiado en Quito o Latacunga). Entre semana el parque está casi desierto y es fácil acabar teniendo que ir a pie si no se organiza previamente el transporte.

El parque tiene tres entradas:

Control Caspi Es la entrada sur y principal, a la que se llega por un desvío situado unos 22 km al sur de Machachi (unos 30 km al norte de Latacunga). Desde el desvío, hay 6 km hacia el noroeste por carreteras asfaltadas hasta el control, y otros 9 km hasta el centro de visitantes. Cualquier autobús entre Quito y Latacunga puede efectuar parada en el desvío.

Control Norte Se puede acceder al parque por esta entrada desde Machachi, pero habrá que contratar una camioneta o alquilar un coche. Actualmente los 21 km de ruta están bien indicados y son fáciles de seguir.

Área Nacional de Recreación El Boliche La tercera entrada, poco usada, es por el desvío al **Área Nacional de Recreación El Boliche,** unos 16 km al sur de Machachi. La carretera pasa por la Estación de Rastreo de Satélites CLIRSEN (dirigida en otro tiempo por la NASA), a unos 2 km de la Panamericana. Pasada la estación se encuentra la terminal de trenes de Cotopaxi. A partir de ese punto la carretera está cerrada al tráfico, pero sigue hasta la entrada al parque.

TAXI

Se pueden alquilar taxis o camionetas para trasladarse hasta el refugio José Rivas desde Latacunga (40 US$), Machachi (25 US$) o Quito (40 US$). Conviene regatear y dejar claro que se quiere llegar hasta el mismo refugio. Se puede acordar el regreso para un día determinado por otros 30 o 40 US$, según el lugar de partida.

TREN

Tren Ecuador (p. 132) ofrece excursiones en tren (8 h, 36-44 US$) de jueves a domingo, que parten de Quito a las 8.00 y 9.00. La ida es en tren y el resto en autobús. El tren de Boliche a Quito sale a las 13.30.

Latacunga

87 417 HAB. / 2800 M ALT.

Muchos viajeros acaban pasando por Latacunga para acceder al Circuito de Quilotoa, al mercado matinal de los jueves de Saquisilí o al Parque Nacional Cotopaxi. Pero quien se quede un poco más descubrirá que Latacunga también ofrece un centro histórico tranquilo y acogedor que en parte ha sobrevivido a las numerosas erupciones del Cotopaxi. Este encantador casco antiguo es toda una sorpresa oculta más allá de los barrios

Latacunga

ruidosos y contaminados que se ven al pasar por la Panamericana.

El **volcán Cotopaxi,** que domina el horizonte si el día está claro, estalló con violencia en 1742 y en 1768, destruyendo gran parte de la ciudad ambas veces. Los indómitos (o insensatos) supervivientes la reconstruyeron, pero en 1877 se produjo de nuevo una inmensa erupción que trajo el caos por tercera vez. Los lugareños no se rindieron y volvieron a levantar la ciudad. En agosto del 2015 el volcán emitió cenizas y se estableció la alerta amarilla por la actividad volcánica.

Para celebrar su buena suerte y en homenaje a su rica historia indígena y católica, Lacatunga celebra una de las fiestas más célebres del país: la Mamá Negra.

◉ Puntos de interés y actividades

Mercados   MERCADO
(Echeverría con Amazonas) Los enormes y nada turísticos no destacado de Latacunga son de uso práctico, pero eso es lo que los hace interesantes. Las tres inmensas plazas, junto al cruce de Echeverría y Amazonas, tienen actividad todos los días, pero especialmente los martes y sábados.

Parque Vicente León   PARQUE
Casi toda la actividad se concentra en la plaza principal. En su esquina sureste se levanta el **ayuntamiento,** de época republicana, con un par de cóndores de piedra montando guardia en lo alto. En el lado sur se encuentra la **catedral colonial;** en un muro exterior, a la izquierda de la entrada principal, hay un interesante mural que muestra el Cotopaxi en erupción, con la lava y las cenizas cayendo sobre la ciudad. Al oeste, un edificio porticado del s. XVII alberga las oficinas del Gobierno provincial.

Casa de la Cultura   MUSEO
(Vela 3-49; ⊙variable) GRATIS Este centro cultural está construido en el lugar que ocupaba un antiguo molino de agua jesuita conocido como **molino de Montserrat** y contiene un pequeño museo etnográfico y de arte. Los escalones de piedra sobre el río son un remanso de paz en comparación con las concurridas aceras de Latacunga. Hay que estar atentos a la programación de espectáculos musicales y teatrales gratuitos.

SIERRA CENTRAL LATACUNGA

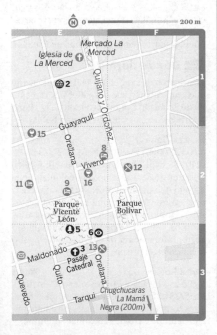

Latacunga

◉ Puntos de interés

◉ Actividades, cursos y circuitos

◉ Dónde dormir

◉ Dónde comer

◉ Dónde beber y vida nocturna

LA MAMÁ NEGRA DE LATACUNGA

El desfile de la Mamá Negra, una de las mayores celebraciones de la sierra, es una combinación de rituales católicos, prehispánicos y cultura contemporánea que llena las calles de Latacunga de vestidos tradicionales y baile.

Tradicionalmente se celebraba el 23 y el 24 de septiembre y de nuevo, el 8 de noviembre, pero actualmente se ha pasado al fin de semana más próximo a estas fechas. La celebración de noviembre suele incluir una corrida de toros, pero los lugareños aseguran que los festejos de septiembre son mejores.

A la cabeza de la procesión va la imagen de la Virgen de las Mercedes, protectora de Latacunga contra las erupciones volcánicas. La gente del lugar cree que esta reliquia ha salvado a la ciudad de la ira del Cotopaxi muchas veces, por lo que le tienen gran fe (nadie parece recordar las tres veces que la ciudad fue destruida por el volcán).

Se dice que la Mamá Negra, representada por un hombre travestido, se añadió a las festividades más tarde. Por más políticamente incorrecta que pueda parecer, la Mamá Negra es una celebración querida por todos. Nadie, y especialmente los turistas extranjeros, puede escapar de los *huacos* (brujos), que ejecutan una limpieza ritual soplando humo y aguardiente a los espectadores. Más impresionantes todavía son los ashangueros, los que llevan las *ashangas:* cerdos asados enteros, abiertos y flanqueados por decenas de cuyes (conejillos de indias), gallinas, botellas de licor y cigarrillos.

En este gran teatro callejero también hay quien interpreta a los yumbos (indígenas del Oriente), loeros (esclavos africanos), camisonas (mujeres de la época colonial) y muchos otros personajes.

Casa de los Marqueses de Miraflores
MUSEO

(Orellana con Echeverría; ☻8.00-12.00 y 14.00-18.00 lu-sa) GRATIS Para tomarse un respiro viene bien una visita a este museo arqueológico y religioso, instalado en una mansión colonial, con buenos fondos sobre la Mamá Negra.

Mirador de la Virgen del Calvario
VISTA PANORÁMICA

(Floreana cerca de Oriente) Si hace buen día, este mirador al este de la ciudad permite identificar diversos volcanes a lo lejos. Hay que seguir Maldonado, subir las escaleras y girar a la izquierda en Oriente para continuar luego hasta la estatua de la Virgen.

🕝 Circuitos

En los últimos años han surgido varias agencias de excursiones. Las de un día a Cotopaxi y Quilotoa cuestan unos 40 US$/persona, según el tamaño del grupo. El descenso en bicicleta desde Cotopaxi cuesta 15 US$. La ascensión de dos días al volcán Cotopaxi cuesta unos 180 US$/persona. También se organizan excursiones a otras montañas. El Hostal Tiana es un buen sitio para formar grupos de excursión.

Tovar Expeditions
CIRCUITO DE AVENTURAS

(✆03-281-1333; www.tovarexpeditions.com; Vivero 1-31, Hostal Tiana) Esta veterana agencia tiene la sede en el Hostal Tiana. Está autorizada por el Departamento de Turismo de Ecuador.

Volcán Route Expeditions
CIRCUITO DE AVENTURAS

(✆03-281-2452; www.volcanroute.com; Guayaquil cerca de Quevedo) Es una buena agencia de escalada. No alquila bicicletas. Está autorizada por el Departamento de Turismo de Ecuador.

🛏 Dónde dormir

Los miércoles los hoteles se llenan de gente que acude al mercado del jueves por la mañana de Saquisilí. Durante la Fiesta de la Mamá Negra los precios pueden llegar a doblarse.

Hostal Tiana
ALBERGUE $

(✆03-281-0147; www.hostaltiana.com; Vivero 1-31; dc 10 US$, h 15 US$/persona, sin baño 12 US$; @奈) Con una sugestiva atmósfera colonial, tiene todo lo que un buen albergue debería tener: una agradable zona común, internet gratis, intercambio de libros, habitaciones y baños limpios, almacenamiento de equipaje sin coste, información de utilidad y desayuno incluido en el precio.

Hotel Rosim
HOTEL $

(✆03-280-0956; www.rodelu.com.ec; Quito 16-49; i/d 15/28 US$; 奈) Este hotel económico tiene altos techos y suelos originales. Se cuida mucho la limpieza, todas las camas son firmes y muy grandes. El precio incluye televisión por cable y wifi, así como acceso al vestíbulo del hotel Rodelu; una buena opción económica para los que no se alojen en albergues.

Hotel Cotopaxi
HOTEL $

(☎03-280-1310; hotelcotopaxi@yahoo.com; Salcedo 5-61; i 12-15 US$, d 20-25 US$; ☎) Cotopaxi ofrece habitaciones confortables y amplias con TV. Algunas cuentan con grandes ventanas y bellas vistas de la plaza central. Pueden ser algo ruidosas; los que tengan el sueño ligero deberían pedir una de la parte trasera.

Hotel Rodelu
HOTEL $$

(☎03-280-0956; www.rodelu.com.ec; Quito 16-31; i/d 27/45 US$; ☎) Frecuentado por grupos turísticos, aunque también recibe a viajeros independientes. Ofrece habitaciones ejecutivas de estilo andino, con edredones llamativos, baños de granito y televisores de pantalla plana.

Hotel Makroz
HOTEL DE NEGOCIOS $$

(☎03-280-0907; www.grupomakroz.com; Valencia 8-56; i/d 28/50 US$ desayuno incl.; P☎) Hotel moderno y limpio, orientado a los viajeros de negocios, pero que carece de zonas comunes. Las habitaciones son espaciosas, con televisión por cable, nevera, secador y unos baños bonitos y grandes.

✕ Dónde comer

El plato típico de Latacunga, la chugchucara es un sabroso y poco saludable plato de carne de cerdo frita servida con mote tostado o cocido, chicharrones, patatas, plátano macho frito y empanadas de queso. Por Amazonas, entre Salcedo y Guayaquil, se encontrarán muchos leñadores (hornos de leña) con pollo asado a buen precio.

Pizzería Buona
PIZZA $

(Orellana 1408; *pizza* 5-7 US$, ppales. 5-10 US$; ☎13.00-23.00) Agradable pizzería que sirve *pizzas* tipo empanada, platos de pasta algo recocida y ensaladas. El comedor en dos niveles exhibe fotografías torcidas de la torre de Pisa, paredes de color rojo apagado y una fascinante azada antigua.

Guadalajara Grill
MEXICANA $

(Quijano y Ordoñez 5-110; ppales. 4-9 US$; ☎11.00-21.00; ☎) Este pequeño y bien pensado local es el único mexicano de la ciudad y sirve una amplia variedad de platos típicos mexicanos, como flautas, nachos y fajitas. El servicio es lento, pero al autor le encantan las libélulas

de plata que suben por la pared, y sirve para descansar de tanto cerdo refrito.

Chugchucaras
La Mamá Negra
ECUATORIANA $

(Quijano y Ordoñez 1-67; chugchucaras 6 US$; ☎10.00-19.00 ma-do) Hay varios restaurantes de chugchucara entre Quijano y Ordóñez, unas travesías al sur desde el centro; todos son establecimientos familiares. Este es de los mejores.

Pollos Jimmy's
LATINOAMERICANA $

(Quevedo 8-85 cerca de Valencia; ppales. 3,50-6,50 US$; ☎10.00-22.00) Lo mejor es su delicioso pollo asado servido con arroz, patatas y sopa de pollo. El local suele llenarse, y con motivo.

Restaurante Rodelu
ITALIANA $$

(Quito 16-31; ppales. 4-10 US$; ☎7.15-21.30 lu-sa) En el hotel del mismo nombre, Rodelu sirve un desayuno temprano, así como *pizzas*, bocadillos y pasta.

🍺 Dónde beber y vida nocturna

El Abuelo
BAR

(Guayaquil cerca de Quito; ☎15.00-24.00; ☎) Pequeño *pub* con música del estilo de *Video Killed the Radio Star*, buena energía y elegancia andina.

El Templario
CERVECERÍA

(Vivero 1-02; ☎17.00-2.00) En una cueva con el techo abovedado, esta microcervecería y cafetería ofrece una extensa selección de cervezas caseras (algunas pueden suponer un reto para los paladares exigentes).

ℹ Información

Banco de Guayaquil (Maldonado 7-20) Con cajero automático.

Banco del Pichincha (Quito cerca de Salcedo) Con cajero automático.

Hospital (Hermanas Páez cerca de calle 2 de Mayo)

Oficina de correos (Quevedo cerca de Maldonado)

ℹ Cómo llegar y salir

AUTOBÚS

Los buses de Quito que acaban su ruta en Latacunga dejan en la **terminal de autobuses** (Panamericana), pero si siguen a Ambato o Riobamba pararán en la esquina de 5 de Junio con Cotopaxi, unas pocas cuadras al oeste de la Panamericana y a diez del centro.

Circuito Quilotoa

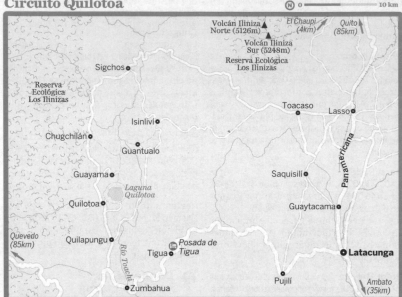

Los autobuses a Quito (1,50 US$, 2 h) y Ambato (1 US$, 45 min) salen de la terminal de autobuses y de la esquina de la av. 5 de Junio con Cotopaxi. Para ir a Riobamba es más sencillo tomar un autobús a Cuenca que circule hacia el sur desde la esquina de la av. 5 de Junio con Cotopaxi.

Los autobuses a Quito que salen de la terminal son muy lentos, pero también se pueden tomar los de larga distancia, más rápidos, en la Panamericana, cerca de la av. 5 de Junio.

Transportes Cotopaxi tiene autobuses cada hora a Quevedo (3,75 US$, 5½ h), en los llanos occidentales; la ruta es una de las más espectaculares de los contornos.

Los autobuses a Quilotoa (2 US$, 2 h) salen de la terminal de autobuses a las 9.30 y 11.30.

TAXI

Si se quiere visitar el Parque Nacional Cotopaxi, se puede tomar un taxi o una camioneta en la plaza Chile (también llamada plaza El Salto). Cobran 40 US$ ida y vuelta al interior del parque o 15 US$ por el trayecto hasta el control Caspi. Los taxis compartidos viajan hasta Quito (10 US$, 1 h).

TREN

En la **estación de trenes** (☎1-800-873-637; www.trenecuador.com; Subia y Andrade; ida y vuelta adultos/niños 15/8 US$; ☺ju-do) a veces hay puestos de artesanía. Cuando se editó esta obra no tenía servicio de trenes.

Circuito de Quilotoa

Esta ruta transcurre por una accidentada carretera que, desde la Panamericana, se adentra en la provincia de Cotopaxi. Por el camino se encontrarán mercados indígenas, una laguna de un azul translúcido que según los lugareños no tiene fondo, una comunidad de pintores que conservan las leyendas de los Andes y antiguas rutas que se abren paso a la sombra de volcanes de cumbres nevadas. Son unos parajes remotos que favorecen el contacto con muchos indígenas de habla quechua y permiten conocer sus costumbres.

Se puede encontrar alojamiento en varios pueblos y la mayoría de los viajeros se desplazan de un lugar a otro en autobús, camión o a pie. Es un lugar fantástico para caminar y aunque contratar guías no sale caro (y es un buen modo de apoyar la economía local), muchos hostales y posadas disponen de mapas para quien quiera viajar por su cuenta.

El viaje se puede hacer coincidir con alguno de los numerosos días de mercado. En Zumbahua es el sábado, y en Guantualo, el lunes. El del jueves en Saquisilí es digno de verse.

El transporte público no es muy fiable, así que si se tienen limitaciones de tiempo es mejor planearlo todo previamente, y no está de más llevar ropa para la lluvia, agua y comida para las esperas y las excursiones. Vale la pena pasar al menos dos noches en la zona, pero no sería de extrañar alargar la visita varios días. Muchos viajeros dicen haber tenido problemas con los perros durante el camino; en caso de ataque, no hay que salir corriendo, sino mantenerse firme, agarrar varias piedras y hacer amago de tirarlas.

A continuación se describe la ruta en el sentido de las agujas del reloj, empezando por Latacunga y siguiendo hacia el sur por Zumbahua, aunque también se puede realizar a la inversa.

No hay ningún autobús que recorra toda la ruta. Desde Latacunga, solo llegan hasta Chugchilán, ya sea tomando la ruta sur por Zumbahua y Quilotoa o la norte a Saquisilí y Sigchos. También paran en Tigua los autobuses que van de Latacunga a Quevedo. Los más aventureros quizá quieran tomar un camión lechero o incluso subirse al techo de algún bus (eso sí, son muy lentos). Si lo que se quiere es desplazarse rápido, se puede contratar un taxi en Latacunga; las tarifas parten de unos 60 US$.

Tigua

3000 HAB. / 3500 M ALT.

El primer tramo del circuito de Quilotoa desde Latacunga asciende por una cómoda carretera pavimentada hasta un mosaico dorado de campos andinos. En días claros puede que se vean el Cotopaxi, el Rumiñahui o los Ilinizas. Hacia el km 49 de la carretera Latacunga-Zumbahua se encuentra la señal del desvío a Tigua, comunidad de granjeros y pintores, aunque no un pueblo propiamente dicho, conocida por sus llamativas pinturas de estilo naíf que han tomado el nombre de la localidad.

◉ Puntos de interés y actividades

Galería Tigua-Chimbacucho   GALERÍA
(carretera Latacunga-Zumbahua, km 53) Esta destacada galería y otras tres venden pinturas y máscaras de madera a precios más bajos que los de Quito. Si la galería está cerrada (que suele pasar), siempre puede encontrarse a alguien por los alrededores que la abra (estarán encantados de hacerlo).

Cañon del Toachi   EXCURSIONISMO
Desde La Posada de Tigua parte una ruta de 6 h que sube por el cañón del Toachi hasta Quilotoa. Atraviesa un espectacular desfiladero, pasa por granjas tradicionales y sube hasta el lago del cráter. El guía cuesta 35 US$. En la posada hay un mapa decente.

🛌 Dónde dormir

La Posada de Tigua   REFUGIO **US$**
(📞03-281-4870; posadadetigua@yahoo.com; carretera Latacunga-Zumbahua, km 49; dc/h 25/ 35 US$/persona desayuno y cena incl.) Este alojamiento forma parte de una finca lechera en activo. La casa es de la década de 1890, hoy convertida en un hostal rústico y muy acogedor. Las habitaciones, con paredes de 1 m de grosor, disponen de modernos baños y en las comidas se sirve queso y yogur de producción propia.

Zumbahua

3000 HAB. / 3800 M ALT.

Este pueblo, unos 15 km al suroeste de Tigua, está rodeado de altos riscos y campos de cultivo que enseguida dan paso al páramo.

INDISPENSABLE

PINTURAS TIGUA

Una de las formas artísticas autóctonas de Ecuador, digna de coleccionismo, es un estilo de pintura llamado tigua, que se originó a orillas de la laguna Quilotoa. El nombre procede de la pequeña comunidad de Tigua, cuyos habitantes llevaban muchas generaciones decorando sus tambores de piel. Durante la década de 1970, Julio Toaquiza, un joven indígena de la zona, tuvo la idea de convertir esas pieles en lienzos y pintar coloristas episodios de las leyendas quechuas. El artista, que vivía del cultivo de las patatas y pastoreando ovejas, representó los bellos paisajes andinos donde vivía.

Toaquiza hizo famoso el arte tigua y actualmente hay más de 300 pintores que se dedican a este estilo en la sierra, con unos veinte talleres en la propia localidad homónima.

TRANSPORTE EN EL CIRCUITO DE QUILOTOA

Las plazas de autobús por la ruta están muy solicitadas. Conviene llegar al menos media hora (o incluso una) antes de la salida, y estar preparado para los retrasos. Las lluvias pueden aumentar el tiempo de recorrido. Pero va disminuyendo a medida que avanzan las obras de asfaltado en la ruta.

Latacunga-Chugchilán (por Zumbahua; 2,50 US$, 3-4 h) Un autobús de Transportes Iliniza sale diariamente a las 9.30 y 11.30, pasa por Zumbahua hacia las 11.00 y 13.00, y llega a Quilotoa sobre las 11.30 y 13.30 y a Chugchilán hacia las 12.30 y 14.30.

Chugchilán-Latacunga (por Zumbahua; 2,50 US$, 3-4 h) Los autobuses vía Zumbahua salen de Chugchilán de lunes a viernes a las 4.00, pasan por Quilotoa hacia las 5.00, por Zumbahua a las 5.30 y llegan a Latacunga hacia las 7.30. Los sábados, el autobús sale a las 3.00 y los domingos, a las 6.00, 9.00 y 10.00.

Latacunga-Chugchilán (por Sigchos; 2,50 US$, 3-4 h) Los autobuses de Transportes Iliniza salen todos los días a las 10.30, 11.30 y 13.00, y pasan por Sigchos sobre las 14.00.

Chugchilán-Latacunga (por Sigchos; 2,50 US$, 3-4 h) El autobús sale de lunes a sábado a las 3.00, pasa por Sigchos hacia las 4.00, por Saquisilí hacia las 7.00, y llega a Latacunga sobre las 7.30. Los domingos sale a las 4.00 y 12.00, pero hay que hacer transbordo en Sigchos. También se puede regresar por Zumbahua.

Latacunga-Zumbahua (1,50 US$, 1½-2 h) Los autobuses de Transportes Cotopaxi a Quevedo salen cada hora de la terminal de autobuses de Latacunga y descargan el pasaje nada más pasar el pueblo de Zumbahua.

Zumbahua-Latacunga (1,25 US$, 1½-2 h) Transportes Cotopaxi efectúa el regreso de Latacunga a Quevedo casi con la misma frecuencia.

Zumbahua-Quilotoa (30 min) Se puede ir en camión por 5-7 US$/persona. El autobús de Latacunga a Chugchilán pasa por Zumbahua hacia las 13.30 (1 US$).

Quilotoa-Zumbahua (30 min) A menos que se quiera tomar el autobús de las 4.00 con destino a Latacunga (0,50 US$/persona), habrá que tomar un camión para llegar a Zum-

⊙ Puntos de interés

Mercado de los sábados   MERCADO

Zumbahua acoge un magnífico mercado los sábados al que acuden indígenas de la sierra. No hay que perderse a los sastres del lado sur del mercado, que hacen ropa a medida con sus máquinas Singer, ni las compraventas de cuy (conejillo de Indias).

🛏 Dónde dormir

En la plaza principal y las calles adyacentes hay unos cuantos alojamientos pequeños y muy sencillos. Los viernes el pueblo se llena y puede llegar a ser difícil encontrar habitación.

Hotel Quilotoa   HOTEL $

(plaza del mercado; h 8 US$) Hotel de aire moderno en la plaza principal, regentado por una amable quechua. Las habitaciones son un poco húmedas, pero enseguida se ventilan.

Quilotoa

150 HAB. / 3914 M ALT.

Unos 14 km al norte de Zumbahua aparece el cráter que alberga la célebre e impresionante **laguna Quilotoa** (entrada al cráter y al pueblo 2 US$/persona). Desde el borde del cráter se tiene una vista fascinante del lago, que se extiende como un espejo verde 400 m por debajo, y de las cumbres nevadas del Cotopaxi y el Iliniza Sur a lo lejos. Si se pregunta a los lugareños por su profundidad, invariablemente dirán que no tiene fondo, lo cual parece perfectamente plausible, dado su impresionante aspecto (aunque los geólogos han demostrado que son 250 m).

Los buenos caminantes pueden realizar la senda del borde del cráter en unas 6 h; otro camino baja zigzagueando hasta el agua. Abajo se puede acampar (gratis), salir en canoa o kayak (2,50 US$/persona y hora) y alojarse en un rústico refugio. La bahua (5 US$/persona). Los domingos, el autobús a Latacunga sale de Chugchilán a las 6.00, 9.00 y 10.00, y pasa por Quilotoa a las 7.00, 10.00 y 11.00.

Quilotoa-Chugchilán (1 h) Se debe tomar el autobús de Latacunga a Chugchilán entre las 14.00 y las 14.30 (1 US$) o alquilar un camión por 25 US$.

Chugchilán-Quilotoa (1 h) Si no se quiere salir a las 4.00 (en el autobús a Latacunga; 1 US$), habrá que alquilar un camión para llegar a Quilotoa (20-25 US$). Además, los miércoles hay un autobús a las 5.00, los viernes a las 6.00 y los domingos a las 6.00, 9.00 y 10.00 (1 US$).

Chugchilán-Sigchos (1 US$, 1 h) Un camión lechero sale cada día de Chugchilán entre las 8.00 y las 9.00 (25 US$), que evita tener que tomar el autobús de Chugchilán a Latacunga a las 3.00. Otros dos autobuses salen los jueves y los sábados por la tarde. Las salidas del domingo son a las 4.00, 5.00 y 12.00.

Sigchos-Chugchilán (1 US$, 1 h) Transportes Iliniza tiene un servicio desde Latacunga con parada en Sigchos hacia las 14.00; el camión lechero (1 US$) sale de Sigchos cada día a las 7.00.

Sigchos-Latacunga (1,80 US$, 2 h) Los autobuses salen cada día a las 3.00, 4.00, 5.00, 6.00, 7.00, 14.30 y 16.30 desde una parada junto a la iglesia. Hay otras salidas los miércoles, viernes, sábados y domingos por la tarde. En el trayecto, los autobuses efectúan parada en Saquisilí.

Latacunga-Sigchos (1,80 US$, 2 h) Transportes Nacional Saquisilí tiene un servicio diario con salidas desde la terminal de Latacunga a las 9.30, 10.00, 12.00, 14.00, 16.00, 17.00 y 18.00.

Saquisilí-Latacunga (0,35 US$, 20 min) Salidas desde la plaza Concordia de Saquisilí cada 10 min.

Latacunga-Saquisilí (0,35 US$, 20 min) Los autobuses salen de la terminal de Latacunga cada 10 min.

bajada se hace en una ½ h, y la subida, en más del doble (se puede alquilar un burro por 10 US$). Los guías para realizar excursiones a puntos más alejados cobran unos 25 US$/día; una muy buena es la que pasa por la Laguna y llega al cercano pueblo de Chugchilán. El agua de la laguna es alcalina y no potable.

Decenas de pintores de Tigua viven en Quilotoa; para comprar sus obras no hay más fijarse un poco. Los visitantes pagan 2 US$ para entrar al pueblo.

🛏 Dónde dormir y comer

Hostería Alpaca Quilotoa HOSTAL $
(☏099-212-5962; www.alpacaquilotoa.com; h 25 US$/persona; @) Situado en el centro del pueblo, a unos 200 m de la entrada a Quilotoa desde el lago, este lujoso hostal ofrece magníficas vistas, habitaciones tranquilas con estufas de leña y un gran comedor. Por otros 10 US$/día, se tendrán dos comidas cocinadas.

Hostal Pachamama HOTEL $
(☏093-927-1778; h 15 US$/persona) Agradable hotel justo al norte de la plaza, enfrente del sendero del lago. Las habitaciones tienen calefacción de gas (hay que abrir la ventana para no asfixiarse) y gruesos edredones. Una encantadora pasarela de madera conduce hasta ellas.

Princesa Toa II HOSTAL $
(h con baño 10 US$/persona; ⊗8.00-20.00) Este hostal de gestión comunitaria es el único que hay junto al lago. Posee habitaciones sencillas con techo de paja y baños exteriores compartidos. Conviene llevar un saco de dormir para las noches frías. No hay electricidad.

Kirutwa ECUATORIANA $
(ppales. 5-7,50 US$, almuerzo 7,50 US$; ⊗8.00-17.00) Este restaurante relativamente elegante está justo sobre el borde del cráter. Ofrece platos clásicos como el locro de papas (sopa de patatas con aguacate y queso) y el choclo con queso (mazorca de maíz con queso fres-

co). Lo administra una fundación que destina gran parte de los beneficios al pueblo. También ofrece excursiones a una cueva cercana (25 US$) y al cráter (25 US$).

Shalalá

100 HAB. / 3900 M ALT.

Esta pequeña iniciativa turística de gestión colectiva, situada en la orilla este de la laguna de Quilotoa, posee un agradable hostal y magníficas vistas. Es un excelente punto de referencia en la ruta por el borde del cráter. Hay un precioso jardín botánico con ramilletes de chuchitos (exuberantes flores púrpura) y pumpo (hierba similar al carrizo), una tienda de artesanía y un corto sendero de 5 min que lleva al borde del cráter y a una impresionante plataforma-mirador con frontal acristalado (gratis).

Al lugar no llegan muchos autobuses. Lo mejor es hacer autostop en el desvío de la carretera de Quilotoa (a 7 km) o llegar caminando por la ruta que bordea el cráter.

Shalalá REFUGIO $$
(☎096-700-5742; Shalalá; h 35 US$/persona desayuno incl., acampada 5 US$/persona, comidas 5-7 US$) ⚶ Hostal ecológico de gestión colectiva en el punto más atractivo del lago, 7 km al norte de la carretera de Quilotoa. Tiene solo tres cabañas, muy bien decoradas y con detalles lujosos. Los techos abovedados y las vigas de madera vista dan el toque rústico a los edificios nuevos. Al viajero le encantará la tranquilidad y el aislamiento de este lugar.

Chugchilán

100 HAB. / 3200 M ALT.

Desde Quilotoa la carretera serpentea a lo largo de 22 km de espectaculares paisajes hasta Chugchilán, un pequeño pueblo andino que ha prosperado mucho con el turismo pero mantiene sus costumbres de antaño. Desde allí se puede hacer una excursión a pie hasta los pueblos próximos, visitar una cooperativa quesera (6,5 km al oeste del pueblo) o pasear a caballo por la cercana selva nubosa. En el extremo norte del pueblo hay tres excelentes sitios para alojarse que organizan excursiones económicas a caballo, dan información sobre senderismo en la zona y pueden ayudar a conseguir transporte privado dentro y fuera del circuito de Quilotoa.

Hostal Cloud Forest HOSTAL $
(☎03-270-8181; josecloudforest@gmail.com; dc/i/d 2/15/30 US$ desayuno y cena incl.; @🛜) El alo-

jamiento más económico y sencillo de Chugchilán es este hotel con habitaciones con detalles de madera y baños limpios. Sus agradables dueños sirven sabrosas comidas y disponen de un salón para relajarse junto al hogar. En la calle principal.

Hostal Mama Hilda HOSTAL $$
(☎03-270-8005; www.mamahilda.com; i/d 30/60 US$ desayuno y cena incl.; 🛜) Este agradable establecimiento en el centro del pueblo vale la pena aunque cueste un poco más. Ofrece habitaciones con paredes de ladrillo, altillos y baños impecables. El huésped puede pasar toda la tarde descansando en una hamaca en el porche privado. Pero su verdadero atractivo es la simpática familia que lo lleva, y que ayuda a organizar las excursiones, prepara la comida y comparte sus anécdotas sobre la vida en el Ecuador rural.

Black Sheep Inn HOSTAL $$
(☎03-270-8077; www.blacksheepinn.com; dc 35 US$, h 60-80 US$/persona 3 comidas incl.; 🛜) ⚶ Acogedor hostal en lo alto del valle, 100 m al norte de Chugchilán, con vistas espectaculares desde la terraza privada o el *jacuzzi*. Las habitaciones tipo cabaña, sencillas y acogedoras, disponen de baños ecológicos.

Sigchos

2259 HAB. / 2800 M ALT.

Tras recorrer 23 km a través de la selva nubosa desde Chugchilán, se llega a la creciente población de Sigchos. Es probable que el viajero se detenga en ella para tomar un autobús o en una excursión a pie desde Chugchilán o Isinliví. No reviste mayor interés como destino, aunque vale la pena parar en la Hostería San José.

🛏 Dónde dormir

Hostería San José HACIENDA $$
(☎098-947-6772; http://sanjosedesigchos.com; i/d 55/60 US$ desayuno incl.; 🛜🏊) Se halla 2,5 km al sur de Sigchos, en la carretera a Chugchilán. Aunque esta hacienda no es tan acogedora como los hostales familiares que se encuentran por el camino, posee unos magníficos jardines, muros encalados, una capilla muy pintoresca y habitaciones cómodas con colchones gruesos y algunos toques rústicos. La piscina cercada está abierta a los no huéspedes (niños/adultos 3/6 US$) y es una parada interesante para los excursionistas polvorientos.

Isinliví

3310 HAB. / 2900 M ALT.

Este bello pueblo se halla unos 14 km al sureste de Sigchos, junto al Circuito de Quilotoa. Se trata de un buen destino para una excursión desde Sigchos o Chugchilán. Cuenta con un taller de ebanistería y tallas de calidad, y los lugareños pueden indicar el camino a las pucarás (fortalezas prehispánicas, en este caso anteriores a los incas) que hay cerca del pueblo.

Se puede hacer la popular excursión de un día al mercado matinal del lunes en el cercano Guantualo o simplemente seguir la carretera hasta un alto puerto andino en la carretera secundaria a Toacaso. Un autobús sale de Guantualo (3,50 US$, 3½ h) a las 13.30 hacia Latacunga por Sigchos.

🛏 Dónde dormir

⭐**Llullu Llama**   PENSIÓN $
(☎03-281-4790; www.llullullama.com; dc/h/ cabaña 18/21/30 US$/persona desayuno y cena incl.) 🍴 Esta antigua casa de hacienda, dos manzanas al oeste de la plaza, es encantadora, con gruesos muros de adobe, habitaciones confortables y alegres, y una estufa de leña. Lo mejor es el ambiente, la amabilidad de los patronos y el bonito entorno. Se puede preguntar por programas de voluntariado. El pequeño *spa* situado debajo tiene *jacuzzi*, baño de vapor y sauna (7,50 US$).

Vale la pena pagar un poco más por una cabaña con madera vista preciosa, grandes camas y duchas gigantes.

Hostal Taita Cristóbal   HOTEL $
(☎099-137-6542; h 13 US$/persona desayuno y almuerzo incl.) Es una opción económica, situada una manzana al este de la iglesia. Las habitaciones, repartidas en dos pisos, tienen vistas del valle. Cuenta con un pequeño jardín y una cocina común con comedor.

ℹ Cómo llegar y salir

Un autobús Vivero sale de la terminal de autobuses de Latacunga hacia Isinliví (3 US$, 3 h) a las 13.00 todos los días excepto el sábado, que sale a las 11.00. Los autobuses del jueves salen de Saquisilí a las 11.00. Los que van a Latacunga salen a las 15.30. Desde Sigchos salen a las 14.30.

Saquisilí

9296 HAB. / 2940 M ALT.

Aparte del mercado matinal del jueves, este pequeño pueblo posee pocos lugares de interés y menos oportunidades de senderismo que otros puntos del circuito del Quilotoa.

⦿ Puntos de interés

**Mercado de los jueves
por la mañana**   MERCADO
Es uno de los mejores del altiplano central, muy auténtico y fascinante, ideal para observar el despliegue de los productos que constituyen la vida en el altiplano.

Se compone de ocho plazas, que son como unos bulliciosos grandes almacenes al aire libre al que acuden sobre todo indígenas; hay una zona de venta de cuys, otra de angarillas, ropa, ollas y centenares de artículos más.

🛏 Dónde dormir y comer

No hay restaurantes para turistas, pero en el mercado y sus calles adyacentes nunca falta la comida.

Hostería Gilocarmelo   HOTEL
(☎03-272-1634; www.hosteriagilocarmelo.com; Chimborazo; h 20 US$/persona; 🛜🈺) Al norte del cementerio, esta hostería posee bonitas habitaciones que dan a un jardín con comederos para colibríes, una sala común con chimenea y sauna. Para cenar se sirve trucha fresca. Hay un gran complejo de piscinas y un triste zoo con un par de avestruces (4 US$). Para montar en una tirolina, que no parece demasiado segura, es preciso pagar 1,50 US$ más.

ℹ Cómo llegar y salir

La mayoría de los viajeros se aloja en Latacunga y toma alguno de los autobuses que empiezan a circular al alba (0,35 US$, 20 min).

Ambato

217 075 HAB. / 2577 M ALT.

Aunque pocos viajeros la incluyen en su lista de destinos obligados, la ciudad no carece de atractivos. La plaza central ofrece un cuadro auténtico de lo que es la vida en las grandes ciudades andinas, con una sofisticación cultural creciente y los mejores museos del altiplano central. A espaldas de la ciudad se puede ver el impresionante y humeante volcán Tungurahua (5016 m), mientras que sus parques y quintas son un remanso de paz donde evadirse del barullo citadino.

El **mercado del lunes** invade las calles y plazas del centro, y como principal sede del comercio floral del país, la ciudad suele llenarse de rosas, claveles y flores tropicales procedentes de la costa.

Ambato

Ambato

Ambato está orgullosa de su legado cultural y ha adoptado el apodo de "Tierra de los Tres Juanes", por los escritores Juan Montalvo y Juan León Mera, y el abogado y periodista Juan Benigno Malo. Los tres Juanes están inmortalizados en los parques, museos y edificios de Ambato.

Con todo, la ciudad no reviste apenas interés arquitectónico: en 1949 un terremoto la arrasó por completo; la mayor parte de lo que se ve hoy es posterior a esa fecha y no destaca precisamente por su belleza.

⊙ Puntos de interés

★ **Museo Provincial Casa del Portal** MUSEO (Castillo esq. Sucre; ⊙9.00-13.00 y 14.00-18.00 lu-vi, 10.00-16.00 sa y do; ⊡) GRATIS Esta majestuosa residencia construida en 1900 alberga hoy el mejor museo de Ambato. Hay cientos de buenas fotografías históricas en la 1ª planta. En la 2ª se hallarán seis galerías con obras de arte de genios locales como Oswaldo Viteri y reproducciones de obras maestras ecuatorianas. El anfiteatro de la parte posterior acoge espectáculos gratuitos los domingos a las 11.00.

La Quinta Atocha de Juan León Mera

JARDINES

(☎03-282-0419; av. Los Capulíes; entrada 1 US$; ⏰9.00-16.30 mi-do) Varios ambateños célebres tenían quintas que sobrevivieron al terremoto. Antes se consideraban casas de campo, pero actualmente se encuentran al borde de la ciudad en expansión. La Quinta de Juan León Mera, a orillas del río Ambato, en el barrio de Atocha, unos 2 km al noreste del centro, es la mejor hacienda de la zona, con un museo y un jardín botánico. Construida en 1874, presenta elementos decorativos de época y está integrada en el **jardín botánico La Liria**, exuberante parque con más de 200 especies de plantas y un camino hasta el río. Al norte de La Liria está el **Museo Histórico Martínez-Holguín**, sito en otra quinta clásica que fue propiedad de un famoso montañero. Para llegar al complejo a pie hay que seguir Montalvo hacia el noroeste, cruzar el río y girar a la derecha por la av. Los Capulíes. Los autobuses con destino a Atocha salen de 12 de Noviembre con Espejo. Un taxi desde el centro a las quintas cuesta 2 US$.

Museo de Arte de la Casa de la Cultura

MUSEO

(Bolívar 18-34, 2º; ⏰9.00-13.00 y 15.00-19.00 lu-vi) GRATIS Con su excelente colección de óleos y acrílicos ecuatorianos de los ss. XVIII-XXI, este pequeño y divertido museo se visita en 10 min.

La Quinta de Juan Montalvo

MUSEO

(entrada 1 US$; ⏰9.00-16.30 mi-do) En esta villa bicentenaria vivió Juan Montalvo, el "Cervantes de América". Al escritor se le dedica un museo minúsculo pero bien montado, y los bonitos jardines merecen un vistazo. Hay que ir hacia el suroeste por la avenida Miraflores y caminar unos 30 min. También se puede tomar el autobús con la indicación "Ficoa" en el parque Cevallos (plaza Cevallos). Un taxi desde el centro cuesta 2 US$.

Casa y Mausoleo de Montalvo

MUSEO

(☎03-282-4248; entrada 0,50 US$; ⏰9.00-12.00 y 14.00-18.00 lu-sa) La parte noroeste del atractivo **parque Juan Montalvo** está ocupada por este museo, que fue la segunda residencia del artista y donde está enterrado.

Museo de Ciencias Naturales

MUSEO

(☎03-282-7395; Sucre cerca de Lalama; entrada 2 US$; ⏰8.30-12.30 y 14.30-6.30 lu-vi) Viejo, polvoriento y lúgubre, este museo, en el colegio Bolívar, alberga la más completa colección de aves, mamíferos y reptiles disecados del país. El *collage* de fotografía histórica y el horripilante despliegue de monstruos de granja, como los corderos de seis patas, hacen que resulte muy entretenido para toda la familia.

Museo Pictórico Luis Edmundo Martínez

MUSEO

(Guayaquil cerca de Bolívar; ⏰9.00-13.00 y 15.00-19.00 lu-vi) GRATIS En una mansión con fachada de piedra, este pequeño museo ofrece ocasionales actuaciones musicales y exposiciones temporales de artistas locales.

🏃 Actividades

Tren del Hielo II CIRCUITO

(☎1-800-873-637; www.trenecuador.com; Colombia esq. Chile; 15 US$) Este tren con aire de autobús escolar atraviesa paisajes rurales y se detiene en el pueblo de Cevallos para visitar una fábrica de zapatos y en el de Urbina para comprar artesanía. La estación está 100 m al norte de la terminal de autobuses principal. Sale de viernes a domingo a las 8.00 (duración: 8 h).

Paseo Ecológico PASEAR

Para pasar una tarde junto al río Ambato, se recomienda bajar por la calle Flor hasta este sendero de naturaleza que atraviesa varias veces el río y llega al barrio de Miraflores. La ruta sigue otros 2 km largos.

🎉 Fiestas y celebraciones

Fiesta de Frutas y Flores FIESTA

(⏰últimas dos semanas feb) Esta fiesta se celebra cada año con magníficos despliegues de frutas y flores, además de corridas de toros, desfiles y el concurso de la Reina de Ambato.

🛏 Dónde dormir

Cerca del parque 12 de Noviembre hay varios hoteles económicos (unos 5 US$/noche), pero en ellos se han denunciado robos, por lo que no se reseñan en esta obra.

Gran Hotel HOTEL $

(☎03-282-4235; granhotelambatoecu@hotmail.com; Rocafuerte esq. Lalama; i/d 22/40 US$ desayuno incl.; 🕐) Tan "grande" como se proclama ya no es, desde luego, pero las enmoquetadas habitaciones tienen TV y el personal es amable y servicial, lo que lo convierte en la mejor opción económica. Ojalá las almohadas no estuvieran tan llenas de bultos.

⭐ Hotel Roka Plaza HOTEL-BOUTIQUE $$

(☎03-242-3845; www.hotelrokaplaza.com; Bolívar entre Quito y Guayaquil; i/d 52/85 US$ desayuno

ELOGIO A LA NATURALEZA EN LA CATEDRAL MODERNA DE AMBATO

Ambato tuvo en el pasado una **catedral** (Bolívar esq. Montalvo) que quedó destruida junto con el resto de la ciudad en el terremoto de 1947. Muchas personas consideran que el templo que la sustituye en el parque Juan Montalvo, con sus líneas verticales minimalistas, es insulsamente moderno en comparación con las antiguas y ornamentadas iglesias de Ecuador.

Sin embargo, últimamente la catedral ha llamado la atención por su contenido: en el 2007 un joven paisajista ambateño, David Moscoso, le hizo una reforma y eliminó los habituales motivos religiosos, expresando su devoción con audaces representaciones de la belleza natural de Ecuador. Ahora, más de 500 m de murales plasman la avenida de los Volcanes, un humeante Tungurahua, el nuboso Llanganates y los glaciares del Chimborazo.

incl.; (P🛜) Instalado en una antigua casona, sus habitaciones son las más bonitas del centro de la ciudad; como solo hay siete, conviene reservar con antelación. Los detalles modernos se conjuntan armoniosamente con antigüedades y otros toques de inspiración colonial, y por todas partes se ven notables trabajos artísticos.

Hotel Boutique Mary Carmen HOTEL-BOUTIQUE **$$$**
(☎03-242-0908; www.hotelboutiquemc.com; Cevallos esq. Martínez; d/ste 108/231 US$ desayuno incl.; P🛜❄) Este hotel refinado es una especie de estudio sobre la excentricidad contemporánea. Posee detalles *retro* y pisos temáticos (cebra, rinoceronte, tigre y Ambato antigua) con halografías muy *kitsch*, esculturas raras y muchos muebles con motivos selváticos. También cuenta con una pequeña piscina, *spa* y *jacuzzi*.

🍴 Dónde comer

Mercado central MERCADO **$**
(calle 12 de Noviembre; ppales. 1,50 US$; ☺7.00-19.00) En la segunda planta del mercado de abastos de Ambato se pueden comer buenos llapingachos (tortilla de patatas con queso); los sirven con rodajas de aguacate y salchicha

(o sin ella, para vegetarianos) por 1,50 US$. También preparan refrescantes jugos hechos con agua embotellada (1 US$).

Delicias del Paso PANADERÍA **US$**
(Sucre esq. Quito; productos horneados 2 US$; ☺10.00-18.00) Esta cafetería ofrece sabrosas quiches y pasteles; se pueden comprar para llevar.

Restaurant Roka Plaza FUSIÓN **$$**
(Bolívar entre Quito y Guayaquil; ppales. 4-10 US$) En el patio central del Roka Plaza, este magnífico restaurante sirve carnes a la parrilla, zumos frescos, platos internacionales y delicias innovadoras, como el ceviche vegetariano. La presentación es mejor que en otros establecimientos de la región y el ambiente es exquisito. También hay un restaurante de *sushi*.

Pizzería Fornace PIZZA **$$**
(Cevallos 17-28; ppales. 5-15 US$; ☺12.00-22.00) Hechas con leña en un horno de ladrillo, son seguramente las mejores *pizzas* de la ciudad, aunque hay quien opina que son algo densas. Los autóctonos también disfrutan con los platos de carne, el ambiente que crea la luz de las velas y las jarras de vino a 4 US$.

🍺 Dónde beber y vida nocturna

Los Vinitos PUB
(Rocafuerte esq. Guayaquil; ☺ cerrado do) Este acogedor bar de dos plantas es perfecto para conversar tranquilamente en un rincón.

Universo CLUB
(Bolívar esq. Quito; ☺hasta tarde vi y sa) Hay tres locales: Mojito, con aire de bar de copas, y las discotecas Space y Universo, llenas de jóvenes.

ℹ Información

Se han denunciado muchos robos en autobuses nocturnos, así que en el centro lo mejor es tomar un taxi por las noches. Las zonas (y los hoteles) que rodean el parque 12 de Noviembre son especialmente arriesgadas cuando se pone el sol.

Banco de Guayaquil (Mera esq. Sucre) Con cajero automático.

Banco del Pichincha (Lalama cerca de Sucre) Con cajero automático.

Cabinas Telefónicas Internet (calle 12 de Noviembre esq. Quito; internet 1 US$/h) Internet y cabinas telefónicas.

Centro de Información Turística de Tun-

garahua (Castillo esq. Sucre; ⊙8.00-16.00 lu-vi) Centro muy amable que ofrece excelente información sobre excursiones a lugares poco visitados de la zona rural de Tungarahua.

Lavandería Automatic (Colón esq. Vargas Torres) Por carga 4,70 US$; servicio en el día.

Oficina de correos (Castillo esq. Bolívar)

Oficina de turismo (☎03-282-1800; www.ecuador.travel; Guayaquil y Rocafuerte; ⊙8.00-17.00 lu-vi) Información básica.

❶ Cómo llegar y salir

La mayor parte de los autobuses salen de la **terminal principal** de Ambato (☎03-282-1481; av. de las Américas), a 2 km del centro. Hay que ir al noreste por la calle 12 de Noviembre, atravesar la rotonda y doblar a la izquierda en el semáforo.

Los autobuses a Quisapincha (0,35 US$, 25 min) salen de la esquina de las calles Espejo con Moreno, en Ambato. El taxi cuesta unos 10 US$.

Los autobuses a Salasaca (0,25 US$, 25 min) y Patate (0,70 US$, 1 h) parten cada 20 min, más o menos, de la plaza La Dolorosa, en el barrio de Ferroviaria, a 1 US$ en taxi desde el centro. Cualquier autobús con destino a Baños puede parar en estos pueblos, pero el lugar del que salen los servicios directos está más cerca del centro.

Los autobuses a Baños (1 US$, 1 h) salen cada hora de la terminal mayorista, unos 5 km al sur de la estación principal, cerca de la rotonda de Amazonas y Julio Jaramillo, aunque puede ser más rápido tomar algún autobús que pase por la propia rotonda.

Hay salidas frecuentes desde el cruce de Colón y Unidad Nacional, cerca del parque La Merced (0,48 US$, 30 min). Un taxi costará unos 10 US$.

❶ Cómo desplazarse

El servicio de autobús urbano más útil para los viajeros es la ruta entre la terminal principal de Ambato y el centro. Desde la terminal, se debe subir la rampa de salida a la av. de las Américas, que da a un puente que cruza las vías del tren. En el puente hay una parada de autobús donde se puede tomar cualquier vehículo que indique "Centro" (en el lado derecho) y llegar al parque Cevallos por 0,25 US$.

En la calle Martínez, junto al parque Cevallos, se pueden tomar los autobuses a la terminal.

SIERRA CENTRAL AMBATO

MERECE LA PENA

DESCUBRIR LOS ALREDEDORES DE AMBATO

Las excursiones de un día o más desde Ambato pueden llevar al viajero a algunos pueblos coloniales interesantes y a un parque nacional poco visitado. Los taxis a los pueblos cuestan unos 10 US$ cada 10 km. En el Centro de Información Turística de Tungarahua (p. 150) ofrecen más información sobre las excursiones de un día.

Mocha Pequeño pueblo, 24 km al sur de Ambato, con un conjunto de tubos de lava.

Parque Nacional Llanganates GRATIS Se dice que hay un tesoro inca perdido, oculto en alguna parte de las remotas e inaccesibles espesuras del Parque Nacional Llanganates, de 2197 km². El parque comprende grandes extensiones de páramo, selva nubosa, bosque tropical y altos picos de 4000 m, y en él habitan tapires, pumas, jaguares y capibaras, entre otros animales. Se puede alquilar un guía por unos 25 US$/día en el pequeño pueblo de Píllaro, 20 km al noreste de Ambato, y las agencias de Baños también ofrecen excursiones. De diciembre a febrero es la mejor época para visitarlo.

Pelileo Si el viajero busca unos vaqueros ecuatorianos, esta es la capital nacional del denim (tipo de tejido). Se encuentra a 19 km de Ambato, en la carretera a Baños. Podrá también practicarse un buen parapente, pero las empresas nunca han conseguido despegar.

Píllaro Es la puerta de entrada del Parque Nacional Llanganates y una población famosa por sus festividades, como la corrida de toros del 10 de agosto o la fiesta de la Diablada, del 1 al 6 de enero, con desfiles y máscaras diabólicas de fabricación local.

Quisapincha A solo 10 km de Ambato, este pequeño y pintoresco pueblo es un buen sitio para comprar artículos de cuero. Las vistas desde lo alto son increíbles.

Tisaleo Pequeño pueblo, 17 km al sur de Ambato, famoso por la fabricación de guitarras. Los artesanos locales enseñan con agrado sus trabajos.

AUTOBUSES DESDE LA TERMINAL PRINCIPAL DE AMBATO

DESTINO	TARIFA (US$)	DURACIÓN (H)
Cuenca	8	7
Esmeraldas	8	8
Guayaquil	7	6
Ibarra	5	5
Lago Agrio	10	11
Latacunga	1	¾
Loja	9-11	11
Machala	7	8
Manta	8	10
Puyo	2,50	3
Quito	2,50	2½
Riobamba	1,25	1
Santo Domingo	4	4
Tena	5	6

Por la calle Sucre pasa un autobús que va a Miraflores y Ficoa.

Alrededores de Ambato

La región entre Ambato y Baños destaca por las tiendas de artesanía en los poblados indígenas, los lujosos hostales ecológicos en haciendas y sus paisajes escarpados.

Salasaca

Se sabe que se ha llegado al pueblo de Salasaca, unos 14 km al sur de Ambato, por la abundancia de hombres vestidos con largos ponchos sobre camisa y pantalón blanco. Los salasacas acompañan su tradicional poncho con un sombrero blanco de ala ancha. Las mujeres visten chales de vivos colores y largas faldas de lana con un cinturón tejido llamado *chumbi*.

El Domingo de Pascua, las calles se llenan de bailes (lo que afecta considerablemente al tráfico) y el 15 de junio los salasacas se visten de vivos colores para celebrar **Santo Vintio**. El **Corpus Christi** (en junio) y la **Fiesta de San Antonio** (a finales de noviembre) también son importantes celebraciones locales llenas de colorido. Hay autobuses regulares a Ambato (0,25 US$).

⊙ Puntos de interés

Mercado de artesanía   MERCADO
(☺do mañana) Ameno mercado con buena artesanía local. Está próximo a la iglesia, en la carretera Ambato-Baños, cerca de varias tiendas de artesanía que abren a diario.

🛏 Dónde dormir

Hostal Runa Huasi   CASA RURAL $
(☎099-984-0125; www.hostalrunahuasi.com; h 14 US$/persona desayuno incl.) Confortable y acogedor hostal regentado por la familia indígena Pilla. Al lado se encuentra el taller de tejido de Alonso Pilla, que vende sus piezas y ofrece demostraciones en su telar de cintura, además de organizar excursiones por la zona sobre temas indígenas, como agricultura, medicina, tejidos, música, etc.

Patate y alrededores

A orillas del río Patate y con excelentes vistas del volcán Tungurahua, Patate se ha convertido en un destino frecuentado por los aficionados a los volcanes durante las erupciones. También es conocido por su *chicha de uva* (una bebida de uva fermentada) y las *arepas* (con calabaza), preparadas amorosamente en los hornos de leña de todo el pueblo.

Es divertido subir a pie por **La Escalinata**, al este del pueblo, junto a la calle Soria, mientras que el paseo por la plaza principal es uno de los pasatiempos preferidos de propios y extraños. Si no venden arepas en la plaza, se puede ir a González Suárez.

Desde Patate, una carretera secundaria, llamada Ruta Ecológica, lleva hasta Baños; es ideal para recorrerla en bicicleta de montaña (si se quiere ir en coche, hará falta un todoterreno).

Desde Ambato salen autobuses regulares hacia Patate (0,70 US$).

🛏 Dónde dormir

Casta Restaurante y Hotel   HOTEL $
(☎03-287-0364; juank_tamayo87@yahoo.es; h 15 US$/persona desayuno incl.; ppales. 2-5 US$; 🛜) Es la mejor opción para dormir cerca del pueblo: un acogedor refugio de montaña con un excelente restaurante familiar y habitaciones rústicas de estilo cabaña y con buenas vistas. Queda 500 m al este del pueblo, subiendo por una empinada colina.

Hacienda Manteles   HACIENDA $$$
(☑en Quito 02-223-3484; www.haciendamanteles. com; i/d/ste 98/140/199 US$ desayuno y cena incl.; @) 🍴 Atractivo complejo hotelero lujoso de estilo rústico, que practica el turismo ecológico certificado. Está a unos 12 km por la Ruta Ecológica. Entre otras actividades, da apoyo a las comunidades locales para la creación

de microempresas, tiene un jardín ecológico y protege 200 Ha de bosque nuboso que se puede explorar.

Las habitaciones y *suites* (las nuevas con *jacuzzi*) tienen amplias panorámicas del valle del río Patate, con el volcán Tungurahua a lo lejos. Otras actividades posibles son equitación, barranquismo, observación de pájaros y tirolina por el bosque.

Baños

14 700 HAB. / 1800 M ALT.

Baños presenta dos caras. El emplazamiento es fascinante: en los alrededores de la ciudad se pueden ver cascadas, caminar por bosques exuberantes, descender por desfiladeros empinados hasta lo increíble, bajar en bicicleta o barco hasta la cuenca del Amazonas y maravillarse ante las esporádicas erupciones del cercano Tungurahua. Pero la ciudad en sí, con su gris arquitectura, sus circuitos horteras y su ambiente de superpoblado gueto de mochileros, deja mucho que desear. No obstante, este es el destino preferente de la sierra central para el ciclismo de montaña, el senderismo, el *rafting* y la juerga, y aunque mucha gente mostrará sus reservas por la traza y el ambiente de la ciudad, casi todo el mundo se marcha con una amplia sonrisa y grandes historias que contar.

◉ Puntos de interés y actividades

La mayoría de los visitantes recorre los alrededores a caballo, en bicicleta o en barco en excursiones organizadas por numerosos operadores de la ciudad. Baños también ofrece actividades más fuertes, como el *puenting,* en este caso con la cuerda fijada a dos puentes.

Baños es muy pequeña y las montañas que se elevan a su alrededor facilitan la orientación. Casi todo está a un paseo de la terminal de autobuses. Pocos edificios de la población tienen número.

Basílica de Nuestra
Señora de Agua Santa　　　　IGLESIA

(Ambato cerca de 12 de Noviembre; ☺7.00-20.00) GRATIS En el centro de la población se halla esta basílica. A esta Virgen, que también tiene un santuario junto a la cascada, se le atribuyen varios milagros en la región.

Baños

La mayoría de los baños se alimentan de manantiales a los pies del volcán Tungurahua.

Piscina El Salado　　　　AGUAS TERMALES

(entrada día/noche 3-4 US$; ☺5.00-17.00 y 18.00-22.00) Los mejores baños termales de los contornos quedan a 2,5 km de la ciudad, en un cañón, y disponen de piscinas de agua caliente, templada y fría, con un río de aguas gélidas corriendo muy cerca. Para acceder, una vez pasado el cementerio, en Martínez, se llega a un camino que cruza un arroyo (la quebrada de Naguasco) por un pequeño puente de madera. Desde allí, el sendero continúa por el otro lado hasta una carretera donde se ha de girar a la izquierda para llegar a los baños. Hay autobuses que van hasta allí (0,25 US$, 10 min) desde la parada de Rocafuerte.

Las Piscinas de La Virgen　　AGUAS TERMALES

(Montalvo; adultos/niños 2/1 US$; ☺5.00-17.00 y 18.00-21.30) Son las únicas de agua caliente en la población. Construidas como proyecto comunitario en 1928, toman su nombre de la madre de Cristo, que supuestamente acudió personalmente a remojarse los pies. Una piscina es de agua fría, la otra templada y la otra alcanza los 42°C. Repárese en el ojo de agua, donde el agua, calentada por el volcán, mana abrasadora de la tierra a 50°C.

Piscinas Las Modernas/
Las Peñas　　　　　　　AGUAS TERMALES

(Martínez; entrada 2 US$; ☺9.00-17.00 vi-do) Con un tobogán acuático de los de antes, un columpio, juguetes acuáticos y piscinas, se llena de familias los fines de semana y en vacaciones.

Masajes y tratamientos terapéuticos

Baños tiene una oferta interminable de balnearios con tratamientos como los baños de cajón (baños de vapor en un cubículo rectangular), masajes, baños de fango e incluso drenaje intestinal. Todos los hoteles de alta categoría tienen *spas* abiertos para clientes ocasionales.

Spa Garden El Refugio　　　　　SPA

(☎03-274-0482; www.spaecuador.info; Camino Real; tratamientos 2,50-25 US$) *Spa* con todos los servicios, sin necesidad de cita previa.

Bicicleta de montaña

Varias empresas alquilan bicicletas de montaña a partir de 5 US$/día (por 10 US$ más las hay con frenos de disco y amortiguación), pero se debe comprobar que la máquina, el casco y el candado antirrobo estén en buenas condiciones o incluso pedir un corto paseo de prueba antes de acordar el alquiler. La excur-

Baños

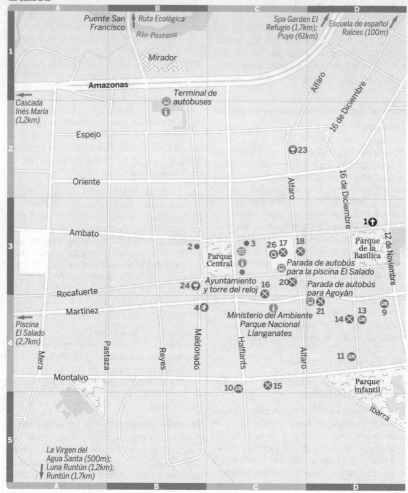

Puente San Francisco
Ruta Ecológica
Río Pastaza
Spa Garden El Refugio (1,7km); Puyo (61km)
Escuela de español Raíces (100m)
Mirador
Amazonas
Cascada Inés María (1,2km)
Terminal de autobuses
Alfaro
16 de Diciembre
Espejo
23
Oriente
Alfaro
16 de Diciembre
Ambato
2
Parque Central
3
26 17 18
Parque de la Basílica
12 de Noviembre
1
Parada de autobús para la piscina El Salado
24
Ayuntamiento y torre del reloj
16
20
Parada de autobús para Agoyán
Rocafuerte
Martínez
4
Ministerio del Ambiente Parque Nacional Llanganates
21
14
13
9
Piscina El Salado (2,7km)
11
Mera
Pastaza
Reyes
Maldonado
Haflants
Alfaro
Parque infantil
Montalvo
10
15
Ibarra
La Virgen del Agua Santa (500m); Luna Runtún (1,2km); Runtún (1,7km)

sión más popular es el espectacular descenso junto a una serie de cascadas por la carretera a Puyo, pueblo situado 61 km al este, en la jungla. Existen otras rutas posibles que se pueden consultar a las agencias de alquiler.

En cuanto a seguridad, la carretera de Baños a Puyo tiene varios túneles estrechos, largos y oscurísimos. Los ciclistas deberían evitarlos y seguir las pistas señalizadas que los rodean.

Senderismo

La oficina de turismo ofrece un mapa esquemático pero útil que muestra algunas de las pistas de la zona. En los últimos años ha bajado el número de denuncias por asaltos a senderistas. Sin embargo, se recomienda llevar solo el dinero necesario y dejar las cámaras caras en el hotel.

La ruta hasta el río Pastaza es fácil y popular. Justo detrás de los puestos de caña de azúcar, junto a la estación de autobuses, un corto sendero lleva hasta el **puente San Francisco,** que cruza el río. Se puede seguir por rutas que suben por la otra ladera todo lo que se desee.

Yendo hacia el sur por Maldonado se llega a un camino que asciende hasta **Bella-**

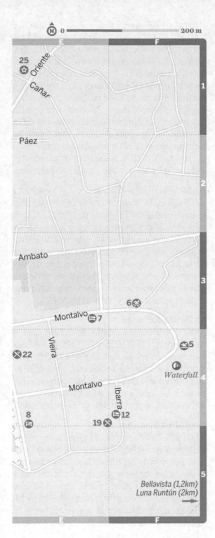

Baños

Puntos de interés

Actividades, cursos y circuitos

Dónde dormir

Dónde comer

Dónde beber y vida nocturna

Ocio

De compras

vista, con una cruz blanca que se levanta sobre Baños. La senda sigue luego hasta el asentamiento de **Runtún,** a unas 2 h, desde donde hay unas vistas impresionantes. A continuación se puede trazar un bucle y volver a Baños, por el extremo sur de Mera. De este modo se pasará por la estatua de la **Virgen de Agua Santa,** a una ½ h de la ciudad. Para cubrir esta ruta se tardarán en total 4-5 h.

Saliendo de la ciudad hacia el oeste en Amazonas y girando a la derecha junto a un santuario se podrá seguir hasta el puente San Martín y visitar la impresionante **cascada Inés María,** unos cientos de metros a la derecha del puente.

Circuitos por la selva
Muchas agencias de excursiones de Baños tienen expediciones guiadas a la selva; varían en calidad y experiencia.

Los circuitos de 3-7 días cuestan unos 60-75 US$/persona al día, dependiendo del destino (generalmente con un mínimo de 3-4 personas). Baños siempre está lleno de turistas, por lo que es un buen lugar para organizar un grupo.

Escalada
Al ser un volcán activo, las condiciones para la escalada del Tungurahua (5016 m) fluc-

túan. Cuando se documentaba esta guía, estaba en actividad y cerrado a los montañeros, y parecía que las ascensiones a la cima se suspenderían indefinidamente. Pero normalmente se puede subir hasta la cota 3800 m.

Equitación

El alquiler de caballos cuesta unos 10 US$/h o 35 US$ todo el día. Muchas salidas de media jornada o jornada completa empiezan con un largo trayecto en todoterreno fuera de la ciudad y el tiempo que se pasa a caballo en realidad es corto, así que hay que informarse bien.

José & Two Dogs EQUITACIÓN
(☑099-220-5211; josebalu_99@yahoo.com; Maldonado esq. Martínez) Los lugareños lo recomiendan.

'Rafting'

Las agencias de excursiones ofrecen expediciones a los ríos Patate y Pastaza. Incluyen rápidos de clase III y IV (la IV es suficiente para poner el corazón a mil). Cuestan 25 US$/medio día y 50-60 US$/día entero. Las clases de kayak cuestan 80 US$.

Cursos

Fundación Arte del Mundo
(☑03-274-2244; www.artedelmundoecuador.com; Oriente y Cañar; ⊙15.30-18.00) ofrece un programa de actividades artísticas.

Circuitos

En **Geotours** (☑03-274-1344; www.geotoursbanios.com; Ambato esq. Halflants) y **Expediciones Amazónicas** (☑098-513-8651; amazonicas2002@hotmail.com; Maldonado) organizan senderismo en la selva, excursiones a los parques nacionales, *rafting,* ascensiones a volcanes, barranquismo (25 US$), *puenting* (20 US$) y otras actividades.

Fiestas y celebraciones

Baños se convirtió en capital de su cantón el 16 de diciembre de 1944 y cada año por esas fechas se celebra una fiesta, con las habituales procesiones, fuegos artificiales, música y mucho baile y bebida por las calles. La fiesta vuelve a tomar las calles en octubre, cuando varios barrios de la ciudad rinden homenaje a Nuestra Señora de Agua Santa.

Dónde dormir

Las tarifas aumentan los fines de semana y durante las vacaciones, cuando los hoteles suelen llenarse.

Hostal Chimenea ALBERGUE $
(☑03-274-2725; www.hostalchimenea.com; Martínez cerca de Vieira; dc/i/d desde 7,50/12/19 US$; @🛜🏊) A juzgar por la recepción, bastante oscura, nadie diría que este albergue recomendado por los lectores es la mejor opción barata de la ciudad. Sin embargo, las habitaciones son luminosas y limpias, y la terraza del piso alto brinda magníficas vistas de la cascada. En la parte de atrás, una pequeña piscina, un *jacuzzi* y una sauna completan el conjunto. En las habitaciones colectivas, todas con baños anexos, caben 4-6 personas.

Hostal Plantas y Blanco ALBERGUE $
(☑03-274-0044; www.plantasyblanco.com; Martínez cerca de calle 12 de Noviembre; dc 6-9 US$, i 15 US$, d 20-24 US$; @🛜) Con ambiente muy animado en las zonas comunes, este albergue limpísimo y siempre lleno destaca por la terraza de la azotea, el baño de vapor y su relación calidad-precio. Algunas habitaciones tienen una estructura curiosa (puede que haya que atravesar la ducha para ir al retrete).

La Petite Auberge HOTEL $
(☑03-274-0936; www.lepetit.banios.com; calle 16 de Diciembre; i 18-20 US$, d 24-32 US$; 🛜) Esta hacienda de propiedad francesa cuenta con grandes habitaciones con chimenea y altillo. Su enorme sala de juegos la hace muy atractiva para las familias. Salvo por los baños, algo anticuados, es una buena opción económica.

Hostal Huillacuna HOTEL $
(☑03-274-2909; yojairatour@yahoo.com; calle 12 de Noviembre; h 20 US$/persona desayuno incl.; 🛜) Este paraíso de los amantes del arte alberga unas de las mejores galerías de la ciudad y dispone de una amplia sala común al aire libre con obras de arte, antigüedades y chimenea. Las habitaciones son sencillas pero limpias, y los amables dueños hacen que uno se sienta como en casa.

Santa Cruz Backpackers ALBERGUE $
(☑03-274-3527; www.santacruzbackpackers.com; calle 16 de Diciembre entre Martínez y Montalvo; dc/i/d 8/10/20 US$; 🛜) Cuenta con pequeños dormitorios para cuatro, algo oscuros pero agradables y limpios, y con baño. La zona común cuenta con porche, cocina para uso de los huéspedes, una gran chimenea, plantas tropicales y abundantes hamacas. No muy lejos en la misma calle hay un anexo de tres plantas.

Posada del Arte HOTEL-BOUTIQUE $$
(☑03-274-0083; www.posadadelarte.com; Ibarra; i 34-37 US$, d 65-70 US$, desayuno incl.; 🛜) Pe-

queña pero exquisita pensión con cómodas habitaciones de vivos colores, una terraza en la azotea, enormes desayunos y arte por todas partes. Las habitaciones de precio medio tienen vistas, al igual que las más caras, que también disponen de chimenea.

La Floresta Hotel
HOTEL $$

(☎03-274-1824; www.laflorestahotel.com; Montalvo esq. Halflants; i/d/tr 40/60/85 US$ desayuno incl.; @🖥) Este confortable hotel con un pequeño jardín interior y abundantes zonas de estar es un refugio de paz. El personal es amable y las amplias habitaciones tienen grandes ventanas, baños modernos y camas cómodas, aunque podría haber algo más de luz.

Hostería Chamanapamba
REFUGIO $$$

(☎03-277-6241; www.chamanapamba.com; i/d 48/96 US$ desayuno incl.; 🖥) Este rústico alojamiento para imitadores de Tarzán y Jane se halla en lo alto de un cañón, 1 km al sur del pueblo de Ulba. Está a solo 10 min de Baños, pero es otro mundo: un barranco idílico, con su pequeña cascada y profusión de plantas tropicales. Las tres habitaciones tienen grandes ventanales y ofrecen una sensación única de estar viviendo en un árbol al borde de la selva.

Luna Runtún
RESORT $$$

(☎03-274-0882; www.lunaruntun.com; h desde 100 US$/persona desayuno y cena incl.; @🖥) Lo mejor es su ubicación, en lo alto de un despeñadero (2260 m), con vistas de Baños y la cima del Tungurahua. Solo viendo el spa (admite clientes ocasionales 30 US$/día) uno se relaja. El restaurante tiene las mejores vistas (y el peor servicio) de la ciudad. Está a 6 km de Baños por la carretera a Puyo; se puede tomar un autobús o un taxi (6 US$) para llegar o ir a pie por un camino en buen estado.

✕ Dónde comer

Baños es famoso por su melcocha, un compuesto de miel masticable que se amasa y se ablanda retorciéndolo sobre unas estacas de madera, generalmente montadas en la puerta de las tiendas. En los puestos de caña de azúcar, frente a la terminal de autobuses, venden grandes trozos para mascar, además de jugo de caña.

Casa Hood
INTERNACIONAL $

(Martínez cerca de Halflants; ppales. 4-7 US$; ◷8.00-22.15 🖥) Este excelente café que lleva el nombre del dueño, el americano Ray Hood, ofrece desayunos nutritivos, un almuerzo económico y una carta de platos tailandeses, mexicanos y de Oriente Medio. Es un lugar agradable donde comer, intercambiar libros, reunirse con amigos, relajarse solo e incluso aprender yoga.

Tasca de Baños
ESPAÑOLA $

(calle 12 de Noviembre cerca de Montalvo; tapas 3-5 US$; ◷6.30-22.30 mi-vi, 12.30-16.30 y 18.30-22.30 sa y do) En este minúsculo restaurante de tapas puede ser difícil encontrar mesa. La selección de tapas es excelente, y va desde platos predilectos como la tortilla española hasta las albóndigas andaluzas y el marisco. Se pueden pedir cinco para compartir.

Posada del Arte
INTERNACIONAL US$

(Ibarra; ppales. 3-7 US$; ◷8.00-22.00) Al igual que el hotel, este restaurante es un lugar acogedor con una cálida chimenea. Sirve excelentes platos internacionales, magníficos desayunos (con tortitas Tungurahua) y numerosos platillos para picar (especialmente recomendable la yuca frita).

Ponche Suizo
CAFÉ $

(Alfaro, entre Ambato y Rocafuerte; tentempiés 1-3 US$; ◷8.00-18.00) Este pequeño local sirve pasteles y café, pero todo el mundo va a por su Ponche Suizo, una deliciosa receta secreta a medio camino entre un batido y una espuma.

Café Good
INTERNACIONAL $

(calle 16 de Diciembre; ppales. 6-9 US$; ◷8.00-22.00; ☉) Imitador de los Hood, el Good también sirve platos vegetarianos muy buenos con arroz integral, y también algunos de pollo y pescado.

Mercado central
MERCADO $

(Alfaro y Rocafuerte; almuerzo 2-3 US$; ◷7.00-18.00) Sitio de confianza para comprar fruta fresca y verduras.

Super Bodega
SUPERMERCADO $

(Alfaro cerca de Rocafuerte; ◷8.30-20.00) Este mercado central es perfecto para proveerse.

Café Mariane
FRANCESA $$

(Montalvo; ppales. 7-11 US$; ◷11.00-23.00) La cocina galomediterránea de Marianne es un rara avis en Baños. Las fondues de queso y carne resultan copiosas hasta para dos personas y los platos de pasta y carne son bastante refinados; como acude mucha gente, habrá que tener paciencia con el servicio.

Swiss Bistro
SUIZA $$

(Martínez cerca de Alfaro; ppales. 7-12 US$; ◷12.00-23.00) La debilidad de este local por las vacas es evidente en la decoración. Sus deliciosos platos suizos y europeos en general incluyen *fondues,* filetes, grandes y frescas ensaladas y una especialidad suiza de patatas llamada *roesti.*

 Dónde beber y ocio

La vida nocturna en Baños se centra en las peñas locales (bares o clubes con música folclórica en directo) y en los numerosos bares enfocados al turismo. Alfaro reúne la mayor colección de discotecas de la ciudad.

Leprechaun CLUB
(Alfaro entre Oriente y Espejo; ⊘20.00-2.00) Uno de los puntos más animados de la ciudad es este gran complejo con una hoguera en el patio trasero, pista de baile en el medio y una tremenda fiesta salsera en el Salsateca de al lado, de miércoles a sábado.

Stray Dog CERVECERÍA
(Rocafuerte esq. Maldonado; ⊘15.00-23.00 ma-do) El único *pub* de Baños que fabrica su propia cerveza sirve algunas tan buenas como la ligera Breath Belgian de Llamas y la potente Stray Dog Stout.

Fundación Arte del Mundo CINE
(✆03-274-2244; www.artedelmundoecuador.com; Oriente cerca de Cañar) Proyecta películas los miércoles a las 20.00.

 De compras

Pasaje Artesanal ARTESANÍA
(Pasaje Artesanal, entre Ambato y Rocafuerte; ⊘8.00-20.00) En este mercado de artesanía al aire libre se venden grandes cantidades de chucherías hechas en el lugar y una artesanía regional realizada sobre las taguas, unas semillas del tamaño de una pelota de golf, que se tallan como si fueran marfil y se tiñen para obtener figurillas y joyas.

Galería de Arte Huillacuna GALERÍA
(Calle 12 de Noviembre cerca de Montalvo; ⊘8.30-21.00) Excelentes obras de arte ecuatoriano. Se puede curiosear sin compromiso.

ⓘ Información

Las erupciones del Tungurahua obligan a los lugareños a evacuar la zona más o menos cada cinco años. Últimamente el volcán ha estado bastante activo. A pesar de ello, la situación está controlada y no debe ser motivo de preocupación.

Las denuncias por robos en los senderos de las afueras de Baños han disminuido. Si se contrata un guía se ayuda a la economía local y se reducen los riesgos. Se puede pedir información al hotel sobre los procedimientos de evacuación en caso de erupción.

Los cibercafés (0,80-1 US$/h) abren y cierran, pero siempre abundan, como las lavanderías (1 US$/kilo).

Banco del Pacífico (Halflants esq. Rocafuerte) Banco con cajero automático; cambia cheques de viaje.

Banco del Pichincha (Ambato esq. Halflants) Banco con cajero automático; cambia cheques de viaje.

Corporación Nacional de Telecomunicaciones (Rocafuerte esq. Halflants) Centro telefónico.

Hospital (✆03-274-0301; Montalvo) Cerca de Pastaza. Las farmacias están en Ambato.

Ministerio del Ambiente Parque Nacional Llanganates (Martínez; ⊘8.00-17.00 lu-vi) Oficina gestora del Llanganates; posee pequeños mapas topográficos fotocopiados y mucha información.

Comisaría de policía (✆03-274-0251) Cerca del cruce de Mera con Oriente.

Oficina de correos (Halflants cerca de Ambato)

Oficina de turismo (✆03-274-0483; mun_banos@andinanet.net; Halflants cerca de Rocafuerte; ⊘8.00-12.30 y 14.00-17.30 lu-vi) Gran cantidad de información, mapas gratuitos y datos sobre evacuación en caso de emergencia.

ⓘ Cómo llegar y salir

La **terminal de autobuses** de Baños (Amazonas) está a poca distancia de la mayor parte de los hoteles. Transportes Baños ofrece autobuses frecuentes directos a Quito (3,50 US$, 3½ h) que paran en Salasaca (0,50 US$, 30 min), Ambato (1 US$, 1 h) y Latacunga (1,50 US$, 1½ h). La primera mitad de la carretera de Baños a Riobamba (hasta Penipe) está cerrada, así que hay que retroceder hasta Ambato. En dirección al Oriente, hay salidas regulares a Puyo (2 US$, 2 h), Tena (4 US$, 5 h) y Coca (10 US$, 10 h). También hay autobuses diarios a Guayaquil (8 US$, 7 h).

ⓘ Cómo desplazarse

Desde Rocafuerte, tras el mercado central, salen autobuses hacia el oeste. Llevan la indicación "El Salado" y llegan hasta las Piscinas El Salado (0,25 US$, 10 min). Los autobuses locales hacia el este llegan hasta el Pailón del Diablo (0,50 US$); salen de Alfaro con Martínez.

Los circuitos en taxi a Pailón del Diablo (20 US$ ida y vuelta) salen de la terminal de autobuses.

De Baños a Puyo

La llamada Ruta de las Cascadas es una de las más espectaculares de la región. Bordea el cañón del río Pastaza y baja desde Baños, a 1800 m, hasta Puyo, a 950 m, pasando por más de una docena de cascadas. El viaje en autobús es estupendo, pero aún mejor lo es en bicicleta de montaña. El primer tercio de la ruta es casi todo cuesta abajo, pero también hay algunas cuestas, así que más vale tener las piernas fuertes (son en total unos 61 km). Las bicicletas de montaña pueden alquilarse en Baños.

La mayoría de la gente solo llega hasta las espectaculares cascadas del Pailón del Diablo, a unos 18 km de Baños, pero quien se anime a cubrir un tramo más largo y llegue hasta el río Negro podrá apreciar cómo cambia el paisaje al variar la altitud. A lo largo de la ruta se verán muchas cascadas ocultas y piscinas explotadas por familias que no figuran en la presente obra. La exploración a fondo de esta zona requiere un día completo.

Por el camino, la carretera atraviesa túneles que asemejan agujeros negros. Son bastante largos y, si se va en bici o en todoterreno, conviene optar por los desvíos señalizados. Hay que tener cuidado con la velocidad en las curvas y al acercarse a los túneles, y conducir siempre por la derecha. Desde Puyo (o en cualquier punto del camino), siempre se puede tomar un autobús de vuelta a Baños, dejando la bicicleta en el techo (el ayudante del conductor echará una mano para subirla).

No hay que dejar de alquilar un casco y un buen candado (y de usarlos). Los insectos pueden resultar implacables, así que conviene llevar repelente y no hay que olvidar tampoco el impermeable.

De Baños a Río Verde

Antes del primer túnel se pasa por la central hidroeléctrica de Agoyán. Pasado el túnel, se puede realizar una excursión adicional al **Sendero de los Contrabandistas** (km 10), una ruta de 8 h por el otro lado del río hasta el pueblo de San Pedro. Al cabo de unos 45 min de trayecto desde Baños, se pasa por la espectacular cascada **Manto de La Novia**. Se puede ver más de cerca montando en la tirolina **Canopy Agoyán** (km 10; tirolina ida/ida y vuelta 10/15 US$, teleférico 1,50 US$), que discurre cerca del borde de la cascada. Se puede regresar por otro cable de la tirolina o bien con el teleférico.

Desde el Manto de La Novia hay unos 30-45 min hasta el pueblo de **Río Verde** (entre el cuarto y el quinto túnel), punto de acceso a la atronadora cascada **Pailón del Diablo** (aparcamiento 1 US$, entrada 1,50 US$); no hay que perdérsela. Hay dos rutas magníficas a las cascadas desde Río Verde (entrada 1,50 US$). La primera empieza debajo del campo de fútbol, y la segunda, al otro lado de un puente que hay al este del pueblo. Están indicadas. Quienes deseen bajar a pie hasta las cascadas deben calcular entre 45 min y 1 h (ida y vuelta); abajo les esperan unos puentes colgantes impresionantes, senderos retorcidos excavados en la roca detrás de la cascada y fauna abundante.

Al este de Río Verde se encuentra el maravilloso **Hostal Pequeño Paraíso** (www. pprioverde.com; acampada/dc/h 5/17/20 US$/persona desayuno y cena incl.). Ofrece alojamiento y acampada en una selva exuberante y magnífica, con excelentes oportunidades para practicar senderismo, escalada en roca y barranquismo. Disponen de comida vegetariana.

En el lado norte de la carretera, en la entrada de Río Verde, se halla el encantador **Miramelindo** (☎03-249-3004; www.miramelindo. com.ec; carretera Baños-Puyo, km 18; h 30 US$/persona; ☎☀) Los precios incluyen el desayuno, un guía a la cascada Pailón del Diablo, sauna y *jacuzzi*, baños de cajón y unas habitaciones agradables y rústicas con madera y colores tierra. La colección de orquídeas es increíble.

De Río Verde a Puyo

Un poco más allá de Río Verde la carretera empieza a ascender. A una ½ h en bici se llega a **Machay**, un bonito lugar para detenerse a hacer un *picnic* y darse un chapuzón en el río. Una pista de 2,5 km lleva hasta el bosque nuboso y pasa por ocho **cascadas**, que van desde apenas un breve caudal al precioso **manantial del Dorado**, 2,5 km hacia el interior. Varias organizaciones cobran por el acceso a los senderos; la **Asociación de Ecoturismo Comunitario**, en el km 17, cobra 1 US$.

Pasado Machay hay dos buenas cuestas, pero luego es casi todo bajada hasta Río Negro, a 15 km de Río Verde. Al ir bajando, la vegetación se torna rápidamente tropical; las paredes del cañón del río Pastaza se cubren de bromelias, helechos gigantes y orquídeas. Antes de llegar a Río Negro se pasa por el pueblo de **San Francisco**, que tiene una plaza de tierra y unos pocos lugares donde comer o comprar agua o cerveza.

Después de San Francisco, quedan otros 10-15 min hasta **Río Negro,** una pequeña y activa ciudad construida a lo largo de la carretera principal. Hay restaurantes (algunos sorprendentemente elegantes) y muchos sitios para comprar refrigerios.

Desde allí se puede realizar la interesante **Ecorruta Kuri Pishku:** hay que seguir 8 km al sur desde Río Negro y pasar por **Vrindavan** (☎03-303-1038; www.fincavrindavan.com; Ecorruta Kuri Pishku km 3; h 25 US$ yoga y 3 comidas incl.), un moderno refugio de ecoyoga, casa rural y restaurante vegetariano, para llegar al **Sendero de Encanto,** más o menos cuidado, que se adentra 1,3 km en el Parque Nacional Sangay. A partir de allí no hay que aventurarse sin guía; pregúntese en **Vrindavan** (guía 25 US$/día).

Después de Río Negro empieza a notarse el ambiente tropical. Tras 17 km se pasa por **Mera,** donde quizá haya un control policial (se debe tener a mano el pasaporte) y que se está convirtiendo lentamente en un centro turístico. Pregúntese en la piscina del **Complejo Turístico Río Tigre** (1 km al norte de Plaza; entrada 0,25 US$) por las excursiones a unas cuevas cercanas. Si se tiene tiempo y amor a los animales, en las afueras de Mera se encuentra la **Merazonia Foundation** (☎08-437-2555, 08-421-3789; www.merazonia.org; h 100 US$/semana/voluntario comidas incl.), un refugio para animales que ofrece trabajo voluntario para colaborar en sus proyectos de rescate y protección de aves, mamíferos y otros animales. Dispone de alojamiento con duchas de agua caliente.

Tras el descenso se llega al húmedo pueblo de **Puyo** (p. 239), en la jungla, a 61 km de Baños.

Parque Nacional Sangay

En este **parque nacional** GRATIS de 2710 km² se encuentran tres de los volcanes más espléndidos de Ecuador: el imponente y activo Sangay, el avivado Tungurahua y el extinto El Altar. Puesto que el parque abarca desde picos con glaciares a selvas tropicales, su diversidad de flora, fauna y geografía es inmensa. El Gobierno ecuatoriano fundó el parque en 1979, y la Unesco lo designó Patrimonio Mundial en 1983.

Desde el páramo, al oeste del parque, con cotas de más de 5000 m alrededor de los tres volcanes, el terreno desciende por las laderas orientales de los Andes hasta una altura de apenas 1000 m. En medio se despliega un terreno tan escarpado, agreste y húmedo (en algunas zonas se registran más de 4 m de precipitaciones anuales) que realmente puede considerarse naturaleza virgen. En el parque viven más de 500 especies de aves y 3000 especies de plantas, y las frondosas estribaciones orientales de las montañas cobijan a mamíferos muy difíciles de ver, como osos de anteojos, tapires de las montañas, pumas, ocelotes y puercoespines.

Solo dos carreteras importantes se adentran en el parque. Una va de Riobamba a **Alao** (principal punto de acceso al volcán Sangay) y se pierde hacia el este, en el páramo. La otra es la carretera de Guamote-Macas, que atraviesa el parque, a pesar de ser una zona protegida, con el impacto que supone para el medio ambiente.

Los accesos principales del parque son por el norte y el oeste; entrar por el sur o el este es difícil. Si se parte de Macas, conviene dirigirse a los lagos alpinos, para ver las pintorescas lagunas de Tinguichaca o las populares lagunas de Sardina Yaca, ricas en fauna y flora.

La mejor época es de diciembre a marzo. Los meses más lluviosos son abril y mayo, y en julio y agosto es cuando hay más niebla. **Anibal Tenemasa** (☎099-121-3205; agigsan gay2008@yahoo.es) es un prestigioso guía local que realiza excursiones al Parque Nacional Sangay.

Desde Macas salen autobuses hacia las poblaciones de 9 de Octubre y San Vicente, buenos puntos de partida para la mayor parte de las caminatas. El pequeño asentamiento de Purshi es el acceso oficial. Lo mejor es entrar con un guía, pues los senderos no están definidos y exigen experiencia con la orientación y el machete. Las excursiones a esta zona no son aptas para personas no habituadas al senderismo.

Volcán Tungurahua

Con sus 5016 m de altitud (antes de las erupciones), el Tungurahua (en quechua "Garganta de Fuego") es la décima cumbre más alta de Ecuador. El volcán tenía una bonita forma cónica, con un glaciar en lo alto de sus frondosas y verdes laderas, pero desde 1999 numerosas erupciones han fundido la nieve y han cambiado la forma del cono y del cráter. Los ríos de lava y lahar de la erupción de agosto del 2006 cubrieron unos 2 km de la carretera Ambato-Baños (actualmente reparada). Las recientes explosiones de importancia han obligado a ocasionales evacuaciones.

Hasta 1999, los viajeros podían ascender parte del volcán, llegando hasta el pueblo de Pondoa o al –actualmente destruido– refugio, a 3800 m. En los últimos años, aprovechando los períodos de inactividad, algunas personas han subido hasta el refugio, pero hace años que está prohibido ascender más allá de Pondoa. En Baños se puede averiguar la situación actual.

Volcán El Altar

Con sus 5319 m, este volcán extinto es el quinto pico en altura de Ecuador y uno de los más pintorescos y fascinantes. Antes del hundimiento del lado occidental del cráter, en tiempos prehistóricos, El Altar pudo haber sido una de las montañas más altas del mundo. Las paredes del cráter, que rodean la cristalina laguna Amarilla, en realidad forman nueve picos diferenciados, la mayoría de los cuales tienen nombres eclesiásticos, como El Obispo (5315 m) o La Monja Chica (5080 m). En el 2000, parte de un glaciar cayó en la laguna, creando una enorme ola de agua que bajó por la ladera oeste sobre la llanura de Collanes (3900 m) y dejó enormes rocas esparcidas por el terreno.

Para llegar a El Altar, hay que tomar un autobús (0,50 US$/30 min) de Riobamba a **Candelaria** (3100 m). Desde Candelaria hay unos 2 km hasta la **Hacienda Releche** (✆03-296-0848; h 6 US$/persona) y el cercano refugio (gratis), donde se puede conseguir información básica sobre senderismo. Los dueños de la hacienda también lo son del **refugio** (6 US$/persona) de techo de paja que hay en la llanura de Collanes, y alquilan caballos (8 US$/trayecto más 8 US$/guía).

La excursión a la llanura de Collanes, el mejor lugar para acampar cerca de la cumbre, no tiene dificultad, pero el fango puede hacer que la marcha sea lenta. Se puede preguntar a los guardas o al personal de la hacienda por el inicio de la pista, y si no llueve podría cubrirse el trayecto de Candelaria a la llanura en solo 6-7 h. Una vez en la llanura, se encontrarán muchos toros (hay que mantener la distancia) y estiércol por todas partes (cuidado al pisar). A veces se producen inundaciones, pero son raras.

Volcán Sangay

El Sangay, de 5230 m de altura, es uno de los volcanes más activos del mundo y no deja de expulsar rocas, humo y cenizas. Es una ascensión muy peligrosa: algunos guías incluso recomiendan llevar un escudo metálico como protección contra las rocas que salen despedidas del cráter. Es más sencillo llegar hasta la base o, quizá, hasta **La Playa**, especialmente de diciembre a febrero, cuando llueve menos.

El **Instituto Geográfico Militar** (IGM; plano p. 66; ✆en Quito 02-397-5100/5129; www.igm.gob.ec; Senniergues E4-676 cerca de Gral. Telmo Paz y Miño; ◷ venta de mapas 8.00-16.00 lu-ju, 7.00-12.30 vi) puede facilitar mapa topográficos. Para llegar a Sangay, hay que tomar un autobús desde el parque La Dolorosa de Riobamba al pueblo de **Alao** (1,50 US$, 1½ h, 5.30, 6.30 y cada hora de 12.00 a 18.00). En Alao se puede pagar la entrada al parque e informarse sobre la cooperativa de guías locales, con sede en el pueblo y en la cercana **Guargualla**.

Lagunas de Atillo y Ozogoche

Con la apertura de la carretera de Guamote a Macas, esta espectacular región se tornó fácilmente accesible y en la zona cada vez se organizan más excursiones a pie o a caballo o incluso en bicicleta, además de la pesca de la trucha. Aun así, Atillo recibe muy pocos visitantes, por lo que es un lugar estupendo para contemplar un paisaje rural menos viciado.

A unos 79 km de Riobamba, la carretera pasa por **Atillo** (300 hab.), en realidad dos pueblos, Atillo Grande y Atillo Chico, separados por 1 km. Desde esta zona, que está rodeada por las lagunas de Atillo, se puede iniciar una excursión de 6-8 h pasando por una cresta rocosa hasta las **lagunas de Ozogoche** y, siguiendo otras 3-4 h, hasta el pueblo de **Totoras**, donde se puede acampar o preguntar por alguna choza donde dormir (1 US$ aprox.). En Atillo se puede preguntar por las casas particulares que ofrecen alojamiento (3-4 US$). Los que acampen pueden conseguir provisiones en Riobamba y un mapa topográfico en el Instituto Geográfico Militar de Quito.

Desde Atillo la carretera serpentea por el parque nacional y desemboca en Macas, en el sur del Oriente. Pro Bici (p. 167), en Riobamba, ofrece excursiones en bicicleta de 2 y 3 días por la carretera Guamote-Macas, que pasa por la zona de los lagos.

Los autobuses de la Cooperativa Unidos salen del cruce de Velasco y Olmedo, en Riobamba, rumbo a Atillo, a las 5.30, 12.00 y 15.20 (14.30 do; 2 US$, 2 h). Todos los vehículos que van a Macas pasan también por Atillo; salen de la terminal Oriental de Riobamba a las 2.30, 5.45, 10.00, 13.00, 16.00 y 17.00.

Guaranda

30 987 HAB. / 2650 M ALT.

Lo mejor de Guaranda, en parte, es el mero hecho de llegar hasta allí. La carretera de 99 km desde Ambato supera los 4000 m de altitud y pasa a 5 km del glaciar del Chimborazo (6310 m). Desde allí, la ascensión al volcán parece casi sencilla. Guaranda, capital de la provincia de Bolívar, es una ciudad pequeña y apagada. Se encuentra entre siete escarpadas colinas, por lo que se le ha dado el apodo de "Roma de los Andes", aunque desde luego hay que tener una imaginación más que desbordante para comparar ambas ciudades. Vale la pena ver el mercado de los miércoles y sábados en la **plaza 15 de Mayo**, lo mismo que el **carnaval,** con sus guerras de agua, desfiles y el desmesurado consumo de un licor de hierbas local que llaman "pájaro azul".

🛏 Dónde dormir

Hostal Bolívar   HOTEL **$$**
(☎03-298-0547; www.hotelbolivar.wordpress.com; Sucre 7-04; i/d 20/35 US$; 🅿🛜) Una buena opción para los viajeros exigentes, con habitaciones agradables, limpias y algo anticuadas, aunque con televisor de pantalla plana. Posee un acogedor patio. El restaurante contiguo sirve buenos almuerzos (2-3 US$). Está dos cuadras al sur del parque Simón Bolívar.

🍴 Dónde comer

Los 7 Santos   CAFÉ **$**
(Convención de 1884; ppales. 1-3 US$; ⏱10.00-23.00 lu-sa) A media cuadra cuesta abajo del parque Simón Bolívar, ofrece todo lo que cabría esperar de un café quiteño con pretensiones artístico-culturales. Por la mañana se sirven desayunos, y bocadillos y bocaditos (tentempiés) todo el día.

La Bohemia   ECUATORIANA **$**
(Convención de 1884 esq. calle 10 de Agosto; ppales. 2-4 US$; ⏱8.00-21.00 lu-sa) Cerca del parque Bolívar, sirve almuerzos (2 US$) en un ambiente relajado pero cuidado. La comida

se puede acompañar con un enorme batido de frutas.

ℹ Información

Banco del Pichincha (Azuay cerca de calle 7 de Mayo) Banco con cajero automático.
Clínica Bolívar (☎03-298-1278) Una de las varias clínicas y farmacias cercanas a la plaza Roja, al sur del hospital.
Hospital (Cisneros s/n)
Oficina de correos (Azuay esq. Pichincha)

ℹ Cómo llegar y salir

La terminal de autobuses de Guaranda está a 20 min a pie o a una carrera de 1 US$ en taxi del centro. Los autobuses vespertinos pueden quedarse sin plazas antes de la salida, así que conviene reservar.

Hay salidas cada hora con destino a Ambato (2,10 US$, 2 h) y Quito (5 US$, 5 h). Casi con la misma frecuencia hay autobuses a Babahoyo (2,50 US$, 2½ h) y Guayaquil (4 US$, 4 h). También hay numerosas salidas diarias a Riobamba (2,10 US$, 2 h), una ruta con vistas fantásticas que pasa por la entrada al Parque Chimborazo y a la carretera de acceso a los refugios de montaña.

Los autobuses a Salinas (0,25 US$, 1 h) salen de la plaza Roja de Guaranda a las 6.00, 7.00 y cada hora de 10.00 a 16.00 de lunes a viernes, y a las 6.00 y 7.00 los fines de semana. Las camionetas blancas, propiedad de una cooperativa, realizan también servicios frecuentes a Salinas (1 US$, 45 min) desde la plaza Roja, y no salen hasta que se llenan.

Salinas

1000 HAB. / 3550 M ALT.

El remoto pueblo de Salinas, unos 35 km al norte de Guaranda, se encuentra a los pies de una espectacular roca vertical rodeada de alto páramo. Salinas, famosa como modelo de desarrollo rural, es un lugar estupendo para ver un ejemplo de turismo basado en la comunidad. Un sendero por encima de la ciudad lleva hasta lo alto del peñasco.

☞ Circuitos

Factory Tours   CIRCUITO
(plaza principal; guía 10 US$; ⏱8.00-17.00 lu-sa, variable) 🖉 En la Oficina de Turismo Comunitario de la plaza principal se puede preguntar sobre las interesantes visitas a las fábricas próximas que realizan los guías locales. Estas fábricas cooperativas elaboran queso, choco-

DESARROLLO SOSTENIBLE EN SALINAS: DE LAS CHOZAS A LOS QUESOS

Cuando el misionero salesiano italiano Antonio Polo llegó al lugar en 1971, Salinas aún era un poblado de chozas. Durante generaciones, los salineritos habían vivido en la más profunda pobreza, incapaces de exigir un precio justo por la leche, las verduras y la lana que producían; la mitad de los niños de Salinas morían antes de cumplir los cinco años.

Polo vio la posibilidad de un futuro mejor para las familias del pueblo elaborando y vendiendo productos lácteos. Ayudó a los campesinos a crear una cooperativa, a comprar equipo y a hacerse con asesoramiento técnico. La cooperativa hizo hincapié en la frescura de sus productos y en la higiene, y acabó abriendo más de veinte queserías por Salinas y se expandió a otras provincias. También han creado nuevas cooperativas que producen chocolate, setas secas, prendas de lana, embutidos, dulces y botones, e incluso han iniciado un proyecto de turismo comunitario. Más información en la oficina de turismo.

late, tejidos y remedios con hierbas. Los guías también pueden acompañar a buscar setas o a caballo hasta unas cuevas.

🛏 Dónde dormir y comer

El Refugio   HOTEL $
(☎03-221-0044; www.salinerito.com; h 14 US$/persona; 🐾) Este atractivo alojamiento situado tres manzanas al oeste de la plaza principal tiene detalles en madera y una buena chimenea en el vestíbulo. Pídase una habitación con vistas. Es propiedad de la comunidad de Salinas, que lo gestiona directamente.

La Minga Café   CAFÉ $$
(plaza principal; ppales. 4,50-10 US$; ⊙7.30-22.00) Café frecuentado por turistas y lugareños. Ofrece buenos menús de almuerzo. Si la oficina de turismo está cerrada, en el café tal vez podrán dar información sobre excursiones por los alrededores.

🛍 De compras

Tienda El Salinerito   ARTESANÍA
(plaza principal; ⊙9.00-17.00) Esta tienda vende todos los productos hechos por las comunidades, incluidos jerséis de lana y un divertido libro sobre la historia del pueblo.

ℹ Información

En el pueblo no hay bancos. La Oficina de Turismo Comunitario está en la plaza principal.

ℹ Cómo llegar y salir

Los autobuses a Guaranda (0,25 US$, 1 h) salen cada día a las 11.00, 13.00 y 15.00. Los taxis colectivos también circulan con frecuencia (1 US$, 45 min).

Volcán Chimborazo

Llamado "taita" (papá) por los indígenas de la zona, el volcán Chimborazo (6310 m) es la montaña más alta del país, un coloso que culmina en un enorme glaciar. Debido a la protuberancia ecuatorial del planeta, Chimborazo es el punto terrestre más alejado del centro de la Tierra y el más próximo a las estrellas.

Con su compañero menor y más escarpado, el **volcán Carihuairazo** (5020 m), al noreste, y el valle del río Mocha entre ambos, componen una región remota, incluso desolada, poblada únicamente por algunas comunidades indígenas. La ladera oeste del Chimborazo es conocida como Arenal, y es tan árida que hay quien la compara con el altiplano boliviano.

El Chimborazo y el Carihuairazo están integrados en la **Reserva de Producción Faunística Chimborazo** GRATIS. Se le llama así porque habitan cientos de vicuñas (parientes salvajes de la llama), que tras quedar extinguidas en Ecuador a causa de la caza fueron reintroducidas desde Chile y Bolivia en la década de 1980. Actualmente la población está en crecimiento y es fácil distinguir sus elegantes siluetas entre la niebla desde el autobús al efectuar la ruta entre Guaranda y Riobamba, así como verlas curioseando si se explora el parque.

La ascensión al Chimborazo o al Carihuairazo es una aventura apta solo para alpinistas bien aclimatados y experimentados con equipo de nieve y hielo (contáctese con algún guía recomendado en las secciones de Riobamba o Quito). Desde Riobamba se puede organizar una excursión de un día al refugio Whymper de Chimborazo (en esta pág.) a 5000 m.

De noche pueden alcanzarse temperaturas extremas. De julio a septiembre y diciembre son los meses más secos en la región, pero también los más fríos.

◉ Puntos de interés y actividades

Hay que aclimatarse convenientemente si se tiene pensado hacer actividades físicas por el Chimborazo o el Carihuairazo. Si el alojamiento está en la alta montaña de las proximidades de Chimborazo y Carihuairazo, probablemente será suficiente para aclimatarse, aunque el viajero debería consultar a un guía titulado si planea efectuar ascensiones difíciles o escalada en alguno de los dos picos. Los descensos en bicicleta de montaña desde los refugios se pueden contratar en las agencias de Riobamba.

La pequeña comunidad indígena de **Pulinguí San Pablo** (3900 m), en la carretera Riobamba-Guaranda, merece una visita; puede hacerse noche en el albergue comunitario. Los puruhaes llevan siglos habitando en las faldas del Chimborazo y hoy se esfuerzan por llevar turismo a la región a través del **Proyecto El Cóndor** (www.interconnection.org/condor) *⌀*, que ofrece guías, bicicletas y excursiones por fascinantes senderos de la zona. Una cooperativa de tejedoras complementa las actividades. Se puede pedir información a **Tom Walsh** (☏03-294-1481; twalsh@ch.pro.ec), residente en Riobamba, que ha apoyado a los lugareños en sus proyectos.

Excursionismo

La ruta desde Urbina por el río Mocha, pasando por el puerto de Abraspungo y la carretera Ambato-Guaranda, es muy popular. Harán falta tres días para recorrerla. El Instituto Geográfico Militar (p. 161) de Quito dispone de mapas. Una buena ruta de aclimatación empieza en el Chimborazo Lodge y sube hasta el **templo Machay**, donde los antiguos pueblos realizaban ofrendas a los dioses de la montaña. Conviene estar de regreso en la carretera hacia las 13.00 para evitar perderse en la niebla.

Escalada

La mayoría de los alpinistas hacen múltiples escaladas de aclimatación y pasan la noche cada vez a mayor altura antes de abordar el último ataque al Chimborazo, ascensión muy laboriosa y técnica. Hoy en día casi todos los grupos siguen la **ruta Normal,** por la que se tardan 8-10 h en hollar la cúspide y 2-4 h en regresar. La **ruta Whymper** se considera insegura.

No hay refugios en el Carihuairazo, así que los guías suelen montar un campamento base en el lado sur de la montaña. La ascensión resulta sencilla para los escaladores experimentados, pero es necesario llevar equipo de hielo.

🛏 Dónde dormir

A partir de media tarde empieza a hacer frío, de modo que hay que llevar ropa adecuada y saco de dormir.

La Casa del Cóndor ALBERGUE **$**
(☏099-8575-5031; Pulinguí San Pablo; dc 12 US$, 30 US$ 3 comidas incl.) El lugar más barato para alojarse en la zona está en la pequeña comunidad indígena de Pulinguí San Pablo. Las familias todavía viven en las chozas redondas típicas de la zona, pero este sencillo albergue de nueve plazas está en un edificio de piedra con duchas, agua caliente y una cocina común.

Refugio Carrel y Refugio Whymper CABAÑA **US$**
(dc 10 US$) Ambos refugios estaban cerrados por reformas cuando se editaba esta guía. Han anunciado que reabrirán en el 2015. El refugio Carrel está a 4800 m y, junto al refugio Whymper, a 5000 m, son los dos a mayor altura del país. Este último toma su nombre de Edward Whymper, escalador británico que intentó escalar el Chimborazo por primera vez en 1880, con los hermanos Carrel, suizos, como guías. Ambos refugios tienen vigilante, cocina equipada, consigna y una cantidad limitada de provisiones.

Chimborazo Lodge REFUGIO **$$$**
(☏099-973-3646, 03-236-4258; km 36 Riobamba-Guaranda Rd; i/d/ste 80/110/140 US$ desayuno incl.) La única opción de categoría en muchos kilómetros es este remoto hostal situado debajo del Chimborazo en un pequeño valle con prados. El edificio principal posee un agradable comedor, una gran chimenea y ventanales panorámicos con vistas a la cumbre. Las sencillas cabañas de madera tienen camas pequeñas y fotografías antiguas. Pero lo mejor de todo son las estufas. Las *suites* son espléndidas.

ℹ Cómo llegar y salir

Varios autobuses salen a diario de la terminal principal de Riobamba hacia Guaranda por una carretera asfaltada. A unos 45 min de Riobamba (1,25 US$), el autobús pasa por Pulinguí San Pablo, y unos 7 km más adelante, por el desvío (4370 m) señalizado que lleva a los refugios del Chimborazo, en la entrada del parque. Desde el desvío, hay 8 km por carretera hasta el aparcamiento del refugio Carrel y 1 km más hasta el refugio Whymper. Si se va a pie, hay que contar con que se tardarán varias horas en llegar a los refugios.

La mayoría de los hoteles de Riobamba pueden gestionar el transporte en taxi al refugio Hermanos Carrel. Cuesta unos 50 US$ alquilar un taxi que deje en el refugio y recoja al día siguiente, mientras que un solo trayecto sale por unos 30 US$.

Riobamba

156 000 HAB. / 2750 M ALT.

El topónimo que designa la ciudad está formado por la combinación de "río" y *bamba*, "valle" en quechua. Este nombre compuesto es indicativo de la topografía de la zona y de su rica mezcla de culturas. Riobamba posee una fuerte presencia indígena, que crece hasta dimensiones enormemente variopintas durante el mercado del sábado. Pero el trazado de la ciudad, las grandes plazas porticadas y la arquitectura evocan con su grandiosidad la colonización española.

Los puruhaes fueron los primeros pobladores de la zona, que fue conquistada por los incas poco antes de la llegada de los españoles. En 1534 estos fundaron la ciudad de Riobamba a un trecho de la prehispánica Cajabamba (17 km al sur por la Panamericana), pero en 1797 un enorme corrimiento de tierras la destruyó y sus habitantes se trasladaron a su ubicación actual. La emancipación ecuatoriana de España se concretó oficialmente en Riobamba con la firma de la primera Constitución nacional en 1830.

⊙ Puntos de interés y actividades

El elegante **parque Maldonado** (Primera Constituyente esq. Espejo) alberga la **catedral** en su lado noreste. Unas cuadras al sureste se halla el **parque La Libertad** (Primera Constituyente esq. Alvarado), junto a la neoclásica **basílica** (Veloz), famosa por ser la única iglesia redonda de Ecuador. Suele estar cerrada, pero se puede probar los domingos o por las tardes, a partir de las 18.00. Al norte del centro, el **parque 21 de Abril** (Orozco esq. Ángel León) tie-

ne un mirador desde donde se pueden ver las montañas de los alrededores.

Mercado del sábado MERCADO
El mercado sabatino transforma Riobamba en un enjambre de actividad comercial en el que miles de personas de los pueblos de alrededor acuden a comprar, vender e intercambiar artículos, descargan enormes bultos y extienden sus productos por las calles al noreste del parque de la Concepción.

Museo de Arte Religioso MUSEO
(Argentinos; entrada 2 US$; ⊗9.00-12.00 y 15.00-18.00 ma-sa) El bonito convento de las monjas conceptas, del s. XVI, alberga el mejor museo de Riobamba, con una de las mejores colecciones de arte sacro de los ss. XVII y XVIII del país. La pieza más destacada es una custodia de 1 m de altura con más de 1500 piedras preciosas. Es de oro macizo, con una base de plata, y pesa 360 kg, lo que hace extremadamente difícil que puedan robarla.

Museo de la Ciudad MUSEO
(parque Maldonado) GRATIS Construido a principios del s. XX por la familia Costales-Dávalos, este edificio histórico bien restaurado exhibe fotografías antiguas de la ciudad, exposiciones de arte temporales y algunos objetos. No ofrece suficiente información, pero es un buen sitio para hacer una pausa por la tarde.

**Parque Ecológico
Monseñor Leonidas Proaño** PASEAR
Para llegar a este cinturón verde junto al río hay que seguir 1 km al sur de la calle 10 de Agosto en Benalcázar. Hay unos 3 km de rutas por la orilla y es un buen sitio para merendar.

El parque lleva el nombre del obispo de Riobamba, Leonidas Proaño, que fue nominado al Nobel de la Paz por su obra en pro de la liberación de grupos indígenas casi esclavizados, una situación que perduraba en las haciendas de la región hasta bien entrado el s. XX.

Sendero de los Ancestros TREN
(☑1-800-873-637; www.trenecuador.com; av. León Borja con Unidad Nacional; billete 15 US$) Esta excursión de 4 h en tren sale de la estación de Riobamba a las 12.00 de jueves a domingo y se dirige al sur hasta la laguna de Colta, con paradas en la evocadora iglesia de Balbanera, un pequeño museo y ocasionales exhibiciones de danzas.

Tren del Hielo I TREN
(☑1-800-873-637; www.trenecuador.com; calle 10 de Agosto cerca de Carabobo; billete 12 US$) Este

Riobamba

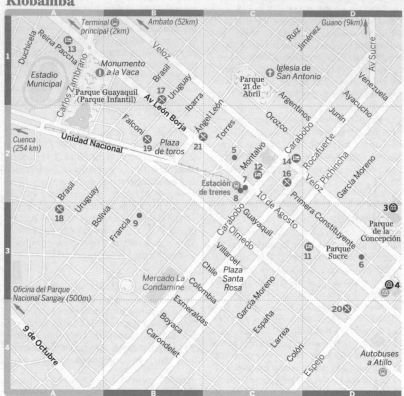

trayecto de ida y vuelta en tren dura unas 4 h y sale a las 8.00 de jueves a viernes de la estación de Riobamba. Discurre por el flanco este del Chimborazo hasta el pueblo de Urbina, donde se puede realizar un breve paseo a caballo y visitar el pequeño centro interpretativo sobre la cosecha de hielo en los glaciares. En la estación de Urbina hay un hotel (25 US$/noche).

Rappeling   DEPORTE DE AVENTURAS
(av. León Borja 41-29, Hotel Zeus) Ofrece rápel desde el edificio más alto de Riobamba, el Hotel Zeus, de siete plantas (15 US$).

☞ Circuitos

Gracias a su proximidad al Chimborazo, la montaña más alta del país, la ciudad posee algunas de las mejores empresas de escalada y guías de montaña. Las ascensiones de dos días cuestan un mínimo de 260 US$ por persona, con guías, material, transporte y co-

midas incluidos, pero no la tarifa de entrada al parque (2 US$).

Las excursiones de un día en bicicleta son muy populares; las hay por 45 US$/persona. Los descensos desde el refugio del Chimborazo, un emocionante modo de disfrutar de las vistas, tienen mucho éxito.

Las caminatas guiadas a los parques nacionales vecinos cuestan unos 120 US$ por día.

Veloz Coronado
Mountain Guides   CIRCUITO DE AVENTURAS
(☏03-296-0916; www.velozexpeditions.com; Chile 33-21 con Francia) Pionero de la escalada en Ecuador y dueño de esta excelente agencia de guías, Enrique Veloz es toda una institución en el país, tras haber subido al Chimborazo más de quinientas veces. Cuidan mucho la seguridad, realizan ascensiones a la mayoría de las cumbres de la sierra central y también ofrecen cursos de alpinismo.

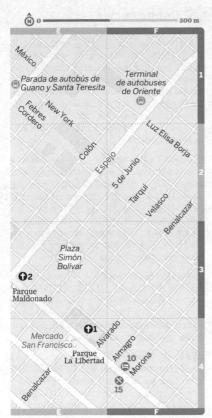

de un día (40-60 US$) a Chimborazo, Atillo y Colta. Los dueños son muy amables y hablan inglés.

Andean Adventures CIRCUITOS DE AVENTURA
(☎03-295-1389; www.andeannadventures.com) Empresa de prestigio especializada en ascensiones al Chimborazo. También ofrece bicicletas de montaña, senderismo y otras aventuras.

✨ Fiestas y celebraciones

La gran fiesta anual de Riobamba conmemora el **combate de independencia de Tapi,** el 21 de abril de 1822, en la que el general Sucre venció a las tropas realistas. Hacia el 21 de abril se celebra una gran feria agrícola con los típicos eventos: desfiles, bailes y mucha comida y bebida.

🛏 Dónde dormir

⭐**Hostal Oasis** ALBERGUE $
(☎03-296-1210; www.oasishostelriobamba.com; Veloz 15-32; i/d 13/24 US$; 🅿@🛜) Esta casa rural es difícil de superar en simpatía, economía

---

**Julio Verne Tour
Operator** CIRCUITOS DE AVENTURA
(☎03-296-3436; www.julioverne-travel.com; Espectador 22-25) Una agencia holandesa muy reputada en Ecuador que ofrece ascensiones de dos días al Chimborazo y otros picos, a buen precio y con todos los servicios, así como circuitos por el Oriente y a las Galápagos. También ofrecen descensos en bicicleta por el Chimborazo.

Pro Bici CIRCUITOS DE AVENTURA
(☎03-295-1759; www.probici.com; Primera Constituyente con Larrea) Situada en la 2ª planta, a la que se accede por la tienda de tejidos, es una de las mejores empresas de bicicleta de montaña del país, con muchos años de experiencia y buenas referencias de los clientes sobre sus excursiones. Ofrece alquiler de bicicleta de montaña (15-25 US$/día, según la bicicleta), mapas excelentes, buenas prácticas de seguridad y unas fascinantes excursiones

y atractivo rústico. Las habitaciones y apartamentos se agrupan en torno a un jardín y cuentan con una cocina común. Ofrece intercambio de libros y llamadas gratis a EE UU y Canadá. Lo único que le falta es estar más cerca de la animación del centro.

Hotel Tren Dorado HOTEL $

(☑03-296-4890; www.hoteltrendorado.com; Carabobo 22-35; h 15 US$/persona; P🛜) No es de extrañar que este hotel esté cerca de la estación. Por la oscura recepción se accede a una terraza aireada y a las habitaciones, impecables y cómodas, con colchas estampadas. El agua caliente no falla, y el desayuno tipo bufé cuesta 3 US$ más.

Hotel Montecarlo HOTEL $$

(☑03-296-1577; www.hotelmontecarlo-riobamba. com; calle 10 de Agosto 25-41; i/d 25/39 US$ desayuno incl.; 🛜) Ocupa una bonita casa restaurada de principios del s. xx. El uso del azul (en sofás, moquetas, accesorios y colchas) puede resultar tan agobiante como el producto de limpieza, pero es un hotel con encanto. Pídase una habitación en la parte de atrás para evitar el ruido de la calle.

Hotel Zeus HOTEL DE NEGOCIOS $$

(☑03-296-8036; www.hotelzeus.com.ec; av. León Borja 41-29; i/d 40/61 US$, ejecutivo i/d 60/75 US$; P🛜) Este hotel de siete plantas, situado entre la terminal de autobuses y el centro, ofrece una amplia gama de estilos y equipamiento, así como gimnasio. Las habitaciones más caras son excelentes (algunas tienen vistas impresionantes del Chimborazo).

Hostería La Andaluza HOSTERÍA $$

(☑03-294-9370; www.hosteriaandaluza.com; i 40-60 US$, d 50-70 US$; 🛜) Hacienda colonial reformada, unos 15 km al norte de Riobamba por la Panamericana, con vistas panorámicas y un bonito terreno. Cuenta con dos restaurantes, un pequeño gimnasio y un salón con futbolines.

Mansión Santa Isabella HOTEL-BOUTIQUE $$$

(☑03-296-2947; www.mansionsantaisabella. com; Veloz entre Carabobo y Rocafuerte; i/d/ ste 60/100/160 US$; 🛜) Este hotel histórico es un nuevo establecimiento selecto en la ciudad. Alrededor de un magnífico patio central con una fuente, tiene 11 habitaciones con techos abovedados y vigas de madera, aunque son algo pequeñas. El servicio puede ser insuficiente, teniendo en cuenta el precio.

 Dónde comer

Colibrí ECUATORIANA $

(Veloz 15-25; desayuno 1,75 US$, menú comida 2-3 US$; ⊙7.00-20.00) Pensando en un público mochilero internacional, este adorable y pequeño café cuenta con una excelente relación calidad-precio. Sus desayunos sanos incluyen pan integral y dejan satisfecho durante toda la mañana. Los menús del almuerzo y la cena son sencillos y sabrosos, a base de carne, pasta, sopas y postres.

Mercado La Merced MERCADO $

(mercado M. Borja; Guayaquil entre Espejo y Colón; ppales. 3 US$; ⊙7.00-18.00) Es difícil pasar por alto a las señoras que ofrecen su hornado (cerdo asado), dándolo a probar a los transeúntes. Si el ajetreo no es un problema y se quiere probar, el mercado es un lugar muy divertido e interesante para hacerlo. El día más animado es el sábado.

La Parrillada de Fausto ARGENTINA $

(Uruguay 20-38; ppales. 5-7 US$; ⊙12.00-15.00 y 18.00-22.30 lu-sa) Divertido asador argentino con espléndidos filetes, trucha y pollo servidos en un ambiente ranchero. No hay que perderse el bar-cueva de atrás.

La Abuela Rosa ECUATORIANA $

(Brasil y Esmeraldas; ppales. 1-3 US$; ⊙16.00-21.00 lu-sa) Sirve comida tradicional ecuatoriana y sabrosas tapas, bocadillos, chocolate y queso. Simpático, acogedor y frecuentado por lugareños.

Pizzería D'Baggios ITALIANA $$

(av. León Borja y Ángel León; *pizzas* 3-8 US$; ⊙12.00-22.00 lu-sa) De su horno de leña salen decenas de *pizzas* constantemente.

El Delirio ECUATORIANA $$

(Primera Constituyente 28-16; ppales. 7-10 US$; ⊙12.00-22.00 ma-do) Este monumento histórico convertido en restaurante lleva el nombre de un poema del gran libertador, Simón Bolívar, y sirve comida típica en un comedor con velas y objetos antiguos. El servicio es lento, pero el patio es una maravilla.

Jamones La Andaluza INTERNACIONAL $$

(☑03-294-7189; comidas 5-12 US$; ⊘av. León Borja cerca de Uruguay; 🛜) Al autor le encantan las mesas al aire libre, el servicio amable y su situación en primera fila de la animación nocturna del sábado noche. La comida abarca desde bocadillos a filetes y no es nada del otro mundo, pero es un lugar agradable para tomar un aperitivo al atardecer.

MERECE LA PENA

EXCURSIONES CORTAS DESDE RIOBAMBA

Aguas termales de Guayllabamba (entrada 0,25 US$) Desde la terminal de Chambo en Veloz y Puruhá, hay que tomar un autobús rápido (1 US$, 1 h) a Chambo, y pedir parada en las aguas termales. Desde allí, hay que andar 1 h por un camino de tierra hasta estos sencillos baños.

Chimborazo (p. 163) En la terminal principal hay que tomar el autobús de las 6.30 (1,25 US$) y bajarse en la entrada del parque del Chimborazo. Desde allí hay que andar de 4 a 5 h hasta los refugios del Chimborazo (donde ponen un sello conmemorativo especial de los 5000 m en el pasaporte). Hay que volver a la carretera antes de las 13.00 para no quedarse atrapado en la niebla y poder bajar con un autobús hasta la ciudad.

El Altar (p. 239) En la terminal de Oriente se toma el autobús de las 6.30 hasta Candelaria (0,50 US$). Desde allí hay que andar 15 min hasta la Hacienda Releche. Desde Candelaria se puede subir a pie o a caballo (8 US$) hasta el refugio El Altar, y proseguir hacia la laguna Amarilla. Los más aventureros pueden prolongar la excursión con dos noches de acampada en las lagunas Verde y Azul.

Guano Además de servir como lugar de recreo para las familias de Riobamba los fines de semana, el pueblo de **Guano**, 8 km al norte, es un importante centro de artesanía especializado en alfombras y artículos de cuero y totora. Las tiendas que los venden están en la plaza principal (donde para el autobús). Cerca hay también un **museo** (entrada 1 US$) que alberga los restos momificados de un monje franciscano del s. XVI, y las **ruinas** de un convento de la década de 1660. Si el día está claro, el **mirador** ofrece unas vistas excelentes de El Altar. Los autobuses locales de Riobamba a Guano salen de la parada de Pichincha y New York y cuestan solo 0,25 US$.

Lagunas de Atillo En la terminal de Chambo el viajero sube a un autobús en dirección a Atillo (2 US$, 2 h). Una vez allí, deberá pedir a alguien que le enseñe los lagos (10 US$). Las cabañas cuestan solo 3-4 US$.

Parque Acuático Los Elenes (entrada 1 US$; ⊕8.00-18.00) Desde la plaza principal de Guano, se prosigue en autobús o a pie hasta el pueblo de Santa Teresita, a 2 km. Al final del trayecto en autobús, hay que doblar a la derecha y seguir colina abajo unos 20 min hasta el Parque Acuático Los Elenes, cuyas piscinas reciben el agua de unos manantiales de aguas minerales. El agua está bastante fresca (22°C), pero las vistas del Tungurahua y de El Altar son maravillosas.

De compras

Se puede comprar artesanía en el parque de la Concepción y la estación de ferrocarril. Se encontrarán *shigras* (pequeños bolsos de cuerda), taguas talladas y cestas y esterillas de totora tejidas por los indígenas coltas con los juncos que crecen a orillas de la laguna de Colta.

☆ Ocio

La vida nocturna, aunque limitada, se concentra en el cruce de la av. León Borja con Torres, y al noroeste, por León Borja hacia Duchicela. En ambas zonas hay bares y discotecas.

❶ Información

Banco de Guayaquil (Primera Constituyente) Con cajero automático.

Banco del Pichincha (García Moreno esq. Primera Constituyente) Con cajero automático.

Clínica Metropolitana (☎03-294-1930; Junín 25-28) Clínica recomendada en el lugar.

Hospital Policlínico (☎03-296-8232; Olmedo 11-01) Al sureste del centro.

Oficina del Parque Nacional Sangay (☎03-295-3041; parquesangay@andinanet.net; av. 9 de Octubre; ⊕8.00-13.00 y 14.00-17.00 lu-vi) Al oeste del centro, cerca de Duchicela; para recabar información y pagar la entrada al Parque Nacional Sangay.

Comisaría de policía (☎03-296-9300; av. León Borja)

Oficina de correos (Espejo esq. calle 10 de Agosto)

Su Lavandería (Veloz 14-53) Entrega el mismo día por 0,70 US$/kilo.

¿LA PANAMERI... QUÉ?

A la altura de Cajabamba la Panamericana se divide en dos: la rama este es la Panamericana Ecuatoriana, que se convierte en carretera normal al llegar a la frontera con Perú, y la rama oeste es la Panamericana Internacional, aún conocida como tal cuando llega a la frontera peruana. Las referencias a la Panamericana deben entenderse como a la Ecuatoriana, no a la Internacional.

❶ Cómo llegar y salir

De la **terminal principal de autobuses** (av. León Borja esq. av. de la Prensa), unos 2 km al noroeste del centro, salen autobuses cada hora a Quito (3,85 US$, 4 h) y puntos intermedios, así como a Guayaquil (4,75 US$, 4½ h). Transportes Patria tiene un servicio a Machala a las 9.45 (6,35 US$, 6-7 h) y también hay varias salidas diarias a Cuenca (6 US$, 6 h). Los autobuses de la CTA a Alausí salen 20 veces al día entre las 5.00 y las 20.00 (1,90 US$, 2 h). Flota Bolívar tiene servicios de mañana y tarde a Guaranda (2,10 US$, 2 h); algunos siguen hasta Babahoyo. Los autobuses a Guaranda pasan por el desvío al Chimborazo y los refugios de montaña.

Tres largas cuadras al sur de la terminal principal (a la izquierda según se sale), junto a Unidad Nacional, hay una estación menor con frecuentes servicios a Cajabamba, la laguna de Colta y la capilla de La Balbanera. Los autobuses hacia Guamote salen de Canónigo Ramos, cerca de la carretera de circunvalación.

La **terminal de autobuses de Oriente** (Espejo esq. Luz Elisa Borja), al noreste de la ciudad, cubre destinos de Oriente. De allí salen autobuses a Coca (20 US$), Puyo (6 US$), Macas (5 US$) y Baños (2 US$). La carretera directa entre Riobamba y Baños ya está abierta, pero conviene preguntar allí en qué condiciones está. El servicio de autobuses todavía atraviesa Ambato.

Los autobuses a Atillo, en el Parque Nacional Sangay, salen de la esquina de Velazco con Olmedo.

Para visitar los pueblos de Guano y Santa Teresita (0,25 US$) se debe tomar un autobús urbano en la parada de Pichincha esquina con calle Nueva York.

❶ Cómo desplazarse

Al norte de la terminal principal de autobuses, detrás de la iglesia de la Santa Faz (la de la cúpula azul), hay una parada de autobuses urbanos que llevan al centro. Siguen la avenida León Borja, que se convierte en la calle 10 de Agosto cerca de la estación. En dirección contraria se puede tomar en Primera Constituyente cualquier autobús con la indicación "Terminal". El billete cuesta 0,25 US$.

Se puede ir en taxi casi a cualquier punto de la ciudad por 1 US$.

Al sur de Riobamba

Unos 17 km al sur de Riobamba, la Panamericana llega al minúsculo pueblito de **Cajabamba,** cerca de donde se encontraba Riobamba hasta que un corrimiento de tierras provocado por un terremoto enterrara la ciudad en 1797, causando miles de muertos. Aún se puede ver una gigantesca cicatriz en la montaña al llegar.

Más al sur y junto a la Panamericana, en el pequeño pueblo de Colta, se encuentra la inconfundible capilla colonial de **La Balbanera.** Aunque gran parte de esta bella iglesia se derrumbó en el terremoto de 1797, se conservan partes de la fachada de 1534, lo que la convierte en una de las más antiguas de Ecuador. También hay un pequeño centro de información y un apeadero del tren del Sendero de Los Ancestros (p. 165).

Unos 4 km al sur de Cajabamba, las aguas de la **laguna de Colta** aparecen rodeadas de un junco dorado llamado totora. Quien haya visitado el lago Titicaca en Bolivia reconocerá el ambiente y las pequeñas balsas de totora que se usan para navegar por la laguna. Los biólogos creen que las semillas de este junco debieron de llegar en tiempos prehistóricos. Cualquiera que sea el caso, la planta se ha convertido en una cosecha importante para los indígenas de la zona, que la usan para elaborar sus célebres cestos y esteras. Las mujeres, por cierto, se tiñen las puntas del pelo con un curioso color dorado.

Un sendero con grandes vistas del Chimborazo da la vuelta a la laguna (2 h). Los fines de semana se puede comer junto al agua la especialidad local, el cariucho, un guiso de carne y papas con ají.

Cualquiera de estos lugares se puede visitar bien en un día desde Riobamba con los autobuses locales, un taxi alquilado o la excursión del Sendero de los Ancestros. Los autobuses de Riobamba que toman la Panamericana hacia el sur pueden efectuar parada

LA NARIZ DEL DIABLO

A los amantes de los trenes les encantará saber que hubo un tiempo en que existía una línea de ferrocarril entre Quito y Guayaquil. Se construyó a principios del s. xx y se dio a conocer como Ferrocarril Transandino. Era una vía de comunicación económica entre la costa y la sierra y estaba considerada como un prodigio tecnológico.

Pero los días de gloria del ferrocarril ecuatoriano llegaron a su fin. A su desaparición contribuyeron la construcción de la carretera y los constantes daños causados por las avalanchas debidas a las fuertes lluvias. Sin embargo, muchas líneas se están restaurando con fines turísticos para realizar servicios de ida y vuelta, con explicaciones, paradas en pequeños museos, etc.

El más conocido e interesante es el tramo de Alausí a Sibambe por **La Nariz del Diablo** (📞1-800-873-637; www.trenecuador.com; estación de trenes de Alausí; billete 25 US$), un barranco de roca de 765 m. En 1902 los ingenieros de caminos diseñaron un medio de trepar por este monstruo y tallaron un camino en zigzag en la empinada ladera (muchos perdieron la vida en las obras). El tren avanza un poco hacia el norte, cambia de vía, avanza un poco hacia el sur y vuelve a cambiar de vía, traqueteando lentamente arriba y abajo por la Nariz del Diablo. Sale de Alausí de martes a domingo a las 8.00, 11.00 y 15.00.

En algún punto de la Nariz, la vieja carraca (en realidad, un autobús con equipamiento *retro*) siempre se sale de la vía, pero que no cunda el pánico: los empleados le piden a todo el mundo que se baje y, usando tecnología punta (palos y rocas) consiguen volver a colocar el tren sobre los raíles. El viaje debería durar unas 2½ h, con una de parada en Sibambe; allí una compañía de danza acude a recibir a los pasajeros, que tienen ocasión de comprar labores de artesanía y visitar un pequeño museo etnográfico. Hay una sencilla casa rural en Sibambe (25 US$/persona), por si el viajero quiere alargar el viaje un día más. Un guía acompaña a todos los grupos. A los más ávidos de adrenalina les entristecerá saber que ya no se puede viajar en el techo del tren.

SIERRA CENTRAL ALAUSÍ

en cualquiera de ellos. Están tan cerca entre sí que también se puede ir caminando de uno a otro.

Guamote

2788 HAB. / 3050 M ALT.

Es un encantador laberinto de edificios de adobe pintados con vivos colores y una orgullosa comunidad indígena que, de momento, no parece que vaya a perder su identidad. La localidad es famosa por su tradicional **mercado de los jueves,** uno de los mayores mercados rurales de Ecuador. Aunque algo aletargado, es un lugar donde aún se oye hablar quechua.

La **estación de trenes,** situada en lo alto de la colina, se ha reformado. En el 2014 estaba prevista la inauguración de un tren turístico desde Alausí, que debía insuflar nueva vida al pueblo. Inti Sisa (en esta pág.) ofrece estupendas visitas al pueblo (40-60 US$), paseos a caballo (60 US$) y clases de cocina (12,50 US$).

Guamote está en la carretera Riobamba-Cuenca, por la que pasan muchos autobuses a diario. A menos que el autobús vaya directamente a Guamote (por lo general solo los jueves), habrá que bajarse en la Panamericana y caminar más o menos 1 km montaña arriba hasta la plaza principal. En el pueblo no hay cajero automático.

⭐ **Inti Sisa**   ALBERGUE $

(📞03-291-6529; www.intisisa.org; J. M. Plaza con García Moreno; dc/i/d/tr 37/56/93/125 US$ desayuno y cena incl.; @🔊) 🛏 Integrado en un proyecto de turismo rural de gestión belga y ecuatoriana, este agradable alojamiento posee excelentes dormitorios remodelados con colchones gruesos, literas artesanales y duchas nuevas con lavabo doble. Las habitaciones privadas tienen el techo de caña, madera vista y colores alegres.

Inti Sisa gestiona un programa de educación de primera infancia en la ciudad. Se puede preguntar acerca de las ofertas de voluntariado; actualmente piden un compromiso de un año como mínimo.

Alausí

8111 HAB. / 3323 M ALT.

Situado en el borde de la garganta del río Chanchán y presidido por una gigantesca estatua de san Pedro, Alausí es el punto de partida del famoso tren de la Nariz del Diablo (p. 171). Al margen de ello, es un pueblo muy pintoresco, especialmente en las inmediaciones de la estación de trenes y por sus calles adoquinadas. Hoy día no es más que un apeadero, pero cuenta con el turismo que atrae el tren y últimamente ha renovado su vieja infraestructura ferroviaria.

Alausí se encuentra 97 km al sur de Riobamba y celebra un animado **mercado dominical**. La estación está en el extremo norte de la av. 5 de Junio.

🛏 Dónde dormir y comer

La mayor parte de los establecimientos se hallan en la calle principal, la av. 5 de Junio. Los hoteles suelen llenarse pronto los sábados por la noche con los visitantes que acuden al mercado y a pasar el fin de semana.

Hotel Europa   HOTEL **$**
(📞03-293-0200; www.hoteleuropa.com.ec; av. 5 de Junio 175 en Orozco; h 18 US$/persona, sin baño 10 US$; 🅿🛜) Con viejos balcones y pasillos de madera, pero reformado, es la mejor opción económica en el pueblo propiamente dicho. Las habitaciones no son nada del otro mundo, pero tienen televisión por cable. Está frente a la estación de trenes.

Hostería Pircapamba   HOSTERÍA **$$**
(📞03-293-0180; www.pircapamba.com; h 20 US$/persona desayuno incl.) Esta hostería, situada a 3 km en las afueras, posee habitaciones rústicas, con chimenea, y excelentes vistas del valle y numerosas zonas de estar. Una elección de primera, sobre todo para las familias, pero la falta de restaurante lo hace desaconsejable a menos que se disponga de transporte propio. Se ofrecen excursiones a pie y a caballo por la zona.

Punta Bucana Café   MEXICANA **$**
(plazoleta Guayaquil; ppales. 2-5 US$) Pequeño restaurante, en la parte norte de la av. 5 de Junio, que sirve comida centroamericana y mexicana con un ligero toque ecuatoriano. El servicio es un poco lento, pero la comida vale la pena.

ℹ Cómo llegar y salir

La **estación de autobuses** se halla en la av. 5 de Junio. Los autobuses a Riobamba (1,90 US$, 2 h) salen cada hora; los que van a Cuenca (5 US$, 4 h), varias veces al día. Los viajeros con destino a Quito deberán hacer transbordo en Riobamba. Muchos autobuses entre Riobamba y Cuenca entran en el pueblo; si no lo hacen, hay que caminar 1,5 km (cuesta abajo) desde la Panamericana.

Unos viejos autobuses (también camionetas) dan servicio a destinos próximos, con salida en la av. 5 de Junio. Algunos de los trayectos son bastante espectaculares, especialmente el de Achupallas, punto de partida del Camino del Inca, a unos 23 km por carretera hacia el sureste.

Cuenca y la sierra meridional

Los mejores restaurantes

➡ Moliendo Café (p. 183)

➡ Salvia (p. 184)

➡ Raymipampa (p. 184)

➡ Zarza Brewing Company (p. 199)

➡ Shanta's Bar (p. 205)

Los mejores alojamientos

➡ Mansión Alcázar (p. 183)

➡ Hostal Achik Wasi (p. 193)

➡ Grand Victoria Boutique Hotel (p. 197)

➡ Copalinga (p. 202)

➡ Hostería y Restaurante Izhcayluma (p. 205)

Por qué ir

Montañosa pero más moderada, la ruta por la espina dorsal meridional de los Andes ecuatorianos conduce a los viajeros más osados por exuberantes valles que deparan verdaderos tesoros, poblaciones coloniales de vivos colores y pueblos apartados donde prospera la cultura indígena. Y, salvo en Cuenca, la famosa capital regional, las carreteras y caminos están mucho menos transitados.

Casi todas las aventuras arrancan en esta ciudad, todo un clásico latinoamericano, con uno de los centros históricos virreinales mejor conservados del continente, así como una floreciente oferta culinaria, artística y de ocio. Desde allí, el viajero podrá elegir entre asentamientos antiguos apenas visitados y los espacios naturales que median en dirección a las animadas ciudades de Loja y Vilcabamba, ambas rodeadas de colinas ocres, antesala de las verdes laderas donde se cultiva el mejor café de Ecuador, a las que siguen húmedos bosques semitropicales.

Cuándo ir
Cuenca

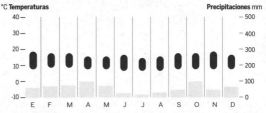

Todo el año Al sur de Cuenca, y en los alrededores de Loja y Vilcabamba, siempre es primavera.

Oct-may La estación lluviosa es más fría y verde, con sol de mañana y chaparrones de tarde.

May y ago Las fiestas de la Virgen del Cisne atraen a fieles de todo Ecuador.

Imprescindible

1 Deambular por las calles empedradas de la colonial **Cuenca** (p.176), Patrimonio Mundial de la Unesco.

2 Calzarse las botas y descubrir los misteriosos páramos del **Parque Nacional Cajas** (p.188).

3 Reflexionar sobre los enigmas de la ingeniería inca en las soberbias ruinas de **Ingapirca** (p.190).

4 Alejarse de los grupos de turistas con una **aventura por libre** (p.190) para explorar las apenas visitadas comunidades indígenas y sus mercados únicos, asombrosas iglesias y áreas naturales.

5 Dedicar una jornada a comprar artesanía en los tradicionales mercados dominicales de los pueblos de **Gualaceo, Chordeleg y Sigsig** (p.191).

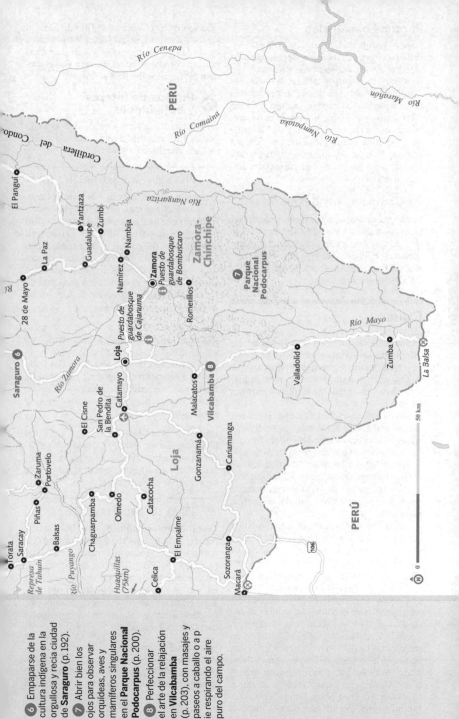

6 Empaparse de la cultura indígena en la orgullosa y recia ciudad de **Saraguro** (p.192).

7 Abrir bien los ojos para observar orquídeas, aves y mamíferos singulares en el **Parque Nacional Podocarpus** (p.200).

8 Perfeccionar el arte de la relajación en **Vilcabamba** (p.203), con masajes y paseos a caballo o a p ie respirando el aire puro del campo.

Parques nacionales

Los dos parques nacionales de la sierra meridional (**Parque Nacional Cajas,** cerca de Cuenca, y **Parque Nacional Podocarpus,** próximo a Loja) son de fácil acceso y ofrecen magníficas oportunidades de senderismo. El Podocarpus encierra una asombrosa variedad de paisajes, por lo que merece la pena visitar sus dos sectores (la sierra y las llanuras) para experimentarlo plenamente. Parte del **Parque Nacional Sangay** se ubica en esta región, pero sus puntos de acceso quedan más al norte.

ℹ️ Cómo llegar y desplazarse

Desde Quito y Guayaquil hay vuelos directos diarios a Cuenca y Loja, siendo esta última un punto muy práctico para ir a Perú, vía Macará, Zumba (pasando por Vilcabamba), o incluso Huaquillas, al oeste. Guayaquil, en la costa, queda a solo 3½ h de Cuenca en autobús.

Cuenca

332 000 HAB. / 2530 M ALT.

Después de Quito, Cuenca es la ciudad colonial más importante y bella de Ecuador; sin embargo, los lugareños insisten en que su cadencia pausada, sus calles más limpias y su clima más agradable la colocan muy por encima de la capital.

Datado del s. XVI y reconocido por la Unesco, el centro histórico de Cuenca, con su distintivo perfil de enormes cúpulas y altas torres, es un lugar ajeno al paso del tiempo: las monjas se apresuran por las calles adoquinadas, los niños vestidos de uniforme saltan junto a iglesias históricas y las ancianas espían desde sus balcones llenos de geranios a las parejas que pasean.

La ciudad es el centro de muchas tradiciones artesanas –entre ellas la cerámica, los objetos de metal y los sombreros panamá, de fama internacional–, a lo que se suma una amplia oferta en los pueblos cercanos.

Al menos tres culturas han dejado huella en Cuenca. A su llegada, en la década de 1540, los españoles se encontraron con las ruinas de una ciudad inca grande pero efímera, llamada Tomebamba (Valle del Sol). Los españoles no tardaron en desmantelar lo que quedaba, incorporando los elegantes sillares grabados de los incas en sus propias estructuras. Antes de los incas, los indígenas cañari habían vivido en la zona unos 3000 años; también erigieron allí una ciudad, llamada

Quanpondelig (Llanura tan Grande cómo el Cielo). Salvo unos pocos yacimientos, nimios en verdad, no se conservan vestigios de estas culturas precolombinas, aunque varios museos estupendos ilustran su historia.

◉ Puntos de interés y actividades

En Cuenca da la sensación de que hay una iglesia, un santuario o una plaza a la vuelta de cada esquina.

◉ Plaza de San Sebastián

Esta plaza, considerada la más bella de Cuenca, marca el extremo occidental del centro histórico y se distingue por la **iglesia de San Sebastián** (Bolívar esq. Talbot; ⊙6.30-17.00 lu-sa, hasta 20.00 do), del s. XIX. En 1739, cuando la plaza todavía acogía corridas, no fue un toro, sino una multitud de cuencanos la que atacó a un miembro de la expedición geodésica de La Condamine, al parecer debido a un lío de faldas con una lugareña.

Museo de Arte Moderno   MUSEO
(Mariscal Sucre esq. Talbot; entrada con donativo; ⊙9.00-17.00 lu-vi, hasta 13.00 sa y do) En el lado sur de la plaza de San Sebastián, este genial museo, en tiempos un manicomio, contiene en la actualidad una colección de arte ecuatoriano y latinoamericano muy apreciada.

Iglesia de San Cenáculo   IGLESIA
(Bolívar esq. Tarqui; ⊙6.30-17.00 lu-sa, hasta 20.00 do) Dos cuadras al este de la plaza de San Sebastián, esta adusta iglesia del s. XIX merece un vistazo si el viajero pasa cerca.

◉ Plaza de San Francisco

Deslumbrante aunque destartalada, su eje central es la **iglesia de San Francisco** (Padre Aguirre esq. Presidente Córdova; ⊙6.30-17.00 lu-sa, hasta 20.00 do), del s. XIX, que alberga un altar cubierto de pan de oro de la época colonial. La plaza está flanqueada por antiguos edificios con soportales y balcones de madera, además de uno de los principales mercadillos locales.

**Iglesia del Carmen
de la Asunción**   IGLESIA
(Padre Aguirre esq. Mariscal Sucre; ⊙6.30-17.00 lu-sa, hasta 20.00 do) La austera e inmaculada iglesia a la vuelta de la esquina desde la plaza de San Francisco data de 1682 y constituye

un bello contraste con el colorido **mercado de flores** que se instala en la plazoleta del Carmen, justo delante.

◉ Parque Calderón y alrededores

La plaza principal está dominada por dos soberbias catedrales. El parque, al que se accede por senderos cercados, debe su nombre al héroe de la independencia Abdón Calderón, cuyo monumento se erige en pleno centro.

★ Catedral de la Inmaculada Concepción   IGLESIA

(Parque Calderón; ◎6.30-17.00 lu-sa, hasta 20.00 do) También conocida como la catedral nueva, su construcción empezó en 1885. Sus enormes cúpulas de azulejos de color azul celeste se ven desde toda la ciudad, y si los campanarios parecen algo achaparrados, es por un error de diseño: el edificio no habría podido soportarlos con la altura prevista.

★ El Sagrario   IGLESIA

(Parque Calderón; adultos/niños 2/1 US$; ◎9.00-13.00 y 14.00-18.00 lu-vi, 10.00-13.00 sa y do) Al otro lado del parque se yergue la enjalbegada catedral vieja (también conocida como El Sagrario), cuya construcción se inició en 1557, año de la fundación de Cuenca, y en 1739 la expedición de La Condamine utilizó sus torres como punto de triangulación para medir la forma de la Tierra. Hoy se encuentra desacralizada y sirve de museo religioso y sala de recitales.

Iglesia de Santo Domingo   IGLESIA

(Gran Colombia esq. Padre Aguirre; ◎6.30-17.00 lu-sa, hasta 20.00 do) Situada dos cuadras al noroeste del parque Calderón, luce unas exquisitas puertas de madera tallada y alberga cuadros virreinales. Aunque parece más antigua, data de principios del s. xx.

Museo del Monasterio de las Conceptas   MUSEO

(Miguel 6-33; entrada 2,50 US$; ◎9.00-18.30 ma-vi, 10.00-13.00 sa) Este museo religioso, en el convento de la Inmaculada Concepción, fundado en 1599, permite asomarse a las centenarias costumbres de las monjas de clausura que viven en el lugar. Como es natural, no se les puede ver, pero sí los primitivos utensilios que utilizan para hacer pan y unos dioramas de sus espartanas celdas, además de varias obras de arte sacro. Está tres cuadras al suroeste del parque Calderón.

◉ Parque San Blas

En el extremo este del centro histórico, en lo que otrora se conocía como el "barrio bajo", este parque algo decrépito alberga la **iglesia de San Blas** (Vega; ◎6.30-17.00 lu-sa, hasta 20.00 do), una de las más grandes de la ciudad y la única con planta de cruz latina.

◉ Río Tomebamba y calle Larga

Majestuosos edificios virreinales se alzan en las verdes márgenes del río Tomebamba, que separa el casco histórico de Cuenca de los nuevos barrios del sur. Las fachadas dan en realidad a la calle Larga, que corre en paralelo al Tomebamba, mientras que la parte trasera de las casas cuelgan sobre el río. El nombre del barrio de moda, El Barranco, se debe a esta disposición. Empinadas escaleras de piedra –la más utilizada se conoce como **La Escalinata**– descienden hasta el atractivo paseo 3 de Noviembre, que cuenta con carril-bici y sigue la orilla norte del río hasta El Vado, al oeste.

LA ATEMPORAL MODA DE CUENCA

Casi todos los viajeros quedan anonadados ante los llamativos y ornamentados atuendos tradicionales de las mujeres indígenas de Cuenca y sus alrededores, quienes siguen llevando estas prendas con orgullo, a pesar de que la mayoría de los hombres ha aparcado la costumbre de vestir poncho. Las faldas, llamadas polleras, caen justo por debajo de las rodillas y lucen un característico dobladillo bordado que permite identificar la comunidad de origen. A pesar de que una pollera de calidad puede llegar a costar cientos de dólares, no hay prenda femenina más apreciada que el paño, un precioso chal con flecos elaborado mediante una compleja técnica de tejido prehispánica conocida como *ikat*. Basta con añadir un sombrero de paja, unos toscos pendientes de metal o zarcillos, y un par de largas trenzas, y el resultado es un estilo que ha resistido a todas las modas del último siglo, entre ellas las pulseras de goma de colores, los vaqueros lavados a la piedra y los pantalones de campana.

Cuenca

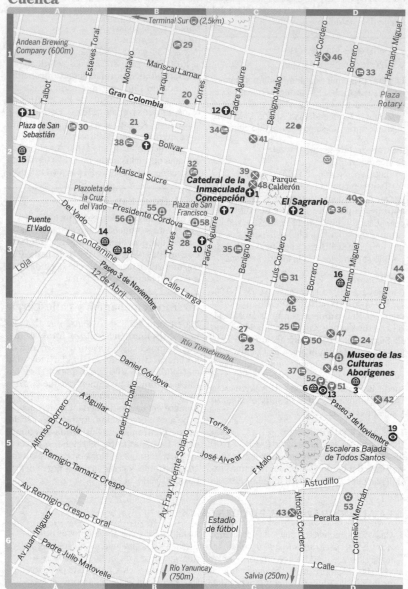

★ **Museo del Banco Central 'Pumapungo'**   MUSEO
(www.pumapungo.org; Larga entre Arriaga y Huayna Capac; ⏰8.00-17.30 ma-sa) GRATIS Vale la pena dar un paseo en dirección este por la calle

Larga hasta uno de los museos más destacados del país. Aunque se exhiben magníficas obras de arte moderno en la planta baja, el plato fuerte está en la segunda, donde se ofrece un detallado recorrido mediante co-

les, varios grupos étnicos de la selva tropical y todos los grandes grupos de la sierra.

Para terminar, pueden verse las espeluznantes *tzantzas* o cabezas reducidas de la cultura shuar del oriente meridional. La visita incluye el **Parque Arqueológico** (⊙8.00-17.30 ma-sa), detrás del museo, donde se puede pasear entre las enormes ruinas de la que al parecer fue la antigua ciudad inca de Tomebamba. Aunque apenas se conserva nada, ya que los conquistadores utilizaron casi todas las piedras para construir la actual Cuenca, es un buen sitio para dar un garbeo y, por qué no, tomar algo en el bar al final del recorrido.

★**Museo de las Culturas Aborígenes**   MUSEO
(museoarq@etapaonline.net.ec; Larga 5-24; entrada 2 US$; ⊙9.00-18.00 lu-vi, hasta 13.00 sa) Este museo custodia más de 5000 piezas arqueológicas representativas de más de una veintena de culturas prehispánicas ecuatorianas que se remontan a unos 15 000 años. Pero lo que convierte este museo en un verdadero tesoro es su informativo circuito guiado, en el que se invita a tocar insólitas piezas, como peines y espejos de color obsidiana, así como utensilios de cocina bastante sofisticados, y se explican sus asombrosos diseños. Un sereno café con patio despacha café de lo más cargado.

Museo Manuel Agustín Landívar   MUSEO
(Larga 2-23 esq. Vega; ⊙9.00-13.00 y 15.00-18.00 lu-vi) GRATIS En el extremo este de la calle Larga, este museo propone exposiciones arqueológicas y visitas guiadas a las **ruinas de Todos Santos,** con vestigios cañaris, incas y españoles, en capas superpuestas. Si se prescinde de los circuitos, también pueden admirarse desde más abajo, en la av. de Todos Santos.

Puente Roto   PUENTE
(av. de Todos Santos y Machuca; ⊙feria de arte 10.00-17.00 sa) Tendido sobre un bonito tramo del paseo 3 de Noviembre, buena parte de este puente fue arrastrado en una crecida del río, si bien sus arcos de piedra constituyen un bonito marco para una **feria de arte** y actos culturales cada sábado.

Centro Interamericano de Artes Populares   MUSEO
(Cidap; www.cidap.org.ec; 3 de Noviembre esq. La Escalinata; ⊙9.30-13.00 y 14.00-18.00 lu-vi, 10.00-13.00 sa) GRATIS Escaleras abajo, a la vera del río, este museo contiene trajes, artesanía y arte de pueblos indígenas de toda América Latina. Su vistosa tienda vende artesanía a buen precio.

loridos dioramas y reconstrucciones de casas típicas de las distintas culturas indígenas de Ecuador, incluidos los afroecuatorianos de la provincia de Esmeraldas, los montubios o ganaderos de las llanuras costeras occidenta-

Cuenca

◉ El Vado

En los aledaños de la plazoleta de la Cruz del Vado y la calle La Condamine se arraciman galerías, cafés, restaurantes y talleres de artesanos especializados en toda clase de artículos, desde bordados tradicionales y objetos de cobre hasta sillas de montar.

Prohibido Museo de Arte Extremo GALERÍA
(La Condamine 12-102; ⊗12.00-hasta tarde) Esta emergente zona concentra varios establecimientos singulares, como esta galería temática sobre Jack el Destripador, que también sirve de bar y local nocturno.

Laura's Antigüedades y Curiosidades GALERÍA
(La Condamine 12-112; ⊗9.00-13.00 y 15.00-18.00 lu-vi) Revoltijo de objetos curiosos y obras de arte en un edificio del s. XIX. En la zona también se encuentran los famosos sombrereros de Cuenca.

◉ Al sur del centro

Aunque Tometamba carezca de belleza arquitectónica, la más moderna zona al sur del río se está convirtiendo en un lugar cada vez más en boga, con un par de atractivas áreas verdes que justifican alejarse del corazón colonial de Cuenca.

Río Yanuncay
PARQUE

Este sereno curso de agua se halla 1 km al sur de La Escalinata del centro histórico y está bordeado por arboladas zonas verdes perfectas para un *picnic*. Río arriba, en la confluencia con el Tarqui, el tercer río de la ciudad, hay un interesante **jardín botánico**. Un taxi hasta el lugar cuesta 1,50 US$.

Mirador de Turi
MIRADOR

Para disfrutar de una vista maravillosa de Cuenca, se recomienda tomar un taxi (5 US$) y dirigirse 4 km al sur de la ciudad, por la av. Solano hasta la austera e inmaculada iglesia de Turi. Las vistas de su famoso y romántico perfil urbano son particularmente bellas al atardecer y en las noches de noviembre y diciembre, cuando la ciudad rebosa de luces de Navidad.

⌖ Circuitos

Los operadores locales organizan cómodas excursiones de un día a Ingapirca, al Parque Nacional Cajas, a los pueblos y mercados cercanos, y a otros puntos de interés de la zona. Casi todos cobran 40-50 US$/persona y recogen a los viajeros en el hotel.

Expediciones

Apullacta
CIRCUITO DE AVENTURA

(☏07-283-7815; www.apullacta.com; Gran Colombia 11-02, 2°) Importante empresa que ofrece excursiones de un día a Ingapirca (50 US$), al Parque Nacional Cajas (55 US$) y a la zona de Gualaceo (63 US$), entre otros lugares. También organiza un paquete de tres días y dos noches para recorrer el Camino del Inca (280 US$), además de salidas de varios días a diferentes puntos del país.

Terra Diversa Travel Center
CIRCUITO

(☏07-282-3782, 999-204-832; www.terradiversa.com; Larga esq. Cordero) Se especializa en excursiones de un día en bicicleta o a caballo, así como en circuitos ecuestres que incluyen pernoctación en haciendas o acampada en el Camino del Inca, al norte de Ingapirca. También propone circuitos por el Parque Nacional Cajas y la Amazonia ecuatoriana. Uno de 3 h por Cuenca cuesta 25 US$.

Kushiwaira
CIRCUITO ECOLÓGICO

(☏07-244-0411, 099-747-6337; kushiwaira@gmail.com; 40 US$/persona) Es uno de los proyectos de turismo basado en la comunidad mejor gestionados de la región, con visitas previa solicitud a la comunidad de Tarqui. Sus fantásticas propuestas incluyen una visita a un centro de cría de cuyes (conejillos de Indias), demostraciones de rituales típicos incas, *picnics* con aldeanos y mucho más. Los circuitos salen de la librería Carolina, donde se puede recabar información.

✹ Fiestas y celebraciones

Carnaval
FIESTA

Como en otras partes del país, el carnaval se festeja con alborotadas guerras de agua y polvos de talco, de las que nadie se libra.

Semana Santa
FIESTA RELIGIOSA

En Cuenca las celebraciones de Pascua adquieren tintes frenéticos durante una semana de procesiones que alcanza su clímax el Jueves Santo, cuando los devotos recorren las siete iglesias principales de la ciudad. Para deleitar el paladar, no hay nada como las típicas empanadas de viento (rellenas de queso) o la fanesca, la versión cuencana de la sopa de Pascua.

12 de abril
FIESTA CIUDADANA

El aniversario de la fundación de Cuenca en 1557 suele ser próximo a las fiestas de Semana Santa. Los escolares juran fidelidad a la ciudad y se elige a la reina de Cuenca. Los cuencanos hacen gala de su célebre orgullo cívico con elaboradas carrozas y fuegos artificiales en los distintos barrios.

Corpus Christi
FIESTA RELIGIOSA

Esta fiesta católica suele celebrarse el noveno jueves después de Pascua, coincidiendo con el Inti Raymi, la fiesta indígena del solsticio de junio. Vivida con el mismo fervor que otras fiestas cuencanas, culmina en un fin de semana de procesiones y espectáculos pirotécnicos. El parque Calderón se convierte en un goloso festín, con numerosos vendedores ambulantes de dulces típicos.

Día de la independencia
FIESTA CIUDADANA

El 3 de noviembre es el Día de la Independencia, que al sumarse al 1 y 2 del mismo mes (Todos los Santos y Difuntos) representa un importante puente para la ciudad y el resto del país.

Pase del Niño
FIESTA RELIGIOSA

Conforme a la arraigada identidad católica de Cuenca, la procesión de Nochebuena es fruto de los preparativos que ocupan a los participantes durante todo el año, y culmina en una de las manifestaciones religiosas más espectaculares de Ecuador.

🛌 Dónde dormir

Cuenca ofrece una enorme selección de hoteles, muchos de ellos en antiguas casas y mansiones restauradas. Aunque hay alojamientos en todas las categorías de precios, siguen siendo algo más caros que en otros lugares. En períodos vacacionales se llenan rápidamente y las tarifas aumentan.

★ Hostal Yakumama   ALBERGUE $

(📞07-283-4353; www.hostalyakumama.com; Cordero esq. Jaramillo y Vázquez; dc desde 7 US$, d 29 US$, sin baño 20 US$; 🛜) Pese a la feroz competencia, este establecimiento ha sabido llegar a lo alto del escalafón en la categoría local de albergues. Desde el luminoso y amplio dormitorio con 10 camas hasta las bonitas habitaciones privadas, pintadas a mano, pasando por las geniales zonas comunes (un patio lleno de murales y plantas y una sala con futbolín), todo refleja el acertado criterio de sus dueños.

Hostal Alternative   ALBERGUE $

(📞07-408-4101; www.alternativehostal.com; Huayna Capac esq. Cacique Duma; dc 9 US$, d sin baño 20 US$; 🛜) Aunque queda algo apartado de la acción, este flamante albergue tiene muchísimo potencial, como acreditan sus impolutas habitaciones, su cocina compartida, su sala de TV y su fabulosa terraza. El moderno edificio octagonal ofrece dormitorios colectivos de tamaño pequeño y mediano, con buenos colchones y mucho espacio.

Alvano's Hostal   ALBERGUE $

(📞07-283-7240; www.alvanoshostal.com; Honorato Vázquez 5-66; h 10 US$/persona, sin baño 8 US$; 🛜) Limpio pero sencillo, con carácter pero sin artificios, este albergue andino, fiel a las maneras mochileras, es hoy una rareza en Cuenca. Sus grandes habitaciones, con suelos combados, bordean un pequeño patio. Dispone de cocina comunitaria y lavandería.

El Cafecito   ALBERGUE $

(📞07-283-2337; www.cafecito.net; Vázquez 7-36; dc 7,50 US$, h 26 US$, sin baño 16 US$; 🛜) Es uno de los preferidos de los mochileros, y apenas ha cambiado desde la última visita, lo que presenta ventajas e inconvenientes. Por un lado, sigue siendo el punto de encuentro de referencia para conocer a otros viajeros, pero sus habitaciones, algo maltrechas, empiezan a verse superadas por las de otros albergues.

Y aunque el café-bar del patio no ha perdido un ápice de su ambiente, las habitaciones más cercanas sufren el ruido de las juergas hasta altas horas.

Hotel Victoria   HACIENDA $$

(📞07-282-7401; www.hotelvictoriaecuador.com; calle Larga 6-93; i/d 58/79 US$ desayuno incl.; 🅿🛜) En una de las casas señoriales del s. XVII que asoman al barranco del río Tomebamba, sus impecables 23 habitaciones de estilo hacienda lucen vigas de madera vista y baños modernos. Dos *suites* disfrutan de enormes terrazas sobre el río y muchas habitaciones tienen vistas. Si se añade el buen servicio y un maravilloso restaurante, queda claro por qué es la mejor oferta de Cuenca en la categoría media.

Hostal Casa del Barranco   PENSIÓN $$

(📞07-283-9763; www.casadelbarranco.com; Larga esq. Benigno Malo y Cordero; i/d/tr 29/44/58 US$) Encaramada en lo alto del barranco, en una casa del período colonial, ofrece habitaciones de categoría, cuatro de ellas con terraza con vistas al río. La cafetería, con más vistas fluviales desde la terraza, es un buen sitio para desayunar.

Hostal Macondo   HOTEL $$

(📞07-282-1700; http://hostalmacondo.com; Tarqui 11-64; i/d 35/50 US$ desayuno incl.; 🛜) Esta pensión de estilo colonial cuenta con impolutas habitaciones palaciegas en la parte delantera, más antigua, y otras, pequeñas pero acogedoras, alrededor de un jardín trasero grande y soleado, lo que la convierte en una de las mejores ofertas de precio económico del lugar. Los huéspedes en estancias largas tienen acceso a la agradable cocina, y todo el mundo habla maravillas de su desayuno continental, con inacabables tazas de café.

Hostal Posada del Ángel   HOSTAL $$

(📞07-284-0695; www.hostalposadadelangel.com; Bolívar 14-11; i/d/tr 42/68/75 US$ desayuno incl.; 🅿📶🛜) Este B&B amarillo y azul en una casa colonial posee habitaciones confortables con televisión por cable y camas grandes. Las que asoman al patio interior tienen techos altos, aunque hay otras, más tranquilas, accesibles por una estrecha escalera de madera, que son las favoritas de estos autores. Los desayunos, servidos en el soleado vestíbulo, están presididos por el ángel epónimo.

Hotel Morenica del Rosario   HOTEL $$

(📞07-282-0925; www.morenicadelrosario.com; Gran Colombia 10-65 esq. Torres; i/d 63/81 US$ desayuno incl.) Singular y tranquilo, con una bonita terraza en la azotea, zonas comunes impregnadas de suntuosidad gótica y un conjunto de habitaciones amplias y bien amuebladas, aunque algo deslustradas.

Hotel Inca Real   HOTEL $$
(☑07-282-5571/3636; www.hotelincareal.com.ec; Torres esq. Sucre y Bolívar; i/d 61/78 US$; P⊛) En el umbral de la categoría superior, tiene un precioso patio alicatado, contiguo a un restaurante de tapas no menos tentador, antesala de unas habitaciones imponentes. Ofrece todas las prestaciones de rigor y cuenta con una *suite*.

Hostal Cofradía del Monje   PENSIÓN $$
(☑07-283-1251; www.hostalcofradiadelmonje.com; Presidente Córdova 10-33; i 29-35 US$, d 48-60 US$ desayuno incl.; ⊛) En una casa centenaria reformada casi encima de la iglesia de San Francisco, esta pensión tiene techos altos de madera y amplias vistas sobre la plaza y el mercado. En las habitaciones, si se cierran los gruesos porticones de madera, reina una paz monacal.

Hotel Posada del Rey   HOTEL $$
(☑07-284-3845; www.posadadelreyhotel.com; Benigno Malo; i/d/ste 41/77/99 US$ desayuno incl.; ⊛) En una casa colonial remozada, ofrece 10 habitaciones con murales pintados a mano en torno a un patio central lleno de madera y hierro. Tal vez no sea digno de un rey, como sugiere su nombre, pero todas las habitaciones, relativamente cómodas, tienen balcón, televisión por cable y un extraño olor a desinfectante.

★ Mansión Alcázar   HOTEL HISTÓRICO $$$
(☑07-282-3889; http://mansionalcazar.com; Bolívar 12-55; i/d 134/223 US$ desayuno incl.; P@⊛) Con un servicio insuperable y habitaciones de temática única, el Alcázar es la mejor oferta de Cuenca en la categoría alta. Una fuente riega las flores frescas en el patio interior y el suntuoso jardín, la biblioteca y el restaurante internacional acreditan el infalible detallismo de la dirección. Hay, además, cinco habitaciones, más nuevas, alrededor de un jardín trasero, así como varias *suites*.

Hotel Santa Lucía   HOTEL $$$
(☑07-282-8000; www.santaluciahotel.com; Borrero 8-44 esq. Sucre; i/d/ste 125/165/200 US$; P⊛) Dicen que es el alojamiento preferido del presidente Rafael Correa en Cuenca. Y aunque es cierto que su recoleto patio interior cautiva, las habitaciones son bonitas pero no

embelesan. Incorpora extras como un cóctel de bienvenida, numerosos canales de televisión por cable, servicio de aparcacoches y tres fastuosos restaurantes.

Hotel Los Balcones   HOTEL HISTÓRICO $$$
(☑07-284-2103; www.hotellosbalconescuenca.com; Borrero 12-08; i/d/tr 79/100/114 US$; P⊛) Casa reformada de la época colonial con una imponente lámpara de araña en el patio central, habitaciones menudas pero bien equipadas, paredes pintadas a mano y una terraza de la azotea con vistas dignas de una reina. Las duchas con *jacuzzi* son un primor.

✖ Dónde comer

★ Moliendo Café   COLOMBIANA $
(Vázquez 6-24; ppales. 3-6 US$; ⊙12.00-21.00 lu-sa; ⊛) Siempre a reventar, se trata de uno de los mejores pequeños restaurantes de todo Ecuador. La especialidad son las sustanciosas arepas, típicas del país vecino del norte, con diferentes propuestas de relleno que se acompañan muy bien con una cerveza fría o un café Juan Valdez.

Café Nucallacta   CAFÉ $
(http://cafenucallacta.com; Larga esq. Cueva y Machuca; comidas ligeras 2-5 US$; ⊙8.00-18.00 lu-sa, 9.00-13.00 do; ⊛) Sirve el mejor café de cultivo artesanal de Cuenca –tostado allí mismo–, además de buenos desayunos y tartas. Otro aliciente son las interesantes explicaciones de su dueño, especialmente versado en el sector cafetero. Las mesas se ocupan rápido por la mañana.

Windhorse Cafe   CAFÉ $
(Larga 6-16; comidas ligeras 2-5 US$; ⊙8.00-15.00 vi-ma) Microscópico café que atrapa con tentadoras ensaladas y tartas caseras que saben a gloria. Y por si fuera poco, hay intercambio de libros y se imparten clases de yoga y meditación.

Angelus   HELADERÍA $
(Benigno Malo esq. Bolívar; cucuruchos 1,50-4 US$; ⊙8.00-22.30 lu-mi, 8.00-11.30 ju-sa, 8.00-22.00 do) La heladería más en onda de Cuenca dejará atónito al viajero con algunos de los sabores más extraños jamás vistos, aunque también los hay convencionales. Está en la plaza principal, por lo que no tiene pérdida.

Govinda's   INTERNACIONAL $
(Jaramillo 7-27; menú comida 2,50 US$, ppales. 4 US$; ⊙8.30-15.00 lu-sa, 18.00-22.00 mi-sa; ⊛☑) *Pizzas*, hamburguesas de lentejas y buen karma a raudales.

BENDITO PUCHERO

En Semana Santa se anuncia por toda Cuenca la fanesca, un guiso de bacalao que obedece a la tradición del ayuno durante la Cuaresma. La base es de calabaza y lleva una docena de legumbres y cereales en representación de los doce apóstoles. Se acompaña de huevo duro, plátano frito y empanadillas. Y es tan rico y sustancioso que deja satisfecho hasta la siguiente Semana Santa. En Cuenca es costumbre redondear el festín con arroz con leche.

Chill & Grill   HAMBURGUESERÍA **$**
(Cordero esq. Peralta; comidas 3-6 US$; ☺lu-sa) Para degustar una buena hamburguesa, sin duda este es el lugar.

★**Salvia**   EUROPEA **$$**
(☎093-951-3820; www.salviacuenca.com; Roberto Crespo Torral esq. Mora; ppales. 10-13 US$; ☺12.00-15.00 y 18.00-21.00 mi-sa, 12.00-15.00 do; 🅿🛜) Dominador absoluto de la escena local de *gastropubs*, esta nueva incorporación de dirección británica deleita con una de las mejores ofertas culinarias de la ciudad, en una preciosa casa restaurada en la prometedora zona sur.

El chef adora los productos locales, ingredientes como trucha del Parque Nacional Cajas, hierbas del jardín trasero o codorniz de una granja cercana se emplean en sus creaciones, sencillas pero elegantes. Se recomienda reservar.

Raymipampa   ECUATORIANA **$$**
(Benigno Malo 8-59; ppales. 5-11 US$; ☺8.30-22.30 lu-vi, desde 9.30 sa y do; 🛜) Abierta hasta tarde y siempre abarrotada por lugareños y viajeros, esta institución cuencana ofrece una carta que se encuadra entre los platos típicos ecuatorianos y la comida de cafetería.

Café Eucalyptus   INTERNACIONAL **$$**
(www.cafeeucalyptus.com; Gran Colombia 9-41; ppales. 6-23 US$; ☺12.00-22.00 lu-ju, hasta 2.00 vi y sa, 17.00-22.00 do; 🛜) Su irreverente carta se jacta de que allí no se sirve a funcionarios de aduanas, conductores de autobús chiflados ni ejecutivos de compañías aéreas. El resto de los mortales podrá degustar decenas de platos asiáticos, pescado y otros deliciosos bocados internacionales en mesas al calor de las chimeneas. De su maravilloso bar fluye una enorme variedad de vinos y cervezas.

Café Austria   EUROPEA **$$**
(Hermano Miguel esq. Bolívar; ppales. 6-9 US$; ☺9.00-22.30; 🛜) En un local nuevo, tan acogedor como el antiguo, hace honor a su nombre con platos clásicos austriacos como *goulash* o *strudel* –y buenos expresos–, que saben particularmente bien tras un tiempo de viaje. Valdría la pena mejorar la tarta *sacher*.

Fabiano's   PIZZERIA **$$**
(Presidente Córdova esq. Cueva; *pizzas* 6-17 US$; 🛜) Cálido, familiar y muy del gusto de los viajeros, aunque también tiene tirón entre los autóctonos. Las *pizzas* son abundantes y sabrosas (se recomienda la *pizza* lasaña), y si sobra algo no tienen inconveniente en prepararlo para llevar.

Guajibamba   ECUATORIANA **$$**
(☎07-283-1016; Luis Cordero 12-32; ppales. 7-10 US$; ☺12.00-15.00 y 18.00-22.00 lu-sa) Ofrece una escueta carta de platos típicos como seco de chivo y exquisitas fritadas (carne de cerdo frita con maíz desgranado, aguacate y otras guarniciones), y es uno de los mejores sitios para probar el cuy; hay que llamar una hora antes para que lo preparen. Cobra vida de noche.

Mangiare Bene   ITALIANA **$$**
(Estevez de Torral esq. Bolívar; ppales. 6-9 US$) Debajo del Hostal Posada del Ángel, se trata de un sofisticado restaurante italiano muy a tener en cuenta, con predilección por las pastas elaboradas de forma artística. Su carta de vinos no decepciona.

Akelarre Tapas Españolas   ESPAÑOLA **$$**
(Torres 8-40; tapas/ppales. 3-10 US$; ☺11.00-22.00 lu-vi, 15.00-17.00 sa; 🛜) En su acogedor y elegante interior sirven tapas de clásicos españoles, como patatas bravas o pulpo a la gallega, y una deliciosa paella.

Dónde beber y ocio

Cuenca tiene una amplísima oferta nocturna, desde tabernas íntimas con música en directo hasta clubes al estilo Hollywood que congregan a una bullanguera parroquia. Las discotecas abren de jueves a sábado, por la noche, a partir de las 22.00, pero el ambiente no se anima hasta en torno a las 24.00. Los bares suelen abrir a diario, a veces hacia las 17.00.

La mejor apuesta para una noche de juerga es Presidente Córdova, cerca de Hermano Miguel y a lo largo de la calle Larga, desde

Benigno Malo hasta la av. Todos los Santos, donde se concentra gran variedad de bares con pista de baile.

Muchos museos acogen funciones teatrales y otros espectáculos culturales; también merece la pena echar un vistazo a las galerías de El Vado. El cine cuesta unos 4 US$ por persona y se puede consultar la cartelera en el diario local *El Mercurio*.

La Compañía
FÁBRICA DE CERVEZA

(Borrero esq. Vázquez) La primera microcervecera de Cuenca sigue siendo la mejor, aunque por escaso margen. Apunta a una clientela joven y roquera, y ofrece buenas *stouts*, tostadas irlandesas y rubias de elaboración propia.

La Parola
MÚSICA EN DIRECTO

(Larga esq. Hermano Miguel; ⊙16.30-2.00 ma-sa) Comida y cócteles acompañan a una buena oferta de música en directo en este local que da al barranco, justo en lo alto de La Escalinata.

Wunderbar
BAR

(Escalinata 3-43; ⊙11.00-24.00 lu-ju, hasta 2.00 vi y sa) De dueños austriacos, es un lugar maravilloso para quienes busquen un bar clásico con grandes mesas de madera para sentarse en grupo. Sirve comida, hay *happy hour* de 11.00 a 18.00 y tiene mesa de billar y pantalla gigante para ver deportes.

Andean Brewing Company
CERVECERÍA

(Miguel Morocho esq. Gran Colombia; ⊙16.00-23.00 lu-mi, hasta 24.00 ju-sa) Es, al decir de muchos, la microcervecería del momento. A estos autores les agradó particularmente la Matamba, oscura y achocolatada, aunque hay otras variedades y sidras de producción propia, unido a buenas hamburguesas. Está un poco a trasmano del centro (a 12 cuadras del parque Calderón por Gran Colombia), por lo que se recomienda ir en taxi.

Café Eucalyptus
MÚSICA EN DIRECTO

(Colombia 9-41; ⊙17.00-22.00 lu-ju, hasta 2.00 vi y sa, hasta 22.00 do) Dos plantas con sendos bares, tragos y animados ritmos cubanos y salsa, casi todas las noches.

Multicines
CINE

(Astudillo, Milenium Plaza) Para disfrutar de los grandes éxitos de Hollywood subtitulados en español, en asientos de estadio y cubo de palomitas en mano.

🔒 De compras

Cuenca es el centro del comercio de los sombreros de paja toquilla (o panamá). Otros productos típicos son las cuencanas o cestas de mimbre, la joyería de filigrana en oro y plata del cercano pueblo de Chordeleg, y objetos de cerámica de calidad dispar. Para surtirse de estos productos, una buena idea es visitar los mercados de Cuenca.

Casa del Sombrero
Alberto Pulla
SOMBREROS

(Tarqui 6-91; ⊙6.00-18.00) Los sombreros de Alberto Pulla, el sombrerero más famoso de Cuenca, han adornado la cabeza de presidentes, famosos y centenares de mujeres indígenas. El maestro artesano murió en el 2010; no así su legado.

Mercado de Artesanías Rotary
MERCADO

(Sangurima esq. Cueva y Machuca; ⊙8.00-17.00) El viajero encontrará cestería, cerámica, objetos de hierro, utensilios de madera, baratijas de plástico, chabacanas reliquias religiosas y asadores de cuy.

Mercado de plaza
San Francisco
MERCADO

(Padre Aguirre esq. Presidente Córdova; ⊙8.00-17.00) Interesante combinación de objetos. También venta de jerséis y tejidos de un nutrido contingente de otavaleños que se instalan en la parte norte del mercado.

Casa de la Mujer
MERCADO

(Torres; ⊙9.00-18.30 lu-vi, hasta 17.00 sa, hasta 13.00 do) En el lado oeste del mercado de la plaza de San Francisco, reúne más de un centenar de puestos de artesanía donde se pueden comprar instrumentos musicales, prendas bordadas, cestería, joyería y muchos otros artículos hechos a mano.

Homero Ortega
SOMBREROS

(☎07-280-9000; www.homeroortega.com; Gil Ramírez Dávalos 386; ⊙8.30-12.30 y 14.30-18.30 lu-vi, 8.30-12.30 sa) Más en la línea de un emporio sombrerero, se trata de la marca más conocida de Ecuador. Los exporta a todos los rincones del planeta y tiene una gran selección de sombreros de paja de alta calidad para hombre y mujer. Su fascinante museo recorre la historia y describe el complejo proceso de producción de esta industria. Está una cuadra al norte de la estación de autobuses.

Librería Carolina
LIBROS

(Hermano Miguel 4-46; ⊙9.00-18.30 lu-vi, 10.00-18.00 sa) Además de libros, mapas y *cupcakes*, posee abundante información sobre la zona.

¡NO ES UN PANAMÁ, ES UN MONTECRISTI!

Ecuador lleva aguantando desde hace más de un siglo que el mundo entero atribuya a otro país su producto de exportación más famoso, el sombrero panamá. Para cualquier ecuatoriano que se precie de serlo, un sombrero panamá es sombrero de paja *toquilla* y para los entendidos, un montecristi, por la famosa ciudad sombrerera.

El origen de esta inexactitud se remonta a principios del s. XIX, cuando emprendedores españoles, sabedores de la calidad indiscutible de los sombreros de paja toquilla, empezaron a exportarlos vía Panamá. Los trabajadores del Canal de Panamá utilizaron estos sombreros ligeros y extremadamente duraderos para protegerse del sol tropical, contribuyendo así a consolidar esta asociación errónea.

Estos sombreros se fabrican a partir de las fibrosas hojas de la palma toquilla (*Carludovica palmata*), que crece en la árida región interior de la costa central de Ecuador, sobre todo en la zona de Montecristi y Jipijapa. Varios países asiáticos y latinoamericanos han intentado cultivar esta palmera para competir con la industria sombrerera ecuatoriana, pero ninguno ha logrado igualar la calidad de las que crecen en Ecuador.

El trabajo que requieren estos sombreros es extraordinario. Primero se cosechan los brotes de palma, que están listos justo antes de abrirse las hojas. Luego se transportan los fardos de brotes en burro y en camiones hasta los pueblos costeros donde se preparan las fibras.

El proceso de preparación empieza azotando los brotes contra el suelo y partiéndolos para obtener las largas, finas y planas hojas de color crema. Estas se atan en manojos y se hierven en enormes cubas de agua durante unos veinte minutos, antes de colgarlas y dejarlas secar durante días. Algunas se sumergen en azufre para blanquearlas. A medida que las hojas se secan, se encogen y enrollan formando las tiras que se utilizan para tejer.

Parte de la paja acabada permanece en la costa, pero la mayoría la compran comerciantes de Cuenca y los alrededores, donde se teje la paja para hacer los sombreros. De hecho, se ven más sombreros panamá en esta región que en ningún otro lugar del país.

El proceso de tejido en sí es laborioso y los mejores tejedores solo trabajan por la tarde y temprano por la mañana, pues el calor hace que les suden los dedos. Algunos trabajan exclusivamente a la luz de la luna. La trama del tejido varía desde el estilo suelto característico de los sombreros que se venden por doquier, hasta otro, más tupido, conocido como "brisa", utilizado en los de más calidad.

Los sombreros se clasifican según la densidad del tejido, pudiendo quedar encuadrados en cuatro categorías: estándar, superior, fino y superfino. Casi todos los sombreros que se ven son estándar o superior. Cuando se mira un auténtico superfino a contra luz, no debería verse ni un solo agujero. Los mejores son impermeables y algunos son tan finos y maleables que, al parecer, pueden enrollarse y pasar por una sortija.

Una vez tejidos los sombreros, habrá que cortarlos, blanquearlos (si se decide que sea blanco), darles forma y colocarles una cinta, quedando listos para la venta. Aunque los sombreros de calidad estándar cuestan unos 15 US$ en Ecuador, uno superfino puede salir por entre 100 y 500 US$. A pesar de que puede parecer caro, el mismo sombrero puede costar fácilmente el triple en una tienda de Norteamérica o Europa. Y teniendo en cuenta la cantidad de trabajo que implica, sería un precio razonable.

Eduardo Vega   CERÁMICA
(www.ceramicavega.com; Vía a Turi 201; ☺9.00-18.00 lu-vi, 10.00-13.30 sa) Justo debajo del mirador de Turi, 4 km al sur del centro, se encuentra la casa, taller y estudio de Eduardo Vega, el ceramista más prominente de Ecuador, cuyos coloridos murales de terracota y esmalte decoran muchas paredes de Cuenca y el resto del país. Se venden esculturas, jarrones y fuentes.

❶ Información

PELIGROS Y ADVERTENCIAS

Cuenca es bastante segura para tratarse de una ciudad, si bien de noche se aconseja caminar por calles bien iluminadas. La zona de la plaza San Francisco puede ser algo sórdida al caer la tarde.

URGENCIAS

Comisaría de policía (☑07-284-0476; plaza San Francisco; ☺8.00-20.00)

INTERNET

Hay más cibercafés de los que podrían necesitarse y cada tanto abren nuevos establecimientos. Casi todos cobran 0,80-1 US$/h y abren a diario de 8.00 a 21.00.

WEBS

www.cuenca.com.ec Web oficial de turismo de Cuenca.
www.cuencanos.com Montones de información sobre la ciudad.

LAVANDERÍA

La Química (Borrero esq. Presidente Córdova; 0,90 US$/kilo; ⊘8.00-18.30 lu-vi, 9.00-13.00 sa)
Lavandería Nieves (calle Larga 11-55; 0,80 US$/kilo)

ASISTENCIA MÉDICA

Clínica Hospital Monte Sinaí (☑07-288-5595; www.hospitalmontesinai.org; av. Solano esq. Miguel Cordero) Muy recomendable.

DINERO

En Cuenca puede ser difícil cambiar euros y otras divisas, por lo que conviene llevar dólares.
Banco de Guayaquil (Mariscal Sucre esq. Borrero) Con cajero automático.
Banco del Pichincha (Solano esq. 12 de Abril) Con cajero automático.

CORREOS

Oficina de correos (Borrero esq. Gran Colombia)

TELÉFONO

Etapa (Benigno Malo 726; ⊘7.00-22.00) Locutorio.

INFORMACIÓN TURÍSTICA

Oficina de información del aeropuerto (☑07-286-2203)
Oficina de información de la terminal de autobuses (☑07-282-4811)
Oficina de turismo (iTur; ☑07-282-1035; Mariscal Sucre esq. Luis Cordero; ⊘8.00-20.00 lu-vi, 8.30-13.30 sa) Atendida por un personal muy atento.

❶ Cómo llegar y salir

AVIÓN

El aeropuerto Mariscal Lamar (av. España) **queda a 2 km del centro urbano y a solo 500 m de la Terminal Terrestre de autobuses.** **TAME** (☑07-288-9581/9097; www.tame.com.ec; Astudillo 2-22; ⊘8.30-13.00 y 14.00-18.30 lu-vi, 9.30-12.30 sa) Vuela a diario a Quito

y Guayaquil, con tarifas normalmente entre 80 y 100 US$. También tiene oficina en el aeropuerto.

AUTOBÚS

Hay dos terminales de autobuses principales. Algunos servicios, entre ellos los que van al Parque Nacional Cajas, Jima y Girón, salen de la Terminal Sur, enfrente de la Feria Libre, al oeste del centro.

Casi todos los demás (centenares al día) salen de la **Terminal Terrestre** (av. España), a 1,5 km del centro, incluidos los autobuses diarios a Ingapirca y Gualaceo, Chordeleg y Sigsig.

Hay dos rutas a Guayaquil: la más corta pasa por el Parque Nacional Cajas y Molleturo (8 US$, 4 h), mientras que la más larga va por La Troncal y Cañar (8 US$, 5 h).

Todas las rutas ofrecen servicios frecuentes.

AUTOMÓVIL

La compañía nacional **Localiza** (☑07-280-3193/8, 1-800-562-254) alquila turismos y todoterrenos en el aeropuerto.

❶ Cómo desplazarse

Delante de la Terminal Terrestre se detienen autobuses regulares que van hacia el centro (0,25 US$). Del centro a la terminal, se puede tomar cualquier autobús con el letrero "Terminal" en las paradas a lo largo de Padre Aguirre, cerca del mercado de flores. Un taxi entre el centro y el aeropuerto o la terminal de autobuses sale por unos 2 US$; también se puede recorrer a pie el trayecto (15 min).

Para ir a la Terminal Sur, hay que tomar un taxi (2 US$) o el autobús con el letrero de "Feria Libre" desde Presidente Córdova o Mariscal Lamar.

Los autobuses urbanos a Turi (0,25 US$), 4 km al sur del centro, circulan por la av. Solano; la carrera en taxi cuesta 5 US$.

Alrededores de Cuenca

Cuenca es una estupenda base para hacer excursiones a las aldeas indígenas de la región. Algunos de los lugares indicados a continuación participan en programas de turismo comunitario, lo que permite apoyar a los lugareños contratando guías o comprando artesanía tradicional. Gualaceo, Chordeleg y Sigsig pueden visitarse en un solo día, mientras que Principal, Cajas y las ruinas de Ingapirca requieren una excursión de un día por separado.

AUTOBUSES DESDE LA TERMINAL TERRESTRE DE CUENCA

DESTINO	TARIFA (US$)	DURACIÓN (H)
Alausí	6	4-5
Ambato	8	7
Azogues	0,50	¾
Gualaquiza (vía Sigsig)	8	5-6
Guayaquil	8	4-5
Huaquillas	7	7
Latacunga	10	8½
Loja	7,50	5
Macas (vía Guarumales)	8,50	6-8
Machala	5,50	4-5
Piura (Perú)	15-17	10 (vía Machala) a 14 (vía Macará)
Quito	10-12	10-12
Riobamba	7	5-6
Saraguro	5	3
Sigsig	1,50	1½
Zamora	9,40	7

Parque Nacional Cajas

Este **parque nacional** (◷8.00-16.30) GRATIS, tan solo 30 km al oeste de Cuenca, engloba 2854 km² de páramo entre dorado y verduzco (altiplano andino), salpicado de centenares de gélidos lagos que centellean como joyas en un descarnado paisaje que parece de otro planeta.

En esta zona, extremadamente húmeda y neblinosa, se nutren los ríos de Cuenca, y constituye un importante espacio protegido para las aves, los mamíferos y la flora; no en vano, se trata de la extensión de páramo con mayor biodiversidad de los Andes.

Son de especial importancia los bosquecillos de *polylepis,* que crecen en hondonadas a resguardo y depresiones naturales. Además, estos árboles se han adaptado a crecer en cotas superiores a las de la mayor parte de las especies arbóreas del planeta, lo que convierte este bosque en uno de los situados a mayor altitud del mundo. Deambular por uno de estos tupidos bosques enanos es como entrar en un cuento de hadas.

Según afirman algunos, el parque se llama así por el aspecto de los lagos, lo cual resulta bastante dudoso. Es más probable que el nombre provenga de la palabra quechua *caxas,* que significa "frío". Y, efectivamente, es frío, tanto que perderse resulta bastante peligroso, una posibilidad en absoluto im-

pensable. De noche, las temperaturas pueden caer por debajo de los 0° C, sobre todo en la temporada seca. Los meses de menores precipitaciones son de agosto a enero, aunque pueden producirse chaparrones en cualquier momento. La cota del parque varía entre los 3000 y los 4300 m.

Hay tres importantes zonas recreativas, todas a orillas de pintorescos lagos, a lo largo de la carretera Cuenca-Molleturo: **laguna Llaviucu,** la más próxima a Cuenca, con un **puesto de control; laguna Cucheros;** y la-**guna Toreadora,** que cuenta con un centro de información. Un segundo **control** sale al paso del viajero en Quinuas, 3 km al oeste de Cucheros. En ellos se dispensan mapas topográficos gratuitos con rutas de senderismo, también disponibles en la oficina de turismo de Cuenca.

Fuera de las zonas designadas alrededor de las lagunas de Llaviacu, Cucheros y Toreadora, se exige que los grupos de ocho o más participantes vayan acompañados por un guía, y todo aquel que se aventure por dichas zonas deberá registrarse en los puestos correspondientes, además de llevar un GPS o una brújula. No está permitido hacer caminatas con pernoctación, a menos que estén encabezadas por un guía acreditado de Cuenca o del propio parque. La mayoría de los operadores mencionados en el apartado "Circuitos" en Cuenca pueden ayudar a contratar uno.

🏃 Actividades

En el parque hay varios enclaves donde poder practicar la escalada, pero no menos interesante resulta la observación de aves o llamas, o incluso la pesca. Todas las zonas recreativas ofrecen estas actividades y están surcadas por senderos señalizados, algunos de varias horas. Las rutas de varios días cruzan sublimes paisajes desiertos y brindan más oportunidades para ver especies salvajes; sin embargo, es fundamental saber orientarse, ya que el terreno parece desafiar incluso a los mapas topográficos, o de lo contrario, contratar a un guía. El barranquismo (consistente en descender barrancos en el curso de un río) goza de una creciente popularidad en la zona; Expediciones Apullacta, en Cuenca (p. 181), organiza esta actividad.

🛏 Dónde dormir

Acampar en cualquiera de las tres zonas recreativas cuesta 4 US$. También hay refu-gios y cabañas, pero se llenan rápidamente y no admiten reservas.

ℹ️ Cómo llegar y salir

A Cajas se accede por dos caminos. Los puestos de control de las lagunas Llaviucu y Cucheros están en la ruta norte, que a su vez es el primer tramo de la carretera a Guayaquil vía Molleturo. La bacheada ruta sur pasa por los pueblos de Soldados, que cuenta con un control, y Angas.

Los autobuses de Transportes Occidental (1,25 US$, 1 h) salen de la Terminal Sur de Cuenca diariamente a las 6.15, 7.00, 8.00, 10.00, 12.00, 13.30, 14.30, 16.10 y 17.45. Para el trayecto contrario, se puede detener cualquier autobús que pase por la carretera.

Los autobuses a Soldados (1,50 US$, 1¼ h) y Angas (2 US$, 1¾ h) salen del puente de El Vado, en Cuenca, a las 6.00 y regresan por la tarde.

Parque Nacional Cajas

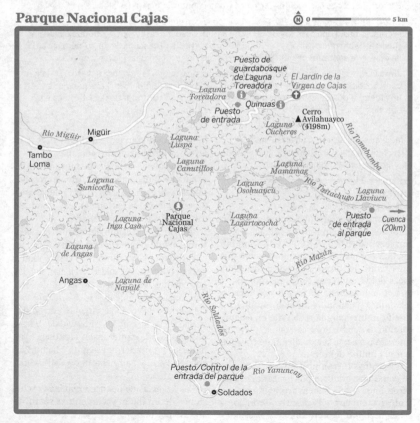

> MERECE LA PENA

EXCURSIONES POR LA REGIÓN DE CUENCA

Desde Cuenca se puede disfrutar de numerosas aventuras en poblaciones cercanas como Baños, Girón, Jima y Paute. A continuación, una cuantas ideas para inspirarse.

Paute Situada 41 km al noreste de Cuenca, junto a la carretera de Gualaceo, es un lugar apenas visitado con una buena oferta de ciclismo de montaña y senderismo. Queda a un cómodo trayecto desde Cuenca, pero si se pernocta se contribuye más con la comunidad.

Azogues La bulliciosa capital de la provincia de Cañar, 33 km al norte de Cuenca, tiene una emblemática iglesia y un mercado de los sábados donde poder comprar sombreros panamá.

Biblián Esta pequeña localidad 6 km al norte de Azogues alberga el santuario de la Virgen del Rocío, cuya enorme iglesia se encuentra tallada espectacularmente en la roca de un despeñadero. El 8 de septiembre y el Viernes Santo recibe sendas romerías multitudinarias. En el pueblo paran los autobuses que circulan entre Cuenca y Cañar.

Cañar Esta población, 32 km al norte de Azogues, merece una visita en domingo, por su animado mercado. En él se reúnen los indígenas cañari, quienes siempre visten coloridas prendas de lana, incluido el característico *chumbis* (cinturón tejido decorado con motivos indígenas o católicos), a la venta en el mercado y en la cárcel local, donde los presos se encargan de hacerlos.

Baños Pueblecito con fuentes termales y una coqueta iglesia, a las afueras de Cuenca.

Girón Unos 43 km al suroeste de Cuenca, en la carretera de Machala, Girón ofrece una excursión hasta una cascada de 60 m de altura. Después de llegar en autobús desde Cuenca, habrá que alquilar un camión por 5 US$ hasta la cascada. En la primera cascada conviene contratar un guía para ir a las otras dos escondidas que hay cerca.

Jima Esta apacible población agrícola 2 h al sur de Cuenca brinda fácil acceso a un cercano bosque nuboso en una reserva gestionada por una comunidad. En el pueblo hay un albergue y un centro de información donde se puede contratar un guía. Se llega en autobús desde Cuenca.

También se puede tomar un taxi (unos 70 US$/día) o unirse a alguno de los circuitos organizados por las agencias de Cuenca.

Ingapirca

3230 M ALT.

El yacimiento arqueológico mejor conservado de Ecuador, **Ingapirca** (entrada con/sin circuito guiado 6 US$; ☉8.00-18.00), 1 km por encima del pueblo del mismo nombre, palidece ante las grandes muestras arqueológicas del vecino Perú. Sin embargo, pese a su reducido tamaño, su templo casi intacto, las llamas pastando y los campos abiertos justifican una parada si se viaja en esta dirección. Los excursionistas, por su parte, no querrán perderse la expedición de tres días por el Camino del Inca.

Las ruinas fueron utilizadas inicialmente como observatorio por los cañaris. Más tarde, en el s. xv, los incas arrebataron el estratégico enclave y lo desarrollaron como bastión militar. Posteriormente, los españoles utilizaron gran parte de las piedras para levantar las poblaciones cercanas.

Lo que queda sigue siendo muy importante para los indígenas cañari, actuales responsables de la gestión de las ruinas y del **museo** (entrada incluida con Ingapirca), donde se exhiben objetos incas y cañaris.

El principal reclamo del yacimiento es el **templo del Sol,** una gran estructura que en un principio sirvió de centro ceremonial y para la observación solar. Cerca, hay señales que conducen a las *colcas,* fosas donde se almacenaban los alimentos, y a los *acllahuasi,* el lugar donde vivían las vírgenes entregadas en sacrificio. Los nichos trapezoidales que se observan en la cantería son idénticos a los hallados en otras ruinas como Machu Picchu, en Perú, y San Agustín de Callo, cerca de Latacunga.

Las agencias de Cuenca organizan excursiones de un día al yacimiento a partir de 50 US$ por persona.

📛 Dónde dormir y comer

Hay aseos y cafés/restaurantes sencillos junto a la entrada y en el propio recinto. Está permitida la acampada libre.

Posada Ingapirca   HACIENDA $$$
(i/d 67/87 US$; 🛜) Esta hacienda reformada, justo encima del yacimiento, es el único alojamiento de Ingapirca. Las acogedoras habitaciones serían encantadoras aun sin las increíbles vistas de las ruinas. Se puede reservar a través de su oficina en **Cuenca** (📞07-282-7401; www.posadaingapirca.com; Larga 6-93 esq. Borrero); a veces se ofrecen descuentos reservando en línea.

ℹ Cómo llegar y salir

Los autobuses de la Cooperativa Cañar (2,50 US$, 2 h) cubren el trayecto directamente desde Cuenca, con salida a las 9.00 y 12.20 y regreso de Ingapirca a Cuenca a las 13.00 y 15.45. Desde Cuenca también salen cada ½ h autobuses a El Tambo, a 8 km de Ingapirca. Desde El Tambo, hay servicios cada ½ h a Ingapirca; también se puede llegar en taxi (5 US$).

Gualaceo, Chordeleg y Sigsig

Si se sale temprano, se podrán visitar los mercados dominicales de estos tres pueblos y estar de regreso en Cuenca para la *happy hour*. En los tres se encontrará abundante artesanía tradicional: cestería, joyería de filigrana en oro y plata, tallas de madera, cerámica, guitarras y tejidos *ikat* (técnica prehispánica consistente en tejer hilos teñidos a partir de nudos).

GUALACEO

A orillas de un rápido riachuelo se emplaza Gualaceo (2591 m), un paraíso de los amantes de las artesanías con algunas opciones de alojamiento. Cruzando el puente y a unas cuadras de la estación de autobuses, la **feria artesanal** es un lugar excelente para comprar artesanía de la región, aunque también se vende por todo el pueblo. Los tejidos *ikat* y los paños (chales de algodón teñidos de color índigo, con un intrincado fleco de macramé) son muy apreciados.

De camino a Gualaceo se recomienda parar en **La Casa de la Makana** (4 km al norte de Gualaceo) GRATIS para ver cómo se hace este codiciado tipo de chal cuyo proceso de elaboración puede llevar varios días o incluso semanas. Una macana de calidad puede rondar los 40 US$. A 1 km siguiendo la carretera se encuentra un **Orquideario** (3 km al norte de Gualaceo; entrada 3 US$) que acepta

---

CAMINO DEL INCA

Pese a recibir una fracción del volumen de excursionistas que recorren el tramo de Machu Picchu, la caminata de tres días hasta Ingapirca es una ruta popular. Durante unos 40 km, sigue el camino original inca que conectaba Cuzco con Tomebamba (la actual Cuenca) y Quito. En su apogeo, esta red de transportes y comunicaciones podía rivalizar con la del Imperio romano.

El punto de inicio es el pueblo de **Achupallas,** 23 km al sureste de Alausí. Desde allí, el camino asciende y pasa por ríos y lagos, antes de recalar en las ruinas de una ciudad inca. Al día siguiente se pasa junto a las ruinas de un puente inca y una gran estructura en **Paredones,** donde varios muros siguen en pie. Hay momentos en que es fácil imaginar cómo debió de ser el camino en su día. El tercer día se llega a las espléndidas ruinas de Ingapirca (p. 190).

Hay que llevar un GPS y tres mapas topográficos a escala 1:50 000 (*Alausí, Juncal* y *Cañar*), disponibles en el Instituto Geográfico Militar (IGM) de Quito. También habrá que estar preparado para lidiar con los persistentes y pedigüeños niños; la mayoría de los viajeros rehúsa a darles nada para así desalentarles.

Para llegar a Achupallas, hay que tomar uno de los autobuses diarios que salen a mediodía desde Alausí o, para mayor seguridad, alquilar una camioneta taxi por 10-15 US$ cada trayecto. Otra opción es tomar alguno de los autobuses que van al sur por la Panamericana desde Alausí y que pueden parar en **La Moya** (también conocida como **Guasuntos**), donde se puede esperar algún camión que vaya hacia Achupallas, a 12 km por una angosta y pronunciada carretera de montaña. Se pueden contratar guías en Achupallas por 30-40 US$/día. Julio Verne Tour Operator (p. 167), en Riobamba, ofrece excursiones por unos 320 US$ por persona. Si se desea ir por libre, es aconsejable consultar alguna guía de senderismo como, por ejemplo, *Ecuador: Climbing and Hiking Guide,* de Rob Rachowiecki y Mark Thurber.

visitas. En la plaza principal hay una **oficina de información turística** (iTur; ☏07-225-5131, 098-437-0632; Gran Colombia; ☺8.00-17.00 lu-vi) que dispensa información sobre excursiones y otras actividades por la zona.

En la carretera principal, el estupendo **Hostal El Jardín** (✏sin teléfono; en Gualaceo; h 10 US$/persona) lleva tan poco tiempo abierto que todavía huele a pintura. Las habitaciones, grandes, limpias y confortables, son una ganga.

Para comer se puede probar el **mercado 25 de junio** (Cuenca esq. Vicente Peña Reyes), un par de cuadras al norte y tres al este de la plaza principal.

CHORDELEG

Unos 10 km al sur de Gualaceo, este montañoso pueblo ha sido un importante centro joyero desde antes de la llegada de los incas. Su estilo característico está dominado por finas filigranas. Con todo, es habitual encontrar falsificaciones, por lo que conviene saber distinguir el oro de alta calidad antes de hacer un buen desembolso.

En Chordeleg también se elaboran tallas de madera, cerámica, tejidos y multitud de sombreros panamá. Si se prevé explorar la zona en profundidad, una buena opción de alojamiento es el **Hostal Colonial Chordeleg** (✏07-222-3486; www.hostalcolonialchordeleg.com; Guayaquil esq. 24 de mayo; i/d 35/60 US$), una casa colonial cerca de la plaza principal.

SIGSIG

Unos 26 km al sur de Gualaceo se halla esta población indígena (2684 m), un encantador vestigio de la época colonial actualmente conocido por sus sombreros panamá. Cerca de la plaza del mercado principal hay un par de restaurantes y residenciales (hoteles económicos).

❶ Cómo llegar y salir

Desde la Terminal Terrestre de Cuenca salen autobuses cada ½ h a Gualaceo (0,80 US$, 1 h), Chordeleg (1 US$, 1 h) y Sigsig (1,50 US$, 1½ h). Viajar entre pueblos cuesta 0,50 US$ y los autobuses pueden pararse en la calle principal. Para ir a Sigsig a veces hay que cambiar de vehículo en Gualaceo.

Principal

A 37 km pasado Sigsig, la pequeña comunidad de Principal (2791 m) descansa modestamente a la sombra del **volcán Fasayñan** (3907 m), una enorme mole de roca de donde, supuestamente, procede el pueblo cañari.

Para promover la sostenibilidad en la comunidad, Principal cuenta con una pequeña asociación de guías acreditados que encabezan excursiones (unos 10 US$/persona) a lo alto del Fasayñan, hasta la cascada del **Infiernillo** y a los **tres lagos** dispuestos por el páramo con sus aguas cristalinas. Todos los destinos se encuentran a 3-5 h de caminata, aunque también se puede llegar a caballo.

Los autobuses con destino a Principal (0,50 US$, 30 min) salen cada 40 min de 6.30 a 18.30, desde una parada a cuatro cuadras de la plaza principal de Chordeleg.

Saraguro

9000 HAB. / 2520 M ALT.

Rodeado de colinas color esmeralda sembradas de tubérculos y cereales desde hace miles de años, Saraguro, 165 km al sur de Cuenca, es el centro de la cultura indígena homónima. Esta próspera y orgullosa etnia vivía cerca del lago Titicaca, pero fueron trasladados a este lugar como mitimaes en la década de 1470 por el Imperio inca.

Durante el último siglo, los saraguros se han desplazado (esta vez, voluntariamente) a latitudes considerablemente inferiores, al suroeste, y a menudo junto a comunidades shuar en la Amazonia. Tanto en las frías montañas como en las húmedas llanuras, los saraguros visten trajes tradicionales de lana. Las mujeres llevan sombreros blancos de ala ancha, faldas largas plisadas, ornamentados broches o *tupus* y elaborados collares de cuentas conocidos como *chakiras*. Los hombres llevan sombrero de fieltro, poncho negro y pantalones cortos negros hasta las rodillas, a veces complementado por un pequeño delantal blanco y alforjas tejidas al hombro.

Cada uno de los elementos de su atuendo corresponde a una importante tradición artesana, también conservada en las comunidades cercanas, que ofrecen una magnífica visita tanto por sus abrumadores paisajes como por su riqueza cultural.

Los excelentes proyectos de turismo comunitario de Saraguro gozan de reconocimiento a lo largo y ancho del país; de hecho, hay pocos lugares donde se pueda experimentar mejor la cultura indígena del altiplano lejos de las multitudes.

El **mercado dominical** atrae a saraguros de los alrededores, vestidos para la ocasión. Hay un cajero automático y un locutorio en la plaza principal.

⊙ Puntos de interés y actividades

Los pueblos de los alrededores de Saraguro, la mayor parte a ½ h a pie o a 10 min en autobús (0,20 US$), ofrecen cantidad de actividades culturales y en espacios abiertos. Los autobuses a cualquiera de estos lugares salen de la plaza principal, delante de la catedral. Para ampliar detalles puede consultarse la Operadora de Turismo Comunitario Saraurku.

Baños del Inka   CASCADA
(entrada 2,50 US US$) Al norte del pueblo, en la Panamericana, esta zona natural depara impresionantes cascadas y grandes formaciones rocosas.

Tuncarta   POBLACIÓN
Conocida por sus excelentes sombreros saraguros.

Bosque Protegido Washapamba   EXCURSIONISMO
(entrada 2,50 US$) Al sur del pueblo, muy propicio para la práctica de senderismo.

Lagunas   POBLACIÓN
Sus *tupus* y tejidos la convierten en una interesante excursión cultural.

⊂ᚱ Circuitos

Operadora de Turismo Comunitario Saraurku   CIRCUITO CULTURAL
(☎07-220-0331; www.turismosaraguro.com; 18 de noviembre esq. Loja; ◷8.30-18.00 lu-vi) Una cuadra al oeste de la plaza principal, ofrece circuitos a reclamos cercanos y a comunidades saraguro de la Amazonia (50-120 US$/persona y día). También organiza excursiones a caballo y en bicicleta de montaña.

🛏 Dónde dormir y comer

La Operadora de Turismo Comunitario Saraurku organiza estancias con familias de comunidades cercanas por unos 30 US$ por persona y noche, con comidas incluidas: una magnífica oportunidad para experimentar de verdad la cultura saraguro. Una buena opción para saborear un sustancioso y barato plato tradicional es el mercado que queda al oeste de la plaza principal.

★Hostal Achik Wasi   HOTEL $$
(☎07-220-0058; Intiñan, Barrio La Luz; h 20 US$/persona desayuno incl.) A 10 min de paseo, en las afueras (1 US$ en taxi), este amplio hostal de adobe y madera, razonablemente barato, es sin duda el mejor alojamiento de Saraguro, como atestiguan sus confortables y limpias habitaciones. Las sensacionales vistas (en especial desde el comedor) y el adorable servicio son otros incentivos. Pertenece a un eficiente proyecto de turismo que revierte en la comunidad.

Mamá Cuchara   ECUATORIANA $
(Parque Central; ppales. 3 US$; ◷7.00-19.00 do-vi) Fiel a su nombre, sirve consistentes y sabrosas comidas en plena plaza. Las ganancias se destinan a la asociación de mujeres indígenas que lo dirige.

Shamuico Espai Gastronomic   FUSIÓN $
(Loja esq. 10 de Marzo; ppales. 2-6 US$; ◷11.00-16.00 lu, 12.00-22.00 mi-do) Fantástica nueva incorporación tutelada por un chef local que ha trabajado en algunos de los mejores restaurantes de Europa. Su audaz cocina podría encajar en la etiqueta de "tapas ecuatorianas del altiplano".

❶ Cómo llegar y salir

Cualquier autobús entre Cuenca y Loja puede dejar al viajero a una cuadra de la plaza principal de Saraguro (5 US$, 3½ h, cada hora). Los servicios a Loja (2,50 US$, 1½ h, 62 km) salen cada hora durante todo el día. La oficina de autobuses queda a una cuadra de la plaza principal.

Loja

181 000 HAB. / 2100 M ALT.

Fue en tiempos una próspera base desde la que los conquistadores se aventuraban a explorar la jungla al otro lado de las montañas. Hoy, con un empeño renovado en poner a esta orgullosa capital provincial en el mapa turístico, puede que los visitantes extranjeros empiecen a acudir hasta este lugar atraídos por motivos similares. Pero su principal atractivo siempre será su proximidad a una de la zonas protegidas con mayor biodiversidad de Ecuador, el vasto Parque Nacional Podocarpus, cuyos agrestes confines abarcan desde el frío páramo del altiplano hasta sofocantes junglas, pasando por la distendida Vilcabamba, punto de encuentro de viajeros, más al sur.

Sin embargo, Loja atesora suficientes atractivos en sí misma: su cocina, sus tradiciones musicales y su universidad gozan de fama mundial. Sus calles, pese a estar atestadas de tráfico y resultar ligeramente sosegadas después de Cuenca, ofrecen incursiones en la cultura local impensables para su

Loja

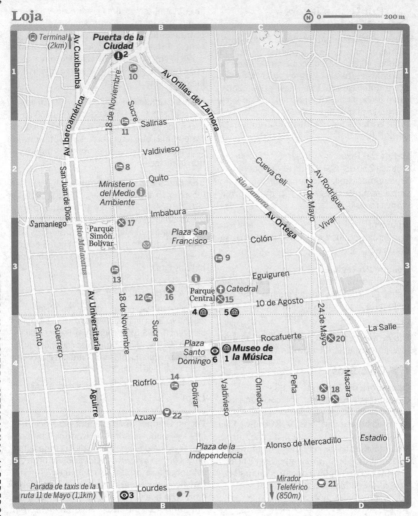

famoso contendiente al norte. Emplazadas espectacularmente a lo largo del fondo del valle de Cuxibamba, las laderas de los alrededores de Loja están bordeadas por los principales cafetales del país, y varios miradores ofrecen memorables vistas urbanas.

◉ Puntos de interés y actividades

Desde la ornamentada Puerta de la Ciudad, en la entrada norte al centro histórico, un atractivo conjunto de parques y plazas salpica las cuadras que se suceden, para deleite del viajero.

◉ Centro

★ **Puerta de la Ciudad**   MONUMENTO
(◷8.00-20.00 lu-vi, 9.00-20.00 sa, 9.00-18.00 do)
GRATIS Con más pompa y circunstancia que ningún otro lugar de Loja, la Puerta de la Ciudad, entrada al centro urbano por el norte, es un enorme castillo con un arco de entrada sobre la calle Sucre, que avanza en dirección sur, hacia las plazas del centro, desde la confluencia de los ríos Zamora y Malacatus. Dentro, los paneles de información, el eficiente personal, el café de la 2ª planta y

varios miradores proporcionan una excelente introducción a la ciudad.

★ **Museo de la Música**　　　　　　MUSEO
(Valdivieso 09-42; ◷9.00-14.00 y 15.00-18.00 lu-vi) GRATIS Este ameno museo alojado en una antigua escuela explora las vidas de los músicos autóctonos más célebres. También se exhiben multitud de instrumentos antiguos y partituras, y hay una tienda afín.

Parque Central　　　　　　　　PLAZA
La plaza principal de Loja es un hervidero de limpiabotas, vendedores de periódicos y devotos que acuden a la **catedral** para venerar a la Virgen del Cisne.

Museo de la Cultura Lojana　　　MUSEO
(10 de Agosto; ◷9.00-13.00 y 14.00-17.00 lu-vi, 9.00-13.00 sa) GRATIS En el lado sur del Parque Central, un edificio republicano con mucha personalidad alberga este museo que incluye muestras de arte local, arqueología y etnografía. Son de especial interés las fotografías antiguas de Loja y la sala dedicada a la cultura saraguro.

**Museo del Monasterio
de Madres Concepcionistas**　　　MUSEO
(10 de Agosto; entrada 1 US$; ◷8.00-12.00 y 14.00-18.00 lu-vi) Media cuadra al este del Parque Central, se halla este monasterio con tres salas abiertas al público que contienen tesoros de los ss. XVI y XVIII.

Plaza San Francisco　　　　　　PLAZA
(Bolívar esq. Colón) Una cuadra al norte del Parque Central, esta recoleta plaza está señoreada por una estatua ecuestre del fundador de la ciudad.

Plaza Santo Domingo　　　　　　PLAZA
(Valdivieso esq. Rocafuerte) Una cuadra al sur del Parque Central se encuentra esta plaza cuyo principal reclamo es la **iglesia de Santo Domingo**, adornada con pinturas religiosas.

Plaza de la Independencia　　　　PLAZA
(Alonso de Mercadillo esq. Valdivieso) Abrazada por la **iglesia de San Sebastián** y edificios virreinales con salientes con pilares y balcones de madera con contraventanas, luce una llamativa fuente alicatada que representa la vida salvaje del país.

Calle Lourdes　　　　　　　　　CALLE
En esta angosta calle colonial, la más antigua de Loja, se encuentran varias coquetas galerías de arte que resultarían mucho más tentadoras si la calle fuera peatonal.

◉ Fuera del centro

Mirador Teleférico　　　　　　MIRADOR
El mejor mirador de Loja está al final del trayecto del nuevo teleférico que sale del parque Pucará, 1 km al sur de la plaza de la Independencia, por la calle Olmedo. Se puede caminar o tomar un taxi (0,50 US$) hasta la estación desde donde se asciende entre bosques hasta lo alto de una colina. Se han denunciado robos a turistas en el sendero que arranca del parque, por lo que se aconseja optar por el teleférico.

**Parque Universitario
La Argelia**　　　　　　　　　　PARQUE
(entrada 1 US$; ◷9.00-16.00) Reserva de 90 Ha con excelentes senderos, unos 5 km al sur del centro. Se impone llegar en taxi (1 US$).

PRECIADO CAFÉ

Puede que Ecuador se encuentre entre dos potencias cafeteras como Colombia y Perú, y que su producción sea diminuta comparativamente, pero, para muchos, el café ecuatoriano supera al de sus vecinos en aroma. Y la región de Loja/Vilcabamba es donde se concentran las plantaciones donde se cultiva este preciado café.

La clave está en la localización. El suave clima que envuelve las colinas en su descenso hacia las húmedas planicies crea unas condiciones perfectas para el cultivo de café, similares a las de Sumatra o Etiopía. El resultado es un delicado café con una ligera nota de acidez. Además, gracias a su gran variedad de altitudes (800-2000 m), se da una selección lo bastante amplia.

Los mejores cantones para el cultivo son Gonzanama y Quilanga. También interesa probar la marca Río Mayo, de la provincia de Zamora-Chinchipe, con un penetrante sabor cremoso y achocolatado, y un toque cítrico.

Los adictos a la cafeína pueden empezar su peregrinaje en el Café Victoria, en Loja, o apuntarse a un circuito por una plantación en La Tasca Tours, en Vilcabamba.

Jardín Botánico
Reynaldo Espinosa   JARDINES
(entrada 1 US$; ⊙9.00-16.00 lu-vi, 13.00-18.00 sa y do) Enfrente del Parque Universitario, 5 km al sur del centro, este jardín botánico alberga cerca de 900 especies de plantas.

Parque Recreacional Jipiro   PARQUE
(Santiago de las Montañas, esq. Salvador Bustamante) Al norte de Loja, este parque indicado para niños cuenta con un tablero de ajedrez gigante, una zona de patinaje, una pagoda china, un Kremlin en miniatura, recintos con animales y un estanque con barcas de pedales. Se llega en los autobuses verdes (0,25 US$) que salen desde la esquina sureste de Eguiguren con Peña.

Parque La Banda/
Orillas de Zamora   ZOOLÓGICO
(8 de Diciembre; entrada 0,50 US$; ⊙8.00-18.00) También al norte de la ciudad, este bonito parque alberga un pequeño zoológico y un **Orquideario** de hermoso diseño con más de 200 especies de orquídeas del sur de Ecuador.

👉 Circuitos

Exploraves   OBSERVACIÓN DE AVES
(☎07-258-2434; www.exploraves.com; Lourdes 14-80) Ofrece excursiones para avistar aves en el Podocarpus (desde 80 US$/persona y día) y circuitos a Mindo y otros lugares.

🎊 Fiestas y celebraciones

El Día de La Virgen
del Cisne   FIESTA RELIGIOSA
Las grandes procesiones marcan esta fiesta católica celebrada en Loja el 20 de agosto.

Independencia de Loja   FIESTA CIUDADANA
Las celebraciones del 18 de noviembre pueden prolongarse durante una semana entera.

🛏 Dónde dormir

Hotel Londres   ALBERGUE $
(☎07-256-1936; Sucre 07-51; h sin baño 6 US$/persona; 📶) Con chirriantes suelos de madera y camas deformadas, es básico a más no poder pero también todo un éxito gracias a sus impecables baños compartidos y sus afables jóvenes dueños.

Hotel Metropolitan   HOTEL $
(☎07-257-0007; 18 de Noviembre 6-41; h 15 US$/persona; 📶) Aceptable opción de precio económico, con habitaciones confortables con suelos de madera, camas decentes y televisión por cable. Conviene pedir una con ventana, pues es algo oscuro.

⭐ Hostería Quinta Montaña   CABAÑAS $$
(☎07-257-8895; Barrio Colinas del Norte; i/d 25/45 US$; 🅿🏊) Urbano pero rural en esencia, ofrece serenas y cuidadas cabañas repartidas por una ladera. El recinto incluye un bonito restaurante, una sensacional piscina y hasta sauna. Tumbarse en una hamaca puede ser la norma en la selva, pero hacerlo en Loja –más aún con vistas tan exuberantes– es algo privativo de los huéspedes que se hospedan en este lugar. Está 2 km al norte de la terminal de autobuses.

Zamorano Real Hotel   HOTEL DE NEGOCIOS $$
(☎07-257-0921; http://zamoranorealhotel.com; Miguel Riofrío esq. Sucre; i/d/ste 65/75/86 US$; 🅿📶) Un pequeño escalón por debajo del Grand Victoria pero superior al resto, apunta al sec-

tor de los negocios con un diseño elegante y cumpliendo con lo que cabría esperar de un lugar de su categoría. Las *suites* disfrutan de *jacuzzi* y tiene un buen restaurante, si acaso algo desangelado.

Floy's International Hotel   HOTEL **$$**
(☎07-257-3821; hotelfloysinternacional@hot mail.com; 18 de Noviembre esq. Valdivieso; i/d/ tr 25/40/60 US$ desayuno incl.; P☎) Aunque solo tenga de internacional el recibimiento, este agradable hotel ofrece una excelente relación calidad-precio con habitaciones grandes y limpias –algunas adornadas con bonitos murales– y una estupenda cafetería.

Hostal Aguilera Internacional   HOTEL **$$**
(☎07-257-2892; hostal_aguilera@hotmail.com; Sucre 01-08 y Ortega; i/d/tr 25/40/50 US$ desayuno incl.) Probablemente sea exagerado definirlo como "internacional", pero este hotelito familiar está pegado a la Puerta de la Ciudad y tiene habitaciones bonitas y luminosas.

Hostal Los Arupos   PENSIÓN **$$**
(☎07-258-2601; Juan de Salinas entre 18 de Noviembre y Sucre; h 20 US$/persona) Con suelos limpísimos y habitaciones grandes aunque sin ducha ni televisión por cable.

Grand Victoria
Boutique Hotel   HOTEL HISTÓRICO **$$$**
(☎07-258-3500; www.grandvictoriabh.com; Valdivieso esq. Eguiguren; i/d 116/140 US$ desayuno incl.; P✳@☎☎) Pionero del concepto *boutique* en Loja, el Grand Victoria deleita con toda clase de detalles, como albornoces y pétalos de rosa, sábanas de algodón de primera y aromaterapia en la piscina. Las habitaciones son una oda a la comodidad, pero carecen del encanto de las zonas comunes. Todo el servicio, incluido el de sus tres restaurantes internacionales, está muy por encima de lo habitual.

🍴 Dónde comer

Si bien la cocina lojana ha gozado tradicionalmente de fama, la proliferación de establecimientos de calidad donde poder degustarla no se ha producido hasta tiempos recientes.

La gran especialidad local, el *cuy*, suele servirse los domingos. Otras delicias lojanas son la cecina (carne de cerdo salada frita, acompañada de yuca) y las humitas (masa de maíz cocida).

A lo largo de la calle Alonso de Mercadillo, al oeste de la calle Bolívar, se suceden varios puestos que sirven un cuarto de pollo con sopa y patatas fritas por unos 2 US$.

El Jugo Natural   BAR DE ZUMOS **$**
(Eguiguren 14-20; comidas ligeras 1-4 US$; ☺7.00-20.00) De parada obligada para desayunar y punto de encuentro predilecto de los lugareños, este pequeño café, boyante desde hace más de 30 años, triunfa gracias a su carta compuesta por zumos cien por cien naturales, batidos de yogur y ensaladas de fruta.

El Tamal Lojano   ECUATORIANA **$**
(18 de Noviembre 05-12; comidas ligeras 1-4 US$, menú almuerzo 2 US$; ☺8.00-20.00 lu-sa) Los almuerzos son buenos, pero lo que verdadera-

---

DELICIAS SUREÑAS

A muchos ecuatorianos residentes en el extranjero nada les recuerda más a su país que el aroma de las delicias a base de maíz y plátano macho. Son comunes en toda la sierra, pero todo el mundo sabe que cuanto más cerca de Loja, mejores son. Muchos las acompañan de un café o las embadurnan de ají (salsa picante). Algunas de las mejores son:

Humita Masa de maíz cocida al vapor y envuelta en hojas de mazorca. Las versiones saladas están rellenas de queso; las dulces suelen aromatizarse con anís.

Quimbolito Ligero pastel de maíz, cocinado al vapor en hojas de achira, que suele servirse con pasas por encima.

Tamales de Loja Parecidos a las humitas, pero normalmente se rellenan con pollo deshebrado.

Empanada Crujiente masa frita rellena de ingredientes dulces o salados. La de las empanadas de verde se hace con plátano macho joven; también las hay de maíz.

Tortilla de choclo Tortilla de harina integral de maíz a la plancha.

Maduro con queso Plátano maduro con queso, a la plancha.

Bolón de verde Bola de plátano macho machacado, frita y servida con salchicha.

LA VIRGEN DEL CISNE

Por todo Ecuador, pero especialmente en la provincia de Loja, se ven estatuillas, santuarios, pendientes y toda clase de baratijas dedicadas a la Virgen del Cisne. Según una leyenda local, la Virgen María protegió a un caballero medieval que apareció ante su amante en un barco con forma de cisne. Las gestas de este y los auspicios de la Virgen inspiraron tanto a los monjes franciscanos que estos erigieron estatuas de la Virgen del Cisne por toda Europa. Los monjes transportaron una hasta Ecuador, donde se le han atribuido numerosos milagros, en su mayor parte relacionados con la curación de enfermedades y la protección durante tormentas.

La Virgen que puede verse en la actualidad, instalada por fervientes campesinos en 1594 en una pequeña localidad también llamada El Cisne (70 km al oeste de Loja), viste una túnica dorada y porta una corona. Esta Virgen, que es la "original", se conserva buena parte del año en la catedral gótica de El Santuario. Las Vírgenes del Cisne en otros puntos de Ecuador llevan ropajes inspirados en los trajes indígenas locales, o incluso la bandera ecuatoriana (máxime cuando la selección de fútbol juega un partido importante).

El 15 de agosto El Cisne celebra una gran fiesta en honor a la Virgen, tras la cual miles de peregrinos llegados de todos los rincones del país y el norte de Perú cargan con la estatua a hombros hasta Loja, y muchos de ellos cubren todo el trayecto a pie. La Virgen finalmente llega a Loja el 20 de agosto, donde se instala con mucha prosopopeya en la catedral. El 1 de noviembre se repite el proceso a la inversa y la Virgen descansa en El Cisne hasta agosto del año siguiente. El 30 de mayo tiene lugar otra fiesta en El Cisne, aunque menos multitudinaria.

La mayor parte del año hay circuitos y autobuses que van al pueblo desde Loja y Catamayo para visitar El Santuario y venerar la imagen. Ahora bien, durante las procesiones resulta imposible; hay que caminar como todo el mundo, pues la carretera está tan abarrotada que los vehículos no pueden abrirse paso. En los últimos años, los ciclistas se han aficionado a recorrer esta preciosa ruta junto a los peregrinos. Más allá del transporte que se elija, es una demostración de devoción que siempre fascina.

mente atrapa de este lugar son los deliciosos *quimbolitos,* humitas, empanadas de verde y tamales lojanos (léase todos los favoritos de la comida local).

Biscuit & Co　　　　　　　　　　CAFÉ $
(24 de Mayo esq. Rocafuerte; tentempiés y comidas ligeras 2-6 US$; ☺10.00-21.00 lu-vi, 18.00-22.00 sa, 10.00-19.00 do) Coqueto local de dirección francesa-ecuatoriana, muy indicado para tomar algo a media tarde. Desde tés ecológicos hasta quiches y dulces tentaciones, hay algo para todos los gustos.

Lecka Bistro Alemán　　　　　ALEMANA $
(24 de Mayo esq. Riofrío y Azuay; comidas sobre 5 US$; ☺5.00-22.30 lu-vi) Buena cocina alemana en un marco íntimo; destacan las tartas y la cerveza.

★Riscomar　　　　PESCADO Y MARISCO $$
(www.riscomarloja.com; Rocafuerte esq. 24 de Mayo; ppales. 10 US$; ☺9.00-16.00 y 19.00-22.00 lu-sa, 9.00-16.00 do) Sirve uno de los mejores pescados y marisco de Loja (incluido un delicioso ceviche) en un comedor acogedor pero sin alardes. El chivo en cerveza es una sorprendente incorporación a la carta.

Dejà Vu　　　　　　　　INTERNACIONAL $$
(☏07-258-2347; http://restaurantdejavuloja.com; Bernardo Valdivieso, Centro Comercial Colibrí; ppales. 7-18 US$; ☺11.00-22.00 lu-sa) Servicio indiferente, buenos platos de carne y pescado, y unas vistas insuperables del Parque Central. Los fines de semana conviene reservar para conseguir las mejores mesas. Se entra por unas escaleras del centro comercial de abajo.

Forno di Fango　　　　　　　PIZZERÍA $$
(☏07-258-2905; 24 de Mayo esq. Azuay; pasta 4-8 US$, *pizza* 7-18 US$; ☺12.00-22.30) Las pastas y las ensaladas dejan rezagada a la *pizza* en este local italiano donde por encima de todo reina la salsa. También hacen envíos.

🍺 Dónde beber y ocio

Muchos cafés ofrecen música en directo suave, por la noche, generalmente no anunciada.

★ **Zarza Brewing Company** MICROCERVECERÍA
(Puerto Bolívar esq. Esmeraldas; ⊗noches lu-sa) En el barrio de El Valle, Zarza es una flamante microcervecería de gran aceptación entre lugareños y expatriados. El dueño es tejano y conoce bien el sector. Sirve una excelente *stout* irlandesa y las que probablemente sean las mejores costillas a la barbacoa de Ecuador. Suele haber música en directo. La carrera en taxi cuesta 1 US$.

★ **Café Victoria** CAFÉ
(Lourdes esq. Peña y 24 de Mayo; ⊗10.00-13.00 y 15.30-19.30 lu-vi, 15.30-19.30 sa) Las mejores bebidas de café de la región se sirven en este pequeño y apartado local que también vende paquetes de café. Los propietarios son verdaderos expertos en la materia y es un deleite ver que el café que se cultiva en las fincas vecinas se comercializa y se sirve como es debido.

El Viejo Minero PUB
(Sucre 10-76) Rústico bar perfecto para relajarse con una cerveza y un tentempié en un ambiente de *pub*.

ℹ Información

URGENCIAS

Comisaría de policía (☏07-257-5606; Valdivieso esq. Imbabura y Quito) Al norte del centro.

INTERNET

Cyberpower (Riofrío esq. Sucre; 1 US$/h; ⊗8.00-20.00)

WEBS

www.loja.gov.ec Web oficial del municipio.
www.lojanos.com Comunidad virtual de Loja.

LAVANDERÍA

VIP Lavandería (Alonso de Mercadillo esq. Olmedo y Peña; 0,85 US$/kilo; ⊗8.00-13.00 y 14.00-18.00 lu-vi, 15.00-18.00 sa)

ASISTENCIA MÉDICA

Clínica San Augustín (☏07-258-7339; www.hospitalclinicasanagustin.com; 18 de Noviembre esq. Azuay) Recomendado para extranjeros.

DINERO

Banco del Pichincha (Bernardo Valdivieso esq. 10 de Agosto) Con cajero automático.

CORREOS

Oficina de correos (Colón esq. Sucre)

INFORMACIÓN TURÍSTICA

Ministerio del Ambiente (☏07-257-9595/258-5927; Sucre 4-35, 3º) Gestiona el Parque Nacional Podocarpus; dispensa información y mapas sencillos.
Oficina de turismo (iTur; ☏07-258-1251/257-0485; Bolívar esq. Eguiguren; ⊗8.00-18.00 lu-vi, 9.00-18.00 sa) Su servicial personal facilita mapas.

ℹ Cómo llegar y salir

AVIÓN

Loja recibe el servicio del aeropuerto de La Toma, en Catamayo, 30 km al oeste. Los autobuses que van a Macará paran allí (1 US$).
TAME (☏07-257-0248; www.tame.com.ec; av. Ortega esq. 24 de Mayo; ⊗8.30-13.00 y 14.30-18.00 lu-vi, 9.00-13.00 sa) vuela a/desde Quito (lu-sa) y Guayaquil (lu-vi) por unos 75 US$ por vuelo.

AUTOBUSES DIARIOS DESDE LOJA

DESTINO	TARIFA (US$)	DURACIÓN (H)
Ambato	12	11
Catamayo	1	¾
Cuenca	7,50	5
Gualaquiza	6	6
Guayaquil	10	8-9
Macará	6	6
Machala	6	5
Piura (Perú)	10	9
Quito	14-17	14-15
Riobamba	11	9-10
Zamora	2,40	2
Zumba	7,50	6

CABAÑAS YANQUAM

Al este de Zamora, el río Nangaritza discurre a través de la vasta cordillera del Cóndor, una región con una biodiversidad sin igual, que además es el hogar de comunidades de indígenas shuar. Si se navega por un afluente de aguas negras (en verdad de color amarronado, debido a unos taninos naturales), podrán verse extrañas formaciones rocosas, cascadas, aves exóticas y despeñaderos cubiertos de orquídeas. **Cabañas Yanquam** (☏099-947-0740; www.lindoecuadortours.com; h 30 US$/persona desayuno incl., comidas/cenas 10 US$, vueltas en barca de 4 plazas 30 US$/persona), en las afueras del puerto fluvial de Las Orquídeas, facilita una inmersión en este mundo perdido que representa el final de la línea para casi todos los viajeros. También organiza fascinantes excursiones de dos a tres días a lugares de interés cercanos, incluidos cañones y cuevas frecuentadas por guácharos.

AUTOBÚS Y TAXI

Casi todos los autobuses salen de la **terminal de autobuses** (av. Cuxibamba), unos 2 km al norte del centro, provista de una oficina de iTur.

Vilcabambaturis ofrece rápidos microbuses a Vilcabamba (1,30 US$, 1 h, cada 15-30 min, 6.15-21.15). Una manera aún más rápida de viajar es en taxi colectivo (2 US$, 45 min) desde la av. Universitaria, unas 10 cuadras al sur de la calle mercadillo; interesa tomar un taxi hasta la parada de taxis de la ruta 11 de Mayo.

Para ir a Huaquillas, el principal paso fronterizo con Perú, se puede tomar un autobús que sale a las 17.00 (10 US$, 7 h) y así evitar deshacer el camino hasta Machala. Loja también es el punto de salida de los autobuses hacia los pasos fronterizos del sur, con Perú, vía Macará y Zumba (ahora conectadas por la ruta directa Loja-Jaén, en Perú).

Se puede ir directamente a Piura (Perú) desde Loja sin parar en Macará. Los autobuses de Loja International (10 US$, 9 h) se detienen en la frontera, esperan a que los pasajeros realicen los trámites y continúan hasta Piura. Conviene comprar los billetes como mínimo el día antes de viajar.

Hay autobuses con frecuencia a la mayor parte de los destinos.

❶ Cómo desplazarse

Casi todas las carreras urbanas en taxi cuestan aproximadamente 1 US$. Para ir al aeropuerto, se puede pedir al hotel que solicite un taxi o un autobús de enlace, que cobra 5 US$ por persona por los 40 min de trayecto, o tomar un autobús a Catamayo (1 US$, 45 min) desde la terminal de autobuses.

Parque Nacional Podocarpus

Este **parque nacional** (gratis, refugios 3 US$) integra gran parte del triángulo que forman Loja, Zamora y Vilcabamba, además de una buena extensión hacia el sureste. Dado que la altitud dentro de sus límites es tan dispar (desde aprox. 900 m hasta más de 3600 m), el Podocarpus es uno de los lugares con mayor biodiversidad del planeta. En torno al 40% de sus 3000 especies de plantas solo se hallan en este lugar, y se han catalogado casi 600 especies de aves. Además, da cobijo a mamíferos menos habituales como zorros, ciervos, pumas, tapires andinos y osos.

La variedad de paisajes del parque es asombrosa: un alto y ventoso páramo que recuerda vagamente a un fondo del mar coralino; lagos como joyas enclavados en depresiones glaciares; bosques de cuento de hadas barridos por las inclemencias del tiempo; altos y tupidos bosques que bullen de insectos y vida aviar.

El parque debe su nombre al mañío, la única conífera endémica de Ecuador, pero nadie debería esperar ver ni un solo ejemplar, ni ningún animal grande: los taladores arrasaron con casi todos los mañíos hace años, y la caza ha diezmado las poblaciones de mamíferos, reducidos a grupúsculos ocultos en las entrañas del bosque. Además de estas amenazas, aún vigentes pese al estatus protegido del parque, la minería (legal e ilegal) y la agricultura invaden los hábitats de toda la reserva.

Las aves, sin embargo, abundan. En el sector de la sierra habitan especies de nombres exóticos como la tángara lacrimosa, el trepamusgos barbablanca andino, el frutero de cejas amarillas y el subepalo perlado; en las llanuras tienen su hogar el jacamará cobrizo, el perico de pecho blanco y la tángara paraíso.

Las lluvias son frecuentes e intensas en ambos sectores, por lo que habrá que ir preparado. Los meses más secos son de octubre a diciembre.

SECTOR DE LA SIERRA

La entrada a este sector del parque se realiza a través del **control de Cajanuma**, 10 km al sur de Loja. Desde allí, una pista de tierra avanza 8,5 km colina arriba hasta la oficina del parque y el **refugio** (cabaña 3 US$) contiguo, con siete cabañas básicas con colchones y una zona de acampada.

Del refugio parten varios senderos guiados que penetran en el bosque nuboso. Más extenuante resulta la **ruta circular de Los Miradores**, de 5 km (4 h), que atraviesa el bosque nuboso antes de recalar en el páramo (cabe esperar fuertes vientos). Otro camino que se bifurca de esta ruta, llega, al cabo de 14,5 km, a las **lagunas del Compadre**, si bien exige un mínimo de tres días para ir y volver. No hay agua entre la cabecera y los lagos.

El Ministerio del Medio Ambiente en Loja puede proporcionar información detallada; el puesto de control dispone de mapas sencillos.

ℹ Cómo llegar y salir

Un taxi de Loja al control de Cajanuma cuesta 5 US$; hasta la oficina del parque/el refugio, unos 10 US$. Nótese además que desde el control de Cajanuma, en la carretera Loja-Vilcabamba, hay 8,5 km a pie hasta el punto de inicio de las principales rutas de senderismo; desde la oficina del parque/el refugio, ¡literalmente i8,5 m! No hay transporte entre el control de Cajanuma y la oficina del parque. Si se sale temprano de Loja se podrá caminar durante horas antes de cubrir los 8,5 km de regreso hasta la carretera Loja-Vilcabamba (agradable de bajada). Contados automóviles transitan por la carretera del parque, por lo que hacer autoestop es poco probable.

SECTOR DE LAS LLANURAS

La entrada principal a este sector se halla en el **control de Bombuscaro**, 6 km al sur de Zamora con un camino de tierra que sigue el curso del río Bombuscaro. Desde el aparcamiento, al final de la carretera, hay ½ h a pie por un ancho sendero en pendiente hasta el control. Hay varias **cabañas** (3 US$/persona) básicas, sin colchones, y se permite la acampada libre.

Desde el control de Bombuscaro hay varios caminos cortos bien mantenidos (a veces embarrados) que serpentean entre el bosque; el más popular de ellos conduce a las **cascadas Poderosa** y **Chismosa**. La ruta de **Los Higuerones**, de 6 km, discurre por varios bosques primarios, lo mismo que el sendero de **El Campesino**, de 5 h. Quienes estén más en forma pueden acometer el ascenso de 1 h por la ruta de **El Mirador**; otro camino lleva hasta una profunda poza natural del río Bombuscaro (conocida como el "área fotográfica"), donde poder darse un chapuzón. Hay otra entrada menos utilizada en la aldea de **Romerillos**, unos 25 km al sur de Zamora, por una carretera distinta.

El clima es cálido y húmedo pero agradable. Los meses más lluviosos son de mayo a julio y la mejor época para ver orquídeas, mayo y junio.

ℹ Cómo llegar y salir

Para llegar a la entrada de Bombuscaro, lo más sencillo es ir en taxi desde Zamora (4 US$); es fácil encontrarlos detrás de la terminal de autobuses. La carrera desde Loja cuesta 10-12 US$, solo ida. Se puede concertar la recogida para regresar a Zamora a última hora del día (4 US$ adicionales), o bien caminar aproximadamente 1½ h por una carretera llana. Desde Zamora también salen autobuses a la entrada de Romerillos (1,50 US$, 2 h, 6.00 y 14.00).

Zamora

13 400 HAB. / 970 M ALT.

La calurosa y húmeda capital de la provincia de Zamora-Chinchipe tiene algo del Oriente y algo de la sierra. Enclavada entre dichas regiones, en las estribaciones andinas, atrae a trabajadores de las comunidades de montaña saraguro y miembros de la etnia shuar llegados de la cuenca del Amazonas. La ciudad se autodenomina "ciudad de aves y cascadas", y el turismo gira en torno al cercano Parque Nacional Podocarpus.

Las décadas de colonización minera y su crecimiento hasta convertirse en un importante núcleo provincial, han derivado en una urbe dominada por estructuras de cemento poco memorables. Pese a todo, Zamora ha experimentado una especie de resurgimiento, como acreditan sus puentes renovados, la remozada estación de autobuses y un flamante malecón junto al río Zamora. Y para saber la hora, basta con alzar la vista hacia un cerro por encima de la estación rematado por un descomunal reloj con un minutero que mide exactamente 11 m y 34 cm, lo que posiblemente lo convierte en el reloj más grande del país y, al decir de algunos, del mundo.

⊙ Puntos de interés

No hay que perderse el enorme reloj enfrente de la estación de trenes y el mercado, aún más surrealista de noche. También merece un vistazo la plaza principal, con su fuente central coronada por un loro y sus llamativas fachadas color salmón. Sin embargo, el principal aliciente de Zamora es el cercano Parque Nacional Podocarpus (p. 200). De camino al refugio Copalinga hay una estupenda **poza** apta para nadar. Contadas calles del centro tienen indicaciones.

Refugio Ecológico Tzanka RESERVA DE FAUNA
(☎07-260-5692; refugioecologicotzanka@yahoo.es; Mosquera esq. Tamayo; adultos/niños 2/1 US$; ◷9.00-17.00) Una cuadra al suroeste de la plaza principal por una pronunciada subida, este centro de rescate de fauna acoge loros, coatíes (grandes roedores amantes de las acrobacias), monos, perezosos y una boa constrictor, y ofrece programas de voluntariado de corta duración.

☞ Circuitos

**Bio Aventura
Expeditions** CIRCUITOS DE AVENTURA
(☎07-260-7063; j.soto75@hotmail.com; Amazonas esq. Orellana; 30-50 US$/persona/día) El mejor operador de Zamora organiza circuitos guiados al Podocarpus (aprox. 30 US$) y al río Nangaritza (aprox. 50 US$) desde una pequeña tienda de recuerdos que hace esquina.

🛏 Dónde dormir y comer

Zamora posee un par de alojamientos muy interesantes, y, a menos que se sienta predilección por el bagre y las ancas de rana, la oferta gastronómica local deja bastante que desear.

Hotel Betania HOTEL $
(☎07-260-7030; Francisco de Orellana; h 15 US$/persona; P🛜) Confortable y moderno, con habitaciones amplias y camas firmes. Es uno de los hoteles económicos más pulcros del país y solo está dos cuadras al oeste de la estación de autobuses.

Hotel Chonta Dorada HOTEL $
(☎07-260-6384; Jaramillo cerca de Amazonas; i/d 13/22 US$; P) Opción decente para hacer noche, aunque carente de encanto; está tres cuadras al oeste de la estación de autobuses.

★Copalinga REFUGIO $$
(☎099-347-7013; www.copalinga.com; Vía al Podocarpus km 3; cabañas i/d desde 55/84 US$/persona, sin baño 28/50 US$/persona, todo incl.) 🖊 Los amantes de la ornitología ponen la directa a esta reserva privada de dirección belga para disfrutar de avistamientos garantizados de aves exóticas, pero también agradará al resto de visitantes con sus comederos para colibríes, sus senderos y su sereno ambiente. El alojamiento consiste en cabañas rústicas o de lujo, ideales para dormir oyendo de fondo el rumor del agua del río. Funciona con energía hidroeléctrica, y las abundantes y sabrosas comidas se sirven en un comedor con vistas inmejorables de las aves.

Se exige reservar y es aconsejable hacerlo con mucha antelación. Queda 3 km al sureste del centro; se llega tras un paseo de 30 min desde la entrada del Parque Nacional Podocarpus.

Hotel Samuria HOTEL $$
(☎07-260-7801; hotelsamuria@hotmail.com; 24 de Mayo esq. Diego de Vaca; i/d 25/38 US$ desayuno incl.; P❋🛜) Situado media cuadra al norte de la plaza principal, el hotel más nuevo de Zamora tiene camas firmes, secadores de pelo, TV y habitaciones relativamente tranquilas y modernas aunque, en algunos casos, diminutas. El aire acondicionado se agradece en las noches de calor, y el restaurante refuerza la escasa oferta gastronómica de la zona.

★Tío Bolo ECUATORIANA $
(Malecón esq. av. Amazonas; comidas 5 US$) El restaurante más popular del lugar ofrece soberbios platos a la parrilla en un íntimo espacio abierto a un costado con vistas al río. Sería precipitado decir que ha transformado el malecón en un destino gastronómico, pero tiempo al tiempo...

La Choza ECUATORIANA $
(Sevilla de Oro; ppales. 3-9 US$; ◷6.30-20.00) Con una oferta consistente en pescado frito, ancas de rana y churrasco con huevos y arroz, La Choza es la pesadilla de un cardiólogo, pero todo sabe bien y los ingredientes son frescos y autóctonos. Para llegar hay que enfilar hacia el reloj desde la plaza principal.

❶ Información

Banco del Austro En la plaza principal; con cajero automático.

Hospital (Sevilla de Oro esq. Jaramillo)

Ministerio del Ambiente (☎07-260-5318/6606; Sevilla de Oro esq. Orellana; ◷8.30-16.30 lu-vi) Información sobre el Parque Nacional Podocarpus.

Oficina de correos (24 de Mayo esq. Sevilla de Oro)

 Cómo llegar y salir

La **terminal de autobuses** (av. Heroés de Paquisha esq. Amazonas) está enfrente del gran reloj.

Los autobuses salen casi cada hora hacia Loja (2,40 US$, 2 h) entre las 3.00 y las 23.00. Hay cinco autobuses diarios que van hasta Gualaquiza (3,50 US$, 4 h), al norte. Para ir a Cuenca (7 h), Guayaquil (11 h aprox.) o Quito (16 h aprox.), primero hay que dirigirse a Loja y tomar alguno de los frecuentes autobuses que salen desde allí.

Los autobuses a Las Orquídeas (para ir a Cabañas Yanquam) salen diariamente desde Zamora a las 4.00, 6.30, 11.15, 12.30 y 15.45. En Las Orquídeas hay que cambiar a una camioneta para continuar el resto del viaje.

Vilcabamba

4800 HAB. / 1500 M ALT.

Bendecida con montañas seductoras y un aire agradable, Vilcabamba es sinónimo de longevidad y un lugar que atrapa durante meses e incluso años. De hecho, se dio a conocer por su alto número de vecinos centenarios tras la publicación de varios artículos en *Reader's Digest* en 1955.

Mochileros y jubilados norteamericanos y europeos la inundan atraídos por sus bellos paisajes, su suave clima y su ambiente relajado. Las colinas están salpicadas de grandes casas nuevas y en el centro se concentran algunos comercios de dueños extranjeros. La creciente llegada de residentes foráneos ha derivado en tensiones por el aumento del precio del suelo. Sin embargo, ahora hay más empleo que nunca en el sector del turismo y la construcción, y Vilcabamba ha pasado a ser un pueblo en el que los jóvenes no se plantean emigrar a la gran ciudad, algo insólito en Ecuador.

Su clima es perfecto para la práctica del senderismo y la equitación, y constituye un buen punto de acceso a las secciones más remotas del Parque Nacional Podocarpus. Es, además, un destino excelente para relajarse, con una legión de especialistas prestos a facilitar el descanso del visitante con masajes, pedicuras y sesiones de meditación a precios económicos.

Actividades

Casi todos los naturalistas y guías ecuestres cobran unos 15 US$ por 2 h, 25 US$ por 4 h y 35 US$ por el día completo.

En general, los hoteles disponen de mapas de senderismo, y algunos tienen incluso su propia red de senderos. Muchos caminos atraviesan terrenos privados, por lo que tal vez haya que pagar una pequeña tasa (1-2 US$) por transitarlos. La ruta del **cerro Mandango** asciende a lo alto de este distintivo pico al oeste del pueblo; subir y bajar lleva 4 h. Muchos albergues recomiendan hacerlo acompañado de un guía, pues en los últimos años se han registrado varios robos a turistas. Si el viajero se dirige al Parque Nacional Podocarpus desde el río Yambala, al oeste de Vilcabamba, encontrará una ruta de 5-8 h que conduce a la **cascada del Palto**. Una buena opción vespertina es la rápida caminata hasta **Agua de Hierro**, un pequeño manantial perfectamente señalizado. El **Rumi-Wilco Ecolodge** (bono de 3 días 2 US$) ofrece excelentes rutas señalizadas de entre 1 y 3 h.

Caballos Gavilán   PASEOS A CABALLO
(☎07-264-0256; gavilanhorse@yahoo.com; Sucre 10-30) Gavin, un neozelandés instalado en el lugar desde hace años, encabeza excursiones a caballo de entre 2 h y 3 días con pernoctación en su refugio, cerca del parque. Muy recomendable.

El Chino   ALQUILER DE BICICLETAS
(Sucre esq. Agua de Hierro) Alquila bicicletas y motocicletas por 10/50 US$/día y, pagando algo más, organiza salidas. No hay que perderse las fascinantes esculturas de la tienda contigua, hechas con repuestos de bicicleta.

Cursos

Centro de Meditación   SALUD Y BIENESTAR
(☎098-959-2880; http://mindfulnessmeditationine cuador.org; Bolívar) Nuevo espacio especializado en cursos de espiritualidad y meditación. También alquila hermosas habitaciones (i/d 120/160 US$/semana); los huéspedes pueden usar las hierbas y verduras del jardín para cocinar.

Circuitos

La Tasca Tours   CIRCUITOS DE AVENTURA
(☎098-127-3930/556-1188; latascatours@yahoo.ec; Sucre) Sito en la plaza central, este afianzado operador ofrece excursiones de senderismo, equitación y circuitos de aventura por la zona, incluido el Podocarpus. También organiza una visita de 6 h a un cafetal (se dice que en la zona crecen los mejores granos de café

Vilcabamba

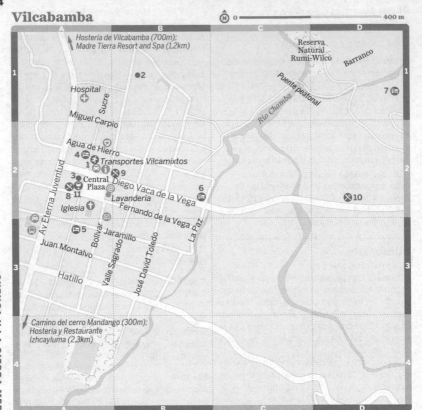

Ñ 0 ————————————————— 400 m

Hostería de Vilcabamba (700m);
Madre Tierra Resort and Spa (1,2km)

Reserva
Natural
Rumi-Wilco

Barranco

●2

Hospital

Sucre

Miguel Carpio

Río Chamba

Puente peatonal

7

Agua de Hierro

4 1

Transportes Vilcamixtos

9

Av Eterna Juventud

3 Central
Plaza

Diego Vaca de la Vega

6

10

8 11 Lavandería

Iglesia

Fernando de la Vega

La Paz

5 Jaramillo

Juan Montalvo

Bolívar

Valle Sagrado

José David Toledo

Hatillo

Camino del cerro Mandango (300m);
Hostería y Restaurante
Izhcayluma (2,3km)

Vilcabamba

🟢 Actividades, cursos y circuitos
1 Caballos Gavilán....................................A2
2 Centro de Meditación...........................B1
  El Chino.......................................(véase 1)
3 La Tasca Tours.....................................A2

🔵 Dónde dormir
4 Hostal Jardín Escondido.....................A2
5 Hostería Margarita..............................A3
6 Hostal Le Rendez-Vous.......................B2
7 Rumi-Wilco Ecolodge..........................D1

⚫ Dónde comer
  Jardín Escondido......................(véase 4)
8 La Baguette..A2
9 La Terraza...B2
  Midas Touch...........................(véase 11)
10 Shanta's Bar...D2

🟢 Dónde beber y vida nocturna
11 Juice Factory.......................................A2

del país). Las excursiones de un día rondan
los 50 US$/persona.

🛏 Dónde dormir

En Vilcabamba hay multitud de hoteles económicos, todos con algún tipo de piscina. Los
de las afueras pueden ser maravillosamente
tranquilos y relajantes, mientras que los del
centro suelen salir más baratos. Las tarifas
suben en temporada alta y los festivos.

◎ Centro

⭐ **Hostería Margarita**   HOSTERÍA $
(Jaramillo esq. Sucre; i/d 15/30 US$ desayuno incl.;
P ⚊) Ocultas tras sus altos muros blancos
se encuentran habitaciones limpias y una
fantástica sala para desayunar que da a la
piscina, rodeada por un frondoso jardín. A
diferencia de otras propuestas del centro, no
es el clásico lugar de mochileros, pero sale
más a cuenta que el resto.

Hostal Jardín Escondido   ALBERGUE $

(☎07-264-0281; www.jardin.ec; Sucre y Agua de Hierro; dc/h 12,50/20 US$/persona desayuno incl.; 🛜🌀) Construido en torno a un apacible jardín interior lleno de pájaros cantores, es un buen sitio económico para alojarse y conocer a otros viajeros. Todas las habitaciones tienen techos altos y grandes baños, y el desayuno incluye pan casero y buen café.

Rendez-Vous Hostal Guesthouse   HOTEL $

(☎099-219-1180; www.rendezvousecuador.com; Diego Vaca de la Vega; i/d/tr 25/35/50 US$, i/d sin baño 16/25 US$; desayuno incl.; @🛜) Rústico a la par que elegante, cada una de las impecables habitaciones de esta propuesta de dirección francesa cuenta con su propia terracita con vistas a un sereno jardín interior. El desayuno se sirve en la terraza y también incluye pan casero.

◉ En las afueras

Rumi-Wilco Ecolodge   REFUGIO $

(www.rumiwilco.com; 4 US$/persona, casa de adobe para 2/cabaña 7/14 US$;/persona) 🌿 A 10 min de paseo desde la estación de autobuses, al otro lado del río, consiste en varias casas remotas, cabañas y una zona de acampada en los tupidos confines de la Reserva Natural Rumi-Wilco, de 40 Ha. Las casas de adobe (ideales para grupos pequeños) tienen atractivas habitaciones y cocinas comunitarias bien equipadas. Los más osados, en cambio, adorarán las rústicas cabañas alzadas sobre pilotes, también con magníficas cocinas. El agua de las duchas se calienta con placas solares. La entrada para clientes ocasionales es de 2 US$/persona e incluye tres visitas.

★Hostería y Restaurante Izhcayluma   RESORT $$

(☎07-302-5162; www.izhcayluma.com; dc 8,50 US$, i/d/tr 25/32/39 US$, sin baño 19/25/35 US$, cabañas d 59 US$; P🛜🌀) En lo alto de una colina 2 km al sur del pueblo, se trata de un refinado retiro de excelente relación calidad-precio. Su comedor al aire libre, aderezado con amplias vistas panorámicas, sirve platos alemanes y ecuatorianos. En su "sala de bienestar holístico" se ofrecen masajes y otros tratamientos, y hay un bar y piscina. Las cabañas y las habitaciones son tranquilas y amplias.

Las nuevas cabañas, con inmejorables vistas del cerro Mandango y la flamante red de senderos por el recinto, son fabulosas y lucen una bonita decoración con objetos de la cultura valdavia. Siempre está abarrotado, por

lo que se recomienda reservar al menos con una semana de antelación. Ofrece un servicio de enlace directo (15 US$) desde el albergue La Cigale, en Cuenca.

Madre Tierra Resort & Spa   SPA Y RESORT $$

(☎07-264-0362; www.madretierra.com.ec; i desde 29 US$, d 39-79 US$; @🛜🌀) 🌿 Se halla en una ladera con cascadas y jardines, 2 km al norte del pueblo, e irradia ambiente *new age*, con las velas e iconos de rigor. Las habitaciones están decoradas con esmero, y las nuevas *suites* presumen de balcón y suelo de piedra incrustada. Los baños parecen cuevas de fantasía.

Hostería de Vilcabamba   HOTEL $$

(☎07-264-0271; www.hosteriavilcabamba.com; i/d/tr 43/60/72 US$; P🛜🌀) Envuelto por un enorme y frondoso recinto a la entrada del pueblo, este elegante hotel cuenta con restaurante, una gran piscina, sauna, baño turco y dos atractivos edificios con habitaciones de categoría (todas ellas espaciosas, con camas firmes, teléfono, lámpara de lectura y escritorio).

✖ Dónde comer y beber

Midas Touch   DESAYUNOS $

(Sucre 11-35; desayunos y comidas 3-5 US$; ⊙8.00-17.00 lu y mi/ju, 8.00-hasta tarde vi-do) Ideal para pasar el rato, abre todo el día, pero su principal atractivo son los desayunos; las tortitas de banana y canela y los "huevos de calabaza" son particularmente adictivos.

La Baguette   DELICATESEN $

(Fernando de la Vega esq. Sucre; tentempiés desde 2 US$; ⊙8.00-13.00 y 14.00-18.00 lu-vi, hasta 17.00 sa y do) Delicias francesas para llevar: *pain au chocolat*, quiches, etc.

★Shanta's Bar   PIZZERÍA $$

(Diego Vaca de la Vega; ppales 6-10 US$; ⊙13.00-21.00 ma-do) Muy del gusto de estos autores desde hace años, sirve *pizzas* y generosas raciones de ancas de rana en un innovador entorno rústico con sillines de bicicleta en la barra y un barman con un bigote con forma de manillar. Pídase el licor de serpiente.

Jardín Escondido   INTERNACIONAL $$

(www.jardin.ec; Sucre esq. Agua de Hierro; ppales. 5-10 US$; ⊙8.00-20.30; 🛜🌿) Es difícil equivocarse con las propuestas internacionales de este emblemático restaurante al fresco, que incluyen deliciosos platos vegetarianos. En los consistentes desayunos no falta el pan casero.

RESERVA DE TAPICHALACA

Esta pequeña **reserva** (entrada 15 US$), 75 km al sur de Vilcabamba, da cobijo a una de las aves más raras y amenazadas de Ecuador, la tororoí jocotoco (*Grallaria ridgelyi*), con menos de una veintena de parejas reproductoras en la actualidad. Algunos ejemplares se han acostumbrado a acudir a los comederos instalados por los cuidadores, por lo que seguramente se aviste alguna. El resto de la reserva es un oasis de bosque nuboso en una región muy afectada por la deforestación, y los comederos de colibríes son un hervidero todo el día. Para llegar a tiempo de ver desayunar a las tororoíes, habrá que tomar el autobús de las 5.00 en Loja, o bien pernoctar en el precioso **refugio** (☏02-227-2013; www.fjocotoco.org; i/d desde 125/170 US$ comidas incl.) de la reserva.

Hostería y Restaurante Izhcayluma   ECUATORIANA **$$**
(☏07-264-0095; www.izhcayluma.com; ppales. 4-7 US$; ⊗8.00-11.00 y 12.30-18.30 ma-do, 8.00-11.00 lu; ☏) La carta recoge especialidades bávaras y clásicos ecuatorianos, más excelentes adaptaciones vegetarianas de los platos de carne. Queda al sur del centro; merece la pena el trayecto colina arriba.

La Terraza   INTERNACIONAL **$$**
(Diego Vaca de la Vega esq. Bolívar; ppales. 5-8 US$; ⊗9.00-21.30) Con vistas del desfile humano en plena Plaza Central, sirve favoritos internacionales como burritos, sándwiches y unos cuantos platos asiáticos a base de fideos.

Juice Factory   BAR DE ZUMOS
(⊗8.00-16.00 ma-sa) ☞ Deliciosos zumos y buenas y sanas comidas ligeras. Parte de las ganancias revierten en la comunidad.

❶ Información

Se han registrado varios robos con violencia en la subida al cerro Mandango. Para evitar problemas en las caminatas lo mejor es dejar en el hotel la cámara, el dinero y el reproductor de MP3.

Banco de Guayaquil (Bolívar esq. Diego Vaca de la Vega) Con cajero automático.

Hospital (☏07-264-0188/267-3188; av. Eterna Juventud cerca de Miguel Carpio)

Internet (Bolívar, junto a la plaza; 1,15 US$/h; ⊗9.00-21.00)

Lavandería (Bolívar, junto a la plaza; 1 US US$/kilo; ⊗8.00-21.00)

Comisaría de policía (☏07-264-0896; Agua de Hierro cerca de Bolívar)

Oficina de correos (Bolívar entre Fernando de la Vega y Jaramillo)

Oficina de turismo (iTur; ☏07-264-0090; Bolívar esq. Diego Vaca de la Vega; ⊗8.00-13.00 y 15.00-18.00 lu-sa, 8.00-13.00 do) Eficiente, con buena información y mapas de senderismo por la zona.

❶ Cómo llegar y desplazarse

Transportes Vilcamixtos es una cooperativa de camionetas-taxi en la plaza principal (se distingue por los vehículos verdes y blancos). El precio por una carrera a un punto cercano es de 1,50-4 US$. Los autobuses, las furgonetas y los taxis salen de la diminuta **terminal de autobuses** (Eterna Juventud esq. Jaramillo). Hay frecuentes taxis colectivos (2 US$, 45 min) a Loja, que salen una vez se llenan (4 pasajeros); para ir a Vilcabambaturis hay microbuses (1,30 US$, 1 h) cada hora.

Los autobuses procedentes de Loja paran en Vilcabamba de camino al sur hasta Zumba (6,50 US$, 5 h aprox.) y la frontera con Perú, desde donde se puede continuar el viaje hasta Chachapoyas, en Perú. Cuando se escribió este libro, **Transportes Nambija** (☏07-257-9018; Loja) acababa de poner en marcha un servicio nocturno directo de Loja a Jaén, en Perú (desde donde salen camionetas, llamadas colectivos, y autobuses hacia Chachapoyas), vía Vilcabamba y Zumba.

Zumba y la frontera peruana

Vilcabamba es el final de trayecto para la mayoría, pero una carretera que va mejorando lentamente, en dirección sur hacia Zumba y Perú, posiblemente tiente a muchos viajeros a visitar las formidables ruinas de Chachapoyas.

Zumba fue una importante avanzadilla militar durante las guerras con Perú en las décadas de 1940 y 1990. Hoy, las contiendas parecen superadas, pero sigue habiendo un puesto militar ecuatoriano y los soldados deambulan por las calles con poco que hacer excepto silbar a las mujeres. En Zumba hay sencillos hostales con habitaciones por unos 5 US$/persona, pero lo que atrae a casi todo el mundo es el emocionante viaje a Perú. Desde Loja o Vilcabamba hay un día de viaje hasta la localidad peruana de San Ignacio, un destino mejor para pernoctar.

Los autobuses de Transportes Nambija (p. 206; 7,50 US$, 6-7 h) y Cooperativa Cariamanga, entre otros, van de Loja a Zumba, y todos paran en Vilcabamba tras 1 h de trayecto.

Desde Zumba salen rancheras (camionetas) a las 8.00, 10.30 y 17.30 hacia la frontera, en **La Balsa** (2,75 US$, 1½-2½ h), donde se obtiene el sello de salida (o de entrada, si se viene de Perú). El estado de la carretera entre Zumba y La Balsa varía sobremanera según el tiempo en los últimos días. Al otro lado del puente internacional, en Perú, aguardan taxis colectivos que van a **San Ignacio** (9 soles/3 US$, 1½ h), donde es posible pernoctar. Se puede cambiar divisa en La Balsa o, si no fuera posible, en San Ignacio.

Desde San Ignacio salen microbuses regulares con destino a **Jaén** (3,50 US$, 3 h) a partir de las 4.00. Desde allí habrá que tomar un mototaxi hasta la parada de colectivos, y luego un colectivo hasta **Bagua Grande** (1 h). Desde Bagua Grande se sigue en autobús hasta **Chachapoyas** (3 h), la primera población peruana destacable.

Zona de Catamayo

Loja fue fundada en dos ocasiones. La primera, en 1546, en lo que hoy es **Catamayo** (21 982 hab.); la segunda, dos años después, en su localización actual. A pesar de su larga historia, Catamayo es una ciudad carente de interés excepto por su aeropuerto, La Toma, que da servicio a Loja (30 km).

Unos 15 km al oeste de Catamayo, una buena carretera asfaltada atraviesa el pueblo de **San Pedro de la Bendita**, donde se halla el desvío al pueblo de **El Cisne**, 22 km al norte y hogar de la famosa Virgen del Cisne.

Unos 40 km al sur de Catamayo, en la carretera más meridional de las dos que conducen a Macará, **Gonzanamá** es conocida por sus tejedores y por la producción de alforjas. La carretera pasa por los pueblos de **Cariamanga** y **Sozoranga** antes de recalar en Macará, ya en la frontera. Los alojamientos en ruta son muy sencillos.

Desde la terminal de autobuses de Loja hay servicios regulares a todos los lugares mencionados.

Catacocha

12 000 HAB. / 1886 M ALT.

Declarada Patrimonio Cultural de la Nación en 1994, Catacocha alardea de iglesias y casas de adobe con balcones de madera, pero está pendiente de aprovechar su potencial turístico. La mejor manera de apreciar el atemporal ciclo de la vida serrana es dando un paseo por sus calles.

El **mercado dominical**, conocido como Las Paltas, es el acontecimiento más importante de la semana. Al amanecer, las campanas llaman a misa en la **plaza de la Independencia**, y hacia las 7.00 todos están comprando y vendiendo por doquier queso casero, sillas de montar, huevos frescos de corral y verduras. Y al caer la tarde, la misma plaza se convierte en el punto de reunión de mayores y aburridos adolescentes.

El **templo de Lourdes** merece un vistazo por las reproducciones de famosas pinturas religiosas europeas que alberga. No es el Louvre, pero los lienzos de un monje local plasman una verdadera devoción, si acaso algo *kitsch*.

La **Peña de Shiricalupo** es un santuario mirador conocido por sus vertiginosas vistas del valle de Casanga. Para llegar hay que atravesar un pequeño hospital a 5 min de paseo de la plaza de la Independencia.

El **Hotel Tambococha** (25 de Junio esq. Lauro Gerrero; h 10 US$/persona) tiene habitaciones limpias y luminosas, muchas de ellas con vistas sobre la plaza de la Independencia, y todas con televisión por cable y duchas con calentadores eléctricos.

No abundan las opciones para comer, pero al atardecer se montan varios puestos con buena comida junto a la gran estatua de un indio.

El **municipio** (ayuntamiento), sito en la plaza de la Independencia, puede facilitar información turística; en la misma plaza hay cibercafés y cajeros automáticos.

Los autobuses procedentes de Loja (2,50 US$, 2 h) paran en el lugar en ruta a Macará y Piura (Perú). Los colectivos a Loja más rápidos cobran 5 US$.

Macará y la frontera peruana

15 750 HAB. / 470 M ALT.

El descenso desde Catacocha hacia la frontera peruana ofrece espectaculares vistas de las montañas y los profundos valles que dan paso a la selva tropical. Las maltrechas viviendas de adobe se achicharran bajo un sol de justicia, y el ganado erra libremente por la carretera.

Finalmente se llega a la decepcionante Macará, una aletargada población fronteriza bastante inofensiva para lo que acostumbran a ser este tipo de lugares. Rodeada de bancales de arroz en terraza, está infestada de grillos que saltan por todas partes. No hay que alarmarse si se entra en Ecuador por este lugar: el paisaje mejora al norte.

El árbol más distintivo del árido bosque circundante es la ceiba, una especie de troncos hinchados y verdosos y ramas retorcidas, a menudo sin hojas, que se eleva majestuosa y triste en laderas que han sido asoladas por la tala y el ganado. En estas zonas yermas, los gigantes solitarios se han librado de las motosierras porque sus troncos, huecos en gran parte, apenas tienen valor comercial.

Para ver este ecosistema en mejor estado, se recomienda visitar la **Reserva de Jorupe** (✆en Quito 02-250-5212; www.fjocotoco.org; entrada 15 US$), gestionada por la Fundación Jocotoco, a las afueras de Macará. Es ante todo una reserva de observación de aves, hogar de la urraca de cola blanca, el pájaro péndulo y el trogón ecuatoriano.

Conviene contratar un taxi (3 US$) hasta la reserva, a 5 km de Macará en dirección Sozorongo. Se aconseja contactar para programar una visita; no hay nada como alojarse en su **refugio** (✆en Quito 02-250-5212; www.jocotoursecuador.com/en/our-lodges/urraca-lodge-jorupe-reserve; i/d 146/256 US$).

🛏 Dónde dormir y comer

Hay muchos alojamientos baratos; las opciones para comer, en cambio, son escasas y desalentadoras, excepto un par de gratas sorpresas.

Hotel Los Arrozales   HOTEL **$**
(✆07-269-5381; 10 de Agosto y Amazonas; i/d 15/28 US$; P❊🕾) Es el alojamiento más sofisti-

cado, con habitaciones grandes y relucientes, baños privados y una pequeña cafetería.

Hostal Santigyn   HOTEL **$**
(✆07-269-4539; Bolívar esq. Rengel; h desde 9 US$/persona desayuno incl.; ❊) La recepción está presidida por una Mona Lisa porro en mano, pero este limpio y elegante hotel posee habitaciones luminosas de distintos tamaños, algunas con aire acondicionado, todas con televisión por cable.

Caña y Tapa   TAPAS **$**
(✆07-269-4970; Amazonas 41-15; tapas 3-8 US$; ⊗11.00-22.00 lu-ju, 11.00-23.30 vi y sa) Evocador bar de tapas.

D'Marco's   ECUATORIANA **$**
(Jaime Roldos, cerca de Amazonas; ppales. 5-6 US$) Platos marineros servidos en un marco agradable.

❶ Información

Banco de Loja (Ventimilla esq. Calderón) tiene cajero automático (límite 200 US$) pero no cambia divisa. Para obtener soles peruanos interesa cambiar en la frontera.

❶ Cómo llegar y salir

Los autobuses de **Transportes Loja Internacional** (✆07-269-4058; Lázaro Vaca esq. Juvenal Jaramilla) salen seis veces al día hacia Loja (6 US$, 6 h) y circulan por la ruta de Catacocha. **Unión Cariamanga** (✆07-269-4047; Loja esq. Manuel E. Rengel) ofrece varios servicios diarios a Loja (6 US$, 6 h), vía Cariamanga.

El paso fronterizo a Perú por Macará es mucho más tranquilo que por Huaquillas y más ajetreado que el de Zumba. Macará dista 3 km desde la frontera (léase el puente internacional). La mayoría de los viajeros compra billetes directos a Piura (Perú) desde Loja, pero las dos compañías mencionadas salen desde Macará hacia Piura dos veces al día (3 US$, 3 h). Los autobuses paran en la frontera, esperan a que los pasajeros realicen los trámites y siguen hasta Piura.

El Oriente

Los mejores restaurantes

➡ Hotel Termas
de Papallacta (p. 213)

➡ Quinde Huayco (p. 214)

➡ El Jardín (p. 236)

Los mejores alojamientos

➡ Hotel Termas
de Papallacta (p. 213)

➡ Napo Wildlife Center (p. 225)

➡ Sacha Lodge (p. 224)

➡ Kapawi Ecolodge
& Reserve (p. 246)

Por qué ir

Esta vasta región es más sobrecogedora que un torrente atronador o una tormenta eléctrica. Sus ríos descienden desde los nevados Andes al espeso y sofocante bosque tropical en su discurrir hasta la cuenca del Amazonas. Fauna espectacular y antiguas tribus indígenas tienen su hogar en sus orillas. Los afortunados capaces de llegar a los refugios más remotos de la jungla podrán pescar pirañas en silenciosos lagos, oír el grito amenazador de los monos aulladores, ver los brillantes ojos del caimán de noche, admirar a coloridos loros dándose un banquete en los lamederos de arcilla y tal vez vislumbrar a un gran mamífero, como el tapir o el jaguar.

Explorar el Oriente brinda la inolvidable experiencia de ver de cerca la naturaleza, donde uno puede sumergirse de un modo que no es posible ni en las Galápagos. Pero esta región no es solo jungla. También tiene los mejores baños termales de Ecuador, su cascada más espectacular, los volcanes más activos y unas formidables aguas bravas.

Cuándo ir
El Oriente

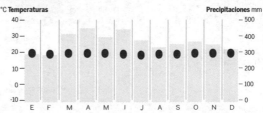

Dic-mar La época más seca del año; algunos ríos no son navegables debido al bajo nivel de las aguas.

Abr-jul La época más húmeda del año; imprescindible llevar chubasquero.

Oct-nov La mejor época; todos los ríos se pueden navegar, no hay mucha humedad y la fauna se deja ver.

Imprescindible

1 Empaparse de vaporosas aguas cristalinas en **Papallacta** (p. 212).

2 Admirar la **cascada de San Rafael** (p. 214), la mayor catarata de Ecuador.

3 Ascender por tres zonas verdes muy distintas para admirar la selva y el bosque nuboso desde los volcanes en el **Parque Nacional Sumaco-Galeras** (p. 228) y la vecina **Reserva Alto Coca** (p. 215).

4 Observar una cantidad ingente de aves y animales en el paraíso de aguas negras de la **Reserva Producción Faunística Cuyabeno** (p. 218).

5 Dormir en la jungla en los **refugios del Bajo Napo** (p. 224) y adentrarse luego en una de las zonas de mayor biodiversidad del mundo, el **Parque Nacional Yasuní** (p. 228).

6 Pescar pirañas y buscar delfines rosados en la **laguna Pañacocha** (p. 226).

7 Domeñar las aguas bravas haciendo **'rafting'** (p. 230) por los ríos de Tena.

8 Visitar comunidades nativas en la selva tropical mediante un circuito desde **Puyo** (p. 239) o **Macas** (p. 242).

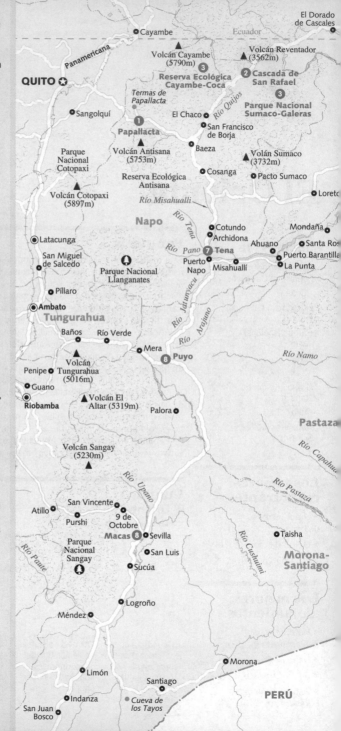

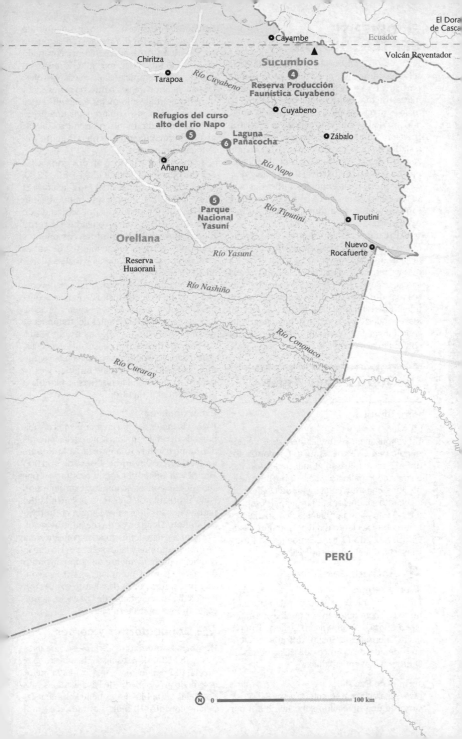

EL ORIENTE SEPTENTRIONAL

Esta región es la zona más accesible de la selva ecuatoriana, muy bien comunicada por carretera y avión con Quito y con una infraestructura turística bien desarrollada. Lo malo es precisamente eso, que ese desarrollo, además de la omnipresencia de la industria petrolera, complica el acceso a las zonas más aisladas de la selva. Sin embargo, el esfuerzo extra que supone llegar hasta allí merece mucho la pena. Su biodiversidad sigue siendo asombrosa y los pueblos indígenas aún se muestran dispuestos a compartir orgullosamente esta región única con el visitante respetuoso.

Existe una carretera asfaltada desde Quito que se divide en Baeza; el desvío del norte llega hasta Lago Agrio; el del sur, a Tena. La otra carretera principal lleva de Baños, en la sierra, a Puyo en menos de 2 h. En los meses más lluviosos (de junio a agosto), puede que las carreteras desaparezcan y se cierren los aeropuertos. Los viajeros que tengan que conectar con vuelos en Quito deberán contar con uno o dos días de margen.

De Quito a Lago Agrio

Papallacta

920 HAB. / 3300 M ALT.

Un chapuzón en las humeantes aguas de este pueblo tiene efectos terapéuticos contra los dolores musculares o el mal de altura. Las termas de Papallacta, unas 40 burbujeantes piscinas, constituyen la mejor oferta del país en cuanto a balnearios. El principal complejo termal está 3 km por encima de Papallacta y brinda un excelente día de excursión desde Quito, a 67 km (2 h). Las noches son muy frías y de día el sol es implacable.

🏃 Actividades

'Spa' y termas

Las Termas de Papallacta son la atracción principal, pero también hay piscinas termales en La Choza de Don Wilson, Hostería Pampallacta Thermales y Hostal Antisana (se citan en orden desde el cruce de las carreteras de Quito y Baeza en Papallacta).

Termas de Papallacta　　　　　TERMAS
(www.papallacta.com.ec; entrada desde 8 US$) 🌿
Goza de una ubicación soberbia, 3 km por encima del hermoso y chiquito pueblo de Papallacta. En un día despejado se puede ver el **volcán Antisana** (5753 m), coronado de nieve 15 km al sur, más allá de sus frondosas laderas salpicadas de vacas y ovejas. Desgraciadamente, los baños termales están muy frecuentados; lo mejor es acudir entre semana o bien, si se quiere vivir una experiencia verdaderamente maravillosa, llegar al anochecer, cuando hay menos gente y el ambiente es mágico.

Las piscinas se dividen en dos grupos, las del **balneario** (entrada 8 US$; ⏱6.00-22.30, último acceso 21.00) y las del **'spa'** (entrada 21 US$; ⏱6.00-21.00). Juntas suman más de una docena, con temperaturas que varían desde frías a los 40°C, todas rodeadas de verde hierba, flores rojizas, pintorescos puentes y, al fondo, montes semicubiertos de nubes tempestuosas. Hay taquillas y toallas (depósito de 5 US$).

No hay motivo para visitar las piscinas del *spa,* aunque se llenan menos, son más pequeñas y cuentan con chorros de agua a presión. La sauna interior relaja antes del tratamiento de *spa* (gratis en el *spa*). Los tratamientos (10-55 US$) incluyen masajes hidrotermales, reflexología, envoltura corporal con barro andino, baños turcos, drenaje linfático y exfoliación. El agua de las piscinas se cambia a diario al final de la tarde.

Excursionismo

Pocos visitantes del *spa* contemplan la posibilidad de hacer excursiones, pero a las puertas del Balneario hay una entrada a la **Reserva Ecológica Cayambe-Coca,** de 400 000 Ha. El *spa* tiene una sólida reputación por su enfoque conservacionista. Contiene una zona protegida de 250 Ha a la entrada del parque que los lugareños llaman el **Rancho del Cañón.** Tiene un centro de interpretación y organiza excursiones guiadas por esta zona de prados andinos y lagos solitarios (lo que lo convierte probablemente en el mejor punto de partida para explorar la reserva). Se aconseja preguntar por la desafiante **excursión** de dos días por el pueblo de Oyacachi, donde esperan más aguas termales.

🛏 Dónde dormir y comer

Hostería Pampallacta Termales　　PENSIÓN $$
(📞06-289-5014; www.pampallactatermales.com; h 55-151 US$ desayuno incl.; 🅿🛜❄) Es la mejor opción de precio medio de Papallacta. Es cálido (todas las habitaciones tienen chimeneas) y tiene encanto (en todas hay también gran-

des bañeras de piedra que se pueden llenar con agua termal). La dirección es amable y, si apetece subir a pie al kilómetro que lleva hasta las Termas de Papallacta, allí hay varias piscinas termales donde relajarse.

Hostal Antisana PENSIÓN **$$**
(☎06-289-5016; i/d 20/40 US$ desayuno incl.; ✿) Hostal de 10 habitaciones a unos metros de las Termas de Papallacta. Cobra una mínima parte de lo que cuesta el alojamiento dentro de los confines del *spa*. Es frío y algo oscuro, pero tiene buenas habitaciones, aunque algo viejas. Se aconseja llevarse ropa de abrigo o refugiarse en una de las piscinas termales de la parte de atrás.

★Hotel Termas de Papallacta HOTEL DE LUJO **$$$**
(☎en Papallacta 06-232-0042, en Quito 02-256-8989, 06-289-5060; www.papallacta.com.ec; h 1-3 personas desde 150-200 US$, cabañas 6 personas 225 US$; P@✿✿) ✈ Casi todos los visitantes de Papallacta se alojan en este complejo modesto pero confortable, un lugar estupendo para gozar con estilo de los baños termales. Tiene cabañas con techos de paja, de adobe o lujosos espacios de dos plantas con chimeneas de cerámica alrededor de piscinas calientes para uso de los huéspedes. Tiene un buen restaurante y un suntuoso *spa*. Las estancias y cabañas tienen baño privado, calefacción termal y bañera. Las mejores tienen bañeras de hidromasaje. Los fines de semana hay que reservar con mucha antelación. El restaurante Sucus (ppales. 11-20 US$) sirve un amplio surtido de platos internacionales y ecuatorianos. Hay otros dos restaurantes en el *spa* y en el balneario.

La Choza de Don Wilson PESCADO Y MARISCO **$**
(☎06-289-5027; ppales. 5-10 US$; ✈8.30-20.30 lu-mi, hasta 22.00 ju-do) Está muy concurrido gracias a su excelente filete de trucha y sus chupitos de *aguardiente*. También tienen habitaciones (20 US$/persona) y acceso a los baños termales. Se halla en el cruce con la carretera secundaria a Termas de Papallacta.

❶ Cómo llegar y salir

➡ Cualquiera de los autobuses de Quito a Baeza, Tena o Lago Agrio pueden efectuar parada en Papallacta; además, hay servicios ocasionales a Papallacta.

➡ Para visitar las Termas de Papallacta hay que pedir al conductor que pare a la entrada del pueblo. Luego se llega en camioneta por 2 US$ a través de una accidentada carretera.

➡ Para volver desde Papallacta se puede parar algún autobús en la carretera principal.

➡ Los de los fines de semana admiten pasaje solo de pie.

Baeza y alrededores

2000 HAB. / 1900 M ALT.

Antiguo puesto comercial y misionero español. Se fundó en 1548 y hoy es una tranquila parada de camino a la selva, así como un destino turístico a punto de entrar en erupción gracias a sus excelentes posibilidades de hacer excursionismo y *rafting* en aguas bravas. Sus restaurantes también descuellan entre el resto de Oriente. Sin embargo, por ahora la única erupción es la del volcán Reventador. La población se divide en Baeza Colonial (1 km por encima de la carretera a Papallacta/Lago Agrio de camino a Tena y sin duda el mejor tramo) y la más poblada Baeza Nueva Andalucía (1 km después).

⚡ Actividades

El *rafting* en aguas bravas está cuajando en Baeza. El operador quiteño **Small World Adventures** (☎093-958-5776; www.smallworldadventures.com; 1400-2000 US$/persona) organiza viajes de siete días para hacer kayak y *rafting* por el cercano valle de Quijos. Incluyen desde el equipo hasta el refugio ribereño y acaban en la zona de Tena/Misahuallí. Queda por ver qué impacto tendrá en los ríos el gran proyecto hidroeléctrico (p. 214) que se está desarrollando en el valle.

Las principales **excursiones** desde Baeza Colonial pasan por antenas de radio que otean la ciudad (vistas increíbles) y por las **cascadas** (muy interesantes, pues se desciende de una zona forestal a la selva tropical). Por su parte, las excursiones largas son muy prometedoras. Al suroeste está la **Reserva Ecológica Antisana** y al sureste, el **Parque Nacional Sumaco-Galleras**, el parque nacional más cristalino y remoto de Ecuador. Las dos entradas más cercanas están en **Cabañas San Isidro**, a 15 min al sur en coche, y **San Carlos**, 1 h en coche al este en la carretera al Reventador. Los alojamientos en Baeza ofrecen información sobre excursionismo.

🛏 Dónde dormir y comer

La Casa de Rodrigo ALBERGUE **$**
(☎06-232-0467; Baeza Colonial; h 10 US$/persona) Las habitaciones están limpias, las duchas tienen agua caliente y la señal de wifi es po-

CASCADA DE SAN RAFAEL

Estas espectacular **cascada** (⊘7.00-17.00) GRATIS es la más alta de Ecuador. Mide 131 m y está en el corazón del territorio achuar. Merece la pena el alto en la carretera entre Baeza y Lago Agrio.

Puede que esta sea una de las últimas oportunidades de ver esta increíble cascada en todo su esplendor, ya que está previsto que en el 2016 se ponga en marcha una nueva presa hidroeléctrica y se construya una planta eléctrica 20 km río arriba.

El asunto de la planta hidroeléctrica ha dividido a un país que, desde la elección del presidente Rafael Correa en el 2007, se esfuerza activamente en aumentar la producción de energías sostenibles en Ecuador.

Los defensores del proyecto dicen que la planta eléctrica no frenará las aguas del río Coca, que alimenta la cascada y, como tal, esta maravilla natural no peligra.

Pero otros difieren, pues afirman que el agua que fluye hasta el salto se ha reducido en los ultimos años y que la planta no podrá funcionar gran parte del año debido al lento fluir del Coca. Además, la financiación para la construcción de la planta eléctrica proviene de un préstamo de 1700 millones de dólares del Banco de Exportaciones e Importaciones de China y a los que se oponen al plan les inquieta el porcentaje de interés del préstamo (6,9%).

Por si acaso, se recomienda visitar la cascada antes del 2016.

Para facilitar el viaje, se ha construido una nueva carretera de acceso. El desvío está señalizado después de la Hostería Reventador (antes si se llega de Quito). Lleva hasta un pequeño centro de visitantes, donde arranca una placentera caminata de 15 a 20 min hasta el mirador, que es impresionante.

tente, pero lo mejor de este establecimiento es el propio Rodrigo, mezcla de personalidad local y estupenda fuente de información sobre el valle de Quijos. Excelente relación calidad-precio.

★ **Cabañas y Pizzería Kopal** CABAÑAS $$
(✆06-232-0408; http://kopalecuador.com; Baeza Colonial; cabañas 25 US$/persona; P 🛜) Frente a Baeza Colonial, bajando por una calle tranquila. Son exquisitas cabañas de madera tallada, obra de su dueño y carpintero holandés. Son acogedoras y tienen grandes porches que invitan a relajarse. Pero es que además tiene una de las mejores pizzerías de Ecuador (ppales. de 5 a 15 US$). Los burritos también son espectaculares. Para sentarse en la terraza o bien disfrutar en el interior del excelente vino y las colecciones de objetos preincaicos.

Quinde Huayco B&B $$
(✆06-232-0649; Baeza Colonial; h 25 US$/persona; 🛜) 🍴 ¿Hay algo mejor que dormir en una habitación apartada rodeada de frondosos jardines famosos por sus colibríes, sabiendo que a la mañana siguiente aguarda uno de los desayunos preparados con más amor de Ecuador, en la pintoresca cafetería de al lado? La verdad es que no. El horario de la cafetería para el público en general varía bastante, pero siempre abre para desayunar y almorzar.

Cabañas San Isidro CABAÑAS $$$
(i/d 68/96 US$; P) 🍴 Esta reserva natural de 1480 Ha fue en su día un rancho de ganado. Está 15 km al sur de Baeza y disfruta de una ubicación espectacular a 2000 m. Es estupenda para observar aves y, de hecho, uno de sus copropietarios, Mitch Lysinger, es uno de los mejores ornitólogos de Sudamérica. Sus confortables cabañas tienen porche con vistas al bosque. La pensión completa sale por 46 US$ por persona y día (preparan el almuerzo para llevar).

Los senderos de los alrededores serpentean por una maravilla de bosque nuboso subtropical dentro de la Reserva Ecológica Antisana.

Es obligatorio reservar con antelación. Se puede hacer en línea o a través de la **oficina de Quito** (✆02-289-1880; www.cabanasanisidro.com; av. Siena 318 esq. calle A, edificio MDX, oficina 310, Sector la Primavera, Cumbaya). Para llegar, hay que tomar la carretera de Baeza a Tena y luego el desvío al norte del pueblo de Cosanga.

Gina's ECUATORIANA $
(Baeza Colonial; ppales. 2-5 US$; ⊘7.00-21.00) Restaurante amplio y diáfano a la entrada de Baeza Colonial. Sirve platos contun-dentes.

❶ Cómo llegar y salir

➤ Se puede parar uno de los numerosos autobuses que van y vienen de Lago Agrio, Tena y Quito y confiar en que haya sitio.

➤ Si se llega de Quito, lo mejor es ir en uno de los autobuses que salen desde la estación principal para Tena, pues paran en Baeza Colonial y Baeza Nueva Andalucía.

➤ Los autobuses que van a Lago Agrio paran en el cruce del desvío de Tena.

Volcán Reventador

Tras la erupción del 2002 de este espectacular volcán, se hizo casi imposible subir a su cima, a 3562 m. Hoy es el más activo del país, y arroja humo y rocas varias veces por hora. Para consultar su estado hay que contactar con el **Instituto Geofísico** (www.igepn.edu.ec).

El volcán está dentro de las fronteras orientales de la **Reserva Ecológica Cayambe-Coca**, una reserva poco frecuentada que supera en ciertos puntos los 5500 m. Es zona de transición entre los Andes y el Oriente. No hay carteles ni recepciones; el puesto de guardaparques está a 20 km, en **El Chaco**, a medio camino entre Baeza y la Hostería Reventador (que ofrece información sobre excursionismo por la zona).

Que no desesperen los aficionados a los volcanes: lo pueden ver si se apuntan a un osado circuito por la **Reserva Alto Coca** (plano p. 66; 50-120 US$/persona), una reserva privada de bosque nuboso situada entre 1500 y 2000 m al otro lado del valle. Tras una dura caminata de 4 h desde San Carlos, se llegará a uno de los alojamientos más remotos de Ecuador. Sus sencillas cabañas tienen hamacas y excelentes vistas de las travesuras del Reventador. Son el punto de partida de otras excursiones, cuyas rutas serpentean por el contiguo **Parque Nacional Sumaco-Galeras**. Este se ha mantenido casi intacto y brinda espléndidas oportunidades de ver fauna. Hay que reservar con antelación a través de la **oficina de Quito** (plano p. 66; 50-120 US$/persona).

🛏 Dónde dormir

Hostería Reventador   HOTEL **$$**
(☎06-302-0110; http://hosteriaelreventador.com; i/d 38/49 US$; P🖥🛜❄) Agradable establecimiento de carretera con el alojamiento más práctico. Es un refugio acogedor junto a la cascada de San Rafael que se renovó hace relativamente poco. Tiene habitaciones modernas con toda clase de comodidades. La

ruta de 9 h hasta Reventador arranca cerca; hay que preguntar sobre las posibilidades de hacer esa u otras rutas por los alrededores. También hay un excelente restaurante cerca.

Cualquier autobús desde Quito o Baeza a Lago Agrio pasa por el hotel.

Lago Agrio

58 000 HAB.

Esta sórdida ciudad vive de la industria del petróleo, también alberga un caótico mercado y está llena de calles polvorientas, mucho tráfico y bares de mala muerte. Los primeros extractores de petróleo dieron a Lago Agrio su apodo por Sour Lake, a imagen de la localidad texana antaño sede de Texaco, la compañía que promovió las perforaciones en la zona. El nombre oficial de la ciudad es Nueva Loja. Los lugareños la llaman Lago. En ella coexisten ciertas realidades, incluida una elevada tasa de prostitución y crimen que se nutre de su ubicación fronteriza con Colombia. Hay que andarse con ojo a todas horas, sobre todo de noche. Lago se visita sobre todo como punto de entrada para ver la espectacular Reserva Producción Faunística Cuyabeno, que brinda una de las mejores oportunidades del país para ver fauna.

👉 Circuitos

Los circuitos a la Reserva Cuyabeno suelen reservarse en Quito.

Marco Polo Tours   CIRCUITO EN LA SELVA
(06-281-8053; marcopolotours.travel@gmail.com; av. Quito 233 esq. Colombia; 3 noches, 4 días 200 US$/persona) Veterano operador de circuitos con sede en la Hormiga Lodge. Lleva a ver lo más destacado de Cuyabeno: los delfines rosados de río, los caimanes y numerosísimas aves.

🛏 Dónde dormir y comer

Los hoteles más decentes están en la av. Quito, que es la calle principal. En Lago hay muy pocos restaurantes buenos. Aparte de los hoteles, la mejor opción suelen ser los puestos de comida rápida de la av. Quito.

Hotel D'Mario   HOTEL **$**
(☎06-283-0172; www.hoteldmario.com; av. Quito 263; i/d desde 15/30 US$; ❄🖥❄) Lo frecuentan los grupos de circuitos. Está en el centro, en un tramo de hoteles de precio medio de la av. Quito. Tiene habitaciones muy confortables y luminosas (algunas pequeñas). El restaurante

PREPARACIÓN PARA UN VIAJE A LA SELVA

Aunque es posible visitar la jungla por cuenta propia, los circuitos organizados y los refugios permiten entrar en contacto con la fauna y flora más rápido y sin problemas logísticos. Es más, si se va solo se renuncia a los encuentros con pueblos indígenas que prefieren no ver a turistas o hacerlo si van acompañados de guías.

En primer lugar hay que plantearse cuánto se puede gastar, qué se quiere ver y de cuánto tiempo se dispone. Respecto a los contactos culturales, cuanto más largos y lejanos sean los viajes, mayor y mucho más interesante será el contacto.

Algunas diferencias

Los refugios y los barcos-hotel ofrecen excursiones diarias con un cómodo punto de partida. En otros circuitos puede que haya que acampar o dormir en poblados.

Un precio inferior puede traducirse en alojamientos más sencillos, guías sin conocimientos sobre naturaleza, grupos mayores, agua hervida en lugar de purificada y visitas a zonas desarrolladas, con menos fauna. En ciertos casos los operadores ahorran con prácticas nada ecologistas, como cazar para comer (en la selva se ha abusado de la caza y debe respetarse la prohibición de tal práctica).

Por otro lado, el dinero tampoco compra un viaje más auténtico (no se ve más fauna ni más cultura nativa). Sin embargo, a veces lo contrario sí lo consigue: los viajes más baratos con acampada en la jungla pueden brindar una mejor visión de la flora, fauna y las tribus de la selva tropical que la experiencia más hermética de los grandes refugios.

Cada operador hace hincapié en un aspecto de la jungla e indicará cómo ver un tipo determinado de fauna. El turismo comunitario es la forma más auténtica de viajar, pues los pueblos indígenas se benefician directamente de él, y ya no es cierto que sea coto exclusivo del lujo. Si se quiere viajar así, se aconseja consultar los distintos itinerarios. El turismo comunitario es más recomendable para quienes tengan un itinerario flexible.

Algunos operadores ofrecerán ayahuasca o algún otro psicotrópico usado tradicionalmente por las culturas indígenas. Cuidado con estas sustancias: son ilegales y, sobre todo, muy potentes (véase también p. 226).

Es imprescindible ir siempre acompañado por un guía cuando se sale de las ciudades y las aldeas. En cualquier caso, es importante no dejar rastro y respetar las comunidades locales.

---

de la planta baja es famoso por sus *pizzas* (de 6 a 16 US$) y es uno de los mejores de la ciudad.

Araza Hotel　　　　　　　HOTEL **$$**
(☑06-283-1287; www.hotel-araza.com; av. Quito 536, cerca de Narvaez; i/d desde 48/61 US$ desayuno incl.; P❀🛜🏊) El mejor de la ciudad, frecuentado por viajeros de la industria del petróleo. Tiene habitaciones anodinas de tamaño estándar con aire de hotel de negocios y claustrofóbicas, con escritorio, TV y baño privado. Hay un patio, restaurante, bar con pantalla gigante de TV, gimnasio y piscina.

ℹ️ Información

El largo conflicto con la vecina Colombia ha convertido a las ciudades fronterizas como Lago Agrio en refugios de las guerrillas colombianas, los paramilitares antirrebeldes y los narcotraficantes. No se recomienda cruzar a Colombia por este lugar. En la ciudad, los bares son peligrosos y las calles secundarias, también. Se recomienda no salir de la principal, sobre todo de noche, o bien ir en taxi a los restaurantes fuera de la misma. Los turistas no suelen tener problemas.

Banco del Pichincha (av. Quito y 12 de Febrero) Cajero automático.

Noa'ike (☑06-236-4287; noaike@hotmail.com; Vía Quito km 3,5, Barrio la Libertad) Sede regional del pueblo cofán y fuente de información ideal para saber cómo visitar las comunidades cofanes de los alrededores, junto al Aguarico. Se aconseja ir en taxi.

ℹ️ Cómo llegar y salir

AVIÓN

Son muchas las personas que viajan a refugios de la selva, y los trabajadores de la industria del petróleo regresan a casa los fines de semana, así que los billetes se agotan pronto. Se aconseja reservar con antelación. Si no se consigue billete, siempre se puede ir al aeropuerto

Reservas de circuitos

En Quito hay muchas oficinas de operadores, lo cual permite comparar precios. Siempre que ha sido posible, se han indicado los refugios del Oriente con oficinas en Quito en los mapas de la capital.

Las agencias pueden llevar a la jungla con unos días de antelación. Una vez reservado un circuito, en general hay que viajar a la ciudad donde este arranca (suele ser Lago Agrio o Coca). Se aconseja hablar claro sobre los precios, la comida, el equipo, el itinerario y el tamaño del grupo antes de reservar.

Reservar un circuito desde Lago Agrio, Coca, Tena, Puyo o Macas suele traducirse en viajar con guías con un mayor conocimiento de la zona que los operadores quiteños. Los cofanes, huaoranis, quechuas del Oriente, shuar y otros grupos ofrecen excursiones guiadas por sus propios miembros.

Guías

Un buen guía enseñará un montón de cosas que pasan inadvertidas si se va solo, mientras que, probablemente, uno inepto arruinará el viaje. Deberían tener licencia (se les puede pedir) y ser capaces de explicar sus especialidades. Siempre es preferible contar con alguna referencia; muchos refugios son conocidos por la gran calidad de sus guías. Hay que sacarle partido a los guías, hacerles preguntas y decirles qué es lo que más interesa ver. Conviene darles propina y recomendar sus servicios si han sido satisfactorios.

Qué llevar

En los pueblos de la selva solo se encontrará equipo básico, como agua embotellada, impermeables y botas de goma de diferentes tallas. Casi todos los circuitos guiados aportan las botas y el equipo de lluvia, pero conviene asegurarse. Las mosquiteras suelen estar a disposición en caso necesario. Si ver fauna es una prioridad, no está de más llevar prismáticos. Además del equipo básico, habrá que llevar una linterna, protección solar, un sombrero y repelente con DEET. En función de la época del año y el destino, pueden ser necesarias pastillas contra la malaria.

EL ORIENTE LAGO AGRIO

y apuntarse a la lista de espera por si hay cancelaciones, algo frecuente, ya que los operadores turísticos reservan más plazas de las que usan finalmente.

TAME (☏06-283-0113; Orellana cerca de 9 de Octubre) opera vuelos diarios entre Quito y Lago Agrio.

El aeropuerto está unos 3 km al este de Lago Agrio; un taxi allí sale por unos 3 US$ (son camionetas amarillas o blancas).

PASOS FRONTERIZOS

La frontera colombiana está a menos de 20 km de la ciudad, pero es mejor evitarla. La zona es famosa por la actividad de los contrabandistas y la guerrilla. Desde Lago Agrio, la ruta más usada es la que va a La Punta (1½ h aprox.), en el río San Miguel. Los camiones-taxi salen de Lago Agrio desde la esquina de Eloy Alfaro con la av. Colombia y viajan hasta La Punta durante todo el día.

AUTOBUSES DESDE LAGO AGRIO

DESTINO	TARIFA (US$)	DURACIÓN (H)
Baeza	5	4-5
Coca	3	2
Guayaquil	14	13
Puyo	9	8-9
Quito	8	8
Tena	7	6

AUTOBÚS

El trayecto desde la jungla hasta los Andes (y viceversa) es precioso y espectacular, y vale la pena hacerlo de día. La terminal de autobuses, unos 2 km al noroeste del centro, tiene una amplia selección de rutas y opciones. Además, los autobuses de Transportes Putumayo pasan por las poblaciones de Dureno y Tarapoa, en la selva, por si hay viajeros que quieren acceder a la Reserva Cuyabeno por el lado del río Aguarico (aunque se sacará mucho más partido si se visita a través de un circuito guiado). Hay servicios frecuentes a diario.

Reserva Producción Faunística Cuyabeno

Esta hermosa **reserva** (www.reservacuyabeno. org) es una excepcional selva inundada que cubre 6034 km² en torno al río Cuyabeno. Cada temporada se llena de agua y el bosque inundado ofrece un hogar a varias especies acuáticas y de aves, por no mencionar a los delfines rosados de río, manatíes, caimanes y anacondas, varias especies de gatos y monos, tapires, pecaríes y agutíes. Las copas de *macrolobium* y ceibas sobresalen del bosque subacuático, creando un impresionante efecto visual. Los ríos negros, ricos en taninos por el follaje en descomposición, forman un laberinto de vías fluviales que alimentan las lagunas.

Los límites de la reserva van variando con la política, pero la zona es considerablemente mayor que en su origen. La reserva se creó en 1979 para proteger la flora y fauna de la pluvisilva, logrando un santuario en el que sus habitantes indígenas (sionas, secoyas, cofanes, quechuas del Oriente y shuar) pudieran seguir con su modo de vida tradicional.

Pese a ser zona protegida, Cuyabeno se abrió a la explotación petrolera casi inmediatamente después de su creación. Las ciudades petrolíferas de Tarapoa y Cuyabeno y alguna parte del oleoducto transecuatoriano estaban dentro de los límites de la reserva. Se construyeron carreteras que propiciaron la llegada de colonos y la tala y contaminación de decenas de miles de hectáreas debido a vertidos de petróleo y a residuos tóxicos. Muchas de las sustancias contaminantes penetraron en el río Cuyabeno.

Varios grupos trataron de preservar la zona, pues, aunque en teoría estaba protegida por ley, en la práctica se abrió al desarrollo urbano. Así que se establecieron puestos de guardaparques. Se formó a los sionas y los secoyas para trabajar en la gestión de la observación de fauna. Además, Cordavi y un grupo ecuatoriano medioambiental en contra de la explotación petrolera fueron cruciales para que el Gobierno desplazara las fronteras de la reserva más al este y al sur y ampliara su superficie. La nueva reserva es más remota y está mejor protegida. Los grupos indígenas de la zona, que se hacen oír apoyados por ONG ecuatorianas e internacionales, turistas, agencias de viajes y grupos ecologistas, están demostrando ser sus mejores representantes.

Debido a su aislamiento, y para proteger a las comunidades que la habitan, los viajeros solo deberían visitar la reserva mediante circuitos guiados, que de hecho son bastante más baratos que los del Parque Nacional Yasuní y además permiten ver más fauna.

👉 Circuitos

Casi todo el mundo contrata los circuitos en Quito, pues su oferta es más variada. El transporte desde la capital a Lago Agrio rara vez se incluye en los paquetes, y lo mismo se aplica a los precios de entrada a las comunidades de la reserva (5 a 10 US$/persona).

En el río hay cerca de 10 operadores de circuitos, y otros pocos cerca en una laguna. Ninguna ubicación es mejor que otra; todas ofrecen las mismas oportunidades de avistar animales. Los viajes se realizan principalmente en canoa, salvo entre diciembre y febrero, cuando el bajo nivel de las aguas limita los viajes por río. Casi todos los visitantes acuden durante los meses más húmedos, de marzo a septiembre.

Los mejores precios, sobre todo para viajeros solos, se consiguen apuntándose a un circuito. Al reservar, conviene comprobar si incluye el transporte a/desde Lago Agrio, si el día de viaje se considera día de circuito, si hay agua hervida o depurada (es mejor depurada); y si habrá guías naturalistas o nativos. Aunque es mejor uno naturalista, porque puede explicar más aspectos científicos de las plantas, los nativos explican sus usos tradicionales y muestran cómo los indígenas preparan algunos productos.

🛏 Dónde dormir

Cuyabeno Lodge   REFUGIO $$$
(4 días/3 noches desde 260-440 US$) Lugar muy recomendable dirigido por la quiteña Neotropic Turis (p. 69) en estrecha colaboración con el pueblo local de los sionas. Tiene íntimas cabañas con techos de paja en una ladera,

LOS COFANES

La parte sur de la Reserva de Cuyabeno es hogar de los cofanes. Su población, que sumaba decenas de millares, quedó diezmada al entrar en contacto con los primeros colonos que llegaron a la selva, sobre todo por las enfermedades. Actualmente hay menos de 2000. Antes del descubrimiento del petróleo en la década de 1960, el contacto de estas personas con el mundo occidental se limitaba a los misioneros católicos. Con todo, aunque aún mantienen muchas de sus tradiciones, que nadie espere hallar la personificación del buen salvaje. Los cofanes son excelentes guías con un gran conocimiento sobre los usos prácticos y medicinales de las plantas de la selva.

A lo largo del río Aguarico hay un par de comunidades cofanes. Se llega desde Lago Agrio. En 2 h se topa con **Dureno** y **Sinangoe,** y a un trayecto de 7 h en canoa se halla **Zábalo,** río abajo.

Cuando se editó esta obra, los cofanes habían reanudado sus magníficas expediciones de ecoturismo por estas comunidades. Para más información, hay que contactar con **Noa'ike** (p. 216), en Lago Agrio.

casi todas con agua caliente y baño privado, aunque las más baratas son dormitorios de cuatro literas con baño compartido.

Las mejores habitaciones están en la torre de observación y son amplias y confortables, perfectas para aquellos a quien toda observación de la naturaleza les parece poco.

Los paneles solares proporcionan algo de electricidad. Los guías naturalistas han recabado las mejores críticas de los huéspedes, y la comida y el trato son excelentes. Los precios incluyen el transbordo desde Lago Agrio. Hay canoas y kayaks para remar por el lago.

Jamu Lodge   REFUGIO EN LA SELVA **$$$**
(www.jamulodge.com; 3 noches, 4 días 266-307 US$; 🐾) Los monos ardilla hacen cabriolas por encima de las pasarelas de este reputado refugio con la selva a las puertas. Ofrece salidas en canoas talladas en troncos, paseos por pantanos con el barro hasta las rodillas para ver anacondas y delfines rosados de río, baños en lagunas y memorables excursiones nocturnas. Y todo se suma a una intensa experiencia salvaje. Además, el refugio está aislado en plena reserva, con lo cual parece aún más remoto.

Las instalaciones son sencillas pero están limpias, y los guías tienen fama de informados y entusiastas. Se puede reservar en línea o a través de la **oficina de Quito** (☎02-222-0614; www.jamulodge.com; Tamayo N24-96 y Foch).

Coca
45 000 HAB.

El rostro público del río Napo y punto de inicio inevitable de la mayoría de los circuitos por la selva de Ecuador es una ciudad con pocos encantos. En la década de 1990 la industria petrolera transformó la ciudad, que pasó de un pequeño asentamiento fluvial de pistas de tierra a una masa de hormigón caliente y bulliciosa. Coca es la capital de la provincia de Orellana desde 1999, y oficialmente se conoce como Puerto Francisco de Orellana. Es además la última civilización real que se halla antes de que el Napo lleve por la selva tropical hasta el Parque Nacional Yasuní y luego a la cuenca del Amazonas.

Coca quiere emperifollarse. Su precioso malecón se está ampliando cuadra a cuadra a lo largo del paseo ribereño, y ya han aparecido bares donde es agradable tomar algo. En el 2015 se inauguró el nuevo Museo Arqueológico Centro Cultural de Orellana (MACCO), y un fabuloso puente colgante cruza el Napo y desvía el tráfico que se dirige a Vía Auca hacia Tiguino (otro punto de partida para hacer excursiones por la selva tropical). Además, después de años sin una mancha de verde, ahora Coca tiene hasta un parque.

🧭 Circuitos

Un circuito por la selva brinda una experiencia muy distinta a la de los refugios (que por supuesto también ofrecen sus circuitos): hay más flexibilidad y más posibilidades de aventura. Los grupos suelen ser más reducidos y los precios, más baratos, aunque las comodidades son bastante menos. Además de los operadores de Coca, Quito ofrece muchas opciones.

★ **Amazon
Wildlife Tours**   CIRCUITO DE NATURALEZA
(☎06-288-0802; www.amazonwildlife.ec; Hotel San Fermín, Quito esq. Bolívar; 100 US$/persona/día) Es la mejor razón para reservar una excursión

Coca

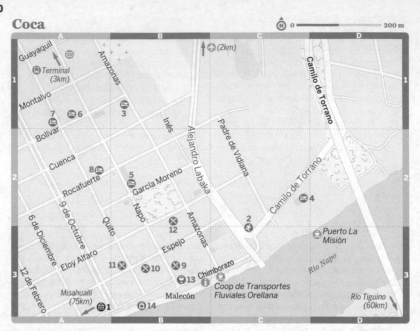

Coca

⊙ Puntos de interés
1 MACCO A3

⊕ Actividades, cursos y circuitos
Amazon Wildlife Tours .... (véase 7)
2 Jorge Carriel C3

🛏 Dónde dormir
3 Heliconias Grand Hotel........................ B1
4 Hostería La Misión C2
5 Hotel El Auca....................................... B2
6 Hotel Río Napo.................................... A1
7 Hotel San Fermín A1
8 Hotel Santa María A2

⊗ Dónde comer
9 Cevichería Colorado B3
10 La Casa del Maito............................... B3
La Misión .... (véase 4)
11 Matambre.. B3
12 Restaurante Ocaso B2

⊖ Dónde beber y vida nocturna
13 Papadan's.. B3

⊕ De compras
14 Kallary Kawsay B3

por la selva en Coca. Se trata de una agencia experimentada con circuitos para observar la naturaleza, como una expedición para ver ja-

guares en el Parque Nacional Yasuní, salidas para ver delfines amazónicos y uno para ver fauna en general en la Reserva Limoncocha.

Jorge Carriel   CIRCUITO EN LA SELVA
(☎093-971-2597; loresalavarria84@hotmail.com; Alejandro Labaka esq. Camilo de Torrano; 120 US$/persona/día) Jorge es especialista en organizar viajes de aventura de 6-8 días en lo más profundo de la selva (se paga algo más por el gasto de diésel). Con él se baja hasta la zona de Nuevo Rocafuerte, cerca de la frontera peruana, en afluentes de aguas negras, donde hay más posibilidades de ver fauna más singular. Se duerme en sencillos refugios de la selva.

Luis Duarte   CIRCUITO
(☎06-288-2285; cocaselva@hotmail.com) Organiza circuitos a medida, incluidas travesías en río a Perú o estancias con familias huaoranis. Se le puede encontrar en La Casa del Maito.

Otobo's Amazon Safari   CIRCUITO
(www.rainforestcamping.com; 200 US$/persona y noche) Gestionado por el huaorani Otobo y su familia, este remoto lugar junto al río Cononaco cuenta con tiendas fijas y un refugio con techo de paja. Los visitantes recorren el Parque Nacional Yasuní con guía, visitan lagunas y un poblado local.

🛏 Dónde dormir

Hotel San Fermín
HOTEL $

(☎06-288-0802; Quito esq. Bolívar; i/d desde 15/25 US$, sin baño 8/16 US$, ste 32 US$; P🅿✷@🛜) Sitio acogedor y bien dirigido que ofrece un trato excelente. Tiene habitaciones espaciosas, con mucha madera y TV, escritorios y ventiladores o aire acondicionado (7 US$ extra). Se recomienda pedir una habitación en el último piso, son más grandes y luminosas.

Hotel Santa María
HOTEL $

(☎06-288-0287; Rocafuerte entre Quito y Napo; h 13 US$/persona, d con a.a. 25 US$) Es el mejor alojamiento económico de la ciudad. Hay que procurar no darse en la cabeza con el techo en la escalera de camino a las pequeñas habitaciones.

★ Heliconias Grand Hotel
HOTEL $$

(☎06-288-2010; www.heliconiasgrandhotel.com; Amazonas esq. Bolívar; d 75 US$) Su gran plan sigue sin orquestarse porque solo tiene acabada una pequeña parte de las habitaciones. Pero ya ofrece alojamiento mejor y más amplio que El Auca, el otro hotel de lujo de Coca. Tiene dos plantas de estancias de falso estilo colonial que rodean su bonita piscina y el restaurante, y brindan el mejor retiro del frenesí orellanense. Tiene un pequeño gimnasio y *spa*.

Hotel El Auca
HOTEL $$

(☎06-288-0127; www.hotelelauca.com; Napo; i/d desde 46/72 US$ desayuno incl.; P✷🛜) Elegante establecimiento a un lado del nuevo parque urbano de Coca, actual favorito de los circuitos en grupo y de quienes se hallan en viaje de negocios. Cuenta con elegantes cabañas de madera en el jardín y habitaciones en el edificio de la parte de atrás. En el edificio principal también hay habitaciones, más amplias pero con más ruido de la calle. Su agradable restaurante es uno de los mejores de Coca.

Hotel Río Napo
HOTEL $$

(☎06-288-0872; www.hotelrionapo.com; Bolívar 76-06; i/d 40/70 US$ desayuno incl.; ✷🛜) Hotel céntrico de precio medio elegante, limpio y luminoso. Tiene 29 habitaciones confortables con aire acondicionado y televisión por cable. En la azotea hay una nueva terraza donde el viajero podrá desayunar. Su personal es el más simpático de la ciudad.

Hostería La Misión
HOTEL $$

(☎06-288-0260; hlamision@hotmail.com; Camilo de Torrano; i/d 34/50 US$; P✷🛜🛏) Veterano de Coca que saca todo el partido a su sede junto al muelle de Yasuní. Sus habitaciones están limpias pero no muy aireadas, y algunas tienen vistas al Napo. Todas tienen televisión por cable, frigorífico y baños modernos. Sus piscinas están siempre llenas de niños gritando, pero no hay ubicación más práctica para embarcarse en un viaje a Yasuní. Las vistas desde su bar restaurante son inmejorables.

🍴 Dónde comer

En la calle Quito, entre Rocafuerte y Espejo, cualquier noche de la semana se verán los alegres puestos de comida que preparan carne asada al momento. Son fantásticos para comer y conocer gente, además de baratos.

La Casa del Maito
PESCADO $

(Espejo; ppales. 4-6 US$; ☺7.00-18.00) Los lugareños almuerzan en este lugar por su delicioso pescado (casi siempre tilapia y piraña). Se cocina en hojas de palma sobre la parrilla exterior. Su simpático dueño, Luis Duarte, también ofrece servicios de guía.

Restaurante Ocaso
ECUATORIANA $

(Eloy Alfaro entre Quito y Napo; ppales. 3-8 US$; ☺6.00-21.00) No parece gran cosa pero es muy popular. Sirve grandes desayunos y suculentos guisos de carne con esponjoso arroz y patacones, y tiene vistas del nuevo parque.

Cevichería Colorado
PESCADO Y MARISCO $

(Napo; ppales. 5-7 US$; ☺8.00-20.00) Junto al río, ideal para un cuenco de ceviche y una cerveza fría.

Matambre
ASADOR $$

(Quito esq. Espejo; ppales. 7-11 US$; ☺12.00-22.00) Tremendamente popular, este restaurante sirve una deliciosa carne de ternera que se deshace en la boca, preparada de diferentes maneras. Está siempre lleno de familias.

La Misión
ECUATORIANA $$

(Camilo de Torrano, Hostería La Misión; ppales. 4-14 US$; ☺7.00-22.00) Brinda las mejores vistas de la ciudad, y por tanto es la principal guarida de turistas a la espera de su barco a Yasuní. Tiene patios parcialmente abiertos de cara al río. La comida incluye pescado fresco de río pero no es nada del otro mundo, y el servicio es malo.

🍺 Dónde beber y ocio

Papadan's
BAR

(Chimborazo esq. Napo; ☺18.00-hasta tarde lu-sa) El primer bar de Coca de aspecto decente. Es una nueva palapa (especie de chiringuito con

UN CRUDO LEGADO

El presidente de Ecuador lo ha descrito como un "crimen contra la humanidad" y los ecologistas afirman que es una de las mayores catástrofes medioambientales petrolíferas de todos los tiempos. Entre 1964 y 1992 la corporación petrolífera Texaco (hoy Chevron), en asociación con la estatal Petroecuador extrajo 5300 millones de litros de petróleo del Oriente septentrional y, presuntamente, dejaron cientos de pozos abiertos repletos de residuos tóxicos. Chevron afirma que actuaron siguiendo las normas medioambientales de la época y que, por tanto, ya se han encargado de la parte de la limpieza que les correspondía.

En el 2003, unos abogados estadounidenses presentaron una demanda contra la entonces llamada Chevron-Texaco en Lago Agrio (el caso se trasladó a Ecuador tras una década de forcejeo) en nombre de 30 000 ecuatorianos, en la que se afirmaba que la empresa vertió intencionadamente 68 000 millones de litros de residuos tóxicos derivados de la extracción de petróleo en la selva, entre ellos 68 millones de litros de crudo (casi el doble del que derramó el *Exxon Valdez*). Los demandantes afirman que las prácticas de Texaco contribuyeron al diezmo de las poblaciones indígenas (sobre todo de cofanes y secoyas). Chevron mantiene que es la víctima de una campaña propagandística sin fundamento.

En 1992, la compañía estatal Petroecuador se hizo con la mayor parte de las operaciones de Texaco, y Chevron dice que la empresa ecuatoriana es la responsable de cualquier contaminación. Chevron asegura que Texaco limpió su parte de vertidos con un programa de 40 millones de dólares prescrito por el Gobierno ecuatoriano.

No obstante, en febrero del 2011 se sentenció a la compañía a pagar 18 000 millones de dólares en concepto de daños y perjuicios (luego se redujeron a 9500).

Pero en este caso, ya turbio de por sí, aún se ensuciaron más las aguas. Chevron recurrió la sentencia y al poco afloraron los medios que había empleado el abogado de los demandantes, Steven R. Donziger, para obtener el veredicto del 2011. En marzo del 2014 un juez estadounidense halló a Donziger y a su equipo legal culpables de coacción y soborno.

Tras un juicio de siete semanas, la sentencia de 500 páginas del juez Lewis Kaplan dictó que los demandantes obtuvieron su veredicto ecuatoriano mediante fraude, y que habían llegado al extremo de falsificar su propio fallo final. El tribunal estadounidense concluyó que el litigio estaba tan contaminado de fraude, sobornos, engaños y obstrucción a la justicia que ha tratado de impedir a los demandantes que se use esa información en ningún juicio de ningún otro lugar del mundo. Los dos libros sobre el caso –*Law of the Jungle* (en inglés) de Paul Barrett y *Crude Awakening* (en inglés) de Michael D. Goldhaber– dan por convincente lo hallado por Kaplan. "Lo triste es que el desdén de Donziger por la ley ha hecho imposible conocer la realidad medioambiental", dice Goldhaber.

Donziger acusa a sus críticos de parcialidad y ha recurrido la sentencia estadounidense. Su recurso argumenta, entre otras cosas, que cualquier acusación de conducta impropia no puede excusar a Chevron de compensar los daños.

En el 2014 entró en escena otro famoso nombre nada menos que en forma de la actriz Mia Farrow. Farrow se fotografió en un viaje alzando una mano manchada de petróleo para mostrar sin ambages su apoyo a las comunidades de la selva afectadas por el vertido. Pero le salió el tiro por la culata cuando se supo que el Gobierno ecuatoriano le había pagado 188 000 US$ por la foto.

Pese a las grandes sumas de dinero que implica el caso, el agua y la comida de las tribus locales sigue muy contaminada.

Para más información sobre ambos bandos, se aconseja consultar la web de **Amazon Defense Coalition** (http://chevrontoxico.com) y la de **Chevron** (www.chevron.com/ecuador). Entre los libros y películas sobre el caso se cuentan el film de Joe Berlinger *Crude* (2009; visión de los demandantes) y los dos libros que versan sobre la corrupción legal en torno al veredicto del 2011, *Law of the Jungle* de Paul Barrett (que aborda la corrupción legal de la sentencia del 2011) y *Crude Awakening,* de Michael D. Goldhaber, ambos publicados en el 2014.

techo de hojas de palma) con vistas soberbias del río y buenos cócteles.

De compras

En el nuevo malecón hay un par de puestos que venden artesanía shuar y quechua. El quechua se llama **Kallary Kawsay** (Malecón) y ofrece excelentes bebidas de frutas en un bar precioso con vistas al río.

Información

Banco del Pichincha (Bolívar esq. Quito) Tiene cajeros automáticos, y largas colas en ellos.
Clínica Sinaí (Napo esq. Moreno) El mejor lugar para recibir atención médica.
Oficina de correos (Napo cerca de Montalvo)
Oficina de información turística (06-288-0532; www.orellanaturistica.gob.ec; edificio Transportes Fluviales Orellana, Chimborazo; 7.30-12.00 y 2-16.30 lu-sa) La nueva y útil oficina de turismo ofrece a los viajeros acceso gratis a internet, consejos sobre transporte a los refugios del río Napo y charlas sobre los pueblos indígenas y animales únicos que viven en el Parque Nacional Yasuní. El personal es muy simpático.

Cómo llegar y salir

AVIÓN

El aeropuerto está 2 km al norte de la ciudad, a mano izquierda, por la carretera que va a Lago Agrio. Un trayecto de 5 min en taxi hasta allí cuesta 1,50 US$.
TAME (06-288-1078; Castillo esq. Quito; 9.00-13.00 y 14.00-18.00 lu-vi, 14.00-18.00 sa, 9.00-13.00 do) Ofrece vuelos entre Coca y Quito tres veces diarias (110 US$ aprox. el trayecto).

BARCO

Casi todos los refugios de Yasuní usan el muelle del Puerto La Misión en la Hostería La Misión.
Cooperativa de Transportes Fluviales Orellana (06-288-2582/0231; Chimborazo en dársenas) Ofrece un servicio de pasajeros río arriba en una canoa cubierta de 60 pasajeros. Hay que comprar pronto el billete. Sale los domingos, miércoles y jueves a las 7.00 para Nuevo Rocafuerte (15 US$, 10 h), en la frontera peruana. Regresa a Coca y sale de Nuevo Rocafuerte los miércoles, sábados y domingos a las 5.00 (12-14 h).

Suele haber una parada para almorzar, pero se aconseja llevar comida y agua para el viaje, que es largo, y estar en el muelle de Coca 30 min antes de zarpar. En el muelle, se aconseja preguntar por los barcos más rápidos al servicio de los grandes grupos, que pueden alquilarlos por unos 70 US$ hasta la frontera.

AUTOBÚS

Entre sus muchas virtudes en auge, Coca tiene una de las mejores estaciones de autobuses de Ecuador. Está 3 km al norte y llegar en taxi cuesta 2 US$. Ofrece viajes a todos los destinos principales.

Las rancheras salen del mercado, en Alejandro Labaka, a dos cuadras del río, y llevan a varios destinos entre Coca y Lago Agrio, así como al río Tiputini, al sur. Son autobuses abiertos a los lados o camionetas con bancos estrechos e incómodos que también se llaman chivas. Los taxis y camionetas de la Cooperativa de Camionetas Río Napo ofrecen servicios por la ciudad y alrededores.

Los autobuses viajan a Tena (7 US$, 4 h) y a destinos más meridionales del Oriente, a Lago Agrio (3 US$, 2 h) y Quito (10 US$, 10 h).

Vía Auca

Esta carretera procedente de Coca cruza el río Napo y continúa hacia el sur atravesando los ríos Tiputini y Shiripuno, para acabar cerca de la pequeña comunidad de **Tiguino**, junto al río homónimo. Las rancheras van a diario hasta allí. La zona antes era territorio huaorani y jungla virgen, pero cuando se construyó esta carretera para las explotaciones petroleras, en la década de 1980, los huaoranis fueron desplazados. La zona se está colonizando pese a los esfuerzos de los ecologistas.

Los ríos que cruzan la carretera dan acceso a partes remotas de la reserva huaorani y del Parque Nacional Yasuní, pero conviene entrar en la zona solo con guías autorizados.

Unos 75 km al sur de Coca está **Shiripuno Lodge** (en Quito 02-227-1094; www.shiripunolodge.com; 4 días, 3 noches 400 US$/persona). Lo construyeron y regentan los huaoranis en su territorio, y es uno de los pocos refugios dentro del Parque Nacional Yasuní. Es un hotel sencillo, sin electricidad, en plena jungla, ideal para quienes quieran vivir una auténtica experiencia selvática.

Curso bajo del río Napo

El río Napo fluye desde Coca hacia el este en dirección al Amazonas, en Perú. Pasado Coca, se ensancha y se convierte en un amplio cauce que en ocasiones inunda pueblos e islas. Este largo y solitario tramo del Napo, que

Bajo Napo y alrededores

Curso bajo del río Napo y alrededores

⊙ Dónde domir

discurre a orillas del Parque Nacional Yasuní, tiene uno de los mejores refugios en plena selva del país y además ofrece unas de las mejores oportunidades de ver fauna. De camino a él se verán las huellas de la industria petrolera que están dando tanto que hablar últimamente.

Yarina Lodge

Yarina Lodge REFUGIO $$$
(www.yarinalodge.com; 2/3/4 noches 370/460/550 US$) Una hora río abajo desde Coca, el Manduro se une al Napo, y unos 10 min después de ese trecho de aguas negras está el Yarina Lodge. Es un terreno en una ladera con 26 cabañas de bambú y techos de palma. Se dirige a viajeros con poco presupuesto y no es tan apartado como los refugios que hay río abajo, pero ofrece buenos servicios y tiene guías entusiastas y profesionales.

Las comidas, incluidas alternativas vegetarianas, se preparan en un refugio comunal con hamacas. Las cabañas, de dos y tres camas, tienen mosquiteras, baños modernos, electricidad y agua caliente las 24 h.

Además de los clásicos paseos y actividades por la jungla, hay una "zona de rehabilitación" donde viven animales rescatados del tráfico orellanense antes de soltarlos en su medio natural. También se ofrecen clases de cocina quechua. Los precios incluyen todas las comidas y los circuitos con guías locales.

Hay que reservar en línea o a través de la **oficina de Quito** (☎02-250-4037; www.yarinalodge.com; av. Amazonas esq. N24-240 y av. Colón).

Sacha Lodge

Sacha Lodge REFUGIO $$$
(☎en Quito 02-256-6090; www.sachalodge.com; i/d pensión completa 3 noches 1425/1900 US$; @) Este refugio goza de una ubicación espectacular en la Laguna El Pilche, a una breve caminata y un trayecto en canoa desde el Napo. Es uno de los mejores refugios de la selva ecuatoriana. Abrió en 1992, es de regencia suiza y jamás se ha dormido en los laureles. Brinda uno de los modos más suntuosos de vivir la selva tropical.

Además de contratar y formar a indígenas para que trabajen en el sector turístico, el Sacha se ha dedicado a comprar parcelas a minifundistas ecuatorianos que las usaban como tierras de cultivo, permitiendo que la selva recuperara las tierras compradas. El refugio se halla en un terreno de 2000 Ha de tierras recuperadas que hoy están totalmente protegidas para su forestación y es la reserva privada más grande de Ecuador.

El edificio central es una cabaña circular de dos pisos con techo de paja, con restaurante y bar; al lado hay cabañas que albergan una pequeña biblioteca y un centro de internet. Sus pasarelas de madera conectan 26 cabañas, todas con baño moderno, cajas secas para cámaras, agua caliente y electricidad las 24 h y un porche con hamacas donde dormir la siesta y observar la naturaleza. En la jungla más profunda hay instalaciones más viejas pero que brindan mejores oportunidades de ver fauna. Todas las habitaciones tienen cajas fuertes y buenos cerramientos; las mosquiteras no son necesarias. La comida es soberbia y arriba hay un agradable bar que se llena de noche.

Las salidas a pie y en canoa suelen ser de unos cinco turistas que van con un naturalista y un guía de la zona. El terreno está formado por selva tropical plana y algo accidentada, diversos lagos, intrincados riachuelos y pantanos. En sus 2000 Ha hay seis tipos de monos, tucanes, ranas dardo venenosas, pecaríes, perezosos, anacondas, caimanes y agutíes negros.

La pieza central del refugio es una enorme pasarela metálica tendida entre tres plataformas a 60 m del suelo. Los observadores de aves se deleitan por madrugar y vivir la experiencia matinal de alzarse sobre la pasarela chirriante y ver cómo se levanta la niebla sobre la vida aviar y primitiva. Un mirador de madera a 45 m en lo alto de una ceiba ofrece otro modo de contemplar la selva desde arriba.

Llegar ya supone toda una aventura: 2 h en canoa motorizada desde Coca seguidas de un paseo a través de la selva sobre una plataforma elevada y finalmente 15 min en piragua de remos por un canal de aguas estancadas y a través del lago.

Napo Wildlife Center y alrededores

Napo Wildlife Center REFUGIO $$$
(NWC; www.napowildlifecenter.com; i/d pensión completa 3 noches 1379/1838 US$; @🖥🖥) 🅿 Es el refugio más consolidado del Parque Nacional Yasuní y, como tal, goza de una ubicación prístina con acceso sin parangón a la fauna. Se trata de un proyecto ecoturístico que pertenece por entero a la comunidad quechua de Añangu. Casi todo el personal es quechua.

Una de las cosas más agradables es, simplemente, llegar. Se hace tras un viaje en barco de unas 2 h por el Napo, bajando por un estupendo arroyo de aguas negras lleno de aves y otros animales.

Finalmente se accede a la laguna Añangucocha, donde las 16 habitaciones de tonos rojizos del NWC disfrutan de una ubicación privilegiada. Las habitaciones están bien y casi todas tienen vistas al lago. Las cuatro nuevas *suites* son aún más grandes, con *jacuzzis* al aire libre en las terrazas posteriores. Las zonas comunes son abiertas y espaciosas, y tienen un estupendo entarimado, una pequeña biblioteca y una plataforma elevada de observación. La comida es deliciosa y variada.

Las salidas están guiadas por indígenas de la zona, con formación de guardas del parque Yasuní, y por guías naturalistas. Los dos saladeros de loros situados en la finca resultan muy atractivos para los aficionados a las aves, que también acuden de otros refugios cercanos para ver loros, periquitos y guacamayos. De finales de octubre a principios de abril, es la mejor época para ver más de diez especies de loros (a veces, miles de ejemplares). Una torre de acero de 36 m, a un paseo del refugio, ofrece espectaculares vistas de las copas de los árboles y las numerosas aves que las pueblan. En la finca se ha llegado a ver al escurridizo hococito o garza cebra.

El centro ha ganado numerosos galardones, no solo por su conexión con la comunidad local, sino por sus prácticas responsables, como la adaptación de un sistema de eliminación de aguas residuales sostenible, sus letrinas de compostaje, sus paneles solares y sus guías de calidad. Se considera el refugio más lujoso y con mayor conciencia ecológica del curso bajo del río Napo; muy recomendable.

Quienes tengan un presupuesto ajustado también pueden alojarse en el parque gracias al **Yasuní Ecolodge** (☏02-254-7758; www.yasuniecolodge.travel; i/d 2 noches, 3 días 676/ 1096 US$), dirigido por la misma comunidad. De hecho está en el poblado quechua que hay junto al Napo, así que, aunque la experiencia es bastante menos salvaje, es un sitio estupendo donde aprender más sobre la cultura de la selva tropical, y las instalaciones son excelentes.

Se puede reservar en línea o a través de la **oficina de Quito** (☏02-254-7758; Yáñez Pinzón N26-131 esq. La Niña, oficina 101, piso 2).

La Selva Jungle Lodge

La Selva Jungle Lodge REFUGIO $$$
(i/d pensión completa 3 noches, 4 días 1430/ 2200 US$) Es el refugio más antiguo del Bajo Napo, de regencia ecuatoriana y noruega. Se alza a orillas de la laguna Garzacocha y se renovó hace relativamente poco. Ofrece alojamiento en *suites* luminosas, amplias y elegantes, de ahí su excelente categoría.

Las espaciosas estancias (más de 20 m²) tienen bonitas camas grandes, ventiladores de techo, mosquiteras, amplios armarios, baños de lujo y porches privados o balcones con vistas al lago. Hay tres *suites* familiares con *jacuzzi*. El complejo queda unido por pasarelas elevadas. Las comidas son deliciosas y se sirven en un amplio comedor con vistas al lago.

La Selva tiene más de 500 especies de aves, por lo que es ideal para observar a estos animales. Un mirador de 43 m de altura, a 20 min a pie del refugio, ofrece fantásticas vistas entre los árboles. Suelen verse monos y otros mamíferos, así como mariposas de brillantes colores que revolotean en un enor-

¿QUÉ TIPO DE VIAJE ES ESTE?

Hay que pensárselo dos veces si, como parte de la experiencia, el circuito contratado por la selva ofrece ayahuasca, una planta psicotrópica usada tradicionalmente por las culturas amazónicas. Solo un chamán con experiencia (que no necesariamente irá disfrazado para la ocasión) está capacitado para ofrecer "lecturas" a sus pacientes, como parte de su diagnóstico. Únicamente en casos especiales debe considerarse la posibilidad de tomar plantas psicotrópicas.

Antes de probar la ayahuasca hay que tener varias cosas en cuenta, como la necesidad de prepararse físicamente (mediante una dieta apropiada) y buscar la supervisión y guía de un verdadero profesional. Las mujeres deberían tener en cuenta el momento de la fase menstrual. Por ello, es esencial ponerse en manos de un chamán profesional. La ayahuasca tiene efectos secundarios peligrosos, ya sea debido a la medicación que uno esté tomando, por ejemplo, o a una mala preparación de la planta. Ambas cosas podrían arruinar el viaje.

Existen libros sobre la materia. Un buen operador turístico los ofrecerá para que sus clientes puedan informarse en profundidad sobre las consecuencias que implica seguir un verdadero ritual de ayahuasca. En caso de no hacerlo, hay que cambiar de operador.

me mariposario abierto a los visitantes. En el lago también se puede practicar la natación y el piragüismo.

La Selva está a 1½ h aproximadamente río abajo de Coca en canoa motorizada, luego hay que caminar por la jungla y, finalmente, cruzar la laguna en canoa.

Hay que reservar en línea o a través de la **oficina de Quito** (☑02-255-0995; www.lasel vajunglelodge.com; Mariscal Foch 265).

Sani Lodge

Sani Lodge REFUGIO EN LA SELVA $$$
(3 noches, 4 días tienda/i/d 664/1092/1560 US$/persona; ☎) Pertenece a la comunidad sani y ofrece uno de los alojamientos más baratos de los alrededores. Pero, a diferencia de muchos refugios económicos, está en lo profundo de la selva tropical y goza de una de las más bellas ubicaciones de cualquier refugio del país.

Fue parte de un trato entre la comunidad local y la Occidental Oil Company. A cambio de permitir a la Occidental prospectar en busca de petróleo en sus tierras, la comunidad sami les pidió que construyeran un alojamiento que pudieran gestionar ellos. La Occidental no encontró petróleo, pero el Sani Lodge se construyó igualmente. Todos los beneficios del turismo se destinan a la comunidad quechua en forma de becas para estudiar, un colmado que reduce la necesidad de la caza, fondos para urgencias médicas, etc.

Después de remontar un pequeño afluente del río Napo, los visitantes encuentran un grupo de cabañas con techo de paja dispuestas frente a un encantador lago negro formado por un meandro. Son diez cabinas circulares de dos o tres plazas, con baño propio aunque sin agua caliente, cómodas camas, mosquiteras y un pequeño porche. También hay cuatro cabañas para familias y una zona de acampada en otra área accesible con canoa. Acampar ahorra mucho dinero; el *camping* ofrece tiendas y modernos baños compartidos.

Pueden verse monos, perezosos y caimanes negros, y el registro del refugio contempla más de 570 especies de aves (la torre arbórea a 30 m de altura ayuda a localizarlas). Sus guías son excelentes por sus conocimientos y por su respeto por la jungla. A la mayoría les gusta poner en contacto a los visitantes con la comunidad de Sani para que vean cómo ha contribuido su sostenibilidad.

Hay que reservar en línea a través de la **oficina de Quito** (☑02-243-9835; www.sanilod ge.com; Suecia E8-13 esq. Shirys).

Laguna Pañacocha

Esta serena y oculta laguna de aguas mansas está a un breve trayecto en barca que lleva desde el Napo por una salvaje red de riachuelos llenos de fauna. Pañacocha, que significa "lago de pirañas" en quechua, recibe frecuentes visitas de grupos procedentes de los refugios de los alrededores que van a pasar el día, pescar pirañas y observar a los delfines rosa de aguas dulces que a menudo pueden verse en la laguna. Sin embargo, las instalaciones petroleras han reducido su avistamiento.

Al reservar el circuito o refugio se aconseja preguntar si el itinerario incluye el paso por la laguna. Cerca hay varios refugios, de entre los cuales el mejor es el sencillo **Amazon Dolphin Lodge** (3 noches, 4 días 600 US$), con 11 cabañas; se puede reservar en línea o a través de la **oficina de Quito** (✆02-250-4037; www.amazondolphinlodge.com; av. Amazonas N24-240 esq. av. Colón).

La laguna puede explorarse por cuenta propia, aunque es difícil. Se recomienda alquilar una canoa donde el Pañayacu se une al Napo, adonde se llega desde Coca en un barco en dirección a Nuevo Rocafuerte.

Pañacocha está a 4-5 h de Coca (dependiendo del motor de la lancha), a medio camino, aproximadamente, de Nuevo Rocafuerte.

Nuevo Rocafuerte

En un punto tan distante que parece fuera del mapa, de momento no parece que Nuevo Rocafuerte vaya a cambiar. Aunque algún mochilero pueda emocionarse ante la idea de navegar por el Napo hasta Perú y el Amazonas, hay que tener claro que se trata de una travesía exigente, un viaje con estrecheces e incomodidades.

Nuevo Rocafuerte está en la frontera con Perú, a 8-10 h de Coca por el Napo. Es un paso fronterizo legal para visitar Perú, aunque no hay barcos para pasajeros y el alojamiento es básico.

En la ciudad hay un par de hoteles, como el **Hotel Chimborazo** (✆06-233-2109; h 7 US$/persona), que tiene habitaciones limpias y cómodas con las paredes forradas de madera. Las comidas no entran en el precio del alojamiento; cuestan unos 3 US$. El hotel puede encargarse de la continuación del viaje. Mientras se espera, se puede contratar un circuito por el Parque Nacional Yasuní o la reserva de Cuyabeno. Cada vez son más los circuitos de Coca que se sirven de los riachuelos de aguas negras de Nuevo Rocafuerte, pues están menos contaminados y se ve más fauna que río arriba.

Si se sigue hasta Perú, al comprar el billete para viajar río abajo se aconseja preguntar primero en la Cooperativa de Transportes Fluviales Orellana (p. 223) de Coca los números de teléfono de los cargueros que unen con Pantoja/Iquitos, aunque nada garantiza que coincida con el horario. Siempre hay posibilidades de quedarse encallado, así que hay que estar preparado: llevar suficientes comprimidos para purificar el agua, repelente de mosquitos y comida. Tampoco es mala idea hacerse con moneda peruana en Quito.

Para llegar a Iquitos, Perú (desde donde los barcos descienden hasta Brasil y Colombia) es mejor viajar río abajo por la frontera hasta Pantoja. (Se pueden alquilar piraguas por 60 US$ la barcada.) Pantoja tiene un hotel, restaurante y discoteca.

Para información de la zona, circuitos o alquiler de barcas, hay que contactar con el guía local **Juan Carlos "Chuso" Cuenca** (✆06-238-2182). Su casa es la segunda después del puerto deportivo.

Anakonda River Cruises

Anakonda River Cruises CRUCEROS (✆en Quito 02-336-0887, en Quito 593 2 336 0887, en EE UU 1-786-220-3251; www.anakondaamazoncruises.com; i/d cabina 3 noches, 4 días 2656/3556 US$/persona) Para ver el Napo en un crucero de 3-7 noches que surca el río hasta Nuevo Rocafuerte. El *Anakonda*, un barco de lujo para 40 pasajeros, se construyó en el 2013 y ofrece una experiencia similar a la de un hotel de lujo. Los huéspedes pueden sugerir actividades para incorporarlas a su itinerario. Sus amplios camarotes tienen *jacuzzi* y balcón privado. Las comidas son exquisitas.

Y por el camino hay muchas oportunidades de practicar el *glamping* en la jungla.

ℹ Cómo llegar y salir

Las canoas para pasajeros de la Cooperativa de Transportes Fluviales Orellana que llevan a Coca salen a las 5.00 los miércoles, sábados y domingos. El viaje (15 US$) dura unas 12 h, con una parada para almorzar en Pañacocha. La canoa está cubierta pero, aun así, hay que llevar ropa de lluvia, comida y agua. Si el caudal del río es bajo, el viaje puede prolongarse. Aunque se tenga billete, hay que llegar al muelle a las 4.30, pues las canoas zarpan en cuanto se llenan.

A/DESDE PERÚ

Las formalidades de salida y entrada en Ecuador se gestionan en Nuevo Rocafuerte; en Perú, lo mejor es hacerlo en Pantoja o en Iquitos en su defecto. Desde Nuevo Rocafuerte, el trayecto a Pantoja cuesta 60 US$ en barco. Los buques de mercancías viajan de Pantoja a Iquitos (travesía de 3-5 días) cuando tienen suficiente carga como para justificar el viaje. Se aconseja llevar una hamaca y abundante agua, además de la comida; la de los barcos puede ser poco recomendable. Se trata de un viaje duro: puede que solo haya un baño, que no haya espacio y que viaje mucho ganado a bordo. Los barcos son de calidad variable, pero si se ha esperado mucho tiempo, es posible que no se sea muy exigente.

Parque Nacional Yasuní

Con 9620 km² de pantanos, lagos, ríos y jungla tropical, el **Parque Nacional Yasuní** (www.mdtf.undp.org/yasuni; entrada 2 US$, saladero 20 US$) es el mayor parque del Ecuador continental. Su asombrosa biodiversidad llevó a la Unesco a declararlo Reserva de la Biosfera y, poco después, en 1979, adquirió la categoría de parque nacional. Al quedar esta zona intacta por la última era glacial, se ha desarrollado un grupo de diversas especies; entre ellas, más de 600 aves, algunas de ellas desconocidas en el resto del mundo. En el parque habitan algunos de los animales más difíciles de ver de la jungla, como el jaguar, la arpía mayor, el puma y el tapir.

Yasuní es una de las auténticas últimas zonas sin explorar de Ecuador. Limitado por el Napo al norte y el río Curaray al sur y al este, el parque abarca casi todas las cuencas de los ríos Yasuní y Nashiño, así como partes sustanciales del río Tiputini. Sus diversos hábitats consisten en tierra firme (montañas boscosas) que nunca se inunda; *várzea* (llanuras), que se inundan periódicamente por las crecidas de los ríos; e *igapó* (llanuras inundadas de forma casi permanente).

En el parque vive un reducido número de tagaeris, taromenanes y oñamenanes. Su territorio se ha modificado para proteger a estos pueblos tradicionales de cazadores-recolectores, que se resisten al contacto con el mundo exterior. La cercana reserva huaorani contribuye como barrera.

El descubrimiento de petróleo en el subsuelo del parque ha puesto en peligro la zona. En 1991, a pesar de que Yasuní estaba protegido, el Gobierno ecuatoriano dio a la empresa petrolera estadounidense Conoco derecho para realizar prospecciones. Desde entonces, la concesión ha cambiado de manos varias veces. Conoco pronto fue sustituida por el consorcio Maxus Oil, cuyo legado es la carretera de 150 km de Maxus, que corta el parque. Aunque la carretera fue diseñada para ser posteriormente eliminada, el bosque que se cortó para su construcción no crece tan fácilmente y la subsiguiente ruta hacia el interior, que permite la entrada de forasteros, también provoca su degradación.

En el 2007 el Gobierno ecuatoriano lanzó la iniciativa Yasuní-ITT. Esta prometía dejar los cerca de 846 millones de barriles de petróleo dentro del vasto yacimiento petrolífero subterráneo de la ITT (Ishpingo-Tambococha-Tiputini) a cambio de unos 3,6 mil millones de dólares estadounidenses en moneda extranjera y una reducción de la deuda durante 13 años. Sin embargo, en el 2013, el presidente ecuatoriano Rafael Correa dijo que los fondos recaudados, aunque eran considerables, no bastaban, y detuvo la iniciativa. Las compañías petroleras piensan trasladarse en el 2016.

El viajero puede alojarse dentro del parque en el Napo Wildlife Center (p. 225), el Yasuní Ecolodge (p. 225) y el Shiripuno Lodge (p. 235), o ir de acampada mediante uno de los circuitos más aventureros que se organizan desde Coca.

Parque Nacional Sumaco-Galeras

Una carretera asfaltada une Coca con Tena por Loreto, y pasa junto a la entrada meridional hasta un gran tramo de bosque nuboso espectacular y prácticamente virgen. En ninguna otra parte de Ecuador hay una zona tan vasta sin urbanizar, así que sus ecosistemas son incontables y preciosos; incluyen densa selva tropical, bosque nuboso, cuevas ocultas, acantilados y yermo altiplano volcánico.

El parque ocupa 2052 km² y su pieza central es el **Sumaco,** un volcán de 3732 m asolado por la humedad. En la actualidad está dormido, aunque los vulcanólogos creen que podría reanudar su actividad. Está unos 27 km al norte de la carretera de Coca-Loreto-Tena.

La dura **caminata** a la cima constituye un viaje de ida y vuelta de 3-5 días. El esfuerzo compensa, pues es uno de los pocos senderos de Ecuador que pasa por tres zonas climáticas: selva tropical, bosque nuboso y páramo. Las noches se pasan en uno de los tres nuevos refugios del volcán. Los senderos tienen barro todo el año, pero están más secos entre octubre y diciembre. Pueden verse muchas aves, y en las laderas más altas al curioso mono lanudo.

Para subir a la cima hay que ir con guía. El ascenso incluye abrirse camino entre la maleza por senderos mal señalizados. Se puede contratar uno por 35 US$ diarios en **Pacto Sumaco**, 9 km al norte subiendo desde la carretera de Loreto. La **Reserva de la Biosfera de Sumaco** (www.sumaco.org), con oficina al comienzo del sendero, ofrece alojamiento básico y ayuda a contratar servicios de guía. Las instalaciones son muy austeras. Hay que llevarse comida y equipo.

El **Wildsumaco Lodge** (☎06-301-8343, en Quito 02-333-1189; www.wildsumaco.com; i/d incl. 3 comidas 160/293 US$), 1 km al sur de Pacto Sumaco, es una buena base para escalar el volcán, pero hay que reservar sin falta con antelación. En lo alto de una colina, con vistas panorámicas de la montaña, se encuentra una casa de madera con terraza que sirve de punto de encuentro para los visitantes. Casi todos acuden a disfrutar de la soberbia riqueza de aves de la reserva, que tiene una mezcla única de especies de bosque nuboso, de las estribaciones y amazónicas. Las habitaciones son sencillas pero bonitas; tienen suelos de madera, camas cómodas, agua caliente y electricidad. En el refugio nacen una serie de pistas que permiten acercarse a las numerosas aves y otros animales. Si se quiere un guía especializado en aves, habrá que pedirlo al reservar. El refugio tiene una estación de investigación biológica, en cuyo recinto se descubrió hace poco una nueva especie de rana. Los dueños, muy concienciados con el medio ambiente, crearon la **Río Pucuno Foundation** (www.riopucuno-foundation.org) para proteger los bosques de la zona.

Los amantes de las aves con presupuesto reducido pueden alojarse en la nueva **Casita** (Pacto Sumaco; 30 US$/persona), a las afueras de Pacto Sumaco. Es un sitio sencillo con instalaciones para cocinar y una increíble terraza donde los tucanes amenizan la noche. Para más información, contáctese con el Wildsumaco Lodge o pregúntese en el pueblo.

El parque nacional es un imán cada vez más potente de ecoturismo de aventura. La última prueba de ello es la remota **Reserva Biológica del Río Bigal** (☎098-930-6988; http://bigalriverbiologicalreserve.org; cabañas desde 30 US$/persona). Está al otro lado del parque, frente al Wild Sumaco Lodge, y se llega desde Loreto. Es un destino de mochileros que ofrece cabañas de bambú y *camping* sobre plataformas para brindar una experiencia muy silvestre. También se puede practicar el voluntariado ecologista.

Cotundo y Archidona

La carretera que baja de Quito a Tena pasa cerca del solitario pueblo de Cotundo, en el **valle de los Petroglifos,** donde hay fascinantes grabados en las rocas. Un sendero señalizado arranca desde la carretera principal, pero, para verlo mejor, se aconseja contratar los servicios de un guía. Para ello, hay que preguntar en **Huasquilla Lodge** (☎en Quito 02-237-6158; www.huasquila.com; i/d incl. comidas 87/134 US$, incl. todas comidas y actividades 156/240 US$), que se alza en una ladera 3 km por encima de Cotundo. Sus 20 cabañas son rústicas pero acogedoras y están bien equipadas. Hay un buen restaurante, una piscina y una mezcla de circuitos que van desde excursiones por la jungla secundaria a salidas para ver petroglifos y cuevas. Un taxi desde la plaza mayor de Cotundo hasta el refugio sale por 3 US$.

La zona es buena para hacer espeleología. El **Gran Cañón**, 4 km al norte de Cotundo, brinda una excursión de medio día a una cascada llena de pozas y cuevas en un afluente del Jondachi.

Si se va al sur, a medio camino entre Cotundo y Archidona están las **cuevas de Jumandí** (entrada 1 US$, con guía 5 US$; ☉9.00-17.00). Es el sistema cavernario más conocido de la zona, pero tiene partes sin explorar. Más allá de los toboganes que dan a una piscina con agua fluvial, se podrán contemplar (linterna en mano) estalactitas, estalagmitas y curiosas formaciones. Es aconsejable llevar botas de goma y ropa vieja. Las compañías de circuitos de Tena ofrecen salidas de un día a medida que incluyen una visita a las cuevas, y Huasquilla Lodge también.

Archidona está 7 km al sur de Cotundo. Fue una misión fundada en 1560 y hoy es un pueblo aletargado de casas color pastel con una iglesia con rayas blancas y negras que brota de una plaza inmaculada. El domingo es día de mercado. El mejor alojamiento del lugar es el excelente **El Paraíso de las Orquídeas** (☎06-288-9232; www.elparaisodelasorquideas.com.ec; h 60 US$/persona 3 comidas incl.; P🖥🖂), un acogedor hotel situado en un gran recinto a las afueras de la ciudad, en la carretera a Tena. Tiene una gran piscina, un amplio bar restaurante con techo de hoja de palma y cabañas con todas las comodidades modernas. Además, gestiona un programa de rescate de monos.

Tena

34 000 HAB. / 518 M ALT.

Realmente insólito para ser un nudo de comunicaciones, Tena es un agradable lugar donde los viajeros se quedan tranquilamente durante días antes o después de viajar a la selva. A pesar de no ser un referente arquitectónico, es una encantadora población en una localización magnífica, rodeada de montañas cubiertas por la selva y montones de infraestructuras para mochileros. Fanáticos de las aguas bravas de todo el mundo acuden a remar y divertirse en los numerosos rápidos cercanos, y la ciudad está llena de operadores de kayak con experiencia y muy recomendables.

Tena, capital de la provincia de Napo, fue fundada en 1560 y sufrió el ataque de levantiscos indígenas. Jumandí, jefe quechua, lideró una feroz pero fallida revuelta contra los españoles en 1578. El aniversario de su fundación se celebra el 15 de noviembre, con música en directo y celebraciones populares.

◉ Puntos de interés y actividades

En un día claro, es posible ver la silueta del volcán Sumaco alzándose sobre la jungla a 50 km de distancia. El mercado se celebra los viernes y sábados. Para empaparse del ambiente de Tena hay que darse una vuelta por el invitador **malecón**, que discurre durante varias cuadras por las orillas oriental y occidental del Tena. El segundo puente peatonal de Tena (y el más meridional), la une con el Parque Amazónico y tiene un mirador futurista. Si se cruza el río por él se puede volver luego por el antiguo, al norte.

Parque Amazónico ZOOLÓGICO

(entre Ríos Pano y Tena; entrada 2 US$; ◷8.00-17.00) Para llegar a esta isla de 27 Ha hay que ir por el vistoso puente nuevo hasta la mitad. Hay un sendero que puede hacerse por cuenta propia y lleva por plantas autóctonas con su nombre y recintos de animales, incluidos monos y tapires. Aunque no es comparable a la auténtica jungla. Merece la pena subir al mirador del parque para ver el espectacular terreno que rodea Tena.

'Rafting'

Tena es el centro nacional del *rafting* en aguas bravas. Sin embargo, su explotación está obligando a los operadores a llevarse a los grupos cada vez más lejos en busca de tramos vírgenes de río. Las opciones van desde las tranquilas travesías a los emocionantes rápidos y los descensos por paisajes impresionantes, y se encontrará todo lo que se pueda necesitar, desde chalecos salvavidas en regla a guías profesionales, material de primeros auxilios y de rescate. Mucha gente se lanza al río acompañada de remeros experimentados por si acaban volcando. Vale la pena apuntarse a uno de esos grupos. Los amantes del kayak pueden contratar guías o gestionar el transporte y puntos de embarque a través de los operadores recomendados que se listan en este libro.

Una de las excursiones más populares es al curso alto del río Napo (llamado Jatunyacu en la zona, que significa "agua grande" en quechua), donde los remeros se enfrentan a un divertido tramo de 25 km de rápidos de clase III+, adecuado para todos los niveles. Para más emoción, el río Misahuallí tiene rápidos salvajes de grado IV+ e incluye un recorrido alrededor de una cascada.

★ River People RAFTING

(☎06-288 7887/8384; http://riverpeopleecuador. com; 15 de Noviembre esq. 9 de Octubre) Dirigido por la familia Dent, de Inglaterra, es un proveedor de lujo que siempre consigue fantásticas críticas. Son pioneros del *rafting* en ríos nunca antes probados de toda la región, incluido el Hollín, donde grupos de remeros experimentados acampan durante la noche en la selva. Un circuito popular es la desafiante expedición de dos días hasta el cercano Quijos, sede de los campeonatos mundiales de *rafting* del 2005.

Los guías tienen un mínimo de ocho años de experiencia. También se organizan acampadas en la jungla, clases de kayak y salidas a medida.

Caveman Adventures RAFTING

(☎06-288-8394; info@cavemanecuador.com; Orellana 268) Ofrece unos de los mejores cursos de iniciación para principiantes, con guías formados en EE UU, y los veteranos disfrutan de salidas memorables por clásicos tramos de aguas bravas como Jatunyacu y Hollín. También organiza excursiones en bicicleta. Su oficina del malecón suele estar abierta para consultas.

Ríos Ecuador RAFTING

(☎06-288-6727; www.riosecuador.com; Tarqui) Operador veterano que ya no es lo que era pero que ofrece un amplio surtido de salidas para hacer *rafting*. La más popular es la que recorre 25 km en un día (65 US$) por el Alto Napo (clase III); se organiza a diario. Otra excursión asequible para principiantes es la salida de un día a los ríos Toachi y Blanco, que tienen unos de los tramos más largos de aguas bravas del país (87 US$). Pero hay muchas más.

La oficina de Tena suele estar cerrada; es mejor reservar en línea.

AguaXtreme
RAFTING

(☏06-288-8746; www.axtours.com; Orellana) Operador con sede en el Tena que ofrece excursiones por el Jatunyacu por 50 US$ por persona y por el Misahuallí por 70 US$, así como a otros destinos. La empresa también organiza salidas a caballo, de espeleología, kayak y en bicicleta de montaña.

👉 Circuitos

Juan Garcés
CIRCUITOS POR LA SELVA

(☏098-461-4199, 06-306-2907; joseluisgarces2002@yahoo.com) El emprendedor Juan Garcés conoce este rincón de jungla como la palma de su mano. Ofrece salidas en kayak, enseña a hacer chocolate y lleva de excursión por la selva. También guía en viajes de varios días río abajo hacia la frontera peruana. Los precios arrancan en los 50 US$ por persona y día, y algo más si uno se aloja en su refugio, el Sacha Sisa Lodge, pasado Misahuallí.

Pakay Tours
CIRCUITOS POR LA SELVA

(☏06-284-7449; www.ecuadorpakaytours.com) Nueva agencia que dirige el Hostal Pakay. Está especializada en excursiones por la selva tropical y en inmersión cultural en comunidades de la jungla tropical. ¿Se quiere usar una cerbatana o comer una hormiga limón? No hay que ir más lejos. También organiza circuitos a sitios más remotos, como el Parque Nacional Cuyabeno.

Gary Garces & Michelle Klein
CIRCUITOS POR LA SELVA

Gary y Michelle no solo son el matrimonio que lleva el hostal La Casa Blanca, también ofrecen circuitos interesantes. Gary tiene más de una década de experiencia como guía y organiza excursiones fuera de las rutas marcadas por Tena; Michelle ofrece clases de cocina ecuatoriana, todas con un toque selvático.

🛏 Dónde dormir

★ La Casa del Abuelo
PENSIÓN $

(☏06-288-8926; www.tomas-lodge.com; calle Mera 628; i/d/tr 22/33/49,50 US$; 🅿✳@🛜) Casa colonial restaurada oculta en una calle tranqui-

la que se mantiene entre la élite tras unos siete años en el negocio. Sus zonas comunitarias rebosan de arte y artesanía locales. Las habitaciones son propias de un refugio de la selva, con techos altos que las hacen amplias. Y además hay café gratis. También gestionan una casa de turismo rural junto al río, a 5 km.

★ Hostal Pakay
ALBERGUE $

(☏06-284-7449; por encima de av. Perimetral; dc/i/d 12/24/32 US$ desayuno incl.; 🅿🛜) 🧳 Al estar rodeado de bosque, se parece más a un refugio de la jungla que a un alojamiento urbano. Es germano-ecuatoriano y tiene habitaciones de madera. Su terraza está llena de mochileros y amantes del kayak, y tiene una reputada agencia de circuitos. Casi toda la fruta del desayuno crece en su verde recinto. Está a 20 min a pie subiendo por una abrupta cuesta desde la estación de autobuses. Se aconseja ir en taxi.

La Casa Blanca
ALBERGUE $

(☏06-264-8579; www.casablancatena.com; Churiyuyo esq. Ishpingo; dc/i/d 12/25/40 US$) Está 1,5 km al noroeste del centro. Es tranquila y está inmaculada, y trata de ofrecer a los cansados mochileros todo lo que buscan en un albergue y no hallan en ningún otro sitio. Su cocina está maravillosamente equipada; las habitaciones son amplias y lucen tapices de Otavalo; dispensa cervezas frías mediante un "sistema de honestidad"; tiene una zona para limpiarse las botas, agencia, etc. No le falta de nada. Y además ofrece descuentos por estancias semanales y mensuales.

Está en el barrio del Aeropuerto Dos, al norte de la antigua pista de aterrizaje. Casi todos los taxistas la conocen.

Hostal Limoncocha
ALBERGUE $

(☏06-284-6303; www.hostallimoncocha.com; Paso Urco entre av. del Chófer y Rosales; h baño compartido/privado 8/10 US$/persona; 🅿@🛜) Está en la colina, 300 m al sureste de la estación de autobuses, y se llena de mochileros, pues tiene las camas más baratas de Tena, excelentes vistas y lleva años alojando a viajeros. Las habitaciones son alegres y tienen baños privados limpios. Sirve desayunos (3 US$) y tiene una cocina para huéspedes y un operador de circuitos.

Hostal La Posada
PENSIÓN $

(☏06-288-6890; Rueda 280; h 15 US$/persona; 🅿🛜) Establecimiento familiar de excelente relación calidad-precio que ofrece un laberinto de habitaciones impolutas, auste-

Tena

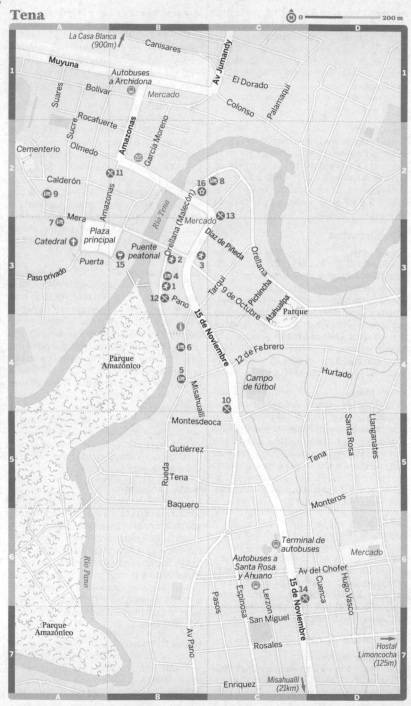

N 0 ———————— 200 m

La Casa Blanca
(900m)

Canisares

Muyuna

Autobuses
a Archidona

Bolívar

Av Jumandy

El Dorado

Colonso

Palamaqui

Suares

Rocafuerte

Mercado

Sucre

Olmedo

Amazonas

García Moreno

Cementerio

Calderón

11

9

Mera

7

Catedral

Amazonas

Río Tena

16 8

Mercado

13

Díaz de Piñeda

Orellana

Plaza
principal

Puerta

Orellana (Malecón)

Puente
peatonal

15

2

3

Pichincha

Atahualpa

Paso privado

4

1

12 Pano

Tarqui

9 de Octubre

Parque

Parque
Amazónico

15 de Noviembre

6

12 de Febrero

Hurtado

5

Misahualli

10

Campo
de fútbol

Tena

Santa Rosa

Montesdeoca

Llanganates

Gutiérrez

Rueda

Tena

Baquero

Monteros

Río Pano

Terminal de
autobuses

Mercado

Autobuses a
Santa Rosa
y Ahuano

Av del Chofer

15 de Noviembre

Cuenca

Hugo Vasco

Pasos

Espinosa

Lerzon

San Miguel

14

Parque
Amazónico

Rosales

Hostal
Limoncocha
(125m)

Av Pano

Enriquez

Misahualli
(21km)

Tena

ras y con ventilador. Las dobles dan al río; las individuales no, por lo que sufren más el ruido de la calle. Todas tienen escritorios y agua caliente.

Hostal Los Yutzos   HOTEL $$
(☏06-288-6717; www.uchutican.com/yutzos; Rueda 190; i/d 26/45 US$ desayuno incl., con aire acondicionado 38/53 US$; P❋☎) Sus habitaciones amplias y bonitas, y la serena ubicación ribereña lo convierten en el mejor alojamiento de Tena. Tiene un balcón de azulejos con tumbonas de madera de cara al río. El jardín rebosa de verdor y hamacas. Los fines de semana o en vacaciones hay que reservar con antelación.

Brisa del Río   PENSIÓN $$
(☏06-288-6444; Orellana; h 15 US$/persona, sin baño 9 US$; P❋☎🏊) Los alojamientos para mochileros en la jungla rara vez están tan limpios y bien situados. Se halla frente al río y tiene cocina y una pequeña piscina. Los baños compartidos están muy limpios y las habitaciones con baño también tienen aire acondicionado.

Hotel Pumarosa   HOTEL $$
(☏06-287-0311; Orellana; i 20-25 US$, d 35-40 US$; P❋☎🏊) Las atractivas habitaciones tienen el techo alto de madera, grandes armarios y baños modernos. El agua caliente no falla, hay televisión por cable, frondosos jardines y billares en el vestíbulo al aire libre. Al lado hay una discoteca y pista de patinaje, sinónimo de ruido los fines de semana, pero lo bueno es que los huéspedes pueden entrar gratis. El circuito más curioso es el que lleva a las plantaciones de cacao que producen el chocolate de Kallari.

Hotel Cristian's Palace   HOTEL $$
(☏06-288-6047; Mera; i/d 31/62 US$ desayuno incl.; P❋☎🏊) Es grande comparado con el resto. Las habitaciones son amplias con buenos

baños, TV y escritorio en la mayoría. Están situadas alrededor de una piscina un tanto sucia, una sauna y un gimnasio, de uso gratuito para huéspedes.

✗ Dónde comer

★ Café Tortuga   INTERNACIONAL $
(Orellana; tentempiés 1,50-5 US$; ☺7.30-19.00 lu-sa, hasta 13.00 do; ☎) Pareciera que toda la ciudad pasa por este popularísimo local suizo junto al río, no se sabe si es por sus desayunos, sus deliciosos batidos o su variedad de ensaladas, sándwiches y pasteles. Es muy popular entre mochicleros y un sitio excelente para conocer a otros viajeros. Ofrece un buen intercambio de libros.

Pollos sin Rival   POLLERÍA $
(15 de Noviembre entre San Miguel y av. del Chófer; platos desde 2 US$; ☺solo almuerzo) Su nombre lo dice todo, y es cierto. Solo abre a mediodía hasta que se acaba el pollo.

Gelateria Artesanal   CAFÉ $
(15 de Noviembre, cerca de Montesdeoca; café exprés 1 US$, bola de helado 1 US$; ☺7.00-13.00 y 14.00-22.00 lu-sa) El helado es mediocre pero el café es el mejor de Tena.

Pizzería Bella Selva   PIZZERÍA $$
(Malecón; ppales. 3-18 US$; ☺17.00-22.00) Pizzería con techo de palma en el malecón. Sirve pizzas con mucho queso y grandes platos de pasta. Las pizzas son tan buenas como las que puedan hallarse en el Oriente (es decir, sabrosas) y, como en este lugar frente al río se mezclan familias locales, hombres de negocios y turistas, es el lugar más animado para cenar. Y eso sin hablar de la salsa, ¡ayayay!

Pizzería Hilton   PIZZERÍA $$
(calle 15 de Noviembre 195; pizzas 4-15 US$; ☺16.00-23.00) Pizza decente. Stop. Laaargas colas.

Marquis Grille INTERNACIONAL $$$
(☎06-288-6513; Amazonas 251 cerca Olmedo;
ppales. 9-28 US$; ⊙12.00-16.00 y 18.00-22.00 lu-
sa) Con un personal vestido formalmente que
le abre la puerta al cliente, música clásica y
un atento servicio, este es el restaurante más
formal en muchos kilómetros a la redonda.
Para estudiarse la carta de vinos chilenos y
comer deliciosos platos de tilapia al vapor,
suculenta pasta, bistec y langosta.

Dónde beber y ocio

Las pistas de baile vibran los fines de semana,
así que no hay más que apuntarse. Las dis-
cotecas abren desde las 20.00 hasta las 2.00
de domingo a miércoles y hasta las 3.00 de
jueves a sábado.

La Araña Bar Coctelería BAR
(plaza principal; ⊙17.00-24.00 lu-ju, hasta 2.00 vi y
sa) El local más popular para beber e ir de
juerga; está al otro lado del río, al final del
puente. Se llena todas las noches, pero los
fines de semana está a rebosar de viajeros y
lugareños. Habrá resaca.

Discoteca La Galera DISCOTECA
(Orellana; entrada 2 US$) Al lado del Hotel
Pumarosa, con un ambiente divertido pero
adulto, a pesar de la pista de patinaje. Los
huéspedes del hotel entran gratis.

ⓘ Información

Banco del Pichincha (15 de Noviembre) Está
casi enfrente de la gasolinera. Tiene los cajeros
más fiables.
Hospital (☎06-284-6755; 15 de Noviembre
entre Eloy Alfaro y Ambato) Al sur de la ciudad, en
la carretera a Puerto Napo.
Oficina de correos (Olmedo esq. Moreno) Al
noroeste del antiguo puente peatonal.
Oficina de turismo (☎06-288-8046; Rueda;
⊙7.30-17.00 lu-vi) Su simpático personal ayuda
al viajero en todas sus necesidades.

ⓘ Cómo llegar y salir

La **terminal de autobuses** (15 de Noviembre)
está al sur de la ciudad. El Café Tortuga tiene un
práctico listado con todos los horarios de autobu-
ses. Hay servicios frecuentes a todos los destinos.

DESTINO	TARIFA (US$)	DURACIÓN (H)
Ambato	5	6
Baños	4	4
Coca	7	4
Puyo	2,60	2½
Quita vía Baeza	6	5

ⓘ Cómo desplazarse

Los autobuses urbanos a Archidona (0,25
US$, 15 min) salen cada 30 min de día desde
el lado oeste del mercado. Otros salen de la
calle 15 de Noviembre, cerca de la terminal,
con destino a Ahuano (1,20 US$, 1 h), Mi-
sahuallí (0,75 US$, 45 min) y Santa Rosa/San
Pedro (3 US$, 3 h).

Misahuallí
36 500 HAB.

Misahuallí, antaño un importante punto
de tránsito para los viajeros que llegaban de
Coca por río, se sumió en la oscuridad cuan-
do se construyó la carretera de Loreto, que
conecta Coca con Tena. Está entre dos gran-
des ríos al final de la carretera. Tiene una
bonita playa de arena, una famosa cuadrilla
de monos adictos a agenciarse gafas de sol de
los visitantes y poco más.

Sin embargo, recientemente abrió el **ae-
ropuerto Jumandy** (regional), de modo
que quienes vuelen desde Quito pasarán por
Misahuallí antes de llegar a Tena. Y muchos
prefieren este pueblecito pequeño y animado
como base para explorar el Napo y su selva.
Tiene buenos servicios para viajeros y mu-
chos operadores de circuitos.

La zona circundante lleva siglos coloniza-
da, así que tiene poca fauna.

ⓖ Circuitos

En Misahuallí se pueden contratar buenos
circuitos. Se hallarán buenos guías (y precios)
más rápido si se cuenta ya con un grupo de
cuatro o más personas, aunque se aconseja
ceñirse a los guías con licencia y operadores
recomendados.

★Teorumi ECOCIRCUITOS
(☎06-289-0213; www.teorumi.com; circuitos
65 US$/día) 🍃 Colabora con comunidades
nativas locales y es una elección excelente
para cualquiera interesado en la cultura
nativa y en la fauna. Los circuitos pueden
hacerse a medida, pero casi todos incluyen
observación de aves, pesca, demostraciones
de plantas medicinales y excursiones por la
selva. También ofrecen equitación y búsqueda
de oro con bateas. Su oficina está en la plaza
principal. El vecino Shiripuno Lodge suele ser
su base de actividades.

Su propietario es una de las principa-
les autoridades del país en serpientes y
sus venenos, y ha ayudado a crear varios
antídotos.

Ecoselva Pepe Tapia ECOCIRCUITOS

(☎06-289-0019, 09-815-0532; http://ecoselvapepe
tapia.com; circuitos desde 45 US$/día) Pepe Tapia
González lleva a los visitantes por agradables
circuitos de 1 a 10 días. Incluyen paseos por
la naturaleza y salidas en canoa. Se duerme
en su rústico refugio o en campamentos de la
selva. Tiene formación como biólogo y es una
referencia fiable en cuanto a plantas, aves e
insectos. Está en la plaza principal.

Selva Verde ECOCIRCUITOS

(☎098-590-4101, 06-289-0165; www.selvaverde-mi
sahualli.com; circuitos 60-95 US$/día) Luis Zapa-
ta, un guía con muchos años de experiencia
en la región, dirige esta recomendada agencia turística con oficina en la plaza principal.
Está especializado en excursiones por el río
y visitas a aldeas indígenas.

🛏 Dónde dormir y comer

Hostal Shaw ALBERGUE $

(☎06-289-0163; h 10 US$/persona) Acogedor
alojamiento de la plaza con sencillas habitaciones con ventilador, mosquiteras y baños
privados con agua caliente. Abajo hay un café
y ofrece intercambio de libros. De hecho, el
café es el punto de encuentro favorito de Misahuallí, y además sirve crepes para desayunar y platos vegetarianos.

Shiripuno Lodge REFUGIO EN LA SELVA $

(☎06-289-0203; h 15 US$/persona, sin baño
10 US$) Está 2 km río abajo desde el pueblo.
La dirige la agencia de circuitos Teorumi
y se centra en el turismo comunitario. Los
huéspedes suelen visitarla como parte de un
circuito, pero uno puede alojarse en el lugar
por cuenta propia. Tiene cabañas en bosque
secundario y una roca enorme que se cree es
de un meteorito que se estrelló allí, la cual
es una pieza central de la mitología quechua.
Se puede llegar en canoa por 5 US$.

Hotel El Paisano PENSIÓN $$

(☎06-289-0027; hotelelpaisano@yahoo.com; Riva-
deneyra esq. Tandalia; h 18 US$/persona desayuno
incl.; P@?) Frecuentada guarida de viajeros
y uno de los rincones con más encanto de
la población. Tiene habitaciones luminosas,
suelos de madera, mosquiteras y servicio de
lavandería, sirve buen café en el desayuno y
ofrece intercambio de libros.

France-Amazonia PENSIÓN $$

(☎06-289-0009; www.france-amazonia.com; av.
Principal; h 18-24 US$/persona, d 50 US$ desayuno
incl.; P?≋) Situado a las afueras, junto al río,

Alrededores de Tena

con cabañas alrededor de una reluciente piscina y una hoguera. Las camas son pequeñas
pero las habitaciones son de buen tamaño y
tienen un bonito estilo rústico. El jardín es un
lugar estupendo para disfrutar del agradable
clima y escuchar el sonido del río, al que se
puede llegar siguiendo un sendero.

Hostería Misahuallí HOTEL $$$

(☎06-289-0063, en Quito 02-224-9651; www.
misahualliamazonlodge.com; h desde 60 US$/
persona; ?≋) Recargada y cuidada versión
de un *camping* en la selva, con ambiente de *resort* y muy popular entre familias
ecuatorianas. Goza de una excelente ubicación orientada al río y Misahuallí, desde
donde se llega en canoa. Las más nuevas
son sofisticadas, con aire de habitaciones
de hotel. Las cabañas sobre pilotes son bastante viejas. Su oferta incluye una pista de

tenis, voleibol y, naturalmente, una buena piscina. Ofrece pensión completa.

El Bijao
ECUATORIANA $

(ppales. 5 US$; ⊙almuerzo y cenas) Está en la plaza y es estupendo para probar el *maito*, especialidad de la selva ecuatoriana que consiste en envolver tilapia y pollo en una hoja de la jungla y cocinarlo todo a la parrilla. Los más frescos se hacen a mediodía.

El Jardín
ECUATORIANA $$

(ppales. 10-15 US$; ⊙10.00-16.00, 18.00-22.00; P🛜) Está pasado el puente de camino a La Punta, es bonito y ofrece comida local. Sirve ricas y grandes fuentes de carne, tilapia y marisco en su florido jardín.

ℹ️ Información

No hay bancos ni oficina de correos en Misahuallí. Conviene llevar siempre el pasaporte durante los viajes en autobús y barco, así como en los circuitos por la región, y una buena provisión de efectivo, con bastantes billetes pequeños.

ℹ️ Cómo llegar y salir

Los autobuses salen de la plaza más o menos cada hora durante todo el día; el último, a las 18.00. El destino principal es Tena (1 US$, 1 h). A las 8.30 sale un autobús diario a Quito (6 US$, 5 h) de la plaza principal.

La necesidad de canoas de pasajeros ha disminuido debido a la construcción de la carretera Tena-Coca (Loreto) y otras que recorren el río Napo. En la misma playa se pueden contratar travesías en barco por unos 30 US$/h, pero las agencias de la zona ofrecen mejores ofertas.

Curso alto del río Napo

El Napo se crece al sur de Tena y justo antes de Misahuallí. Se amplía y acelera según pasa por reservas naturales, pequeñas comunidades selváticas, plataformas petroleras y refugios. Desgraciadamente, la construcción de carreteras ha alterado para siempre los hábitos de la fauna y los visitantes verán menos animales que en el pasado.

Oeste de Misahuallí

Cuando se deja atrás Tena y se llega al puente fluvial de Puerto Napo, esa masa de agua revuelta que hay debajo es el nacimiento del Napo. Esos primeros tramos del poderoso río fluyen al este y pasan por lujosos refugios, acompañados de buenas carreteras que discurren a ambas orillas hasta Misahuallí.

La carretera de la orilla norte, que se llena de autobuses cada hora, pasa por la **cascada Las Latas,** una impresionante catarata más o menos a medio camino entre Puerto Napo y Misahuallí (y a 15 min en coche de ambas). Quienes no dispongan de transporte propio deben preguntar al conductor del autobús por el camino a las cascadas. Hay que seguir el río corriente arriba hasta las mismas. La caminata lleva 1 h y pasa por varias pozas. Hay que ir preparado para vadear.

Cotococha Lodge
REFUGIO $$$

(☑en Quito 02-223-4336; www.cotococha.com; d 3 días/2 noches 470 US$ todo incl.) Es el primer refugio que se ve tras el nacimiento del Napo, a 17 km de Tena por su orilla sur. Tiene un sereno conjunto de 22 bungalós con techo de hojas de palma unidos por pasarelas en un entorno muy verde. Las cabañas tienen agua caliente y porche privado con vistas al río.

Los guías organizan paseos y excursiones hasta las cascadas, visitas a comunidades locales y salidas para practicar *tubing* y *rafting*. Es un buen modo de internarse en la jungla tropical sin tener que hacer un largo viaje por río.

★ Hamadryade Lodge
HOTEL-BOUTIQUE $$$

(☑098-590-9992; www.hamadryade-lodge.com; i/d 255/290 US$/persona desayuno y cena incl.; P🛜) Está en una ladera a unos kilómetros de Misahuallí, río arriba. Se llega por la carretera de la orilla norte. Es un refugio estiloso y ecologista de propiedad francesa, singular por su decoración elegante y contemporánea. Cada bungaló privado tiene un balcón con vistas de la selva. Hay una fantástica zona de piscina y tumbonas por encima del paisaje ondulante, y además ofrece masajes tradicionales.

Solo tiene cinco bungalós, y es excelente para relajarse con estilo. El de lujo, con capacidad para seis personas, es perfecto para las familias.

Reserva Biológica Jatun Sacha

Reserva Biológica Jatun Sacha
RESERVA

(entrada 7 US$) Estación biológica y reserva de bosque tropical de 2500 Ha. Está en la orilla sur del Napo, 23 km al este de Puerto Napo. La dirige la **Fundación Jatun Sacha** (☑02-243-2240/331-8156, 099-490-8265; www.jatunsacha.org; pasaje Eugenio de Santillán N34-248, Quito; 6 US$), una organización ecuatoriana sin ánimo de lucro que se fundó para fomentar la educación, la investigación y la conservación de la selva tropical. Desde la década de 1990 ha descubierto muchas especies nuevas, como la *Passiflora jatunsachensis,* y la zona tiene una rica biodiversidad, con unos 1500 tipos de plantas en una sola hectárea.

Dado que las zonas vecinas han sufrido las consecuencias de la tala y la agricultura, la biodiversidad de Jatun Sacha adquiere mayor valor. Además del recuento y el seguimiento de las especies autóctonas, la fundación lleva a cabo iniciativas de reforestación y agroforestales con las comunidades de granjeros y los grupos indígenas de la zona.

Los trabajadores de la estación y demás huéspedes se alojan en las rústicas **cabañas** (30 US$/persona) con baños compartidos que hay subiendo desde la entrada por la carretera de Misahuallí a La Punta. El agua se calienta con energía solar y las comidas están incluidas si se pernocta. El restaurante junto a la oficina a la entrada de la reserva sirve sana comida ecuatoriana e internacional.

Se pueden observar aves o pasear por los senderos forestales de los alrededores, visitar el centro de conservación de plantas y el jardín botánico. También se puede pedir prestado un arnés de escalada y ascender los vertiginosos 30 m de la torre de observación en mitad de la reserva. Ofrecen descuentos para grupos y estudiantes.

Para ir a Jatun Sacha desde Tena hay que viajar en un autobús de Ahuano o Santa Rosa y pedir al conductor que pare en la entrada principal de la estación/reserva. Un taxi hasta la entrada desde Misahuallí cuesta 5 US$, pero si se quiere ir en autobús primero hay que recorrer los 2 km hasta el cruce de la carretera principal de Tena a Ahuano (la que discurre junto a la orilla sur del Napo).

La Punta, Ahuano y alrededores

En la carretera de Tena a Santa Rosa hay un desvío a La Punta y Ahuano, en el que también se encuentra el nuevo aeropuerto Jumandy, que opera en Misahuallí y Tena. El puerto fluvial de La Punta es el habitual colorido microcosmos de la vida en el Oriente y tiene un restaurante sencillo.

Desde allí el destino principal es Ahuano, un pueblo aletargado al otro lado del río. Está en un bosque secundario y deforestado pero al ser solo accesible por río, parece el comienzo de una aventura en la remota jungla, y de hecho brinda un modo relativamente fácil de acostumbrarse a la cultura de la selva, aunque la densa jungla quede aún muy lejos.

Cruzar el río cuesta 0,25 US$, y luego hay 2 km a pie hasta Ahuano (también hay barcos directos entre La Punta y Ahuano por 10 US$). ¿Y por qué va allí la gente? Pues sobre todo para alojarse en la cara y anodina **La Casa del Suizo** (✆en Quito 02-250-9504; www.lacasadelsuizo.com; h 129 US$/persona comidas incl.; ❋❀), un hotel de precio medio con una bonita piscina, un restaurante con vistas al río y poco más dentro del pueblo.

Es mucho más interesante la acogedora **Casa de Doña Maruja** (✆06-285-0094;

CHICHA ¿EL DESAYUNO DE LOS CAMPEONES?

Antes incluso de poder conseguir un refresco de cola y una sonrisa en la cuenca amazónica, había chicha, no la versión hervida de la sierra, sino una nutritiva bebida que se almacena en forma de pasta y envuelta en hojas; después, solo había que añadirle agua.

La receta es sencilla, la chicha es yuca o palma de chonta masticada por mujeres (sí, solo mujeres). Durante cientos de años, la chicha ha sido una fuente de alimento y vitaminas para comunidades indígenas. Es un alimento importante en la jungla, donde la gente come muy poco y bebe hasta seis litros al día. Cuando está fresca, la chicha sabe como un yogur suave, pero a medida que pasa el tiempo se vuelve más alcohólica, puesto que las bacterias de la saliva convierten los hidratos de carbono en azúcares. Cuanto más tiempo tenga, más potente es. El sabor depende de quién la haya hecho; las bacterias de cada mujer le dan un sabor distintivo.

Una chicha realmente mala es considerada un terrible augurio; pero ¿le ocurrirá algo malo al visitante que la pruebe? En contra de lo que se pueda pensar, los problemas no los provoca la saliva, sino el agua no filtrada del río que se mezcle con la pasta. Sin embargo, pocos viajeros experimentan problemas por probar solo un poquito. Uno de los puntos fuertes de muchas visitas a comunidades locales del Oriente es ver cómo se prepara la chicha y luego, probarla.

h 5 US$/persona, con 3 comidas 10 US$), que ofrece habitaciones austeras con suelos de madera junto al río de Ahuano. Los baños son compartidos y las comidas se disfrutan en el patio con su simpática familia. Se puede alquilar una canoa para realizar excursiones. Brinda una excelente oportunidad para conocer a los lugareños, sentirse parte de la comunidad y explorar la cercana selva tropical en un sitio modesto, a un mundo de distancia de los grandes refugios.

No es un dato muy conocido pero, si se va río arriba desde La Punta, se llega a unos espléndidos refugios con acceso a bosque más intacto. El mejor de los más recientes es el **Sacha Sisa Lodge** (☑06-306-2907, 098-461-4199; desde 60 US$/persona), que dirige Juan Garcés, guía de Tena. Los huéspedes duermen en él como parte de sus recomendados circuitos, que incluyen salidas en kayak e intrépidas excursiones por la jungla. El refugio está sobre un acantilado junto al río y, aparte de las excelentes vistas, es muy fresco y no hay mosquitos.

Hay ocho autobuses diarios de Tena a La Punta, unos 28 km al este de Puerto Napo. De hecho, no llevan a Ahuano, pero se llaman autobuses de Ahuano porque casi todos los pasajeros hacen transbordo a un ferri o una canoa por el río hasta Ahuano.

AmaZOOnico y Liana Lodge

En el excelente centro de rehabilitación de animales **AmaZOOnico** (www.amazoonico.org; adultos/niños 4/2,50 US$) se verá toda clase de fauna. El centro está situado en el territorio de Selva Viva, reserva de jungla virgen de 1500 Ha junto al río Arajuno, estrecho afluente del Napo unos 3 km al este de Ahuano. Una pareja suizo-quechua fundó el centro en 1995 para el cuidado de animales de la jungla confiscados o desplazados, desde tucanes a capibaras, monos o boas.

Aunque es genial poder ver estos animales tan de cerca, la realidad es bastante sórdida. Estas criaturas han sido desplazadas porque los traficantes ilegales las habían vendido o porque sus hábitats han sido destruidos. Algunas de las historias que cuentan en las fantásticas visitas son desgarradoras: animales abandonados en habitaciones de hotel, aves únicas cuyos irresponsables propietarios murieron y "animales de compañía" gravemente traumatizados. Algunos sí son reintroducidos

en la jungla, pero son muchos los animales que llegan al lugar demasiado domesticados como para ser liberados de nuevo.

Un grupo de voluntarios, que conoce los animales de cerca, dirige todas las visitas. El centro siempre busca voluntarios (que tienen que pagar 125 US$ al mes para gastos de manutención), especialmente veterinarios, para una estancia mínima de dos meses.

Se puede contactar a través de la web para avisar con antelación de una visita. La cobertura telefónica no es fiable en esta zona y, de todos modos, no tienen número al que llamar.

El cercano **Liana Lodge** (☑099-800-463; www.lianaolodge.ec; 2/3/4 noches 165/265/362 US$/persona) tiene ocho cabañas en una ladera boscosa. Cada cabaña tiene dos habitaciones dobles y ducha con agua caliente, pero no hay electricidad. El sereno ambiente junto al río se goza alrededor de hogueras, paseos por los bosques y un bar circular con vistas al río y a la selva. Los paquetes incluyen comidas, circuitos (con lecciones para hacer chicha y construir una balsa) y el transporte en canoa desde Puerto Barantilla.

Para llegar a AmaZOOnico o al Liana Lodge hay que viajar en uno de los autobuses que llevan de Tena a Santa Rosa (2 US$, 1 h) y bajar en Puerto Barantilla. Luego, bajar a pie por la pista sin asfaltar hasta el río, hasta el embarcadero de canoas; el trayecto a cualquiera de los dos destinos sale por 2 US$.

Arajuno Jungle Lodge

Arajuno Jungle Lodge   REFUGIO EN LA SELVA **$$$** (☑098-268-2287; www.arajuno.com; h 3 días/ 2 noches 285 US$/persona) Si se busca algo pequeño y aislado, hay que ir a este refugio. Pertenece a Thomas Larson, exvoluntario de los Cuerpos de Paz, y está en un meandro del río Arajuno. Las cabañas son cómodas, con mosquiteras y agua calentada con energía solar. El alojamiento principal tiene una enorme plataforma de madera y el comedor queda colgando sobre el río. Los huéspedes pueden recorrer las 80 Ha de bosque, hacer senderismo, ir en canoa y visitar el cercano AmaZOOnico. El refugio colabora con las comunidades locales para desarrollar nuevas fuentes de alimentación y dar información sobre salud y nutrición. Se aceptan voluntarios para estancias de tres a seis meses. El chef cocina delicias con inspiración de la zona. Hay un columpio de cuerdas sobre el río.

Puyo

36 500 HAB.

Este lugar es un enigma. Mientras que casi todas las ciudades se esfuerzan por arreglar sus centros y abandonar las afueras, Puyo hace todo lo contrario. Tiene cierta vitalidad como capital de la provincia de Pastaza, pero es solo una ciudad con pocos encantos. Si se viaja al Oriente meridional es casi imposible no pasar por este lugar. La espesa jungla verde se cierra en sus fronteras y, gracias en parte a los viajeros de Baños, que hacen el viaje de 1 h para una incursión en la selva, el alojamiento es bueno y abundante, y además tiene a varios de los mejores operadores de circuitos por la jungla.

Las **fiestas de la fundación de Puyo**, que duran una semana, se celebran a primeros de mayo.

◉ Puntos de interés y actividades

Parque Omaere　　　　　　　　PARQUE
(www.fundacionomaere.org; niños/adultos 1,50/3 US$; ⊙9.00-17.00 ma-do) 🦋 Parque etnobotánico a menos de 1 km del centro, hacia el norte. Ofrece circuitos guiados de 1-2 h (gratis con la entrada) para ver plantas de la selva tropical y viviendas indígenas, casi siempre con guías nativos. Lo dirige la experta shuar en botánica Teresa Shiki y su esposo biólogo, Chris Canaday, fuente de conocimiento de cualquier tema, desde plantas de la jungla a lavabos ecológicos sin cisterna. Teresa contribuyó a la fundación y la replantación del parque y prepara medicinas naturales.

Se llega yendo a Loja, al norte de la ciudad, durante unos 300 m hasta dar con una gasolinera a la izquierda. Luego hay que girar a la derecha y seguir la carretera a la derecha hasta la entrada del parque, al otro lado de un puente peatonal sobre el río y pasado el hotel El Jardín. Para regresar hay un bonito sendero (al que llaman "paseo turístico") que pasa por Omaere y lleva durante 1,7 km junto al río hasta la carretera de Puyo a Tena, donde se puede parar un autobús para volver (pasan cada 20 min) o regresar por el sendero.

Volcán El Altar　　　　　　　　VOLCÁN
Los más madrugadores pueden ver los recortados dientes del volcán El Altar (5319 m), la quinta cumbre más alta de Ecuador, unos 50 km al suroeste. En días claros, desde allí se puede ver el **volcán Sangay** (5230 m).

Jardín Botánico las Orquídeas　　JARDINES
(☏03-253-0305; entrada 5 US$; ⊙8.00-18.00) 🦋 A los visitantes les encanta este jardín botánico privado, situado 15 min al sur de Puyo en la carretera a Macas. El entusiasta dueño Omar Taeyu guía a los visitantes por las montañas de exuberante follaje y por los estanques de peces para que vean magníficas plantas e innumerables y excepcionales orquídeas. Hay que llamar para avisar antes de ir.

☞ Circuitos

Papangu Tours　　　　　　　　CIRCUITOS
(☏03-288-7684; papanguturismo@yahoo.com; calle 27 de Febrero esq. Sucre; 3 días/2 noches circuitos desde 45 US$/persona) 🦋 Agencia dirigida por indígenas centrada en el turismo de comunidad. Ofrece viajes a Sarayaku (comunidad quechua) y la cueva de los Tayos (shuar). Los guías son indígenas; parte de los ingresos revierten en las comunidades participantes. Muy recomendado por los lectores.

Shiran Nantu　　　CIRCUITO DE AVENTURA
(☏03-288-5667; www.shirannantu.com; Marín entre 27 de Febrero y 9 de Octubre; 50 US$/persona por día) Osados viajes por la jungla con itinerarios flexibles. Los que incluyen trayectos más largos en barco son más divertidos, pero también más caros, pues cubren el precio de la gasolina. Ofrece una odisea de ocho días que lleva por el río Curaray hasta la frontera peruana.

🛏 Dónde dormir

Hostal Las Palmas　　　　　　PENSIÓN $
(☏03-288-4832; 20 de Julio esq. 4 de Enero; i/d 25/40 US$ desayuno incl.; ◎) Gran casa colonial dirigida a mochileros con cierto presupuesto. Tiene un bello jardín, habitaciones luminosas y limpias, y un bonito café que sirve tentempiés. Hay que sacar partido a las hamacas y la chimena exterior.

Hotel Libertad　　　　　　　　HOTEL $
(☏03-288-3282; Orellana esq. Manzano; h 8 US$/persona) Las habitaciones son pequeñas pero el sitio es impecable, y además tiene agua caliente y TV. A este precio, es toda una ganga.

★ Posada Real　　　　　　　PENSIÓN $$
(☏03-288-5887; www.posadareal.pastaza.net; 4 de Enero esq. 27 de Febrero; h 35 US$/persona desayuno incl.) Soleada pensión de Puyo que se ha catapultado como mejor alojamiento del centro. Es un establecimiento inmaculado a

Puyo

dos cuadras de la plaza principal que disfruta de una ubicación apartada en un recinto tranquilo. Sus enormes habitaciones tienen buenas lámparas de lectura y muebles antiguos, y casi todas tienen balcón. Sirve un desayuno delicioso en su solemne cafetería.

El Jardín
HOTEL **$$**

(☏03-288-7770; http://eljardinrelax.com.ec; Paseo Turístico, Barrio Obrero; h 45 US$/persona desayuno incl.; P@⊛) Un sitio precioso al otro lado del puente peatonal junto a la entrada al parque Omaere, a 1 km del centro. Se parece más a un refugio de la selva que a un hotel urbano. Tiene 10 habitaciones en un edificio de madera distribuidas en dos plantas decoradas con arte y artesanía local. El jardín que le da nombre es precioso y el restaurante, muy bueno. También se ofrecen lujos como masajes y un *jacuzzi*.

Hostería Turingia
PENSIÓN **$$**

(☏03-288-6344; www.hosteriaturingia.com; Marín 294; i/d 30/45 US$; P⊛⊛) Pensión amurallada de aire tirolés que parece sacada del plató de *Heidi*. Es rara pero está bien para alojarse en el centro. Sus habitaciones son algo caras y oscuras, pero el recinto está bien cuidado y las cabañas son muy bonitas. También tiene un restaurante.

Huella Verde
Rainforest Lodge
REFUGIO EN LA SELVA **$$$**

(☏03-278-7035; http://huella-verde.org; i/d desde 76/99 US$) Está en un meandro aislado del Bobanaza, unos 45 km al sur de Puyo y eclipsa hasta a los grandes refugios de Yasuní, pues ofrece fascinantes excursiones en jungla igual de virgen por un precio mucho más barato: excursiones etnobotánicas por la selva, elaboración de chocolate y aventuras en canoa con guías quechuas (se pagan aparte).

También tiene un restaurante (ppales. 6-15 US$). Tiene dos bungalós, ambos con baño privado y terraza con hamacas, con capacidad para siete personas en total, por lo que es obligatorio reservar. Los viajeros independientes deben ir a Canelos, en un desvío de la carretera de Puyo a Macas, donde aguarda una canoa gratis (el taxi de Puyo a Canelos sale a 25 US$).

✖ Dónde comer

En los cafés junto al río se puede probar el típico cebiche "volquetero", que es una combinación de mazorcas de maíz tostadas y plátano macho frito con una lata de atún elegantemente volcada encima. Sin embargo, pocos sitios destacan.

Escobar
ECUATORIANA $

(Atahualpa esq. Marín; ppales. 4-8 US$; ☺9.00-hasta tarde) El tiempo dirá si algo como Escobar es demasiado para Puyo y si ha llegado demasiado pronto. Tiene estilo suficiente para codearse con los barrios más modernos de Quito y hace que las palapas (rústicas moradas con techo de palma) parezcan chic. En el restaurante de la segunda planta se pueden probar cervezas artesanales de Ecuador, cócteles y todo un menú de patacones, yuca o ensalada con carne. El servicio es lento como una canoa sin motor yendo río arriba, pero aún así es el mejor sitio para tomar algo.

El Fariseo
INTERNACIONAL $

(Atahualpa entre Villamil y 27 de Febrero; comidas ligeras 2-6 US$; ☺7.00-22.00 lu-vi, 8.00-22.00 sa; ☎) No parece gran cosa, pero tiene una de las pocas máquinas de café del Oriente y sabe cómo usarla. Además, sirve comida deliciosa, como el sabroso churrasco (bistec con un huevo frito), burritos y hamburguesas. Y de postre, invitadores pasteles.

Ayni Café
CAFÉ $

(9 de Octubre esq. Sucre; ppales. 3-5 US$; ☺8.00-20.00) ¿Comida casera y arte? Pues sí, este pequeño y colorido lugar da fe de su cartel. El horario varía mucho, pero merece la pena perseverar para probar su comida, deliciosamente preparada. Buenos zumos, pasteles y ensaladas, y un menú por solo 3,25 US$.

★ El Jardín
ECUATORIANA $$

(☎03-288-7770; Paseo Turístico, Barrio Obrero; ppales. 8-16 US$; ☺12.00-16.00 y 18.00-22.00 lu-sa; ☎) Esta alegre casa junto al río sirve la mejor comida del Oriente. Está dentro del encantador hotel del mismo nombre, 1 km al norte de Puyo. Su dueña y cocinera, Sofía, ha ganado premios por platos como su aromático pollo *ishpingo* (el *ishpingo* es un tipo de canela autóctona), con delicados sabores que despiertan el paladar. Se aconseja probar el lomo plancho (bistec a la parrilla), un filete tierno y bien hecho acompañado de verduras. También hay exquisitos platos de pescado fresco y vegetarianos.

🛍 De compras

Waorani
ARTESANÍA

(Asociación de Mujeres Waorani de la Amazonia Ecuatoriana; Atahualpa entre Villamil y 27 de Febrero; ☺7.30-12.30 y 14.00-19.30 lu-sa, 7.30-14.00 do) Vende artesanía elaborada por mujeres huaoranis, como joyas, lanzas, hamacas, cerbatanas y bolsos de cuerda de palma. Las artesanas reciben un porcentaje de cada venta.

ℹ Información

Banco del Pichincha (10 de Agosto entre Atahualpa y Orellana) El único banco fiable para sacar dinero.

Oficina de la Comunidad Huaorani (Juan de Velasco y Tungurahua) Práctica fuente de información sobre los huaoranis. Hay que preguntar por las visitas a sus comunidades.

EL ORIENTE PUYO

AUTOBUSES DESDE PUYO

DESTINO	TARIFA (US$)	DURACIÓN (H)
Ambato	3	2½
Baños	2	1½
Coca	9	6½
Guayaquil	9	8
Macas	5,60	2½
Quito	5,50	5½
Tena	2,60	2½

IESS Hospital (☎03-288-5378; Marín esq. Curaray) Cerca de la estación de autobuses.

iTur (☎03-288-5122, ext. 227, 03-288-5937; Orellana esq. 27 de Febrero; ⊙8.30-12.30 y 15.00-18.00 lu-vi) Está en el ayuntamiento. Se hallará abierta la taquilla de abajo o la oficina de arriba. Tiene otro local más pequeño en la estación de autobuses.

Oficina de correos (27 de Febrero) Al noroeste del mercado.

ℹ Cómo llegar y salir

La estación de autobuses está 1 km al suroeste de Puyo. Hay varios servicios a diario a cada destino.

ℹ Cómo desplazarse

Un taxi desde el centro hasta la terminal de autobuses cuesta 1 US$, que es lo que debería costar cualquier carrera por la ciudad. Cada ½ h salen unos pequeños autobuses urbanos desde el sur del mercado, por la calle 27 de febrero, con destino a Shell (0,25 US$).

EL ORIENTE MERIDIONAL

Esta región es la envidia de su hermana norteña. La jungla es más salvaje y más primitiva. Los ríos serpentean por vastos tramos de bosque tropical sembrados de diminutos asentamientos indígenas, y no hay carreteras. La inaccesibilidad se mantiene en su mayor parte debido a la falta de industria, aunque las exploraciones mineras y petrolíferas quizá cambien el panorama en un futuro no muy lejano. Casi todos los visitantes acuden para ver tribus nativas como los shuar, toda una aventura con muy pocas comodidades (en esta zona la industria turística aún está por florecer).

Macas

19 000 HAB.

Bienvenidos a una ciudad selvática con pocas trampas para turistas: ruidosos mercados, huecos (restaurantes minúsculos y muy sencillos) y casas de cemento y cristal es lo primero que se aprecia en Macas. Pero la cosa mejora. Tiene un par de hoteles y restaurantes buenos que la convierten en la base de los circuitos que exploran los rincones menos conocidos de la selva tropical ecuatoriana (e incluyen la posibilidad de ver a los shuar y

los achuar). También alberga el tramo continuo más largo de aguas bravas del país, que atrae a los amantes del kayak.

La agreste naturaleza llama a sus puertas, pero Macas es la impetuosa y moderna capital de provincias de Morona-Santiago. Los miembros de las tribus lucen cuentas tradicionales junto con camisetas Nike y los camiones cargados de productos de la jungla que pitan por sus congestionadas calles mantienen a raya cualquier idea ribereña. Es estridente y dura, pero es auténtica.

◉ Puntos de interés y actividades

Catedral de Nuestra Señora de Macas   IGLESIA
La catedral se anuncia con una virgen tecnicolor que se alza sobre la plaza, parecida a un historiado *skate park*. Dentro hay un espacio tranquilo con vidrieras de colores que narran episodios del pasado de la ciudad y alberga el altar de azulejos que representa a Macas frente a un volcán rugiente. Sobre el altar hay un cuadro de la Virgen de Macas (hacia 1592) al que se atribuyen milagros.

Parque Recreacional   PARQUE
(Don Bosco y Pasaje la Randimpa; ⊙amanecer-anocher) Todos tenemos un antojo de algo verde y tranquilo, sobre todo en Macas, donde escasean. El Parque Recreacional es uno, y con vistas al río Upano.

Volcán Sangay   VOLCÁN
El perfecto cono cubierto de nieve del volcán Sangay (5230 m), unos 40 km al noroeste, se puede ver si está despejado. Es la séptima montaña más alta de Ecuador y uno de los volcanes con más actividad del mundo.

⛰ Circuitos

Macas es el lugar ideal para reservar viajes al Oriente del sur. Sus servicios no son tan exhaustivos como los del norte, pero hay más bosque tropical virgen y menos turistas, lo cual aporta autenticidad. Los shuar no quieren a visitantes sin guía por sus tierras; de hecho hay pueblos que se niegan a aceptarlos. Por tanto, es imprescindible viajar con un guía profesional que pueda organizar las visitas y tenga en cuenta la postura de los shuar en cuanto al turismo. Los operadores de Tena tienen más posibilidades de ofrecer *rafting* en los ríos de Macas.

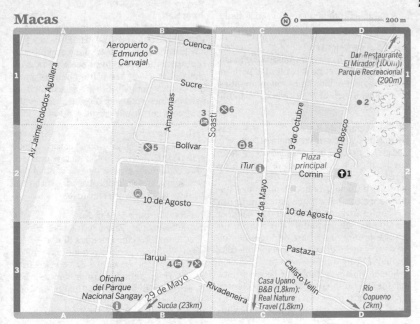

Tsuirim Viajes CIRCUITO

(☎07-270-1681; leosalgado18@gmail.com; Don Bosco esq. Sucre; circuitos 50-70 US$/persona por día) Ofrece un surtido de circuitos por la selva, incluidas visitas a comunidades shuar, rituales chamánicos, piragüismo, *rafting*, *tubing* y senderismo por la jungla. Su propietario, Leo Salgado, creció en una comunidad shuar y conoce bien la zona.

Real Nature Travel OBSERVACIÓN DE AVES

(☎07-270-2525; www.realnaturetravel.com; av. la Ciudad; circuito 1 día 120 US$/persona, circuito 9 días 2000-3600 US$/2 personas) Los amantes de las aves y la naturaleza no deberían buscar más. Estos circuitos para observar aves cubren toda la zona de Macas, incluido el Parque Nacional Sangay (bueno si se tiene solo un día), pero suelen adentrarse aún más en el bosque nuboso y el páramo andino. Cuanto más lejos se vaya, más fauna se verá.

🎊 Fiestas y celebraciones

Festival Chonta INDÍGENA

La última semana de mayo se celebra el Festival Chonta, la fiesta shuar más importante del año. A través de algún guía shuar se puede conseguir una invitación para esta

gran celebración, en la que los participantes bailan durante horas sin parar para facilitar la fermentación de la chicha.

🛏 Dónde dormir

Hostal Casa Blanca HOTEL **$**

(☎07-270-0195; Soasti; h 15-35 US$ desayuno incl.; ❄🖥🏊) Las habitaciones más agradables rodean la pequeña piscina del jardín trasero, aunque son las más antiguas. Las más baratas no tienen aire acondicionado. Es la mejor opción del centro.

Hotel Sol de Oriente HOTEL $

(☎07-270-2911; Tarqui entre Amazonas y Soasti; i/d 15/25 US$) Hotel de seis plantas para un apuro. Algunas habitaciones son minúsculas, pero todas tienen baños privados bastante aceptables.

★Casa Upano B&B PENSIÓN $$

(☎07-270-2674; info@realnaturetravel.com; av. la Ciudad s/n; i/d 40/75 US$ desayuno incl.; P@☎) Puede que sea un anuncio del futuro de Macas: un tranquilo retiro para viajeros lejos del bullicio urbano. Tiene cuatro habitaciones con balcón que dan a un jardín de árboles frutales que desciende hacia el río Upano. Sus propietarios preparan un desayuno muy rico a base de ingredientes locales (es decir, de su huerta o de una casa vecina). El café es muy fuerte.

Suelen alojarse amantes de las aves, pues los dueños también organizan excelentes circuitos para observarlas. Está a 1 km del cruce de Juan de la Cruz con la av. la Ciudad.

Dónde comer y beber

Los comedores (restaurantes económicos) de Comín cerca de Soasti venden sabrosos *ayampacos* –delicia selvática de carne roja, pollo o pescado a la parrilla en hojas de bijao.

La Maravilla ECUATORIANA $

(Soasti cerca de Sucre; ppales. 3-6 US$; ☺16.00-24.00 lu-sa) Probablemente el mejor de la ciudad, es ideal para relajarse frente a unas tablas de carne y queso y yuca frita. La carta de bebidas es original. Incluye afrodisíacos a base de hierbas y hueso de *chuchuguazo* (raíz mezclada con ron). Los fines de semana hay música andina en directo, lo que convierte al local en la mejor opción de ocio.

Jung+lab FUSIÓN $$

(☎07-270-2448; Bolívar esq. Amazonas; ppales. 5-15 US$; ☺12.00-22.00 lu-sa) ¿Ha llegado a Macas la comida fusión? Al parecer, sí, como muestra este íntimo local cerca de la estación de autobuses. Los platos de carne son lo que puede esperarse de la jungla ecuatoriana, pero exhiben creatividad. Se aconseja pedir la famosa cerveza de cacao.

Tisho's Pizzería PIZZERÍA $$

(Tarqui esq. 29 de Mayo; *pizza* pequeña/grande 9/16 US$; ☺11.00-22.30) Se sirven grandes *pizzas* de masa gruesa y hasta sándwiches de bistec y queso fundido. Las *pizzas* son tan grandes que las llevan en carritos.

Bar-Restaurante El Mirador BAR

(pasaje la Randimpa y Parque Recreacional; ☺16.00-22.30 lu-sa) Está cinco cuadras al norte de la plaza principal y es el lugar donde la gente de Macas se relaja con un par de cervezas frías en la terraza junto al Parque Recreacional, de cara al mirador sobre el Upano. También sirven comidas.

🔒 De compras

Fundación Chankuap ARTESANÍA

(www.chankuap.org; Bolívar entre Soasti y 24 de Mayo; ☺8.30-13.00 y 14.00-20.30 lu-vi, 8.30-14.00 sa y do) 🖋 Esta fundación ayuda a los shuar y los achuar vendiendo artesanía, remedios de herboristería y productos de bellaza. ¿El favorito de los autores de esta guía? El jabón de canela local. También hay un pequeño café que sirve rico café ecuatoriano.

ℹ️ Información

iTur (Comín esq. 24 de Mayo; ☺8.00-17.00 lu-sa, 9.00-18.00 do) Diminuto. Trata de ayudar.

Lava Express (Sucre esq. Amazonas; 0,60 US$/kilo; ☺8.00-20.00) Lava barato esos trapos sucios de la selva.

Oficina del Parque Nacional Sangay (Juan

AUTOBUSES DESDE MACAS

DESTINO	TARIFA (US$)	DURACIÓN (H)
Cuenca	8,50	8
Gualaquiza	8	5¾
Guayaquil	10	10
Puyo	5	2½
Quito	8	8
Riobamba	5	5
Sucúa	1	45 min

de la Cruz esq. 29 de Mayo; ⊙8.00-17.00 lu-vi)
Información sobre el parque.

❶ Cómo llegar y salir

AVIÓN

Vuelos diarios de **TAME** (☑07-270-4940; aeropuerto Edmundo Carvajal) que unen el pequeño **aeropuerto Edmundo Carvajal** (Amazonas entre Sucre y Cuenca) con Quito. En el vuelo a Quito, la parte izquierda del avión ofrece las mejores vistas de la montaña, como las de Sangay y el Cotopaxi.

AUTOBÚS

La estación está en Amazonas, en pleno centro de la ciudad.

Parque Nacional Sangay

A este parque nacional (p. 245) se accede sobre todo por el norte y el oeste; por el este y el sur es más difícil. Si se parte de Macas, el objetivo deberían ser los lagos alpinos, como las bonitas lagunas de Tinguichaca, rebosantes de fauna. El volcán es inaccesible desde el lugar.

Los autobuses que salen de Macas van al 9 de Octubre, un pueblo vecino desde donde un sendero lleva hasta el parque (6 h) y a un *refugio* (3 US$/persona). El pequeño asentamiento de Purshi es la entrada oficial y suele tener mapas básicos. Lo mejor es ir con un guía, ya que las pistas son confusas y requieren habilidad para la orientación y el uso del machete. Este viaje es solo recomendable para quienes estén acostumbrados a hacer excursionismo en terrenos difíciles. Antes de salir de Macas hay que visitar la oficina del Parque Nacional Sangay (p. 244) para informarse y registrar la visita.

Hubo un momento en que el parque se introdujo en la Lista de Patrimonio Mundial en Peligro debido, en gran parte, a la construcción de la carretera Macas-Guamote. La calzada, que se completó en el 2006, ofrece un mejor acceso al parque, pero también provocó daños irreversibles.

La jungla desde Macas

Los mapas muestran caminos o pistas que se adentran en la jungla desde Macas, muchos hacia poblados indígenas shuar y misiones en lo más profundo del Oriente. No se recomienda ir a estos lugares por cuenta propia, la mayoría de las comunidades insisten en que los turistas vayan acompañados de un guía. En cualquier caso, la exploración por cuenta propia jamás debería acabar en la jungla primaria o en un pueblo indígena –al menos no sin una suerte increíble o sin exponer a quien lo intente a un considerable peligro.

Existen autobuses frecuentes de Macas a la misión (iglesia y escuela) de **Sevilla** (Don Bosco), al otro lado del río Upano. Es un buen sitio para comprar artesanía shuar. Desde allí hay un ancho sendero que conduce al sur hasta **San Luis**, pueblo que ofrece una visión de la vida indígena.

Los aficionados a la **espeleología**, o quien quiera ver al curioso guácharo (un pájaro nocturno frugívoro también llamado ave de las cavernas o pájaro aceitoso, apreciado por los shuar por sus aceites medicinales), pueden contratar un guía para dirigirse a la **cueva de los Tayos,** entre Méndez y Morona. Un sendero de 5 km lleva al amplio sistema de cuevas de Coangos, donde hay múltiples cavernas con sus estalactitas y estalagmitas. Una ruta exige equipo técnico, pues empieza con un descenso subterráneo de 70 m, y otra sigue un resbaladizo sendero subterráneo hasta un río bajo tierra. Incluso en las rutas que no requieren equipo técnico se necesitarán guantes, botas de goma y una linterna (o dos). Las excursiones en cuevas son mejores (y más seguras) si se hacen mediante un circuito guiado desde Macas.

Macas ofrece un sensacional *rafting* en aguas bravas, en ríos mucho menos frecuentados que en los rápidos de Tena. Una opción es bajar por el Santiago hacia Perú (no es un cruce autorizado). Los amantes del kayak sin experiencia deberían gestionar esta excursión con un guía en Macas o Tena.

Sucúa

12 500 HAB.

Las calles limpias y anchas de la extensa Sucúa reflejan la transición del bullicio de Macas a la tranquila selva. A decir verdad, esta ciudad es más agradable que Macas; vale la pena el medio día de viaje que lleva llegar al lugar. Sus ancianos recorren sus calles en bici mientras un puesto de comida asa carne bajo el singular semáforo de la ciudad, frente a una plaza de ficus y chirriantes cigarras. La zona es hogar de muchas tribus shuar; se verán por Sucúa. El domingo es día de mercado. Unos 3 km al sureste del centro de Sucúa, el **Parque Botánico** (☑07-274-0211; más allá de av. Oriental s/n; ⏱7.30-16.30) GRATIS tiene un nuevo centro de interpretación para visitantes, restaurante, un cuidado orquideario y varios senderos por bosque subtropical. Un taxi desde el centro sale por 1,50 US$.

A una cuadra de la plaza está **Tisho's Pizzería** (Pástor Bernal esq. Sangurima; ppales. 3-7 US$; ⏱11.00-23.00), local original del famoso restaurante de comida rápida de Macas.

Del alba al anochecer salen camionetas y autobuses frecuentes para Macas (1 US$, 45 min) desde la esquina de la plaza principal. También los hay que van al sur hasta Gualaquiza (7 US$, 5 h).

Gualaquiza

9000 HAB. / 950 M ALT.

Esta ciudad colonial se derrama sobre una ladera rodeada de densa jungla y es la más atractiva del Oriente meridional. La corona una iglesia con unas escaleras color turquesa.

Gualaquiza se está despertando de una larga hibernación en cuanto a turismo se refiere. La principal actividad que ofrece es admirar las cascadas que la rodean y bañarse en ellas. Según uno se aleja de la ciudad, son cada vez más impresionantes. La primera es la **cascada Las Culebrillas**, que queda a 1,5 km (2 US$ en taxi) por la carretera de Macas. Luego, tras 12 km por la misma vía está la **caverna y cascada La Dolorosa** (buena para bañarse) y después, las espectaculares cataratas de la **Reserva Ecológica del Bosque Paraíso**, a 20 km de Gualaquiza. Los autobuses que llevan a Macas pueden dejar a la entrada de las tres.

También se aconseja preguntar por las excelentes **cuevas** que hay 15 km al oeste, cerca de Nueva Tarquí (hay que llevar linternas y pilas de repuesto). También hay una excelente **ruta ciclista** que recorre las colinas hasta La Florida (2½ h), pero hay que tener bicicleta propia.

Si se quiere pasar la noche, se recomienda la **Posada D'León** (☎099-095-6649; Gonzalo Pesántez esq. Domingo Comín; i/d 10/20 US$; 🛜). Es un bonito edificio color crema con 10 habitaciones bien cuidadas. Está a unos pasos de la plaza principal, donde, entre varios restaurantes, se halla el pintoresco **Los Pinchos** (plaza; ⏱12.00-24.00), un bar que sirve, como indica su nombre, pinchos a dólar la pieza.

La estación de autobuses está a cuatro cuadras bajando desde la plaza. Hay muchos autobuses diarios que van a Loja (6 US$, 5½ h) vía Zamora (3,50 US$, 3½ h). También se puede ir a Cuenca vía Sigsig (8 US$, 5-6 h). Los que van al norte llevan a Sucúa (7 US$, 5 h) y Macas (8 US$, 5¾ h).

Kapawi Ecolodge & Reserve

Kapawi REFUGIO EN LA SELVA **$$$**

(h 3/4/7 noches 889/1109/1589 US$/persona) Está en el corazón del territorio achuar y es uno de los rincones más remotos del Amazonas ecuatoriano. Ofrece una experiencia ecológica y cultural en un entorno virgen. Hay muchos operadores con ofertas parecidas, pero pocos lo hacen tan bien como Kapawi, que ha recibido numerosos elogios por su enfoque y además lo regentan los achuar en exclusiva. La **oficina en Quito** (☎02-600-9333; www.kapawi.com; oficina 2A, edificio Los Granados, av. de los Granados E14-958) gestiona las reservas.

El refugio se compone de 18 cabañas sobre pilotes frente a una laguna. Tienen el techo de paja, baño propio y balcón. En las actividades diarias se usa tecnología de bajo impacto, con energía solar, gestión de residuos, reciclaje, tratamiento de aguas y detergentes biodegradables.

En este lugar los visitantes no se dedican a sacar fotografías a los achuar. En vez de eso, los nativos los invitan a sus hogares y les ofrecen cerveza de yuca, y así comienza un intercambio cultural único. Un guía achuar y un naturalista bilingüe acompaña a los grupos pequeños, y ambos trabajan en equipo para explicar los secretos de la selva tropical, tanto desde el punto de vista ecológico como cultural.

El refugio está junto al río Pastaza, frente a una laguna creada en un meandro del río Capahuari, y desde la pista de aterrizaje se llega en canoa. La ciudad más cercana está a 10 días a pie. El transporte desde Quito sale por 440 US$ el viaje de ida y vuelta: en autobús a Shell (cerca de Puyo) y luego en avión. El viajero se puede unir a un circuito en Shell para que le salga algo más barato. Los paquetes incluyen todas las comidas y las visitas guiadas.

Costa norte y llanuras costeras

Los mejores parajes naturales

➡ Reserva Ecológica de Manglares Cayapas Mataje (p. 252)

➡ Playa de Oro Reserva de Tigrillos (p. 253)

➡ Reserva Ecológica Cotacachi-Cayapas (p. 254)

➡ Circuitos en Mompiche (p. 263)

Los mejores alojamientos

➡ Playa Escondida (p. 261)

➡ Bam-Bú (p. 263)

➡ Hotel Bambú (p. 265)

➡ Casa Grande (p. 266)

Por qué ir

No extraña que en un país con tanta variedad paisajística la costa septentrional no figure en el itinerario de muchos viajeros. Pero para los surfistas, los fanáticos de los lugares remotos y los amantes de la naturaleza, tal vez se trate del lugar más animado del planeta.

Abundan las playas desiertas, las olas de infarto, los manglares apenas explorados y los asentamientos indígenas. Y pese a ser notablemente más pobre que otras regiones del país, lo compensa con una fascinante calidez y un crisol cultural. Para sumergirse en las raíces culturales de las comunidades afroecuatorianas de Ecuador, se impone visitar la apartada población norteña de San Lorenzo, desde donde poder emprender excursiones de varios días por la selva, avistar felinos en la jungla o visitar aldeas indígenas.

Al sur, las soleadas poblaciones playeras de Same, Mompiche y Canoa son los destinos preferidos para los mochileros gracias al surf, el ambiente relajado y las parrandas.

Cuándo ir
Manta

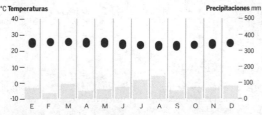

Dic-mar Ideal para practicar surf, trae días calurosos, aguaceros e insectos.

Jul-ago Los hoteles se llenan de turistas ecuatorianos y la costa se anima.

Sep-nov Época para disfrutar de la costa más tranquila mientras aún hace buen tiempo.

COLOMBIA

Palmareal
San Pedro
Reserva Ecológica de
Manglares Cayapas Mataje
7 San Lorenzo
Olmedo · Limones
Manglares · La Tola
de Majagual
Río Verde
Borbón · San Javier
de Cochaví
Lagarto
Rocafuerte · Selva
Alegre
Esmeraldas · San · **2** Playa de
Súa · Miguel Oro Reserva
Punta Galera · Atacames de Tigrillos
Corredor Turístico · Tonchigüe Same
Galera-San Francisco Reserva
Río Muisne Ecológica
Muisne Cotacachi-
San Gregorio Cayapas
Mompiche **1**
Isla Portete · Daule Cristóbal
Cojimíes Reserva Colón
Ecológica Quinindé **Imbabura**
San José de Mache
Chamanga Chindul **6**
Reserva
Biológica Puerto
Bilsa Quito
Pedernales Reserva Biológica
La Concordia Maquipucuna
Reserva Geobotánica
Ecuador Pululahua

OCÉANO
PACÍFICO

Bosque Mindo
Punta Ballena Protectora **Pichincha**
Jama La Perla Chiriboga **Quito**
El Carmen Volcán
Cabo Pasado Atacazo
Flavio Alfaro **Santo Domingo** (4463m)
3 Canoa **de los Colorados** Alóag
San Vicente **Manabí** Reserva Río Volcán
Bahía de Caráquez 4 Palenque Corazón
San Clemente Chone Patricia (4788m)
San Jacinto **Yacimiento** Calceta Pilar
Crucita **arqueológico de** *Embalse*
Chirije *Daule-* **Cotopaxi**
Manta Rocafuerte *Peripa*
Jaramijó Pichincha Buena Fe Latacunga
Cabo San Montecristi **Portoviejo** Empalme **Quevedo** Pujilí
Lorenzo San Miguel
Río Portoviejo de Salcedo

Parque Puerto **Manabí** Ambato
Nacional Cayo
Machalilla Jipijapa Balzar Reserva
Machalilla **Los Ríos Bolívar** Faunística
Agua Blanca Chimborazo
Puerto López Parque Vinces Penipe
Salango Nacional Palestina San Juan **Guaranda**
Ayampe Machalilla Cajabamba **Riobamba**

Imprescindible

1 Recorrer a pie durante kilómetros las solitarias y maravillosas playas próximas a **Mompiche** (p. 263).

2 Practicar senderismo en la exuberante **Playa de Oro Reserva de Tigrillos** (p. 253).

3 Disfrutar de la playa y el ambiente surfista de **Canoa**

(p. 264), la indiscutible central mochilera de la región.

4 Deambular por la deliciosa **Bahía de Caráquez** (p. 266) y el cercano **yacimiento arqueológico de Chirije** (p. 268).

5 Juguetear con las olas en el idílico entorno playero de **Same** (p. 260).

6 Maravillarse ante los verdes paisajes de la **Reserva Biológica Bilsa** (p. 252).

7 Viajar a la húmeda frontera septentrional de Ecuador y gozar con los ritmos afroecuatorianos de **San Lorenzo** (p. 250).

LLANURAS OCCIDENTALES

Aunque la mayoría de los viajeros cruza rápidamente estas fértiles tierras de labranza y sus onduladas colinas de camino a las atracciones de la costa, no es un lugar exento de encantos: hay ciudades muy auténticas aunque mugrientas; grandes plantaciones de cacao, palma africana y banano; y algún que otro vestigio de bosque tropical.

De Quito a Santo Domingo de los Colorados

Los espectaculares paisajes constituyen una parte importante del viaje al oeste de Quito, con escarpadas laderas que se sumergen en el vacío neblinoso a medida que van apareciendo exuberantes colinas alrededor de las curvas pronunciadas. Es mejor recorrer este tramo por la mañana, cuando es más probable que el cielo esté despejado.

En las afueras de Quito, la carretera asciende por el alto páramo, que ofrece bonitas vistas de los **volcanes extintos Atacazo** (4463 m) y **Corazón** (4788 m), al norte y sur, respectivamente. El tortuoso descenso lleva luego hasta el valle del río Toachi, donde el aire se espesa y las plantas tropicales menudean.

🛏 Dónde dormir

Tinalandia REFUGIO $$$
(☎02-244-9028; www.tinalandia.com; Vía Aloag km 85; i/d 86/118 US$) Situado a unos 16 km de Santo Domingo, cuenta con campo de golf, pero se conoce sobre todo por sus excelentes condiciones para avistar aves. Los clientes se hospedan en bungalós desgastados con baño privado y ducha de agua caliente. Las excursiones guiadas para ver aves cuestan 75-220 US$.

Los meses más secos (mayo y junio) son los preferidos para los estudiosos de las aves, que acuden normalmente en visitas de un día (10 US$). Preparan deliciosas comidas a base de verduras de su huerto hidropónico, pagando un suplemento. En ocasiones se exige reservar, ya sea por cuenta propia o a través de las principales agencias del país. El personal puede organizar el traslado desde Quito si se reserva con antelación.

Santo Domingo de los Colorados

305 000 HAB. / 500 M ALT.

Esta bulliciosa y más bien anodina ciudad es un importante centro comercial y de transporte, pero no cuenta con suficientes encantos como para quedarse. La razón principal para detenerse en este lugar es organizar una visita a alguna comunidad tsáchila. Santo Domingo tiene una parte sórdida, por lo que los visitantes deberían actuar con cautela y evitar la zona del mercado y la calle 3 de Julio al anochecer.

◉ Puntos de interés y actividades

Tsáchila y Chihuilpe COMUNIDADES INDÍGENAS
(entrada 5 US$) 🌿 Los tsáchilas suman unos 3000 miembros repartidos en ocho comunidades dentro de los límites de esta reserva de 10 500 Ha en los alrededores de Santo Domingo. Ellos mismos ofrecen un circuito por la comunidad que incluye una demostración de plantas medicinales, explicación de las costumbres y tradiciones e incluso bailes. Elaboran bonitos productos tejidos a mano, que se reconocen por sus llamativos colores, y joyas.

Se puede contactar con **José Aguabil** (☎09-770-8703), de la comunidad El Poste, para concertar una visita. También se puede visitar Chihuilpe, a 17 km de Santo Domingo por la carretera de Quevedo. Hay que contactar con **Tsapini Calasacón** (☎09-750-3320), representante de la comunidad. A los visitantes se les cobra una entrada de unos 5 US$. Las agencias de viajes de Santo Domingo también pueden reservar un circuito; se recomienda preguntar en el centro de la ciudad.

🛏 Dónde dormir y comer

Hotel Del Pacífico HOTEL $$
(☎02-275-2806; av. 29 de Mayo 510; i/d 20/35 US$; ❋🅿🛜) No hay verdaderos motivos para quedarse en Santo Domingo, pero si hubiera que pernoctar, se puede probar este céntrico hotel. Dispone de habitaciones limpias y amplias; está en el centro de la ciudad, entre la plaza principal y el mercado.

Restaurante Timoneiro ECUATORIANA $$
(av. Quito 115; ppales. 3-7 US$; ⏱7.00-21.00) Por la plaza hay varios sitios donde comer, entre ellos este agradable restaurante bien iluminado que sirve platos típicos ecuatorianos.

AUTOBUSES DESDE SANTO DOMINGO

DESTINO	TARIFA (US$)	DURACIÓN (H)
Ambato	4	4
Atacames	4	4
Bahía de Caráquez	5	5
Baños	5	5
Coca	13	14
Esmeraldas	4	3½
Guayaquil	5	5
Loja	11	12
Manta	6	6
Mindo	2,50	2
Muisne	6	5
Quito	3	3

ⓘ Cómo llegar y salir

Santo Domingo es un nudo de comunicaciones importante, con conexiones a todo Ecuador.
La terminal de autobuses, casi 2 km al norte del centro, ofrece servicios con frecuencia (normalmente cada hora) a muchas poblaciones importantes, así como acceso a internet, un cajero automático y consigna.

COSTA NORTE

Formada por una exuberante y verde extensión de bosques húmedos tropicales y enmarañados manglares, con unas cuantas playas atractivas, polvorientos pueblos y relajadas localidades para surfistas, el septentrión litoral ecuatoriano alberga la mayor población negra del país, lo que se traduce en música de marimba, animadas fiestas y extraordinarios platos de pescado y marisco.

Para visitar esta región es fundamental tener sentido común y un espíritu aventurero, pues hay viajeros que se sienten desalentados por la palpable pobreza, los altos índices de delincuencia y la falta de comodidades.

San Lorenzo

25 000 HAB.

Rodeado de selva, en la desembocadura de un río frío y sereno, San Lorenzo es un lugar decrépito y peligroso donde se funden un calor sofocante, ritmos tropicales y fachadas maltrechas. Las notas alegres de la marimba y la salsa confieren un sabor inconfundible a este enclave de mayoría afroecuatoriana, que, además de ser una fantástica base para visitar la cercana Reserva Ecológica de Manglares Cayapas-Mataje, celebra varios festivales de música muy señalados.

Hasta mediados de la década de 1990 no había acceso al pueblo por carretera, por lo que la zona aún conserva cierto aire de lugar recóndito. Es una zona muy pobre, donde apenas hay turismo y desplazarse no resulta fácil.

⌒ Circuitos

Las excursiones a las playas cercanas salen a las 7.30 y 14.00 (3 US$). El guía **Andrés Carvache** (☏06-278-0161; andrescarvache@yahoo.es), que organiza esta y otras salidas (60-80 US$, 2-3 h), suele encontrarse delante de una tienda sobre pilotes a la derecha del muelle.

Aunque no se pueden recorrer los manglares con transporte público, existe la posibilidad de visitarlos a través de la **Cooperativa San Lorenzo del Pailón** (☏06-278-0039), un servicio autorizado que ofrece circuitos privados en barco por 20-30 US$/h.

✿ Fiestas y celebraciones

San Lorenzo Marimba Festival MÚSICA
Este festival de tres días, normalmente celebrado la última semana de mayo, es la excusa perfecta para mover el esqueleto.

Fiestas de San Lorenzo
MÚSICA

La ciudad acoge en torno al 10 de agosto este vibrante festival con salsa en directo, espectáculos de danza y mucho más.

🛏 Dónde dormir y comer

Es esencial disponer de ventilador y mosquitera, sobre todo en la estación de lluvias. Los siguientes establecimientos los tienen.

Gran Hotel San Carlos
HOTEL $

(☎06-278-1189; Imbabura esq. José Garcés; i/d sin baño 10/15 US$, i/d 17/22 US$ con a.a.; P ✳) Este hotel ofrece habitaciones limpias y luminosas, con grandes ventanas, aunque la decoración arcoíris de las zonas comunes es algo *kitsch*.

Gran Hotel San Carlos 2
HOTEL $

(☎06-278-1189; av. 16 de Agosto cerca de José Garcés; i/d sin baño 10/15 US$, i/d 17/22 US$ con a.a.; ✳) Flamante hotel con moderno aire acondicionado, televisión por cable y suelos impecables.

Hotel Pampa de Oro
HOTEL $

(☎06-278-0214; Tácito Ortiz; i/d 9/18 US$) Este viejo hotel es el más barato de la ciudad, con habitaciones con ventilador y montones de flores de plástico como decoración.

Doña Luca
ECUATORIANA $

(Eloy Alfaro; ppales. 2,50-5 US$; ◷7.30-20.00) Posiblemente el mejor restaurante de la ciudad, sirve desayunos y una amplia oferta de platos –desde carne hasta pescado, pasando por delicioso marisco– en un ambiente relajado. Está en el centro, entre la calle mayor y el Parque Central.

El Chocó
ECUATORIANA $

(Imbabura cerca de Tácito Ortiz; ppales. 2-6 US$; ◷6.00-22.00 lu-sa) En la calle principal, este local limpio y popular sirve todos los deliciosos platos locales de pescado y marisco, como ceviche y encocado de camarones.

❶ Información

La **comisaría de policía** (☎06-278-0672) está frente al Parque Central; la **capitanía** se encuentra en el muelle principal. Si se viaja a/desde Colombia, hay que encargarse de las formalidades del pasaporte en cualquiera de estos lugares.

El Hospital Católico de San Lorenzo, a una corta carrera en taxi desde el centro, tiene fama

---

LOS TSÁCHILAS

Los tsáchilas, tradicionalmente llamados "colorados" por su costumbre de teñirse el pelo de color rojizo, son famosos por sus curanderos y por sus bellos tejidos artesanales. Se les reconoce fácilmente pues, además del pelo, se pintan la cara con rayas negras.

Actualmente los tsáchilas están prácticamente integrados en la cultura occidental. Y es fácil comprender que hayan abandonado sus costumbres, teniendo en cuenta las tiendas de curiosidades que venden postales con sus imágenes, la sorna con la que los habitantes de Santo Domingo los llaman "tigres pintados" o los conductores de autobús que se quejan porque el tinte de su pelo mancha los reposacabezas de los asientos. Aun así, en los últimos años los tsáchilas han obtenido importantes victorias, en especial la creación de su propia provincia en el 2007, que otorgó a la comunidad un papel mucho más destacado en el sistema político ecuatoriano.

Kasama, el Año Nuevo (que coincide con el Sábado de Gloria), es el momento en que los tsáchilas reafirman sus orígenes. Todos los aldeanos se reúnen para desearse prosperidad durante el año que está por venir. Se sirve chicha de caña en un ambiente festivo, con música, baile y representaciones teatrales. A pesar de ser la fiesta más importante de los tsáchilas, dejó de celebrarse durante 30 años y se retomó de nuevo en 1998. Con el renacimiento de esta celebración surge la esperanza de que otros importantes actores de este entorno también regresen, como la *guatusa* (agutí, un tipo de roedor) y el armadillo.

La mayoría de estas comunidades son reticentes a las visitas de turistas (o a que se les fotografíe), pero en las localidades de Chihuilpe y El Poste, ambas al sur de Santo Domingo, en la carretera hacia Quevedo, son bienvenidos. Además del centro turístico de Chihuilpe, el viajero también puede visitar alguno de los curanderos que venden plantas medicinales o realizan tratamientos. El Poste da la bienvenida a los visitantes para la celebración anual del Kasama.

de ser el mejor de la zona norte de Esmeraldas. **Cyber San Lorenzo** (26 de Agosto; ☻8.00-20.00) ofrece un buen acceso a internet.

ℹ Cómo llegar y salir

BARCO

Ecuador Pacífico (☎06-278-0161; andrescar vache@yahoo.es) fleta servicios que zarpan a Limones (3 US$, 1½ h) a las 7.30, 10.30 y 13.00 y siguen hasta La Tola (5 US$, 45 min). En La Tola se puede tomar un autobús a Esmeraldas.

Para cruzar la frontera hasta Colombia hay salidas a las 7.30, 14.00 y 16.00 (3 US$); tras cruzar la linde hay que tomar un autobús hasta Tumaco, ya en Colombia. La narcoguerrilla de las FARC aún tiene presencia en la zona, por lo que no es recomendable cruzar la frontera en este punto.

AUTOBÚS

La Costeñita sale hacia Esmeraldas (4,50 US$, 5 h) desde el Parque Central cada hora de 5.00 a 16.00. Los autobuses de Trans Esmeraldas tienen salidas regulares a Quito (7 US$) vía Ibarra (4 US$) y a Manta (7 US$) desde su cochera de la calle 10 de Agosto.

Reserva Ecológica de Manglares Cayapas Mataje

Millones de aves migratorias cruzan esta reserva costera entre junio y julio. Tiene una superficie de 51 300 Ha y alberga cinco especies de mangles, incluido el bosque de este árbol más alto del mundo, los manglares de Majagual. San Lorenzo está en medio de la reserva y es un buen punto de acceso. Cabe destacar la playa de 11 km de la isla de **San Pedro,** cerca de la frontera con Colombia. El viajero debe informarse sobre temas de seguridad antes de aventurarse en esta zona.

Hay algunas cabañas sencillas, gestionadas por la comunidad, en el cercano asentamiento de **Palmareal.** Es imprescindible llevar una mosquitera y agua (o pastillas purificadoras). Desde San Lorenzo, tanto la Cooperativa San Lorenzo del Pailón (p. 250) como Andrés Carvache (p. 250) ofrecen circuitos en barco.

San Miguel

En este pueblo habita una modesta y simpática comunidad afroecuatoriana en cabañas con el techo de paja en medio del bosque. Además, es el territorio del reducido grupo étnico cayapa. Estos indígenas también llamados chachi viven dispersos por la orilla del río. El lugar constituye la principal base para visitar la zona de las llanuras costeras de la Reserva Ecológica Cotacachi-Cayapas.

El **Puesto de Guardabosques de Cotacachi-Cayapas** (5 US$/persona), junto al San Miguel Lodge, regala estupendas vistas en altura de San Miguel. Una tienda en el pueblo vende provisiones básicas. El viajero también puede preguntar a los simpáticos lugareños, pues suelen estar encantados de preparar sencillas comidas a base de sopa, arroz y plátano macho por unos 5 US$.

FUERA DE RUTA

RESERVA BIOLÓGICA BILSA

Los aventureros más valientes que quieran apartarse totalmente de las sendas trilladas y sumergirse en la naturaleza deberían visitar la **Reserva Biológica Bilsa,** 30 km al oeste de Quinindé. Situada en las montañas Mache, y con 30 km^2, depara estruendosas cascadas y una espectacular vida salvaje. La biodiversidad es abundante en estos últimos vestigios de bosque húmedo tropical premontano, con monos aulladores y aves en peligro de extinción, jaguares y pumas. Administrada por la **Fundación Jatun Sacha** (☎02-243-2240; www.jatunsacha.org; h 40 US$/persona 3 comidas incl.), esta zona protegida está integrada en los 1200 km^2 de la Reserva Ecológica Mache-Chindul, que paradójicamente solo conserva el 2 o el 3% de la floresta primigenia de la región, pues el resto sucumbió a la tala, la explotación aceitera y a otros fines industriales. Con todo, se trata de una visita exigente: el acceso durante la estación de lluvias (enero-junio) requiere caminar o ir en mula por un sendero embarrado de 25 km. Contáctese con la Fundación Jatun Sacha para hacer reservas y recabar información sobre los programas de voluntariado e investigación.

VIAJE A LA JUNGLA

Playa de Oro está en el fin del mundo y eso define su existencia. El resuello de los tigrillos se cuela de noche por sus ventanas. Es hogar de muchos afroecuatorianos, descendientes de los esclavos que se llevaron allí hace 500 años para buscar oro. Al hallarse tierra adentro, en un paisaje remoto y salvaje sin carreteras, su propio aislamiento la ha conservado como paraíso natural.

Para garantizar que siga así, su comunidad formó la Playa de Oro Reserva de Tigrillos, que ocupa 10 000 Ha de su terreno. Es una zona de fauna protegida que contiene todas las especies de felinos autóctonos: jaguares, pumas, ocelotes, tigrillos, oncillas y yaguarundís. Dada la inclinación del Gobierno a favorecer a las grandes industrias en detrimento del desarrollo sostenible, sus fundadores decidieron no registrar la reserva como zona estatal, sino gestionarla en calidad de comunidad.

En Playa de Oro todo ciudadano mayor de 14 años puede votar para decidir asuntos importantes. Algunos de sus habitantes llevan ya mucho tiempo defendiendo el ecoturismo como el modo más sensato y respetuoso de avanzar. Pero su insistencia en controlar su sistema de ecoturismo y su reticencia a que las grandes agencias de viajes se lleven un trozo del pastel los obliga a ceñirse a grupos pequeños y viajeros independientes.

En los últimos 15 años los alrededores de la reserva han sufrido un cambio radical debido a la actividad de las minas de oro. Han desaparecido pequeñas poblaciones y en su lugar hay montañas de grava apiladas por las excavadoras. El cianuro y el arsénico que se emplean en el proceso de extracción han contaminado el agua del río. Hasta ahora sus habitantes se han resistido a las ofertas de las compañías mineras y madereras, que proponían darles bienes y servicios a cambio de sus tierras (entre ellos un generador, una carretera, puestos para deforestar sus propios bosques, etc.). La cuestión es si los escasos ingresos que se van filtrando gracias al ecoturismo alcanzarán para mantener la reserva en el futuro.

Dónde dormir

San Miguel Lodge REFUGIO $
(02-252-8/69; www.cayapas-adventures.com; San Miguel; 30 US$/persona 3 comidas incl.) Sin alardes, con seis camas repartidas en unas cuantas habitaciones con mosquitera, además de un fabuloso porche, vistas espectaculares y comidas sencillas.

Cómo llegar y salir

El encargado de la canoa que zarpa a diario desde Borbón (un puerto en un aserradero abandonado 30 km río abajo) vive a unos 15 min, también río abajo, de San Miguel y no zarpa a no ser que los pasajeros hayan reservado con antelación su pasaje. La salida desde San Miguel es a las 4.00.

La Costeñita y Transportes del Pacífico fletan autobuses a Esmeraldas (3 US$, 4 h) o San Lorenzo (1,50 US$, 1 h) cada hora, más o menos, desde las 7.00 hasta las 18.00.

Hay un barco de pasajeros que zarpa a diario a las 11.00 hacia San Miguel (8 US$, 5 h). Es posible bajarse en cualquier lugar del río Cayapas o en San Miguel. Hay otros barcos que salen sin horario fijo a otros destinos (conviene preguntar en el muelle). Se pueden alquilar embarcaciones privadas (100 US$ por día y grupo mín.).

Playa de Oro

A medida que el río Santiago discurre hacia el interior desde Borbón, la última comunidad que se encuentra al remontar el río es el asentamiento de **Playa de Oro**. La gente sigue haciendo lo mismo que hacían sus antepasados: deambular por la selva en busca de alimento, navegar por el río, cribar la arena en busca de pepitas de oro, construir tambores o enseñar a los niños las danzas tradicionales. Cuando los visitantes muestran interés en su modo de vida se sienten muy orgullosos. Es, además, un estupendo punto de entrada a la Playa de Oro Reserva de Tigrillos.

Puntos de interés

Playa de Oro Reserva de Tigrillos RESERVA NATURAL
GRATIS A ½ h río arriba desde Playa de Oro, este espacio protegido de 10 000 Ha, perteneciente y gestionado por la comunidad de

ℹ VIAJAR SEGURO POR EL NORTE DE ECUADOR

A raíz de los secuestros, los peligros asociados a la expansión del crimen organizado y las incursiones realizadas por organizaciones terroristas a lo largo de la frontera con Colombia, el Departamento de Estado de EE UU ha emitido una advertencia de viaje acerca de la situación en la región fronteriza del norte de Ecuador, que incluye la provincia de Sucumbíos, el norte de Orellana, Carchi y el norte de Esmeraldas (desde Esmeraldas hasta San Lorenzo). En los últimos 11 años se han registrado en la zona 11 casos de secuestro de viajeros estadounidenses. A continuación se ofrecen algunos consejos para viajar seguro:

➡ No cruzar la frontera hacia Colombia desde San Lorenzo.

➡ Caminar en grupo, sobre todo por la noche. O, mejor aún, moverse en taxi.

➡ En la costa, no abandonar de noche la clásica zona turística central (la hilera donde se concentran los bares).

➡ Evitar el consumo de cocaína, pues el viajero podría verse involucrado en toda clase de problemas.

➡ Llevar encima pequeñas cantidades de dinero y dejar la cámara y los objetos de valor en el hotel.

➡ La presencia de mujeres y niños es, por regla general, sinónimo de un entorno seguro.

Playa de Oro, rodea la Reserva Ecológica Cotacachi-Cayapas y da cobijo a felinos autóctonos, aunque, por lo general, es difícil avistarlos.

🛏 Dónde dormir

Playa de Oro Jungle Lodge   REFUGIO $$
(h 50 US$/persona y día) La mejor manera de disfrutar de la reserva es alojándose en este refugio ribereño gestionado por la propia comunidad. El precio incluye tres comidas, servicio de lavandería y guías locales. Al llegar hay que asegurarse de insistir en hospedarse en el refugio de la selva, no en el pueblo.

Ambos alojamientos cuestan lo mismo, pero ofrecen experiencias muy diferentes.

ℹ Cómo llegar y salir

Playa de Oro está a unas 5 h río arriba de Borbón, pero no existe un servicio regular de barcos. Hay que tomar el autobús de las 7.30 de Borbón a Selva Alegre (3 US$, 2 h). Si el viajero lo ha reservado antes, en Selva Alegre un barco procedente de Playa de Oro le subirá al pueblo o a la reserva (50 US$/trayecto). De lo contrario, lo mejor será que su visita coincida con el barco que se dirige al mercado semanal que zarpa los sábados alrededor del mediodía (10 US$/persona). El viaje por el río desde Selva Alegre dura 2 h.

Otra opción para llegar es contratar a Ramiro Buitrón, que puede llevar a los viajeros hasta el muelle desde Otavalo (4 h).

Reserva Ecológica Cotacachi-Cayapas

Esta reserva de 304 000 Ha es con diferencia la mayor zona protegida de los ecosistemas del oeste de los Andes. La altitud oscila entre los 200 m de la zona de San Miguel a los 4939 m de la cumbre del Cotacachi. El tipo de hábitat cambia desde los bosques tropicales húmedos de las llanuras, pasando por los bosques montanos y premontanos, hasta el páramo, con muchos hábitats intermedios. Este cambio repentino provoca el llamado "efecto frontera" que da lugar a una biodiversidad impresionante.

Estas montañas son frecuentadas por especies exóticas de mamíferos, como osos hormigueros gigantes, tapires de Baird, jaguares y, en la parte más alta de la reserva, osos de anteojos. No obstante, las probabilidades de ver alguno son escasas y es más fácil avistar monos, ardillas, perezosos, armadillos de nueve bandas, murciélagos y una gran variedad de aves.

Hay dos formas de acceder a la reserva: desde la sierra o desde San Miguel. Caminar entre estas dos regiones puede resultar del todo imposible; las empinadas y frondosas laderas andinas son casi impenetrables. Esto, sin duda, redunda en beneficio de las especies que allí habitan, ya que permanecerán aisladas durante más tiempo; sin embargo, son objeto de preocupación los recientes casos de tala y minería ilegales, así como la usurpación de terreno.

Las partes más bajas de la reserva y los ríos conforman el territorio de la etnia cayapa, o chachi. Quedan unos 6000 individuos, que se dedican a la pesca y la agricultura de subsistencia. Viven a la vera del río, en cabañas sobre pilotes abiertas por un lateral. Son conocidos por sus trabajos de cestería, que se pueden adquirir directamente en el río (aunque muchos de ellos no hablan español). En las últimas décadas han sido víctimas de una epidemia de ceguera del río que se propaga por la mosca negra, especialmente abundante de abril a mayo. Alrededor del 80% de la población sufre esta enfermedad en mayor o menor medida. Se recomienda utilizar repelente de insectos y tomar comprimidos contra la malaria.

Cuándo ir

El río está crecido durante la estación de lluvias (diciembre-mayo), época en que los trayectos son más cortos. También son los meses en los que abundan los mosquitos, las moscas negras y otros insectos. El viajero debe cubrirse bien por la mañana y por la noche, cuando son más frecuentes. Incluso durante los meses de lluvias, las mañanas suelen ser soleadas. Se han llegado a registrar hasta 5000 mm de precipitaciones en algunas zonas del interior, aunque San Miguel es algo más seca. Durante los meses secos, de septiembre a principios de diciembre las probabilidades de ver animales son mayores, aunque la navegación puede verse reducida según el caudal del río.

ℹ Cómo llegar y desplazarse

Para obtener más información sobre el parque, se recomienda dirigirse al Puesto de Guardabosques de Cotacachi-Cayapas (p. 252), en San Miguel. Los guardabosques también hacen de guías por unos 10 US$ al día, comida aparte (la entrada al parque es gratuita). Se necesitan dos guías para realizar circuitos (uno para cada extremo de la canoa, que van con remos y pedales; hay muy pocas de motor). Otra opción es contratar una visita guiada a través de uno de los refugios (p. 253). También se puede acceder a la reserva desde el refugio (p. 254) de Playa de Oro.

Hay 2-3 h en canoa desde San Miguel hasta los límites del parque. En 1-2 h más el viajero llega a una pequeña y hermosa cascada en plena selva. Los senderos están mal indicados, por lo que es necesario un guía. Se puede acampar, siempre que se lleve la tienda y el resto del material.

Esmeraldas

161 000 HAB.

Esmeraldas es fea, peligrosa y sucia, y por si fuera poco, no hay ningún motivo para quedarse allí. La mayoría de los turistas se limita, en caso necesario, a pernoctar y seguir su camino hacia el suroeste, hasta los populares destinos de playa de Atacames, Súa y Mompiche.

Una buena idea es almorzar en el malecón y luego echar un vistazo al centro cultural, donde se explica el desembarco de los conquistadores españoles en lo que hoy es Ecuador, el cual se produjo justo en ese lugar.

◉ Puntos de interés

**Centro Cultural
Esmeraldas** MUSEO
(Bolívar 427; ⊙9.00-17.00 ma-vi, 10.00-16.00 sa y do) GRATIS Museo, biblioteca y librería combinados que contiene todo tipo de información, desde historia moderna local a cerámica y orfebrería de la antigua cultura tolita. El personal es muy atento.

☞ Circuitos

Javier Valenciana CIRCUITO
(☏099-139-1649; pandafinu@hotmail.com) Organiza excursiones a destinos apartados de la provincia de Esmeraldas.

🛏 Dónde dormir

Hay muchos hoteles, pero los más baratos no son recomendables. Durante los meses de lluvias conviene que las habitaciones cuenten con mosquitera.

Hotel Central HOTEL $
(☏06-272-2502; Sucre 9-03; h 17 US$/persona; ❋) En plena plaza central, este moderno hotel, si acaso algo apretado, tiene un personal apático y buenas habitaciones, casi para estrenar, con televisión por cable.

El Trébol HOTEL $
(☏06-272-8031; Cañizares 1-18; h 16 US$/persona; ❋🛜) Una inmaculada entrada flanqueada por helechos conduce a este establecimiento con enormes habitaciones, muy bien acabadas, con televisión por cable pero sin agua caliente.

Hotel Perla Verde HOTEL DE NEGOCIOS $$
(☏06-272-3820; www.hotelperlaverde.com.es; Piedrahíta esq. Olmedo; i/d 45/55 US$ desayuno incl.; P❋🛜) Es el mejor de la ciudad, con

Esmeraldas N 0 ———— 200 m

[Map with labels: Libertad, Guayaquil, Espejo, Plaza Cívica, Montalvo, Rocafuerte, Calle 10 de Agosto, Plaza central, Iglesia, Calle 9 de Octubre, Malecón Maldonado, Colón, Piedrahíta, Sucre, Bolívar, Olmedo, Cañizares, Mejía, Elroy Alfaro, Salinas, Oficina de inmigración (3km), (4km)]

Esmeraldas

◎ Puntos de interés
1 Centro Cultural Esmeraldas B3

⊛ Actividades, cursos y circuitos
Javier Valenciana .... (véase 7)

⊜ Dónde dormir
2 El Trébol B3
3 Hotel Central.................................. A3
4 Hotel Perla Verde A3

⊗ Dónde comer
5 AKI Supermercado B1
6 Parrilladas El Toro............................ A3

⊜ De compras
7 Centro Artesanal.............................. B1

🛍 De compras

Centro Artesanal   ARTESANÍA
(malecón Maldonado esq. Plaza Cívica) Se pueden encontrar tapices, cestas, tallas de tagua y otros objetos de la etnia chachi.

ℹ Información

Oficina de inmigración (☎06-272-4624) En la Policía Civil Nacional, 3 km a las afueras de la ciudad (hay que tomar un taxi). Para entrar o salir por la ruta costera hasta Colombia (poco usada y no recomendable) hay que sellar el pasaporte en esta oficina.
Comisaría de policía (Bolívar esq. Cañizares) Dos cuadras al sur de la plaza central.
Oficina de turismo (☎06-272-7340; Bolívar; ⊗9.00-12.00 y 14.00-18.00 lu-sa) Entre la calle 9 de Octubre y Piedrahíta.

PELIGROS Y ADVERTENCIAS

Esmeraldas es posiblemente la ciudad más peligrosa de Ecuador. Conviene llegar antes de que anochezca, y, ya de noche, moverse en taxi mejor que a pie.

ℹ Cómo llegar y salir

AVIÓN

La **oficina de TAME** (☎06-272-6863; www.tame. com.ec; calle 9 de Octubre cerca de Bolívar; ⊗8.00-12.45 y 15.00-17.30 lu-vi) está junto a la plaza central. TAME ofrece vuelos diarios a Quito (ida 75 US$), y servicios menos frecuentes a Guayaquil (ida 82 US$) y Cali, en Colombia (ida 100 US$).

AUTOBÚS

La nueva terminal de autobuses está a 4 km del centro, en la carretera de Atacames.

habitaciones amplias y todo tipo de comodidades (siempre que no se obvie la horrible decoración). El personal es simpático y el hotel está céntrico. El restaurante del piso de abajo también es de los mejores de la ciudad.

🍴 Dónde comer

La comida que sirven en los muchos cafés y restaurantes baratos suele ser buena; abundan en Olmedo, entre Mejía y Piedrahíta.

AKI Supermercado   SUPERMERCADO **$**
(malecón Maldonado esq. Montalvo) Buena opción para hacer acopio de provisiones.

Parrilladas El Toro   ASADOR **$$**
(9 de Octubre 4-23; ppales. 7-10 US$; ⊗17.00-24.00) Asador de aspecto poco atractivo especializado en ternera y costillas. El comedor del patio, cubierto por un techo de paja, es más agradable que el interior.

AUTOBUSES DESDE ESMERALDAS

DESTINO	TARIFA (US$)	DURACIÓN (H)
Atacames	0,80	1
Guayaquil	9,20	9
Manta	9,35	10
Mompiche	3,15	2½
Muisne	2,15	2
Quito	7,25	6
San Lorenzo	4,65	5

ℹ️ Cómo desplazarse

El aeropuerto está a 25 km de la ciudad, al otro lado del río Esmeraldas. Hay taxis que salen desde la oficina de TAME, en la ciudad, 2 h antes de los vuelos. Cada taxi tiene capacidad para cuatro o cinco personas (3 US$; 15 min). Los mismos vehículos hacen el trayecto inverso desde el aeropuerto. Desde este se puede ir directamente en taxi a Atacames por 25 US$.

Un taxi a la playa cuesta 1 US$, aunque se puede subir al autobús selectivo con el rótulo "Las Palmas nº 1", que va en dirección norte por Bolívar.

Los taxis cobran un mínimo de 1 US$; el doble a partir de las 23.00.

Atacames

16 800 HAB.

Atacames no atrapa a primera vista: la playa deja que desear y la ciudad está sucia y abarrotada, amén de ser peligrosa. Con todo, los serranos la adoran por su oferta nocturna, sus puestos de ceviche frente al mar y sus playas cercanas. Y aunque es un lugar estupendo para entregarse al reguetón y tomar tragos baratos toda la noche, si se buscan mejores playas, olas más grandes y un ambiente más relajado, es preferible continuar al sur.

☞ Circuitos

Circuitos en barco   CIRCUITO EN BARCO

Los pescadores de la playa organizan salidas en barco por la zona, pasando junto a la isla de Pájaros, frente a la costa. Lo habitual es pagar unos 20 US$ por persona por una travesía de 75 min, y 40 US$ por persona por una excursión de pesca.

🛏️ Dónde dormir

Atacames está repleta de hoteles, pero puede llenarse hasta los topes los fines de semana.

Para estancias en temporada alta hay que reservar con antelación.

Hotel Jennifer   HOTEL $

(☎06-273-1055; cerca del malecón; i/d con agua caliente 12/25 US$, sin agua caliente 10/18 US$) Sencillo y certero, con habitaciones limpias y espartanas, que reciben bastante luz natural, y un personal afable.

Arco Iris Resort   RESORT $$

(☎06-273-1654; www.arcoirisatacames.com; malecón; i/d 50/80 US$; P❄️🎵📶) Situado en el extremo este de la playa, este alto edificio algo deslustrado ofrece habitaciones de corte moderno con minicocina y, algunas de ellas, con balcón. No tiene zona común, pero sí piscina en el tercer piso.

🍴 Dónde comer

La cocada (dulce chicloso a base de coco) y los batidos de fruta son dos especialidades locales que se venden por doquier.

Puestos de ceviche   PESCADO Y MARISCO $$

(malecón; Ceviche 5-10 US$) Se instalan en la playa y en un par de lugares céntricos a lo largo del malecón. Basta con elegir uno que tenga buen aspecto y elegir entre su fresquísimo ceviche de concha (de marisco) o de pescado.

Pizzería D'Chris   PIZZERÍA $$

(malecón; *pizzas* 7-11 US$) En un segundo piso con vistas al alborotado malecón, esta pizzería está bañada en una luz transparente y amarillenta con mesas bajas, columpios de cuerda y el mejor servicio y *pizza* de la ciudad.

🍷 Dónde beber y ocio

En el malecón hay varios bares atronadores con techumbre de paja.

Friends Bar   COCTELERÍA

(malecón; ⊙12.00-24.00) Acoge espectáculos de marimba los sábados por la noche.

Atacames

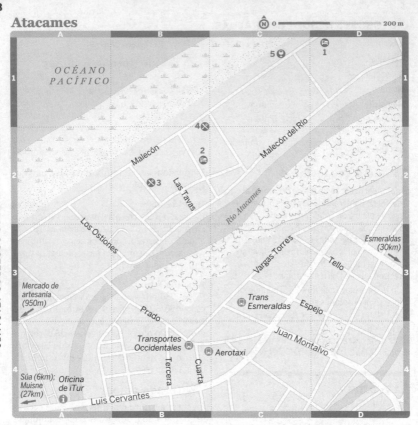

Atacames

🛏 Dónde dormir
1 Arco Iris Resort	D1
2 Hotel Jennifer	B2

🍽 Dónde comer
3 Puestos de ceviche	B2
4 Pizzería D'Chris	B1

🍸 Dónde beber y vida nocturna
5 Friends Bar	C1

🛍 De compras

Mercado de artesanía ARTESANÍA
(malecón; ☺9.00-20.00 sa y do) Los fines de semana se monta un diminuto mercado de artesanía en el extremo oeste del malecón.

ℹ Información

Oficina de iTur (av. Las Acances; ☺8.00-17.00 lu-sa) Con abundantes folletos pero escasa información.

PELIGROS Y ADVERTENCIAS

En la playa se registran fuertes corrientes y los socorristas solo trabajan de mediados a finales de semana. Cada año se ahoga alguien, así que conviene ser precavido.

Por la noche la playa no es segura. Es mejor quedarse cerca de las zonas iluminadas, enfrente de los hoteles, y evitar el tramo aislado entre Atacames y Súa, pues allí se han registrado atracos. Huelga decir que a la playa no se pueden llevar objetos de valor, a ninguna hora.

ℹ Cómo llegar y salir

Todos los autobuses se detienen en la parada de taxis ecológicos, en la carretera a Esmeraldas; no hay estación de autobuses y las oficinas de las compañías de autobuses están repartidas por el centro. Los que se dirigen a Esmeraldas (0,80 US$, 1 h) normalmente parten de Súa.

Casi todos los autobuses de Esmeraldas a Atacames siguen hasta Súa (10 min), Same (20 min) y Tonchigüe (25 min) por unos 0,50 US$. También hay servicios regulares a Muisne (1,50 US$, 1½ h). Las ecovías (taxis-motocicleta) cobran 2 US$ hasta Súa y 7 US$ hasta Same.

Las siguientes compañías ofrecen salidas diarias a Quito (8 US$, 7 h) y a Guayaquil (9 US$, 8 h): **Transportes Occidentales** (📞06-276-0547; Prado esq. Cuarta), **Trans Esmeraldas** (Vargas Torres esq. Juan Montalvo) y **Aerotaxi** (Cuarta). Si se desea regresar a Quito un domingo en temporada alta, hay que reservar con antelación.

Tonsupa

En esta localidad, apenas 5 km al norte de Atacames, hay un paseo marítimo lleno de edificios altos y una amplia playa de arena entre dorada y grisácea ideal para pasear. En el lugar reina un ambiente menos festivo, pero eso también contribuye a un mejor descanso nocturno. En la playa organizan circuitos de avistamiento de ballenas por 15 US$; se llega con el autobús de Interplaya (0,25 US$, 10 min) desde la carretera principal, en Atacames.

🛏 Dónde dormir y comer

Makana Resort RESORT $$$
(📞06-246-5242; www.ghlhoteles.com; al norte de la playa de Tonsupa; h 183-207 US$ desayuno incl.; 🅿❄🛜❄) Reluciente complejo de apartamentos y *resort* frente al agua, con enormes habitaciones de inspiración *art déco*, todas ellas con vistas al mar, terraza privada y minicocina. Es el lugar más atractivo en kilómetros a la redonda, y cuenta con piscina infinita, *jacuzzi*, restaurante y gimnasio.

Wendy Restaurant PESCADO Y MARISCO $$
(malecón; comidas 6-10 US$; ⏰8.00-22.00) Sito en la vía principal, este restaurante al fresco con techo de paja sirve bocados marineros del norte como sopa de pescado y ceviche.

Súa

Al ser un destino turístico más tranquilo y familiar que su vecina Atacames, los precios

---

DELICIAS DE LA COSTA NORTE

Cuando se viaje por la costa norte hay que estar atento a algunos de sus sabrosos platos locales. El pescado y el marisco frescos, los plátanos macho y la leche de coco se combinan con especial maestría. Muchos ecuatorianos consideran la cocina esmeraldeña como la mejor del país. A continuación se detallan los platos más destacados:

➨ **Bolas de plátano** Sopa de camarones, leche de coco y bolas de queso y plátano macho.

➨ **Cazabe** El típico pan de mandioca se elabora con maíz, y se le agrega zumo de coco, canela, clavo y otras especias.

➨ **Cazuela** Guiso de marisco o pescado elaborado con salsa de cacahuete y plátano macho. Se sirve en una cazuela de barro.

➨ **Ceviche** El clásico plato de marisco elaborado con camarones, calamares, mejillones o pescado crudo. Se sazona con zumo de lima y se sirve con plátano frito. Se disfruta más con una cerveza fría. En Esmeraldas lo preparan con especial maestría.

➨ **Cocada** Dulce redondo confeccionado con azúcar moreno, coco, leche y cacahuete.

➨ **Encocado** Marisco o pescado frescos cocinados con leche de coco y especias. A menudo se sirve con arroz. Sencillamente extraordinario.

➨ **Frutipan** Lo elaboran los indígenas chachis con el fruto del árbol del frutipan que se mezcla con especias dulces, mantequilla y queso. Luego se cuece.

➨ **Mazato** Elaborado con plátano maduro y hervido. Se mezcla con leche de coco, queso y huevo. Luego se cuece en una hoja de bijao.

➨ **Pusandao** Un sustancioso plato de pescado o carne de cerdo elaborado con leche de coco, plátano macho y yuca.

➨ **Tapao** Un elegante plato de pescado y plátano macho condimentado con coco y *chillangua* (un tipo de cilantro silvestre) y cocinado al vapor bajo hojas de banano.

son más razonables. Aun así, en las coctelerías que hay por la playa también suena música atronadora, por lo que no es precisamente el lugar más adecuado para una escapada romántica. De junio a septiembre es posible ver ballenas jorobadas cerca de la costa. Desde Atacames se puede llegar a pie por la playa, pero hay que tener cuidado con la marea y no hacerlo de noche.

🛏 Dónde dormir y comer

Hotel Chagra Ramos HOTEL $
(☎06-247-3106; hotelchagraramos@hotmail.com; lado norte del malecón; h 13-16 US$/persona; 🅿🛜) Este agradable clásico azotado por el viento y acurrucado junto a la playa es el alojamiento más popular de Súa. Las habitaciones están limpias aunque algo deslucidas; las vistas son de aúpa. No tiene agua caliente. También dispone de un restaurante con una buena relación calidad-precio.

Hostal Las Buganvillas HOTEL $
(☎06-247-3008; malecón; h 12 US$/persona; 🌊) Habitaciones impolutas con suelos embaldosados y duchas de agua fría. Algunas disfrutan más de la brisa que otras, por lo que conviene ver varias antes de instalarse.

Kikes PESCADO Y MARISCO $
(malecón; ppales. 5-8 US$; ⏱9.00-18.00) Si el viajero busca un restaurante de bambú a pie de playa, sin duda este es el lugar. Sirve suculentos encocados de camarones.

ℹ Cómo llegar y salir

Los autobuses a/desde Esmeraldas salen cada 45 min. Desde Súa tardan 10 min en llegar a Atacames (0,30 US$) y 1 h, más o menos, a Esmeraldas (1 US$). Si el viajero desea continuar por la costa hasta Muisne, tendrá que esperar en las afueras, en la carretera principal, a un autobús que se dirija al sur procedente de Esmeraldas (hay que hacerle una señal en cualquier punto de la carretera).

Same y Tonchigüe

Same es una heterogénea ciudad de vacaciones que presume de una preciosa playa y un ambiente estupendo, si bien se encuentra dominada por el Casablanca, un desaforado complejo de apartamentos y *resort*. La playa, aunque muy bonita, no está precisamente impecable y no vendría mal que la comunidad al completo hiciera un esfuerzo por mantenerla limpia, como sucede en Mompiche. Aun así, en comparación con Atacames es una auténtica maravilla. En la playa alquilan tablas de *paddleboard* (10 US$/h).

Tonchigüe es un pueblecito pesquero unos 3 km al oeste de Same, a continuación de la misma playa. Se recomienda visitarlo temprano por la mañana para ver a los pescadores descargando su captura.

🛏 Dónde dormir y comer

En la playa de Same hay varios comedores sencillos que ofrecen encocado o pescado por unos 5 US$.

Azuca HOTEL $
(☎08-882-9581; azuca2@hotmail.com; Same; h 10 US$/persona; 🛜) Hotel baratísimo a un corto paseo de la playa (junto al desvío en donde la 'calle' principal de Same se bifurca de la carretera costera). Impregnado de un aire decididamente atávico, cuenta con habitaciones de madera bastante espaciosas y confortables, con balcón y mosquiteras, aunque valdría la pena que lavaran las sábanas más a conciencia. Tiene un restaurante que sirve sencillos platos ecuatorianos.

Cabañas Familiares CABAÑA $
(☎09-978-13513; Same; d 30 US$) Pese a estar algo venidas a menos, estas cabañas gozan de una inmejorable localización en mitad de la playa, y, aunque sus habitaciones no reciben mucha brisa, son económicas.

El Acantilado CABAÑA $$
(☎06-302-7620; www.elacantilado.ec; i/d 55/ 75 US$; 🅿🛜🌊) En lo alto de un acantilado sobre las estruendosas olas, el Acantilado ofrece vistas del mar desde sus habitaciones, lo que es ideal para ver ballenas de junio a septiembre. Las *suites* rústicas están abiertas a los elementos y únicamente las mosquiteras las separan de los jardines privados y de las vistas al mar y a la playa.

Isla del Sol HOTEL $$
(☎06-247-0470; www.cabanasisladelsol.com; Same; d/c/ste 60/72/112 US$; 🅿❄🛜🌊) Buena opción en el rango de precio medio, con flamantes *suites* modernas con salas de estar, terrazas frente al mar, aire acondicionado y TV, además de unas cuantas cabañas más desgastadas y económicas en la parte de atrás. También alquilan kayaks (10 US$/2 h).

La Terraza PIZZERÍA $
(Same; *pizzas* 6-10 US$) Este establecimiento de dueños españoles propone un estupendo marco en plena playa, un local de madera

lleno de recovecos y populares *pizzas* que atraen a una marea de lugareños durante toda la semana.

Toquilla y Mar
PERUANA $$
(Same; ppales. 8-18 US$; ◷8.00-22.00) Restaurante al aire libre donde la sensibilidad peruana aporta un toque especial a platos como arroz frito con marisco, cangrejo al ajillo o a sus nueve variedades de ceviche.

Seaflower Lateneus
PESCADO Y MARISCO $$
(☎06-247 0369; Same; ppales. 10-25 US$; ◷8.00-24.00) Bajo la tutela de uno de los mejores chefs de la costa norte, sirve deliciosos platos de marisco a la parrilla. Conviene reservar mesa los fines de semana. También es el mejor bar de Same.

❶ Cómo llegar y salir

Los autobuses en dirección noreste hacia Esmeraldas y sur hacia Muisne recogen y dejan pasajeros en Same y Tonchigüe. Las rancheras (autobuses abiertos, o camionetas con incómodos y estrechos bancos de madera, también llamadas chivas) van a Tonchigüe desde Esmeraldas.

Corredor Turístico Galera-San Francisco

Unos 3 km al sur de Tonchigüe, aparece un desvío a esta agreste y perdida franja de costa donde se encuentra un puñado de maravillosos hoteles ecológicos, pueblos afroecuatorianos olvidados y muchos kilómetros de litoral virgen. Lo mejor es recorrerlo con vehículo propio (o en taxi desde Same). En su discurrir junto a la costa, la carretera se convierte en un camino de tierra, para más tarde recalar en Muisne.

🛏 Dónde dormir

★Playa Escondida
CABAÑA $
(☎06-302-7496; www.playaescondida.com.ec; Corredor Turístico km 10; cabaña 25 US$/persona, uso de 1 día 5 US$; 📶) ✐ Encantador y apartado alojamiento, muy indicado para quienes busquen aislamiento, con rústicas cabañas alrededor de una preciosa cala, en un terreno protegido de 100 Ha. Cuenta con un restaurante que sirve tanto platos de marisco y carne como opciones vegetarianas, y, entre otras actividades, organiza excursiones guiadas.

Cumilinche Club
CABAÑA $$
(☎06-302-7526; cumilincheclub@hotmail.com; Corredor Turístico km 11; i/d/tr 41/61/80 US$) Empla-

zado en una solitaria y diminuta cala, esta apartada propuesta ofrece cabañas de adobe que pueden alojar a una familia entera. No hay nada como dejar pasar el tiempo en las hamacas de sus porches privados; la brisa del océano mantiene fresca la temperatura. Además, dispone de restaurante.

Muisne y alrededores

Su maltrecho puerto se dedica a la industria bananera y naval a pequeña escala. Además, Muisne está apartado y atrae a muchos menos turistas que otras playas más conocidas, pero aun así resulta interesante. La principal atracción es su solitaria playa con palmeras. Los pocos manglares que quedan en la zona están protegidos y vale la pena visitarlos.

☞ Circuitos

Fundecol
CIRCUITO ECOLÓGICO
(☎06-248-0519; circuitos 25-50 US$/día) ✐ Esta empresa local organiza visitas guiadas por los manglares y a comunidades de la zona. El precio varía según el circuito y el número de personas; incluyen trayectos en barca por el río Muisne para ver los pocos manglares que se conservan y el impacto provocado por la pesca comercial de camarones.

Congal Bio-Station
CIRCUITO ECOLÓGICO
✐ A solo 2 km de Muisne, esta reserva marina de 650 Ha se centra en la conservación de los manglares y en la acuicultura ecológica. Hacen falta voluntarios, pero los turistas también son bienvenidos. Es un lugar excelente para bucear y practicar submarinismo. En la zona hay varios chiringuitos que sirven marisco. La habitación con pensión completa cuesta 40 US$/persona.

🛏 Dónde dormir y comer

Se recomienda evitar los lóbregos hoteles del otro lado del río e ir directamente a la isla, que en su parte más alejada cuenta con cabañas en la playa. En los meses lluviosos, conviene alquilar una habitación con mosquitera.

Hostal Las Olas
HOTEL $
(☎06-248-0782; i/d 10/20 US$) Un gran hostal, bien cuidado y situado frente al mar, con agradables piezas de carpintería por doquier. Hay que intentar alojarse en la habitación 11, situada en lo más alto, pues tiene una gran zona para sentarse justo al lado. El resto de habitaciones son más bien anodinas y algo

MANGLARES MALTRATADOS

Los manglares del litoral ecuatoriano constituyen un hábitat crucial. Además de prevenir la erosión de la costa, ofrecen cobijo y alimento a numerosas especies de aves, peces, moluscos y crustáceos. Por desgracia, es difícil establecer a quién pertenecen estos bosques costeros tropicales inundados casi permanentemente. Algunas zonas de manglares fueron ocupadas por personas que se dedicaban a la captura de crustáceos y marisco, pero esto nunca supuso una amenaza seria para la ecología de estos bosques, ya que las cantidades eran ínfimas.

Todo esto cambió en la década de 1980 con la llegada de las granjas de camarones (gambas), que criaban estos crustáceos en condiciones artificiales en cantidades mayores de las que se podían capturar con los métodos tradicionales. Para construir las granjas tuvieron que talar los mangles. El eventual dueño de una de estas granjas le compraba la tierra al Gobierno, talaba los mangles y empezaba el proceso de cría. Los beneficios netos de las granjas de camarones eran muy elevados y la idea pronto se extendió por la costa, provocando la destrucción de entre el 80 y el 90% de los manglares ecuatorianos durante la década de 1980 y principios de la de 1990. Aunque hoy en día existen leyes para controlar esta destrucción, resulta difícil hacer que se cumplan en las remotas zonas costeras.

Las granjas de camarones han provocado numerosos efectos negativos a corto y largo plazo. Antes, muchas familias encontraban un modo de supervivencia a partir del uso sostenible de los manglares, mientras que ahora estos criaderos solo emplean a unos pocos trabajadores temporales. Donde antes había un ecosistema para una enorme variedad de especies, ahora solo hay comercio. Y la erosión y contaminación de la costa provocada por los residuos de esta industria suponen un grave problema. Se están realizando denodados esfuerzos en Muisne, Bahía de Caráquez y otros pueblos del litoral para reforestar los manglares. En casi todos los centros turísticos principales se organizan circuitos por estos hábitats.

oscuras. En la planta baja hay un popular restaurante.

Viejo Willy ECUATORIANA $
(plaza principal; menú 2,25 US$; ◷8.00-16.00) Parece que casi todo Muisne se reúne en este agradable lugar para disfrutar de su menú. Se encuentra en la plaza principal, entre el muelle y la playa.

Las Palmeiras PESCADO Y MARISCO $
(playa; ppales. 6 US$; ◷7.00-19.00) Sencillo restaurante de playa con vistas al mar que sirve gambas o pescado recién capturado.

❶ Información

En Muisne no hay bancos y la oficina de correos (al lado del locutorio) solo abre de vez en cuando. Al salir de la plaza principal hay una oficina de Andinatel.

PELIGROS Y ADVERTENCIAS

En algunas cabañas de la playa se han producido robos, por lo que conviene cerciorarse de que todo esté bien cerrado antes de salir. Si se viaja en solitario (sobre todo en el caso de las mujeres) es aconsejable ceñirse a la zona de hoteles y restaurantes de la playa.

❶ Cómo llegar y salir

Los autobuses procedentes de Esmeraldas llegan hasta El Relleno, una explanada cubierta de cemento. Desde allí se debe tomar una barca y cruzar el río Muisne, de azul veteado, hasta la isla (0,20 US$).

Los autobuses salen de El Relleno cada 30 min en dirección a Esmeraldas (2 US$, 2½ h) pasando por Same, Súa y Atacames. Hay cinco al día hasta Santo Domingo de los Colorados (6 US$, 5 h), con enlaces a Quito o Guayaquil. **Transportes Occidentales** (calle principal esq. El Relleno) dispone de un servicio nocturno a/desde Quito (9 US$, 8½ h). Para ir más al sur hay que tomar un autobús hasta El Salto y luego otro a Pedernales (3 US$, 3 h), desde donde se puede conectar con autobuses a otras ciudades de la costa.

❶ Cómo desplazarse

La principal carretera de Muisne se aleja del muelle y cruza el pueblo hasta la playa. Hay 2 km de punta a punta. Los ecotaxis del muelle compiten por conseguir pasajeros. El dólar que se paga queda más que amortizado en un viaje desenfrenado a toda velocidad sorteando baches y afilados escombros.

Mompiche

Famoso por sus olas de categoría mundial y su preciosa playa de 7 km de arenas inmaculadas (aunque grisáceas), este pequeño pueblo de pescadores es uno de los principales reclamos de la zona. Popular desde hace tiempo entre mochileros y surfistas, Mompiche había quedado prácticamente aislado del mundo moderno hasta que se construyó la carretera y, aun así, se ven pocos coches. Además de su fabuloso tramo de arena flanqueado por palmeras, Mompiche no tiene mucho más que ofrecer, y en eso radica su belleza. El creciente nivel del mar, que alcanza el rompeolas durante la pleamar, ha supuesto una reducción en una cuarta parte del tiempo de disfrute en la playa y ha imposibilitado el acceso por tierra a los hoteles ecológicos del norte. Téngase presente que en Mompiche no hay cajeros automáticos.

🏃 Actividades

La mejor época para la práctica del surf es de noviembre a febrero; el resto del año, apenas hay oleaje. Al norte de la población hay un rompiente junto a la desembocadura de un río y, al sur, un punto donde las olas rompen (para expertos). Se pueden alquilar tablas en La Facha (en esta pág.; 12 US$, clase de 2½-h 25 US$). La Hostería Gabeal organiza un circuito de 2 h por la selva por 12 US$/persona.

Circuitos en barco CIRCUITOS EN BARCO
En la playa se organizan excursiones en barco para avistar ballenas, así como a isla Portete, a Muisne, a manglares cercanos y a varias playas perdidas. El precio ronda los 25 US$ por persona, dependiendo del número de pasajeros.

🛏 Dónde dormir

Hotel Pikero HOTEL $
(📞06-244-8078; hotelpikeromompiche@hotmail.com; 10 m al norte del cruce en T; h 8 US$/persona) Alojamiento familiar con habitaciones limpísimas (solo dos dan al mar), una zona con hamacas en el 2º piso y una cocina compartida.

Hostería Gabeal HOTEL $
(📞09-969-6543; mompiche_gabeal@hotmail.com; h/acampada 15/5 por persona; @🛜) En dos grandes edificios de madera en plena playa se ofrecen habitaciones sencillas y limpias, con mosquiteras y baños correctos. Merece la pena pagar algo más por tener vistas al mar.

Hay un restaurante que sirve desayunos. El resto de las comidas puede encargarse.

Casa Yarumo CABAÑA $
(📞098-867-2924; muska.saygili@gmail.com; 1 km al norte de la playa de Mompiche; cabaña 15 US$/persona) Tras un paseo de 10 min en dirección norte por la playa, se llega a esta cabaña con cierto aire de abandono. El aislamiento y los masajes (20 US$/h) son un placer, pero, ¡ojo!, el hotel se vuelve inaccesible con marea alta.

Bam-Bú HOTEL $$
(📞095-978-0941; www.bambu-hotel.com; 100 m al norte del cruce en T; h 25 US$/persona desayuno incl.; P🛜) Este batiburrillo de vigas, arcos, pasarelas y terrazas está construido casi íntegramente en bambú, lo que lo convierte en un edificio muy llamativo. Sus grandes habitaciones poseen baños modernos, cómodas camas y un mobiliario sencillo. En la planta baja hay un agradable bar restaurante.

Iruña CABAÑA $$
(📞099-947-2458; teremompiche@yahoo.com; d 40 US$, f desde 50 US$) Un paseo de 45 min desde el centro hasta la playa conduce a este magnífico y aislado lugar. Entre las palmeras se alzan seis amplias cabañas de madera, con mosquiteras, nevera, baño y ventiladores, en torno a un cálido restaurante y una zona social en plena playa. Es posible encargar las comidas, el hotel tiene un servicio de recogida en Mompiche y puede organizar el transporte en barco desde Muisne. Con marea alta no se puede llegar por tierra.

🍴 Dónde comer

La Chillangua PESCADO Y MARISCO $
(10 m al norte del cruce en T; ppales. 5-8 US$; ⏲7.00-19.00) Esta barraca al estilo de una palapa agrada con fantásticas vistas del mar, gran variedad de marisco frito y alguna que otra propuesta innovadora, como los aguacates rellenos de camarones aderezados con salsa catalana.

La Facha INTERNACIONAL $
(100 m al norte del cruce en T; ppales. 5-8 US$; ⏲12.00-22.00) Un encantador equipo de jóvenes del pueblo (que también dirigen el albergue del mismo edificio y son todos amantes del surf) sirven deliciosas hamburguesas, ensaladas y sándwiches. Está en la calle de atrás del malecón.

Suly's ITALIANA $$
(100 m al norte del cruce en T; ppales. 6-9 US$; ⏲18.00-23.00) Agradable y coqueto restauran-

te a la luz de las velas, con una cocina abierta donde preparan pasta y *pizza*. Sully y Edgar, sus dueños, ofrecen un cálido recibimiento.

ℹ Cómo llegar y salir

Varias veces al día hay autobuses a/desde Esmeraldas (4 US$, 3½ h), que pasan por Same y Atacames.

Isla Portete

Tan solo 2 km al sur de Mompiche, esta isla cuajada de palmeras tiene una larga playa virgen de arena dorada y apenas recibe tráfico. En la playa hay varias chozas de marisco y, al otro lado del estuario, un enorme *resort*. Otros alicientes son el surf y un ambiente isleño del que poder disfrutar en exclusiva. Los pescadores locales suelen organizar travesías a islas cercanas y a otros enclaves más alejados. Desde el Royal Decameron Resort se puede caminar hasta los aledaños de un fascinante arco de roca esculpido por el mar.

🛏 Dónde dormir

Donde Tito　　　　　　　　CABAÑAS $
(☏099-460-1487; h_padovani55@gmail.com; 100 m al sur de Decameron Beach Club en la playa; h 15 US$/persona 3 comidas incl., acampada 4 US$) Pequeña cabaña con dos habitaciones, cocina compartida y una gran terraza con vistas al mar. Está algo destartalada, pero nadie se resiste a su zona de hamacas sobre la playa, la compañía y el ambiente plácido.

Royal Decameron　　　　　RESORT $$$
(☏06-299-7300; www.decameron.com.ec; acceso desde el continente, 1 km al sur de Mompiche; i/d/tr 124/175/169 US$ todo incl.; P❄🕸☆) Este colosal *resort* se encuentra al otro lado del estuario desde la isla Portete, en el continente. Cuenta con casi 200 habitaciones repartidas por un dédalo de piscinas, gimnasios, pistas de tenis, bares, restaurantes-bufé, clases de baile, discotecas y mucho más. Las fastuosas habitaciones tienen vistas al mar y cantidad de comodidades modernas.

Hay un club de playa con kayaks y toda suerte de juguetes acuáticos enfrente, en Portete, accesible en un barco de cortesía.

ℹ Cómo llegar y salir

No hay transporte público, de modo que habrá que tomar un taxi (5 US$) desde Mompiche y luego cruzar el estuario a bordo de un ferri fluvial (0,50 US$) hasta la isla.

Cojimíes

Esta recóndita franja de arena queda algo a contramano, pero merece la pena el desvío hasta el lugar si se desea escapar del gentío de Canoa y Mompiche. Hay una bonita playa de arena en la desembocadura del río, así como una hermosa franja de arenas vírgenes que se extiende hasta Pedernales, 38 km al sur. A pie de playa se apiñan varios puestos de comida y operadores que ofrecen circuitos en barco a la apartada isla del Amor (ida 15 US$/barco); estas son las dos atracciones principales de este discreto pueblo.

🛏 Dónde dormir

Hotel Santorini　　　　　　HOTEL $
(☏099-377-9957; santorini_hotel@hotmail.com; 200 m al norte del malecón turístico; i/d 15/30 US$) Instalado en un atractivo bloque de cemento lo bastante cerca del mar para disfrutar de la brisa, sus habitaciones tipo *loft* no tienen vistas al océano, pero sí literas, una curiosa zona de estar común y fácil acceso a la playa.

ℹ Cómo llegar y salir

Se llega en autobús desde Pedernales (0,75 US$, 45 min).

Canoa

6800 HAB.

Un pueblo aletargado con un precioso tramo de playa enmarcado por pintorescos acantilados al norte y por amplios horizontes al sur. A pesar de su creciente popularidad entre los amantes del sol y el surf, Canoa sigue siendo un lugar sencillo, donde los niños juegan en los senderos de arena al atardecer y los pescadores salen al mar cada mañana. Por la noche, los bares y hostales frente a la playa se animan y se llenan de mochileros que relatan sus aventuras entre cócteles de ron.

Las competiciones internacionales de surf se disputan en la temporada alta (enero-marzo), cuando las olas alcanzan más de 2 m y resulta difícil encontrar alojamiento.

🏃 Actividades

Las corrientes son muy fuertes, por lo que se aconseja permanecer cerca de la orilla. Con bajamar se pueden visitar las cuevas en el extremo norte de la playa, hogar de centenares de murciélagos. Hay, además, una popular ruta ciclista de 1 h, que discurre por un sendero desde Canoa hasta Bahía de Caráquez.

Surf Shack (p. 266) ofrece excursiones en kayak por cuevas (25 US$, 3 h), parapente (45 US$, 20 min) y clases de surf (25 US$, 1½ h).

Granja ecológica
Río Muchacho
GRANJA ECOLÓGICA

(☎05-258-8184; www.riomuchacho.com; vía Canoa Jama km 10) 🌱 En esta finca, tanto los huéspedes como los lugareños se manchan las manos para familiarizarse con las prácticas agropecuarias ecológicas. Se ofrecen desde programas cortos (1-3 días), hasta cursos de un mes (1200 US$). También se puede colaborar como voluntario por 300 US$ al mes. Casi todo el mundo acude con un circuito de tres días y dos noches, que cuesta 172 US$ por persona. Descuentos en grupos numerosos.

El número de visitantes es limitado y se exige reservar. El alojamiento consiste en cabañas rústicas con duchas compartidas y retretes que sirven para hacer compost. La granja se sitúa a orillas del río homónimo, a 8 km por un bacheado camino que se bifurca hacia el interior desde la carretera al norte de Canoa. El traslado suele realizarse a caballo, medio de transporte habitual de los montubios (ganaderos de las planicies costeras).

Surf
SURF

(alquiler medio/completo día 5/15 US$, clase de 90 min 25 US$) Solo hay rompientes junto a la playa, pero a diferencia de otros lugares de la costa, cuenta con buenas condiciones todo el año, alcanzando su máxima expresión de enero a marzo. Casi todas las pensiones alquilan equipo e imparten clases.

Aero Aventuras
ALA DELTA

(☎098-225-0024; calle principal) Este operador alquila bicicletas (5 US$/2 h) y ofrece un adrenalínico vuelo en paramotor de 17 min por 15 US$.

🛏 Dónde dormir

La mayor parte de los hoteles se encuentran a lo largo de la playa o cerca de ella y por ende están expuestos al ruido de escandalosos bares que abren hasta tarde. Conviene llevar tapones para los oídos.

Coco Loco
HOSTAL $

(☎09-924-63508; www.hostalcocoloco.com; dc 7-9 US$, d 26 US$, sin baño 24 US$; 🐾) Uno de los preferidos de los mochileros, en plena playa, con habitaciones limpias con muebles de bambú y un jardín delantero lleno

de arena y palmeras. Redondea la oferta una relajada *happy hour*, noches de barbacoa (jueves-domingo) y multitud de actividades.

Casa Shangri-La
PENSIÓN $

(☎099-146-8470; 100 m al norte del pueblo, en la carretera principal; h 10 US$/persona; 🐾🌐) Propiedad de un simpático holandés, este fantástico alojamiento apunta a una clientela surfista con un enorme jardín, una pequeña piscina, bonitas habitaciones y un ambiente sumamente relajado. Queda a un corto paseo del centro, lo que conlleva estar expuesto toda la noche al reguetón de los bares a pie de playa.

Hostal Canoamar
HOTEL $

(☎05-258-8081; www.canoamar.com; malecón; i/d 20/25 US$; 🐾) Hotel de tres plantas con habitaciones de bambú con mosquiteras, camas firmes y buenas vistas del mar. Su cocina compartida es ideal para los viajeros de presupuesto ajustado.

Posada Olmito
PENSIÓN $

(☎099-553-3341; www.olmito.org; malecón; d 26 US$, desayuno 10 US$; 🐾) En la misma playa se encuentra esta desastrada estructura decididamente rústica, muy indicada para los fanáticos de la playa. Las habitaciones, con ventiladores y baños pequeños con agua caliente, si bien tienen mucha onda, flaquean en cuanto a limpieza. El ambiente es de lo más relajado.

Amalur
PENSIÓN $

(☎098-303-5039; www.amalurcanoa.com; campo de fútbol; dc 10-12 US$, i/d 20/25 US$; 🐾) Estos autores no elogiaron su ubicación, a dos cuadras de la playa, pero quedaron prendados de sus habitaciones, con camas de bambú, suelos de madera, duchas rebosantes de luz e impecable ropa de cama.

★ Hotel Bambú
CABAÑA $$

(☎05-258-8017; www.hotelbambuecuador.com; extremo norte del malecón; dc/i/d 10/30/40 US$; 🐾) El hotel más bonito de Canoa posee una estupenda zona de arena con bar y restaurante, cabañas con techos de bambú, ventanas con mosquitera, además de fantásticas duchas de agua caliente. Solo unas cuantas dan al mar, pero casi todas están aliviadas por la brisa.

La Vista
PENSIÓN $$

(☎099-228-8995; malecón; i/d 25/35 US$; 🅿🐾) Esta pensión de cuatro pisos en plena playa presume de algo más de nivel gracias a espaciosas habitaciones de bonito diseño con techos con vigas y ventanas de cristal.

 Dónde comer y beber

Los bares junto a la playa martillean ininterrumpidamente con el reguetón desde el mediodía hasta la madrugada.

Surf Shack
INTERNACIONAL $
(malecón; ppales. 5-10 US$; ☻8.00-24.00; ☎) Enfocado a una clientela extranjera con ganas de diversión, sirve *pizzas*, hamburguesas, desayunos consistentes y cantidad de cócteles a base de ron en un estudiado y auténtico ambiente surfista de estilo californiano.

Amalur
ESPAÑOLA $$
(www.amalurcanoa.com; campo de fútbol; ppales. 6,50-10 US$; ☻8.00-22.00) Propiedad de una pareja de vascos, este elegante restaurante minimalista es un lugar excelente para comer y representa toda una mejora en comparación con los restaurantes medios de las pequeñas ciudades ecuatorianas. Está a dos cuadras de la playa, con vistas al campo de fútbol.

Una pizarra muestra los platos del día; entre los que destacan los calamares frescos en su tinta, el gazpacho, el cerdo a la parrilla con pimientos rojos, una deliciosa berenjena con salsa y una fresquísima lubina.

❶ Información

En Canoa no hay bancos (el cajero automático más cercano está en San Vicente).

❶ Cómo llegar y desplazarse

Los autobuses que viajan entre Bahía de Caráquez (1 US$, 45 min) y Pedernales o Esmeraldas paran en Canoa.

Bahía de Caráquez

26 100 HAB.

Resplandecientes edificios altos y tejados de tejas rojas dominan el paisaje de esta bulliciosa ciudad enclavada en una península. Con el río Chone a un costado y el Pacífico al otro, esta ordenada antigua población portuaria disfruta del sol y de un ambiente maravillosamente relajado. Tiene, además, una bonita playa y atrae a muchos turistas ecuatorianos, aunque los extranjeros no suelen quedarse mucho tiempo.

Durante la primera mitad del s. xx, era el principal puerto de Ecuador, pero las dificultades provocadas por los bancos de arena cedieron el testigo a Guayaquil y Manta.

◉ Puntos de interés y actividades

Museo Bahía de Caráquez
MUSEO
(malecón Santos esq. Peña; ☻8.30-16.30 ma-vi, 9.00-14.30 sa) GRATIS Moderno museo muy bien organizado que ofrece una buena introducción a la historia indígena de la zona. Expone cientos de piezas de cerámica precolombina, así como artesanías locales a la venta.

Mirador La Cruz
MIRADOR
Por encima de la península y con impresionantes vistas de la ciudad, el mar y el río, a este mirador en el extremo sur del pueblo se puede llegar a pie o en taxi.

↻ Circuitos

De la playa salen excursiones en barco a las islas Corazón y Fragatas, así como circuitos para avistar ballenas (25 US$/h).

Bahía Dolphin Tours
CIRCUITO
(☎05-269-0257; www.bahiadolphintours.com; Virgilio Ratti 606, Casa Grande) Esta empresa es la propietaria del yacimiento arqueológico de Chirije. Ofrece excursiones de un día o circuitos que hacen noche en Chirije, combinados con visitas a los talleres de sombreros panamá, a una granja ecológica de camarones, a las islas de pájaros fragata o a otros sitios de interés.

🛏 Dónde dormir

Centro Vacacional Life
CABAÑA $
(☎05-269-0496; Octavio Vitteri esq. Múñoz Dávila; h 20 US$/persona; ❋☎) Ideales para familias, estas cabañas de aire institucional tienen cocina, dos dormitorios y pueden acomodar hasta cinco personas. Hay una zona de juegos cubierta de hierba, una mesa de billar y otra de pimpón.

Hotel La Herradura
HOTEL $$
(☎05-269-0265; www.laherradurahotel.com; Bolívar 202; i/d desde 30/40 US$; P❋☎) Antigua casa española amueblada con gusto, a rebosar de antigüedades y obras de arte. Las habitaciones están bastante destartaladas (se echan en falta las tapas de los retretes), pero irradia carácter y tiene un porche sensacional.

Casa Grande
HOTEL-BOUTIQUE $$$
(☎099-917-1935; www.casagrandebahia.com; Virgilio Ratti 606; h 65-135 US$ desayuno incl.; P❋☎☎) Esta deliciosa propuesta encarada al océano

Bahía de Caráquez

Bahía de Caráquez

terminal de autobuses). Sus elegantes habitaciones con todas las comodidades, sus zonas comunes minimalistas y los enormes y bien cuidados jardines que conducen al río lo convierten en el mejor hotel de la ciudad. En el precio se incluye el uso del gimnasio, bicicletas, kayaks, sauna y piscina. Tiene un restaurante.

Hotel La Piedra HOTEL $$$
(☎05-269-0180; www.hotellapiedra.com.ec; Virgilio Ratti; i/d 91/112 US$; P❋🛜❄) Este gran hotel dotado de todos los servicios ofrece habitaciones amplias e impolutas con fabulosas vistas al mar. Dispone también de una preciosa piscina con sombra de palmeras. Tiene la ventaja de ofrecer el relax típico de un hotel de lujo sin estar muy alejado de los bares y restaurantes de la ciudad.

🍴 Dónde comer

Hay un montón de restaurantes destartalados en el muelle, ideales para ver la puesta del sol. Son muy populares para degustar pescado y marisco (en especial ceviche) y están abiertos desde la mañana hasta la medianoche.

D'Camaron PESCADO Y MARISCO $
(Bolívar; ppales. 3-7 US$; ⊗9.00-18.00) Como da a entender su nombre, el camarón es la especialidad de este local informal, al aire libre, situado cerca del mar. Se pueden pedir a la parrilla con un cóctel mientras se disfruta de la brisa marina.

Puerto Amistad INTERNACIONAL $$
(malecón Santos; ppales. 6-12 US$; ⊗12.00-23.00 lu-sa) Uno de los restaurantes preferidos de los expatriados por su deliciosa comida, sus cócteles y su terraza sobre el agua. Prepara en-

ofrece siete espaciosas habitaciones con bonitos muebles, suelos de madera y baños modernos. Las mejores tienen terraza con hamacas. Cuenta con un confortable salón, elegantes zonas comunes y una refrescante piscina.

Casa Ceibo HOTEL DE LUJO $$$
(☎05-239-9399; www.casaceibo.com; av. Sixto Durán Ballén; i/d desde 120/240 US$ desayuno incl.; P❋🛜❄) Para recibir mimos y disfrutar de un entorno aislado, no hay nada como este lujoso complejo a 4 km del centro (en la carretera que sale de la ciudad, pasada la

saladas, crepes saladas, quesadillas, marisco y carnes excelentes servidas por un personal amable y profesional. Bastante elegante, también hace las veces de club náutico de Bahía.

Arena Bar PIZZERÍA **$$**
(Marañón; ppales. 4-8 US$; ✪17.00-24.00) Agradable local con decoración surfera donde suena música internacional. Las *pizzas* son buenas, pero también sirven otros platos, como deliciosas ensaladas o sabrosos sándwiches.

Hotel La Herradura ECUATORIANA **$$**
(Bolívar 202; ppales. 5-10 US$; ✪7.00-22.00) Los altos techos y las arañas de hierro fundido no parecen de un restaurante de hotel. La original carta ofrece un delicioso pan de plátano verde y ácidos ceviches con cilantro, aunque el servicio no siempre es del todo amable.

❶ Información

Banco de Guayaquil (Bolívar esq. Riofrío) Cambia cheques de viaje y tiene cajero automático.

❶ Cómo llegar y salir

Un nuevo puente sobre el río Chone conecta Bahía con San Vicente (y el resto de la costa norte), de modo que ya no es necesario rodear la bahía en automóvil o cruzar el río en ferri.

La terminal de autobuses, situada en el malecón, de camino a Chone, dista 4 km del centro. Los servicios, con plazas estándar o ejecutivo (1ª clase), tienen como destino Quito (estándar/ejecutivo 7,50/10 US$, 8 h, 4 diarios) vía Santo Domingo (regular/ejecutivo 5/6 US$), Guayaquil (7 US$, 6 h, 7 diarios), Manta (2,50 US$, 3 h, 3 diarios) y Canoa (1 US$, 45 min, cada ½ h).

Alrededores de Bahía de Caráquez

Situado 15 km al sur de Bahía, **el yacimiento arqueológico de Chirije** (☎06-269-0257; www.chirije.com) alberga una serie de restos de cerámica, tumbas, desechos y joyas que datan principalmente de la cultura Bahía (500 a.C.-500 d.C).

El yacimiento es propiedad de Bahía Dolphin Tours (p. 266), y para visitarlo se debe concertar una visita guiada a través de la agencia. El gran número de restos ha hecho pensar a los arqueólogos que este fue un puerto importante. Solo se han excavado profesionalmente pequeñas zonas y algunas de las piezas se exhiben en el pequeño mu-

seo anexo, aunque los visitantes podrán ver restos de cerámica por todas partes.

Chirije queda aislado en pleamar. El viajero podrá hacer noche y realizar caminatas por los senderos que se adentran en el bosque tropical de la costa. Hay cinco grandes cabañas con placas solares y capacidad para ocho personas, con porche, baño privado y cocina. Cada una cuesta 75 US$; se sirven comidas por encargo. Un circuito de un día por Chirije (almuerzo incl.) cuesta 45 US$/persona.

Manta
221 000 HAB.

La mayor urbe de la provincia y la quinta más grande del país es una bulliciosa y próspera ciudad portuaria adornada con rascacielos y varias playas urbanas que atraen principalmente a turistas ecuatorianos. Al ser un importante centro de la industria pesquera y de enlatado de atún, es el típico lugar que ya se huele antes de llegar y su monumento más extravagante es una enorme estatua que representa un atún. Con tales antecedentes ya se habrá deducido que, en realidad, no existen muchas razones para la visita (las playas son mejores en otros puntos de la costa), pero es un importante centro de transportes, tiene una animada vida nocturna y queda de paso si se va a visitar el pueblo artesano de Montecristi.

◉ Puntos de interés y actividades

Museo del Banco Central MUSEO
(malecón de Manta cerca de la calle 20; entrada 1 US$; ✪9.00-17.00 ma-sa, 11.00-15.00 do) El museo de la ciudad, totalmente modernizado, volvió a abrir sus puertas en su nueva ubicación en el año 2009. Expone valiosos objetos de la cultura precolombina manta, una buena colección de pinturas ecuatorianas y estrafalarios aparejos de pesca.

Playa Murciélago PLAYA
Menos protegida que buena parte de las playas de la zona, recibe olas mayores (aunque no son muy grandes, hay fuertes corrientes de resaca). Está 2 km al noroeste del centro y es la más frecuentada, con multitud de bares, restaurantes y puestos para alquilar sombrillas.

Playa Tarqui PLAYA
El extremo oriental de este tramo de arena bulle de actividad a primera hora de la maña-

na, cuando se vende tiburón, atún, pez espada y otros pescados (cuyo tamaño disminuye de año en año). También alberga el Parque del Marisco, con tenderetes a pie de playa que sirven pescado fresco y marisco preparado de diferentes maneras. Es una playa apta para bañarse y nadar.

🛏 Dónde dormir

Los precios aumentan los fines de semana de las épocas festivas y en temporada alta (diciembre-marzo y junio-agosto).

Leo Hotel HOTEL **$**
(☏05-262-3159; av. 24 de Mayo; i/d 15/25 US$; ❄) Habitaciones pequeñas y limpias, algunas sin ventanas, frente a la terminal de autobuses. Práctico si se está de paso.

Manakin PENSIÓN **$$**
(☏05-262-0413; hostalmanakin@hotmail.com; calle 17 y av. 21; i/d 48/61 US$ desayuno incl.; ❄🛜) Cerca del centro de la vida nocturna, se trata de una casa reformada de una planta con un agradable y relajado ambiente. Las habitaciones, angostas, prolijas y perfumadas, lucen un bonito mobiliario. Hay, además, varios rincones para relajarse, incluido el patio delantero.

Hotel Balandra HOTEL **$$$**
(☏05-262-0545; www.hotelbalandra.com; av. 7 cerca de la calle 20; i/d 100/138 US$, *deluxe* h 155 US$; ❄@🛜🏊) Este pequeño pero selecto hotel ofrece habitaciones de lujo muy bien amuebladas y cabañas de dos habitaciones, algunas con terraza con vistas al mar. Fuera hay arbustos ornamentales, un pequeño gimnasio y sauna, una piscina y una zona recreativa infantil.

✕ Dónde comer

A lo largo del extremo oriental de la playa, en el malecón de Tarqui, hay comedores que sirven pescado y marisco. La playa Murciélago tiene cafés en el frente y el centro para disfrutar del ambiente.

Café Trovador CAFÉ **$**
(av. 3 esq. calle 10; ppales. 2-5 US$; ⊙8.00-20.00 lu-sa) En un agradable callejón peatonal a poca distancia del malecón, este café sirve espumosos capuchinos, sándwiches y platos a buen precio. Hay mesas al aire libre.

Parrillada Oh Mar ASADOR **$$**
(calle 20 esq. Flavio Reyes; ppales. 7-12 US$; ⊙12.00-23.00 lu-sa) Asador con grandes ventanales en pleno centro de la vida nocturna de Manta,

ideal para tomar un buen bistec y una copa de vino tinto argentino.

Beachcomber ASADOR **$$**
(calle 20 esq. Flavio Reyes; ppales. 4-10 US$; ⊙18.00-24.00) Cerca del centro de la vida nocturna, este local es muy popular por sus carnes a la parrilla. Se puede comer en el exuberante jardín trasero o en el porche abierto de la parte delantera.

ℹ Información

Oficina municipal de turismo (☏05-262-2944; av. 3 N10-34; ⊙8.00-12.30 y 14.30-17.00 lu-vi) Acogedora y útil.

Comisaría de policía (av. 4 de Noviembre)

Oficina de correos (calle 8) Sita en el ayuntamiento.

ℹ Cómo llegar y salir

AVIÓN

En el malecón de Manta, pasado el teatro al aire libre, se encuentra la **oficina TAME** (☏05-262-2006; malecón de Manta). TAME fleta uno o dos vuelos diarios a/desde Quito (ida desde 86 US$, 30 min). Se pueden comprar los billetes en el aeropuerto la misma mañana del vuelo, aunque se llena los fines de semana y en vacaciones.

El **aeropuerto** está unos 3 km al este de Tarqui. Un taxi hasta allí cuesta unos 2 US$ (10 min).

AUTOBÚS

Casi todos los autobuses salen de la estación que hay frente al puerto pesquero de Manta. Los que van a Manabí y otras aldeas cercanas como Montecristi (0,50 US$, 15 min), también salen de allí.

Los autobuses van a Jipijapa (0,90 US$, 1 h), Canoa (4 US$, 3½-4 h), Bahía de Caráquez (2,50 US$, 3 h), Guayaquil (5 US$, 4 h), Esmeraldas (7 US$, 6 h) y Ambato (8 US$, 10 h).

Los autobuses ejecutivos a Quito (10 US$, 9 h) y Guayaquil (7,50 US$, 4 h) salen durante todo el día de una terminal más pequeña, cerca del malecón.

Montecristi
14 500 HAB.

En esta localidad se elaboran los mejores sombreros de paja del mundo que, aunque sean llamados erróneamente sombreros panamá, reciben la correcta denominación de sombreros de paja toquilla, una excelente paja fibrosa autóctona de esta región.

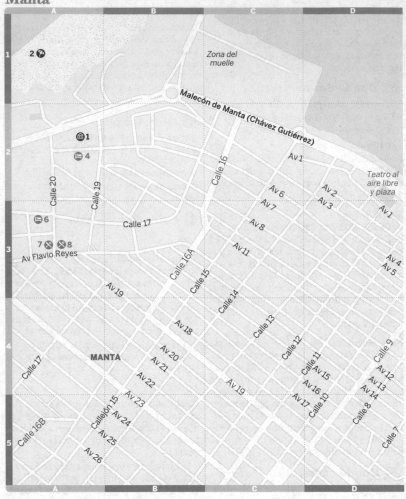

La carretera de entrada al pueblo y la plaza están llenas de tiendas, pero casi todos sus productos son de mala calidad y están tejidos sin excesivo rigor. El superfino (el mejor tejido y el más prieto de todos) se puede conseguir en la tienda y casa de **José Chávez Franco** (Rocafuerte 386; ☺7.00-19.00), entre Eloy Alfaro y la calle 10 de Agosto, detrás de la iglesia. Hay sombreros de buena calidad por menos de 100 US$, aunque se recomienda revisarlos bien. No están estampados ni ribeteados, pero salen mucho más baratos que en cualquier otro sitio. En los alrededores hay otras tien-das buenas que también venden cestas y artículos de mimbre.

Montecristi se fundó hacia 1628 cuando los manteños huyeron al interior para evitar los constantes saqueos piratas. En el pueblo hay muchas casas virreinales sin restaurar que le dan un aire ruinoso y fantasmagórico. En la plaza principal hay una bonita iglesia, que data de principios del siglo pasado, con una imagen de la Virgen a la que se atribuyen algunos milagros. También en la plaza hay una estatua de Eloy Alfaro, que nació en Montecristi y fue presidente de Ecuador a principios del

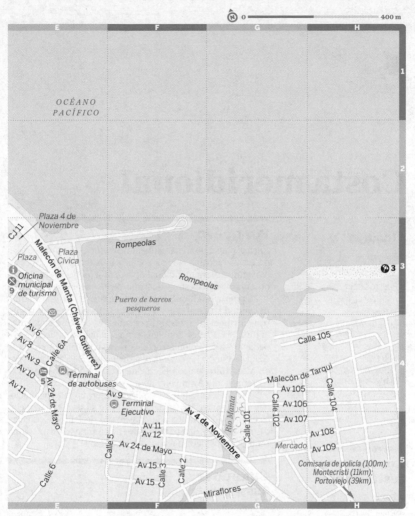

s. xx. Su tumba está en el ayuntamiento, junto a la plaza.

Para echar un vistazo a algunas de las piezas prehispánicas que se descubrieron en la región, hay que visitar el **Museo Arqueológico** (calle 9 de Julio 436; entrada previo donativo; ⏱9.00-18.00 lu-sa), de gestión privada. Entre las más destacadas de su pequeña exposición se encuentran un primitivo instrumento de percusión, unas gigantes urnas funerarias y unas elaboradas tallas en piedra.

Durante el día hay autobuses con frecuencia desde la estación de Manta que paran en el pueblo (0,50 US$, 30 min).

Manta

◉ Puntos de interés

Costa meridional

Por qué ir

Anchas playas de arena, exuberantes reservas naturales e islas de gran biodiversidad son solo algunos de los atractivos de la región costera meridional de Ecuador, un lugar ideal para observar vida silvestre y disfrutar de los espacios abiertos.

La puerta de entrada a la región es Guayaquil, una ajetreada ciudad tropical que ha experimentado una importante transformación en los últimos años. Al oeste se encuentra la Ruta Spondylus. También se pueden avistar ballenas jorobadas o visitar colonias de alcatraces patiazules frente a la costa de Puerto López, unirse a surfistas con ganas de juerga en Montañita, o desconectar de todo en plácidos enclaves costeros como Ayampe y Olón.

Al sur de Guayaquil se despliegan interminables plantaciones de bananos. Machala, orgullosa de su legado bananero, es el punto de entrada a la agreste isla de Jambelí, cubierta de manglares y una parada clave de camino a Zaruma, una pintoresca población colonial de montaña.

Los mejores restaurantes

➡ Pique & Pase (p. 286)
➡ Bellitalia (p. 293)
➡ Delfín Mágico (p. 296)
➡ Tiki Limbo (p. 298)

Los mejores alojamientos

➡ Mansión del Río (p. 284)
➡ Hostería Mandála (p. 292)
➡ Balsa Surf Camp (p. 299)
➡ Samaí Lodge (p. 297)
➡ La Posada del Sueco (p. 904)

Cuándo ir
Guayaquil

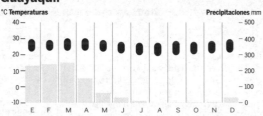

Ene-may La temporada lluviosa viene con un clima caluroso y húmedo, cielos soleados y aguaceros esporádicos.

Jun-dic Más seca, fresca y nublada. Las ballenas jorobadas aparecen de junio a septiembre.

Fin dic-abr La costa atrae a los turistas nacionales.

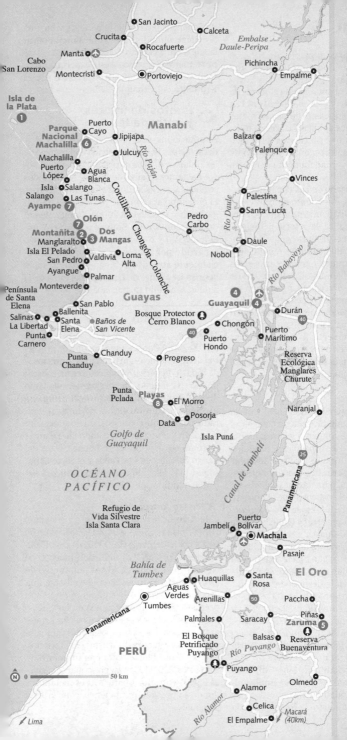

GUAYAQUIL

2,4 MILLONES HAB.

Guayaquil no solo es el palpitante corazón comercial de Ecuador, sino también una animada ciudad en expansión que cada vez confía más en sí misma. Media docena de rascacielos le confieren el típico perfil de gran urbe, aunque no está exenta de varias colinas tomadas por barrios de chabolas. Pese a todo, es el malecón junto al río Guayas (el principal centro social, gastronómico y de ocio de la ciudad) lo que verdaderamente define su identidad.

El pintoresco barrio de Las Peñas, encaramado sobre el río, es el punto de referencia geográfico e histórico, mientras que la céntrica av. 9 de Octubre, la arteria principal, canaliza a oficinistas, vecinos y gente de compras conformando un heterogéneo flujo. Además de plazas, parques y grandes proyectos urbanísticos que han dotado a la ciudad de un aire renovado, Guayaquil cuenta con un creciente panorama teatral, cinematográfico y artístico y animados bares, reforzados en parte por su nutrida población universitaria.

Hay que tener presente que los vuelos a las islas Galápagos salen o llegan a Guayaquil, lo que la convierte en la segunda mejor ciudad para planear un viaje.

Historia

Cuenta una popular leyenda local que el nombre de Guayaquil procede de Guayas, el gran jefe puna que combatió valerosamente a los incas y luego a los españoles, y su mujer, Quill. Se dice que Guayas prefirió asesinar a Quill, antes que permitir que los conquistadores la capturaran, para después suicidarse. Varios historiadores sostienen que el nombre de la ciudad se debe a las palabras *hua* (tierra), *illa* (hermosa pradera) y Quilca, uno de los afluentes del río Guayas, a orillas del cual habitaron los quilcas antes de ser aniquilados en el s. XVII. Así pues, según esta teoría, Guayaquil significa literalmente "la tierra como una hermosa pradera en la tierra de los quilcas".

El primer asentamiento de la zona se fundó hacia 1534, antes de trasladarse a su emplazamiento actual en el cerro Santa Ana, en 1547. La ciudad fue un importante puerto y astillero para los españoles, pero sufrió continuos ataques piratas y devastadores incendios, entre ellos uno en 1896 –conocido como el Gran Incendio– en el que importantes partes de la ciudad quedaron reducidas a cenizas. Guayaquil logró la independencia de España el 9 de octubre de 1820, y fue una provincia autónoma hasta que Simón Bolívar la anexionó a la Gran Colombia en 1822. Tras consumarse el fracaso de este experimento en 1830, Guayaquil se integró en la recién nacida República del Ecuador.

◉ Puntos de interés y actividades

Aunque la mayoría de los viajeros pasa rápidamente por la ciudad a la ida o al regreso de las Galápagos, lo cierto es que Guayaquil posee bastantes lugares de interés, y casi todos se hallan a pocos minutos a pie unos de otros. Si el tiempo apremia, se recomienda dar un garbeo por el Malecón 2000 (también llamado Malecón Simón Bolívar o simplemente el malecón) y recorrer Las Peñas, un barrio repartido por un cerro y que resulta especialmente atractivo de noche, cuando sopla la brisa fresca del río Guayas y las luces de la ciudad se iluminan, más abajo.

◉ El malecón

Malecón PASEO

(☉7.00-24.00) Considerado uno de los proyectos de regeneración urbana más ambiciosos de toda Sudamérica, el malecón es un espacio público patrullado, que se extiende a lo largo de 2,5 km junto al río Guayas, y cuenta con fuentes, parques infantiles, jardines, restaurantes al aire libre, museos, un auditorio, un cine IMAX y una galería comercial. Desde el extremo norte se obtienen buenas vistas del barrio colonial de Las Peñas y el cerro Santa Ana y, más allá, el puente de la Unidad Nacional, tendido sobre el río Daule.

★**Museo Antropológico y de Arte Contemporáneo** MUSEO

(MAAC; plano p. 276; ☎04-230-9383; Malecón Simón Bolívar esq. Loja; ☉9.00-16.30 ma-vi, 10.00-16.00 sa y do) GRATIS Al final del malecón se encuentra el moderno MAAC, un museo de antropología y arqueología que alberga una excelente colección permanente de piezas prehispánicas y proyecciones en las que se muestran las técnicas artísticas de los primeros pobladores. En sus exposiciones cambiantes se exhibe la obra de artistas ecuatorianos. El MAAC también cuenta con un moderno **teatro** (☎230-9400; www.maaccine.com; entrada 2 US$) con aforo para 350 espectadores donde se presentan funciones, conciertos y películas.

Museo en Miniatura
'Guayaquil en la Historia' MUSEO
(plano p. 276; Malecón Simón Bolívar; 15.00-18.00 lu-vi, 8.00-18.00 sa y do; ⊙entrada 3 US$) Este museo conduce al visitante a través de un turbulento viaje por la historia de Guayaquil mediante elaborados dioramas que recrean los principales acontecimientos acaecidos en la ciudad en los últimos 500 años, entre ellos ataques piratas, devastadores incendios, el fervor revolucionario y el reciente proyecto de regeneración. La visita completa dura 45 min.

La Rotonda MONUMENTO
(plano p. 276; Malecón Simón Bolívar) Aproximadamente a medio camino del malecón se yergue uno de los monumentos más imponentes de Guayaquil, sobre todo cuando se ilumina de noche. Flanqueado por pequeñas fuentes, representa el histórico encuentro entre Bolívar y San Martín que tuvo lugar allí en 1822.

Torre Morisca MONUMENTO
(plano p. 276; Malecón Simón Bolívar; ⊙8.30-17.00 ma-do) GRATIS En el punto donde convergen la calle 10 de Agosto y el malecón se alza esta famosa torre de reloj de estilo morisco, de 30 m, finalizada en 1931. Para obtener una vista memorable del malecón basta con subir a lo alto de la torre por su estrecha escalera de caracol.

Mercado Sur EDIFICIO DESTACADO
(Malecón Simón Bolívar) Enclavada en el extremo sur del malecón y conocida como el Palacio de Cristal, esta hermosa estructura de acero de diseño belga se construyó en 1907, llegando a ser el mayor mercado cubierto de Guayaquil. Hoy, tras una reciente remodelación, luce enormes muros de vidrio y suele albergar exposiciones de arte y puestos de artesanía.

◉ Las Peñas y cerro Santa Ana

Estos dos barrios históricos han recibido un lavado de cara que los ha convertido en el paradigma de pueblo latinoamericano sobre una ladera, con casas de vivos colores y callejas empedradas. Las vistas desde lo alto son espectaculares, sobre todo de noche, y sus escaleras están jalonadas de pequeños restaurantes familiares y bares de barrio. Es, además, un lugar seguro, patrullado por agentes que garantizan que la zona se pueda recorrer a pie sin impedimentos.

Numa Pompilio Llona CALLE
(plano p. 276) Llamada así por el célebre poeta guayaquileño (1832-1907), esta estrecha y sinuosa calle histórica arranca en el extremo norte del malecón, a la derecha de la escalinata que sube al cerro Santa Ana. Al recorrerla se observan varias placas que indican las sencillas residencias de antiguos presidentes. Se ha dejado que su arquitectura de madera envejezca elegantemente.

En la zona viven varios artistas y no faltan galerías de arte y tiendas de artesanía.

Al final de la calle se topa con el río, donde comienza un agradable paseo junto a la orilla.

Cerro Santa Ana BARRIO
(plano p. 276) He aquí uno de los mayores iconos de la ciudad, con sus casas de vivos colores, cafés, bares y tiendas de recuerdos a lo largo de un serpenteante tramo de escaleras de 444 peldaños hasta lo alto de la colina, coronada por el **fortín del Cerro** (plano p. 276). Varios cañones, utilizados en su día para defender Guayaquil de los piratas, apuntan al río y hoy siguen disparándose con motivo de celebraciones. También se puede subir al **faro** (plano p. 276; ⊙10.00-22.00) GRATIS para disfrutar de panorámicas de la ciudad, y luego, asomarse a la diminuta capilla situada enfrente.

Museo de la Música Popular
Guayaquileña Julio Jaramillo MUSEO
(plano p. 276; edificio 3, 2º; ⊙10.00-17.00 mi-sa, hasta 15.00 do) GRATIS Al pasear por esta zona histórica merece la pena echar un vistazo a este pequeño y pintoresco museo. Una parte está dedicada a los grandes intérpretes y compositores ecuatorianos (con especial énfasis en el legendario Julio Jaramillo), con viejas gramolas y mandolinas de época entre sus reliquias; la otra, se centra en la cerveza, incluida la marca nacional Pilsener, que antaño tenía una cervecera en los alrededores. No hay que perderse la cerveza de presión y los interesantes menús especiales de almuerzo (3 US$) del café contiguo.

Iglesia de Santo Domingo IGLESIA
(plano p. 276) Fundada en 1548 y restaurada en 1938, la iglesia más antigua de Guayaquil se halla detrás del teatro Bogotá.

◉ Centro

La av. 9 de Octubre, la principal arteria comercial del centro de Guayaquil, está flanqueada por tiendas de calzado, de electro-

Guayaquil - Centro ciudad

Véase "Guayaquil - Barrios del norte", p. 282

Av Kennedy

Puente de la Unidad Nacional ↑
(4,5km)

Bombona

Manuela Sáenz

Ricaurte

Libertador

Giradot

38

O'Leary

Saeadi

Carabobo

Rodríguez

Bello

Coronel

Pedro Menéndez

◉ 5

Alameda Ráez

Piedrahita (Calle 8 NO)

Coronel

Malecón
El Salado

Galecio (Calle 7 NO)

Pedro Gual

49

Lascano (Calle 6 NO)

Moncayo (Av 1 NE)

ROCA

Rumichaca (Av 4 NE)

Tungurahua

TARQUI

Vernaza (Calle 5A NO)

Padre Solano (Calle 5 NO)

Urdaneta (Calle 4 NO)

Ejército (Av 4 NO)

García Moreno (Av 3 NO)

Padre Solano (Calle 5 NE)

Plaza Rodolfo
Baquerizo
Moreno

Los Ríos

Quísquis (Calle 3 NO)

1 de Mayo (Calle 2 NO)

Machala (Av 1 NO)

Quito (Eje N-S)

Urdaneta

Junín (Calle 3 NE)

Carchi (Av 9 NO)

🏧 15

9 de Octubre (Eje E')

53 ✕

Rendón (Calle 2 NE)

26 🚆

Tulcán

Hurtado

🏛 31

Parque
del
Centenario
(Av 3 NE)

Vélez

Luque (Calle 3 SO)

José de Antepara (Av 2 NO)

Garaycoa

♦ 19

✕ 51

Aguirre (Calle 4 SO)

Vélez (Calle 2 SE)

Los Ríos

Esmeraldas

Ballén (Calle 5 SO)

ROCAFUERTE

Luque (Calle 3 SE)

Aguirre (Calle 4 SE)

10 de Agosto (Calle 6 SO)

Sucre (Calle 7 SO)

Parque
Victoria

🚌

Ballén (Calle 5 SE)

Colón (Calle 8 SO)

Autobuses a
la Terminal
Terrestre

Mercado

10 de Agosto (Calle 6 SE)

Sucre (Calle 7 SO)

SUCRE

Alcedo

Colón (Calle 8 SO)

Gómez

Ejército

Ayachuco

Machala

Quito (Eje N'S)

Moncayo

Montúfar (Av 1 A SE)

6 de Marzo (Av 2 SE)

Garaycoa (Av 3 SE)

Rumichaca (Av 4 SE)

Romero (Callejón 9 SE)

Manabí

BOLÍVAR

Ayachuco (Calle 11 SE)

Franco Dávila (Calle 11A SE)

Huancavilca

Avilés (Av 5 SE)

OLMEDO

Nájera

COSTA MERIDIONAL GUAYAQUIL

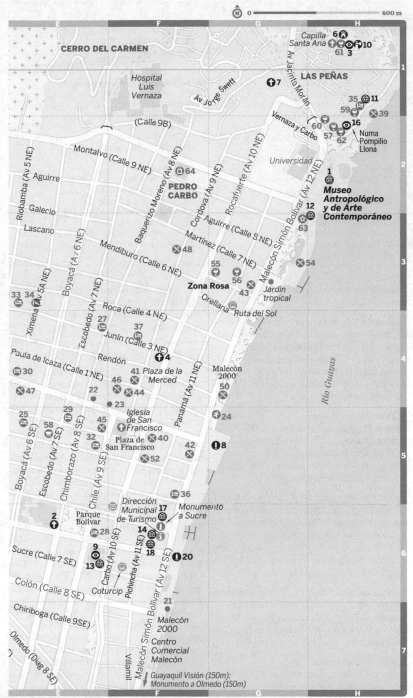

0 ———————— 400 m

CERRO DEL CARMEN

Hospital
Luis
Vernaza

Capilla
Santa Ana

LAS PEÑAS

Montalvo (Calle 9 NE)

PEDRO
CARBO

(Calle 9B)

Av Jorge Swett

Av Jacinto Morán

Vernaza y Carbo

Numa
Pompilio
Llona

Universidad

Museo
Antropológico
y de Arte
Contemporáneo

Baquerizo Moreno (Av 8 NE)

Cordova (Av 9 NE)

Rocafuerte (Av 10 NE)

Malecón Simón Bolívar (Av 12 NE)

Aguirre (Calle 8 NE)

Martínez (Calle 7 NE)

Zona Rosa

Riobamba (Av 5 NE)

Aguirre

Galecio

Lascano

Boyacá (Av 6 NE)

Escobedo (Av 7 NE)

Ximena (Av 5A NE)

Mendiburo (Calle 6 NE)

Roca (Calle 4 NE)

Junín (Calle 3 NE)

Rendón

Orellana

Ruta del Sol

Jardín
tropical

Paula de Icaza (Calle 1 NE)

Panamá (Av 11 NE)

Plaza de la
Merced

Iglesia
de San
Francisco

Plaza de
San Francisco

Boyacá (Av 6 SE)

Escobedo (Av 7 SE)

Chimborazo (Av 8 SE)

Chile (Av 9 SE)

Carbo (Av 10 SE)

Malecón
2000

Dirección
Municipal
de Turismo

Parque
Bolívar

Monumento
a Sucre

Sucre (Calle 7 SE)

Colón (Calle 8 SE)

Pichincha (Av 11 SE)

Coturcip

Chiriboga (Calle 9SE)

Malecón Simón Bolívar (Av 12 SE)

Villamil

Olmedo (Diag 8 SE)

Malecón
2000
Centro
Comercial
Malecón

Guayaquil Visión (150m);
Monumento a Olmedo (150m)

Río Guayas

Guayaquil – Centro ciudad

domésticos, grandes almacenes y locales de comida rápida.

Iglesia de San Francisco　　IGLESIA
(av. 9 de Octubre, cerca de Chile) Construida a principios del s. XVIII, quedó arrasada en el devastador incendio de 1896, que destruyó buena parte de la ciudad, y fue reconstruida en 1902 y maravillosamente restaurada a finales de los noventa.

Museo Nahim Isaías　　MUSEO
(plano p. 276; Pichincha esq. Ballén; ⊙8.30-16.00 ma-vi, desde 10.00 sa y do) GRATIS Este museo instalado en el edificio de la plaza de la Administración contiene una excelente colección de esculturas, cuadros y piezas de la época colonial.

Palacio Municipal　　EDIFICIO HISTÓRICO
(plano p. 276) Cruzando la calle desde el malecón se encuentra el Palacio Municipal, un ornamentado edificio gris separado del Palacio de Gobierno, sencillo y sólido, por un paseo peatonal pequeño pero agradable. Ambos datan de la década de 1920.

Palacio del Gobierno　　EDIFICIO HISTÓRICO
(plano p. 276) Cerca del malecón, alberga importantes oficinas gubernamentales de la ciudad. La estructura de madera primigenia fue destruida en el gran incendio de 1917.

Iglesia de La Merced　　IGLESIA
(plano p. 276; Rendón esq. Rocafuerte) Como la mayoría de los edificios coloniales de Guaya-quil, la iglesia de madera original, construida en 1787, ardió presa de las llamas. La versión actual data de 1938 y luce un altar dorado profusamente decorado.

◉ Zona del parque Bolívar

Guayaquil es posiblemente la única ciudad del mundo que alberga en pleno centro una colonia de **iguanas terrestres,** algunas de más de 1 m de largo. Estos animales de apariencia prehistórica (diferentes de la especie que vive en las Galápagos) constituyen una atracción sorprendente del **parque Bolívar,** una de las plazas más famosas de Guayaquil, también conocido como el parque Semina-rio. Alrededor de sus pequeños jardines ornamentales se hallan algunos de los hoteles más exclusivos de la ciudad.

Museo Municipal　　MUSEO
(plano p. 276; ☎04-252-4100; Sucre; ⊙9.00-17.30 ma-sa) GRATIS Una cuadra al sur del parque Bolívar se encuentra este museo y la **biblio-teca** municipal (plano p. 270). En la sala de arqueología de la planta baja destaca la cerámica inca y preincaica, así como varias figuras de la cultura valdivia, la más antigua del país (aprox. 3200 a.C.). En esa misma plana hay una sala colonial con cuadros religiosos y unos cuantos enseres domésticos de época. La planta superior presenta un batiburrillo de salas consagradas al arte moderno y a la etnografía.

Catedral
IGLESIA

(plano p. 276) Enclavada en el lado oeste del parque Bolívar, su estructura original de madera se construyó en 1547, pero al igual que buena parte de la ciudad sucumbió a las llamas. La adaptación actual, completada en 1948 y remozada en 1978, es sencilla y moderna, pese a su recargada entrada principal.

👁 Al norte del centro

Malecón El Salado
PLAZA

Con varios restaurantes y cafés en una moderna edificación dispuesta a lo largo del estuario del río, el atractivo resultado de este proyecto de regeneración goza de gran aceptación entre los vecinos de la zona.

Las familias con niños suelen acudir a última hora de la tarde los fines de semana para ver las Fuentes danzantes, un espectáculo acuático coreografiado que tiene lugar a las 19.00, 19.30 y 20.00. La gran plaza Rodolfo Baquerizo Moreno, al sur del malecón, está dominada por una enorme estructura modernista y acoge exposiciones y otros acontecimientos con bastante regularidad.

Museo Presley Norton
MUSEO

(plano p. 276; ☎04-229-3423; av. 9 de Octubre; ☺9.00-17.00 ma-vi, 10.00-17.00 sa y do) GRATIS Provisto de una impresionante colección de objetos arqueológicos, incluidas piezas de cerámica y estatuillas hechas por los primeros moradores de Ecuador, este museo ocupa una preciosa mansión restaurada. En ocasiones se programan conciertos y películas.

Parque del Centenario
PARQUE

(plano p. 276) Emplazado a lo largo de la av. 9 de Octubre, es el mayor de Guayaquil y constituye el punto intermedio entre el río Guayas y el estero Salado. Se compone de cuatro manzanas de jardines impecables, bancos y monumentos; destaca la céntrica columna de la Libertad, rodeada por los padres fundadores del país.

Cementerio de la ciudad
CEMENTERIO

(plano p. 276; Pedro Menéndez) Incorporado al paisaje urbano, a un corto trayecto desde el centro, este emblemático camposanto, creado en 1823, contiene centenares de tumbas por encima de la superficie (y un total de 700 000 sepulcros) amontonadas unas sobre otras hasta el punto de parecer un bloque de apartamentos. Un paseo conduce a varios monumentos y a enormes mausoleos, entre ellos la impresionante última morada del presidente Vicente Rocafuerte.

👁 Afueras de Guayaquil

Parque Histórico Guayaquil
ZOOLÓGICO, MUSEO

(plano p. 282; ☎04-283-2958; www.parquehistorico.gob.ec; av. Esmeraldas; ☺9.00-17.00) GRATIS Historia colonial y vida natural van de la mano en este enorme espacio al otro lado del puente Rafael Mendoza Avilés, al este del río Daule.

El parque se divide en tres zonas: la "zona de vida salvaje amenazada", con 45 especies de aves, animales y reptiles en un hábitat seminatural; la "zona de arquitectura urbana", que cuenta con un restaurante y presenta el desarrollo de la arquitectura de principios del s. xx en Guayaquil; y la "zona de las tradiciones", con énfasis en las costumbres rurales, la artesanía y la agricultura de la región.

Un taxi desde el centro cuesta unos 3 o 4 US$, aunque también se puede tomar cualquier autobús hacia Durán desde la terminal del río Daule. Resulta más fácil tomar el autobús de regreso a la ciudad desde delante del gran centro comercial en la carretera principal, a 200 m del parque.

Zoológico el Patanal
ZOOLÓGICO

(☏04-226-7047; www.zoologicoelpantanal.com; km 23; adultos/niños 6/3 US$; ☺9.00-17.00) Al norte de la ciudad, de camino a Daule, se encuentra este centro de rescate y rehabilitación para especies salvajes heridas y abandonadas, que, además, funciona como zoo, con monos, cocodrilos y varios felinos de gran tamaño. Un taxi desde el centro cuesta 15 US$; otra opción es tomar cualquier autobús que vaya hacia Nobol (1 US$, 40 min) desde la Terminal Terrestre de Guayaquil.

☞ Circuitos

Captain Henry Morgan
CIRCUITOS EN BARCO

(plano p. 276; ☏04-251-7228; Malecón Simón Bolívar esq. Colón) Llamado así por el famoso pirata (aunque nunca estuvo en Guayaquil), esta réplica de un velero ofrece paseos en barco de 1 h (7 US$) de martes a domingo a las 16.00, 18.00 y 19.30, con salidas más temprano los fines de semana. Aunque se sirve alcohol y hay baile, es muy indicado para ir con niños.

Tren Ecuador
CIRCUITOS EN TREN

(☏1800-873-637; www.trenecuador.com; ida y vuelta 22 US$; ☺circuitos 8.00 ju-do) Esta excursión de día completo lleva de Durán a Yaguachi y continúa hasta Bucay, 88 km al este de Guayaquil. Una vez en Bucay, se dispone de unas 4 h de tiempo libre, que pueden dedicarse a actividades al aire libre (con coste adicional) como equitación o ciclismo de montaña o, si se prefiere, visitar cascadas las que se puede descender en rápel. Los operadores aguardan a la llegada del tren en Bucay.

Para el trayecto de vuelta se toma el autobús y se llega a Guayaquil en torno a las 17.30. Es algo turístico, pero aun así es una excursión agradable, muy popular entre turistas ecuatorianos. Un taxi del centro al punto de partida de la excursión, en Durán, debería rondar los 7 US$. Los billetes se compran en el **vagón de época** (plano p. 276; malecón; ☺10.00-18.00 lu-vi, hasta 15.30 sa y do) sito en el malecón.

Guayaquil Visión
CIRCUITOS URBANOS

(☏04-292-5332; www.guayaquilvision.com; adultos/niños 6/3 US$) Organiza circuitos de 1½ h en autobuses de dos pisos que recorren el centro y la periferia, con cinco salidas diarias desde la plaza Olmedo, en el malecón; la primera, a las 10.40. Hay otras cuatro paradas donde poder subir o bajar tantas veces como se desee.

Tangara Tours
CIRCUITOS DE UN DÍA

(plano p. 276; ☏04-228-2828; www.tangara-ecuador. com; Ciudadela Bolivariana, Manuela Sáenz esq. O'Leary, bloque F, casa 1) Gestionada desde la pensión del mismo nombre y muy recomendada por sus circuitos por la zona, entre ellos la visita guiada a la Reserva Ecológica Manglares Churute.

Tropiceo
CIRCUITOS ECOLÓGICOS

(☏en EE UU 1800-207-8615; www.destinationecuador.com; Quito) Afianzada y reputada compañía especializada en circuitos ecológicos.

Circuitos a Galápagos

A diferencia de los vuelos a las islas, reservar aquí cruceros por las Galápagos (p. 39) no resulta más económico que en Quito.

Centro Viajero
CIRCUITOS CON GUÍA

(plano p. 276; ☏04-256-4034; www.centroviajero. com; Baquerizo Moreno 1119 cerca de av. 9 de Octubre, oficina 805, 8º) Organiza paquetes a las Galápagos. Se recomienda preguntar por Douglas Chang, el director.

Dreamkapture Travel
CIRCUITOS EN CRUCERO

(plano p. 282; ☏04-224-2909; www.dreamkapture. com; Alborada 12A etapa, Manzana 2, villa 21, Juan Sixto Bernal) Muy buenas promociones en cruceros por las Galápagos y otras excursiones.

Galasam Tours
CIRCUITOS EN CRUCERO

(plano p. 276; ☏04-230-4488; www.galasam.com. ec; av. 9 de Octubre 424, Edificio Gran Pasaje, planta baja, oficina 9A) Conocida por sus cruceros económicos por las Galápagos, aunque conviene estar ojo avizor al formalizar la reserva.

Trips & Dreams
CIRCUITO CON GUÍA

(plano p. 276; ☏099-235-1335; www.tripsanddreams.com; Quísquis 305 cerca de Rumichaca) Muy recomendada, comparte espacio y dirección con el Hostal Suites Madrid y orga-

ISLA SANTAY

Fuera del radar turístico para gran parte de quienes visitan Guayaquil, la isla Santay, cubierta de manglares, se ha convertido en un destino de moda gracias a su flamante condición de reserva protegida. Parte de los planes del Gobierno para dotar a la ciudad de más zonas verdes, Santay es la piedra angular del proyecto de ecoturismo Guayaquil Ecológico, recientemente inaugurado. En el 2014 se terminaron las obras de un puente cerrado al tráfico rodado, que brinda acceso a la isla a peatones y ciclistas.

Así, el principal atractivo de esta isla de 2200 Ha en el río Guayas es que supone un remanso de paz donde evadirse del bullicio de Guayaquil; también es un buen lugar para ver aves (se han catalogado más de 128 especies) y se puede espiar a los caimanes entre las aguas fangosas. Las pasarelas de madera que surcan la isla conducen a una pequeña comunidad de pescadores con varias opciones sencillas para comer. Para cuando se lean estas líneas podría estar inaugurado un segundo puente que comunicará la isla con el cantón de Durán.

El puente de la isla de Santay, de 840 m de largo, está unos kilómetros al sur del malecón. Para llegar se puede tomar la Metrovía hasta la parada de Barrio Centenario, que dista dos cuadras del puente.

niza toda clase de excursiones, aunque su principal gancho son los viajes económicos a las Galápagos. Pregúntese por Christopher Jiménez, su director, que además de ser una fuente de conocimiento, es muy afable.

🎉 Fiestas y celebraciones

Carnaval   CULTURAL, RELIGIOSA
Los días inmediatamente previos al Miércoles de Ceniza y a la Cuaresma se celebran arrojando a los viandantes todo tipo de líquidos.

Aniversario de Simón Bolívar
y Fundación de Guayaquil
    CULTURAL, HISTÓRICA
Se celebran el 24 y 25 de julio, respectivamente. Desfiles, concursos de belleza, fuegos artificiales, bailes y bebida a raudales inundan la ciudad.

Día de la Independencia
y de la Raza   CULTURAL, HISTÓRICA
Estos dos festivos se combinan para crear un largo puente cargado de acontecimientos culturales y desfiles que congregan a una gran muchedumbre en el malecón. El Día de la Independencia se festeja el 9 de octubre (1820) y el de la Raza, el 12 de octubre.

Nochevieja   CULTURAL
Se celebra con hogueras y muñecos de tamaño natural llamados viejos, que se rellenan con ropas viejas en representación del año que llega a su fin y se exhiben en las principales calles de la ciudad (sobre todo en el malecón) antes de prenderles fuego a medianoche.

🛏 Dónde dormir

Hay quienes prefieren hospedarse en los barrios periféricos del norte, aunque no resulta más práctico que el centro para ir al aeropuerto o a la terminal de autobuses y, además, exige moverse en taxi a todas partes. Si se opta por esta zona, al menos que sea porque el alojamiento lo merece.

🛏 Centro

El ruido de la calle puede ser un problema independientemente de la categoría del hotel.

Hostal Suites Madrid   HOTEL $
(plano p. 276; ☑04-230-7804; www.hostalsuites madrid.com; Quísquis 305 cerca de Rumichaca; h con ventilador/a.a. desde 25/30 US$; ⓟ❄@🛜) Es uno de los contados hoteles de la ciudad orientados a viajeros extranjeros, un limpísimo y seguro refugio a 10 min de paseo del malecón. Cuenta con una terraza en la azotea con ordenadores a disposición de los huéspedes. El personal es muy atento y agradable, y su director, el políglota Christopher Jiménez, lleva una agencia de viajes afiliada al hotel.

Hotel Nueve de Octubre   HOTEL $
(plano p. 276; ☑04-256-4222; av. 9 de Octubre 736; h 18 US$; ❄🛜) Este coloso ocupa una excelente ubicación en pleno centro comercial de la ciudad. Sus pasillos y habitaciones de estilo soviético están limpios pero les falta carácter; además, no hay agua caliente.

Guayaquil - Barrios del norte

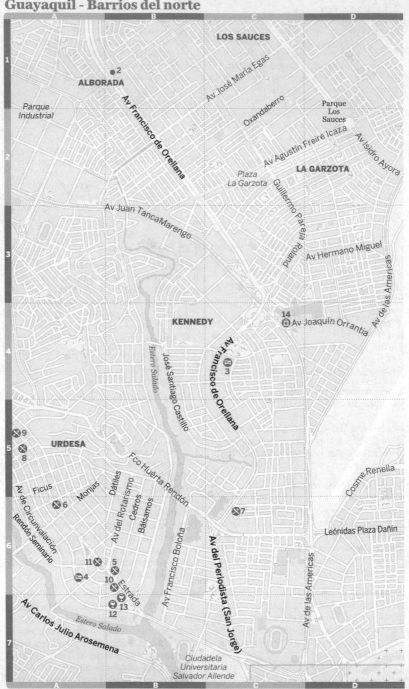

LOS SAUCES

● 2
ALBORADA

Parque
Industrial

Av José María Egas

Av Francisco de Orellana

Oxandaberro

Parque
Los
Sauces

Av Agustín Freire Icaza

Av Isidro Ayora

LA GARZOTA

Plaza
La Garzota

Guillermo Pareja Rolando

Av Hermano Miguel

Av de las Americas

Av Juan Tanca Marengo

KENNEDY

14
Av Joaquín Orrantia

José Santiago Castillo

Estero Salado

Av Francisco de Orellana

3

9
8

URDESA

Fco Huerta Rendón

Cosme Renella

Ficus

Monjas

Dátiles

Av del Rotarismo

Cedros

Bálsamos

6

Leónidas Plaza Dañín

7

Av de las Americas

Rendón Seminario

Av de Circunvalación

11

5
4
10

Estrada

12 13

Av Francisco Boloña

Av del Periodista (San Jorge)

Av Carlos Julio Arosemena

Estero Salado

Ciudadela
Universitaria
Salvador Allende

Guayaquil – Barrios del norte

Hotel Andaluz ALBERGUE **$$**

(plano p. 276; ☎04-230-5796; Baquerizo Moreno 840 cerca de Junín; i/d/tw 25/34/40 US$; @🖘) Aunque las habitaciones no son tan encantadoras como sugiere la elegante fachada colonial, el Andaluz sigue siendo una opción agradable y muy a cuenta. Sus habitaciones son luminosas, con pinceladas de arte ecuatoriano, y la terraza de arriba es fantástica para relajarse.

Re Bed & Breakfast PENSIÓN **$$**

(plano p. 276; ☎04-231-0111; www.rebandb.com; Junín 428 cerca de Córdova, 3º, apt D; dc/i/d 17/37/64 US$ desayuno incl.; ✳🖘) Instalada en un edificio de apartamentos, esta pequeña pensión ofrece cinco habitaciones sencillas decoradas alegremente. Hay una cocina para huéspedes, una pequeña sala de estar bañada de luz y un agradable ambiente bohemio que hace que todo el mundo se sienta como en casa.

Casa de Romero B&B **$$**

(plano p. 276; ☎04-603-6244; www.hostelromero. com; Vélez 501 esq. Boyacá, 7º; i/d 28/45 US$ desayuno incl.; ✳@🖘) Agradable y céntrica propuesta en un alto edificio de apartamentos, con habitaciones de buen tamaño (todas excepto uno con baño privado), varias de ellas con balcones. También posee un atractivo salón y cocina y lavandería a disposición de los clientes.

Manso Boutique Hotel
HOTEL **$$**

(plano p. 276; ✆04-252-6644; www.manso.ec; Malecón Simón Bolívar esq. Aguirre; dc 17 US$, h 41-82 US$; ✳@❡) Dejando a un lado su imbatible emplazamiento, en pleno malecón, este hotel tiene algo de albergue y algo de hotel-*boutique*. Las habitaciones varían en cuanto a confort y estilo; las mejores son luminosas y amplias y sus paredes están animadas con arte y color. Desprende un ambiente bohemio, ofrece clases de yoga y alquiler de bicicletas, y un lindo café sirve comida ecológica.

Hotel Las Peñas
HOTEL **$$**

(plano p. 276; ✆04-232-3355; www.hlpgye.ec; Escobedo 1215 cerca de Vélez; i/d/tr 49/61/67 US$ desayuno incl.; ✳❡) Con buena relación calidad-precio, ofrece enormes habitaciones equipadas con TV y una pequeña nevera, a un corto paseo del malecón y la av. 9 de Octubre. Pídase una habitación de la esquina del edificio, con ventanales y buenas vistas.

Hotel Presidente Internacional
HOTEL **$$**

(plano p. 276; ✆04-230-6779; www.presidentein ternacional.com; Quísquis 112 cerca de Riobamba; i/d 40/67 US$; ✳@❡) Tal vez sorprenda encontrar al clásico botones, pero este hotel de nueve plantas sale muy a cuenta teniendo en consideración sus suelos de madera pulida, sus baños de calidad y su decoración. Dispone incluso de un pequeño gimnasio y *jacuzzi*.

Hotel Versailles
HOTEL **$$**

(plano p. 276; ✆04-230-8773; www.hotelversailles. com.ec; Quisquis esq. Ximena; i/d desde 27/35 US$; ✳@❡) Es una buena opción a unas cuadras de la av. 9 de Octubre. Las espaciosas habitaciones (algunas oscuras y sin ventanas) tienen el suelo de mármol, ducha de primera, mininevera y TV.

★ Mansión del Río
HOTEL **$$$**

(plano p. 276; ✆04-256-6044; www.mansiondelrio-ec.com; Numa Pompilio Llona 120, Las Peñas; h desde 186 US$ desayuno incl.; ✳@❡) Alojado en una casa de la década de 1920 deliciosamente restaurada y oculta en una calle empedrada a la vera del río, en el barrio de Las Peñas, es el único hotel que saca partido a la historia y situación de Guayaquil. Las 11 estancias lucen una bonita decoración con muebles de anticuario y muchos detalles originales como las arañas o el papel pintado.

La terraza en la azotea regala vistas formidables. El precio incluye el traslado a/desde el aeropuerto.

Hotel Oro Verde
HOTEL **$$$**

(plano p. 276; ✆04-232-7999; www.oroverdehotels. com; av. 9 de Octubre esq. García Moreno; h desde 160 US$; ℗✳@❡⛱) Unas cuatro cuadras al oeste del parque del Centenario, sigue siendo el hotel más selecto de la ciudad, no tanto por sus habitaciones de calidad superior como por sus prestaciones de primera, su casino y sus excelentes restaurantes.

Hotel Palace
HOTEL **$$$**

(plano p. 276; ✆04-232-1080; www.hotelpalace guayaquil.com.ec; Chile 214; i/d desde 110/133 US$ desayuno incl.; ℗✳@❡) Muy bien gestionado, se trata del hotel de negocios mejor situado de la ciudad, a tiro de piedra de la av. 9 de Octubre y a unas cuadras del malecón. Sus habitaciones, decoradas con gusto, presentan toques de estilo *boutique*.

Hotel Continental
HOTEL **$$$**

(plano p. 276; ✆04-232-9270; www.hotelcontinental. com.ec; Chile 510; h desde 98 US$; ℗✳@❡) Esta suerte de fortaleza frente al parque Bolívar aloja uno de los hoteles de lujo más veteranos de la ciudad, con habitaciones confortables aunque no especialmente amplias y varios restaurantes de nivel.

🏨 Barrios del norte

Cerca del centro comercial Mall del Sol se encuentran varias cadenas de hoteles orientadas al sector de los negocios, como Sheraton y Howard Johnson.

NucaPacha
ALBERGUE **$**

(plano p. 282; ✆04-261-0553; www.nucapacha. com; Bálsamos Sur 308; dc 11 US$, i/d 22/33 US$, sin baño 17/27 US$; @❡⛱) Situado en una tranquila calle de Urdesa, este albergue posee una tentadora piscina y un patio rodeados de vegetación tropical. Las habitaciones son muy sencillas (con paredes desnudas, fluorescentes y ventiladores ruidosos) y las camas, poco confortables; pero el personal es muy agradable y los precios, bastante justos. Tiene cocina compartida y organiza excursiones.

Tangara Guest House
PENSIÓN **$$**

(plano p. 276; ✆04-228-2828; www.tangara-ecuador.com; Ciudadela Bolivariana, Manuela Sáenz esq. O'Leary, bloque F, casa 1; i/d desde 35/56 US$ desayuno incl.; ✳❡) A unas cuadras de la Universidad de Guayaquil, ofrece habitaciones agradables pero bastante sencillas, un pequeño patio con una hamaca, una zona para relajarse tras una jornada de exploración y una cocina para huéspedes. Su dueño sabrá aconsejar al viajero sobre cómo exprimir al máximo la ciudad.

Hilton Colón Guayaquil HOTEL $$$
(plano p. 282; 04-268-9000; www.hiltoncolon. com; Francisco de Orellana; h desde 164 US$; [⚕@🛜♒]) Enorme complejo de lujo que incluye varios restaurantes, tiendas, piscina, gimnasio y casino. Merece la pena pagar algo más por una *suite*, con vistas espectaculares.

🍴 Dónde comer

Los guayaquileños adoran el encebollado, una sabrosa sopa a base de pescado, yuca y cebolla, acompañada de palomitas y *chifles* (crujientes cortezas de plátano frito). Las mejores versiones se preparan en restaurantes familiares baratos y suelen terminarse enseguida. El cangrejo es otro plato favorito local. Muchos de los mejores restaurantes se concentran en el barrio de Urdesa, 4 km al noroeste del centro.

🍴 Centro

Sweet & Coffee CAFÉ $
(plano p. 276; Carbo esq. Luque; tentempiés 2-3,50 US$; 7.30-20.30 lu-vi, desde 9.00 sa, 12.00-18.00 do; 🛜) Popular café revestido de madera oscura con excelentes tartas saladas y quiches (muy recomendable la torta de jamón y queso); tiene otro **local** (plano p. 276; 9 de Octubre esq. José de Antepara; tentempiés 2-3,50 US$; 7.30-20.30 lu-vi, desde 9.00 sa, 12.00-18.00 do) en la av. 9 de Octubre.

Mi Comisariato SUPERMERCADO $
(plano p. 276; av. 9 de Octubre, entre Avilés y Boyacá; 9.00-20.00) El supermercado más práctico del centro tiene un aire de tienda de ropa.

Dulcería La Palma CAFÉ
(plano p. 276; Escobedo, entre Vélez y Luque; 7.45-19.00 lu-sa, 8.00-17.00 do) Este café a la antigua, con ventiladores de techo y fotos en blanco y negro de Guayaquil, es uno de los lugares con más personalidad del centro y una buena parada para desayunar o merendar a base de "cachitos" (crujientes minicruasanes; 0,11 US$) y bollería variada (todos a 0,27 US$).

Frutabar BAR DE ZUMOS $
(plano p. 276; Malecón Simón Bolívar; ppales. 5-7 US$; 9.00-24.00) Divertido local de temá-

tica surfista que sirve sándwiches *gourmet*, tentempiés y deliciosos zumos y cócteles. Suena *reggae* y música lounge de fondo.

Las 3 Canastas BAR DE ZUMOS $
(plano p. 270; Vélez esq. Chile; bebidas desde 2,10 US$; 8.30-18.30 lu-sa) Ajetreado local abierto solo de día, con mesas a pie de calle, taburetes y gran variedad de bebidas a base de frutas.

Costillas de Nico ECUATORIANA $
(plano p. 276; Paula de Icaza esq. Córdova; ppales. 4-7 US$, empanadas sobre 1,50 US$; 12.00-21.00) Popular establecimiento cerca de la plaza de la Merced ideal para darse un atracón a base de costillas, bistecs y pollo a la barbacoa. Delante del restaurante tiene un puesto de comida que vende unas sabrosas empanadas perfectas como tentempié.

Restaurante 8-28 CHINA $
(plano p. 276; av. 9 de Octubre, entre Rumichaca y Avilés; ppales. 4-7 US$, comidas especiales 2,50 US$; 11.00-23.00) De los mejorcitos chifas (restaurantes chinos) del barrio, con raciones abundantes y un establecimiento limpio y moderno.

Lorenabo VEGETARIANA $
(plano p. 276; Paula de Icaza, entre Moreno y Cordova; ppales. 3 US$; 12.00-17.00 lu-vi; 🍴) De los pocos lugares que sirven comida italiana y ecuatoriana sin carne.

Fragela Heladería Artesanal HELADERÍA $
(plano p. 276; Malecón Simón Bolívar cerca de av. 9 de Octubre; cucurucho 2,20-3,20 US$) Agradable heladería, en el centro.

Resaca INTERNACIONAL $$
(plano p. 276; Malecón Simón Bolívar esq. Rendón; ppales. 7-14 US$, comidas 3,50 US$/plato; 11.00-24.00 lu-sa, hasta 20.30 do) En el malecón, este restaurante de dos plantas y ambiente festivo sirve platos ecuatorianos de siempre, además de un bufé de cangrejo (casi todas las noches desde las 20.00; aprox. 24 US$, con barra libre de cerveza) y comida mexicana (jueves). Entrada la noche, su terraza en la azotea es un lugar magnífico para un trago.

Victoria Café ECUATORIANA $$
(plano p. 276; Malecón Simón Bolívar; ppales. 7-17 US$; 11.00-23.00) Encantador café a la sombra, junto a un estanque lleno de patos, ideal para aplacar el apetito a base de clásicos ecuatorianos o para hacer una pausa del paseo por el malecón.

PLAZA LAGOS

Uno de los lugares con más encanto de Guayaquil para comer o tomar algo es **Plaza Lagos** (www.plazalagos.com.ec; km 6,5 Vía Puntilla), un complejo de atractivo diseño que alberga restaurantes, bares de vinos y cafés al aire libre de categoría, dispuestos entre palmeras, fuentes, pasarelas y un lago artificial.

Posee más de una veintena de lugares para comer donde se sirve desde cocina sudamericana de fusión a tapas españolas. Redondea la oferta gastronómica un puñado de cafés con sándwiches *gourmet* de estilo italiano, postres y mucho más. Se trata de un relajante lugar ideal para cenar al fresco, especialmente los fines de semana, cuando algunos establecimientos ofrecen música en directo. Los precios son altos, pero en general también la calidad.

Se encuentra al otro lado del río Daule, en el selecto barrio de Samborondón. Un taxi desde el centro de Guayaquil cuesta unos 8-10 US$.

Mercado El Norte ECUATORIANA **$**
(Baquerizo Moreno esq. Martínez; ⏰9.00-19.00 lu-sa, 10.00-16.00 do) Muy bullicioso, con frutas y verduras frescas, además de almuerzos económicos. Está cerca del mercado artesanal Loja.

Pique & Pase ECUATORIANA **$$**
(plano p. 276; Lascano entre Tulcán y Carchi; ppales. 8-15 US$; ⏰12.00-23.00) El mejor restaurante de comida ecuatoriana de la ciudad lo atienden camareros vestidos con trajes tradicionales. Interesa compartir varios platos pequeños, como el bolón verde (plátano macho frito con queso), humitas (masa de maíz cocida al vapor con farfolla) o guatita con moro de lentejas (callos de ternera con menestra de lentejas y arroz), antes de hincarle el diente al plato principal.

Picantería La Culata PESCADO Y MARISCO **$$**
(plano p. 276; Córdova entre Mendiburo y Martínez; ppales. 4-9 US$; ⏰8.00-24.00 lu-ju, hasta 2.00 vi y sa) Para disfrutar del sabor de la costa en la gran ciudad con excelentes ceviches, encocados (de camarones o pescado, cocinados en salsa de coco) y arroces marineros. Suele estar a rebosar, aunque es tranquilo.

Cocolón ECUATORIANA **$$**
(plano p. 276; av. Carbo; ppales. 8-12 US$; ⏰12.00-21.00 lu-sa, hasta 17.00 do) Justo enfrente de la iglesia de San Francisco, al otro lado de la plaza, es un lugar de decoración moderna pero alegre, muy conocido por su cocina ecuatoriana. El lomo a la parrilla con arroz y alubias es todo un clásico; sin embargo, los más osados no querrán perderse la guatita, un guiso de callos y patatas en una especiada salsa a base de cacahuetes.

Manso Mix FUSIÓN **$$**
(plano p. 276; Malecón Simón Bolívar esq. Aguirre; ppales. 7-9 US$; ⏰8.00-22.00; 🖥📶) Este colorido café instalado en el Manso Boutique Hotel sirve platos sabrosos y saludables como tortillas de quinoa, pescado en salsa de coco y hamburguesas de alubias.

Artur's Café INTERNACIONAL **$$**
(plano p. 276; 📞04-231-2230; Numa Pompilio Llona 127, Las Peñas; ppales. 6-9 US$; ⏰18.00-24.00 do-ju, hasta 2.00 vi y sa) Este veterano escondite sobre el río Guayas ofrece platos ecuatorianos corrientes, pero es fantástico para calentar motores antes de una noche de juerga por Las Peñas. Hay música en directo casi todos los fines de semana.

⭐**La Tasca de Carlos** ESPAÑOLA **$$$**
(plano p. 270; Cordova esq. Paula de Icaza; ppales. 15-28 US$, tapas 4-10 US$; ⏰12.00-19.00 lu-vi, hasta 16.00 sa) Entrañable taberna familiar de estilo español, con carácter a carretadas y un repertorio compuesto por tortillas, arroz negro, pulpo a la gallega y paella, entre otras exquisiteces.

🍴 Barrios del norte

Sweet & Coffee CAFÉ **$**
(plano p. 282; Estrada cerca de Cedros; tentempiés 2-3,50 US$; ⏰8.00-23.00 lu-ju, hasta 2.00 vi y sa, 10.00-23.00 do; 📶) Moderno y sugerente, con una clientela de todas las edades que acude atraída por el café, el bullicio y las sublimes tartas y quiches. Está en Urdesa.

Frutabar - Urdesa CAFÉ **$**
(plano p. 282; Estrada cerca de Monjas; ppales. 5-7 US$; ⏰10.00-24.00) Este café de temática polinesia, frecuentado por una clientela joven y agradable, sirve buenos sándwiches, zumos y cócteles tropicales.

Sushi Isao JAPONESA **$$**
(plano p. 282; Bálsamos 102 cerca de Estrada; ppales. 10-19 US$; ⊗12.00-23.00 ma-sa, hasta 22.00 do) Uno de los mejores restaurantes japoneses de la ciudad, pequeño, informal y muy del gusto de los residentes nipones de la zona. Los ingredientes son frescos y los platos están preparados con destreza. Cabe destacar el *chirashizushi* (12,60 US$), un descomunal cuenco de salmón, camarones, atún, pulpo y anguila servidos sobre algas, *tamago* (tortilla japonesa de huevo) rallado y arroz.

Café El Español CAFÉ **$$**
(plano p. 282; Estrada y Cedros; ppales. 7 US$; ⊗8.30-22.00 do-ju, hasta 24.00 vi y sa; 🛜) Selecta cafetería y delicatesen de estilo español, repartida en dos plantas y especializada en jamón, con zona de asientos interior y exterior.

★**Lo Nuestro** ECUATORIANA **$$$**
(plano p. 282; ✍04-238-6398; Estrada 903; ppales. 15-27 US$; ⊗12.00-23.00) Alojado en una mansión centenaria con porticones de madera y mobiliario de época, se trata de uno de los lugares con más personalidad de Guayaquil para degustar platos marineros. Los fines de semana por la noche hay música en directo; se recomienda reservar.

La Alameda de Chabuca PERUANA **$$$**
(plano p. 282; ✍04-269-0641; por la av. Francisco de Orellana; ppales. 12-16 US$; ⊗12.30-16.00 y 19.00-22.30) Enfrente del San Marino Mall, este comedor con ínfulas sirve de marco para algunos de los mejores platos peruanos de Guayaquil. La extensa carta recoge suculentos ceviches, una sabrosa parihuela (sopa de marisco al vino blanco) y un delicioso lomo saltado (tiras de bistec, patatas, cebolla y tomate, con guarnición de arroz).

Red Crab PESCADO Y MARISCO **$$$**
(plano p. 282; Estrada 1205 cerca de Laurales; ppales. 17-22 US$; ⊗12.00-23.00) El emblemático crustáceo se prepara de más de una docena de maneras diferentes en este popular restaurante de ambiente jovial. El precio es algo excesivo.

🍸 Dónde beber y ocio

La farra en Guayaquil no se concentra en una sola zona. El antiguo barrio chino (aún llamado Zona Rosa) está detrás del malecón, entre las calles Aguirre y Orellana, acoge más de una veintena de bares y discotecas (los fines de semana la entrada cuesta una media de 10 US$), así como unos cuantos clubes de ambiente con espectáculos de *drag* los fines de semana. Las Peñas, el cerro al norte del centro, ofrece locales modestos, mientras que el barrio de Urdesa, al norte, y la zona de Samborondón, cerca del Parque Histórico, es donde se cita la gente guapa.

Bares y locales nocturnos

Rayuela BAR
(plano p. 276; Numa Pompilio Llona; ⊗9.00-hasta tarde ma-do) Flamante local de moda, con un ambiente tipo *lounge* iluminado por velas, ideal para tomar unas copas con amigos. Buenos cócteles (7-9 US$) y tentempiés (p. ej., quesadillas, tapas, *fondues*, etc.), unidos a actuaciones musicales tranquilas los jueves por la noche, redondean la oferta. Se exige una consumición mínima de 15 US$ por persona. También abre para el *brunch* y sirve tragos de día, con *happy hour* al 50% hasta las 20.00.

Chavela LOUNGE
(plano p. 282; Circunvalación sur 106 cerca de Víctor Emilio Estrada) Este sofisticado local de Urdesa es el lugar de referencia del momento, frecuentado por una espléndida y elegante parroquia entregada al *dance*. La consumición mínima es de 25 US$ y tiene un buen restaurante que abre a las 19.30.

La Paleta BAR
(plano p. 276; Numa Pompilio Llona 174; ⊗21.00-2.00 ma-sa) Fantástico bar para pasar la noche, con rincones medio escondidos, una clientela moderna y buena música ambiente. Hay cerveza, cócteles de nivel y tapas.

Puerto Pirata BAR
(plano p. 276; Escalón 384; ⊗17.00-24.00) Tras coronar el cerro Santa Ana, lo indicado es hacer un alto en esta réplica de barco pirata, debajo del faro, con bebidas, comidas y música en directo los fines de semana.

Cali Salsoteca BAR
(plano p. 270; Panamá cerca de Martínez; ⊗21.00-2.00 ju-sa) En plena Zona Rosa, es uno de los principales locales de salsa de Guayaquil, con bailarines incombustibles y bandas estridentes.

Bar El Colonial BAR
(plano p. 276; Rocafuerte 623; ⊗16.00-24.00 lu-ju, hasta 2.00 vi y sa) Toda una institución de la Zona Rosa, con música en directo casi todas las noches.

La Taberna BAR
(plano p. 276; cerro Santa Ana) Subiendo las escaleras de Las Peñas, a la izquierda, se llega a

este animado y bohemio bar que destaca por su salsa, su divertida parroquia y su pasión por el Barcelona Sporting Club, el famoso equipo de fútbol local.

Diva Nicotina
BAR

(plano p. 276; cerro Santa Ana; ⊘19.00-24.00 lu-ju, hasta 2.00 vi y sa) Este pintoresco bar a los pies de la colina se llena de un público joven y marchoso cada vez que acoge actuaciones en directo.

Rollings Tone
BAR

(plano p. 282; Jorge Pérez Concha; ⊘18.00-hasta tarde) Bar de deportes de categoría, cerca de la zona comercial de Estrada, en Urdesa. Los fines de semana por la noche hay mesas de billar, futbolines y bandas de versiones.

Cines

El Telégrafo y *El Universo* publican la cartelera de todos los cines de la ciudad. En los barrios del norte hay varios centros comerciales con multicines.

Cinema Malecón
CINE

(plano p. 276; ☑04-256-3078; Malecón Simón Bolívar cerca de Loja; entrada 4 US$) En su cine IMAX, conectado con el MAAC, proyectan grandes éxitos de Hollywood.

Deportes

Los guayaquileños sienten devoción por el amarillo y el negro, los colores de su amado equipo de fútbol, el **Barcelona Sporting Club** (BSC; www.bsc.ec). Los días de partido parece como si desapareciera gran parte de la ciudad, pues quienes no están en el Estadio Monumental Banco Pichincha (con aforo para 90 000 espectadores), en el barrio de El Paraíso, al norte, están pegados al televisor en casa o en los bares. Sin embargo, en los últimos años, el otro equipo de fútbol local, el **Emelec** (www.emelec.com.ec), cuyo estadio se encuentra en Centenario, al sur del centro,

ha cosechado más éxitos. Cuando se miden el Barcelona y el Emelec (azul y blanco) es preferible evitar tomar partido ni vestirse con los colores de ninguno de los dos equipos, sobre todo si se acude al estadio (entradas desde 5 US$). El calendario se puede consultar en línea en la sección de deportes de www.eluniverso.com.

🛍 De compras

Uno de los mayores centros comerciales de Sudamérica es el **Mall del Sol** (plano p. 282; av. Juan Tanca Marengo), cerca del aeropuerto. **San Marino** (av. Francisco Orellana), en el barrio de Kennedy, es otra gran superficie comercial de categoría.

Vivian L. Tettamanti
ARTESANÍA

(plano p. 276; Numa Pompilio Llona 124; ⊘11.00-19.00) En una calle flanqueada por galerías, en Las Peñas, esta elegante tiendecita vende atractivos diseños obra de diferentes artistas y artesanos patrios, incluidos tapices, tallas en tagua, bufandas, carteras de piel, hermosa joyería, sombreros panamá, chocolate ecológico y accesorios a partir de piezas recicladas.

El Mercado Artesanal Loja
MERCADO

(plano p. 276; Baquerizo Moreno; ⊘9.00-19.00 lu-sa, 10.00-17.00 do) Este enorme mercado de artesanos ofrece gran variedad de artículos de todo Ecuador, desde suéteres de Otavalo y sombreros panamá hasta tableros de ajedrez tallados y cuadros hechos en serie. Regatear es la norma.

ℹ Información

CENTROS CULTURALES

Alliance Française (☑04-253-2009; www. alianzafrancesaguayaquil.com; Hurtado 436 esq. Mascote) Cerca de la embajada de EE UU, alberga exposiciones, conciertos y varios cursos y conferencias.

Casa de Cultura (☑04-230-0500; www. casadelaculturaguayas.org; av. 9 de Octubre esq. Moncayo; ⊘10.00-18.00 ma-vi, 9.00-15.00 sa) Ofrece exposiciones, conferencias y largometrajes.

PELIGROS Y ADVERTENCIAS

La pobreza y los problemas urbanos no son desconocidos en Guayaquil, pero eso no es motivo para volverse paranoico. Las principales zonas turísticas (av. 9 de Octubre, el Malecón 2000, Las Peñas y la zona de restaurantes de Urdesa) son absolutamente seguras. Las zonas al norte y al sur del parque del Centenario son bastante

---

ℹ GANAR TIEMPO AL VIAJAR EN AUTOBÚS

Los mejores servicios directos para viajar a Quito son los autobuses nocturnos directos de Panamericana (10,25 US$, 8 h). Para ir a Cuenca hay autobuses vía El Cajas (8,25 US$, 4 h) o La Troncal (7,25 US$, 5 h, aprox.), una ruta menos directa.

También se ofrecen servicios con destino a Perú (p. 289).

sórdidas de noche, pero basta con ejercer el sentido común y tomar las precauciones habituales al visitar cualquier gran urbe.

URGENCIAS

Cruz Roja (☎131)
Policía (☎101)

ACCESO A INTERNET

Casi todos los hoteles y albergues ofrecen wifi gratuito. Los cibercafés del centro cobran unos 1,50 US$/h.

MEDIOS DE COMUNICACIÓN

El Universo y *El Telégrafo*, los dos principales periódicos de Guayaquil, incluyen una programación con todos los acontecimientos culturales de la ciudad.

SERVICIOS MÉDICOS

En la av. 9 de Octubre hay varias farmacias abiertas las 24 h.
Clínica Kennedy (☎04-228-9666; av. del Periodista) Uno de los mejores hospitales, junto al centro comercial Policentro, en el barrio de Kennedy. La av. del Periodista también se conoce como av. San Jorge.

DINERO

Hay multitud de bancos y cajeros automáticos repartidos por el centro, sobre todo en la zona de la plaza de la Merced.

CORREOS

Oficina de correos (plano p. 276; Carbo esq. Ballén; ☻8.00-19.00 lu-vi, hasta 12.00 sa) Sita en un edificio enorme.

INFORMACIÓN TURÍSTICA

Dirección Municipal de Turismo (plano p. 276; ☎04-232-4182; www.thisisecuador.com; Pichincha esq. Ballén, Museo Nahim Isaias; ☻9.00-17.00 ma-sa) Pequeña oficina de trato amable, a menudo atendida por una sola persona.

❶ Cómo llegar y salir

AVIÓN

El elegante y moderno **aeropuerto internacional José Joaquín de Olmedo** (plano p. 282; ☎04-216-9209) de Guayaquil se encuentra en el lado este de la av. de las Américas, unos 5 km al norte del centro. Todos los vuelos a las islas Galápagos salen o hacen escala procedentes de Quito. Además, hay conexión wifi por doquier y saliendo de la terminal de llegadas hay un mostrador de información sobre alojamiento y transporte.

Vuelos nacionales

Hay numerosos vuelos internos a todos los puntos del país. Los más frecuentes tienen Quito (1 h) como destino y están operados por Avianca, LAN o Tame. Cabe esperar pagar unos 78 US$ por un billete de ida. Para obtener mejores vistas, se recomienda sentarse en el lado derecho al viajar a Quito.

Tame también vuela a diario a Cuenca (desde 92 US$, 30 min) y Loja (desde 72 US$, 50 min). Por lo general hay vuelos a Tulcán, Latacunga y Esmeraldas. Avianca, Tame y LAN ofrecen salidas diarias a Baltra (2 h) y San Cristóbal (2 h), en las Galápagos. Los precios por un billete de ida y vuelta parten de 395 US$.

A continuación, las oficinas en Guayaquil de las compañías que operan vuelos nacionales:
Avianca (☎1-800-003-434; www.avianca.com; Junín 440)
LAN (☎04-269-2850; www.lan.com; 1042 Córdova)
TAME (☎04-256-0728; www.tame.com.ec; av. 9 de Octubre 424, Gran Pasaje)

AUTOBÚS

La enorme **Terminal Terrestre de Guayaquil** (plano p. 282; www.ttg.ec), al norte del aeropuerto, es tanto un centro comercial (con tiendas, restaurantes, cibercafés, etc.) como una estación de autobuses. Más de un centenar de empresas tienen oficina en la planta baja del edificio. Las ventanillas están agrupadas por región y la mayoría de los destinos y horarios de salida están claramente indicados. Los autobuses salen de las plantas 2ª y 3ª.

Casi todas las empresas disponen de venta anticipada de billetes, lo que permite asegurarse un asiento. También se puede ir directamente a la terminal, ya que por lo general se encuentra plaza en los autobuses que viajan en el mismo día al destino deseado. Los servicios para viajar los viernes por la noche o en festivos puede que estén llenos.

FURGONETA

Para ir a Salinas (10 US$, 2½ h), **Ruta del Sol** (plano p. 276; ☎04-230-2984; Panamá 501 cerca de Orellana) ofrece furgonetas directas que salen desde detrás del Hotel Ramada, en el malecón. Hay servicios cada hora, desde las 6.00 hasta las 20.00, aunque conviene reservar con antelación.

Para Machala, **Coturcip** (plano p. 276; ☎04-251-8895; Sucre 202 cerca de Pichincha) opera furgonetas con salida cada hora desde el centro (11 US$, 3 h).

Autobuses a Perú

Compañías nacionales como CIFA y Rutas Orenses viajan a Huaquillas, en la frontera con Perú.

No obstante, la manera más sencilla de llegar a Perú es con alguna de las empresas internacionales. **Cruz del Sur** (www.cruzdelsur.com.pe) tiene autobuses más nuevos (con asientos más amplios y cómodos, comidas de mejor calidad y hasta wifi, en ocasiones) que los de las líneas nacionales. El billete a Mancora cuesta 44 US$; a Trujillo, 60-70 US$; y a Lima (26 h, 2.00 martes, miércoles, viernes y domingo), 85-100 US$.

Otra empresa recomendable es **CIVA** (www.excluciva.pe; 🐾), que viaja a diario (21.00) desde Guayaquil hasta Chiclayo (70-90 US$), desde donde se puede continuar hasta Lima y más allá.

Expreso Internacional Ormeño (📞04-214-0847; www.grupo-ormeno.com.pe/ormeno.php; centro de negocios El Terminal, Bahía Norte, oficina 34, bloque C) ofrece salidas diarias a Lima (90 US$, 26 h, 11.30). Las oficinas y la terminal están en la av. de las Américas, al norte de la terminal principal de autobuses.

Estos servicios resultan muy prácticos, ya que los autobuses esperan a que los pasajeros realicen los trámites en la frontera.

🛈 Cómo desplazarse

A/DESDE EL AEROPUERTO

El **aeropuerto** (www.tagsa.aero; av. de las Américas) se sitúa unos 5 km al norte del centro. Un taxi en cualquier dirección debería costar 4-5 US$. La mayoría de los taxis del aeropuerto son amarillos y lucen la indicación **Cooperativa de Transportes Aeropuerto Guayaquil** (📞04-216-9141); cubren el trayecto al centro, aunque también pueden ir a cualquier parte del país. Las tarifas están indicadas en los asientos traseros.

Otra opción para ir al centro es tomar el autobús conocido como Metrovía (0,25 US$), que para delante de la terminal, al otro lado de la calle. La parada más práctica del centro es Plaza del Centenario, en la av. Machala. Para el trayecto contrario, se puede tomar la Metrovía una cuadra al sur de la av. Quito.

A/DESDE LA TERMINAL DE AUTOBUSES

La terminal terrestre dista unos 2 km del aeropuerto. Un taxi entre ambos lugares cuesta 2-3 US$, aunque también se puede tomar la Metrovía (0,25 US$) en dirección norte hasta la terminal Río Daule, justo enfrente de la terminal de autobuses.

Desde el centro hay dos líneas de Metrovía que conectan con la terminal Río Daule, frente a la terminal de autobuses. Entre las paradas más prácticas se encuentran Avenida Quito (cerca del parque del Centenario) y Rocafuerte, una cuadra al norte de la av. 9 de Octubre.

Un taxi a/desde el centro cuesta unos 4-5 US$.

AUTOBÚS

Metrovía (0,25 US$), una rápida red de transporte en expansión, consta de grandes autobuses articulados que circulan por carriles designados especialmente entre el centro y los barrios del norte.

AUTOMÓVIL

En el aeropuerto hay varias compañías internacionales de alquiler, entre ellas **Budget** (📞04-216-9026; www.budget-ec.com) y **Hertz** (📞04-216-9035; www.hertz.com.ec). Conducir por la ciudad no es fácil, pues no se tiene excesiva consideración hacia las normas de circulación, las señales de tráfico y la seguridad vial.

TAXI

Cualquier carrera urbana debería costar 1,50 US$, mientras que desplazarse al barrio norte de Urdesa cuesta unos 3-4 US$. Para evitar pagar de más, hay que acordar el precio antes de subirse al vehículo. Otra estrategia consiste en darle al taxista lo que uno considera que es el mínimo aceptable y si lo acepta sin rechistar, estupendo; si pide más, lo más seguro es que la oferta haya sido demasiado baja.

Si no se encontrara un taxi en la calle, se puede llamar a la **Cooperativa de Taxis Paraíso** (📞04-220-1877).

Bosque Protector Cerro Blanco

Situada unos 15 km al oeste de Guayaquil, esta **reserva** (adultos/niños 4/3 US$; ⏰8.00-16.00 sa y do, cita previa entre semana) es uno de los contados vestigios de bosque tropical seco que se conservan en el país y, entre otras especies salvajes, alberga jaguares, pumas, monos, ciervos y mapaches. Sus 6078 Ha constituyen el hogar de más de 200 especies de aves, como el exótico gran guacamayo verde, símbolo de la reserva y gravemente amenazado. Cerro Blanco también integra extensiones de bosque seco con enormes ceibas, así como más de un centenar de especies de árboles, todo ello aderezado con vistas de bosques de manglares en lontananza. Varios senderos penetran en esta región de onduladas colinas junto a la costa.

Se trata de una reserva privada gestionada por la **Fundación Pro-Bosque** (☎098-622-5077; www.bosquecerroblanco.org) y comprende una granja ecológica, un centro educativo con exposiciones sobre los ecosistemas locales y la vida aviar, y un **centro de recuperación de fauna** donde se ofrecen cuidados a especies amenazadas y que incluye un gran aviario con varios guacamayos. Se organizan paseos guiados por la reserva (2-4 h) por 10-35 US$ por grupo (máx. 8 personas).

De enero a mayo hay abundante agua y la vegetación florece, si bien eso va unido a la proliferación de mosquitos (aunque no hay malaria), por lo que se impone llevar repelente de insectos. De junio a diciembre (temporada seca) se produce la floración de los árboles, lo que facilita la observación de fauna, ya que los animales tienden a concentrarse en las zonas de agua que aún perduran. Como siempre, los mejores momentos del día para avistar fauna son al alba y al atardecer. En el centro de visitantes se puede comprar un listado de aves y folletos y obtener información y mapas de senderos.

Al oeste de Cerro Blanco, en el lado sur de la carretera Guayaquil-Salinas, cerca de la pequeña comunidad de Puerto Hondo, se hallan los **manglares de Puerto Hondo**. A cargo de la protección de este ecosistema amenazado se encuentra el **Club Ecológico Puerto Hondo** (◷9.00-16.00 sa y do, cita previa entre semana), que organiza agradables paseos en canoa (15 US$/canoa) por la zona; aquí se podrán ver decenas de especies de aves. Para más información contáctese la Fundación Pro-Bosque.

❶ Cómo llegar y salir

Para llegar a Cerro Blanco y Puerto Hondo, hay que tomar el autobús de la Cooperativa de Transportes Chongón en la esquina de las calles 10 de Agosto y García Moreno, en el centro de Guayaquil, o cualquier autobús hacia Playas o Salinas en la terminal terrestre, en la zona norte de la ciudad. Hay que pedir al conductor que pare junto a la entrada del parque, en el km 16 de la carretera; antes de la fábrica de cemento se verá un cartel. Un taxi sale por unos 20 US$, solo ida.

El centro de visitantes y la zona de acampada quedan a unos 10 min de paseo desde la entrada de la reserva.

RUTA SPONDYLUS

Otrora conocida como Ruta del Sol, esta costa ofrece mucho más que sol y playa. La geografía de la región abarca desde inhóspitos paisajes donde conviven matorrales secos y cactus a tupidos bosques nubosos e islas frente a la costa, que cobijan una fauna y flora únicas.

Puerto López

16 000 HAB.

Aparte de un puñado de hoteles y agencias de turismo, hay poco que destacar en este pueblo destartalado. No obstante, esa falta de encantos la compensa de sobra con su larga y ancha playa y su proximidad al maravilloso Parque Nacional Machalilla. Durante la temporada de avistamiento de ballenas los turistas recorren el malecón y sus polvorientas calles, convirtiendo este sereno pueblo de pescadores en un bullicioso y cordial campamento base de viajeros. Al amanecer, antes de que los grupos salgan de excursión y los amantes del sol tomen posiciones en la arena, los pescadores limpian la captura en la playa y el cielo se llena de fragatas y zopilotes.

☞ Circuitos

Numerosas agencias ofrecen excursiones a la isla de la Plata o a la zona continental del parque, además de actividades como senderismo, equitación, ciclismo de montaña y salidas de pesca.

De junio a septiembre son muy populares las excursiones para avistar ballenas, combinadas con visitas a la isla de la Plata (45-50 US$; solo ballenas 25-30 US$). Julio y agosto son los mejores meses, mientras que en junio y septiembre los avistamientos suelen ser breves, distantes o de animales en solitario. Una vez en la isla de la Plata, los grupos almuerzan, hacen una caminata guiada y disfrutan de una breve inmersión de buceo. La travesía hasta la isla dura 1 h larga y puede ser movida; se recomienda llevar un impermeable para protegerse del viento y el agua.

Las empresas acreditadas se encuentran en las calles Córdova y el Malecón Julio Izurieta. No se recomienda contratar circuitos en la calle, ya que las embarcaciones utilizadas (de pesca) suelen ser más lentas y pequeñas y carecen del equipo obligatorio que exige la ley.

Fuera de la temporada de ballenas se ofrecen salidas similares para ver aves, leones marinos e incluso delfines. La mayoría de los operadores también organizan otras excursiones por la zona, como visitas a playas aledañas y acampada y/o paseos a caballo por las zonas de Agua Blanca y San Sebastián. Por lo general resulta más barato ir por cuenta propia a Agua Blanca.

Exploramar Diving SUBMARINISMO, BUCEO
(📞05-230-0123; www.exploradiving.com; Malecón Julio Izurieta) Cabe esperar pagar unos 130 US$ por dos inmersiones.

Machalilla Tours CIRCUITO DE AVENTURAS
(📞05-230-0234; www.machalillatours.org; Malecón Julio Izurieta) Propone excursiones estándar, además de paseos a caballo (50 US$), salidas en kayak o en bicicleta de montaña, y vuelos en parapente.

🛏 Dónde dormir

Se aconseja reservar con antelación durante la ajetreada temporada de ballenas y la temporada alta de playa (finales dic-abr).

Hostal Maxima PENSIÓN $
(📞05-230-0310; www.hotelmaxima.org; Gonzales Suárez, cerca de Machalilla; 10 US$/persona, sin baño 7 US$; 🛜) Regentado por su afable dueño, ofrece habitaciones agradables y limpias, con buena relación calidad-precio. Su patio con césped, lleno de hamacas, da a una cocina abierta por un costado. Cobran 4 US$ por persona por instalarse en una tienda de campaña.

Hostería Playa Sur HOSTERÍA $
(📞099-004-8967; playasurpuertolopez@hotmail. com; Malecón Julio Izurieta; i/d 15/25 US$, h por persona sin baño 8 US$; 🛜) Si no se es claustrofóbico, estas sencillas cabañas independientes, en el extremo norte de la playa, son una opción a tener en cuenta. Apenas hay espacio para pasar junto a la cama, pero casi todas tienen baño propio con agua caliente.

Hostal Yemayá ALBERGUE $
(📞05-230-0122; www.hostalyemaya.com; Gral. Córdova; h 15 US$/persona; 🛜) Si bien no encandila por su ambiente, ofrece una buena relación calidad-precio, con habitaciones con ventilador, agua caliente, TV y escasa decoración, además de un microscópico patio interior para tomar café. Miguel, su dueño, también lleva una **escuela de surf** (clases de 2 h 30 US$).

Hostal Monte Líbano PENSIÓN $
(📞05-230-0231; hostalmontelibano@yahoo.com; Malecón Julio Izurieta; d 30-40 US$, dc/d sin baño

desde 10/20 US$; 🖼🛜) En el extremo sur de la playa, cerca del muelle, dispone de habitaciones sencillas y limpias en un entorno agradable y familiar. Hay una cocina para huéspedes y una terracita con hamacas en la planta superior. Una de las habitaciones más solicitadas está encaramada de un árbol. María, su propietaria, también imparte clases de cocina.

★**Hostería Mandála** CABAÑAS $$
(📞05-230-0181; www.hosteriamandala.info; i/d desde 41/58 US$; 🖼🛜) Posiblemente el alojamiento más hermoso de Puerto López, el Mandála se congratula por su ubicación a pie de playa, al norte del malecón. Las cabañas están diseminadas por un frondoso y florido jardín, y las habitaciones desprenden una sutileza rústica a la par que sofisticada. En la parte delantera hay una estructura amplia y atractiva con un bar y un restaurante.

Victor Hugo HOTEL $$
(📞095-909-0875; www.victorhugohotel.com.ec; i/d desde 34/56 US$ desayuno incl.; 🛜) Hotel bastante nuevo, frente a la playa, con detalles en madera y ladrillo y atractivas habitaciones que se abren a terrazas con hamacas; las más caras (75 US$) tienen vistas al océano. Dispone de un buen restaurante.

Hostería Itapoá ALBERGUE $$
(📞05-230-0071; www.hosteriaitapoa.com; Malecón Julio Izurieta cerca de calle Abdon Calderón; i/d desde 18/30 US$ desayuno incl., dc 10-13 US$; 🛜) Propuesta agradable y familiar compuesta por un puñado de cabañas con tejado de paja entre la fronda. Las habitaciones, diminutas pero correctas, tienen mosquiteras. En su café sobre una plataforma de madera, en el mismo malecón, se sirven desayunos superiores a la media. Alquilan bicicletas de montaña y tablas de surf y organiza circuitos encabezados por un biólogo.

Punta Piedrero PENSIÓN $$
(puntapiedreroecolodge.com; Malecón Julio Izurieta; i/d 30/40 US$; 🖼🛜) Es el último establecimiento de la playa yendo en dirección sur, un lugar tranquilo con habitaciones pulcras, muchas de ellas con soberbias vistas al mar. Las terrazas con hamacas son una bendición. También posee una cocina para huéspedes y una zona de barbacoa.

Nantu Hostería HOTEL $$
(📞05-230-0040; www.hosterianantu.com; Malecón Julio Izurieta; i/d 28/40 US$ desayuno incl.; 🖼🛜🚫) Situado frente a la playa, de camino a la

Hostería Mandála, cuenta con habitaciones limpias y modernas, si acaso algo anodinas, carentes de vistas. Hay una pequeña piscina y jacuzzi, y su bar con salón de dos plantas dispone de mesa de billar y un gran surtido de platos.

Dónde comer y beber

Para tomar un trago por la noche lo indicado es ir a los chiringuitos de la playa, donde también sirven zumos, cócteles, desayunos sencillos, platos de marisco y tentempiés. Tienen tumbonas en la arena, aunque la atronadora música espanta a quienes buscan paz.

La mayoría de los viajeros termina cenando en alguna de las varias marisquerías que se alinean en el malecón, al sur del cruce con Córdova. Carmita's, La Caída del Sol y el Restaurante Sol, Mar y Arena están prácticamente en el mismo escalafón (pescado 7-12 US$, langosta 20 US$).

Restaurant Danica ECUATORIANA $
(Malecón Julio Izurieta; ppales. 3,50 US$; ⊘7.00-22.00) Más allá del suelo de cemento y las mesas de plástico, este restaurante al aire libre, siempre a rebosar, triunfa con deliciosos pescados, camarones, chuletas de cerdo y pollo a la brasa. Solo hay que guiarse por el olfato al pasear por el malecón; está cerca del Banco Pichincha.

Patacon Pisa'o COLOMBIANA $
(Gral. Córdova; ppales. 5-8 US$; ⊘12.00-21.30; 🛜) Poco más que unas cuantas mesas al fresco, agrada con especialidades colombianas como arepas (tortas de harina de maíz) y el plato al que debe su nombre: plátano macho frito y aplastado con carne por encima. Es, además, un buen sitio para tomar café o desayunar.

Etnias Café CAFÉ $
(Gral Córdova; ppales. 3-5 US$; ⊘8.00-15.00 lu-sa; 🛜) Acogedor café de propiedad francesa que deleita con crepes, gofres, postres y bebidas de café helado.

Bellitalia ITALIANA $$
(☑099-617-5183; Juan Montalvo; ppales. 9-12 US$; ⊘6.00-22.00 lu-sa) Este agradable establecimiento, a una cuadra hacia el interior desde la playa (a la vuelta de la esquina desde la Hostería Itapoá), sirve comida italiana de categoría superior en un romántico marco ajardinado. Conviene reservar con antelación, sobre todo en fin de semana.

Whale Cafe INTERNACIONAL $$
(Café Ballena; Malecón Julio Izurieta; ppales.8-11; ⊘5.00-21.00 ma-sa; 🛜☑) Cerca del extremo sur del malecón se encuentra este encantador local de dueños estadounidenses con una terraza donde poder degustar desde salteados de estilo tailandés y *wraps* de verduras hasta espaguetis a la boloñesa y tostadas de *hummus* y ajo.

De compras

Pacha Chocolates CHOCOLATE
(☑05-230-0323; av. Machalilla; ⊘8.30-19.00) En la carretera principal, este flamante establecimiento con toda clase de tentaciones a base de cacao constituye un paraíso para los fanáticos del chocolate. Sus circuitos de 4 h (35 US$/persona) visitan una plantación donde se observa el proceso completo, desde el grano hasta el producto final, con degustación incluida.

Información

El **Banco Pichincha** (Malecón Julio Izurieta) tiene un cajero automático fiable. Hay varios cibercafés que cobran 1,50 US$/h. En el malecón se hallan varias lavanderías tradicionales (4 US$ aprox. por carga).

Cómo llegar y salir

Todos los autobuses salen de la nueva terminal terrestre, situada unos 2,5 km al norte del centro. La carrera en mototaxi a/desde el centro debería costar 0,50 US$/persona.

A QUITO

Carlos Aray Ejecutivo Tiene servicios a Quito (11 US$, 10 h) a las 5.00, 9.00 y 19.00, vía Jipijapa, Portoviejo, Chone y Santo Domingo. Otra opción es tomar el autobús hasta Portoviejo o Manta y una vez allí cambiar de vehículo.

Reina de Camino Ofrece el servicio más rápido y seguro a Quito, con autobuses de 1ª clase a las 8.00 y 20.00 (12 US$, 10 h).

A GUAYAQUIL Y LA COSTA SUR

Los autobuses de la Cooperativa Manglaralto salen cada 30 min hacia Montañita (2,50 US$, 1¼ h) y La Libertad (4 US$, 2¾ h) y permiten apearse en cualquier punto de la costa.

La Cooperativa Transportes Jipijapa ofrece 10 servicios diarios a Guayaquil (4 US$, 4½ h) vía Jipijapa. Otra alternativa son los abarrotados autobuses de Trans Turismo Manta con destino a Jipijapa.

INDISPENSABLE

ISLA DE LA PLATA

La Plata es una copia bastante precisa de una isla de las Galápagos, y queda solo a una hora en barco de Puerto López, lo que la convierte en un lugar de visita obligada si el viajero se encuentra por la zona. Tras pasar por varias manos, incluidas las de un empresario de Guayaquil que mandó construir un hotel (hoy las oficinas del parque y las únicas instalaciones de la isla) y una pista de aterrizaje, la isla se integró en el Parque Nacional Machalilla, lo cual redundó en beneficio de la vida aviar, pues los pescadores acostumbraban a golpear a los albatros hasta que estos soltaban sus capturas.

El origen del nombre de la isla tiene dos explicaciones: una asegura que Francis Drake enterró un tesoro en ella, mientras que la otra apunta al color que adquieren los acantilados cubiertos de guano a la luz de la luna. La isla es el hogar de varias colonias de **aves marinas:** numerosos alcatraces patiazules habitan en el lugar, además de fragatas, alcatraces patirrojos y pelícanos, diversos tipos de gaviotas, charranes y petreles. De abril a octubre se pueden ver albatros y delfines, y durante todo el año se puede **bucear** en los arrecifes de coral que rodean la isla.

Desde el embarcadero hay una pronunciada subida hasta dos senderos circulares, uno hacia el este y otro hacia el oeste: el **sendero Punta Machete,** de 3,5 km, y el **sendero Punta Escalera,** de 5 km. La caminata es bastante abrupta en ambos sentidos, por lo que se impone llevar calzado resistente y mucha agua.

La única forma de visitar "las Galápagos de los pobres" es mediante un circuito en barco desde Puerto López.

❶ Cómo desplazarse

El pueblo es abarcable a pie, pero se puede tomar un mototaxi (1 US$/persona aprox.). Los automóviles y furgonetas de la Asociación de Camioneros se concentran enfrente de la iglesia. El trayecto de ida y vuelta a Agua Blanca o a la playa de Los Frailes cuesta 15 US$, o 25 US$, si se visitan ambos. Los mototaxis no están autorizados a cubrir este recorrido.

Parque Nacional Machalilla

El único parque nacional en la costa de Ecuador recuerda cómo era antaño buena parte del litoral pacífico de América Central y del Sur. Hoy, casi desaparecido por completo, es uno de los bosques tropicales más amenazados del mundo. El parque, creado en 1979, protege una pequeña parte de uno de los contados hábitats costeros del país y comprende 50 km de playa, unas 40 000 Ha de bosque tropical seco y bosque nuboso, y unas 20 000 Ha de océano (islas incluidas, entre las que destaca la isla de la Plata).

El bosque tropical seco que se encuentra en buena parte de los sectores interiores del parque forma un extraño y maravilloso paisaje dominado por árboles en forma de botella, dotados de pequeñas coronas y grandes espinas a fin de protegerse de los herbívoros.

La región septentrional del parque presenta húmedos bosques nubosos.

En este bosque de singular aspecto habitan diversas especies de aves y otros animales. Se han catalogado más de 200 especies de aves, algunas de las cuales anidan en las islas frente a la costa. Otras especies animales que moran en el lugar son el ciervo, la ardilla, el mono aullador, el oso hormiguero y varios tipos de lagartos, serpientes e iguanas.

Casi todos los yacimientos arqueológicos que encierra el parque se remontan a la cultura manta, que hunde sus orígenes en el año 500 d.C. y se prolongó hasta el desembarco de los españoles. También hay vestigios de las culturas machalilla y chorrera, mucho más antiguas (800-500 a.C., aprox.) y de la salango (3000 a.C.). Pese a su importancia, ningún yacimiento reviste especial interés para el visitante.

De diciembre a mayo el tiempo es soleado y las temperaturas resultan sofocantes, con frecuentes tormentas de corta duración. De junio a noviembre el clima es más fresco y tiende a estar nublado.

◉ Puntos de interés y actividades

Agua Blanca POBLACIÓN
(entrada 5 US$) La visita a esta pequeña comunidad indígena y sus inmediaciones supone

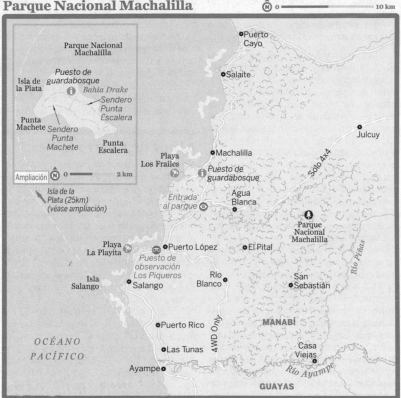

una buena oportunidad para escapar del alquitrán y el hormigón del Ecuador moderno. Se encontrará el desvío, donde se paga el precio de la entrada (que incluye el acceso al museo y un guía), unos 5,5 km al norte de Puerto López, a la derecha. Desde allí hay otros 6 km por una polvorienta y bacheada carretera hasta el pueblo, donde se puede ver arte prehispánico, ponerse en remojo en una piscina de azufre y contemplar las vistas del bosque circundante.

El **museo arqueológico** es un lugar digno de visitarse, con guías que explican la importancia de las piezas, entre las que figuran cerámicas y urnas funerarias bien conservadas. Un corto paseo lleva hasta el **yacimiento manta**, que al parecer fue una importante capital política para el pueblo manta. Aunque solo se aprecian las bases de los edificios, se calcula que hay unos 400, algunos aún a la espera de ser excavados a mayor profundidad.

Después toca dar un agradable paseo por el lecho de un río seco y por un bosque tropical igualmente árido. De camino, se puede parar para darse un baño en una **piscina de azufre** cuya combinación de agua caliente y lodo terapéutico es la envidia de cualquier balneario. Hacia el final del recorrido se observa una plataforma con vistas panorámicas y **aves** y **vegetación** en abundancia que detallarán los avezados guías. Dadas las altas temperaturas, se impone llevar un sombrero, protector solar y agua.

Playa Los Frailes
PLAYA

GRATIS Acotada por dos espectaculares cabos, es una de las playas más imponentes de Ecuador. Se llega por un desvío unos 10 km al norte de Puerto López, justo antes del pueblo de Machalilla. Pasado el puesto de guardabosques, hay otros 3 km por un camino hasta la playa (las corrientes son muy fuertes; ojo en caso de bañarse).

También hay un sendero de 4 km que cruza un bosque seco hasta dos apartadas playas y varios miradores; hay que aguzar la vista para ver alcatraces patiazules.

San Sebastián y Julcuy CICLISMO, EQUITACIÓN
(10-15 US$/persona) Al sureste de Agua Blanca se encuentra esta excelente ruta que puede recorrerse a pie en 4 h o a caballo. El sendero asciende una zona de transición hasta reductos de bosque nuboso en San Sebastián, unos 600 m sobre el nivel del mar. Si no apetece recorrer los 20 km del trayecto de ida y vuelta, se pueden alquilar caballos; es obligatorio ir en compañía de un guía (20 US$), que se pueden contratar en Puerto López, Agua Blanca o San Sebastián (las agencias de Puerto López cobran unos 45 US$/persona).

Se recomienda hacer noche, aunque solo hay dos opciones: acampar u hospedarse con una familia local.

Como alternativa se puede continuar hasta Agua Blanca y cruzar el valle del río Julcuy hacia el noreste. Desde Agua Blanca, hay entre 6 y 7 h de caminata por el parque antes de recalar en el pueblo de Julcuy, fuera de los límites del parque. Desde Julcuy, hay otras 3 h hasta la carretera principal entre Jipijapa y Guayaquil. Con buen tiempo se puede transitar con todoterreno, si bien es principalmente un camino para caballos. Algunas agencias de Puerto López y los guías de Agua Blanca (estos no proporcionan bicicletas) pueden organizar excursiones de día entero en bicicleta de montaña (35 US$/persona) de Jipijapa a Agua Blanca pasando por Julcuy, aunque es una opción solo apta para quienes estén en forma.

☞ Circuitos

Solo el tenaz *ballet* de ballenas jorobadas, que tiene lugar en estas aguas entre mediados de junio y principios de octubre (particularmente en julio y agosto), puede competir con las maravillas naturales de la isla de la Plata. Los circuitos de observación de ballenas son un negocio en alza, y a pesar de las estrictas normativas, los científicos muestran su preocupación por el impacto del turismo en los hábitos de apareamiento de estos serenos mamíferos.

❶ Cómo llegar y salir

Hay autobuses que cubren el trayecto entre Puerto López y Jipijapa como mínimo cada hora, por lo que no debería suponer ningún problema encontrar un autobús que pare junto a la entrada del parque y otro de vuelta cuando se desee

regresar. No obstante, aunque cada tanto pasa algún camión que va de la carretera principal hacia Agua Blanca, la espera puede ser larga y calurosa; si se está en forma se pueden recorrer a pie los 5 km (hay que llevar agua). Lo más sensato, en cualquier caso, es alquilar un taxi en Puerto López por 15 US$, ida y vuelta.

Los circuitos en barco a la isla de la Plata se contratan a través de las agencias de Puerto López y los alojamientos que hay por la costa.

Al sur de Puerto López

Apenas 6 km al sur de Puerto López se encuentra el aletargado pueblo pesquero de **Salango,** donde se puede alquilar un barco de pesca (10 US$/persona) para recorrer los 2 km de travesía hasta la **isla Salango,** un paraíso de vida aviar con especies como alcatraces patiazules, pelícanos y fragatas, y un buen enclave de buceo. En Salango se recomienda parar en el **Delfín Mágico** (ppales. 12-16 US$; ⊙10.00-20.00; ☎), un restaurante cerca de la iglesia central; se aconseja ir temprano para evitar esperas.

Encaramados de una colina, unos 12 km al sur de Salango (en el lado de la carretera más próximo al interior), se encuentran los bungalós con techumbre de paja del **Azuluna Eco-Lodge** (☎05-234-7093; www.azuluna-ecuador.com; h desde 70 US$; ❄☎); sus edificios, con suelos de madera y paredes de piedra, incluyen un restaurante (ppales 7-14 US$) y un salón muy tentadores.

En la playa de Las Tunas se halla la **Hostería Tsafiki** (☎098-334-8759; www.tsafiki.com; h 25 US$/persona desayuno incl.; ☎), un complejo compuesto por bonitas cabañas de dos pisos con paredes de adobe encaladas y molduras azules. Apenas dista unos metros de **La Perla Hostería** (☎05-234-7001; www.hosterialaperla. net; i/d 40/55 US$), una ajada casa de playa caprichosamente decorada, con varias cabañas con suelos de madera; a veces ofrecen clases de yoga.

En **Ayampe,** donde el río Ayampe vierte su caudal en el océano, las exuberantes colinas se precipitan hacia la playa; hay fuertes corrientes, por lo que se desaconseja nadar. En uno de estos cerros, entre tupidos bosques, está la sugerente **Finca Punta Ayampe** (☎099-189-0982; www.fincapuntaayampe. com; h 55-65 US$; ☎), que ofrece luminosas habitaciones de bambú con techos altos y un restaurante estupendo. Regentada por una pareja ecuatoriano-estadounidense,

La Buena Vida (☏099-486-3985; www.sufla buenavida.com; dc/i/d 23/35/60 desayuno incl.; ✳☏US$) cuenta con siete coloridas habitaciones, todas ellas con vistas al mar. Sus simpáticos dueños, sus buenos desayunos, sus clases de surf y su agradable bar (ideal para un cóctel al atardecer) lo han convertido en un lugar de gran aceptación. En primera línea de playa se encuentran las sencillas cabañas con techos de paja y el restaurante de **Cabañas La Tortuga** (☏05-258-9363; www.latortuga.com.ec; cabaña 20-30 US$; ☏), que, además, organiza excursiones y clases de surf.

Olón

Este pueblo costero se halla unos kilómetros al norte de Montañita, con una playa larga con buenas olas para surfistas principiantes y un espectacular paisaje interior que marca el final del yermo territorio de matorrales que se extiende hacia el sur. Este frondoso bosque nuboso pertenece a la **cordillera Chongón-Colonche** y es uno de los pocos del mundo tan cercano a la costa. Lo habitan jaguares, monos aulladores y el amenazado gran guacamayo verde.

Ningún otro lugar exprime este formidable entorno como el mágico **Samaí Lodge** (☏099-462-1316; www.samailodge.com; d/tr desde 104/129 US$ desayuno incl.; ☏☏), un idílico oasis que aúna la sofisticada sensibilidad estética con el encanto rústico, e invita a recorrer los senderos que se adentran en el bosque. Por el recinto se esparcen unas pocas cabañas. Hay *jacuzzi* y piscina y sirven deliciosos platos. Un taxi a Olón (a 7 km) cuesta 5-7 US$; a Montañita, 7 US$.

En el pueblo de Olón está **La Mariposa** (☏04-278-8120; lamariposahostal.com; calle 13 de Diciembre cerca de Rosa Mística; h 30-35 US$; ☏) un sencillo pero acogedor alojamiento de dirección italiana en una estupenda ubicación, a una cuadra de la playa. Las habitaciones del 2º y 3er piso tienen vistas al mar y hay un agradable patio con hamacas.

Montañita

1200 HAB.

El ambiente relajado y las buenas olas durante todo el año atraen a un flujo incesante de mochileros cosmopolitas, desde sudamericanos a estadounidenses, a este pueblo playero. Los alojamientos baratos y la onda rastafari llevan a muchos viajeros a echar raíces tem-

MERECE LA PENA

SENDERISMO AL ESTE DE PUERTO LÓPEZ

El Pital (☏08-526-9042; www.elpital.org) Una buena alternativa para visitar los bosques de la zona de San Sebastián es El Pital, un proyecto de ecotourismo comunitario 9 km (35 min en todoterreno) al este de Puerto López. Se ofrecen guías para salir a pie o a caballo por los senderos que cruzan varios arroyos, incluido el de La Bola de Oro, de 7 h. Dispone de un pequeño refugio comunitario, una cabaña de ladrillo y tejado de paja con cuatro habitaciones dobles, y se ofrecen comidas; también se permite acampar.

COSTA MERIDIONAL MONTAÑITA

poralmente, dedicándose a la venta ambulante o atendiendo la recepción de su pensión. Es un lugar ideal para cualquiera que, independientemente de su edad, se oponga a la etiqueta en los restaurantes clásicos: ir descalzo y sin camiseta es aquí casi de rigor. Montañita es, en definitiva, una apacible comunidad surfista dispuesta a compartir las olas.

Los rompientes son aptos para el surf la mayor parte del año, aunque la mejor época es de diciembre a mayo. Los principiantes han de tener en cuenta que las olas pueden ser muy grandes y que suele haber fuertes corrientes. Los más avezados cabalgan las olas en el extremo norte de la playa, conocido como La punta. Hacia el Carnaval se celebra una competición internacional de surf. La mayoría de los alojamientos alquilan tablas (10 US$/medio día) y organizan clases (25 US$/2 h). También disponen de trajes de neopreno y *bodyboards*.

Las mujeres deberán extremar la precaución al caminar solas de noche por la playa, pues constan casos de agresiones.

🏃 Actividades

Locales Escuela de Surf, contiguo a Otro Mundo Montañita Dive Center, es un operador recomendado por sus clases de surf.

Otro Mundo Montañita Dive Center SUBMARINISMO, BUCEO (☏04-206-0059; www.montanitadiving.com) En la calle principal, ofrece inmersiones en la zona de Punta Ayangue y el islote El Pelado (85 US$/2 inmersiones).

☞ Circuitos

Machalilla Tours   CIRCUITOS DE AVENTURA
(☎099-169-4213) En la calle principal, cerca del Banco Bolivariano, organiza una amplia gama de actividades como paseos por la selva (45 US$), salidas en bicicleta (45 US$), equitación (45 US$) y parapente (40 US$).

🛏 Dónde dormir

El ruido es un problema en muchos hoteles –sobre todo los fines de semana y en temporada alta–, por lo que se recomienda llevar tapones para los oídos. No obstante, si se busca un alojamiento tranquilo a pie de playa, conviene optar por los alojamientos de las afueras del pueblo. Los precios indicados son para la temporada alta (de finales de diciembre a finales de abril). Casi todos los hoteles reducen las tarifas el resto del año y ofrecen casi siempre descuentos para estancias largas.

La calle principal es la 'avenida' que conduce a la playa. La mayor parte de los hoteles tienen mosquiteras y reciben la brisa; algunos solo disponen de agua fría.

🛏 En el pueblo

Hotel Hurvínek   HOSTERÍA $
(☎04-206-0068; www.actiweb.es/hurvinek; calle 10 de Agosto; h 20 US$/persona desayuno incl.; 🛜) Las espaciosas habitaciones con ventilador de esta jovial y soleada pensión están muy logradas. En el salón de la planta baja se sirve un desayuno tipo bufé. Para llegar hay que girar a la izquierda según se entra al pueblo; está a la derecha.

Hostal Las Palmeras   HOTEL $
(☎06-969-2134; av. 15 de Mayo; h desde 12 US$/persona) Si bien debería modernizarse, ofrece una buena relación calidad-precio. Las habitaciones del edificio de adobe enjalbegado, en la parte trasera, son amplias y tienen mosquiteras, muebles rústicos y modernos baños (sin agua caliente durante la última visita). Desde su pequeño patio se oyen las olas. Según se sale de la carretera, hay que doblar por la segunda calle a la izquierda; el hotel queda a medio camino, a la derecha, en la calle frente a la playa.

Casa Blanca   HOSTERÍA $
(☎04-277-7931; lacasablanca@hotmail.com; h 10 US$/persona) Veterano hostal en pleno cruce principal, con habitaciones menudas de bambú con paredes desgastadas y balcones con hamacas.

Hostal Mohica Sumpa   PENSIÓN $
(☎098-289-6109; hostalmohicasumpa@hotmail. com; calle Principal; h 20-30 US$; 🛜) Consta de dos edificios de dos plantas con techos de paja en una envidiable ubicación frente al mar, al final de la calle principal. Todas las habitaciones son pequeñas y lucen sencillos acabados de madera y bambú; vale la pena pagar algo más por una con vistas.

Tiki Limbo   ALBERGUE $$
(☎04-206-0019; www.tikilimbo.com; h desde 15 US$/persona; 🛜) Baratísimo, supera al resto en cuanto a estilo: las habitaciones, de color pastel, tienen camas con doseles de bambú y colchas con estampados de cebra. Para relajarse no hay nada como las hamacas y las tumbonas de la 2ª planta. También ofrecen clases de surf.

🛏 Fuera del pueblo

Las siguientes opciones se encuentran en la playa o cerca de ella, al otro lado del arroyo que delimita el pueblo por el norte.

Hostal Mama Cucha   PENSIÓN $
(☎04-206-0080; h desde 10 US$/persona; 🛜) Adornada con murales y paredes saturadas de color, se trata de una pensión familiar y barata, que sale muy a cuenta, con habitaciones sencillas dispuestas en torno a un pequeño patio ajardinado. Organizan salidas en bicicleta y clases de surf.

Iguana Backpackers   ALBERGUE $
(☎099-499-6098; iguanabackpackers@gmail.com; dc/d desde 7/20 US$; 🛜) Al otro lado del arroyo, a la derecha, se encuentra este edificio de ladrillo y bambú con algunas habitaciones sencillas; la opción más barata es un *loft* abierto a un costado, con mosquiteras sobre las camas. Tiene cocina compartida y un ambiente cálido, pero resulta bastante apretado.

Hostal Kundalini   ALBERGUE $
(☎095-950-5007; www.hostalkundalini.com.ec; 40-50 US$; 🛜) Situado enfrente de un rompiente, es poco más que un edificio con techo de paja en medio de un jardín con acceso a la playa. Ofrece cuatro habitaciones menudas, con paredes y muebles de bambú y hamacas.

Hanga Roa Hostal   HOSTERÍA $$
(☎04-206-0000; www.hangaroamontanita.com; i/d desde 35/40 US$; 🛜) Este pequeño y agradable alojamiento propone habitaciones sencillas con detalles de bambú y modernos baños, dos de ellas con vistas al mar. La agradable gale-

MERECE LA PENA

DESVÍO DESDE EL SOL

Normalmente visitado en una excursión desde Montañita, a unos kilómetros de distancia, el pueblo interior de **Dos Mangas** es el punto de partida de caminatas y salidas a caballo por el bosque húmedo tropical de la cordillera Chongón-Colonche. En el pueblo se pueden comprar tallas en tagua y artesanía hecha con paja toquilla.

Los viajeros tienen oportunidad de visitar apartados pueblos costeros y alojarse con familias locales por un precio simbólico, que incluye comidas, guías y mulas. Los pueblos suelen encontrarse a un día de fácil caminata o a un paseo a caballo desde Manglaralto y entre sí. También se pueden organizar circuitos con pernoctación para ver aves, así como visitar cascadas remotas y otros enclaves naturales.

Se pueden conseguir guías y caballos a través del **Centro de Información Sendero Las Cascadas** (☉8.00-12.00 y 13.00-17.00), un pequeño mostrador sito en Dos Mangas. Los afables guías encabezan una caminata de 4-5 h por el bosque hasta una altura de 60 m y hasta las **cascadas**, de 80 m (secas en verano). Cobran 20 US$ por el guía (para grupos de hasta 8 personas) y 2 US$/persona por la entrada al parque. También se pueden alquilar caballos (8 US$), encargar el almuerzo (3,50 US$, aprox.) y alquilar un par de botas (0,50 US$), muy recomendable, pues el terreno suele estar embarrado. Se puede contratar un guía con antelación a través de **Vicente Laines** (☎099-202-0348) o directamente presentarse por la mañana. En la zona hay puestos que venden tallas en tagua y otras artesanías locales.

Desde Manglaralto salen camiones a Dos Mangas (0,50 US$, 15 min) cada hora, aproximadamente; sin embargo, resulta más práctico tomar un taxi desde Montañita por unos 5 US$.

Un trayecto de 17 km (40 min) en autobús separa el pueblo costero de Valdivia de **Loma Alta** (☎en EE UU 212-279-7813; www.pansite.org; entrada 10 US$), un bosque nuboso de 2428 Ha protegido por la comunidad local (para visitas con pernoctación, hay que llamar con varios días de antelación). La ruta pasa por los pueblos de Sinchal y Barcelona antes de recorrer un irregular tramo de 10 km que culmina en el bosque. En esta reserva ecológica habitan monos aulladores y más de 200 especies de aves (incluidas 20 variedades de colibríes). Es un lugar ideal para acometer una excursión de 4-6 h a pie, a caballo o con mulas hasta sus sencillas cabañas y zonas de acampada. Con un guía también se puede ir desde Loma Alta hasta el pueblo de El Suspiro.

ría de la planta superior, encarada a la playa, y el jardín con hamacas a la sombra son dos buenos lugares para relajarse.

Hostal Esperanto HOSTERÍA $$
(☎099-970-4569; www.esperantohostal.com; dc 19 US$, d desde 44 US$; @🛜) 🐾 Justo después del llamativo Dharma Beach Hotel, este edificio de cuatro plantas dispone de acogedoras habitaciones con maderaje y balcones y una terraza en la azotea con vistas panorámicas. También hay una pequeña zona de descanso y una cocina comunitaria.

★**Balsa Surf Camp** BUNGALÓS $$$
(☎04-206-0075; www.balsasurfcamp.com; i/d desde 60/80 US$; 🛜) Espléndido escondite con bungalós de dos plantas con techo de paja repartidos por un frondoso jardín al otro lado de un sendero de arena que lleva a la playa. Reina un relajado ambiente surfista y el diseño es de estilo balinés. Muy indicado para aprender a hacer surf.

Nativa Bambú CABAÑAS $$$
(☎04-206-0097; www.nativabambu.com; cabaña desde 70 US$ desayuno incl.; 🌀🛜) Situado en un plácido entorno, ofrece cabañas de madera con techumbre de paja y una pequeña terraza con vistas fabulosas del pueblo y el mar en lontananza. Los visitantes cuentan maravillas de su servicio atento y eficiente y sus prestaciones de primera (p. ej., buenas camas, máquinas de café y televisión por satélite, en algunas cabañas). Indica la entrada un cartel junto a la carretera, cerca de la calle principal.

🍴 Dónde comer

Casi todos los rincones de la calle están ocupados por un restaurante informal, incluidos los carritos ambulantes que venden macedonias, empanadas, sándwiches, encebollado, ceviche, hamburguesas y bullentes cazuelas de marisco. En los locales orientados a ecuatorianos es más habitual encontrar almuerzos económicos (desde 2-4 US$) y meriendas (menú de cena).

Donde Garci PANADERÍA **$**
(pasteles 0,60-1,20 US$; ⊗5.00-23.00) Deliciosas galletas y repostería de estilo colombiano; en el cruce de la carretera y la calle principal.

Papillon FRANCESA **$**
(crepes 3-10 US$; ⊗8.00-22.00; 🛜) Ubicado en la calle de los puestos de cócteles, no lejos del Tiki Limbo, despacha un excelente surtido de crepes dulces y saladas.

Kaffeina INTERNACIONAL **$**
(ppales. 4-8 US$; ⊗11.00-21.00 ju-lu, desde 16.00 sa; 🖉) Este diminuto café de dirección danesa-ecuatoriana sirve un abanico de deliciosos y saludables platos hechos a partir de cero, como hamburguesas vegetarianas, salteados, crepes y ensaladas. Está justo después de la iglesia.

Tiki Limbo INTERNACIONAL **$$**
(ppales. 7-14 US$; ⊗8.30-24.00; 🛜🖉) Situado en pleno centro, el mejor restaurante de Montañita augura una ecléctica carta de vocación internacional (p. ej., fajitas, *falafels,* hamburguesas, camarones rebozados en sésamo y fuentes de marisco) y un encantador marco con muebles de bambú; destacan varias camas-mesa donde poder repanchigarse.

Karukera INTERNACIONAL **$$**
(ppales. 5-7 US$; ⊗8.00-23.00) Ideal para ver el desfile humano, este pequeño café sirve pastas, lasaña, camarones rebozados, tartas y café.

Hola Ola INTERNACIONAL **$$**
(ppales. 7-14 US$; ⊗8.00-24.00) Tranquilo local de dueños israelíes, perfecto para tomar algo a cualquier hora. Su extensa carta incluye tortillas, *fish and chips,* pollo a la barbacoa, *wraps* de *shawerma* o *falafel,* y *pizzas,* amén de buen café y postres.

Pigro ITALIANA **$$**
(ppales. 7-14 US$; ⊗11.00-23.00; 🖉) Para una experiencia epicúrea de altos vuelos en un ambiente relajado, hay que poner la directa a Pigro y elegir entre cremosos *risottos,* sabrosas pastas a la marinera, sustanciosas lasañas y otros favoritos de la comida italiana (nada de *pizzas,* eso sí), que pueden regarse con buenos cócteles.

 Dónde beber

En la calleja que recala en la playa se concentran carritos que venden cócteles tropicales (desde 3 US$), cervezas y batidos hasta las tantas, casi todas las noches. A una cuadra, el Lost Beach Club ofrece grandes fiestas *dance* de la mano de DJ nacionales e internacionales. Muy cerca se encuentra el Nativa Bambú, con música en directo y DJ casi todos los fines de semana. Hola Ola es un restaurante de día, pero por la noche se convierte en un lugar clave para la música y el baile.

ℹ️ **Información**

El Banco de Guayaquil y el Banco Bolivariano tienen cajeros. Hay algunos cibercafés que cobran 2 US$/h. Casi todos los alojamientos disponen de servicio de lavandería, unido a las varias lavanderías independientes repartidas por el pueblo.

ℹ️ **Cómo llegar y salir**

Los autobuses de la CLP salen de Olón, al norte de Montañita (15 min antes del horario de salida indicado a continuación) y efectúan parada en Montañita en su recorrido hacia el sur, hasta Guayaquil (5,50 US$, 2½-3 h, 4.45, 5.45, 10.00, 13.00, 15.00 y 16.30). Son mucho más cómodos que otros autobuses que también paran en el lugar, de camino a Santa Elena (2 US$, 2 h), La Libertad o Puerto López (2,50 US$, 1¼ h); sin embargo, estos pasan cada 20 min, aproximadamente.

Montañisol S.A (📞08-378-2643; montani sol@gmail.com), situada según se sale de la carretera, es una de las dos empresas de taxis que ofrecen servicios a destinos como Puerto López (25 US$) o incluso hasta Guayaquil (80 US$).

DE LA PENÍNSULA DE SANTA ELENA A GUAYAQUIL

Los alrededores de La Libertad (la población más grande de la península) y Santa Elena (hacia el final de esta) son una polvorienta zona urbana. Al este de la península de Santa Elena, el paisaje se vuelve cada vez más árido y las ceibas dejan paso a cactus candelabro de hasta 5 m de altura. Los guayaquileños acuden como moscas a los complejos turísticos siguiendo la costa hacia el sur; no así los extranjeros, ya que las playas (sobre todo en Salinas y, en menor medida, en Playas) están respaldadas por grandes bloques de hormigón y, más allá del agua, las poblaciones revisten poco interés. En Santa Elena hay una refinería, una emisora de radio y un pequeño museo arqueológico.

En las afueras de Ballenita, al norte de Santa Elena, está la peculiar y cautivadora **Hostería Farallón Dillon** (🖉04-295-3611; www.farallondillon.com; h desde 84 US$; ✴🍴), un complejo encalado sobre un acantilado con vistas al mar y, de junio a septiembre, premiado con el descenso de las ballenas migratorias. En el lugar reina un ecléctico estilo náutico, digno, como es el caso, de un hotel con su propio museo marítimo. Aunque sea merece la pena parar a comer (ppales. 12-21 US$) o a tomar algo y disfrutar de las vistas.

Es posible lanzarse en parapente desde los acantilados sobre el mar próximos a San Pedro. Al norte de Ayangue, los pilotos de **Parapente San Pedro** (🖉098-252-3436; comuna sanpedro2007@gmail.com; km 41; 30 US$/persona; ⏲11.00-17.00) ofrecen casi a diario saltos en tándem de 15 min; el desvío está indicado en la carretera principal. Las agencias de Montañita organizan circuitos por esta región, aunque también se puede recorrer por cuenta propia.

Unos kilómetros en dirección norte se halla el **Acuario Valdivia** (🖉098-298-3994; km 42; entrada 3 US$; ⏲8.00-16.00), un centro de recuperación de animales donde se pueden observar de cerca especies marinas autóctonas como tortugas marinas, pingüinos, alcatraces patiazules y leones marinos.

Salinas

35 000 HAB.

Vista de lejos, Salinas recuerda a Miami Beach: una hilera de bloques de apartamentos frente a una playa de arena blanca atestada de bañistas, aunque, de cerca, apenas una cuadra detrás de la playa, las calles tienen un aspecto más descuidado. Con todo, Salinas es el mayor centro turístico de la costa sur, así como la ciudad más occidental del Ecuador continental.

La ciudad está atestada y resulta muy cara en temporada alta (de mediados de diciembre a abril), cuando los yates internacionales fondean en el puerto deportivo, en el extremo oeste del paseo marítimo. La mejor época para bañarse es de enero a marzo. En julio y agosto, el tiempo se vuelve nublado y desapacible, aunque hay buenas oportunidades para avistar aves y ballenas. Durante el Carnaval (en febrero) la ciudad se llena hasta los topes.

La ciudad se extiende a lo largo de varios kilómetros junto a la costa y por un malecón con bares y restaurantes. Por un lado, termina a la altura del gran Hotel Barceló Colón Miramar; en el otro extremo están el club de yates, la plaza mayor principal y la iglesia. Al oeste se extiende una playa de arena, aunque los bloques de apartamentos ocupan la arena misma. Para guiarse, los lugareños acostumbran a utilizar puntos de referencia más que nombres de calles.

🏃 Actividades

Los **circuitos de observación de ballenas** son la atracción estelar de junio a octubre. Unos 13 km mar adentro desde Salinas, la plataforma continental pasa de 400 a más de 3000 m de profundidad (hasta 40 km en alta mar), por lo que en una corta travesía de 1 h se puede llegar a aguas muy profundas, ideales para la práctica de la **pesca deportiva**; entre las especies se cuentan peces espada, peces vela, atunes, doradas y marlines negros, y la mejor época va de septiembre a diciembre. Los **aficionados a las aves** pueden visitar los lagos privados de Ecuasal, junto a la fábrica de sal de Salinas, donde hay clasificadas más de 120 especies.

La zona de Mar Bravo es una playa situada al sur de Punta Carnero (taxi 3 US$, solo ida), con buenos rompientes para la práctica del **surf**. En las rocas junto a la base aérea suelen concentrarse leones marinos y alcatraces patiazules.

Bar de ostras   OBSERVACIÓN DE AVES
(🖉04-277-8329; bhaase@ecua.net.ec; Enrique Gallo 1109, entre calles 47 y 50) Regentado por Ben Hasse, pionero de la observación de ballenas en la zona, con un pequeño museo alusivo y el esqueleto de una ballena jorobada en la parte trasera. Hasse es el mayor conocedor de aves de la región y capitanea los circuitos por Ecuasal (30 US$/persona). Queda unas cuadras al este del Hotel Barceló Colón Miramar.

Pesca Tours   PESCA
(🖉04-277-2391; www.pescatours.com.ec; Malecón 577) Este operador ofrece excursiones de pesca para un máximo de seis participantes por barco, por unos 700 US$ al día (5.00-17.00). El precio incluye el capitán, dos ayudantes y todo el equipo de pesca, pero hay que llevar comida y bebida.

🛏 Dónde dormir

Los alojamientos no apuntan a viajeros extranjeros en busca de paz y playa. Los precios indicados corresponden a la temporada alta; suelen reducirse un 20-30% de mayo a mediados de diciembre y suben durante Semana Santa, Navidad, Año Nuevo y Carnaval.

Coco's Boutique Hostal   PENSIÓN $$
(☎04-277-0361; www.hostal-cocos.com; malecón cerca de Fidón Tomalá; i/d 24/40 US$; ✳🛰) En una céntrica ubicación frente al mar, es una buena opción por sus habitaciones atractivas pero decoradas con sencillez (aunque algunas carecen de luz natural), con pinceladas artísticas.

Big Ralph's Hostal
& Restaurant   PENSIÓN $$
(☎04-293-0910; www.bigralphhostal.com; av. San Lorenzo esq. Carlos Espinoza; i/d desde 30/50$; ✳🛰) A pesar de quedar lejos de la playa y a 10 min a pie del malecón, esta agradable pensión familiar recibe estupendas críticas por sus seductoras habitaciones (aunque algo oscuras), con paredes encaladas de adobe y suelos de terracota. Tiene un buen restaurante.

Hotel Francisco III   HOTEL $$
(☎04-277-4883; www.hotelesfrancisco.com; malecón esq. calle 27; i/d 30/35 US$ desayuno incl.; ✳🛰🛋) En pleno malecón, es el más grande, más nuevo y más bonito de los Hoteles Francisco de Salinas. Un punto destacable son los soleados pasillos exteriores, aunque a las habitaciones en sí no les vendría mal algo más de luz natural. El **Francisco I** (☎04-277-4106; www.cadenahotelesfrancisco.com; Enríquez Gallo, entre calle 19 y 20; i/d desde 25/35 US$; ✳🛰🛋), a una cuadra del malecón, enfrente del supermercado Mi Comisariato, tiene habitaciones anticuadas pero limpias.

Hotel Marvento I   HOTEL $$
(☎04-277-0975; www.hotelmarvento.com; Guayas esq. Enríquez Gallo; h 20-30 US$/persona desayuno incl.; ✳🛰🛋) Si las vistas no son una prioridad, este hotel, a solo una cuadra del malecón, es una apuesta excelente. En la azotea hay una pequeña piscina.

A unas cuadras se encuentra el **Hotel Marvento II** (☎04-277-0827; Enríquez Gallo y Digno Núñez; h 45 US$ desayuno incl.; ✳@🛰🛋), con muebles de más nivel, una piscina y un patio mayormente a la sombra. En la misma calle, el **Marvento Suites** (Enríquez Gallo cerca de Armando Barreto; i/d desde 45/70 US$), aún más lujoso, ofrece habitaciones más grandes, sauna, piscina, *jacuzzi* y ascensor.

Hotel El Delfín   HOTEL $$
(☎04-277-0601; hotel.eldelfin@gmail.com; av. Isabel González Rubio esq. calle Eleodora Peña; i/d desde 20/30 US$, h temporada alta 45 US$; ✳@🛰🛋) Justo detrás del antiguo parque acuático se halla este cuidado hotel con habitaciones menudas y modernas, y un compacto patio con piscina.

Barceló Colón Miramar   HOTEL $$$
(☎04-277-3806; www.barcelo.com; malecón cerca de calle 38; h incl. 3 comidas 240 US$; ✳@🛰🛋) El hotel más grande de Salinas ha vivido tiempos mejores, pero presume de las instalaciones de un complejo turístico: piscina, gimnasio, tres restaurantes y varios bares y salones. Pese a todo, la relación calidad-precio deja algo que desear.

🍴 Dónde comer

La mayor parte de los restaurantes están en el malecón o a una o dos cuadras de este, aunque en temporada baja puede que algunos estén cerrados o acorten sus horarios. "Cevichelandia", como se conoce familiarmente al recomendable conjunto de puestos de pescado que hay en la esquina de las calles 17 y Enríquez Gallo, es un lugar muy popular y barato para comer (cierran a las 18.00).

Cevichería Lojanita   PESCADO Y MARISCO $$
(Enríquez Gallo esq. Avilés; ppales. 6-10 US$; ◷9.00-20.30) Local grande y amarillo, a una cuadra de Cevichelandia; las raciones son abundantes y se acompañan de palomitas.

Smokin' BBQ   BARBACOA $$
(malecón cerca de 24 de Mayo; ppales. 6-18 US$; ◷9.00-23.00 mi-do) Este lugar de dueños tejanos conquista con sándwiches de cerdo deshebrado, costillas, ensalada de col y alubias con tomate. El típico sitio apacible frecuentado por expatriados.

Cafetería del Sol   ECUATORIANA $$
(malecón; ppales. 6-12 US$; ◷8.00-23.00) Entre el Banco Pichincha y el Calypso Hotel, este restaurante, cubierto de rejas, prepara desde burritos a paella marinera.

Luv'n Oven   ECUATORIANA $$
(malecón; ppales. 7-10 US$; ◷11.00-21.00) Agradable local frente al mar, con buenos platos de pescado y marisco como encocados, ceviches y arroz con pulpo. El servicio es lento.

♟ Dónde beber

Un puñado de bares y discotecas del malecón y sus aledaños cobran vida los fines de
semana en temporada alta. La vistosa salsateca Salinas Beach Club está pasado el Hotel
Francisco III. **La Casa de Roy** (av. 30 cerca calle
50, Ciudadela Italiana; ☺20.00-2.00 mi-sa), cerca
del Barceló Colón, ofrece un ambiente más
tranquilo y música en directo *(blues, rock)*
los fines de semana.

Sin   BAR
(calle 13 y 55; ☺15.00-24.00 lu-ju, hasta 4.00 vi y sa)
Animado garito de dueños estadounidenses
que atrae a extranjeros y lugareños por igual.
No hay que perderse la *panic hour* dc los jueves (desde 9.15 hasta 22.15), cuando cualquier
consumición cuesta solo 1 US$. Otras noches
hay actuaciones en directo, juegos deportivos,
karaoke y *happy hour* entre semana (16.00-
18.00).

🛍 De compras

Para compras de última hora se puede echar
un vistazo a los puestos de artesanía de la calle Armando Barreto, junto al malecón, cerca
dcl Banco Pichincha.

ⓘ Información

El Banco de Guayaquil, el Banco Bolivariano
y el Banco Pinchincha tienen cajeros por el
malecón.

ⓘ Cómo llegar y salir

La Libertad es el centro de conexiones en autobús de la península, pero si no se va a Salinas,
es más sencillo apearse directamente en Santa
Elena y cambiar allí a otro autobús al norte, por
la costa, o al este, a Guayaquil.

Durante todo el día hay servicios a Salinas,
con salida desde el cruce de la calle 8 y la av. 2,
en La Libertad. Un taxi entre dichas localidades
cuesta unos 3 US$. Para ir a Santa Elena desde
La Libertad se puede parar alguno de los frecuentes microbuses que circulan por la calle
9 de Octubre.

A GUAYAQUIL

La forma más sencilla de ir a Salinas desde
Guayaquil es tomando las furgonetas exprés
(10 US$, cada hora 6.00-20.00) de **Turismo
Ruta del Sol** (☎04-277-0358), que tiene una
oficina contigua al Hotel Calypso I, en el malecón
de Salinas. Desde Guayaquil las furgonetas
salen desde detrás del Hotel Ramada, en el
malecón. Fundamental reservar.

Se puede ir a Guayaquil (4 US$, 2½ h, cada
15 min) desde Salinas con los autobuses de
la Cooperativa Libertad Peninsular (CLP), la
Cooperativa Intercantonal Costa Azul (CICA) o
Liberpresa desde la terminal de autobuses de la
calle 7, detrás del antiguo parque acuático, una
cuadra hacia el interior en el extremo oeste del
malecón; téngase presente que efectúa parada
en La Libertad para recoger más pasajeros.

AL NORTE

Para seguir al norte hacia lugares como Montañita (2 US$, 2 h) y Puerto López (4,50 US$,
3 h), hay que tomar un autobús de la CITUP,
la Cooperativa Manglaralto o la CITM en la terminal de La Libertad, cerca del mercado. Los
fines de semana en temporada alta se impone
reservar plaza con antelación. Estos autobuses también dan servicio a otras localidades
costeras del norte, como Ballenita, Valdivia,
Ayangue y Palmar.

Playas
31 000 HAB.

Pese a su aspecto decadente y polvoriento
–a la par que el paisaje árido que la rodea–,
llegar a Playas (llamada General Villamil en
algunos mapas) es en cierto modo un alivio.
Eso sí, los guayaquileños que la eligen como
destino de fin de semana no acuden atraídos
por su sofisticación urbana, sino por su larga, ancha y relativamente cercana playa y su
delicioso marisco. Además, hay buenos lugares para practicar **surf** en la zona; lo mejor
es ir al restaurante **Jalisco** (av. Paquisha), a
una cuadra de la playa, y pedir información
a Juan Gutiérrez.

Playas sigue siendo un activo pueblo de
pescadores; en el extremo oeste de la playa
puede verse cómo descargan la captura del
día de viejas balsas que son poco más que
tres troncos atados y una vela.

El período de más trajín es de diciembre
a abril.

🛏 Dónde dormir

De camino a Data, al sureste del centro, y a
Posorja, aún más lejos, a 16 km de distancia, se encuentran varias opciones tranquilas cerca de la playa; los fines de semana en
temporada alta suelen llenarse pronto y las
tarifas suben. En tiempos recientes se ha
incorporado un puñado de nuevos hoteles,
algunos a medio construir, pero ninguno con
vistas al mar.

COSTA MERIDIONAL PLAYAS

★ **La Posada del Sueco** HOTEL **$$**
(☎099-372-2888; www.posadadelsueco.com; km 2; d 40-80 US$; 🛜📶) Una pareja sueco-ecuatoriana lleva este coqueto complejo ecológico a pie de playa, con seis bonitas habitaciones en torno a un exuberante jardín. Está a 2 km de Playas, en dirección a Data.

Hotel Arena Caliente HOTEL **$$**
(☎04-276-1580; Guayaquil esq. Paquisha; i/d 30/45 US$; ❄🛜📶) Típicas habitaciones con suelos de baldosa, en buen estado. Sus principales bazas son la enorme piscina y la zona de descanso.

Hotel Nevada Playas HOTEL **$$**
(☎04-276-0759; www.hotelnevadaplayas.com; Guayaquil esq. Paquisha; i/d 45/50 US$; ❄📶) A solo dos cuadras de la playa, ofrece habitaciones confortables con una decoración que peca de recargada (algunas luminosas; otras bastante lúgubres). Tiene piscina y una zona de recreo con futbolín y billar.

Hotel Ana HOTEL **$$**
(☎099-898-5886; km 2; h 35 US$; ❄📶) Unos 2 km pasado Playas, de camino a Data, ocupa un edificio rojo de imitación a ladrillo con una diminuta piscina; las habitaciones, embaldosadas, lucen un mobiliario sencillo.

El Jardín PENSIÓN **$$**
(☎04-276-6071; www.eljardindeplayas.com.ec; km 12; d 50-80 US$; ❄📶) Situado frente a la playa, a 12 km del centro de camino a Data, este plácido lugar de dueños amables ofrece bungalós entre vegetación con habitaciones amuebladas con gusto.

🍴 Dónde comer y beber

El viajero encontrará cantidad de cevicherías en el cruce de Roldos Aguilera y Paquisha (en los contornos de los hoteles Arena Caliente y Nevada Playas). Por la playa hay varios comedores que sirven un sencillo repertorio de clásicos de marisco.

Empanadas de Playas ECUATORIANA **$**
(Roldos Aguilera; tentempiés sobre 1 US$) Restaurante sin florituras donde degustar empanadas de pollo y de carne.

Restaurant Jalisco PESCADO Y MARISCO **$**
(Paquisha esq. av. 7; ppales. 3-10 US$; ⏱8.00-17.00) Toda una institución local que lleva 40 años en la brecha; sirve almuerzos y platos de marisco baratísimos.

El Pescaíto ECUATORIANA **$$**
(av. Jaime Roldós; ppales. 7-10 US$; ⏱12.00-20.00 mi-do, hasta 22.00 vi y sa) Si se busca algo de más categoría, habrá que probar este restaurante, un alegre local con paredes de bambú y sabrosos platos de marisco y cazuelas. Está a la vuelta de la esquina desde la plaza principal.

ℹ️ Información

El malecón cuenta con un **mostrador** de información turística (⏱9.00-13.00 y 14.00-17.30). Hay cajeros en la plaza principal; el Banco de Guayaquil tiene una sucursal más grande en Paquisha, cerca de la av. Guayaquil. A unas cuadras de la plaza se encuentran varios cibercafés y locutorios.

ℹ️ Cómo llegar y salir

Transportes Villamil (Menéndez Gilbert) y Transportes Posorja tienen autobuses a Guayaquil (2,75 US$, 1¾ h, 97 km); los servicios de ambas salen cada 10 min de 4.00 a 20.00.

Para ir a Santa Elena o más al norte por la costa, hay que bajarse en el cruce de la carretera, en Progreso (1 US$, 25 min), y parar cualquier autobús que vaya hacia el norte. Sin embargo, los autobuses que pasan por allí suelen viajar llenos desde Guayaquil.

SUR DE GUAYAQUIL

Aunque los viajeros tienden a ver esta región agrícola solo si viajan a Perú, lo cierto es que posee varias reservas naturales y una preciosa población de montaña.

Reserva Ecológica Manglares Churute

Esta reserva nacional (entrada 10 US$) de 500 km² protege una vasta zona de manglares situada al sureste de Guayaquil. En tiempo, la costa estaba cubierta por un bosque de manglares, un hábitat único y de suma importancia ecológica; sin embargo, hoy es uno de los pocos reductos que quedan en el litoral de Ecuador, pues el resto ha sido destruido por la industria del camarón. Tierra adentro se alzan unas colinas tapizadas de bosque tropical seco que alcanzan los 700 m de altitud.

Los estudios llevados a cabo en la reserva indican que este hábitat cambiante, desde los manglares costeros a las frondosas colinas, alberga una enorme biodiversidad, con una gran concentración de especies endémicas. En la costa a menudo se han avistado delfines, y en el parque pueden verse muchas otras especies de animales y aves.

La entrada de la reserva queda a mano izquierda de la carretera principal entre Guayaquil y Machala, unos 50 km al sureste de Guayaquil. Allí se encontrará un **centro de información** (☎09-276-3653) donde se abona la entrada. Los guardabosques pueden organizar paseos en barca para ver los manglares (60 US$ aprox. al día para grupos de 4 o 5 personas), y hay una red de senderos de varios kilómetros. La mejor época para las travesías es de enero a mayo, cuando aumenta el nivel del mar, aunque eso también conlleva más insectos.

Varias agencias de Guayaquil ofrecen excursiones de un día por la reserva.

Cerca del centro de información hay unas cuantas cabañas sencillas, poco más que refugios de hormigón. También se puede acampar si se coordina previamente con la oficina de reservas.

Cualquier autobús que circule entre Guayaquil y Naranjal o Machala puede dejar al viajero en el centro de información. De regreso, se puede parar un autobús junto al cartel de la carretera (los conductores lo conocen). Un taxi desde Guayaquil sale por unos 40 US$, ida y vuelta.

Machala

231 000 HAB.

Rodeada de plantaciones de bananos, el "oro verde" y principal baza de la provincia, Machala es la capital comercial y administrativa de la provincia de El Oro. Es un práctico lugar de parada en el viaje entre Guayaquil y la frontera con Perú, así como una buena base para explorar las montañas hacia el este. Puerto Bolívar, a solo 7 km, es el puerto internacional de la zona y una meca del marisco.

El parque Juan Montalvo, en pleno centro, constituye la plaza principal. Las estaciones de autobuses y casi todos los hoteles y restaurantes distan del lugar un máximo de seis cuadras.

La **Feria Mundial del Banano**, celebrada la tercera semana de septiembre, es una oda al símbolo local. También tiene lugar un concurso internacional para elegir a la Reina del Banano.

🛏 Dónde dormir

Hostal Saloah HOTEL $
(☎07-293-4344; Colón 1818; i/d desde 20/24 US$; ✽@☎) A tiro de piedra de varias compañías de autobuses, con habitaciones tranquilas, muy a cuenta, aunque algo oscuras debido a las diminutas ventanas y a la iluminación tenue. En cada una de sus cuatro plantas hay una *suite* –más grandes, más luminosas y con vistas a la calle– que bien merece pagar unos dólares extra. También hay una terraza en la azotea.

Hotel Bolívar Internacional HOTEL $
(☎07-293-0727; Bolívar esq. Colón; i/d 20/30 US$; ✽☎) Limpio, de trato afable y a un corto paseo de varias empresas de autobuses. Algunas de sus habitaciones, embaldosadas, tienen ventanales con vistas a un pequeño parque.

Grand Hotel Americano HOTEL $$
(☎07-296-6400; www.hotelesmachala.com; Tarqui esq. av. 25 de Junio; h desde 37 US$ desayuno incl.; ✽@☎) Hotel de categoría superior con habitaciones modernas y luminosas, equipadas con escritorios y grandes TV. Redondean la oferta un agradable vestíbulo, un personal atento y un ascensor.

Veuxor Executive Hotel HOTEL $$$
(☎07-293-2423; www.hotelveuxor.com; Bolívar esq. Juan Montalvo; i/d 64/75 US$ desayuno incl.; ✽☎) Céntrico y fastuoso, el Veuxor es una certera apuesta con habitaciones espaciosas de bonito diseño, algunas con vistas de la ciudad.

🍴 Dónde comer

Si apetece comer pescado y marisco fresco, una buena opción es ir a Puerto Bolívar. En El Paseo, un moderno centro comercial 3,5 km al sur del centro, hay unos grandes almacenes con una sección de alimentación, patio de comidas y cine.

Coffee Station CAFÉ $
(av. 25 de Julio; cappuccino 2-3,50 US$; ⊙8.00-21.30 lu-vi, 9.00-21.00 sa y do; ☎) En una pequeña galería comercial frente al parque Juan Montalvo, este acogedor local propone deliciosas y auténticas bebidas de café y buena conexión wifi.

Mercado MERCADO $
(Olmedo esq. Montalvo) Extendiéndose a lo largo de varias calles, el enorme mercado al aire libre de Machala es ideal para surtirse de fruta fresca y provisiones.

Machala

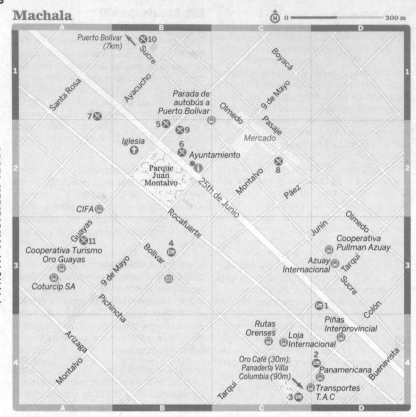

Oro Café
ECUATORIANA **$**

(Bolívar cerca de Buenavista; comidas 2,25 US$; ⊙7.00-20.00 lu-sa) En este pequeño y colorista café, cerca de las empresas de autobuses, sirven tentempiés, como empanadas y humitas, y sustanciosos almuerzos, como seco de chivo (estofado de cabra). Evítese el café.

Panadería Villa
Columbia
PANADERÍA **$**

(Bolívar esq. Buenavista; ⊙7am-23.00) Para tomar cruasanes (0,10 US$) crujientes, recién horneados; también cerca de las empresas de autobuses.

El Paraíso de la Vida
ECUATORIANA **$**

(Ayacucho cerca de av. 25 de Junio; ppales. 4-6 US$; ⊙7.00-21.00 lu-vi, hasta 16.00 sa y do; 🖋) Sándwiches, *wraps,* lasaña, almuerzos y desayunos servidos en un comedor estrecho pero moderno.

Nutripán
PANADERÍA **$**

(Guayas, entre av. 25 de Junio y Sucre; ⊙7.00-21.00 lu-sa, 8.00-18.00 do) Despacha una repostería insuperable, ideal como tentempié.

Romero's
ECUATORIANA **$$**

(Sucre 1304; ppales. 5-10 US$; ⊙12.00-22.00) Suculentas carnes a la parrilla de noche y baratísimos almuerzos de día (2,75 US$ aprox.), servidos en su pequeño patio posterior o en su bonito comedor interior.

Chesco Pizzería
PIZZERÍA **$$**

(Guayas 1050 cerca de av. 25 de Junio; ppales. 5-10 US$; ⊙11.00-23.00 lu-sa, desde 15.00 do) Típico local de comida rápida, para comer *pizzas,* pastas y hamburguesas.

Zona Refrescante
INTERNACIONAL **$$**

(Guayas cerca de Bolívar; ppales. 9-12 US$; ⊙9.00-23.00) Especializado en carnes a la parrilla, es una de las mejores opciones del centro, instalado en un acogedor establecimiento cli-

Machala

matizado. Entrada la noche es un buen lugar para tomar una copa en su terraza.

ℹ Información

La **oficina de turismo** (calle 9 de Mayo y av. 25 de Junio; ⊙8.00-13.00 y 14.30-17.00 lu-sa) proporciona planos y mapas. Hay unos cuantos bancos con cajero por el parque Juan Montalvo. La av. 25 de Junio, entre Guayas y Las Palmeras, cuenta con varios cibercafés.

ℹ Cómo llegar y salir

AVIÓN

Entre semana hay vuelos matutinos a Quito (125 US$), operados por **TAME** (📞07-296-4865; Montalvo cerca de Pichincha). El aeropuerto se halla a 1 km del centro; la carrera en taxi cuesta 1 US$, aproximadamente.

AUTOBÚS

Machala no dispone de terminal central de autobuses, pero la mayoría de las compañías se apiñan unas cinco cuadras al sureste del parque Juan Montalvo.

FURGONETA

A lo largo de Guayas, entre Pichincha y Serrano, se encuentran unas cuantas compañías de furgonetas, como **Coturcip SA** (📞07-296-0849) y **Coop Turismo Oro Guayas** (📞07-293-4382), con salidas cada hora a Guayaquil (11-12 US$, 3 h).

Puerto Bolívar y Jambelí

De interés para los amantes del pescado y el marisco y de quienes desean ver los paisajes de manglares costeros, Puerto Bolívar es, por lo demás, una aséptica franja de hormigón a solo 7 km de Machala. La acción gira en torno a un largo puerto del que salen los barcos hacia la pequeña isla de Jambelí. Cruzando la carretera se hallan numerosas cevicherías, ideales para darse un atracón a base de pescado y marisco. **Pepe's** (ppales. 11-14 US$; ⊙10.00-23.00), toda una institución local, con terraza junto al puerto, sirve un marisco de primera.

Con playas soleadas y calles de arena, Jambelí es un popular lugar de escapada entre los residentes de Machala. La isla se anima los fines de semana y recibe una marea de visitantes durante el Carnaval y la Semana Santa. El resto del tiempo conserva un aire aletargado y cierto encanto decadente a juego. En la época de lluvias los mosquitos pueden ser un problema.

En plena playa, unos 10 min de paseo al norte del puerto, **Las Tórtolas** (📞099-929-7926; www.lastortolasjambeli.com; i/d desde 30/40 US$; ❄🌐) cuenta con agradables cabañas y un patio con hamacas abrazado por palmeras. **El Faro Playa Spa** (📞07-292-0414; www.elfaro.com.ec; h incl. 3 comidas 85 US$/persona; 🌐🏊), en el extremo noroeste de Jambelí (a 30 min a pie del puerto) ofrece atractivas casitas con tejados de paja a dos aguas, en un precioso tramo de playa. También admiten clientes de día por 30 US$ (almuerzo, uso de instalaciones y kayaks, y traslado a/desde Puerto Bolívar incluidos).

Los fines de semana los operadores de Puerto Bolívar organizan excursiones en barco para ver los manglares y observar aves. También se puede bucear por los mangles de la cercana **isla del Amor**, parte de un ecoproyecto comunitario a fin de proteger el entorno marino.

Desde Machala, se puede llegar con el autobús nº 1 o 13, que para en Sucre, una cuadra al norte del parque Juan Montalvo, o en taxi (sobre 3 US$). Para llegar a Jambelí, hay barcos de pasajeros (ida y vuelta 4 US$, 25 min) que zarpan a las 7.30 y cada hora en punto, entre las 9.00 y las 18.00.

Zaruma

23 000 HAB. / 1150 M ALT.

Tras ascender por unas montañas cubiertas de exuberante vegetación y surcadas por impetuosos arroyos que brotan entre la fronda, el último tramo de la subida hasta Zaruma (al sureste de Machala) parece el final de un peregrinaje. Si se viaja por la llana carretera de la costa, esta vieja ciu-

MERECE LA PENA

EL BOSQUE PETRIFICADO PUYANGO

Con una extensión de 2659 Ha, el bosque petrificado más grande de Ecuador –y posiblemente de toda Sudamérica–, contiene troncos fosilizados de araucarias (muchos de ellos de millones de años de antigüedad) de hasta 11 m de alto y 1,6 m de diámetro, y da cobijo a más de 130 especies de aves.

Puyango se extiende por un valle situado a unos 360 m sobre el nivel del mar y a unos 55 km de la costa. La entrada cuesta 1 US$ y se permite acampar previo pago de una pequeña tasa; hay que preguntar en el **centro de información** (www.bosquepuyango.ec; ☺8.00-16.30). Se ha construido un mirador y se han trazado varios senderos.

El cercano pueblo de **Puyango** no cuenta con alojamientos al uso, pero los lugareños se prestan a ayudar al visitante a encontrar un lugar donde dormir. Conocen perfectamente la reserva y algunos se ofrecen como guías.

Los autobuses de Loja Internacional procedentes de Machala y Loja paran en Puyango (3 US$, 3 h desde Machala). Como alternativa, se puede tomar un autobús de CIFA hasta Arenillas y cambiar allí a alguno de los pocos frecuentes autobuses que cubren los 55 km restantes hasta Puyango. Puede que se encuentre algún control de pasaportes, ya que el parque está cerca de la frontera.

dad de minas de oro (c. 1549), con empinadas calles y balcones adornados con macetas, resulta toda una revelación. Aunque las minas están prácticamente agotadas o cerradas, se puede visitar el túnel de 500 m de la cercana **mina El Sexmo** (calle El Sexmo; ☺8.00-12.00 y 13.00-16.30 ma-do) GRATIS tras una proyección de 10 min sobre la historia de la mina, a cada viajero se le entrega un par de botas y un casco para pasear por las entrañas de la Tierra. El trayecto en taxi desde el centro cuesta menos de 2 US$; también se puede llegar a pie por una larga cuesta.

Casi todos los hoteles y restaurantes se sitúan en la angosta carretera principal que atraviesa Zaruma antes de recalar en la bonita **plaza de la Independencia,** dominada por la pintoresca iglesia de la **Virgen del Carmen.** Junto a esta, sobre la oficina de turismo, se encuentra un pequeño **museo** con piezas históricas y arqueológicas.

La mejor manera de visitar **Piñas** (arquitectónicamente más moderna y con menos encanto) es en una excursión desde Zaruma. En 1980 se descubrió en la zona una nueva especie de ave, la cotorra de El Oro. El mejor sitio para verla es la **Reserva Buenaventura** (entrada 15 US$, cabañas incl. 3 comidas 146 US$/persona; ☺8.00-16.00), compuesta por 2700 Ha de bosque nuboso y situada a unos 9 km de Piñas. También hay sencillas cabañas y un restaurante bastante caro (comidas 20 US$) lleno de colibríes.

🛏 Dónde dormir

Aparte de la Hostería El Jardín, todos los alojamientos reseñados a continuación están en la calle principal, que cambia de nombre a medida que se sube.

⭐**Hostería El Jardín**　　　HOSTERÍA $
(☎07-297-2706; av. Isidro Ayora, Barrio Limoncito; i/d desde 25/35 US$; @) Saliendo del centro se llega a esta serena pensión familiar con un coqueto patio con jardín y cómodas habitaciones. Está a un corto trayecto en taxi (1,50 US$) del centro.

Romerio Hostal　　　PENSIÓN $
(☎07-297-3618; romeria_hostal@hotmail.com; plaza de la Independencia 45; i/d 12/24 US$; ☎) En un extremo de la plaza, frente a la oficina de turismo, ofrece habitaciones con buena calidad-precio y agua caliente. Hay un restaurante en la planta baja.

Hotel Blacio　　　HOTEL $
(☎07-297-2045; www.hotelblacio.com; Sexmo 015 esq. Sucre; h 10 US$/persona) A un corto paseo calle abajo desde la plaza central se encuentra este pequeño y agradable alojamiento con agua caliente y habitaciones cuidadas con esmero.

Zaruma Colonial　　　HOTEL $$
(☎07-297-2742; www.hotelzarumacolonial.com.ec; Sucre cerca de Sexmo; i/d/tr 15/30/45 US$; ☎) Acogedor hotel de cuatro plantas con habitaciones modernas y atractivas; las mejores, con bonitas vistas.

✖ Dónde comer

No hay que dejar de probar el tigrillo, una consistente especialidad de la zona hecha con bananas, huevos y queso.

★ Tertulia INTERNACIONAL $
(plaza de la Independencia; ppales. 4-6 US$; ☺10.30-14.30 y 15.30-22.00 ma-do) Este establecimiento junto a la iglesia goza de la mejor ubicación del lugar, con una terraza encarada a la plaza. Por dentro desprende un estiloso ambiente tipo *lounge* y sirve sabrosas lasañas, sándwiches de cerdo, gofres, tamales y bebidas varias.

Saborcito Zarumeño ECUATORIANA $
(ppales. 2,50-5 US$) Una buena opción sin alardes, para comer carnes a la parrilla, pollo asado y almuerzos económicos. Está en la carretera principal.

Café Imperdible ECUATORIANA $
(ppales. 2,50 US$; ☺9.30-13.00 y 15.30-22.00 lu-sa; ☎) En la entrada de la plaza, este pequeño y moderno local despacha bebidas de café y sándwiches de delicatesen.

200 Millas ECUATORIANA $$
(av. Honorato Márquez; ppales. 5-10 US$; ☺7.00-22.30 lu-sa, hasta 21.00 do; ☎) El mejor restaurante de Zaruma ofrece platos típicos y buenos desayunos con vistas al valle. Está a 10 min a pie de la plaza, en la carretera principal.

ⓘ Información

La **oficina de turismo** (☎07-297-3533; www.visitezaruma.com; calle 9 de Octubre; ☺8.00-12.00 y 14.00-18.00 lu-vi), está a un lado de la plaza y la atiende un personal amable. En el centro hay sucursales del Banco de Guayaquil y el Banco de Machala (con cajeros), así como varios cibercafés.

ⓘ Cómo llegar y salir

Las dos compañías de autobuses (Piñas y TAC) tienen oficina cerca del cementerio, a los pies del pueblo, a 2 km a pie por una subida hasta la plaza de la Independencia; un taxi cubre el trayecto por 1,50 US$.

Piñas ofrece servicios cada hora a Machala (3 US$, 3 h) vía Piñas (45 min), además de una salida a Cuenca a las 13.45 (7 US$, 7 h), tres diarias a Quito (12 US$, 12 h) y cuatro diarias a Guayaquil (6,50 US$, 5 h). También tiene autobuses diarios a Loja (5 US$, 4 h).

ⓘ CAMBIAR DINERO

Es mejor evitar a los cambistas ambulantes que se reúnen a ambos lados de la frontera. En el lado ecuatoriano son los tipos que portan maletines y se sientan en sillas de plástico. Los casos de billetes falsos son habituales y los cambistas no tienen apuro en mentir con tal de conseguir clientes. ("El cajero no funciona" ya es un clásico.) Los bancos de Huaquillas y Aguas Verdes no suelen realizar transacciones de cambio de divisa, pero vale la pena intentarlo. Hay cajeros automáticos a ambos lados de la frontera.

Si el viajero sale de Perú, lo mejor es librarse de tanta moneda peruana como se pueda antes de llegar a la frontera. Si se sale de Ecuador, es fácil cambiar dólares en Perú, pero conviene esperar a hacer el grueso de la transacción más al sur de la frontera.

TAC ofrece servicios a Machala (3 US$, cada hora), Guayaquil (6,50 US$, 5 diarios) y Cuenca (7 US$, 7 h, 1 salida diaria a las 24.00, aprox.).

Con vehículo propio hay 2 h a/desde Machala. En Zaruma, aparcar cuesta 1,50 US$ por 3 h; los tiques se compran en restaurantes y tiendas.

Perú vía Huaquillas

La ruta que sigue la mayor parte de los viajeros que recorren el país tiene unos 80 km de distancia y une Machala con la población fronteriza de Huaquillas, junto a la frontera con Perú. La carretera se abre paso a través de plantaciones de bananos y palmeras, así como los polvorientos centros comerciales de **Santa Rosa y Arenillas**. El río Zarumilla ejerce de frontera natural, pero está seco casi por completo y lo cruza un puente internacional que conecta Huaquillas con **Aguas Verdes**, ya en Perú; los guardas del puente permiten cruzar y regresar sin exigir trámite alguno.

Si hubiera que pernoctar en Huaquillas, se recomiendan el **Hotel Vanessa** (☎07-299-6263; www.hotelvanessa-ec.com; calle 1 de Mayo y Hualtaco; i/d desde 10/20 US$; ❄☎) y el contiguo **Hotel Hernancor** (☎07-299-5467; grandhotelhernancor@gmail.com; calle 1 de Mayo; i/d 24/30 US$ desayuno incl.; ❄@☎). Este último es un fastuoso veterano, con pasillos amplios, techos altos y grandes habitaciones. Ambos quedan a unos 400 m de la frontera, cerca del parque central. A un corto paseo antes de la frontera (y en la misma carretera), el **Hotel San Martín** (☑07-296-6083; av. La República cerca de 19 de Octubre; i/d 8/16 US$) es una buena opción económica.

Hay varios locales informales para comer y juguerías (puestos de zumos) justo detrás del edificio gubernamental; búsquese la torre del reloj, en el parque central.

La **oficina de inmigración de Ecuador** (☺24 h) y su equivalente peruana lindan una con otra en un nuevo complejo unos 4 km al norte del puente y a 1 km de la carretera; todos los trámites de entrada y salida se realizan allí. Si se viaja en autobús, es más fácil apearse en Huaquillas y tomar un taxi de vuelta a la oficina de inmigración. Lo habitual es pagar unos 3-5 US$ por trayecto.

En Aguas Verdes hay colectivos (furgonetas compartidas; unos 2-5 US$/persona) y mototaxis (5 US$/persona) hacia Tumbes, en Perú, con cantidad de hoteles, así como transporte para seguir el viaje hacia el sur. **Transportes Flores** (www.floreshnos.net) ofrece cuatro salidas diarias desde el lado peruano de la frontera en dirección sur hasta Lima (sobre 25 US$, 20 h), con paradas intermedias. El servicio de las 18.00 lo cubren autobuses de dos pisos, más cómodos, con asientos reclinables, baño, televisor y servicio de cena (sobre 32 US$).

Si se procede de Guayaquil, lo más práctico para evitar cambiar de vehículo en la frontera es tomar alguno de los autobuses directos a Lima de Cruz del Sur o Expreso Internacional Ormeño.

Si el viajero abandona Perú para entrar en Ecuador, tras cruzar el puente internacional encontrará una carretera llena de puestos de alimentación que continúa hasta Huaquillas. Luego se toma un taxi (3 US$, aprox.; el doble con espera incluida) hasta las oficinas de inmigración de Ecuador y Perú; lo más probable es que después se deba volver a Huaquillas para tomar algún transporte que continúe hacia el norte.

Para seguir el viaje por Ecuador, hay que dirigirse a alguna de las compañías de autobuses repartidas en media docena de edificios y la frontera. **CIFA** (Santa Rosa esq. Machala) ofrece cinco salidas diarias a Guayaquil (7 US$, 4 h) y servicios cada 20 min de 5.30 a 19.30 a Machala (1,80-2,30 US$, 1½-2 h). **Transfrosur** (Santa Rosa) tiene furgonetas que salen cada hora hacia Guayaquil (14 US$, 4 h), entre las 5.00 y las 20.00.

Panamericana (Teniente Cordovez esq. 10 de Agosto) cuenta con 10 autobuses diarios a Quito (12 US$, 11 h), vía Ambato, y algunos, vía Santo Domingo. Para llegar a Colombia lo antes posible, hay un servicio diario a las 16.00 a Tulcán (20 US$, 19 h), cerca de la frontera con Colombia. Azuay Internacional, también en Teniente Cordovez, dispone de ocho servicios diarios a Cuenca (7 US$, 5 h).

Islas Galápagos

HAB. 30 000

Los mejores restaurantes

➡ El Atardecer del Nene
(p. 320)

➡ La Cueva de Gus (p. 321)

➡ Oasis (p. 335)

➡ Calypso Restaurant
(p. 329)

Los mejores alojamientos

➡ Floreana Lava Lodge
(p. 340)

➡ Caleta Iguana Hotel & Surf
Camp (p. 334)

➡ Finch Bay Hotel (p. 320)

➡ Casa Blanca (p. 327)

Por qué ir

Las islas Galápagos pueden hacer que el viajero tenga una nueva visión del mundo. Las criaturas que habitan este lugar, algunas de ellas únicas en el mundo, actúan como si los humanos no fueran más que un decorado poco molesto.

No son las Bahamas y, por tanto, no se trata de paraísos tropicales al uso; de hecho, la mayor parte de las islas no tiene vegetación y su paisaje se asemeja más a la luna que a Hawái. A pesar de ello, viven más humanos de lo que se cree y el desarrollo urbanístico es sorprendentemente alto en los pueblos isleños, muchos de ellos dedicados al boyante sector turístico.

Este aislado grupo de islas volcánicas y su frágil ecosistema se ha convertido casi en un lugar mitológico en cuanto a biodiversidad. Pero no hay que ser un biólogo evolutivo o un ornitólogo para apreciar uno de los pocos lugares del planeta en el que la huella humana se mantiene en su mínima expresión.

Cuándo ir
Islas Galápagos

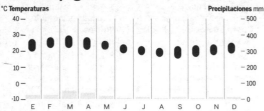

Ene-may Sol y calor, con chubascos ocasionales. El mar está más tranquilo y el viento amaina.

Jun-dic Temporada seca y frío. El mar suelen estar más movido debido a la corriente de Humboldt.

Jun-dic Los mamíferos marinos y las aves viven su época más activa.

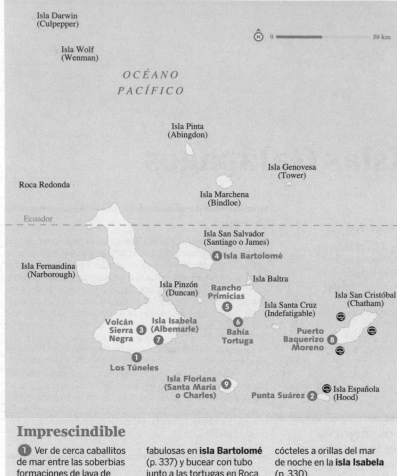

OCÉANO
PACÍFICO

Isla Darwin
(Culpepper)

Isla Wolf
(Wenman)

Isla Pinta
(Abingdon)

Isla Genovesa
(Tower)

Roca Redonda

Isla Marchena
(Bindloe)

Ecuador

Isla San Salvador
(Santiago o James)

4 **Isla Bartolomé**

Isla Fernandina
(Narborough)

Isla Pinzón
(Duncan)

Isla Baltra

**Rancho
Primicias**
5

Isla Santa Cruz
(Indefatigable)

Isla San Cristóbal
(Chatham)

**Volcán
Sierra
Negra** **3**

**Isla Isabela
(Albemarle)**
7

6

**Bahía
Tortuga**

**Puerto
Baquerizo
Moreno** **8**

1

Los Túneles

**Isla Floriana
(Santa María
o Charles)** **9**

Punta Suárez **2**

Isla Española
(Hood)

Imprescindible

1 Ver de cerca caballitos de mar entre las soberbias formaciones de lava de **Los Túneles** (p. 332).

2 Ser testigo de la espectacular vida aviar en **Punta Suárez** (p. 340), isla Española.

3 Hacer excursionismo entre el extraordinario paisaje y las fumarolas del **volcán Sierra Negra** (p. 330).

4 Empaparse de vistas fabulosas en **isla Bartolomé** (p. 337) y bucear con tubo junto a las tortugas en Roca Pináculo.

5 Admirar la fauna adormilada del **Rancho Primicias** (p. 313), en el altiplano de Santa Cruz.

6 Tomar el sol junto a iguanas marinas en la sublime arena blanca de **Bahía Tortuga** (p. 315).

7 Hacer kayak entre pingüinos de día y gozar de cócteles a orillas del mar de noche en la **isla Isabela** (p. 330).

8 Practicar surf, buceo con tubo, kayak, ciclismo o submarinismo a solo unos minutos de **Puerto Baquerizo Moreno** (p. 325), en San Cristóbal.

9 Relajarse en una bonita playa de la serena **Floreana** (p. 338) tras unos días de aventuras.

ISLA SANTA CRUZ (INDEFATIGABLE)

La isla Santa Cruz cuenta con la población más grande y urbanizada de las Galápagos; casi todos aquellos que visitan el archipiélago pasan en el lugar al menos unas horas, aunque solo sea para trasladarse del aeropuerto desde la cercana isla Baltra hasta el embarcadero de Puerto Ayora para tomar un barco. Sin embargo, en caso de permanecer más tiempo, la isla Santa Cruz es mucho más que un alto en el camino o un lugar donde sentirse conectado con el mundo moderno; es un destino en sí mismo, repleto de lugares que visitar, playas de fácil acceso y un montañoso interior. Además, es una buena base de operaciones para realizar actividades de aventura, alejadas de las zonas más turísticas.

◉ Puntos de interés

En las montañas de Santa Cruz hay varios puntos de interés a los que se puede llegar por la carretera de la isla y que forman parte de los itinerarios de muchos cruceros.

Reserva de Tortugas El Chato
RESERVA NATURAL

(entrada 3 US$; ◉8.00-17.00) Se halla al sur de Santa Rosa, donde se pueden ver tortugas gigantes en libertad. Cuando estos animales de aspecto prehistórico alargan sus cuellos para comer, su aspecto es impresionante. La reserva también es un buen lugar para observar búhos campestres, pinzones de Darwin, chipes amarillos, burritos de Galápagos y polluelas piquirrojas (estas dos últimas, muy difíciles de distinguir entre la hierba alta). La reserva forma parte del parque nacional y es obligatorio ir con un guía.

Rancho Primicias
RESERVA NATURAL

(entrada 3 US$; ◉8.00-17.00) Al lado de El Chato se halla este rancho privado, propiedad de la familia Devine, que alberga decenas de tortugas gigantes y donde se puede pasear a placer. La entrada está pasada Santa Rosa, en un desvío de la carretera principal. Conviene pedir indicaciones in situ y no olvidarse de cerrar cualquier verja por la que se pase. Hay un café que vende bebidas frías y té caliente, algo de agradecer cuando la neblina de la montaña cala hasta los huesos.

Túneles de lava
TÚNELES

(entrada 3 US$; ◉8.00-17.00) Estos impresionantes túneles subterráneos, al sureste del pueblo de Santa Rosa, tienen más de 1 km de largo y se formaron cuando la capa exterior de una colada de lava líquida se solidificó. Cuando la colada se detuvo, la lava líquida de su interior continuó fluyendo, vaciando la parte solidificada y creando túneles. Al estar dentro de una propiedad privada, los túneles pueden visitarse sin un guía oficial. Tienen iluminación eléctrica y también pueden alquilarse linternas. En Puerto Ayora se ofrecen circuitos por los túneles.

Los Gemelos
MIRADOR

Parte de las montañas que pueden visitarse desde la carretera son estas depresiones ge-

ISLAS GALÁPAGOS ISLA SANTA CRUZ (INDEFATIGABLE)

Isla Santa Cruz

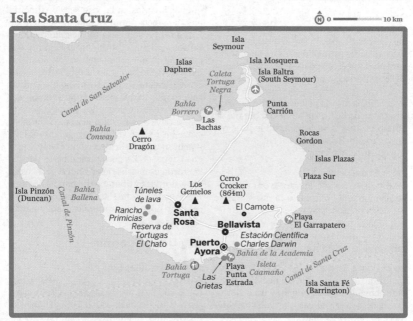

DATOS BÁSICOS

El archipiélago se halla en el océano Pacífico, por encima de la línea del ecuador, unos 90° al oeste del meridiano de Greenwich. Los componen 13 islas grandes (con una superficie que va desde 14 hasta 4588 km²), 6 pequeñas (de 1 a 5 km²) y muchísimos islotes, la mayor parte sin nombre.

Cinco de las islas están habitadas. La mitad de los residentes viven en Puerto Ayora, en la isla Santa Cruz, en mitad del archipiélago. Puerto Baquerizo Moreno, en la isla San Cristóbal (la más oriental), es la segunda población en importancia tras Puerto Ayora en lo que concierne al turismo.

Las otras islas habitadas son Isabela (la más grande, con una superficie equivalente a la mitad del archipiélago), con la pequeña y cada vez más popular población de Puerto Villamil; Baltra y Floreana, con Puerto Velasco Ibarra. El resto de las islas no está habitado pero pueden visitarse en circuitos organizados.

Casi todas las islas tienen dos e incluso tres nombres. En los mapas más antiguos aparecen los topónimos españoles e ingleses (muchos de los cuales están relacionados con piratas o nobles británicos), pero el Gobierno ecuatoriano les asignó nombres oficiales en 1892. En esta guía se utilizan los nombres oficiales, aunque también se mencionan los ingleses en caso de estar muy extendidos.

melas (no volcánicas) rodeadas de bosques de escalesia. Suelen verse churrinches y, a veces, búhos campestres. Los Gemelos están a 2 km de Santa Rosa por la carretera de la isla. Aunque los dos cráteres están a solo 25 y 125 m a cada lado de la carretera, están ocultos por la vegetación, por lo que conviene pedir al conductor que pare al principio del corto sendero que conduce hasta ellos.

Cerro Crocker   VOLCÁN

Un camino al norte de Bellavista conduce hasta el cerro Crocker (864 m) y otras montañas y volcanes extinguidos. Es un buen lugar para observar la vegetación de la zona: escalesias, miconias, juncos y helechos, y buscar aves como el churrinche, el escurridizo burrito de Galápagos y la polluela piquirroja. Hay unos 5 km de Bellavista hasta la montaña de **Media Luna,** y 3 km más hasta la base del cerro Crocker. Es parque nacional, por lo que hay que ir con un guía.

Playa El Garrapatero   PLAYA

A 30 min en taxi de Puerto Ayora a través de las montañas, más otros 15 min a pie, se halla esta preciosa playa. Tiene pozas de marea, ideales para explorar y bucear en días de calma y una laguna con flamencos, patos gargantilla y cigüeñuelas de cuello negro.

Playa Punta Estrada   PLAYA

Esta pequeña playa frente al Finch Bay Hotel es un buen sitio para relajarse unas horas. Las aguas son cristalinas y, a veces, los tiburones nadan por la cala.

Puntos de interés de la costa

A los demás lugares de interés de Santa Cruz se tiene que llegar en barco y con guía. En la costa oeste están las **bahías Ballena y Conway**; en la costa norte, la **caleta Tortuga Negra** y **Las Bachas.** En la bahía Conway hay un sendero de 1,5 km que pasa por una laguna con flamencos; al norte de ella se halla **cerro Dragón,** con dos pequeñas lagunas en las que ocasionalmente hay flamencos. También hay un sendero de 1,75 km que atraviesa un bosque de palosantos y cactus opuntia hasta llegar a una pequeña colina con buenas vistas, donde se han reintroducido iguanas terrestres.

En la caleta Tortuga Negra no hay embarcadero, por lo que suele visitarse en panga (un tipo de bote pequeño). En la ensenada hay varias calas y está rodeada de mangles, entre los que se vislumbran garzas de lava y pelícanos. Pero la atracción principal está en el agua: en las pozas profundas es posible ver tortugas marinas apareándose, bancos de rayas doradas y tiburones de puntas blancas. La cercana playa de Las Bachas, a pesar de ser muy popular para tomar el sol y nadar, suele estar vacía.

🛏 Dónde dormir

Eco Lodge Galapagos
Walker   PENSIÓN **$$$**

(☎05-303-2051; www.ecolodgegalapagoswalker. com; i/d incl. 3 comidas 220/285 US$) Hotel ecológico a unos kilómetros de Bellavista. Es estupendo para disfrutar de la paz del altiplano. La comida que sirve en el jardín se cultiva en su huerto. Organiza circuitos.

Royal Palm HOTEL $$$
(☎05-252-7408; www.royalpalmgalapagos.com; h desde 300 US$; ✿@🛜❄) Si Puerto Ayora resulta una urbe demasiado grande y deslumbrante, se recomienda este bonito hotel de lujo. Está en el altiplano, cerca de Santa Rosa.

Puerto Ayora

12 000 HAB.

Esta población, la mayor de las Galápagos en tamaño y número de habitantes, es una sorpresa para la mayoría de los visitantes, que no esperan encontrar en las islas más que plantas y animales. Puerto Ayora es igual que cualquier otra próspera población de la costa de Ecuador, pero en sus orillas hay leones marinos y pelícanos descansando. Casi todos los hoteles, restaurantes y servicios turísticos se hallan en la av. Charles Darwin; el aeropuerto está en la isla Baltra, 1 h al norte. A varias calles de la playa, las agencias de viajes dejan paso a tiendas y casas más humildes. Algunos de los descendientes de las familias noruegas, suizas y alemanas que se establecieron en el lugar hace cuatro generaciones aún mantienen su presencia en el sector turístico.

◉ Puntos de interés y actividades

Estación Científica Charles Darwin RESERVA DE NATURALEZA
(☎05-252-6146; www.darwinfoundation.org; ⊙6.00-18.00) Parque nacional icónico al noreste de la ciudad. Tiene más de 200 científicos y voluntarios empleados en proyectos de investigación y conservación. El más célebre incluye un programa de cría en cautividad de tortugas de tierra gigantes. Los senderos que llevan por su vegetación en zona árida pasan por recintos de estas colosas de las Galápagos. También hay un **recinto de crías de tortuga** con incubadoras (cuando pesan 1,5 kg o tienen unos cuatro años, se trasladan a sus islas nativas).

Otras atracciones son el pequeño recinto de las **iguanas terrestres**, con información sobre los proyectos de conservación de poblaciones en islas en las que están al borde de la extinción. La estación de investigación se financia mediante las contribuciones que se hacen a la **Galápagos Conservancy** (www.galapagos.org).

Bahía Tortuga y alrededores PLAYA
En cuanto a belleza y arenas blancas, la playa de esta bahía podría rivalizar con cualquiera del Caribe. Está al final de un sendero asfaltado de 2,5 km al suroeste de Puerto Ayora. Además de nadar (una lengua de tierra protege de las fuertes y peligrosas corrientes de mar abierto), hacer surf o tomar el sol, se pueden ver tiburones, iguanas marinas, pelícanos y algún que otro flamenco. No hay agua potable ni instalaciones de ningún tipo. Está a ½ h a pie desde el inicio del camino (que suelen usar los corredores de la isla), donde hay que firmar entre las 6.00 y las 18.00.

Si se recorre Bahía Tortuga se llega a **Playa Mansa**, una pintoresca laguna llena de manglares. Allí se verán, entre otras especies, iguanas marinas, pelícanos pardos y garzas azules. En las dunas de los alrededores desovan las tortugas marinas. El agua, en calma y superficial, es excelente para que los niños se den un baño. Se alquilan **kayaks** (h 10 US$/persona; ⊙9.00-18.00).

El **Centro Comunitario de Educación Ambiental Miguel Cifuente Arias** (⊙7.30-12.30 y 14.00-17.00 lu-vi, 8.00-12.00 sa) está a los pies de la colina, antes del inicio del sendero hacia Bahía Tortuga. Informa sobre los proyectos de conservación y los asuntos referentes a las aguas del archipiélago. Se llega tras unos 500 m por la carretera que sale de

MERECE LA PENA

LAS GRIETAS

Se recomienda la visita a esta hendidura llena de agua entre las rocas, donde se puede nadar y bucear. Los isleños más intrépidos y dotados escalan las paredes casi verticales para lanzarse con elegancia (y a veces más de forma temeraria) a las aguas. Se puede llegar con un taxi acuático (0,60 US$ de 6.00 a 19.00) hasta el muelle del restaurante Angermeyer Point y luego acceder a pie. Se pasará por el Finch Bay Hotel, por una interesante mina de sal y, por último, se ascenderá por un sendero salpicado de lava hasta el agua. Se aconseja ir bien calzado para emprender esta caminata de 700 m. No hay que perder de vista los objetos de valor que se dejen en las rocas.

Puerto Ayora

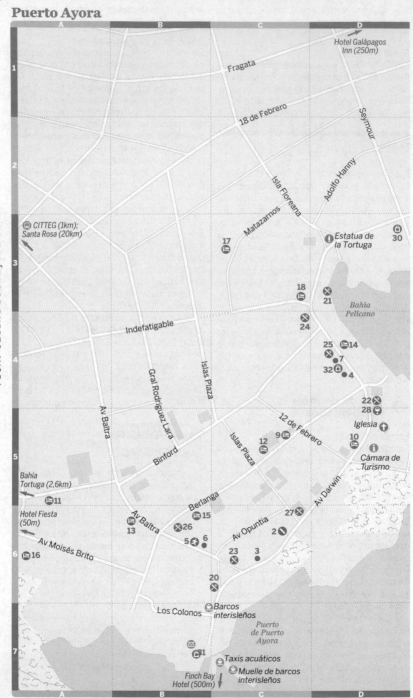

Hotel Galápagos
Inn (250m)

Fragata

18 de Febrero

Seymour

Isla Floreana

Matazarnos

Adolfo Hanny

CITTEG (1km);
Santa Rosa (20km)

Estatua de
la Tortuga

30

17

18

21

Bahía
Pelícano

24

Indefatigable

25   14

7

32   4

Gral Rodríguez Lara

Islas Plaza

Av Baltra

12 de Febrero

22

28

Iglesia

10

Cámara de
Turismo

Islas Plaza

12   9

Binford

Bahía
Tortuga (2,6km)

11

Berlanga

Av Darwin

Hotel Fiesta
(50m)

Av Baltra

15

Av Opuntia

27

13

26

2

Av Moisés Brito

5   6

23   3

16

20

Los Colonos

Barcos
interisleños

Puerto
de Puerto
Ayora

31

Taxis acuáticos

Muelle de barcos
interisleños

Finch Bay
Hotel (500m)

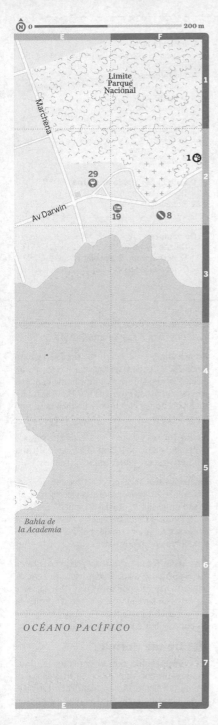

Puerto Ayora, antes de la pista asfaltada que arranca en lo alto de una colina y discurre el resto del camino hasta Bahía Tortuga. Justo antes de esa pista está el centro. Cuando se editó esta obra se estaba construyendo cerca un nuevo museo sobre ecología en las Galápagos.

Laguna las Ninfas   LAGUNA

GRATIS Esta tranquila laguna tiene una breve pasarela donde se pueden contemplar los manglares mientras se buscan rayas, crías de tiburones, tortugas marinas y demás criaturas.

Submarinismo

Como los cruceros son caros y el espacio es limitado, la mayoría de los submarinistas descubre las maravillas submarinas de las Galápagos en salidas de un día desde Puerto Ayora. Las inmersiones son para buceadores de nivel intermedio o avanzado; muchas son en corrientes y estas pueden ser fuertes.

Las rocas Gordon, la isleta Caamaño, La Lobería, Punta Estrada o Punta Carrión son zonas de inmersión muy populares, igual que la isla Seymour Norte, a poca distancia en barco de la isla Baltra. La Corona del Diablo, la isla Enderby o Campeón, en el extremo norte de la isla Santa María, son perfectas para ver barracudas, rayas y tiburones. Uno de los puntos de inmersión recomendados para expertos es la bahía Academia, frente al muelle de Puerto Ayora.

La tarifa por dos inmersiones desde un barco arranca en 180 US$ (160 US$ si se reserva a última hora); todas ofrecen cursos para obtener el certificado PADI y cuentan con profesores expertos.

Academy Bay Diving   SUBMARINISMO, BUCEO

(☑05-252-4164; www.academybaydiving.com; av. Darwin esq. Islas Plaza)

Scuba Iguana   SUBMARINISMO, BUCEO

(☑05-252-6497; www.scubaiguana.com; av. Darwin) Dirigido por dos de los submarinistas con más experiencia del archipiélago.

Surf

Cerca de Puerto Ayora existen varios rompientes ideales para la práctica del surf, como **La Ratonera** o **Bazán**, cerca de la playa de la Estación Científica Charles Darwin. Si acarrear la tabla unos kilómetros no es problema, en Bahía Tortuga también hay buenas olas.

Una travesía de 1 h lleva hasta Punta Blanca y, más al norte, a Cerro Gallina, Las Palmas Chica y Las Palmas Grande, consideradas tres

Puerto Ayora

de las mejores playas de surf de las Galápagos. También hay buenos rompientes en el litoral oeste de la isla Baltra.

Ciclismo

Hay una nueva ciclovía que va de Puerto Ayora hasta Bellavista y Santa Rosa. Pero la ruta que lleva al altiplano es larga y dura. Una buena excursión por cuenta propia consiste en alquilar una bicicleta, ir en taxi hasta Los Gemelos o El Camote y regresar pedaleando. Si se vuelve desde Los Gemelos, se puede parar en El Chato y en los túneles de lava. Si se va en taxi hasta El Camote, se puede continuar en bicicleta hasta la playa de El Garrapatero y pasar el día allí. En la ciudad hay muchos establecimientos que alquilan bicicletas, como **Comercial Penguin** (av. Baltra cerca de Tomás de Berlanga; bicicleta 3/10/15 US$ h/medio/día completo; ⊙8.00-20.00 lu-sa, desde 10.00 do).

☞ Circuitos

Casi todas las agencias de viajes de Puerto Aroya ofrecen circuitos diarios a las islas Santa María, Isabela, Bartolomé y Seymour Norte, además de a lugares cercanos a Santa Cruz. Algunos incluyen buceo o visitas a parajes terrestres para observar la naturaleza.

Albatros Tours BUCEO CON TUBO
(☎05-252-6948; albatrostours@gpsinter.net; av. Charles Darwin) Circuitos de un día a Santa Cruz, alquiler de equipo de buceo con tubo y salidas para hacer submarinismo.

Aquatours CIRCUITOS EN BARCO
(☎05-252-7303; www.galapagosaquatours.com; av. Charles Darwin) Ofrece circuitos por la bahía en barcos con fondo de cristal (30 US$/persona). Incluyen buceo con tubo y una visita (a pie) a Las Grietas.

Joybe Tours CIRCUITOS EN BARCO
(☎05-252-4385; av. Baltra) Ofertas de última hora en cruceros nocturnos y circuitos.

Metropolitan Touring CIRCUITOS EN BARCO
(☎05-252-6297; www.metropolitan-touring.com) Situado en el Finch Bay Hotel, puede reservar el *M/V Santa Cruz,* los veleros *Isabela II* y *La Pinta* y cualquier circuito por las islas, tanto por tierra como por mar.

Moonrise Travel ACAMPADA Y CIRCUITOS EN BARCO
(☎05-252-6402; www.galapagosmoonrise.com; av. Darwin) Dirigido por una familia de guías y expertos en las Galápagos, ofrecen acampada en su rancho privado, además de circuitos en barco y hotel y salidas de submarinismo.

☷ Dónde dormir

En comparación con el continente, aquí todo es mucho más caro. La mayor parte de los hoteles están en los alrededores de la av. Charles Darwin; los precios suelen subir en temporada alta (diciembre-enero y junio-agosto).

Cerca del extremo sur de la avenida Charles Darwin

La Posada del Mar   PENSIÓN $$
(☎05-301-4976; ceciliabaquero2012@hotmail.com; Tomás de Berlanga cerca de av. Baltra; i/d 45/65 US$ desayuno incl.) Está encima de Galapagos Deli. Tiene habitaciones bonitas con balcón con vistas al verde paisaje que se halla fuera de los límites urbanos. Sirve el desayuno en la excelente Galapagos Deli.

Galapagos Native   PENSIÓN $$
(☎05-252-4730; www.galapagosnative.com.ec; Tomás de Berlanga cerca de av. 12 de Febrero; i/d desde 25/30 US$) Ofrece una buena relación calidad-precio por sus habitaciones limpias con paredes blancas de adobe. Las mejores son las tres que tienen balcón, pues son luminosas y amplias.

Hotel Sir Francis Drake   HOTEL $$
(☎05-252-6221; www.sirfrancisdrakegalapagos.com; av. Baltra; i/d desde 25/30 US$; ✴🛜) Está oculto tras unos pequeños almacenes y ofrece una excelente relación calidad-precio. Se aconseja pedir una de las habitaciones de la planta baja que dan atrás; sus grandes ventanas las bañan en luz natural. El espacio comunitario se limita a un balcón y a un patio interior sin sitio donde sentarse. Está a un breve paseo del muelle.

Hotel Crossman   HOTEL $$
(☎05-252-6467; www.crossmanhotel.com.ec; Juan Montalvo esq. Charles Binford; i/d 30/60 US$ desayuno incl.; ✴🛜) Bonita pensión de tejado rojo envuelta en buganvilla. Tiene habitaciones decentes pero austeras. Sin embargo, aunque anodinas, tienen TV de buen tamaño con conexión por cable y algunas, balcón.

Hotel Gardner   HOTEL $$
(☎05-252-6979; Tomás de Berlanga; i/d desde 20/35 US$; ✴🛜) Económico y con estancias sencillas. Arriba tiene un patio cubierto con tumbonas y hamacas.

★**Lodging House**
Casa del Lago   APARTAMENTOS $$$
(☎05-252-4116; www.casadellagogalapagos.com; Moisés Brito esq. Juan Montalvo; d/tr desde 115/165 US$ desayuno incl.; ✴@🛜) 🍴 Ideal para familias tranquilas o grupos pequeños. Las suites tienen una cocina completamente equipada y porche o patio privado encantadores. Todo está

hecho con material reciclado y decorado de forma colorida. Está a un breve paseo del puerto, junto a la laguna Las Ninfas. Su dirección se preocupa por el medio ambiente y también regenta el bonito café de al lado.

Hotel Fiesta   HOTEL $$$
(☎05-252-6440; www.galapagoshotelfiesta.com; Moisés Brito cerca de Juan Montalvo; h 100 US$ desayuno incl.; ✴@🛜🏊) Junto a la laguna Las Ninfas. Tiene habitaciones inmaculadas alrededor de un bonito patio adornado con cactus, palmeras, árboles de scalesia y una tentadora piscina. El desayuno es excelente.

Cerca del extremo norte de la avenida Darwin

Hostal Los Amigos   ALBERGUE $
(☎05-252-6265; hostal.losamigos@gmail.com; av. Charles Darwin; i/d/c sin baño 15/30/60 US$; 🛜) Es probablemente el albergue económico con mejor relación calidad-precio de la ciudad. Su céntrica ubicación y habitaciones con suelo de madera (aunque pequeñas) compensan su falta de baños privados (solo hay uno en una habitación cuádruple). Los huéspedes pueden disfrutar de su cocina y de un salón con TV.

Peregrina B&B   HOSTERÍA $$
(☎05-252-6323; www.laperegrinagalapagos.com. ec; av. Charles Darwin esq. Indefatigable; i/d 45/65 US$ desayuno incl.; ✴🛜) No es exactamente un típico B&B, sino un conjunto de estancias sencillas, algunas mayores y más bonitas que otras, que ocupan una finca de primera. Las hamacas de su pequeño jardín de cactus se suman al ambiente relajante.

Hotel Galápagos Inn   HOTEL $$$
(☎05-252-7343; www.hotelgalapagosinn.com; Fragata esq. Scalesia; i/d 70/100 US$, con vistas al mar 110/150 US$; ✴🛜🏊) Antes se llamaba La Casa de Judy y su mayor atractivo son las arrolladoras vistas del mar desde el tejado y las soleadas habitaciones con balcón de la planta superior. Algunas de las estándar más pequeñas se abren a un patio con piscina; no se recomiendan. Está en una zona tranquila, casi a las afueras de la ciudad, a un breve paseo del malecón.

Mainao Inn   HOTEL $$$
(☎05-252-4128; www.hotelmainao.com; Matazarnos; h desde 120 US$ desayuno incl.; ✴@🛜) Mezcla de isla griega y kasba marroquí. Es un complejo de estuco blanco con un florido

patio bien cuidado. Las habitaciones son amplias y están limpias, aunque, por el precio, no son nada del otro mundo.

Paseo marítimo

Finch Bay Hotel RESORT **$$$**
(☎05-252-6297; www.finchbayhotel.com; h desde 379 US$; ❄@📶🏊) Rincón junto a la playa para desconectar. Es de corte ecologista y está frente a la bahía de Puerto Ayora. Tiene gaviotas morenas y garzas junto a la piscina, y cada elemento del recinto tiene ecos locales. Las habitaciones no son especialmente grandes ni lujosas, pero el terreno, el *jacuzzi* y el restaurante merecen la pena. Metropolitan Touring (p. 318) tiene sede aquí y organiza actividades al aire libre.

Red Mangrove Aventura Lodge HOTEL **$$$**
(☎05-252-6564; www.redmangrove.com; av. Charles Darwin; h desde 145 US$; ❄@📶) Acurrucado en una sombreada cala con mangles, este bonito hotel de adobe rojo, en el extremo norte de la población, parece un refugio secreto. Las habitaciones estándar son bastante confortables, pero lo mejor es su tamaño, el lujo y el sol que entra en ellas, con sus porches y sus baños alicatados. Tiene un bonito restaurante junto al agua y organiza toda clase de salidas de un día o dos.

Angermeyer Waterfront Inn HOTEL **$$$**
(☎05-252-6561; www.angermeyer-waterfront-inn.com; h desde 200 US$; ❄@📶) Al otro lado del puerto (accesible en taxi acuático) se halla este complejo bañado por el sol, con habitaciones sencillas y unas vistas magníficas, tanto desde el patio ajardinado como desde las habitaciones con balcón del nuevo anexo.

Hotel Sol y Mar HOTEL **$$$**
(☎05-252-6281; www.hotelsolymar.com.ec; av. Charles Darwin; h desde 250 US$, desayuno incl.; ❄@📶🏊) En una codiciada ubicación frente al mar, con pelícanos, leones marinos e iguanas marinas como vecinos, este hotel, para bien o para mal, recuerda a un complejo de apartamentos de Florida. Las habitaciones son sencillas, funcionales y confortables, todas con un pequeño balcón. Sin embargo, sus mejores bazas son el *jacuzzi* junto al mar, la piscina, el bar y el restaurante.

Dónde comer

En Charles Binford, al este de la av. Baltra, hay más de media docena de puestos que venden comida contundente y barata, en su mayor parte pescado y marisco. Se anima mucho de noche, sobre todo los fines de semana, cuando reina un ambiente alegre entre las mesas de sus terrazas.

El Atardecer del Nene PESCADO Y MARISCO **$$**
(av. Darwin; ppales. 7-9 US$; ⏲5.00-20.00 lu-sa) Está junto al mercado de pescado y consiste en un puñado de mesas de plástico al aire libre. Atrae en gran parte a lugareños, que lo frecuentan por su increíble pescado fresco y su langosta (en temporada). Es un sitio festivo con música de salsa y refrescante brisa marina.

Descanso del Guía ECUATORIANA **$$**
(av. Charles Darwin cerca de Los Colonos; ppales. 7-14 US$; ⏲6.00-20.00) Animada cafetería cerca del muelle de pasajeros. Es práctica para un bocado rápido (menú 4,50 US$).

Rock ECUATORIANA, INTERNACIONAL **$$**
(av. Charles Darwin esq. Islas Plaza; ppales. 8-23 US$; ⏲9.00-22.00 ma-do; 📶) Alegre restaurante de la calle principal. Sirve platos de pescado y parrilladas, como atún con pimienta, chuletas de cerdo con salsa de piña, y *linguini* con coco y langosta. Si se quiere algo más ligero (y barato), también tiene pasta, sándwiches y quesadillas.

Galápagos Deli DELI, PIZZERÍA **$$**
(Tomás de Berlanga; ppales. 5-9 US$; ⏲7.00-22.00 ma-do; 📶) Si uno está cansado de los clásicos almuerzos, debe visitar este local moderno y elegante por sus *pizzas* y sus exquisitos sándwiches. También sirve *fish and chips*, buen café y delicioso helado. Al estar en una cuadra poco frecuentada, parece un secreto.

Casa del Lago Café Cultural CAFÉ **$$**
(Moisés Brito esq. Montalvo; ppales. 7-9 US$; ⏲7.00-19.00 lu-sa; 📶🖋) Café bohemio con unas cuantas mesas dentro y en su patio. Sirve excelentes desayunos, sándwiches, empanadas y ensaladas, así como pasteles caseros, bebidas de fruta y café de filtro.

Hernan Café ECUATORIANA, INTERNACIONAL **$$**
(av. Baltra; ppales. 8-15 US$; ⏲8.00-22.00; 📶) Alegre café en la intersección más frecuentada de la ciudad, por lo que suele estar lleno. Sirve platos decentes aunque nada memorables de pasta, *pizza*, pescado y carne.

Lo & Lo ECUATORIANA **$$**
(Berlanga; ppales. 7-14 US$; ⏲7.00-15.00 mi-lu; 📶) Pequeño local semiabierto que sirve ce-

viche, pescado a la parrilla, seco de chivo, balones (bolitas de plátano) y empanadas.

La Cueva de Gus
INTERNACIONAL $$$

(☎05-252-6561; ppales. desde 15-26 US$; ⊗5.00-22.00) Pintoresco establecimiento al aire libre sobre el agua. Sirve sabroso pescado y langosta, *pizzas* y comida de cafetería. Está junto al Angermeyer Point Hotel. Para llegar hay que ir en taxi acuático desde el muelle.

Isla Grill
BARBACOA, INTERNACIONAL $$$

(av. Darwin; ppales. 13-25 US$; ⊗12.00-22.00 ma-do) Bullicioso asador que sirve platos satisfactorios de carne y pescado a la parrilla. Entre los mejores se cuentan las costillitas, la mariscada (con gambas, pulpo y calamares) y el churrasquito de mimi (un corte especialmente tierno). Sus grandes ensaladas también son de primera.

Garrapata
ECUATORIANA $$$

(av. Darwin; ppales. 12-21 US$; ⊗9.00-23.30 lu-sa) Buena música, brisa fresca y sabrosos platos ecuatorianos e internacionales (pollo al curri, fuentes de marisco a la parrilla, pescado con salsa de coco). Se llena casi todas las noches. Es caro pero informal, está semiabierto y tiene un suelo de guijarros.

Il Giardino
ITALIANA, HELADOS $$$

(av. Darwin esq. Binford; ppales. 13-23 US$; ⊗8.00-22.00; 🛜) Tratoría con su comedor en un bonito patio al aire libre. Elabora buenos platos de carne y pescado, y varios postres decadentes. Tiene al lado una heladería.

Red Mangrove
JAPONESA $$$

(av. Darwin, Red Mangrove Aventura Lodge; ppales. desde 16-24 US$; ⊗8.00-22.00; 🛜) Su gran ventaja es poder sentarse en el embarcadero trasero junto al agua, donde retozan los lobos marinos. Sus platos de *sushi* y otras especialidades japonesas son decentes, pero nada espectacular.

🍷 Dónde beber y vida nocturna

Bongo Bar
BAR

(av. Darwin; ⊗19.00-2.00; 🛜) La vida nocturna de Puerto Ayora se encuentra principalmente en este bar, un moderno local de dos pisos lleno de televisores, música y una mezcla de isleños modernos, guías y turistas. Por sorprendente que parezca, también prepara unos de los mejores platos de *sushi* de las islas (10-14 US$).

🛈 TIEMPO Y DINERO

➠ Advertencia: solo hay cajeros automáticos en Puerto Ayora y Baquerizo Moreno.

➠ Para planificar la visita hay que tener en cuenta que las islas van 1 h por detrás del tiempo ecuatoriano continental.

La Panga
CLUB

(av. Darwin; ⊗22.00-2.00) Discoteca debajo del Bongo Bar, el sitio ideal para una noche de marcha.

Buganvilla
BAR, CAFÉ

(av. Darwin; ⊗7.00-2.00; 🛜) *Lounge* al aire libre de osada decoración en la punta norte de la ciudad. Tiene fuentes, lucecillas de colores y rincones apartados con sofás. A veces tiene música en directo los fines de semana, y siempre se puede jugar al billar o al futbolín.

🛍 De compras

En Puerto Ayora se vende todo tipo de productos con el logo de las Galápagos.

Galería Aymara
GALERÍA, JOYERÍA

(www.galeria-aymara.com; av. Darwin esq. Seymour) *Boutique* de lujo donde se vende artesanía, joyas y cerámicas de diseño.

Tortoise Gallery
JOYERÍA

(av. Darwin; ⊗9.00-12.30 y 15.00-20.00) Tiene regalos únicos, exquisitas obras artesanales de artistas ecuatorianos. Algunas piezas imitan la forma de la lava, otras lucen motivos de arte precolombino, la vida indígena y la fauna autóctona.

Proinsular
SUPERMERCADO

(av. Darwin; ⊗7.00-20.00 lu-sa, 9.00-17.00 do) Está a un breve paseo del muelle y tiene comida, cerveza, vino, productos para el aseo, crema solar y similares. Además, vende ricos cruasanes y pastas de canela (a la izquierda según se entra).

🛈 Información

ACCESO A INTERNET

Galápagos Online (av. Darwin; 2 US$/h; ⊗8.00-22.30) Cibercafé que también vende tarjetas de memoria (16 US$/30 GB) y *pen drives*.

DINERO

Banco del Pacífico (av. Darwin cerca de Los Colonos; ⊗8.00-15.30 lu-vi, 9.30-12.30 sa) Con cajero automático y cambio de cheques de viaje. Hay otros dos cajeros cerca del muelle y frente al supermercado Proinsular.

CORREOS

Hay una oficina de correos justo al lado del puerto.

INFORMACIÓN TURÍSTICA

Cámara de Turismo (av. Darwin cerca de av. 12 de Febrero; ☻8.00-12.30 y 14.30-18.00) Tiene mapas e información sobre hoteles. Aquí pueden presentarse reclamaciones sobre barcos, circuitos, guías o tripulación.

❶ Cómo llegar y salir

AVIÓN

Hay tres líneas aéreas con vuelos a las Galápagos (p. 347). Se recomienda confirmar los mismos a través de las oficinas de **Avianca** (p. 289), **Lan** (☎05-269-2850; av. Charles Darwin; ☻8.00-18.00 lu-sa y 10.00-13.00 do) o **Tame** (☎05-252-6527; av. Charles Darwin esq. av. 12 de Febrero; ☻8.00-12.00 y 14.00-17.00 lu-vi, 8.00-13.00 sa). Los vuelos suelen estar completos, por lo que puede ser complicado cambiar una reserva o comprar un billete.

Emetebe (☎05-252-4978; av. Darwin cerca de Tomás de Berlanga) y **Air Zab** (☎05-252-7261; Indefatigable cerca de av. Charles Darwin) tiene una pequeña flota que vuela entre las islas Baltra, San Cristóbal e Isabela.

BARCO

Hay lanchas diarias a las islas de Isabela (30 US$, 2-2¼ h) y San Cristóbal (30 US$, 2 h). Ambas zarpan a las 7.00 y las 14.00. También hay un barco diario a Floreana (30 US$, 1¾ h) a las 8.00. Para algunos, el trayecto es duro y desagradable. No es necesario reservar con antelación, pero se aconseja comprar los billetes el día antes. En la ciudad hay muchos operadores que venden billetes, como **Cabo Martur** (☎05-252-4859; cabo martur@hotmail.com; av. Charles Darwin cerca de Los Colonos), cerca del muelle de pasajeros.

❶ Cómo desplazarse

Los hoteles, agencias de viajes, de circuitos y algunos cafés alquilan bicicletas (desde 2 US$/h). Para llegar a los barcos del muelle, o a uno de los hoteles o puntos de interés del suroeste de la ciudad, hay que tomar un **taxi acuático**. Estos salen por 0,60 US$ por persona de 6.00 a 19.00, y a 1 US$ entre las 19.00 y las 6.00.

A/DESDE EL AEROPUERTO

El aeropuerto está en la isla Baltra, una pequeña isla pegada al extremo norte de Santa Cruz. Los viajeros con circuitos reservados encontrarán esperando a un representante del barco que los conducirá hasta un autobús que, en 10 min, los llevará hasta el canal que separa Baltra de Santa Cruz y de allí, al muelle.

Los viajeros independientes deben tomar un autobús público con la indicación "Muelle" (10 min, gratis), que conduce hasta el ferry a la isla Santa Cruz (10 min, 1 US$). Ya en Santa Cruz, un autobús de CITTEG lleva hasta Puerto Ayora (45 min-1 h; 2 US$). La ruta, por una carretera asfaltada, permite ver el interior de la isla y las montañas de Santa Cruz.

Los autobuses (2 US$) desde Puerto Ayora a la isla Baltra (vía *ferry*) salen cada mañana a las 6.30, 7.15, 8.00 y 8.30 (los horarios varían; se aconseja confirmarlos antes de ir) desde la **estación de autobuses** de CITTEG (av. Baltra), unos 2 km al norte del puerto; un taxi a la estación cuesta 1 US$. Si se va al aeropuerto, conviene reservar 1½ h o más para el viaje desde el pueblo.

Los taxis entre el pueblo y el lado del canal de Santa Cruz cuestan 18 US$ (35-40 min).

AUTOBUSES Y TAXIS

Los autobuses desde la estación de CITTEG de Puerto Ayora salen hacia Santa Rosa (unos 2 US$) cuatro veces diarias de lunes a sábado, y con menos frecuencia los domingos.

El modo más práctico de ver el interior es alquilar un taxi para todo el día con un grupo de viajeros; es lo único que garantiza no quedarse varado.

Todos los taxis son camionetas, por lo que se puede subir la bicicleta a la parte trasera si se quiere volver pedaleando a Puerto Ayora. Un taxi de ida a Bellavista cuesta unos 3 US$; a Santa Rosa, unos 5 US$.

ALREDEDORES DE LA ISLA SANTA CRUZ

La única isla de tamaño considerable del centro del archipiélago que no cuenta con infraestructura para visitantes es la **isla Pinzón**. Está rodeada de acantilados, lo que dificulta el desembarco, y para visitarla se requiere un permiso.

Islas Seymour y Mosquera

Separada de la isla Baltra por un canal, Seymour es un pedazo de tierra de 1,9 km² con un pequeño muelle. Hay un sendero circular rocoso de unos 2,5 km que atraviesa algunas de las mayores y más activas colonias de cría de aves marinas de las islas. Magníficas aves fragata y alcatraces patiazules son sus principales atracciones. Durante todo el año se producen cortejos, apareamientos, anidación o crianza. Es posible llegar cerca de los nidos, ya que siempre hay al menos una pareja de alcatraces patiazules que deciden que el mejor sitio para hacer su nido es la mitad del camino. Las gaviotas de las Galápagos también anidan en el lugar y pueden verse otras muchas aves. Del mismo modo es fácil ver leones marinos e iguanas, tanto terrestres como marinas y, de vez en cuando, también focas, lagartijas de lava y serpientes de las Galápagos. Merece la pena visitarla.

Mosquera es una pequeña isla de arena (de unos 120 x 600 m) situada en el canal entre Baltra y Seymour. Aunque no hay senderos, los visitantes desembarcan en la playa para observar la colonia de leones marinos e incluso nadar con ellos. Hay que guardar las distancias con estos animales. Los machos son territoriales y, si se nada demasiado cerca de las hembras o de las crías, pueden embestir al nadador o como poco intimidarlo para que se vaya.

Islas Plazas

Estas dos pequeñas islas, frente a la costa este de Santa Cruz, pueden visitarse en una excursión desde Puerto Ayora. Se formaron por el alzamiento de una falla. Los barcos anclan entre las dos y los visitantes pueden desembarcar en Plaza Sur (la más grande), que solo tiene 13 Ha. El desembarco sobre una escollera conduce a un bosque de opuntias, donde viven varias iguanas terrestres. Un circuito de 1 km permite a los visitantes atravesar colonias de leones marinos y pasear por acantilados donde anidan gaviotas de las Galápagos y otras especies. Los acantilados, de 25 m de altura, son un magnífico mirador desde donde se pueden observar diversas aves acuáticas, como rabijuncos etéreos, fragatas, pelícanos y pamperos. Es posible bucear con los leones marinos.

Islas Daphne

Estas dos islas de origen volcánico se hallan poco más de 10 km al oeste de Seymour. **Daphne Menor** está muy erosionada pero **Daphne Mayor** mantiene bastante la típica

forma de cono volcánico. Un sendero breve pero abrupto lleva hasta la cima de 120 m de altura de la última.

Arriba, dos pequeños cráteres están llenos de nidos de alcatraces patiazules. Los alcatraces de Nazca anidan en los bordes del cráter y algunos rabijuncos etéreos lo hacen en las grietas rocosas del litoral.

La isla es difícil de visitar debido a las acrobacias que hay que hacer para desembarcar: los visitantes tienen que saltar desde una panga en movimiento hasta un acantilado vertical y escalar por las rocas. Para verla hace falta un permiso especial.

Isla Santa Fe (Barrington)

Esta isla de 24 km², unos 20 km al sureste de Santa Cruz, es un destino muy popular para excursiones de un día. Es fácil anclar en la bahía de la costa norte y, tras desembarcar en la playa, se pueden recorrer dos senderos. El primero, de apenas 300 m, conduce a algunos de los ejemplares de opuntias más altos de la isla, de hasta 10 m de altura. El segundo, más difícil, de 1,5 km, lleva a las montañas, donde con un poco de suerte pueden verse **iguanas terrestres de Santa Fe**, una especie que no existe en ningún otro lugar del mundo. También hay una colonia de leones marinos, sitios maravillosos para bucear, iguanas marinas y, por supuesto, aves.

ISLA SAN CRISTÓBAL (CHATHAM)

Hay quien dice que San Cristóbal es la capital del paraíso. Y, técnicamente, lo es, ya que su principal localidad, Puerto Baquerizo Moreno, es la sede administrativa de las Galápagos. Es la única isla con agua dulce y aeropuerto en la población y cuenta con varios sitios de interés de fácil acceso, lo que la convierte en la segunda ciudad turística, tras Santa Cruz. San Cristóbal es la quinta isla en tamaño del archipiélago y cuenta con la segunda mayor población. El sinsonte de San Cristóbal, muy común en toda la isla, solo vive en este lugar.

Aunque fue colonizada por primera vez en 1880, hasta que no se abrió la fábrica de azúcar de Manuel J. Cobos en 1891 no hubo casi presencia humana en la isla. Cobos contrató a presos del continente para trabajar en su fábrica de El Progreso; importó vagones de

Isla San Cristóbal

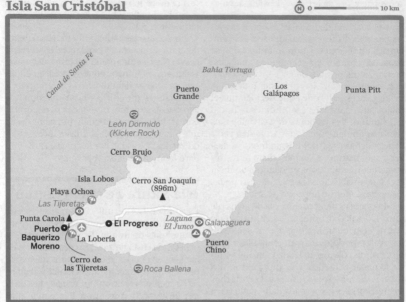

tren y acuño su propia moneda, el cobo. El utópico experimento duró 13 años, hasta que los trabajadores se sublevaron y lo mataron en 1904; su hijo le sucedió, pero no tuvo mucho éxito. Hoy, en el lugar hay una pequeña aldea donde pueden verse las ruinas de la fábrica y la tumba de Cobos.

⊙ Puntos de interés y actividades

⊙ Sur de San Cristóbal

Se puede ir por cuenta propia en taxi hasta la laguna El Junco, Galapaguera y Puerto Chino. Los conductores cobran unos 60 US$ por el viaje de ida y vuelta desde Puerto Baquerizo Moreno.

León Dormido   ISLA
Al noreste de Puerto Baquerizo Moreno, a 1 h en barco, se encuentra León dormido (Kicker Rock), llamado así por su semejanza con este animal acostado. León Dormido es un imponente cono vertical de paredes escarpadas de toba volcánica que la erosión ha partido por la mitad. Hay barcos pequeños que cubren el trayecto entre ambas mitades. Al no tener ningún lugar para desembarcar suele visitarse para hacer buceo con tubo, al pasar en bar-

co o desde lo alto del cerro de las Tijeretas, a las afueras de Puerto Baquerizo Moreno. Las vistas durante la puesta de sol son espectaculares. Las excursiones de un día desde Puerto Boquerizo Moreno cuestan 80 US$.

El Junco   LAGUNA
Unos 10 km al este de El Progreso por la carretera principal se halla esta laguna de agua dulce situada a unos 700 m por encima del nivel del mar. Es uno de los pocos cuerpos de agua dulce permanentes de las Galápagos. Allí se verán fragatas bañándose en sus aguas para quitarse la sal de las plumas, patos cariblancos y gallinetas de agua, y la típica vegetación de *Miconia* del altiplano y helechos endémicos. El tiempo suele ser neblinoso o lluvioso. Un taxi de ida y vuelta cuesta unos 30 US$.

Cerro Brujo   PLAYA
Es posiblemente una de las playas más bonitas de las Galápagos, una enorme extensión de arena blanca situada en el lado oeste de la isla. En ella habita una colonia de leones marinos y alcatraces patiazules y, justo al lado, hay una laguna con garzas blancas y cenizas. En las aguas color turquesa se puede bucear.

Playa Ochoa   PLAYA
En el lado oeste de la isla se encuentra esta cala en forma de herradura, con una playa de

arena blanca y aguas poco profundas ideales para bucear. Los leones marinos, fragatas, pelícanos y alcatraces patiazules descansan en ella. La única manera de llegar es en barco, normalmente con un guía, aunque también se puede llegar en kayak.

Galapaguera   RESERVA NATURAL
Forma parte del parque nacional, en la zona sureste de San Cristóbal. Las tortugas gigantes viven en condiciones seminaturales. Se puede ir y volver en taxi desde Puerto Baquerizo Moreno por unos 35 US$.

El Progreso   POBLACIÓN
Una carretera lleva desde la capital al pueblo de El Progreso, unos 6 km al este y a los pies del cerro de San Joaquín, que es el punto más alto de San Cristóbal, con 896 m. Es una aldea aletargada, medio en ruinas, con poco que ofrecer. Hay autobuses varias veces diarias desde Puerto Baquerizo Moreno. También se puede ir en taxi por unos 3,50 US$.

Cerca de la entrada a la ciudad está la **Casa del Ceibo** (☎099-469-7733; entrada 1,50 US$, subida 3 US$, h 25 US$/persona; ⊙9.00-12.30 y 13.30-17.30), que apuesta por lo novedoso. A medio camino de una ceiba subiendo por un estrecho puente colgante hay un diminuto refugio donde se puede pasar la noche. Se puede salir fuera o tomar un refresco en el bar de abajo.

Puerto Chino   PLAYA
La carretera hasta El Junco cruza la isla hasta la aislada playa de Puerto Chino, a la que hoy puede accederse por un sendero asfaltado. La playa es uno de los dos sitios donde se puede acampar con permiso de la **oficina del Parque Nacional de Galápagos** (☎05-252-0497; cristobal@galapagos.gob.ec) en Puerto Baquerizo Moreno. Es una de las mejores playas para los surfistas noveles. Un taxi de ida y vuelta desde Puerto Baquerizo Moreno cuesta 40 US$.

Isla Lobos   ISLA
Esta minúscula isla se halla a ½ h en barco de Puerto Baquerizo Moreno. Se trata de la principal colonia de leones marinos y alcatraces patiazules de San Cristóbal, con un sendero de 300 m donde pueden verse lagartijas de lava. Tanto el trayecto en barco como el sendero son bastante duros y existen mejores colonias en otras partes.

⊙ Norte de San Cristóbal

Los Galápagos   RESERVA NATURAL
Se halla en el extremo norte de San Cristóbal, y es posible ver gigantescas **tortugas galápa**gos en libertad, aunque es difícil llegar a la zona donde viven.

Una manera de llegar a Los Galápagos es desembarcar en la bahía que hay en el extremo norte de la isla y caminar unas 2 h hasta la zona de las tortugas. Algunos visitantes afirman haber visto muchas tortugas mientras que otros dicen todo lo contrario.

Punta Pitt   OBSERVACIÓN DE AVES, BUCEO
El punto más noreste de la isla es Punta Pitt, donde las formaciones de roca volcánica son de gran interés para los geólogos (y para todo el mundo), pero lo excepcional de este lugar es que es el único donde se pueden ver alcatraces de las Galápagos anidando. La caminata es agotadora, pero merece la pena.

Puerto Grande   PLAYA
Mucho más pequeña de lo que sugiere su nombre, se trata de una resguardada calita situada en la costa noroeste de San Cristóbal. Hay una buena playa de arena, ideal para nadar, y pueden verse varias especies de aves marinas. Se puede llegar en kayak y está permitido acampar con permiso.

Bahía Tortuga   OBSERVACIÓN DE LA NATURALEZA
En este lugar es posible ver flamencos, tortugas y otros animales; tanto Bahía Tortuga como el cerro Brujo pueden visitarse en una excursión a Punta Pitt y Los Galápagos.

Puerto Baquerizo Moreno
6000 HAB.

Pese a ser fruto de un *boom* hotelero, Puerto Baquerizo Moreno conserva su aire de pueblo pesquero aletargado donde el tiempo se para. Y, a pesar de que un creciente número de cruceros empiezan o acaban en el lugar, continúa a la sombra de Puerto Ayora, su hermana mayor de las Galápagos. Por otro lado, el surf es de categoría superior y se pueden explorar infinidad de lugares de forma independiente.

⊙ Puntos de interés y actividades

La Lobería   PLAYA
Una carretera al suroeste de la ciudad lleva por 2,5 km (unos 30 min a pie) hasta esta playa rocosa que cuenta con una colonia de lobos marinos. Se puede hacer surf todo el año y por el camino que pasa tras la playa hay muchas iguanas terrestres. Es necesario llevar agua y protección solar. Los taxis cobran unos 3 US$ hasta allí; se puede volver a pie.

Puerto Baquerizo Moreno

Una vez allí, un sendero junto a un acantilado lleva junto a iguanas marinas, lagartijas de lava y grandes fragatas. Para llegar a pie hay que ir por la av. Alsacio Northia hacia el aeropuerto, girar a la izquierda después del estadio (se verán los murales) y luego, la primera a la derecha.

Submarinismo

En la zona existen varios buenos puntos de inmersión. En León Dormido pueden verse rayas águila, tortugas marinas, leones marinos y tiburones martillo y de puntas blancas. Cerca de la roca de Stephanie se ven bancos de jureles, rayas águila, rayas y caballitos de mar. Roca Ballena es una cueva a unos 23-24 m con corales, peces loro y rayas; las corrientes son muy fuertes, por lo que únicamente pueden bajar submarinistas experimentados. También hay varios pecios, como el *Caragua,* un carguero de 100 m de eslora hundido cerca del lugar donde se produjo el vertido de petróleo del *Jessica.* Varias empresas de la ciudad ofrecen salidas de submarinismo.

Surf

Esta zona ofrece el mejor surf de las Galápagos. Aunque puede practicarse durante todo el año, la mejor época es de diciembre a abril. Los mejores rompientes de arrecife cerca de la ciudad son El Cañón y Tongo, a los cuales se llega andando a través de una zona militar. Para entrar hay que llevar tabla y un documento de identificación (pasaporte). **La Lobería** y **Punta Carola** también son excelentes destinos con olas en arrecife. **Cañon Point** (av. de la Armada; bicicleta medio/completo día 10/20 US$; ⊘8.30-20.00) alquila tablas (20 US$/día) y ofrece clases (30 US$/medio día).

Ciclismo y kayak

Si el viajero es ciclista y está en buena forma, puede emprender el abrupto ascenso

Puerto Baquerizo Moreno

hasta El Junco, 16 km al este (y 700 m para arriba) desde Puerto Baquerizo Moreno. Desde El Junco hasta Puerto Chino hay otros 10 km cuesta abajo. Para hacer los dos hay que estar en forma y salir muy temprano. También se puede alquilar un taxi para ir y regresar en bici. En la ciudad hay varias agencias de alquiler de bicicletas. Las mejores son las de Cañon Point (p. 326).

Para hacerse al agua hay que parar en las Cabañas Don Jorge (p. 328), donde se puede alquilar un kayak para dos personas por 20 US$ (4 h) y remar cerca de la playa Mann.

☞ Circuitos

Sharksky Tours   SUBMARINISMO, BUCEO
(☎05-252-1188; www.sharksky.com; av. Darwin) Organiza salidas de un día para bucear con tubo (80 US$), circuitos con noche incluida en hotel, y salidas para hacer kayak y submarinismo (en barco con dos inmersiones 160 US$).

Chalo Tours   SUBMARINISMO, BUCEO
(☎05-252-0953; chalotours@hotmail.com; Hernández cerca de Española) Ofrece excursiones de un día o con noche incluida para hacer submarinismo, así como salidas a San Cristóbal y las islas de los alrededores. También alquila equipo para bucear con tubo o ir en bici.

Galakiwi   CIRCUITO DE AVENTURAS
(☎05-252-1864; www.galakiwi.com; av. Darwin) Lo fundaron un par de neozelandeses y ofrece circuitos (6-10 días) para practicar deportes de aventura. Las actividades van desde kayak y ciclismo a remo y surf de remo.

🛏 Dónde dormir

🛏 Paseo marítimo

Hostal San Francisco   PENSIÓN $
(☎05-252-0304; av. Darwin; i/d 15/30 US$; 🛜) Es la mejor de varias pensiones económicas del paseo marítimo. Tiene habitaciones austeras pero limpias, con baños con agua caliente. Sus amables propietarios también regentan la tienda de abajo.

Casa Blanca   HOTEL $$
(☎05-252-0392; www.casablancagalapagos.com; av. Darwin; i/d desde 50/70 US$ desayuno incl.; ❄🛜) No hay un lugar mejor. El edificio de adobe encalado no solo cuenta con preciosas habitaciones, sino que se halla en el malecón, justo enfrente del muelle de pasajeros, lo que quiere decir que las habitaciones con balcón tienen unas vistas magníficas. Tiene hasta una *suite* coronada por una cúpula en la planta superior, con balcón privado y todo.

Hostal León Dormido   HOTEL $$
(☎05-252-0169; hostaleondormido@hotmail.com; av. Villamil; i/d 25/40 US$; ❄🛜) Está a media cuadra del malecón. Es un lugar agradable con habitaciones limpias pintadas de alegre amarillo. Casi todas sus ventanas dan al patio interior (la de la nº 7 da al exterior, pero si uno se asoma verá el mar). Abajo se alquilan bicicletas y hay un operador de circuitos.

Casa Opuntia   HOTEL $$$
(☎02-604-6800; www.opuntiahotels.com; i/d desde 120/150 US$ desayuno incl.; ❄🛜🏊) Villa encalada en uno de los extremos del malecón, con habitaciones amplias y escasamente deco-

CERRO DE LAS TIJERETAS

En el norte de la bahía está el moderno y ameno **centro de interpretación** (📞05-252-0358; ⏰8.00-17.00) GRATIS, que explica la historia y la importancia de las Galápagos mejor que ningún otro lugar de las islas. Las exposiciones se centran en la biología, la ecología, la geología y la historia humana de las islas, y merece mucho la pena visitarlo, incluso después de haber sido bombardeado con todo tipo de datos por los guías de los barcos.

Desde el centro hay varios senderos empedrados y muy bien señalizados que serpentean alrededor del cerro de Las Tijeretas, repleto de matorrales. Un sendero pasa por encima de la colina hasta la pequeña bahía de Las Tijeretas, donde se puede **bucear;** no hay playa, se llega al agua directamente desde las rocas. Otros senderos llevan a **miradores** con paisajes espectaculares y uno conduce a la hermosa **playa Baquerizo** (2 km el trayecto desde el mirador); la úlima mitad está sembrada de grandes rocas afiladas, por lo que se aconseja llevar buen calzado.

Justo enfrente del centro de interpretación está la **playa Mann,** pequeña y muy popular entre isleños y turistas, sobre todo a la puesta del sol y los fines de semana. El gran edificio que hay al otro lado de la calle es el Galápagos Academic Institute for the Arts & Sciences, que acoge a estudiantes internacionales en cursos semestrales y realiza programas especiales de voluntariado y de ecología marina.

Al final de la carretera sin asfaltar que pasa delante del centro de interpretación sale un pequeño sendero que llega hasta la **playa Punta Carola,** estrecha y rebautizada como "playa del Amor" por sus manglares, que ofrecen un refugio perfecto para los enamorados (los leones marinos no muestran el más mínimo interés en ellos). La punta de al lado es un excelente lugar para la práctica del surf.

radas, algunas con detalles de mimbre. Las de la parte trasera dan a la piscina; las que dan al patio delantero, con hamacas, tienen vistas al mar.

Miconia   HOTEL **$$$**
(av. Darwin; i/d desde 92/166 US$; ❄️🛜🏊) Cerca de la punta este del paseo marítimo y con varias habitaciones. Las mejores son las siete *suites* del edificio original, con grandes ventanas, techos abovedados y decoración moderna. El pequeño patio de atrás y la piscina se suman a su encanto.

🚶 Resto del pueblo

⭐**Casa de Laura Hostal**   ALBERGUE **$**
(📞05-252-0173; hostalcasadelaura@hotmail.com; av. de la Armada; h 20 US$/persona; ❄️@🛜) Este agradable refugio regentado por una familia es uno de los hoteles con mejor relación calidad-precio del pueblo. Situado en un edificio de adobe de dos pisos, con modernas habitaciones con agua caliente, tiene un patio muy bien cuidado y hamacas en el pequeño jardín de cactus de la parte delantera. Está en el extremo occidental de la av. Charles Darwin.

Casa de Nelly   PENSIÓN **$$**
(📞05-252-0112; jnagama@gmail.com; av. Tijeretas cerca de Manuel Agama; i/d desde 50/60 US$;

❄️🛜) Agradable pensión de tres plantas a las afueras de la ciudad, de camino a la playa Mann. Sus mejores estancias son amplias y luminosas, y gozan de buenas vistas del paseo marítimo. Tiene un pequeño patio entre palmeras a la entrada.

Cabañas Don Jorge   CABAÑAS **$$**
(📞05-252-0208; av. Alsacio Northia; i/d 35/60 US$; ❄️❄️) Se parece mucho a una estación de guardaparques. Es una mezcla de cabañas rústicas y viejas. Tienen cocinas bien equipadas, lo cual es excelente para cocinar por cuenta propia. Está a la derecha de camino a la playa Mann. Hay bicicletas gratis para los huéspedes y alquila kayaks.

Hostería Pimampiro   PENSIÓN **$$$**
(📞05-252-0323; www.hosteriapimampiro.com; av. Quito y Tulcan; i/d 61/95 US$ desayuno incl.; ❄️🛜🏊) Pequeño complejo amurallado con vistas a la ciudad al que se llega tras una buena cuesta de un 1 km. Si ese ascenso no es un problema, sus amplias cabañas con paredes de piedra y porches con hamacas son excelentes. La piscina es estupenda para refrescarse un día de calor.

Casa Iguana Mar y Sol   HOTEL **$$$**
(📞05-252-1788; h 135-285 US$; ❄️) Hotel con cinco habitaciones a 5 min del malecón en

dirección a la playa Mann. Todo en él es exquisitamente artesanal, desde las barandillas hasta la iguana tallada en la puerta delantera. Cada habitación es una gran *suite* propia de un hotel-*boutique* con toques singulares. En la planta baja tiene una estilosa zona mezcla de *lounge*, bar y comedor de desayuno, y la terraza de arriba es ideal para tomar un cóctel al anochecer.

✖ Dónde comer

La Zayapa CAFÉ $
(☏099-482-0384; www.lazayapahotel.com; av. Darwin; tentempiés 2-4 US$; ◷9.00-20.30) Tranquilo café con el mejor wifi del paseo marítimo. Hay que sentarse en su terraza a tomar un café con hielo, un sándwich o un postre. En la parte de atrás tiene una pensión de buena relación calidad-precio (40-50 US$/persona).

Mary's Café ECUATORIANA $
(Villamil; tentempiés 2-3,50 US$; ◷6.00-12.00 y 17.00-21.00 lu-sa) Está junto al malecón. Es agradable y un buen lugar para desayunar, comer cuencos de fruta, batidos, humitas y demás platos ligeros a buen precio.

Cabaña Mi Grande CAFÉ $
(Villamil; ppales. sobre 3 US$; ◷6.00-15.00 y 18.00-22.00) Está en una segunda planta y elabora ricos batidos, hamburguesas, sándwiches calientes y buenos desayunos, como cereales con fruta y yogur.

Cuencan Taste PANADERÍA $
(av. Alsacio Northia; tentempiés desde 0,50 US$; ◷6.00-22.00) Lo frecuentan multitudes por sus magníficas delicias recién horneadas: bollos de chocolate o canela, empanadas, pastas y tartas de fruta y crema.

Lucky's ECUATORIANA $
(Villamil esq. Hernández; ppales. 3,50 US$; ◷12.00-14.00 diarios, 18.00-20.00 lu-vi) Favorito informal que ofrece menús de almuerzo y cena a precios irrisorios.

Supermercado
Galamaxi SUPERMERCADO $
(Flores esq. av. Quito; ◷7.30-21.00 lu-vi, hasta 18.00 sa y do) El mejor supermercado de la ciudad.

Casa Blanca Café INTERNACIONAL $
(av. Darwin; ppales. 3-9 US$; ◷8.00-13.00 diarios y 16.30-22.00 lu-sa) Café al aire libre a unos pasos del muelle. Es uno de los sitios más populares de la ciudad. Sirve sándwiches de atún o pollo, hamburguesas, empanadas, capuchinos y demás aperitivos.

Calypso
Restaurant ECUATORIANA, INTERNACIONAL $$
(av. Darwin; ppales. 8-19 US$; ◷5.30-23.00) Prepara buenos platos de pescado y marisco (como el festival calypso, una mariscada con salsa de jengibre y coco), así como hamburguesas, *pizzas* y ensaladas. Es un sitio informal con mesas fuera, y lo mismo hace buen café que zumo o delicioso pastel de chocolate.

Rosita ECUATORIANA $$
(Hernández esq. Villamil; ppales. 6-12 US$; ◷8.00-20.00) Sirve un popular menú a mediodía (5 US$) en un bonito restaurante semiabierto con toques de madera y curiosos adornos (camisetas de fútbol, peces disecados, tablas de surf).

Restaurante Bambú ECUATORIANA $$
(Hernández cerca de Melville; ppales. 10-16 US$; ◷7.00-10.00 y 19.00-23.00) Que no amedrenten los suelos de piedra y las paredes de ladrillo gris. El Bambú sirve delicioso pescado y marisco fresco a la parrilla (además de ternera y pollo).

El Descanso
Marinero PESCADO Y MARISCO $$
(av. Alsacio Northia; ppales. 12-15 US$; ◷8.00-21.00 ma-do) Ceviche, langosta y demás marisco fresco. Lo sirve en su bonito jardín con mesas de *picnic*. El menú varía según la pesca del día.

La Playa PESCADO $$$
(av. de la Armada; ppales. 13-19 US$; ◷10.00-22.00) Al oeste del malecón. Atrae a grupos de extranjeros que acuden por su terraza y por su ceviche y su pescado a la parrilla, que son buenos pero caros.

🍷 Dónde beber y ocio

El Barquero BAR
(Hernández ; ◷21.00-3.00 lu-sa) Tiene un ambiente relajado y mesas en un pequeño patio al aire libre. También hay billar y música americana. Se recomienda pedir una cerveza grande, pasearse por su suelo de piedras de lava y echar un vistazo a los caprichosos murales.

Iguana Rock BAR
(Flores esq. Quito; ◷20.00-24.00 lu-ju, hasta 3.00 vi y sa; 🛜) Los fines de semana atrae a una clientela alegre con ganas de bailar y entre

semana es un sitio tranquilo. Tiene billar, ritmos de salsa y a veces hasta acoge a una banda de fuera de la isla.

ℹ Información

ACCESO A INTERNET

Si se busca wifi, se recomiendan La Zayapa (p. 329) de día e Iguana Rock (p. 329) de noche. Dolphin (p. 330), en el malecón, tiene ordenadores.

DINERO

Banco del Pacífico (Melville esq. Hernández) Tiene un cajero automático a un breve paseo del muelle.

TELÉFONO

Dolphin (av. Darwin; 1,50 US$/h) Ordenadores en el malecón.

INFORMACIÓN TURÍSTICA

Oficina municipal de turismo (☏05-252-0119; www.turismosancristobal.com; av. Darwin con av. 12 de Febrero; ☺7.30-12.30 y 14.00-17.00 lu-vi) Mapas e información sobre alojamiento y transporte.

ℹ Cómo llegar y salir

AVIÓN

El aeropuerto está a 700 m de la ciudad, es decir, a 10 min a pie o a 1,50 US$ en taxi (los taxis son camionetas blancas). Independientemente de la compañía aérea con la que se viaje, conviene facturar el equipaje 2 h antes de la salida del vuelo; siempre se puede volver al pueblo para disfrutar tranquilamente de los últimos momentos en la isla. Avianca, Emetebe, Lan y Tame tienen mostradores en el aeropuerto.

BARCO

Hay barcos a diario a Puerto Ayora a las 7.00 y las 15.00 (30 US$, 2¼ h). Varios operadores de Puerto Baquerizo Moreno los reservan, como **Galápagos Dava Tours SA** (☏05-252-0494; av. Darwin, Arrecife Boats).

ℹ Cómo desplazarse

En Puerto Baquerizo Moreno, los taxis de la **Cooperativa de Transporte Terrestre** (☏05-252-0477) aguardan en el malecón. Las tarifas de un solo trayecto incluyen viajes a La Lobería (3 US$), El Progreso (3,50 US$), la laguna El Junco (15 US$) y Puerto Chino (30 US$). También se puede negociar el precio de excursiones de un día para visitar varios lugares. Un circuito de medio día por El Junco, Galapaguera y El Chino cuesta 60 US$.

ISLA ISABELA (ALBEMARLE)

Isabela es la mayor isla del archipiélago, con 4588 km². A pesar de su tamaño y su imponente orografía, con volcanes aún activos, lo que atrae a los viajeros es la posibilidad de ver fragatas volando por encima de las nubes o pingüinos intentando escalar los acantilados.

Es una isla relativamente joven, con una cadena de cinco volcanes de actividad intermitente, incluido el Sierra Negra, que entró en erupción a finales del 2005 y lanzó una columna de humo de 20 km de altura. Por suerte, ni Puerto Villamil (22 km al sur) ni la naturaleza circundante corrió peligro. Otro de los volcanes de la isla, el Wolf, es el punto más alto de las Galápagos, con 1707 m (otras mediciones le dan solo 1646 m). También hay otro volcán más antiguo y pequeño, el Ecuador (610 m).

La Estación Científica Charles Darwin y el Parque Nacional de Galápagos, en respuesta a una amenaza a todo el ecosistema y a la disminución de la población de tortugas en Isabela, especialmente en los alrededores del volcán Alcedo (1097 m), han completado con éxito un proyecto de erradicación de decenas de miles de cabras salvajes.

Aunque los volcanes de Isabela dominan las vistas en las travesías a la parte occidental de la isla Santa Cruz, la isla no suele ser visitada por barcos pequeños, pues la mayor parte de sus puntos de interés están en el lado oeste, solo accesible tras una larga travesía (más de 200 km) desde Santa Cruz.

◉ Puntos de interés y actividades

Volcán Sierra Negra VOLCÁN
Al noroeste del pequeño asentamiento de Tomás de Berlanga se alza el gran volcán Sierra Negra (1490 m), que entró en erupción por última vez a finales del 2005. Un sendero de 8 km lleva por el lado este del volcán. Se puede dar toda la vuelta a la caldera a pie, pero el camino acaba por desaparecer.

Las aves más vistas en esta excursión son halcones de las Galápagos, búhos, pinzones y mosqueros. La cima suele estar cubierta de niebla (sobre todo durante la estación de garúa, más fría y seca, que va de junio a diciembre) y es fácil perderse. Hay vistas espectaculares desde el cercano volcán Chico, un subcráter con fumarolas. Varias agencias de distintas ciudades ofrecen circuitos de

Isla Isabela e Isla Santiago

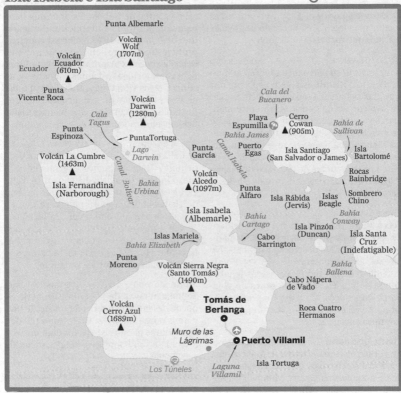

un día entero (35 US$/persona). Incluyen el transporte hasta el volcán y una caminata de 11 km. Hay que llevarse chaqueta para la lluvia, agua y tentempiés (se suministra el almuerzo para llevar).

Hay que ir solo en vehículos cerrados y ponerse el cinturón. No se debe ir nunca en una chiva con los lados abiertos. En el 2014 una de estas excursiones acabó en un trágico accidente. El conductor de una chiva perdió el control al bajar de la montaña y varios turistas resultaron heridos de gravedad.

Volcán Alcedo · VOLCÁN

La cima de este volcán (1097 m) es famosa por su caldera de 7 km de ancho y sus humeantes fumarolas. En la zona se ven cientos de **tortugas gigantes,** especialmente de junio a diciembre, y halcones jóvenes planean en las corrientes térmicas. Las vistas son espectaculares. Para recorrer este largo y empinado sendero, y acampar cerca

de la cima (se requieren dos días) es necesario solicitar un permiso.

Lago Darwin · LAGO

Un desembarco deja al viajero al inicio de un sendero de 2 km que conduce hasta este precioso lago de agua salada. Tiene el doble de salinidad que el océano y ocupa un cono volcánico, una chimenea del volcán principal. El sendero, con partes muy empinadas, conduce hasta las laderas de lava más bajas del volcán Darwin (128 m), donde se pueden observar diversas formaciones y unas vistas impresionantes de las laderas circundantes. Un paseo en panga por los acantilados hasta cala Tagus permite ver grafitos históricos y diversas aves marinas, que suelen incluir pingüinos de las Galápagos y cormoranes. En la cala se puede bucear.

Cala Tagus · LUGAR HISTÓRICO

Al sur de Punta Tortuga se encuentra esta cala donde solían echar anclas los primeros marineros, que grabaron los nombres de sus barcos en los acantilados. El más antiguo de estos grafitos es de 1836 y el entorno es totalmente virgen, solo habitado por leones marinos que vaguean por la zona.

★ Los Túneles
BUCEO CON TUBO

A un trayecto en barco de unos 30 o 40 min de Puerto Villamil está este espectacular rincón para bucear. Consiste en formaciones de lava enroscada que se alzan entre manglares y el mar abierto. En sus aguas poco profundas es posible ver tiburones de puntas blancas, manta rayas, rayas águila, leones marinos, tortugas e incluso caballitos de mar. Los operadores de circuitos de Puerto Villamil organizan viajes diarios de 5 h desde unos 75 US$.

Punta García
OBSERVACIÓN DE AVES

Pocos kilómetros al norte del embarcadero de Alcedo, este promontorio está formado por áspera lava Aa, pedregosa y dentada. No hay senderos propiamente, pero se puede desembarcar. Es uno de los pocos lugares donde se pueden ver cormoranes no voladores, endémicos, sin tener que realizar la larga travesía del lado oeste, aunque no se garantiza encontrarlos.

Punta Albemarle
OBSERVACIÓN DE AVES

En el extremo septentrional de Isabela, este lugar se usó como base de radares estadounidense durante la II Guerra Mundial. No hay senderos marcados pero el lugar es conocido por sus cormoranes no voladores. Más al oeste hay varios lugares donde ver cormoranes, pingüinos de las Galápagos y otras aves marinas, pero no son accesibles: las aves deben observarse desde el barco.

Punta Vicente Roca
BUCEO CON TUBO

En el extremo occidental del brazo norte de Isabela se halla el pequeño y antiguo volcán Ecuador, que casi se funde con el mar. Punta Vicente Roca, en la falda del volcán, es una formación rocosa con buenas posibilidades de buceo y submarinismo, pero no cuenta con un lugar de desembarco.

Punta Tortuga
OBSERVACIÓN DE AVES

El primer lugar de desembarco oficial para visitantes del lado oeste de Isabela es esta playa rodeada de mangles en la falda del volcán Darwin. A pesar de que no existen senderos, se puede desembarcar en la playa y observar pinzones de manglar, aunque no son fáciles de localizar. Este pinzón solo se encuentra en las islas Isabela y Fernandina.

Bahía Urbina
OBSERVACIÓN DE AVES, PASEOS

Esta bahía se encuentra en mitad del litoral occidental de Isabela. Es una zona llana formada por un levantamiento de tierras que tuvo lugar en 1954, y el cual convirtió un arrecife de coral en tierra firme. Pueden observarse cormoranes no voladores, pelícanos, tortugas gigantes e iguanas y, en el mar, rayas y tortugas. Tras desembarcar en una playa, hay un sendero de 1 km que lleva hasta los corales. Hay buenas vistas del volcán Alcedo.

Bahía Elizabeth
OBSERVACIÓN DE NATURALEZA

Se halla cerca del lugar donde la costa occidental de Isabela gira bruscamente hacia el brazo inferior de la isla. Este lugar es conocido por su vida marina. La mejor manera de visitar la bahía es en panga, ya que no hay sitios para desembarcar. En las aguas se ven a menudo tortugas y rayas, y casi siempre hay aves marinas y costeras. Las islas Mariela, a la entrada de la bahía, son muy frecuentadas por los pingüinos.

Punta Moreno
OBSERVACIÓN DE AVES

Se halla al oeste de la bahía Elizabeth. Se puede desembarcar cerca de un río de lava y unas pozas salobres. En la zona pueden encontrarse plantas e insectos endémicos y, a veces, se ven flamencos, patos gargantilla y gallinetas.

Puerto Villamil
1900 HAB.

Esta población, al sureste de la isla Isabela, encarna la imagen arquetípica de las Galápagos. Con una laguna a su espalda que se llena de flamencos e iguanas marinas, y situado a orillas de una bonita playa de blanca arena, es un pequeño y adormilado lugar de calles arenosas y casas pequeñas. Sin embargo, en los últimos años se ha producido cierto *boom* urbanístico que supone una verdadera amenaza.

Sin duda, cuando el general José Villamil se trasladó a este lugar en 1832 con la esperanza de crear una comunidad modélica formada principalmente por balleneros, quedó prendado del lugar de la misma manera que les sucede a los visitantes actuales. Por desgracia, aquel experimento utópico acabó con una revuelta y la destrucción de la colonia. Más adelante, Villamil introdujo vacas, caballos y burros, que se reprodujeron con rapidez, amenazando el delicado ecosistema de la isla.

Una vez en el muelle de pasajeros hay un paseo de 1 km hasta el centro (o un trayecto de 2 US$ en taxi). La av. Antonio Gil es la calle principal, donde está la plaza central, así como muchos hoteles y restaurantes. El malecón queda a una cuadra al sur.

⊙ Puntos de interés y actividades

Laguna Villamil   RESERVA NATURAL
(⊙camino 6.00-18.00) Al oeste del pueblo se encuentra esta laguna conocida por sus **iguanas marinas** y aves migratorias, especialmente zancudas (se han documentado más de 20 especies). Un **sendero** de poco más de 1 km empieza justo después del Iguana Crossing Hotel. La pasarela de madera conduce hasta la laguna, a través de manglares y densa vegetación, para terminar en el **Centro de Crianza de Tortugas**. Los voluntarios dan todo tipo de explicaciones sobre el trabajo que realizan para ayudar a recuperar la población de estas especies en Isabela.

Se puede ir en camioneta desde la ciudad (1 US$); dejará a la entrada de la carretera al altiplano. Después del centro de crianza hay que seguir caminando hasta la carretera principal (400 m al norte) hasta llegar a una pequeña **laguna** donde suele haber flamencos rosados.

Muro de las Lágrimas   LUGAR HISTÓRICO
Unos 7 km al oeste de Puerto Villamil se halla esta pared de 100 m de rocas de lava que construyeron los convictos bajo condiciones duras y abusivas. La colonia penal cerró en 1959, pero el muro se mantiene como recuerdo de un capítulo infame de la historia de la isla. El mejor modo de desplazarse es en bicicleta, pues por el camino hay otras paradas curiosas (manglares, playas, miradores). Conviene llevarse agua y protección solar, pues la sombra es escasa. Un taxi costará unos 10 US$.

Pozo Salinas   LAGUNA
Pequeña laguna a la vuelta de la esquina de la plaza principal. La rodea una pasarela que es ideal para ver a los flamencos rosados y las cigüeñuelas que se alimentan a veces en este lugar.

Iglesia Cristo Salvador   IGLESIA
(Las Fragatas) Esta iglesia asoma por encima de la plaza central y goza de una iconografía única de las Galápagos. En sus vidrieras de colores se ve representada fauna nativa (iguanas marinas, caballitos de mar, pingüinos,

flamencos), y el mural junto al altar luce a Jesús ascendiendo sobre Puerto Villamil ante la vista de fragatas, una iguana marina y alcatraces patiazules.

Buceo con tubo
Hay varios rincones espectaculares para practicar buceo con tubo cerca de Puerto Villamil. Aparte de Los Túneles (p. 332) y Las Tintoreras, se puede bucear en la pequeña bahía alrededor de la Concha de Perla, donde a veces se ven pingüinos. Se llega por una pasarela a través de los manglares cerca del puerto.

★Las Tintoreras   BUCEO
A tan solo 5 min en barco de la ciudad se halla este maravilloso punto de buceo, una pequeña isla volcánica con iguanas marinas, alcatraces y otras aves. También pueden verse rayas, tortugas marinas, algún que otro tiburón de puntas blancas o de arrecife. Es especialmente divertido nadar por las estrechas fisuras de las rocas, que son como pasillos bajo el agua decorados con plantas y corales. Los operadores de circuitos cobran 40 US$ por una salida de 2½ h.

Surf
Para los surfistas experimentados existen varios **puntos de surf** cerca del pueblo, aunque a algunos solo se llega en barco; en Caleta Iguana Hotel & Surf Camp se alquilan tablas (15 US$/medio día) y se imparten clases (40 US$).

Ciclismo
Varios operadores de la ciudad alquilan bicicletas, como la **Tienda Pelícano** (av. Antonio Gil; 2 US$/h; ⊙7.00-20.00), situada en la carretera principal a unas cuadras de la plaza. Las playas al este de la ciudad y el Muro de las Lágrimas son populares destinos para practicar ciclismo.

☞ Circuitos

Muchos alojamientos y unas cuantas agencias ofrecen circuitos. Las excursiones típicas son las de medio día a Sierra Negra (a pie/a caballo 35/60 US$) y las de buceo en Los Túneles (60 US$) o en Las Tintoreras (25 US$).

Isabela Discovery   KAYAK
(☑05-252-9303; jacibruns@hotmail.com) Operador recomendado que dirige una pareja ecuatoriano-americana. Ofrece toda una serie de aventuras, como circuitos en kayak por la bahía (25 US$/persona), que es un modo excelente de ver fauna con el mínimo impacto ambiental.

🛏 Dónde dormir

🛏 En la playa

Volcano Hotel HOTEL $
(📞098-831-8842; Antonio Gil esq. Los Flamencos; i/d desde 20/30 US$; 🛜) Hotel bien situado en un bonito edificio con detalles en madera y piedra. Tiene cocina para los huéspedes y habitaciones limpias, amplias y luminosas. Las mejores tienen vistas al mar (20 US$/persona).

La Brisa del Mar PENSIÓN $
(📞05-301-6800; h con ventilador/a.a. 15/20 US$ por persona) Pensión económica con una buena relación calidad-precio a unas cuadras de la plaza central. Tiene estancias luminosas con suelos de baldosas y ventanas de buen tamaño, agua caliente y TV (con un solo canal). Se puede holgazanear en las hamacas a la sombra del patio.

La Gran Tortuga HOSTERÍA $$
(📞05-252-9198; www.viajaragalapagos.com; Las Fragatas esq. av. 16 de Marzo; i/d desde 30/40 US$; 🛜) Este alojamiento ofrece habitaciones limpias y sencillas con duchas de agua caliente. El desayuno se paga aparte (5 US$/persona).

Sierra Negra HOTEL $$
(📞05-252-9046; Malecón; d desde 70 US$; ✳🛜) En plena playa, a pocas calles de la plaza central, lo insulso de este edificio moderno y sin decoración queda compensado por las enormes ventanas de las habitaciones que dan al océano, en especial durante la puesta de sol. Camas grandes y duchas de calidad.

★Caleta Iguana
Hotel & Surf Camp PENSIÓN $$$
(📞05-252-9405; www.iguanacove.com; av. Antonio Gil; dc 23 US$, d desde 90 US$, sin baño desde 68 US$, h con vistas 124-140 US$; ✳🛜) Pensión tranquila con mucho atractivo. Está frente a la playa, en la punta oeste. Tiene habitaciones agradables con muebles bonitos. Las mejores tienen embarcadero privado con vistas al mar. También hay una zona de *lounge* con intercambio de libros y una terracita a la sombra para mecerse en una hamaca y contemplar el océano. El precio de las habitaciones incluye el desayuno.

Organiza muchos circuitos, alquila bicicletas y tablas de surf y da clases de surf. Al lado hay un bar muy animado.

La Casita Moondance PENSIÓN $$$
(📞05-252-9303; jacibruns@hotmail.com; h desde 84 US$; 🛜) 🏄 Casita frente a la playa. Solo tiene unas cuantas habitaciones forradas de madera, todas bonitas y luminosas. Las dos de arriba se abren a un balcón compartido con deliciosas vistas del mar. Es un sitio acogedor y ecológico con paneles solares en el tejado. Sus dueños ofrecen varios circuitos y además alquilan la casa de al lado.

Hotel Albemarle HOTEL $$$
(📞02-252-4438; www.hotelalbemarle.com; Malecón; h 155-240 US$ desayuno incl.; ✳@🛜) Villa de estilo mediterráneo situada en un tramo excelente de terreno frente al mar en el mismo centro. Tiene dos plantas de elegantes habitaciones de techos altos y excelentes baños de piedra. A ello se suman toques como dispensadores de agua y TV con reproductor de DVD (y películas de alquiler gratuito). Las más caras tienen balcón con vistas al mar.

Iguana Crossing
Boutique Hotel HOTEL $$$
(📞05-252-9484; www.iguanacrossing.com.ec; av. Antonio Gil; h 254-324 US$ desayuno incl.; ✳@🛜) Es el hotel de más categoría de Isabela. Tiene habitaciones bonitas con preciosas terrazas de madera (con vistas a la laguna o al mar). Sus muebles y buen gusto parecen sacados de una revista de decoración. Tiene piscina, *jacuzzi* y un restaurante que sirve de la mejor comida de la isla. Está frente a la playa, a la salida de la ciudad.

La Casa Marita PENSIÓN $$$
(📞05-252-9301; www.casamaritagalapagos.com; i/d desde 118/142 US$ desayuno incl., h con vistas al mar desde 183 US$; ✳@🛜) Esta hermosa propiedad es la última dentro del tramo de la playa que lleva al puerto. Tiene habitaciones bien decoradas, todas con toques artísticos y de color único, y algunas con cocina. En la planta superior hay un restaurante con vistas, y también tiene un bonito patio frente al mar con hamacas y tumbonas de cara a las olas.

La Casita de la Playa HOTEL $$$
(📞05-252-9103; casitadelaplaya@hotmail.com; malecón; h 134-183 US$; 🛜) Está en la playa cerca del centro. Es un edificio de adobe blanco con toques naranjas y estancias limpias. Las mejores tienen vistas al mar. Las que solo tienen ventanas interiores ofrecen una relación calidad-precio bastante peor. Hay tumbonas y una hamaca en el jardincillo enmarcado por palmeras de cara al mar.

ISLAS GALÁPAGOS PUERTO VILLAMIL

🏠 En el pueblo

La Posada del Caminante   ALBERGUE $
(📞05-252-9407; h 15 US$/persona; 🛜) Una de las opciones con mejor relación calidad-precio para bajos presupuestos, un agradable hotel de dirección familiar a poca distancia de Poza Salinas, al oeste de la intersección entre la av. 16 de Marzo y la av. Cormorant. Un puñado de habitaciones rodean un estrecho patio con hamacas; los huéspedes pueden usar la cocina y recoger plátanos y otras frutas del huerto.

Coral Blanco Lodging   HOSTERÍA $$
(📞05-252-9125; hotelcoralblanco@gmail.com; av. Antonio Gil; i/d 34/68 US$ desayuno incl.; ❄️🛜) Habitaciones pequeñas y básicas a pocas calles de la plaza central, al otro lado de la carretera que va a la playa. Ofrecen todo tipo de circuitos.

La Laguna de Galápagos   HOTEL $$$
(📞en Quito 02-247-5390; www.lalagunagalapagoshotel.com; i/d 61/102 US$) Tiene vistas a la laguna Pozo Salinas y habitaciones agradables de techos altos, muebles contemporáneos y baños modernos. Las mejores tienen grandes balcones de cara a la laguna. Arriba hay una terraza con un *jacuzzi* que se calienta con energía solar.

Hotel San Vicente   HOTEL $$$
(📞05-252-9140; isabelagalapagos.com.ec; Escalecias esq. Cormorant; i/d 51/90 US$; ❄️🛜) Hotel bien regentado varias cuadras al norte de la plaza central (lejos de la playa). Tiene habitaciones luminosas con paredes de estuco blanco y un bonito patio frontal con *jacuzzi*.

Wooden House   HOTEL $$$
(📞en Quito 02-250-5756; www.thewoodenhousehotel.com; h desde 121 US$ desayuno incl.; ❄️@🛜🏊) Está en un desvío de la carretera sin asfaltar entre el muelle y la ciudad. Es una casa hecha enteramente de madera, de aire casi balinés, y un lugar excelente si la ubicación en primera línea de mar no es una prioridad. Tiene agradables habitaciones, decoradas con buen gusto. Las complementan un jardín delantero bordeado de palmeras con hamacas y una piscina.

🍴 Dónde comer y beber

En la plaza central, en la av. Antonio Gil, entre Las Fragatas y la av. 16 de Marzo hay media docena de restaurantes. Los platos principales de pescado y marisco oscilan entre los 10 y los 20 US$.

Shawerma Hot   ORIENTE MEDIO $
(av. Antonio Gil ; ppales. 5,50-7 US$; ⏰10.00-23.00; 🍴) A un breve paseo al este de la plaza principal. Es una rústica cabaña con techo de hoja de palma que prepara sabrosos *shawarmas* de pollo, rollitos de *falafel* y salchipapa (patatas y salchicha).

Panadería Fragatas   PANADERÍA $
(av. Antonio Gil; tentempiés 1 US$; ⏰6.30-10.00 y 16.30-19.30) Pasada la plaza principal se verá esta pequeña panadería que vende pan de plátano, orejas (grandes galletas) y demás caprichos.

Oasis   PESCADO Y MARISCO $$
(📞05-252-9054; Cormorant esq. Pinzón Artesano; ppales. 8-17 US$; ⏰cena con reserve previa) La oriunda de Esmeraldas Geanny Bennett Valencia prepara unos de los mejores platos de la ciudad. Los favoritos son sus encocados (guisos con coco), que hacen la boca agua. Los hay de camarones, langosta o pescado. La pega es que el restaurante solo abre si tiene reservas; hay que llamar antes o pasarse durante el día.

El Cafetal
Café Cultural   ECUATORIANA, INTERNACIONAL $$
(Las Fragatas; ppales. 8-16 US$; ⏰8.00-22.30) Pequeño local contemporáneo en la plaza central. Sirve creativos platos elaborados con esmero que forman parte de un menú cambiante de delicias, como ceviche (con su versión vegetariana), pescado a la parrilla, pollo con champiñones y cazuela (estofado de marisco). También hay buenos postres y bebidas a base de café.

Isabela Grill   BARBACOA $$$
(16 de Marzo; ppales. 16-22 US$) Está cerca de la plaza principal y sirve un jugoso *filet mignon*, pescado y marisco y demás platos populares.

Casa Rosada   BAR
(Antonio Gil; ⏰17.00-24.00 lu-sa) Lo más destacado de la vida nocturna de Isabela. Es un tranquilo bar junto a la Caleta Iguana Hotel & Surf Camp. Permite enterrar los pies en arena entre su joven clientela, que se reúne en la terraza (o alrededor de la chimenea al caer la noche) para escuchar ritmos tropicales o ver los partidos de voleibol. De vez en cuando hay música en directo.

Iguana Point Bar BAR

(☺16.00-19.00 y 20.00-2.00) Detrás de la plaza, al final del muelle que sale de la playa del pueblo, es un divertido local con mucho ambiente, ideal para tomar algo a la puesta del sol.

❶ Información

Ningún cajero automático acepta tarjetas extranjeras, por lo que es necesario contar con efectivo. En la calle principal hay unas cuantas lavanderías con secadoras.

❶ Cómo llegar y salir

AVIÓN

Emetebe (✆en Guayaquil 04-230-9209; Antonio Gil esq. Las Fragatas) y **Air Zab** (p. 348) unen Isabela con San Cristóbal y Baltra. Los vuelos de un trayecto cuestan 156 US$ (240 US$ ida y vuelta).

BARCO

Hay barcos diarios a las 6.00 a Santa Cruz (30 US$, 2¼ h) desde Puerto Villamil. Desde Santa Cruz los barcos salen a las 14.00. Los billetes pueden comprarse en el muelle o en **Transmartisa** (✆05-252-9053; av. Antonio Gil esq. Las Fragatas), cerca de la plaza principal. Al llegar al muelle principal, al este de la ciudad, hay que pagar la tarifa de 5 US$.

❶ Cómo desplazarse

Los autobuses a/desde Villamil a Santo Tomás y al altiplano salen hacia las 6.30 y las 13.00, y regresan unos 90 min después. Fuera de ese horario pueden alquilarse camionetas, para lo cual hay que llamar a la **Cooperativa Sierra Negra** (✆05-252-9147). El trayecto en taxi al aeropuerto o al puerto sale a 2 US$.

ISLA FERNANDINA (NARBOROUGH)

Incluso para Galápagos, Fernandina es única en su especie. En ella viven miles de adormiladas iguanas marinas y, para los amantes de los volcanes, es la isla en la que más fácilmente se verá una erupción (la última fue en febrero del 2009). Con 642 km², es la tercera isla en tamaño del archipiélago, además de la que está situada más al oeste y la más joven de las principales. A diferencia de otros lugares de las Galápagos, no se han introducido especies foráneas.

Punta Espinoza, frente a la caleta Tagus de Isabela, es espectacular: innumerables iguanas marinas toman el sol sobre formaciones de lava negra. Los **cormoranes no voladores** anidan cerca de allí, los **halcones** sobrevuelan la isla y los pingüinos de las Galápagos, tortugas y leones marinos retozan en la laguna cercana al desembarcadero.

Tras desembarcar, se accede a dos senderos: uno de 250 m hasta la punta y otro de 750 m que lleva a campos de lava de reciente formación. Se pueden ver diversas plantas endémicas, como cactus del género *Brachycereus* y formaciones de lava tipo *pahoehoe* y *Aa*. En el lugar, frente al emblemático mangle blanco, se han rodado escenas de varias películas, como *Master and Commander*.

ISLA SANTIAGO (SAN SALVADOR O JAMES)

En otros tiempos fue el escondite de bucaneros ingleses y una de las etapas de la ruta de Darwin. La isla Santiago, es la cuarta en tamaño del archipiélago. Es una parada frecuente de los circuitos en barco, ya que cuenta con varios lugares de interés y sus campos de lava son los más bellos de las islas.

Uno de los sitios más populares del archipiélago es **Puerto Egas**, en la bahía James, en el lado oeste de la isla. Recibe el nombre de Darío Egas, propietario de una mina de sal en la isla que, en su momento y gracias al patrocinio presidencial, fue el único productor de sal de todo el país. La costa de la isla es llana, de lava negra, con zonas erosionadas que forman pozas, cuevas y ensenadas que albergan una gran variedad de vida animal. Es un lugar fantástico para observar colonias de iguanas marinas tomando el sol. Las pozas de marea contienen cientos de zayapas, que atraen a las garzas.

Las ensenadas son el lugar preferido de los **lobos finos** de las Galápagos, lo que permite bucear con estos animales, sorprendentemente ágiles, además de con multitud de peces tropicales, morenas, tiburones y pulpos.

En el interior se halla el **volcán Pan de Azúcar**, al que se llega por un camino de 2 km donde a menudo se ven lagartijas de lava, pinzones de Darwin y tórtolas de las Galápagos. El camino se detiene cerca de la cima, de 395 m, desde donde hay unas vistas maravillosas. En el cráter extinto se suelen ver cabras salvajes (un gran problema en Santia-

El famoso archipiélago de Ecuador fue bautizado por los primeros exploradores españoles como Islas Encantadas. Aunque el nombre haya cambiado, las Galápagos no han perdido su poder cautivador. Esta aislada cadena de islas volcánicas, yermas en apariencia, es el hábitat de una asombrosa variedad de fauna y flora, incluidas especies que no se encuentran en ningún otro lugar del mundo. Es uno de los mejores sitios del planeta para observar de cerca la vida natural, tanto sobre la tierra como bajo el mar.

Guía de naturaleza de las Galápagos

Arriba Iguana marina.

Mamíferos

Las aguas de las Galápagos, ricas en plancton, atraen a algunos de los animales más grandes de la Tierra, entre ellos 25 especies de cetáceos. En todos los rincones del archipiélago se puede ver muy de cerca a los extrovertidos leones marinos, observar cómo juegan los delfines con las estelas de los barcos o divisar los saltos de las ballenas.

Orca

Las orcas, que en realidad son una especie de delfín, vistas en estado salvaje son verdaderamente espectaculares. Son feroces cazadoras que pueden llegar a moverse a 55 km por hora mientras persiguen a sus presas, aunque no suponen peligro alguno para los humanos. **Dónde:** canal Bolívar.

León marino de las Galápagos

Es el mamífero isleño preferido por casi todo el mundo. Se cuentan unos 50 000 individuos repartidos por todo el archipiélago. Estos simpáticos animales suelen holgazanear en las playas de arena y a menudo nadan con los bañistas o con los buceadores. **Dónde:** por todas partes.

Lobo fino de las Galápagos

Más introvertido que su primo, el león marino, los lobos finos son endémicos de las Galápagos y tienen una densa y abundante capa de piel que actúa como aislante. Durante el s. xix estuvieron al borde de la extinción, pero se recuperaron y hoy existe una población de unos 30 000 ejemplares. **Dónde:** Santiago (Puerto Egas, p. 337), Genovesa (p. 341).

Delfín mular

El cetáceo más fácil de ver en las aguas de las Galápagos es el delfín mular, de naturaleza juguetona y curiosa. Suelen alimentarse en manadas de 20 o 30 individuos, su dieta es muy variada y son capaces de sumergirse hasta los 500 m. **Dónde:** por todas partes.

1. Lobo fino de las Galápagos **2.** Leones marinos de las Galápagos **3.** Delfín mular.

1. Halcón de las Galápagos **2.** Búho de las Galápagos **3.** Flamenco de las Galápagos **4.** Sinsonte.

Aves terrestres

No es necesario ser ornitólogo para disfrutar de las aves en las Galápagos, donde conviven poderosos depredadores con aves cantoras. Pueden verse chipes amarillos, sinsontes y pinzones de Darwin, las aves que hizo famosas el gran naturalista.

Halcón de las Galápagos

Cazador de todo tipo de presas, la especie endémica de las Galápagos atrapa criaturas tan pequeñas como insectos y tan grandes como cabritos. **Dónde:** Española (p. 340), Santa Fe (p. 323), Fernandina (Punta Espinoza, p. 336).

Pinzones de Darwin

Se cree que todos los pinzones de la isla tienen un antepasado común, que evolucionó en 13 especies únicas, incluido el pinzón vampiro chupasangre. **Dónde:** Santa Cruz (Los Gemelos, p. 313; Media Luna, p. 314), Española (Punta Suárez, p. 340), Genovesa (p. 341).

Flamenco de las Galápagos

Estas asombrosas aves son las más grandes de las cinco especies de flamencos del mundo. Viven en pequeños grupos en las lagunas salobres de aguas poco profundas y no superan los 500 individuos. **Dónde:** Floreana (Punta Cormorant, p. 338), Rábida (p. 337), Isabela (Puerto Villamil, p. 332).

Búho de las Galápagos

A diferencia de la mayoría de sus primos, esta subespecie de búho caza tanto por el día como durante la noche. Es posible observar cómo estas aves de aspecto regio atacan a sus presas con un batir de alas lento y elegante. **Dónde:** Genovesa (p. 341), Santa Cruz (Media Luna, p. 314).

Sinsontes

Estas aves del tamaño de un tordo son muy buenas cantoras y suelen ser los primeros pájaros que inspeccionan a los visitantes que llegan a las playas, asomándose a bolsos y maletas y posándose sobre sombreros. **Dónde:** Santa Cruz (p. 312), Santa Fe (p. 323), Genovesa (p. 341).

1. Alcatraz patiazul 2. Albatros de las Galápagos 3. Cormorán de las Galápagos 4. Fragata real macho.

CHRISTIAN HANDL / GETTY IMAGES ©

Aves marinas

Los trotamundos oceánicos, como el albatros o las aves no voladoras, como el cormorán, han hecho de estas islas su hogar. El sorprendentemente ágil pingüino de las Galápagos, el cómico alcatraz patiazul y las sumamente adaptables fragatas son otras de las espectaculares especies de la zona.

Alcatraz patiazul

Estos alcatraces, una de las cuatro especies de las islas, ofrecen un llamativo y un tanto risible espectáculo durante la época de cortejo. **Dónde:** Española (Punta Suárez, p. 340), Genovesa (p. 341), San Cristóbal (Punta Pitt, p. 325).

Albatros de las Galápagos

El albatros de las Galápagos está absolutamente indefenso sin las corrientes de aire, ya que depende totalmente de los vientos alisios del sureste para trasladarse a sus zonas de alimentación. El ave más grande del archipiélago (pesa 5 kg y tiene una envergadura de 2,4 m) es la única especie de albatros que cría en el ecuador. **Dónde:** Española (Punta Suárez, p. 340).

Fragatas

Deslumbrantes voladores, las fragatas planean sobre las corrientes térmicas por encima de los acantilados, a veces hostigando a otras aves marinas más pequeñas, obligándolas a soltar sus presas para luego caer en picado y atrapar su botín en el aire. **Dónde:** Seymour Norte (p. 322), Genovesa (p. 341), San Cristóbal (Punta Pitt, p. 325).

Pingüino de las Galápagos

Actualmente es el pingüino más septentrional del mundo y la única especie que vive en el trópico. **Dónde:** Isabela (p. 330), Fernandina (p. 336), Bartolomé (p. 337).

Cormorán de las Galápagos

Aparte de los pingüinos, el cormorán es la única ave marina no voladora del mundo. Es endémica de las Galápagos, donde sobreviven unas setecientas parejas. **Dónde:** Fernandina (Punta Espinoza, p. 336), Isabela (Caleta Tagus, p. 331; Bahía Urbina, p. 332).

Reptiles

Tortugas gigantes de aspecto prehistórico e iguanas terrestres de temible semblante pueden verse y fotografiarse en tierra, mientras que, en el agua, los buceadores podrán observar a la extraña iguana marina y a tortugas verdes.

Tortuga gigante

El reptil más famoso del archipiélago es la tortuga gigante, o galápago; animal por el que fueron bautizadas las islas. Pueden vivir cientos de años. **Dónde:** Santa Cruz (montes, p. 313), Isabela (Bahía Urbina, p. 332), San Cristóbal (Galapaguera, p. 325).

Iguana terrestre de las Galápagos

A pesar de su enorme tamaño y su temible aspecto, las iguanas terrestres son inofensivas vegetarianas. Los machos adultos son muy territoriales y defienden su coto a cabezazos. **Dónde:** Plaza Sur (p. 323), Isabela (p. 330), Santa Cruz (Cerro Dragón, p. 314), Fernandina (p. 336), Baltra y Seymour Norte (p. 322).

Lagartijas de lava

Los reptiles más fáciles de ver en las islas son las diferentes especies de lagartijas de lava, que suelen verse correteando entre rocas e incluso subidas a lomos de las iguanas. **Dónde:** por todas partes.

Iguana marina

Esta asombrosa iguana es el único lagarto marino. Su tamaño y color varía en función de cada isla; los especímenes más grandes miden hasta 1,5 m. **Dónde:** por todas partes.

Tortuga verde marina

Una tortuga verde adulta puede pesar hasta 150 kg y medir 1 m de largo. Es posible verlas saliendo a la superficie para respirar en muchos fondeaderos de aguas tranquilas y los buceadores se tropiezan con ellas a menudo. **Dónde:** Santa Cruz (caleta Tortuga Negra, p. 314), Fernandina (Punta Espinoza, p. 336), Santiago (playa Espumilla, p. 337) y, un poco por todas partes.

2

1. Tortuga gigante **2.** Iguana terrestre de las Galápagos **3.** Tortuga verde marina **4.** Lagartija de lava

4

1

2

1. Tiburón martillo 2. Zapaya 3. Ídolo moro.

Vida marina

El archipiélago rebosa de vida marina. Tiene varios miles de especies acuáticas de todos los tamaños y formas, entre ellas 25 de delfines y ballenas, y 400 de peces. Las más famosas son los leones marinos y los lobos finos de las Galápagos.

Peces tropicales

En las aguas de las Galápagos se han registrado más de 400 especies de peces, incluidas 50 endémicas. Los más vistos por los buceadores son las damiselas azules de cola amarilla, los peces ángel, los cirujanos de cola amarilla, los ídolos moros, los peces loro azules y los peces globo. **Dónde:** por todas partes.

Tiburón martillo

No es necesario hacer una inmersión para ver grupos de esta intimidante y extraña especie de tiburón (aunque, por supuesto, la experiencia bajo el agua es mucho mejor). **Dónde:** Seymour Norte (p. 322), Santa Cruz (Rocas Gordon, p. 317), Floreana (Corona del Diablo, p. 338), Santa Fe (p. 323), Genovesa (p. 341), Wolf (p. 341), Darwin (p. 341).

Zapaya

Este abundante animal marino tiene unos colores espectaculares. Las zapayas adornan las rocas de todas las islas y son extremadamente ágiles. Pueden saltar de roca en roca e incluso parece que caminen sobre las aguas. **Dónde:** por todas partes.

Manta raya

De las 15 especies de rayas que viven en las aguas de las Galápagos, la magnífica manta raya es la más grande de todas y uno de los peces más grandes del mundo. Algunos de estos gigantes pueden llegar a alcanzar los 9 m de envergadura, aunque el tamaño más común en adultos es de 4 m. **Dónde:** canal Bolívar, zonas profundas.

Hábitats

Todo el archipiélago es de origen volcánico; de hecho, las islas principales son las cimas de enormes volcanes submarinos. En el relativamente corto espacio de tiempo geológico transcurrido desde su formación, las islas han pasado de ser ríos de lava estéril a convertirse en verdes hábitats hogar de un gran número de especies únicas.

Litoral

Los ríos de lava crean el rocoso litoral, hábitat de leones marinos, iguanas marinas y zapayas. En los manglares, las aves, leones marinos y tortugas encuentran zonas protegidas para refugiarse, donde poder anidar y criar.

Montañas

Los altos picos de varias de las islas se han erosionado creando un rico suelo volcánico que, unido a las lluvias ocasionales, nutre una densa vegetación tropical. En ella florecen especies fascinantes, como la scalesia, de 15 m de altura, cuyo tronco y ramas están cubiertos de epifitos: musgos, helechos, orquídeas y bromelias.

Zona árida

Buena parte de las islas están cubiertas de yermo suelo volcánico, con peludos cactus sobresaliendo del resto de vegetación. A pesar de lo exigente del entorno, prosperan varias especies, como el endémico cactus de lava, que arraiga en las grietas de los ríos de lava.

Océano

Las islas están bañadas por corrientes ricas en nutrientes que aportan el alimento necesario para todo el año. El plancton se amontona en la superficie bañada por el sol, alimentando a los peces, a sus depredadores, situados por encima de la cadena alimentaria, y a algunos de los mayores animales del planeta, las ballenas francas.

....

1. La costa rocosa de la isla Santa Fe (p. 323) **2.** Altiplano de la isla San Cristóbal (p. 323).

go) y halcones de las Galápagos. Al norte del volcán está el cráter donde se hallaba la mina de sal; sus restos pueden visitarse siguiendo un sendero de 3 km desde la costa.

En el extremo norte de la bahía James, a unos 5 km de Puerto Egas, se halla la playa Espumilla, de arena marrón, en la que se desembarca directamente desde el agua. Es un sitio genial para bañarse y en la pequeña laguna que hay tras ella se pueden ver diversas zancudas, a veces incluso flamencos. Un sendero de 2 km conduce tierra adentro a través de vegetación de transición, donde viven varios tipos de pinzones y el papamoscas de las Galápagos.

En el extremo noroeste de Santiago se halla la cala del Bucanero, que suele visitarse en barca; era un lugar muy popular entre los bucaneros de los ss. XVI y XVII para fondear sus barcos. Hoy día, la mayor atracción son los acantilados y pináculos, usados como zonas de anidación por diferentes especies.

La bahía de Sullivan está en la costa este de Santiago. En ella, un enorme río de lava negra se solidificó hace un siglo formando una capa que llega a orillas del mar. Un desembarco en seco permite a los visitantes acceder a él y seguir un sendero señalizado por postes blancos que recorre un circuito de 2 km por la lava. Es posible ver formaciones volcánicas sin erosionar, como lava *pahoehoe*, burbujas de lava y moldes de troncos de árbol en la superficie. Es un lugar de particular interés para los amantes de la vulcanología y la geología.

ALREDEDORES DE LA ISLA SANTIAGO

Isla Bartolomé

Las vistas panorámicas y los juguetones pingüinos han convertido esta minúscula isla, frente a la bahía de Sullivan en la isla Santiago, en una parada obligada de los circuitos en barco. Un camino que sale desde el embarcadero conduce hasta la ventosa cima de la isla, a 114 m, con espectaculares vistas. Este sendero atraviesa un paisaje de lava, salvaje y sobrenatural, donde se han construido una pasarela y unas escaleras de madera para facilitar el acceso y proteger la zona de la erosión.

El otro punto de interés es una pequeña playa de arena dentro de una cueva, donde se puede bucear con los veloces pingüinos de las Galápagos que frecuentan la cala. También pueden verse tortugas marinas y una gran variedad de peces tropicales.

Para observar mejor a los pingüinos conviene alquilar una panga y acercarse al máximo a las rocas de ambos lados de la cala, especialmente en la zona de la roca Pináculo, a la derecha de la cala desde el lado del mar. Se puede llegar a pocos metros de estas fascinantes aves. Hay otras colonias de pingüinos en el lado oeste de isla Isabela.

Desde la playa, un sendero de 100 m recorre el tramo más estrecho de Bartolomé hasta llegar a otra playa de arena al otro lado de la isla, donde, de enero a marzo, anidan tortugas marinas.

Sombrero Chino

Esta minúscula isla, frente a la punta sureste de Santiago, tiene menos de 0,25 km² y está formada por un cono volcánico relativamente reciente. Lo certero de su nombre se aprecia mejor desde el norte. Justo en esa orilla norte hay una pequeña cala con leones marinos, donde se puede anclar y desembarcar. Frente a Sombrero Chino, en la costa de la cercana isla Santiago, suelen verse pingüinos.

Un sendero de 400 m da la vuelta a la cala, donde es posible nadar y bucear, y atraviesa una colonia de leones marinos. Las iguanas marinas corretean por todas partes.

Isla Rábida (Jervis)

Esta isla, de aproximadamente 5 km², se halla 5 km al sur de la isla Santiago. Se desembarca en una oscura playa de arenas rojas donde se solazan los leones marinos y anidan los pelícanos; de hecho, es uno de los mejores lugares para ver nidos de estas aves.

Tras la playa hay una laguna de agua salada donde, a veces, pueden verse flamencos y patos gargantilla. En esta laguna también hay una colonia de leones marinos, donde los solteros destronados por el macho dominante pasan los días condenados al ostracismo.

Un sendero de 750 m ofrece buenas vistas de un pico volcánico de 367 m cubierto de palosantos. Al final del sendero se llega a un punto de buceo fantástico.

ISLAS DEL SUR

Floreana (Isla Santa María o Charles)

La sexta isla en tamaño del archipiélago es conocida por la trágica historia de sus primeros pobladores, por sus flamencos de color rosa y sus puntos de buceo.

Muchos operadores de circuitos de Santa Cruz ofrecen excursiones de un día a Floreana. Si el viajero está pensando en esa opción, debe saber que en un día de excursión casi nada del dinero gastado va a parar a las comunidades indígenas, y que el trayecto consiste en más de 4 h de agotador viaje en lancha. Es mucho mejor quedarse a pasar la noche. Puerto Velasco Ibarra tiene alojamiento atractivo, y además la zona es fascinante para quienes tengan ganas de explorarla.

◉ Puntos de interés y actividades

Bahía del Correo   LUGAR HISTÓRICO
En la costa norte de Floreana hay tres lugares de interés. La mayoría de los grupos pasan escasos minutos en la bahía del Correo, donde hay unos barriles hechos pedazos rodeados de trozos de madera cubiertos de pintadas. Se trata de un antiguo buzón de correos utilizado por los balleneros americanos y británicos del s. XVIII; hoy los turistas dejan allí sus postales con la esperanza de que lleguen a destino como un mensaje en una botella. (La realidad es mucho más prosaica: se les pide a los visitantes que se lleven unas cuantas y que las echen al correo una vez lleguen a sus países de origen.) Unos 300 m detrás de los barriles hay una **cueva de lava** a la que se puede acceder con la ayuda de una cuerda y linternas. El camino es resbaladizo y hay que atravesar unas aguas gélidas. Cerca de allí hay una agradable **playa** en la que se puede nadar y los restos de una fábrica de conservas. Se desembarca en la misma playa.

Asilo de la Paz   RESERVA NATURAL
Desde Puerto Velasco Ibarra una carretera discurre tierra adentro y cuesta arriba durante 5 km hasta este punto de interés oficial. Una chiva lleva dos veces diarias a las 6.00 (regresa a las 7.30) y a las 15.00 (regresa a las 16.30); la ida cuesta 1 US$. También se puede alquilar una camioneta (50 US$ ida y vuelta). En la reserva hay tortugas gigantes, la fuente natural que nutría a Floreana y las cuevas

que habitaron sus primeros pobladores. Quizá se vea también al endémico pinzón mediano de árbol, que solo existe en Floreana.

★ Corona del Diablo   BUCEO
Este escarpado semicírculo de rocas que sobresalen del mar a unos cientos de metros de Punta Cormorant es uno de los parajes marinos más impresionantes de las Galápagos. Una fuerte corriente barre a los buceadores a través de miles de peces tropicales de brillantes colores, una pequeña formación coralina, leones marinos, tortugas marinas y algún que otro tiburón. Un paseo en panga por el cono volcánico semisumergido permite ver rabijuncos etéreos, pelícanos, garzas y gaviotas de lava que anidan en las rocas.

Punta Cormorant   NATACIÓN, BUCEO
A Punta Cormorant también se llega en barco. Es una playa verdosa que debe su color a que contiene cristales de olivino. En ella juegan los lobos marinos, y es estupenda para nadar y bucear con tubo, aunque hay que tener cuidado con las rayas y las tortugas en época de cría. Un sendero de 400 m sube y atraviesa un istmo hasta llegar a otra playa de arena blanca donde, a veces, las tortugas ponen sus huevos.

Laguna   OBSERVACIÓN DE AVES
Entre las dos playas hay una laguna en la que suelen descansar numerosos flamencos. Es un buen lugar para observar otras zancudas, como cigüeñuelas de cuello negro, ostreros, playeros y zarapitos trinadores. Se debe parar en la barandilla situada en el borde de la laguna y llevar prismáticos y las lentes de zoom más potentes; de lo contrario, apenas se verá una mancha rosada en el horizonte. A veces también hay patos gargantilla y halcones de las Galápagos sobrevolando la laguna. Cuando el sol se está poniendo, la sensación de quietud es impresionante.

Puerto Velasco Ibarra

Este pequeño puerto, la única población de Floreana, está construido junto a una playa de arenas negras en una bahía resguardada. Para los viajeros es un tranquilo y perfecto colofón a un viaje isleño lleno de acción. Son las Galápagos de hace 40 años, con estrechas pistas de tierra, sin coches y donde se puede ver la fauna sin el gentío.

En el momento de escribir esta guía estaba a punto de lanzarse un nuevo proyecto turístico comunitario, una cooperativa dirigida

CRECER EN FLOREANA

Claudio Cruz, propietario del Floreana Lava Lodge, y nacido y criado en Floreana, ofrece una visión profunda de la vida en la isla.

¿Cómo acabó aquí su familia?

Mi padre fue uno de los primeros ecuatorianos que vinieron aquí. Llegó en 1939 desde Ibarra, en el norte de Ecuador. Había oído hablar de las Galápagos y trató de vivir en otras islas, pero, en cuanto puso un pie aquí, supo que este era su hogar. Le encantaba la paz de esta isla y nunca quiso vivir en otra parte. Pasó unos cuantos años solo en Floreana y luego volvió al continente, donde conoció a mi madre. En 1943 se establecieron aquí de forma permanente y criaron a 12 niños: seis chicos y seis chicas.

¿Qué tal fue crecer en la isla?

Nos sentíamos como sus dueños. Había tan poca gente alrededor que siempre tuvimos una gran sensación de libertad.

¿Cómo ha cambiado la vida en la isla?

En los buenos tiempos nos desplazábamos en burro. Mi padre se sentaba a lomos de un burro a leer un libro –siempre fue un hombre muy culto– y el burro siempre sabía adónde ir. Llevo ocho años trabajando en el sector turístico y las cosas han cambiado mucho desde entonces. Ahora estamos trabajando en un proyecto llamado "turismo comunitario".

¿En qué consiete?

Ofrece una fórmula mediante la cual toda la comunidad puede beneficiarse [del turismo]. Ofrece a los lugareños la posibilidad de organizar circuitos y por tanto crea puestos de trabajo. Aquí no solo ofrecemos circuitos de día, sino mucho más. Gestionamos circuitos de dos o tres días para ver los puntos de interés más destacados. En unos meses tendremos todos los permisos para poder empezar en el 2015.

¿Qué deseas a Floreana en el futuro?

Estamos trabajando duro para protegerla. Las otras islas habitadas de las Galápagos tienen demasiada gente, muchos coches, y no queremos nada parecido. Deseamos que Floreana prospere para nuestras familias, pero, por encima de todo, queremos conservarla como está.

por lugareños que ofrecería paquetes de dos a tres días, con alojamiento y circuitos guiados a puntos de interés. Entre lo planeado se cuenta un sendero que unirá la población con la Bahía del Correo (a 2,5 h a pie cada trayecto). También habrá un nuevo centro de inmersión y un *camping* comunitario, donde los visitantes podrán alojarse en confortables tiendas de safari de cara al mar (no harán falta sacos de dormir).

⊙ Puntos de interés

La Lobería está a 20 min a pie del pueblo. Es una minúscula y bonita península donde se verán lobos marinos descansando en la playa y se podrá bucear con tubo junto a tortugas (mejor con marea baja). Se puede alquilar el equipo en la Casa de Joselito, en el pueblo.

En el altiplano se puede visitar el Asilo de la Paz o el cerro Alieri, una colina que ofrece vistas fantásticas de la isla. A esta última se llega en 15 min en coche por la carretera principal o tras 90 min a pie.

🛏 Dónde dormir

Hostal Wittmer　　ALBERGUE $$
(☎05-253-5033; erikagarciawittmer@hotmail.com; i/d desde 30/60 US$) Los descendientes de los Wittmer dirigen este moderno albergue, que tiene además un pequeño museo con piezas sobre la curiosa historia de la isla. Casi todas las habitaciones que dan a la playa se hallan en un pequeño edificio blanco de dos plantas y tienen balcón privado.

Cabaña Lecocarpus　　PENSIÓN $$
(☎05-253-5054; i/d 20/40 US$; ☎) Ofrece varias habitaciones sencillas con baño en la carretera principal (subiendo del puerto).

Casa de Huespedes Hildita   PENSIÓN $$

(☎05-253-5079; i/d 20/40 US$) Tiene habitaciones limpias, agradables y modernas con baños con agua caliente, y un patio de guijarros de lava con una hamaca colgando entre los árboles. En la carretera principal.

Hostal Santa María   PENSIÓN $$

(☎05-253-5022; malourdes.soria@hotmail.com; i/d 35/70 US$ desayuno incl.; ☎) Pensión de cinco habitaciones con estancias modernas, impecables y amplias. Las mejores están en las plantas superiores y tienen balcón con vistas del paseo marítimo.

Floreana Lava Lodge   CABAÑAS $$$

(☎05-552-6564; malourdes.soria@hotmail.com; i/d 138/153 US$ desayuno incl.) Es un conjunto de cabañitas cuidadas sobre lava negra frente al paseo marítimo a unos minutos del pueblo. A menudo las ocupan grupos de circuitos de Tropic (www.destinationecuador.com), pues es un sereno refugio de la civilización. Lo regenta Claudio Cruz, que se conoce la isla como nadie.

✗ Dónde comer

Se cene donde se cene, se aconseja pasarse durante el día para reservar. Los restaurantes suelen abrir (y abastecerse) solo si tienen reservas.

Conchalagua   PIZZERÍA $$

(ppales. 8-12 US$; ☺ma-do) El mejor sitio sin discusión para comer en Floreana. Sirve pizzas deliciosas, sándwiches, hamburguesas y tentempiés. Lo regenta la encantadora Aura Cruz, que cuenta maravillosas anécdotas sobre su infancia en la isla.

Restaurante de la Baronesa   ECUATORIANA $$

(ppales. 5-12 US$) Un sitio agradable en la carretera principal con terraza en su patio y una pequeña selección de platos caseros.

❶ Cómo llegar y salir

Hay barcos diarios de Puerto Ayora, en Santa Cruz, a Puerto Velasco Ibarra. Salen desde Santa Cruz a las 8.00 (30 US$) y regresan de Floreana a las 15.00. Si se compra un billete de ida y vuelta, hay que fijarse en el nombre del barco que se tome.

Isla Española (Hood)

Es una de las islas más espectaculares de las Galápagos, además de la más meridional. Ocupa 61 km² y está 90 km al sureste de Santa Cruz, por lo que los capitanes de algunos barcos pequeños pueden mostrarse reticentes a llegar tan lejos.

La mejor época para visitarla es de finales de marzo a diciembre, ya que cuenta con la única colonia de una de las aves marinas más espectaculares de las islas, el albatros de las Galápagos. La población de opuntias y tortugas gigantes, casi extinguidas en la década de 1960 a causa de la caza y la introducción de cabras, se ha recuperado gracias a un agresivo programa de reintroducción; las tortugas necesitan los cactus para comer, beber y protegerse.

Tras desembarcar en Punta Suárez, en el extremo occidental de la isla, un sendero rocoso de 2 km atraviesa colonias de alcatraces enmascarados y patiazules, y conduce a una playa repleta de iguanas marinas y a una colonia única de albatros de las Galápagos (de finales de marzo a principios de diciembre, cuando casi toda la población mundial de albatros llega para la cría). Incluso con pocos meses de vida, estas enormes aves son espectaculares, con su largo y curvado pico amarillo, su suave plumón y su mirada despierta. Igual de impresionantes son las vistas desde los acantilados del sur. Los sopladeros de la orilla rocosa lanzan agua al aire mientras los rabijuncos etéreos realizan sus acrobacias y sus torpes despegues y aterrizajes.

Otras aves que viven en la zona son el sinsonte de Española (que no se encuentra en ningún otro lugar del mundo), las gaviotas de las Galápagos y los ostreros. Hay tres especies de pinzones: el grande de cactus, el terrestre pequeño y el cantor, todos de la familia de pinzones de Darwin, que a veces persiguen a los viajeros esperando conseguir algo de agua dulce. El pinzón grande de cactus se encuentra en muy pocas islas aparte de esta.

Al noreste de la isla, a la que se llega desembarcando en la playa, se halla la bahía Gardner, con una bonita playa de arenas blancas, habitada por una colonia de leones marinos, donde se puede nadar. Es como caminar por un campo de minas (con la diferencia de que algunas se mueven de vez en cuando); conviene evitar a los grandes machos, no vaya a ser que interpreten la curiosidad como un reto a su dominio. En las rocas del extremo oriental de la playa hay zayapas e iguanas marinas. En la isla que hay a poca distancia de la costa se puede bucear y hacer submarinismo, aunque las condiciones pueden ser duras. A veces hay tiburones de punta blanca de arrecife y, a menudo, tiburones martillo, tortugas marinas, rayas, estrellas de mar y peces murciélago de labios rojos.

ISLAS DEL NORTE

Isla Genovesa (Tower)

Los amantes de los alcatraces de aspecto bobalicón y entrañable no querrán perderse esta isla. Hay que ir con mucho cuidado con dónde se pone el pie, ya que a veces es difícil ver un bebé alcatraz o una iguana camuflada mientras se escudriña el horizonte para ver cachalotes o el escurridizo búho de las Galápagos.

Es la isla que está más al noreste del archipiélago, ocupa solo 14 m² y es la única situada totalmente al norte del ecuador que recibe visitas (la parte más septentrional de Isabela está justo sobre la línea). Ello a menudo da pie a la tripulación a advertir con humor a los pasajeros que "se agarren bien mientras pasamos por el bache". Al ser una isla exterior, Genovesa no suele incluirse en itinerarios más cortos.

Es el mejor lugar para ver a una colonia de piqueros patirrojos y brinda la oportunidad de visitar colonias de grandes fragatas, rabijuncos etéreos, gaviotas de las Galápagos, alcatraces de Nazca y miles de paíños de las Galápagos. También hay tórtolas y búhos de las Galápagos. En el agua hay leones marinos y lobos finos, y existe la posibilidad de bucear con tiburones martillo. La isla es llana y redonda, con una gran cala interior llamada bahía de Darwin en el lado sur.

En la bahía de Darwin hay dos sitios de visita oficiales. La **Escalera del Príncipe Felipe** (también llamada El Barranco) está en el brazo oriental de la bahía y se puede llegar mediante un desembarco seco. Se trata de un empinado camino de rocas que conduce hasta lo alto de unos acantilados de 25 m de altura. A veces se encuentran nidos de alcatraces patirrojos y enmascarados en medio del camino.

En lo alto de los acantilados, un sendero de 1 km se adentra en la isla atravesando vegetación de bosque seco y varias colonias de aves marinas hasta llegar a una extensión de lava llena de grietas donde miles de golondrinas de mar anidan y revolotean. A veces pueden verse búhos de las Galápagos.

El segundo sitio de visita es la **playa de la bahía de Darwin**, una playa de coral en la que se desembarca directamente. La recorre un sendero de 750 m que pasa por colonias de alcatraces patirrojos y por varias pozas de marea, y acaba en un mirador sobre los acantilados. Pasear en panga por la zona, a la que muchas veces siguen los juguetones leones marinos, permite ver mejor los nidos de las aves.

Islas Marchena (Bindloe) y Pinta (Abington)

La isla Marchena, con 130 km², es la séptima en tamaño y la mayor sin sitios de visita oficiales. Aun así, cuenta con buenos puntos de inmersión. El volcán de 343 m de altura situado en mitad de la isla tuvo mucha actividad en 1991; el guía podrá informar sobre su grado de actividad actual.

La isla Pinta es el lugar de origen del *Solitario George,* la última tortuga de su especie, cuya población fue diezmada por balleneros y piratas. Hace solo dos siglos, el número de estas tortugas se encontraba entre 5000 y 10 000 ejemplares. En el 2010, 39 tortugas de una especie híbrida (esterilizadas, ya que la repoblación no es el objetivo del programa) criadas en cautividad fueron liberadas en la isla Pinta.

Marchena está más al norte que el resto de islas mayores. Aunque hay puntos de desembarco, no cuenta con sitios de visita y los investigadores necesitan un permiso para ir.

Islas Wolf (Wenman) y Darwin (Culpepper)

Las islas más septentrionales son las gemelas Wolf y Darwin, situadas unos 100 km al noroeste del resto del archipiélago. Prácticamente no las visita nadie, a menos que se vaya en un circuito de submarinismo. Ambas tienen acantilados casi verticales, lo que dificulta sobremanera el desembarco. Miles de fragatas, alcatraces, rabijuncos y gaviotas anidan en las islas. Darwin fue visitada por primera vez en 1964, cuando una expedición en helicóptero aterrizó en su cima.

ENTENDER LAS ISLAS GALÁPAGOS

Historia

El archipiélago de las Galápagos fue descubierto por accidente en 1535, cuando

CHARLES DARWIN: EL HOMBRE TRAS EL MITO

En la mentalidad colectiva, la vida y obra de Charles Darwin está tan sumamente relacionada con las islas Galápagos que la mayoría de la gente cree que pasó mucho tiempo en ellas. También se suele creer que la inspiración de las ideas que desgrana en *El origen de las especies* le llegó en una especie de visión mientras paseaba por las islas. Nada de eso es cierto.

Darwin pasó solo cinco semanas en las Galápagos, al principio interesado más en la geología que en la biología; de hecho, sus postreras observaciones sobre las palomas o los métodos de cría de perros en Inglaterra tuvieron mucha más repercusión que los pinzones, aunque estos se han convertido en el mejor ejemplo de la versión abreviada de la teoría de la evolución.

Darwin vivió en Londres cinco años después de volver de las Galápagos y luego se retiró a una casa en el campo. A partir de entonces prácticamente dejó de viajar y quedó confinado a una vida sedentaria, en parte a causa de sus crónicos problemas de salud.

Desde una edad muy temprana encontró la inspiración más en las figuras religiosas librepensadoras que en los científicos seculares y en ningún momento se le ocurrió refutar el papel de una figura divina. Después de 22 años intentando demostrar su teoría, renunció al cristianismo en su madurez y se autoproclamó agnóstico.

De joven, Darwin fue a Cambridge para convertirse en clérigo, pero descubrió su verdadera vocación durante las clases de botánica que le daba su mentor, J. S. Henslow. Se aficionó a coleccionar escarabajos y formó un club dedicado a probar animales desconocidos en las cocinas europeas. Gracias a la intervención de su tío, Josiah Wedgwood, su padre le permitió embarcarse a los 22 años. Darwin durmió en una hamaca del *Beagle*, montó sobre las tortugas de las Galápagos y se alimentó de su carne, algo que hoy va totalmente en contra del más elemental sentido común.

De 1831 a 1836, la misión del *Beagle* fue reconocer la costa sudamericana e identificar posibles fondeaderos para los buques de la Marina británica. Así, pasó por Brasil, las Malvinas, Argentina y Chile antes de llegar a las Galápagos. Darwin volvió con más de 1500 especímenes, aunque en muchos de los que recogió en el archipiélago no etiquetó el lugar de procedencia.

Cuando el barco llegó a Bahía, en Brasil, en 1836, Darwin ya quería volver. Escribió en su diario: "Detesto, aborrezco el mar y todos los barcos que por él navegan". En 1859, *El origen de las especies* se agotó el mismo día que se puso a la venta. Solo un 1% del libro está dedicado a las islas Galápagos.

Tomás de Berlanga, el primer obispo de Panamá, se desvió de su rumbo al navegar de Panamá a Perú. El obispo informó de su descubrimiento al rey Carlos V e incluyó en su informe una descripción de las gigantescas tortugas de las que las islas reciben el nombre y una divertida anotación sobre las aves que cualquier visitante actual entenderá: "Son tan bobas que no saben volar y muchas se dejan atrapar con las manos".

Es posible que los indígenas de Sudamérica conocieran la existencia de las islas antes de 1535, pero no existen datos que lo confirmen y el archipiélago no aparece en ningún mapa hasta 1570, cuando se identifica como "Isla de las Tortugas". En 1953, el explorador noruego Thor Heyerdahl descubrió fragmentos de cerámica que creyó precolombinos, pero las pruebas no son concluyentes. Las primeras cartas navales del archipiélago fueron dibujadas por bucaneros a finales del s. XVII y las exploraciones científicas empezaron en el s. XVIII.

Durante más de tres siglos después de su descubrimiento, las Galápagos fueron utilizadas como base de operaciones por bucaneros, balleneros y cazadores de focas. Las islas ofrecían fondeaderos protegidos, leña, agua y comida, gracias a las tortugas gigantes, que se cazaban a miles y se conservaban, vivas, en las bodegas de los barcos. De 1811 a 1844 se estima que se capturaron más de 100 000 tortugas. Los animales podían sobrevivir durante más de un año, lo que permitía a los marineros tener carne fresca mucho después de abandonar las islas. La población de lobos marinos también fue diezmada a causa de sus valiosas pieles.

El primer residente de las islas fue Patrick Watkins, un irlandés que fue abandonado en Santa María en 1807, donde vivió durante dos años, cultivando verduras que intercambiaba por ron a los barcos que pasaban. Cuenta la leyenda que consiguió mantenerse borracho durante toda su estancia, un día robó un bote de un barco y se dirigió a Guayaquil con cinco esclavos. Nadie supo qué les sucedió a los esclavos, ya que el único en llegar a tierra firme fue Watkins.

Ecuador reclamó oficialmente el archipiélago en 1832 y el general Villamil fue proclamado su primer gobernador, aunque básicamente estaba al cargo de una colonia de exsoldados rebeldes. Durante los siguientes cien años los únicos habitantes de la isla fueron un puñado de pioneros, al margen de las colonias penales, la última de las cuales, en isla Isabela, cerró en 1959.

El visitante más famoso de las Galápagos fue Charles Darwin, que llegó en 1835 en un navío de la Marina británica, el *Beagle*. Darwin permaneció en las islas cinco semanas, de las que dedicó 19 días a cuatro de las islas mayores, tomando notas y recogiendo especímenes que le proporcionaron importantes pruebas sobre su teoría de la evolución, que tardó décadas en formular y publicar. Pasó la mayor parte del tiempo en San Salvador, observando a las tortugas, además de montar sobre ellas y comérselas. Darwin le dedicó la misma atención a la geología y botánica de las islas que a sus animales.

Algunas islas fueron declaradas reserva natural en 1934 y el 97% del archipiélago se convirtió oficialmente en parque nacional en 1959. El turismo organizado se inició a finales de la década de 1960 y, en 1986, el Gobierno creó la Reserva de Recursos Marinos.

Geología

Las islas más antiguas de las visibles hoy día se formaron hace cuatro o cinco millones de años debido a erupciones volcánicas submarinas que las hicieron emerger del océano (las islas no han estado nunca conectadas con el continente). La zona es una región volcánica muy activa; desde su descubrimiento en 1536 se han registrado más de 50 erupciones. La más reciente fue la del volcán La Cumbre, en Fernandina (la isla más activa), en febrero del 2009. Por tanto, la formación de las islas es un proceso en desarrollo. Desde el punto de vista geológico, el archipiélago es muy joven.

Los geólogos coinciden, en líneas generales, en que existen dos teorías relativamente nuevas que explican la formación de las islas. La teoría de tectónica de placas afirma que la corteza terrestre está formada por varias placas rígidas que, a través del tiempo geológico, se mueven en relación con las demás sobre la superficie de la Tierra. Las Galápagos se hallan en el extremo septentrional de la placa de Nazca, cerca de su unión con la placa de Cocos. Estas dos placas se separan a un ritmo de 1 km cada 14 000 años, un ritmo muy rápido según la tectónica de placas.

La teoría del punto caliente afirma que en lo más profundo de la Tierra (por debajo de las placas tectónicas en movimiento) hay áreas supercalientes que permanecen inmóviles. A intervalos frecuentes (medidos en tiempo geológico), el calor de estos puntos calientes aumenta lo suficiente como para derretir la corteza terrestre y producir una erupción volcánica de magnitud suficiente como para que la lava líquida emerja por encima del fondo oceánico y, finalmente, por encima de la superficie del océano.

Las Galápagos se desplazan lentamente hacia el sureste por encima de un punto caliente fijo, por lo que parece lógico que las islas del sureste se formaran primero y las del noroeste sean de formación más reciente. Las rocas más antiguas descubiertas en las islas tienen 3,25 millones de años y provienen de la isla Española, en el sureste. En comparación, las rocas más antiguas de las islas Fernandina e Isabela tienen menos de 750 000 años. Las islas del noroeste aún están en proceso de formación y contienen volcanes activos, especialmente Isabela y Fernandina. Para complicarlo aún más, al desplazamiento gradual hacia el sureste de la placa de Nazca hay que añadirle el desplazamiento hacia el norte de la placa de Cocos, por lo que, de noroeste a sureste, la antigüedad de las islas no es uniforme.

La mayor parte de las islas Galápagos está rodeada de océano profundo. A menos de 20 km de la costa de las islas occidentales, el océano tiene más de 3000 m de profundidad. Cuando los visitantes rodean las islas en barco, solamente pueden ver el tercio superior de los volcanes; el resto está bajo el agua. De hecho, algunos de los volcanes más antiguos de la zona están completamente sumergidos. La dorsal de Carnegie, una cordillera submarina que se extiende hasta el este de las Galápagos, incluye los restos de islas volcánicas anteriores, algunas de las cuales tienen hasta nueve millones de años de antigüedad. Hoy se han erosionado completamente y permanecen a 2000 m de la superficie oceánica y se extienden a medio camino entre las Galápagos y el continente.

Casi todas las formaciones de roca volcánica de las islas Galápagos son basálticas. El basalto líquido es más fluido que otros tipos de roca volcánica, por lo que cuando se produce una erupción, suele salir disparado en forma de coladas de lava en lugar de formar explosiones. Por consiguiente, las islas Galápagos tienen volcanes en escudo de formas redondeadas en lugar de los típicos conos que suelen asociarse con las formaciones volcánicas.

Ecología y medio ambiente

Todas las especies animales y vegetales de las Galápagos llegaron de otra parte, después de viajar cientos de miles de kilómetros por corrientes fortuitas de viento, aire o mar, sobre todo de Sudamérica y el Caribe. Algunas plantas y animales llegaron de manera menos

LA EVOLUCIÓN EN ACCIÓN

Cuando se formaron, las Galápagos eran islas volcánicas estériles, sin vida alguna. Como nunca estuvieron conectadas con el continente, es más que posible que todas las especies que hoy habitan las islas recorrieran de alguna manera cerca de 1000 km de océano abierto. Las que podían volar o nadar largas distancias tenían más posibilidades de llegar, aunque también eran posibles otros métodos de colonización.

Los pequeños mamíferos, las aves terrestres y los reptiles, al igual que las plantas y los insectos, pudieron llegar encima de vegetación flotante. Los animales que sobrevivieron al trayecto pudieron traer con ellos semillas de plantas o huevos y larvas de insectos en sus estómagos o pegadas a las plumas o las patas de las aves.

Cuando llegaron las primeras especies migratorias hace millones de años, se encontraron con que tenían que competir con otras especies. Algunos animales fueron capaces de sobrevivir, reproducirse y tener crías. Los jóvenes eran de la misma especie que sus padres, pero presentaban sutiles diferencias.

El ejemplo clásico de este fenómeno es un ave que tiene un pollito con un pico ligeramente distinto al de sus padres o hermanos. En el entorno distinto de las islas, esta sutil diferencia permite una mayor capacidad para sacar provecho del entorno. Estas aves estarán mejor adaptadas y tendrán más probabilidades de sobrevivir y criar una nidada.

Estos supervivientes mejor adaptados pasan los rasgos genéticos favorables (en este caso, un pico mejor adaptado) a sus crías y, de esta manera, a lo largo de las generaciones, ciertos rasgos favorables se continuarán mientras que los menos favorables desaparecerán. Con el tiempo, la diferencia entre los colonizadores originales y sus descendientes lejanos es tan grande que los descendientes se pueden considerar una especie distinta. Esta es la esencia de la teoría de la evolución por selección natural de Darwin.

Con la gran variedad de islas y hábitats, los distintos tipos de picos podrían otorgar ventajas de adaptación a las aves en distintos nichos ecológicos. Una especie ancestral podría generar varias especies modernas, lo que se conoce como radiación adaptativa. Esto explica la presencia en las Galápagos de 13 especies endémicas similares de pinzones, llamados pinzones de Darwin.

Durante muchos años, los biólogos evolutivos no daban crédito a la cantidad de especies únicas evolucionadas en las Galápagos durante el relativamente corto período de tiempo de cuatro millones de años (la edad de las islas más antiguas). Los geólogos y oceanógrafos despejaron esa incógnita cuando, en lo profundo del océano, hacia el este de las islas, encontraron antiguos restos de otras islas, de nueve millones de años. En teoría los ancestros de la fauna actual vivieron en su día en estas islas perdidas y por lo tanto tuvieron como mínimo nueve millones de años para evolucionar, período de tiempo que los expertos consideran factible.

natural, traídos en barco o avión por los colonizadores y otros visitantes de las islas. No hay grandes mamíferos terrestres, aunque la fauna isleña es fascinante.

La preocupación por el medio ambiente de las islas no es nueva. A principios de 1900 varias organizaciones científicas ya empezaban a alarmarse. En 1934, el Gobierno ecuatoriano decidió convertir varias islas en reservas naturales, pero hasta el año 1959, 100 años después de la publicación de *El origen de las especies,* no se declararon parque nacional (la Unesco las declaró Patrimonio Mundial en 1978). La construcción de la Estación Científica Charles Darwin, en la isla Santa Cruz, se inició poco después y, en 1964, empezó a funcionar como organización no gubernamental (ONG) internacional dedicada a la conservación. La dirección del Parque Nacional de Galápagos (DNPG) empezó a trabajar en 1968 y es la institución responsable del parque del Gobierno ecuatoriano. Ambas entidades colaboran para gestionar las islas. En 1986, el Gobierno aseguró una mayor protección de las islas creando la Reserva de Recursos Marinos de Galápagos, de 133 000 km². Una ley aprobada en 1996 permite al parque y la reserva proteger y conservar las islas y el océano que las rodea, promueve la investigación educativa y científica y, a la vez, permite el desarrollo sostenible como provincia ecuatoriana.

Especies invasoras

La introducción de animales domésticos en todas las islas principales excepto Fernandina es uno de los principales peligros a los que se enfrenta el archipiélago. Las cabras y cerdos salvajes y las ratas diezmaron e incluso causaron la extinción de especies nativas en pocos años; las cabras son las responsables de la extinción de cinco o seis especies. Se tardó más de 127 años en eliminar la población de cerdos salvajes de la isla de Santiago.

Ganado, gatos, perros, burros, ranas y ratas son otras amenazas a la supervivencia de la flora y fauna endémicas; se han introducido cientos de especies de insectos, incluida una especie de avispa que podría ser la causa de la disminución del número de larvas de gusanos, un alimento esencial para los pinzones. Casi 800 especies de plantas han sido introducidas en las islas; una de las peores es la zarzamora,

responsable de reducir la biodiversidad en un 50%.

Sobrepesca

Es un gran problema en todos los mares del mundo y fuente de continuas tensiones en las islas. Se han llevado a cabo protestas periódicas y se han producido incidentes bastante graves, organizados por pescadores descontentos con las restricciones en algunas pesquerías (sobre todo por la de la pesca del pepino de mar o la langosta, dos de las capturas más lucrativas). Se han establecido zonas costeras de exclusión y, desde 1998, está prohibida la pesca comercial a gran escala, aunque tanto los pesqueros ecuatorianos como los extranjeros se saltan las leyes con regularidad. Aún más dañinos son los palangreros (cientos o miles de anzuelos cebados colgados de un solo palangre que puede tener kilómetros de largo).

A pesar de que la pesca de pepinos de mar se ilegalizó en 1994, cada año se siguen exportando ilegalmente a millares, principalmente por sus supuestas propiedades afrodisíacas. Otras actividades ilegales son la captura de tiburones para la sopa de aleta de tiburón, la captura de leones marinos para usarlos como cebo o la sobrepesca de langosta para el consumo turístico.

Otros problemas

Algunos isleños ven el parque nacional como un impedimento para poder vivir de la agricultura. Afirman que si en las islas hubiera más cultivos no sería necesario importar tanta comida, por lo que el coste de vida en las islas bajaría y el coste medioambiental sería menor. Por esta razón se está intentando promover la producción ecológica de gran calidad en las islas. Por supuesto, la agricultura va acompañada de pérdida de hábitats y alteración de paisajes. Otra complicación es la escasez de recursos hídricos; los manantiales se han secado casi por completo, las aguas freáticas de la costa pueden estar contaminadas y la poca cantidad de agua de las montañas es muy difícil de canalizar de manera eficiente.

En el 2001 un buque cisterna ecuatoriano encalló en San Cristóbal, cerca de Puerto Baquerizo Moreno. Tras el incidente, el Gobierno y la organización WWF (Fondo Mundial para la Naturaleza) colaboraron para modernizar y reconstruir el depósito principal de combustible en Baltra a fin de que cumpliera con los requisitos medioambientales más exigentes. Más recientemente, en asociación con la ONU y algunas de las mayores empresas de servicios del mundo, el Gobierno ecuatoriano se ha comprometido a liberar las islas de combustibles fósiles antes del 2020, utilizando energía solar y eólica; en San Cristóbal ya existe un gran proyecto de turbinas eólicas.

Algunas especies, sobre todo los pingüinos de las Galápagos, las tortugas marinas y las iguanas marinas (el único lagarto de mar del mundo), son muy vulnerables al aumento de la temperatura del agua y a la subida del nivel del mar, problemas asociados al calentamiento global. Los duros y largos años de El Niño alteraron varios sistemas de las Galápagos. Las lluvias devastadoras arrasaron Sudamérica; 1998 fue el peor año en medio siglo.

Proyectos de conservación

Más del 50% de las especies de flora y fauna siguen amenazadas o en peligro de extinción (ninguna especie de aves de las Galápagos se ha declarado aún extinta), entre ellas el sinsonte de Floreana y el petrel de las Galápagos. A pesar de estas alarmantes cifras, más del 95% de las especies que habitaban las islas antes del contacto con los humanos aún existen y las únicas especies salvajes extinguidas son la tortuga gigante de Pinta y las iguanas terrestres de San Salvador. Las principales estrategias de los conservacionistas que trabajan en las islas son el sacrificio a gran escala de especies no autóctonas e invasoras a través de programas de caza, cría y repatriación, la protección de nidos, el vallado de protección y la reforestación.

La **Fundación Galápagos** (www.fundaciongalapagos.org), de Metropolitan Touring, se ha asociado con diversas corporaciones y compañías de viajes para construir una planta de reciclaje en Puerto Ayora y actualmente todas las casas de las islas deben tener contenedores individualizados para el reciclaje. La fundación también organiza programas de voluntariado para la limpieza de la costa y paga a los pescadores locales por recoger basura del mar.

Existen diversas soluciones a los problemas a los que se enfrentan las Galápagos, que incluyen la mejora del turismo sosteni-

ble en lugar de extraer las limitadas fuentes de aguas subterráneas y submarinas, ya que tal extracción podría alterar el entorno de manera irreparable. Una solución extremista es la de prohibir la colonización y el turismo, una opción que no gusta a casi nadie. Casi todos los pobladores de las islas (cerca de 30 000 residentes permanentes) actúan de manera responsable y denuncian los comportamientos perjudiciales. También ofrecen mano de obra para un sector turístico en auge.

Dicho esto, el Gobierno expulsa periódicamente de las islas a ecuatorianos que no tienen permisos de trabajo o residencia. Los ecuatorianos pueden establecerse permanentemente en las Galápagos únicamente en tres circunstancias: si han vivido en las islas cinco años antes de 1998 o bien, a partir de ese año, si han nacido en las islas o se han casado con un residente permanente. Muchos lo consideran discriminatorio y se preguntan por qué no se puede reducir el número de turistas ricos. Sin embargo, el sector turístico es muy importante para la economía de Ecuador, con unos ingresos anuales de cerca de 200 millones de dólares, un 25% de lo cual acaba en las arcas locales. Casi todos los inversores creen que la mejor solución sería una combinación de educación medioambiental para residentes y visitantes, y un programa de turismo responsable y sostenible, que necesariamente requeriría reducir o limitar la entrada de turistas.

NORMAS DEL PARQUE

A principios del 2012 se revisó la normativa relativa a los itinerarios de los cruceros para intentar reducir el número de paradas en los sitios más visitados y para aliviar la carga del aeropuerto de Baltra.

Por ley, los barcos que realizan circuitos deben llevar guías naturalistas certificados y formados por el parque nacional. Aun así, la realidad es que en los barcos más económicos los guías no tienen ningún tipo de certificación. El número de guías naturalistas de grado III (el más cualificado, normalmente biólogos políglotos de formación universitaria interesados en conservar y enseñar la naturaleza) es limitado.

Los visitantes solo pueden acceder a los sitios de visita oficiales (70 terrestres y 79 marinos). Existen normas estrictas para proteger la fauna, la flora y el entorno. La mayor parte son de mero sentido común, como no alimentar o tocar a los animales, no tirar basura, no llevarse objetos naturales (vivos o inertes), no llevar animales domésticos y no comprar objetos fabricados con plantas o animales. No está permitido el acceso a los sitios oficiales al anochecer o sin un guía cualificado, y todos los barcos deben contar con un guía. En todas las excursiones el guía debe asegurarse de que los visitantes cumplen las normas del parque.

Turismo

Hasta mediados de la década de 1960 eran pocos los turistas que visitaban las islas. Magnates y príncipes en sus yates privados y algún que otro intrépido aventurero a bordo de un carguero. Cuando la estación científica abrió y se iniciaron los vuelos regulares, el turismo organizado se inauguró con un flujo de poco más de 1000 visitantes al año, aunque este número aumentó rápidamente. En 1971 ya había seis pequeños barcos y un gran crucero trabajando en las islas. En menos de dos décadas, el número de visitantes se multiplicó por diez; a principios de la década de 1990 el número de visitas anuales llegó a 60 000. Las cifras actuales indican que unos 204 000 turistas visitaron las islas en el 2013, entre extranjeros (132 000) y ecuatorianos (72 000). En la actualidad funcionan unos 85 barcos (con alojamiento), con capacidad para entre 4 y 96 pasajeros, aunque la mayoría es de menos de 20.

A pesar de que es esencial para la economía de Ecuador, el turismo ha provocado problemas medioambientales. El Gobierno nacional y las organizaciones ecologistas son conscientes de estos problemas y no dejan de trabajar para invertir o, al menos, frenar el desarrollo urbanístico (deteniendo la construcción de edificios altos y reduciendo la demanda de cruceros) para proteger la flora y la fauna de las islas.

Guía práctica

TARIFAS E IMPUESTOS

El precio de la entrada a la reserva nacional de las Galápagos es de 100 US$. Se paga en metálico en los aeropuertos al momento de llegar o por adelantado en los circuitos organizados; no se permite abandonar el aeropuerto hasta haber abonado la entrada. Además debe pagarse

LECTURAS RECOMENDADAS

➡ *Floreana, lista de Correos,* de Margret Wittmer

➡ *Galápagos,* de Kurt Vonnegut

➡ *De viaje con Darwin,* de Luca Novelli

➡ *Galápagos. Islas de fuego,* de Tui de Roy

➡ *Las encantadas,* de Herman Melville

➡ *The Galapagos Affair,* de John Treherne

➡ *El origen de las especies,* de Charles Darwin

➡ *El viaje del Beagle,* de Charles Darwin

una tarifa de control de tránsito de 10 US$ en la taquilla del Instituto Nacional Galápagos, junto a su mostrador en el aeropuerto de Quito o el de Guayaquil. Dicha tarifa ya se incluye en el precio de muchos circuitos en barco que se contratan por adelantado.

CÓMO LLEGAR Y SALIR

Avión

Los vuelos desde el continente llegan a dos aeropuertos: el de la isla Baltra, al norte de Santa Cruz, y el de la isla San Cristóbal. El número de vuelos a ambos aeropuertos es similar.

Las tres líneas aéreas que vuelan a las Galápagos son Tame, Avianca y LAN. Todas ofrecen dos vuelos diarios matutinos desde Quito vía Guayaquil al aeropuerto de Baltra (2 h), que se encuentra a solo 1 h de Puerto Ayora en transporte público. También ofrecen uno o dos vuelos diarios matutinos al aeropuerto de San Cristóbal (1½ h). Los vuelos de vuelta salen a primera hora de la tarde.

Los viajes de ida y vuelta desde Guayaquil arrancan en 360 US$, y los que salen de Quito, en los 440 US$. Estos últimos incluyen una escala en Guayaquil, aunque no hay ni que bajarse del avión. También es posible volar desde Quito y volver a Guayaquil y viceversa; a veces es más cómodo llegar al aeropuerto de Baltra y salir desde San Cristóbal (o viceversa). Si se tiene reservado un crucero, probablemente la agencia se encargará de todo. En todos los vuelos el equipaje está limitado a 20 kg por persona.

CÓMO DESPLAZARSE

Casi todo el mundo viaja a las islas mediante circuitos organizados en barco, pero es muy fácil visitarlas por cuenta propia. Santa Cruz, San

Cristóbal, Isabela y Floreana tienen alojamiento y un servicio diario de barco entre las islas (ida 30 US$). También hay vuelos interisleños más caros entre Cruz, San Cristóbal e Isabela.

Avión

Emetebe (✆05-252-9155; www.emetebe.com.ec) y **Air Zab** (✆05-301-6740; www.airzab.net) ofrece vuelos diarios en barcos de cinco pasajeros entre Baltra (Santa Cruz) e isla Isabela (35 min), entre Baltra y San Cristóbal (35 min), y entre San Cristóbal e isla Isabela (45 min).

De promedio, los precios rondan los 150 US$ el trayecto; se paga algo más si se supera el límite de 11 kg de equipaje por persona.

Barco

Las lanchas privadas ofrecen servicios de ferri diarios entre Santa Cruz y San Cristóbal; Santa Cruz e Isabela, y Santa Cruz y Floreana.
Las tarifas son de 30 US$ por cualquier pasaje y se compran el día antes o el día de partida.
En cualquier ciudad venden los billetes las agencias cerca del puerto.

Comprender Ecuador

Ecuador hoy

En su día Ecuador se dio por un caso financiero perdido, pero se ha reinventado y hoy es protagonista de una de las mayores historias de éxito de Latinoamérica. Nutrido por su economía en expansión, ha invertido mucho en nuevos hospitales, carreteras, escuelas y programas sociales. Casi todo el mérito es de Rafael Correa, su carismático y popular presidente, aunque el alto precio del crudo y la abundancia en minerales y petróleo de Ecuador también han desempeñado un papel crucial en esa nueva prosperidad.

Los mejores libros

The Farm on the River of Emeralds (en inglés) Fascinantes memorias de Moritz Thomsen sobre la vida en la costa ecuatoriana.

Floreana, lista de Correos Compendio de rarezas y episodios pintorescos en las Galápagos de la mano de Margret Wittmer.

Huasipungo Retrato de Jorge Icaza sobre las penurias de la vida indígena andina.

Savages (en inglés) Relato hilarante e ilustrador sobre la lucha de los huaoranis contra la industria del petróleo, escrito por Joe Kane.

Un viejo que leía novelas de amor Emotiva historia de amor y pérdida situada en la Amazonia ecuatoriana, obra del escritor chileno Luis Sepúlveda.

Las mejores películas

Qué tan lejos *Road movie* sobre dos chicas en un viaje de iniciación por el altiplano andino.

Entre Marx y una mujer desnuda Retrato de un grupo de jóvenes intelectuales de Quito.

Ratas, ratones, rateros Película galardonada sobre dos ladrones de poca monta huidos de la justicia en Quito y Guayaquil.

El auge

El presidente Correa define como "revolución ciudadana" los grandes cambios que han transformado Ecuador y, pese a la hipérbole, es difícil negar los enormes beneficios que han disfrutado muchos ciudadanos durante la administración de Correa. Desde que juró su cargo en el 2007, la tasa de pobreza se ha reducido de forma abismal (del 45% en el 2006 al 25% en el 2014), al igual que la de desempleo (por debajo del 5%). Por otro lado, los sueldos han aumentado y la inflación se ha frenado. El crecimiento anual del PIB se ha mantenido en un estable 4%. La administración de Correa ha doblado prácticamente la inversión en gasto público (del 21% en el 2006 a más del 40% en el 2014), y ha destinado el dinero a sanidad y educación. El resultado: la tasa de mortalidad infantil ha bajado, y la construcción de nuevas escuelas y universidades ha facilitado un acceso sin precedentes a estudiantes.

Han brotado por doquier proyectos de infraestructura, entre ellos nuevas presas hidroeléctricas, autopistas, puentes y el nuevo aeropuerto de Quito. Otros están en pleno desarrollo, como la red de metro de 23 km en la capital –que se prevé estará lista en el 2017 y costará unos 1600 millones de dólares– y un nuevo aeropuerto para Guayaquil. Uno de los proyectos más ambiciosos del país es la creación de Yachay, una vasta universidad y campus de investigación en la provincia norteña de Imbabura. Se anuncia como la "ciudad del conocimiento" (*yachay* es "conocimiento" en quechua) y tiene más o menos el tamaño de Atlantic City. Se propone ser un eje monumental de ciencia, tecnología e innovación. Puede que hasta sea el nuevo Silicon Valley si las cosas salen como deben.

Dado todo lo anterior, no es de extrañar la popularidad de que goza Correa. Según las encuestas, su apoyo fluctúa entre el 60 y el 80%, es uno de los líderes más populares de Latinoamérica y probablemente el presidente más popular de toda la historia del país.

El oro negro

¿Qué provoca tal crecimiento en gasto público? La sed global de petróleo y los altos precios de crudo en el mercado mundial. Ecuador está muy bien dotada en cuanto a petróleo. Tiene las terceras reservas más grandes de Sudamérica tras Venezuela y Brasil, que dan cuenta de más del 30% de ingresos del Gobierno y la mitad de todas las ganancias fruto de la exportación.

Hasta que llegó Correa, gran parte de la riqueza derivada de dichas reservas se quedaba fuera del país. Pero en el año 2010 una nueva ley cambió los términos de los contratos con corporaciones multinacionales, y los beneficios del Gobierno en ingresos de crudo aumentaron del 13 al 87%. Ello dio unas rentas estatales anuales muy por encima de los 800 millones de dólares.

Sin duda el petróleo ha llenado las arcas del país, pero es una seria amenaza para su ecología. El Parque Nacional Yasuní, una zona virgen del Amazonas, tiene una de las mayores reservas nacionales; se calcula que contiene 846 millones de barriles (en cifras, unos 7000 millones de dólares). También tiene parte de la mayor biodiversidad del planeta y es hogar de grupos indígenas aislados. Varios grupos medioambientales han tratado de celebrar un referéndum sobre la explotación petrolera en el parque, pero el Gobierno frenó sus tentativas. A finales del 2014, el ministro de Medio Ambiente anunció que los permisos de perforación estaban firmados y que la producción podía iniciarse en el 2016. Tan solo la construcción de las carreteras de acceso y las cañerías podría ser devastadora para Yasuní, por no mencionar la posibilidad de vertidos.

Luchas internas

Dada tal controversia, Correa se ha ido haciendo unos cuantos enemigos a lo largo de los años. Sus oponentes lo pintan como un gobernador semiautoritario que ha socavado la democracia mediante la ampliación del poder presidencial, la debilitación de la independencia de los tribunales y enemistándose con quienes no están de acuerdo con él. Organizaciones como Human Rights Watch también han citado sus arrolladores poderes para silenciar a sus supuestos enemigos. En el 2013, el ministro de Medio Ambiente disolvió la fundación Pachamama (ONG que vela por los derechos humanos y el medio ambiente), alegando que miembros de este grupo habían participado en manifestaciones violentas. En el mismo año, los defensores de Correa aprobaron una ley de comunicaciones que permite acusar a un periodista con cargos criminales si sus supervisores consideran que no ofrece las noticias de un modo justo y equilibrado. Y a finales del 2014 el Tribunal Constitucional se hallaba deliberando sobre una propuesta de Alianza País, el partido de Correa, que pretendía anular los límites de mandato de los funcionarios electos. Ello permitiría a Correa presentarse a presidente otra vez en el 2017 y en elecciones posteriores.

POBLACIÓN: **15,7 MILLONES**

CRECIMIENTO DEL PIB: **4%**

PIB PER CÁPITA: **10 600 US$**

DESEMPLEO: **4,2%**

POBREZA: **25%**

ALFABETIZACIÓN: **92%**

si Ecuador tuviera 100 habitantes

65 serían mestizos (amerindios y blancos)
25 serían amerindios
7 serían blancos (descendencia europea)
3 serían negros

grupos religiosos
(% de la población)

95 — Católicos romanos
4,1 — Protestantes
0,6 — Ateos u otros
0,2 — Religiones indígenas
0,1 — Budistas

población por km²

ECUADOR   EE UU   ESPAÑA

👤 ≈ 58 personas

Historia

Esta tierra de fuego y hielo sin duda ha vivido una historia tumultuosa. Desde que se convirtió en una nación independiente en 1830, Ecuador ha sufrido más de 80 cambios bruscos de Gobierno y ha visto sucederse 20 constituciones, la más reciente del 2008. Las rivalidades internas (Quito, conservadora, agraria y algo mojigata, quintaesencia de la sierra contra Guayaquil, liberal, extrovertida, comercial, capital de la costa) y externas (disputas fronterizas con Perú) han alimentado la inestabilidad de la nación andina. Para muchos, los héroes olvidados de la historia ecuatoriana son sus numerosos grupos indígenas, descendientes de algunas de las grandes culturas que florecieron antaño en América.

En el culmen del imperio, los incas llegaron a gobernar a más de 12 millones de personas repartidas por un territorio de aproximadamente 1 millón de km².

Primeras culturas

Aunque la mayoría de los pueblos indígenas viven actualmente en la sierra y el Oriente, en los albores de la historia de lo que hoy es Ecuador la costa albergaba la mayor concentración de población. Las culturas tolita, bahía, manta, valdivia y machalilla fueron fundamentales en aquellos lejanos tiempos. Su importancia supera con creces a la de los incas, belicosos conquistadores que únicamente llegaron a estas tierras medio siglo antes que los españoles.

Hoy en día, en general, se coincide en que Ecuador fue poblado por pueblos que emigraron desde Brasil hacia las zonas habitables a lo largo de la costa, hacia el oeste. La primera cultura permanente y sedentaria de Ecuador fue la valdivia, que se desarrolló a lo largo de la península de Santa Elena hace más de 5500 años. La valdivia es una de las culturas sedentarias más antiguas de América, famosa por su cerámica, de una exquisita elaboración.

Mientras que la valdivia fue la primera cultura estable de Ecuador, el grupo de los chorrera fue el más extendido e influyente de los que aparecieron durante el llamado Período Formativo (4000 a.C.-300 a.C.). Tanto la cultura chorrera como la machalilla, que habitó en el sur de Manabí y en la península de Santa Elena del 1500 a.C. al 800 a.C., son conocidas por la práctica de la deformación del cráneo. Empleada como medio de indicar un alto estatus social, estas culturas utilizaban piedras para alargar y aplanar ligeramente los cráneos y, a menudo, también se extraían los incisivos como signo de distinción.

A partir de alrededor del año 600 a.C. las sociedades estaban dirigidas por una casta de reyes-sacerdotes y por mercaderes que practicaban el comercio a larga distancia. Entre estas estaban las culturas bahía, tolita, jama-coaque y guangala, en la costa, y la panzaleo en la sierra. Es probable que los panzaleo fueran los primeros en usar la técnica de la reducción de cabezas o *tzantza,* una práctica por la que son mucho más famosos los shuar (tradicionalmente conocidos como jíbaros), que aún habitan al sur del Oriente, aunque hace bastante que dejaron de hacer uso de ella.

Aproximadamente a partir del año 800 estos grupos empezaron a integrarse poco a poco en sociedades más grandes y jerarquizadas. Entre estas estaban los manteños, huancavilcas y caras, en la costa; los quitus (de los que toma el nombre la ciudad de Quito) en la sierra norte; los puruhaes de la sierra central, y los cañaris de la zona en torno a la actual Cuenca. Hacia finales del s. I el expansionista pueblo cara conquistó a los pacíficos quitus y su combinación pasó a conocerse colectivamente con el nombre de quitu-cara o shyris. Esta cultura se convirtió en la fuerza dominante en la sierra ecuatoriana hasta alrededor de la década de 1300, cuando los puruhaes de la zona central andina empezaron a ser cada vez más poderosos. La tercera cultura predominante era la cañari, situada más al sur. Estos fueron los pueblos que se encontró el Imperio inca cuando inició su conquista del actual territorio ecuatoriano.

Imperio inca

Hasta principios del s. XV los incas se concentraban alrededor del valle de Cuzco, en Perú. Esto cambió durante el reinado de Pachacuti Inca Yupanqui, quien inició la expansión militarista que dio origen al vasto Imperio del Tahuantinsuyo, la "tierra de las cuatro regiones". Cuando los incas llegaron a Ecuador gobernados por Tupac Yupanqui, el sucesor de Pachacuti, se encontraron con una feroz resistencia.

Los cañaris demostraron una recalcitrante aversión a los incas; Tupac Yupanqui tardó varios años en someterles y centrar su atención en el norte, donde se encontró con una oposición aún más fuerte. Y subyugar el norte llevó muchos años, durante los cuales Tupac Inca Yupanqui tuvo un hijo con una princesa cañari. El niño, Huayna Cápac, creció en Quito, y sucedió a su padre. Pasó varios años viajando por todo el imperio, desde lo que hoy es Bolivia hasta su patria de nacimiento y sofocando levantamientos. En el norte, los incas masacraron a miles de cañaris para después arrojar sus cuerpos a un lago próximo a Otavalo, al parecer, tiñendo de rojo las aguas, por lo que pasó a llamarse Yahuarcocha, "laguna de sangre".

Maravillas prehispánicas

Ingapirca, sierra meridional

Museo Nacional, Quito

Museo Guayasamín, Quito

Museo del Banco Central Pumapungo, Cuenca

El Inca Huayna Cápac tuvo un tercer hijo, Manco Cápac, que fue el último gobernante inca y dirigente de la resistencia a la conquista en el bastión de Vilcabamba, que se mantuvo hasta 1572 (aunque Manco Cápac fue apresado y ajusticiado por los españoles en 1544).

1500	1526	1532	1533
El hijo de Tupac Inca Yupanqui, Huayna Cápac, conquista a los cañaris (alrededor de Cuenca); los caras (en el norte); y los quitus (alrededor de Quito). Ecuador pasa a formar parte del extenso Imperio inca.	El inca Huayna Cápac fallece repentinamente (probablemente de viruela o sarampión) y divide el imperio entre sus hijos Atahualpa y Huáscar, lo que provoca una encarnizada guerra civil.	El conquistador español Francisco Pizarro llega con 180 hombres al actual Ecuador. Tras oír hablar de las fabulosas riquezas de los incas, decide conquistar el país para la Corona española.	Los españoles ajustician al Inca Atahualpa y conquistan el imperio. Pizarro se dirige al sur hasta Cuzco (en el actual Perú) y saquea la magnífica capital del Tahuantinsuyo.

Cuando le era posible reforzaba su posición mediante alianzas matrimoniales, y de esta forma tuvo dos hijos, Atahualpa, nacido y criado en Quito, y Huáscar, que creció en Cuzco. Cuando Huayna Cápac murió en 1526 tomó una desafortunada decisión: partió su imperio entre sus dos hijos. Este acontecimiento coincidió con la desconcertante aparición en la costa norte de un grupo de extraños hombres barbudos. Se trataba de los primeros españoles, una avanzadilla en misión de exploración para la posterior expedición de Francisco Pizarro.

Mientras tanto, la rivalidad entre los dos hijos de Huayna Cápac empeoraba, hasta llegar a una guerra civil. Tras varios años de lucha, Atahualpa acabó derrotando a Huáscar cerca de Ambato y se convirtió en el único gobernante del debilitado y aún dividido Imperio inca. Tales sucesos eran aún muy recientes cuando Pizarro llegó en 1532.

LA VIDA BAJO LA TEOCRACIA INCA

Los incas llegaron a Ecuador poco antes que los españoles, pero ejercieron una influencia duradera en los pueblos de la zona. La agricultura, la organización social y la propiedad de tierras experimentaron grandes cambios. Los incas introdujeron nuevos cultivos (entre ellos cacao, batata y cacahuetes), así como nuevos métodos agrícolas con la ayuda de las llamas y la irrigación. Se abolió la propiedad privada de tierras, que pasó a ser colectiva organizada en los aíllo, parcialidades de explotación agraria vinculadas con un linaje. A cada familia se le asignaba una pequeña parcela de tierra dentro del aíllo. La familia real y la clase sacerdotal recibían una parte de la producción total de estas tierras.

El Estado inca estaba sumamente jerarquizado. Introdujo el quechua (aunque este fue realmente extendido por los españoles, que lo usaron como lengua franca para la evangelización), recaudaba impuestos y construyó una amplia red de calzadas. Un sistema de correos, basado en emisarios llamados chasquis, permitía que las noticias importantes viajaran cientos de kilómetros en un solo día. Los incas difundieron su religión, cuyo panteón de dioses incluía a Inti (el dios Sol) y Viracocha (una suerte de dios creador). A las poblaciones locales se les obligaba a adorar al Sol, pero siempre se toleraban sus creencias autóctonas.

La economía se basaba totalmente en la agricultura; el maíz y las patatas eran los principales cultivos. También se criaban cuyes (conejillos de Indias), patos y perros, así como llamas y alpacas, cuya lana se hilaba para producir ropa. Además, cultivaban algodón.

Por su parte, lo que hoy es Ecuador tuvo su importancia para los incas. El emperador Huayna Cápac convirtió a Quito en la segunda capital del imperio y vivió allí hasta que murió en 1526. Los incas solían ser relativamente laxos con los pueblos que conquistaban, siempre que pagaran sus tributos y reconocieran su divinidad, pero cualquier atisbo de oposición era sofocado con la muerte o el exilio. Muchos pueblos preincas, como los cañaris, alimentaron una continua animadversión hacia los conquistadores sureños.

1542	**1563**	**1600**	**1690**
Francisco de Orellana se convierte en el primer europeo en remontar el río Amazonas, tras una misión de ocho meses en busca de oro por la región.	Se crea la Real Audiencia de Quito, desgajando el territorio de la dirección de Lima, capital del Virreinato de Perú, y extendiéndose desde Cali (Colombia) hasta Paita (Perú).	Aparece la Escuela Quiteña, cuyos artesanos y artistas indígenas producen algunas de las mejores obras de arte religioso de América.	Una epidemia de viruela y difteria hace estragos. La población indígena (que ascendía a un millón de personas en la época de la conquista) disminuye de manera espectacular.

Conquista española

El avance de Francisco Pizarro fue rápido y espectacular. Sus soldados, montados a caballo, con armaduras y armas de fuego, eran tomados por dioses, y provocaron un impacto tremendo entre los indígenas. A finales de 1532 se organizó una reunión entre Pizarro y Atahualpa en Cajamarca (actual Perú). No están claras las intenciones de Atahualpa, pero cuando el 16 de noviembre se produjo el encuentro, el enfrentamiento se precipitó, y los conquistadores capturaron al inca y masacraron a su ejército. Se pidió un rescate por Atahualpa y los incas llevaron incalculables cantidades de oro, y otros objetos de valor hasta Cajamarca. Sin embargo, tras el pago, Atahualpa en lugar de ser liberado fue sometido a juicio y condenado a muerte. Fue culpado de incesto (casarse con una hermana era tradicional en la monarquía inca), poligamia, adoración de falsos dioses y crímenes contra el rey, y ejecutado el 29 de agosto de 1533. Su muerte prácticamente provocó el final del Imperio inca.

Cuando Atahualpa fue ejecutado, su general Rumiñahui estaba supuestamente de camino a Cajamarca con una parte del pago del rescate. Cuenta la leyenda que, al enterarse de la muerte de Atahualpa, Rumiñahui escondió el tesoro en las impenetrables montañas del actual Parque Nacional Llanganates y que nunca ha sido encontrado.

Luego, el general volvió al norte, a lo que hoy es Ecuador y organizó la resistencia contra los españoles. Pero no hubo de pelear solo contra los europeos. Los cañaris, entre otros pueblos indios, se sumaron a las huestes españolas deseosos de liberarse del yugo de los incas, a quienes odiaban profundamente. Cuando a finales de 1534 Sebastián de Benalcázar, teniente de Pizarro, consiguió llegar a Quito, se encontró con que la ciudad había sido arrasada por Rumiñahui, que prefirió destruirla a que cayera en manos de sus nuevos conquistadores. Quito fue refundada el 6 de diciembre de 1534, y Rumiñahui fue finalmente ejecutado en 1535.

Pese a la efímera presencia de los incas en lo que hoy es Ecuador, estos dejaron una marca indeleble. Un ejemplo es el quechua (quichua en Ecuador), aún hablado por la cuarta parte de la población del país. No obstante, fueron los españoles los que más empeño pusieron en su expansión tras decidir su uso como lengua franca. Los incas construyeron una extensa red de caminos que conectaba Cuzco, al sur, con Quito, al norte, y parte del Camino Real, el Camino del Inca hasta Ingapirca, todavía puede recorrerse hoy día. Ingapirca es el más importante, y casi único yacimiento arqueológico inca de Ecuador.

Época colonial

A partir de 1535 comenzó la época colonial, sin destacables sobresaltos en lo que posteriormente se convertiría en Ecuador. En 1540 Francisco Pizarro nombró a su hermano Gonzalo gobernador de Quito.

Los mejores libros sobre incas y conquistadores

Segunda parte de los Comentarios Reales (1617), Inca Garcilaso de la Vega

Historia de la conquista del Perú (1847), William H. Prescott

Los últimos días de los incas (2007), Kim MacQuarrie

HISTORIA ÉPOCA COLONIAL

Escrita en el s. XVI por Bartolomé de las Casas, la *Brevísima relación de la destrucción de las Indias* es un relato recomendable, si bien bastante exagerado, sobre los abusos que los españoles cometieron sobre la población indígena durante la conquista.

1767	1790	1791	1822
El rey Carlos III expulsa a los jesuitas del Imperio español. Se abandonan las misiones en el Oriente y algunas de las mejores escuelas y haciendas coloniales de Ecuador entran en decadencia.	Tras un siglo de recesión, la economía ecuatoriana sufre una grave crisis. Sus ciudades están en decadencia y la élite se ve reducida a la pobreza.	El defensor de la independencia Eugenio de Santa Cruz y Espejo se convierte en director de la Sociedad Patriótica, destinada a conseguir mejoras civiles. Debido a sus escritos es encarcelado.	Dos años después de que Guayaquil se declare independiente de España, Antonio José de Sucre derrota a las fuerzas realistas en la batalla de Pichincha. Ecuador pasa a formar parte de la Gran Colombia.

Obras maestras coloniales

La Compañía de Jesús, Quito

Monasterio de San Francisco, Quito

Haciendas del lago de San Pablo, sierra septentrional

El Sagrario (catedral vieja), Cuenca

Numa Pompilio Llona, Guayaquil

Durante los primeros años de vida colonial, Lima (hoy Perú) fue la sede de la administración política. Aunque en su origen fue una *gobernación*, más o menos el actual territorio de Ecuador, se convirtió en 1563 en una división administrativa de mayor rango, la Real Audiencia de Quito. En 1739 se transfirió del Virreinato de Perú al de Nueva Granada, formado por las posteriores repúblicas independientes de Colombia y Venezuela.

Lo que hoy se conoce como Ecuador fue una zona periférica y tranquila durante todo este período. La agricultura y el arte florecieron. Desde Europa se introdujeron nuevos productos, como el ganado y los plátanos, y se construyeron iglesias y monasterios decorados con excepcionales tallas y pinturas resultantes de una mezcla de influencias artísticas españolas e indígenas. Esta escuela, llamada Escuela Quiteña, ha dejado una huella imborrable en la historia artística de Ecuador.

La vida resultaba tranquila para las clases dominantes, pero obviamente no para la población indígena y mestiza, sujeta a una sociedad estamental rígidamente estructurada; no resulta sorprendente que en el s. XVIII se produjeran varios levantamientos indígenas contra las clases gobernantes. El malestar social y la introducción de las plantaciones de cacao y azúcar impulsaron a importar mano de obra esclava de África. Gran parte de la rica cultura afroecuatoriana que puede encontrarse hoy en día en la provincia de Esmeraldas es el legado de este período.

Independencia

El primer intento serio por parte de los criollos quiteños por liberarse del dominio español tuvo lugar el 10 de agosto de 1809, y fue protagonizado por un grupo liderado por Juan Pío Montúfar. Aprovechando el vacío de poder creado por la invasión francesa de la península Ibérica, la algarada acabó con la toma de Quito y la instauración de un Gobierno, aunque las tropas realistas, leales a España, solo tardaron 24 días en recuperar el control.

La independencia finalmente se logró gracias a Simón Bolívar. El venezolano se dirigió hacia el sur de Caracas, liberó lo que hoy es Colombia en 1819 y apoyó a los criollos de Guayaquil cuando estos reclamaron su independencia el 9 de octubre de 1820. Se tardó casi dos años en liberar completamente lo que hoy es Ecuador del dominio español, cuando uno de los mejores oficiales de Bolívar, el mariscal Antonio José de Sucre, derrotó a las huestes realistas en la batalla de Pichincha y tomó Quito.

El sueño de Bolívar era crear unos Estados Unidos de Sudamérica, a imagen del vecino norteño, y empezó aglutinando a Venezuela, Colombia y Ecuador en una nación independiente llamada la Gran Colombia. Este experimento solo duró ocho años, ya que Ecuador se tornó totalmente independiente en 1830. Ese mismo año se firmó un acuerdo con Perú que establecía la frontera entre ambas naciones, una linde que fue motivo

1830	1835	1851	1859
Ecuador se escinde de la Gran Colombia y se convierte en una nación independiente. Un grupo de notables quiteños redacta una Constitución y coloca al general Flores al frente del país.	Un joven naturalista llamado Charles Darwin explora durante cinco semanas las islas Galápagos, una experiencia que a la postre resultaría fundamental para su revolucionaria teoría de la evolución.	El general José María Urbina libera a los esclavos negros. Su sucesor, el general Francisco Robles, pone fin al tributo indígena.	García Moreno sube al poder. Aunque tildado por la oposición de dictador, realiza contribuciones vitales en educación, asistencia pública y desarrollo económico. Es asesinado en 1875.

EL MÍTICO AMAZONAS

Uno de los acontecimientos más destacados del primer período colonial fue el épico viaje de Francisco de Orellana por el río Napo. Orellana zarpó en diciembre de 1541 en busca de provisiones para un contingente de hombres dirigidos por Gonzalo Pizarro que había conseguido cruzar la cordillera hasta las regiones orientales. Sin embargo, cuando divisó la exuberante y prometedora espesura de la selva a lo largo de las orillas del río, abandonó rápidamente su misión original y remontó el río en busca de riquezas. Era la época en que entre los conquistadores españoles circulaban legendarias historias sobre ricas ciudades perdidas en la selva. Orellana estaba obsesionado, como otros muchos, por encontrar El Dorado. "Tras comernos nuestros zapatos y sillas de montar hervidos con unas pocas hierbas", escribió, "nos lanzamos a descubrir el Reino de Oro". Fue un viaje espantoso en el que la mitad de sus camaradas moriría.

El 5 de junio de 1542, unos cinco meses después de zarpar, sus barcos llegaron a un gran pueblo decorado con tallas de "fieros leones" (probablemente jaguares). Uno de los lugareños afirmó que las tallas representaban a la señora y jefa de la tribu. Más tarde, cuando su barco fue atacado por los nativos, Orellana estaba convencido de que las dirigentes del ataque eran mujeres guerreras. Por tanto, decidió bautizar al río en honor a las amazonas, las míticas mujeres guerreras de la Antigua Grecia. Para cuando llegó al océano Atlántico (unos ocho meses después de zarpar) ya había renunciado a la búsqueda de riquezas y lo único que pretendía era salir con vida del envite. Se convirtió en el primer hombre que recorrió el río Amazonas completo, una hazaña que no se repetiría hasta 100 años después. El acontecimiento sigue conmemorándose en Ecuador cada año durante el Aniversario del Descubrimiento del Río Amazonas (12 de febrero).

continuo de disputa, hasta el punto de causar dos conflictos bélicos, uno en 1942 y otro en 1998, tras el cual se firmó un tratado de paz aún vigente.

Desarrollo político

Tras independizarse de España, la historia ecuatoriana vivió desenfrenadas luchas políticas entre liberales y conservadores. La inestabilidad política con frecuencia terminaba en episodios de violencia. En 1875, el presidente conservador García Moreno, que contaba con el respaldo de la Iglesia, fue asesinado en el exterior del Palacio de Gobierno de Quito. En 1912, el presidente liberal Eloy Alfaro, que intentó deshacer el legado de García Moreno, fue a su vez asesinado por una exaltada multitud. Las rivalidades entre estas facciones continuaron durante todo el s. xx, aunque de una manera menos violenta. Quito siguió siendo el centro principal de los conservadores, respaldados por la Iglesia y Guayaquil de las ideales más liberales e incluso socialistas.

1890	1895	1920	Década 1930
El cacao mueve la economía. La producción pasa de 6500 toneladas en 1852 a 18 000 en 1890. Las exportaciones ecuatorianas aumentan de 1 a 10 millones de US$ durante el mismo período.	José Eloy Alfaro Delgado llega al poder. Defensor del liberalismo, despoja a la Iglesia de su poder, legaliza el matrimonio civil y el divorcio, así como la libertad de expresión y de culto.	Los problemas económicos paralizan el país. Una plaga y la disminución de la demanda destruyen la industria del cacao. La clase obrera protesta contra el deterioro del nivel de vida y las huelgas son reprimidas.	Tras un período de reformas a finales de la década de 1920, la economía se desploma. El desempleo se dispara y la inestabilidad política sacude al Gobierno.

Durante gran parte del s. xx, el ámbito político ecuatoriano fue inestable, aunque el país nunca sufrió las brutales dictaduras militares de otras naciones latinoamericanas. Eso no quiere decir que los militares no tomaran nunca las riendas del poder; en el s. xx se dieron casi los mismos períodos de gobierno militar que de mandato civil. Uno de los presidentes de Ecuador, José María Velasco Ibarra, fue elegido cinco veces entre 1934 y 1972, y fue desbancado por los militares antes de que pudiera completar cualquiera de sus mandatos. Y desde 1930 a 1940 hubo 17 presidentes diferentes que intentaron gobernar Ecuador, pero ninguno consiguió completar su legislatura.

LA ESCUELA QUITEÑA

Cuando los españoles conquistaron lo que hoy es Ecuador iniciaron una masiva campaña de evangelización de la población indígena. Entre las herramientas más útiles para convertir a la población se contó el arte, debido a su gran capacidad narrativa y a la fuerza de la representación visual, algo que la Iglesia católica ya había empleado ampliamente durante la Edad Media y, por entonces, en la Contrarreforma europea. Inicialmente, las pinturas y esculturas se importaban desde España, pero ya bien entrado el s. xvi y asentado el dominio, la Iglesia creó talleres y gremios para formar una cantera local de artesanos indígenas. De estos talleres surgió uno de los géneros artísticos más importantes de América Latina, la Escuela Quiteña.

Su belleza radica en la mezcla de detalles procedentes de la forma de vida indígena con estilos y temáticas europeos. La herencia artística y la vida cotidiana se coló en las obras y, si se observan con atención las pinturas de muchos museos religiosos e iglesias de Quito, se pueden ver curiosos detalles autóctonos: Jesucristo comiendo un plato de cuy o los 12 apóstoles cenando humitas. Las figuras religiosas aparecen a menudo con la tez oscura o complexiones robustas similares al físico ecuatoriano. En los techos de las iglesias pueden verse motivos solares y símbolos planetarios en decoraciones con influencias moriscas.

La Escuela Quiteña se hizo célebre por su genial plasmación realista del medio andino. Hacia el s. xviii, sus artesanos incluían ojos de cristal, pelo natural y pestañas en sus esculturas. También añadieron articulaciones móviles, insertaron minúsculos espejos en las bocas para simular saliva e hicieron célebre su hábil uso de la policromía. Algunas son tan realistas que parecen tener vida, especialmente las del tallista del s. xviii Manuel Chili, apodado Caspicara. Entre los pintores más destacados de la Escuela Quiteña están Miguel de Santiago, Manuel Samaniego, Nicolás Goríbar y Bernardo Rodríguez.

Después de que Quito lograra la independencia de España, en 1822, el arte religioso de la Escuela Quiteña perdió fuerza y razón de ser. Actualmente puede verse la obra de Caspicara en el monasterio de San Francisco y en el Museo Nacional, en Quito.

1941	1948	1948-1952	1955
Aumentan las tensiones por territorios en disputa de la Amazonia y Perú invade Ecuador. Tras los acuerdos de paz, Ecuador cede más de la mitad de sus territorios, pero no reconoce las nuevas fronteras.	Galo Plaza es elegido presidente; comienza una era de progreso y prosperidad. Reduce la inflación, ajusta el déficit e invierte en escuelas, carreteras y otras infraestructuras.	A raíz de una plaga que infesta las plantaciones de América Central, Ecuador se convierte en el primer productor mundial de banano. Sus exportaciones crecen de 2 a 20 millones de US$.	Funcionarios del Gobierno avistan pesqueros norteamericanos faenando en aguas ecuatorianas. Fue el desencadenante de lo que más tarde se conocería como la Guerra del Atún.

Del oro amarillo al oro negro

Hasta la década de 1970, Ecuador era una república inestable, con la fruta (principalmente el banano) como única exportación importante. Hasta que se dio el hallazgo de petróleo en la zona del Oriente en 1967. En 1973 las exportaciones de crudo habían crecido hasta situarse en el primer lugar y, al despuntar la década de 1980, constituían más de la mitad de los beneficios procedentes de las exportaciones. Sin duda, el petróleo dio un impulso a la economía, aunque los políticos de izquierdas, aliados con los indígenas, afirman que gran parte de los beneficios se quedaron en manos de unas pocas personas que aportaron muy poco al bien común. De hecho, la mayoría de la población rural posee un nivel de vida igual o inferior al que tenía en la década de 1970.

Tras el descubrimiento de petróleo, Ecuador empezó a pedir préstamos creyendo que los beneficios de las exportaciones de crudo permitirían pagar su deuda externa. Pero, a mediados de la década de 1980, se comprobó que esto era imposible debido al fuerte descenso en las exportaciones de petróleo ecuatoriano, a la bajada de precios de 1986 y al desastroso terremoto de 1987, que provocó graves daños en el medio ambiente y en la economía. El hallazgo del oro negro también abrió amplias zonas de la cuenca amazónica ecuatoriana a la explotación económica, lo que afectó a la selva y a las etnias indígenas locales.

En la actualidad, Ecuador sigue dependiendo del petróleo como pilar fundamental de su economía, pero sus reservas no son tan grandes como se preveía. La dependencia extrema de los ingresos petrolíferos también ha causado estragos en las finanzas nacionales siempre que el precio mundial del crudo ha caído.

Los aficionados a la ciencia y la historia no deberían dejar de leer *Measure of the Earth: The Enlightenment Expedition That Reshaped Our World* (en inglés), de Larrie D. Ferreiro, que narra la fascinante expedición científica europea enviada a Quito para medir la curvatura de la Tierra.

Historia reciente

La década de 1980 y principios de la de 1990 se caracterizaron por una lucha continua entre conservadores y liberales, con varios escándalos de corrupción que debilitaron la confianza del pueblo. Los candidatos a las elecciones de 1996 eran dos populistas políticos de Guayaquil. El finalmente vencedor, Abdalá Bucaram, era apodado "el Loco" por su propensión a la diatriba desaforada, su discurso soez y su afición a actuar en conciertos de *rock* como parte de su campaña. Bucaram prometió viviendas de protección oficial, la bajada del precio de los alimentos básicos y asistencia sanitaria gratuita; sin embargo, tan pronto como llegó al poder, se apresuró a devaluar el sucre, lo que supuso el aumento de la inflación. Para colmo, Bucaram era conocido en Quito por ser un crápula nocturno.

Al cabo de pocos meses se produjeron huelgas masivas encabezadas por los sindicatos y la Confederación de Nacionalidades Indígenas del Ecuador (CONAIE) que paralizaron el país. El Congreso destituyó a Bucaram

1959	Década 1970	1978	1992
Ecuador declara las islas Galápagos primer parque nacional del país, quedando protegido el 97% del archipiélago. En 1979, la Unesco reconoce las islas como Patrimonio Mundial.	Tras el descubrimiento de petróleo, Ecuador experimenta profundos cambios. El presupuesto gubernamental, las exportaciones y los ingresos per cápita aumentan en un 500%.	Ecuador llora la pérdida de Julio Jaramillo, su cantante e intérprete más célebre, autor de más de mil canciones a lo largo de su carrera. Unas 250 000 personas le despiden en su funeral.	Miles de manifestantes indígenas claman por el fin de la discriminación en el 5° Centenario del Descubrimiento. Negociaciones posteriores les garantizan unas 1 000 000 de Ha de tierras en la Amazonia.

El que fuera presidente, Abdalá Bucaram, conocido como "el Loco", grabó un CD titulado *El Loco que ama*, con 18 temas y una fotografía en la portada en la que aparecía ataviado con la banda presidencial y su característico bigote a lo Charlot.

por "incapacidad mental" y este huyó a Panamá. Tras su destitución, la vicepresidenta, Rosalía Arteaga, se convirtió en la primera mujer en presidir la República, aunque fuera apenas durante un par de días, ya que el Congreso decidió, por mayoría aplastante, que fuera sustituida por Fabián Alarcón. Alarcón presidió el Gobierno hasta 1998, cuando Jamil Mahuad, del Partido Democracia Popular, fue elegido presidente.

La capacidad política de Mahuad se puso a prueba rápidamente. Las consecuencias del fenómeno climático de El Niño y el mercado petrolífero a la baja hicieron que la economía cayera en picado en 1999, el mismo año en que las exportaciones de gambas bajaron en un 80% tras plagas devastadoras en las piscifactorías. Cuando la inflación llegó al 60%, la peor de toda América Latina, Mahuad tomó una drástica medida: ligó las esperanzas de supervivencia económica de Ecuador a la llamada dolarización y la inestable moneda nacional ecuatoriana fue sustituida por el dólar estadounidense.

Dolarización

La dolarización ha sido utilizada con éxito en otros países en conflicto, como Panamá (donde el dólar sustituyó al balboa), pero cuando el presidente Mahuad informó de su plan, el país estalló en huelgas, protestas y cortes de carreteras. El 21 de enero del 2000, los manifestantes bloquearon la capital y tomaron el Palacio de Gobierno, obligando a Mahuad a dimitir.

Las protestas estaban encabezadas por Antonio Vargas, presidente de la CONAIE; el coronel Lucio Gutiérrez y el expresidente de la Corte Suprema de Justicia, Carlos Solórzano, que tras el derrocamiento de Mahuad formaron un brevísimo triunvirato gobernante. Tan solo dos días después, el triunvirato dejó la presidencia en manos del vicepresidente de Mahuad, Gustavo Noboa. Noboa siguió adelante con la dolarización y, en septiembre del 2000, el dólar estadounidense se convirtió en la moneda oficial. Aunque hacía tan solo un par de años un dólar se cotizaba a unos 6000 sucres, la debilitada moneda ecuatoriana se canjeaba a un tipo de 25 000 sucres por dólar cuando entró en vigor el cambio de divisa.

Historias ecuatorianas, de O. Hugo Benavides, constituye una excelente y erudita exploración de la construcción de naciones, el género, la raza y la sexualidad en las altas esferas del poder en Ecuador.

El siglo XXI

Además de dolarizar la economía, Noboa implantó medidas de austeridad para obtener una ayuda de 2000 millones de US$ del Fondo Monetario Internacional (FMI) y de otras entidades de crédito internacionales. A finales del 2000 el precio del gas se disparó, en gran parte debido a la dolarización, y durante el año siguiente se produjeron frecuentes huelgas y protestas. Pese a todo, la economía finalmente se estabilizó y cuando Noboa dejó el cargo, las condiciones del país eran favorables.

Después de Noboa, el antiguo líder del golpe, Lucio Gutiérrez, fue elegido presidente en el 2002. En lugar de la agenda populista prometida,

1995	1995	2000	2008
Ecuador y Perú sostienen una nueva disputa fronteriza, corta pero intensa, que se cobra 400 víctimas. En 1998 se firma un tratado de paz que zanja las hostilidades y se inicia la de minas terrestres.	Comienzan las obras de la conmovedora Capilla del Hombre, en Quito, que alberga la obra de Oswaldo Guayasamín, el más célebre pintor ecuatoriano, y está dedicada al pueblo latinoamericano.	Ante una inflación disparada y un PIB en caída libre, Ecuador se deshace del sucre y adopta el dólar estadounidense. La economía muestra cierta recuperación pero muchos ecuatorianos caen en la pobreza.	Los ecuatorianos aprueban una nueva Constitución que amplía el poder del presidente, aumenta los gastos en asistencia social y consagra los derechos medioambientales y de los pueblos indígenas.

acabó aplicando las medidas de austeridad dictadas por el FMI para financiar la deuda nacional. En la capital estallaron las protestas y en el 2005 el Congreso aprobó la destitución de Gutiérrez y su sustitución por el vicepresidente Alfredo Palacio.

Este recién llegado al mundo de la política, que se describía como "un simple doctor", pronto centró su atención en los problemas sociales. Para financiar programas de salud y educación y dar un impulso a la economía, Palacio anunció que usaría de otro modo los beneficios procedentes del petróleo, que hasta entonces se habían destinado a pagar la deuda externa. Uno de los socios clave en esta empresa fue Rafael Correa, un economista formado en EE UU, a quien Palacio nombró ministro de Economía. Correa acabó aplicando unas reformas sociales aún más agresivas, al tiempo que se consolidaba en el poder, tras ser elegido presidente en el 2006.

Correa, quien se define a sí mismo como humanista, ferviente católico de izquierdas y defensor del socialismo del s. xxi, ha introducido una serie de cambios desde que tomó las riendas del país. La nueva constitución, aprobada en 2008, sentó las bases para un nuevo modelo social que diera prioridad a la sanidad y otorgara más derechos a los grupos indígenas, estableciera una mayor protección del medio ambiente e incluso permitiera el matrimonio entre personas del mismo sexo.

Desde el 2006 Ecuador ha duplicado el gasto social con una inversión de 8500 millones de US$ en educación y 5000 US$ en asistencia médica. Además, se han construido o reparado más de 5500 km de carreteras y autopistas, se ha puesto en marcha un programa de ayuda a discapacitados, y las clases con menos ingresos ahora reciben un subsidio mensual. Entre el 2006 y el 2011 el índice de pobreza ha bajado un 9%, y quienes compren su primera vivienda pueden solicitar una ayuda de 5000 US$.

Uno de los principales objetivos de Correa ha sido la industria petrolera, a la que impuso un mayor gravamen destinado a mejorar la situación de los ecuatorianos más pobres; y no ha dudado en criticar a aquellas petroleras extranjeras que incumplen la normativa en materia medioambiental. También ha dejado entrever que Ecuador regresará al sucre cuando la situación económica lo permita; de hecho se está barajando la posibilidad de crear una moneda digital. Así, los partidarios del presidente alaban por encima de todo su atención a los que menos tienen y su enfoque en las reformas económicas.

Entre tanto, sus detractores le tachan de aspirar a seguir los pasos del difunto Hugo Chávez, el controvertido presidente de Venezuela. Otros sostienen que está incumpliendo sus promesas de proteger el medio ambiente, especialmente con el anuncio del inicio de las perforaciones petroleras en el Parque Nacional Yasuní, una región amazónica de enorme biodiversidad.

El libro *Confesiones de un gánster económico*, de John Perkin, es un relato desde dentro en el que el autor sostiene que el Gobierno de EE UU tuvo un papel decisivo en que Ecuador aceptara unos préstamos para el desarrollo a elevadísimos tipos de interés y se aseguró de que se encargaran proyectos muy lucrativos a empresas norteamericanas.

2010	2011	2014	2014
Se promulga una nueva ley que extiende el control del Gobierno sobre la industria petrolera de Ecuador y estipula que el 100% de la producción del petróleo y el gas pertenece al país.	Tras 18 años de juicio, el gigante petrolero norteamericano Chevron es obligado a pagar 18 000 millones de US$ para limpiar décadas de contaminación petrolífera. Chevron apela la sentencia.	Se aprueba la perforación petrolera en el Parque Nacional Yasuní, cuya gran biodiversidad se ve seriamente amenazada por la construcción de carreteras, el desarrollo y los posibles vertidos.	Tras una inversión superior a los 280 US$ millones, Ecuador reconstruye su red de ferrocarriles y pone en marcha varias rutas turísticas espectaculares entre Quito y Guayaquil.

Ecuador indígena

Ecuador tiene una población indígena de casi 4 000 000 de personas, que representa un 25%, aproximadamente, del total. Un 65% de los ecuatorianos son mestizos, con antepasados mezcla de indígenas y europeos. Existen más de una docena de grupos étnicos diferenciados, que hablan unas veinte lenguas diferentes. Discriminados históricamente por los primeros europeos, hoy siguen enfrentándose a graves problemas como la pérdida de tierras a causa de la deforestación.

Para adentrarse en las costumbres y el universo de los shuar, se recomienda el libro *La vida y cultura de los shuar* (2000), de Rafael Karsten, un clásico de la etnografía escrito tras cinco años de trabajo de campo. "Traté de adquirir un conocimiento tan completo como fuera posible, sobre todo en cuanto se refiere a su cultura material e intelectual, incluyendo religión, mitología y lenguaje", afirma el autor.

Desafíos actuales

La población indígena ecuatoriana ha sido discriminada durante siglos y ocupa el escalafón más bajo en la estratificada estructura social del país. Ser indígena en Ecuador significa, con gran probabilidad, ser pobre y tener menos acceso a la educación y la asistencia sanitaria básicas. Según el Banco Mundial, la pobreza entre los indígenas ecuatorianos alcanza un 87% y llega al 96% en las zonas rurales de la región andina. Para colmo de males, las perforaciones petroleras, la minería y la tala de árboles han forzado a los grupos indígenas de las selvas orientales a abandonar sus tierras y han contaminado su entorno natural. Uno de los ejemplos más destacados es la demanda de 18 000 millones de US$ contra Texaco, actualmente propiedad de Chevron, a raíz de la vasta contaminación petrolera del área amazónica.

Pese a estas enormes contrariedades los indígenas han logrado importantes avances en el ámbito político. Por medio de marchas y levantamientos populares, la Confederación de Nacionalidades Indígenas de Ecuador, CONAIE, ha ejercido presión para gozar de una mayor autonomía y conseguir reformas agrarias, especialmente en lo concerniente a la expropiación de tierras indígenas por parte de empresas multinacionales. Desde su creación en la década de 1980, el poder político de la CONAIE ha ido en aumento y el Gobierno ha realizado algunas concesiones, como la entrega de 16 000 km² de tierras a grupos indígenas en 1992 y una mayor autonomía y reconocimiento en la Constitución del 2008.

Quechua

Los quechuas son el mayor grupo étnico indígena de Ecuador, con más de 2 000 000 de individuos. Viven en la sierra y en partes del Oriente; sus costumbres y estilos de vida varían considerablemente. Los andinos subsisten en pequeños terrenos agrícolas y crían ovejas y ganado; sus excelentes productos textiles constituyen una fuente de ingresos fundamental.

Uno de los grupos más conocidos dentro de la comunidad quechua es el de los otavaleños. Al igual que otros grupos indígenas, poseen un traje característico que les diferencia del resto. Para los hombres se trata de un poncho azul, sombrero de ala ancha, calcetines blancos hasta la pantorrilla y una *shimba* (larga trenza). Este tipo de peinado probablemente se remonta a la época preincaica y constituye una tradición de mucho arraigo. El traje de las mujeres también es muy característico. Una forma de expresar su identidad étnica es mediante el uso de blusas blancas, faldas azules, chales y joyas.

EL AMOR Y LA GUERRA SEGÚN LOS SHUAR

Los shuar, uno de los grupos amazónicos más estudiados, fueron antaño temidos "cazadores de cabezas" y tenían fama de valientes guerreros (de hecho nunca fueron conquistados por los españoles). Hasta mediados del s. xx, eran célebres por el complejo proceso de elaboración de las *tzantza* mediante el cual reducían las cabezas de los adversarios abatidos. Los shuar creían que el *muisak* (una de las entidades anímicas) de la víctima permanecía en el interior de su cabeza y que si el guerrero conservaba el *tzantza* le daría fuerza y contentaría a los espíritus de sus ancestros.

Los hombres shuar tenían una o dos esposas y las jóvenes se casaban entre los 12 y los 14 años. Las mujeres shuar gozaban de autonomía dentro del matrimonio y si su marido no las satisfacía se les permitía regresar con su familia. Sin embargo, ellos no podían abandonar a sus mujeres y, si lo hacían, la familia de ella podía obligarles a volver. Algunos shuar tenían amantes fuera del matrimonio y en ocasiones, las esposas de más edad iniciaban a los jóvenes solteros en las artes amatorias. Con todo, en ocasiones había malentendidos y dichas infidelidades desencadenaban disputas familiares largas y sangrientas.

Huaorani

De baja estatura (los hombres miden una media de 1,5 m), los huaoranis son una tribu amazónica que vive entre el río Napo y el Curaray, en el Oriente. Quedan menos de 4000 y siguen siendo uno de los grupos indígenas más aislados de Ecuador. Tienen fama de ser buenos cazadores y defienden su territorio contra los intrusos. Poseen una cosmología muy compleja (no hacen distinción alguna entre el mundo físico y el espiritual), así como un profundo conocimiento del cultivo de yerbas medicinales, venenos y plantas alucinógenas. Tradicionalmente se les llamaba auca, literalmente "salvaje" en quechua.

Shuar

Hasta la década de 1950, los shuar, antaño llamados jíbaros, eran una sociedad de cazadores-recolectores. Para proteger su cultura y sus tierras, los shuar (actualmente 40 000) formaron en 1964 la primera federación étnica de la Amazonia ecuatoriana. Era un pueblo tradicionalmente seminómada, que practicaba la agricultura de roza y quema a pequeña escala, con cultivos como la yuca y el boniato. Igual que otros pueblos de la Amazonia, el chamán shuar oficia rituales con *ayahuasca,* una planta psicotrópica que le ayuda a alcanzar niveles alterados de consciencia.

Chachi

En su origen, este grupo vivía en la sierra, pero se desplazó a la costa del Pacífico (en la actual provincia de Esmeraldas) tras la conquista inca. Con una población de unos 4000 individuos, viven en casas de hojas de palma, viajan en canoa por paisajes acuáticos y cultivan cacao y frutas tropicales. Son unos artesanos muy diestros, especialmente conocidos por sus hamacas.

Cofán

En el noreste, en la frontera entre Ecuador y Colombia, los cofanes son unos 1200 individuos, la mitad de los cuales vive en Ecuador. Como otros grupos, han sufrido importantes pérdidas y una enorme degradación de su medio ambiente, principalmente debido a la extracción de petróleo. En los últimos años han liderado una exitosa campaña para recuperar los derechos de sus tierras, y hoy controlan 4000 km^2 de pluvisilva, apenas una fracción de los 30 000 km^2 que en su día les pertenecían.

Una de las figuras más insólitas de la Amazonia es el influyente líder cofán Randy Borman, apodado "jefe gringo". Hijo de misioneros estadounidenses desplazados a la región, habla cofán perfectamente y ha ayudado a que la tribu obtenga importantes concesiones territoriales.

Arte y música

La imagen de un grupo andino con ponchos y flautas es un clásico en casi todas las grandes ciudades del mundo. No obstante, la tradición musical y artística de esta rica nación es mucho más compleja. El viajero encontrará asombrosa arquitectura colonial, expresivas obras de pintores ecuatorianos y variados géneros musicales folclóricos que acreditan las ricas raíces africanas e indígenas del país.

Arquitectura

La película biográfica *Julio Jaramillo: Ruise- ñor de América* (1996) refleja maravillosamente el fulgor y la decadencia de esta leyenda de la música latinoa- mericana. En sus algo más de 20 años de carrera grabó más de 4000 canciones, llevó una vida bohemia, empa- pada en alcohol, y dejó tras de sí un reguero de aman- tes y decenas de hijos ilegítimos.

En cuanto a arquitectura colonial, despuntan dos ciudades: Quito y Cuenca, con sendos centros históricos declarados Patrimonio Mundial de la Unesco (en 1978 y 1999, respectivamente). Las iglesias de la capital se cuentan entre los edificios coloniales más ricos y espectaculares de toda Sudamérica. Así, en muchos de sus templos se observa la fascinante influencia morisca del arte mudéjar, reflejo de que España estuvo bajo dominio musulmán durante siglos.

Numerosas iglesias quiteñas fueron construidas sobre enclaves indí- genas sagrados, contribuyendo aún más a la mezcla cultural. La arquitectu- ra de las iglesias coloniales es, en general, abrumadoramente ornamental y de una riqueza casi empalagosa.

En cambio, las casas de las clases media y alta durante la época colonial son elegantes pero sencillas, con paredes encaladas y tejados de tejas rojas y, a menudo, dormitorios con verandas alrededor de un patio central. Mu- chas de estas viviendas son de dos plantas, con ornamentados balcones de madera con balaustradas profusamente talladas en la superior. En Cuenca pueden apreciarse magníficos ejemplos.

Pintura y escultura

La principal contribución artística de Ecuador es la Escuela Quiteña (p. 358), que alcanzó su cénit entre 1600 y 1765 y feneció tras la indepen- dencia, en buena medida debido a que dicho estilo se asociaba a España. El s. xix dio lugar al período republicano, con héroes de la revolución, paisajes floridos y miembros importantes de la nueva alta sociedad del país como temas preferidos.

Con el cambio de siglo se observó el ascenso del indigenismo, un mo- vimiento que denunciaba la opresión a la que estaban sometidos los pue- blos indígenas de Ecuador. Entre los pioneros de esta corriente artística estaban Camilo Egas (1899-1962) y Eduardo Kingman (1913-1998), quienes colocaron el arte moderno ecuatoriano en el mapa. Con todo, el pintor indigenista más conocido del país es Oswaldo Guayasamín (1919-1999), cuyas evocadoras obras, que abordan temas como la tortura, la pobreza y la pérdida, pueden verse en museos de todo el mundo y, muy especial- mente, en Quito.

Al hablar de pintura ecuatoriana se impone referirse a la *tigua*, un elaborado y colorista estilo, generalmente utilizado para plasmar a grupos indígenas andinos, cuyo precursor fue el artista de fama mundial Alfredo Toaquiza.

Literatura

Ecuador ha dado varias figuras literarias notables, aunque ninguna de renombre fuera de sus fronteras. Juan Montalvo (1832-1889) fue un prolífico ensayista natural de Ambato, que acostumbraba a atacar a los dictatoriales personajes políticos de su época. Su obra más conocida es *Siete tratados* (1882), donde compara a Simón Bolívar con George Washington. Juan León Mera (1832-1894), también de Ambato, es famoso por *Cumandá* (1891), una novela que describe la vida indígena en el s. XIX.

Quizá el escritor ecuatoriano más destacado del s. XX sea el quiteño Jorge Icaza (1906-1979), cuya obra estaba sumamente influida por el movimiento indigenista. *Huasipungo* (1934), su novela más aclamada, es un brutal relato sobre los indígenas ecuatorianos, la usurpación de sus tierras y la sanguinaria masacre a la que fueron sometidos quienes osaron protestar.

Música folclórica

Una de las melodías más reconocibles de la música folclórica tradicional andina es la versión de *El cóndor pasa* de Simon & Garfunkel, un tema escrito por el peruano Daniel Alomía Robles en 1913, compositor y musicólogo que, curiosamente, pertenecía a la élite criolla.

Como esta, las canciones andinas suelen poseer la cualidad respirada y doliente que le brinda la flauta de Pan, en Ecuador conocida como rondador (una hilera de caños de bambú que forman una escala pentatónica, de cinco notas). La flauta de Pan se considera el instrumento nacional y es diferente a otros instrumentos andinos, como la zampoña, que posee dos hileras de caños y es originaria de la región del altiplano aymara, alrededor del lago Titicaca; la quena y el pingullo, una flauta de bambú larga y pequeña. Otros instrumentos tradicionales son el charango, una suerte de mandolina con diez cuerdas y una caja de resonancia hecha originalmente de caparazón de armadillo.

Pasillo

Aunque casi siempre se asocia Ecuador con folclorismo, la música más popular del país es el pasillo, que tiene sus raíces en el vals. Sus orígenes se remontan al s. XIX, cuando Ecuador era parte de la Gran Colombia, junto con esta, Venezuela y Panamá. Son canciones conmovedoras, con melodías sumamente melancólicas que suelen versar sobre el desencanto, el amor perdido y una inagotable nostalgia del pasado. En menor medida, hay letras que celebran la belleza del paisaje o de las mujeres ecuatorianas, el valor de sus hombres (fue una música muy popular durante las guerras de independencia) o los encantos de sus pueblos y ciudades.

La voz más célebre del pasillo fue Julio Jaramillo, el Ruiseñor de América, Jota Jota o La Voz de Oro, que por todos esos sobrenombres es conocido. Este apuesto cantante nació en 1935 en Guayaquil y popularizó el género por toda América Latina con sus líricas canciones. Desgraciadamente, la mala vida le procuró una muerte temprana, con 42 años, a causa de una cirrosis. Para entonces ya era toda una leyenda y a su funeral asistieron unas 250 000 personas. El tema de Jaramillo *Guayaquil de mis amores* es un himno a la ciudad que le da nombre y uno de los temas que mayor nostalgia provoca a cualquier emigrante ecuatoriano.

Música afroecuatoriana

El noroeste de Ecuador, y especialmente la provincia de Esmeraldas, es el corazón de la población afroecuatoriana del país. La zona, junto con las comunidades afroecuatorianas de la vecina Colombia, alberga unas tradiciones musicales diferentes a las de otras partes del país.

Las mejores canciones

A mi lindo Ecuador, Pueblo Nuevo

Algo así, Fausto Miño

Andarele, Grupo Bambuco

Ayayay!, Tomback

Caderona, Papá Rincón

Codominio de cartón, Rocola Bacalao

De mis manos, Manolo Criollo

Homenaje a mis viejos, Raíces Negras

El instrumento más característico es la *marimba,* un xilófon de barras de madera. Suele acompañarla un tipo de conga llamada *cunuco;* la *bomba,* un tambor más grande, hecho de piel de cordero; y un instrumento similar a una maraca llamada *guasá.* Los sencillos arreglos corales se acompañan de los ritmos de África occidental y a veces de danzas tradicionales como el estilizado *bambuco.*

Aparte del norte, el valle del Chota también reúne una comunidad afroecuatoriana única en toda la región montañosa. En esta zona la música incorpora más elementos indígenas a los ritmos africanos, como las flautas de Pan, en lo que se viene a llamar *bomba,* por el tambor grande que marca los bajos.

Uno de los grupos de música y danza afroecuatoriana más populares es Azúcar, bautizado en honor de los antepasados de los miembros del grupo que trabajaron en las plantaciones de caña de azúcar. También están Grupo Bambuco, una destacada banda de Esmeraldas que añade una sección de metales a sus temas acelerados y muy bailables.

Otros estilos

En Ecuador, en los últimos 200 años, han surgido varios híbridos musicales que han dado lugar a nuevos géneros de música tradicional española aderezada con influencias indígenas.

El sanjuanito es un estilo musical y una danza muy alegres (aunque también hay algunos temas melancólicos) con ritmos e instrumentación típicamente andinos. Su origen se remonta a las celebraciones religiosas del 24 de junio, fecha relevante tanto para católicos (San Juan) como para indígenas (Inti Raymi).

El pasacalle nació a principios del s. xx y está emparentado con el pasodoble español. La versión ecuatoriana también tiene un ritmo acelerado, con elementos dramáticos y un compás simple de dos por cuatro.

Uno de los géneros ineludibles del país andino es la cumbia, cuyo ritmo se asemeja al trote de un caballo. Aunque es originaria de Colombia, la cumbia ecuatoriana posee un sonido menos refinado y algo más melancólico, casi amateur, con un omnipresente teclado electrónico de cuestionable gusto. Los conductores de autobús son adictos al género, quizá porque les parece ideal para los trayectos por las carreteras secundarias de los Andes (y porque confían que les mantenga despiertos al volante).

Uno de los géneros más populares de los clubes nocturnos es el reguetón, una mezcla de bomba puertorriqueña, música de baile y *hip hop,* con melodías machaconas y letras que rozan lo chabacano, cuando no lo transitan abiertamente. La salsa, el merengue y el *rock* en español también son muy populares en las emisoras de radio y los clubes nocturnos del país.

Una buena introducción a la literatura ecuatoriana es *Diez cuentistas ecuatorianos* (1990), una antología de relatos cortos obra de 10 escritores patrios nacidos en la década de 1940.

Otras canciones a destacar

Inti Raymi, Faccha Huayras

Light It Up, Esto es Eso

Luz de mi vida; Jayac

Ñuca Llacta; Ñanda Mañanchi

Soy el hombre; Azúcar

Super Girla; Sudakaya

Te odio y te quiero; Julio Jaramillo

Ecuador natural

A pesar de su pequeño tamaño, Ecuador es uno de los países más variados del mundo. Con una superficie algo mayor que la mitad de España, depara desde picos andinos y pluvisilva amazónica a frescos bosques nubosos y espectaculares islas de origen volcánico a 1000 km del continente. Asimismo, entre sus variados ecosistemas alberga una extraordinaria variedad de fauna y flora, desde el martín pescador enano al majestuoso jaguar. En Ecuador habita un impresionante muestrario de criaturas de todos los tamaños.

El territorio

Ecuador se extiende a través de la línea ecuatorial en la costa del Pacífico de Sudamérica y limita con Colombia al norte y Perú al sur y al este. El país se divide en tres regiones. Los Andes, su columna vertebral, separan las llanuras costeras del oeste de las selvas de la cuenca alta del Amazonas, al este, conocidas como el Oriente.

En apenas 200 km, la costa da paso a picos nevados, antes de descender sobre la jungla del Oriente. Las islas Galápagos, una de las 21 provincias que conforman el país, se encuentran en la línea del ecuador, 1000 km al oeste desde el litoral.

Los Andes (conocidos en Ecuador sencillamente como la sierra) se elevan sobre el resto del país, con el volcán Chimborazo, la cumbre más alta de Ecuador, a 6310 m de altitud.

La sierra central está formada por dos cordilleras volcánicas paralelas, cada una de ellas de unos 400 km de longitud, y separadas por un valle que el científico alemán Alexander von Humboldt bautizó con el apropiado nombre de Avenida de los Volcanes. Las principales ciudades serranas están en ese valle, incluido Quito, que con sus 2850 m de altitud es la segunda capital más alta del mundo. En la sierra central hay también innumerables pueblos y aldeas, muy conocidos por sus mercados y fiestas populares. Esta región tiene la mayor densidad de población del país.

En otro tiempo las llanuras costeras del oeste estaban cubiertas de bosques, pero la agricultura intensiva ha extendido en su lugar los campos frutales, así como sustituido progresivamente las extensiones de manglar por piscifactorías de camarones (gambas). Las playas gozan de agua caliente todo el año y son bastante buenas para practicar surf.

Las tierras bajas del Oriente aún conservan gran parte de su pluvisilva virgen, pero la colonización y las explotaciones petrolíferas han dañado este delicado hábitat. La población del Oriente se ha triplicado desde finales de la década de 1970.

La franja sin viento que se extiende por el ecuador es conocida como "zona de calmas ecuatoriales". Se debe al intenso calentamiento, que provoca que el aire ascienda en vez de desplazarse, algo temible para los barcos de vela. Este término ha pasado a ser de uso común y se emplea para describir periodos de aburrimiento, inactividad o desánimo.

Fauna y flora

Los ecologistas han clasificado Ecuador como uno de los lugares de mayor diversidad del mundo. La pequeña nación es uno de los países más ricos en especies del planeta. La impresionante biodiversidad ecuatoriana se debe a su gran número de hábitats, con una fauna muy diferente en los Andes, en las pluviselvas tropicales, en las regiones costeras y en las numerosas zonas de transición. El resultado es una gran variedad.

Aves

Los amantes de las aves de todo el mundo acuden a Ecuador porque alberga unas 1600 especies, el doble que en toda Europa y América del Norte juntas. Es imposible dar un número preciso porque a menudo se informa de la aparición de especies de las que no se tenían datos, y muy ocasionalmente se descubre alguna nueva, algo increíblemente raro en el mundo de la ornitología. La observación de pájaros es una actividad importante durante todo el año.

Para muchos visitantes, los minúsculos colibríes que se encuentran por todo Ecuador son las aves más hermosas para observar. Hay unas 120 especies y su exquisita belleza va acompañada de nombres extravagantes, como colibrí de Teresa, coqueta coronada, brillante pechigamuza y colibrí gorgiamatista.

Publicada en dos excelentes (aunque voluminosos) tomos, *Aves del Ecuador*, de Robert Ridgely y Paul Greenfield, es la obra más acreditada sobre la materia. Mucho más práctica resulta la guía *Fieldbook of the Birds of Ecuador* (en inglés), de Miles McMullan y Lelis Navarrete.

Mamíferos

Se sabe de unas 300 especies de mamíferos en Ecuador. Hay desde monos en las tierras amazónicas hasta los raros osos andinos de anteojos en la sierra.

Para muchos, los mamíferos más agradables de avistar son los monos. En Ecuador destacan el mono aullador, el araña, el lanudo, el sahuí, el capuchino, el saimirí común, el tamarino y el tití. Los mejores lugares para verlos en su hábitat natural son la Reserva de Producción Faunística Cuyabeno y el Parque Nacional Yasuní, en las tierras bajas amazónicas, así como la Reserva Ecológica Cotacachi-Cayapas, cerca de la costa. Un grupo de pícaros monos capuchinos ha ocupado la plaza central de la ciudad de Misahualli, en el Oriente. También en esa región se pueden oír monos aulladores mucho antes de verlos; los estremecedores bramidos de los machos se oyen a gran distancia y pueden parecer el llanto de un bebé.

Entre las especies tropicales de la zona hay dos de perezosos: el tridáctilo, diurno, y el didáctilo, nocturno. Es muy posible ver uno de estos últimos en el Amazonas. Suelen encontrarse colgando de tres de sus extremidades o avanzando con una lentitud exasperante por una rama hacia algún suculento manojo de hojas.

LOS MEJORES PLUMAJES DE ECUADOR

La diversidad única de hábitats de Ecuador supone una asombrosa variedad de especies de aves grandes y pequeñas. Entre los clásicos favoritos están los siguientes:

➡ **Cóndor andino** El ave más emblemática de Ecuador, con su envergadura de hasta 3 m, es uno de los mayores animales voladores del mundo. En 1880, el montañero británico Edward Whymper anotó que era usual ver decenas de cóndores volando. En la actualidad, solo quedan un par de centenares en la sierra, por lo que avistar uno es sumamente improbable.

➡ **Guacamaya roja** Son una de las más de 40 especies de loros que hay en Ecuador, aves de colores vivos, con plumajes azules, rojos y amarillos. Avistarlas es una maravilla, suelen viajar en parejas y llegan a vivir más de 40 años.

➡ **Águila arpía** Es una de las aves de rapiña más grandes del mundo, con una envergadura de hasta 2 m y hasta 10 kg de peso. Este predador alfa posee unas fuertes garras capaces de transportar animales lanudos, perezosos, monos o cualquier otro mamífero que habite entre los árboles.

➡ **Tucán morado de pico pintado** Los tucanes son las aves más conocidas de América Latina, con su pico enorme pero casi siempre hueco, ideal para picotear la fruta madura que cuelga de las ramas. El de esta especie en particular es negro y marfil. Se puede encontrar en las laderas andinas occidentales y arma tanto jaleo con sus graznidos que se puede oír a 1 km de distancia.

➡ **Martín pescador enano** Esta ave diminuta tiene un peso de apenas 18 g y una altura máxima de 12 cm y parece un martín pescador clásico (picó largo y cola corta), aunque cuando pasa revoloteando velozmente a menudo se confunde con un colibrí.

Hay muchas menos especies de mamíferos en la sierra que en las llanuras, pero suelen encontrarse ciervos y conejos y, más raramente, ejemplares de zorro andino. Uno de los iconos de los Andes es la llama, que se emplea como animal de carga, aunque su presencia en Ecuador es anecdótica. Su pariente salvaje, la encantadora vicuña, ha sido reintroducida en los últimos años en la zona del Chimborazo; es muy fácil verlas.

También se pueden ver osos hormigueros, armadillos, agutíes (grandes roedores), capibaras (roedores aún mayores, algunos de hasta 65 kg), pecaríes (especie de jabalíes) y nutrias. A veces se ven delfines fluviales en los afluentes del Amazonas. Hay otros mamíferos exóticos, que rara vez se ven, como ocelotes, jaguares, tapires, pumas y el oso andino de anteojos.

Anfibios y reptiles

En Ecuador hay unas 460 especies de anfibios, de las cuales, la mayor parte son ranas. Hay ranas de San Antonio que se pasan toda la vida en los árboles y ponen sus huevos en el agua. La rana dardo, venenosa, se encuentra entre las especies de rana de colores más vivos del mundo: lucen todos los colores del arco iris, desde un intenso naranja rojizo con manchas negro azabache hasta el verde neón con líneas negras onduladas. Algunas tienen glándulas cutáneas que segregan toxinas capaces de provocar la parálisis y la muerte a otros animales y a los humanos.

De los reptiles de Ecuador, cuatro dejan una profunda impresión en los visitantes. Tres de ellos, la tortuga gigante, la iguana de tierra y la marina, viven en las Galápagos y son fácilmente visibles. El cuarto es el caimán, que habita en las lagunas del Oriente. Con un poco de paciencia, una canoa y un buen guía, también podrán avistarse estas temibles criaturas.

Las serpientes, de las que se habla mucho pero que raramente se ven, componen una gran porción de los reptiles ecuatorianos. Suelen ocultarse bajo el sotobosque al sentir acercarse a los humanos. Quizá la serpiente más temida de Ecuador sea la punta de lanza, que es extremadamente venenosa. Es difícil que un turista sufra una mordedura, pero no está de más tomar precauciones. Si se ve una serpiente, hay que mantenerse a una distancia de seguridad y evitar provocarla.

Hábitats

En los diversos hábitats de Ecuador hay unas 25 000 especies de plantas vasculares (en toda Norteamérica, sin embargo, solo se encuentran 17 000) y todos los años se descubren otras nuevas. Los bosques nubosos y las selvas lluviosas, el páramo (altiplano andino) y los pantanos de manglares son escenarios ideales para descubrir las fotogénicas maravillas naturales de Ecuador.

Pluvisilvas

El Oriente es la parte ecuatoriana de la Amazonia, la mayor selva lluviosa del mundo. Alberga una impresionante variedad de plantas y animales, en concentraciones mucho más densas que en los bosques templados.

Las lianas cuelgan desde las altas copas de los árboles y las enormes raíces de las higueras estranguladoras van rodeando a otros árboles, sofocándolos lentamente y robándoles la luz. Por el lecho del bosque se extienden las fuertes raíces de los árboles tropicales de madera noble. Igualmente impresionantes son las hojas gigantes de la selva, gruesas, cerosas y puntiagudas para facilitar la eliminación de agua durante los chaparrones. Gran parte de la fauna y flora selváticas vive en la parte alta y el suelo puede parecer sorprendentemente vacío al visitante. Si se va a pasar la noche en un refugio en la selva, vale la pena comprobar si tiene un mirador y disfrutar de unas vistas espectaculares.

Los colibríes baten sus alas hasta 80 veces por segundo mientras describen un ocho, lo que les permite mantenerse inmóviles en el aire o incluso volar hacia atrás.

Se ignora por qué el perezoso se complica tanto para hacer sus necesidades: una vez por semana baja de su árbol, hace un agujero, defeca en él y lo cubre. Este hábito lo expone totalmente a sus predadores, aunque el árbol seguro que agradece el abono extra.

LA RIQUEZA OCULTA DE LA SELVA LLUVIOSA

De entrada, la selva lluviosa amazónica no parece el hábitat más acogedor del mundo, lleno de serpientes venenosas, plantas tóxicas y peces carnívoros (sin hablar de depredadores como caimanes y jaguares). Con todo, los pueblos indígenas han habitado en este lugar desde siempre y les ofrece todo lo que necesitan; hace las veces de supermercado, farmacia, ferretería y catedral.

Aquellos que no podrían vivir sin la medicina occidental encontraran fascinante leer sobre la vida en el Oriente, donde los chamanes de la aldea actúan como curanderos y extraen poderosos remedios de la selva para todo tipo de males.

Existen remedios para el dolor de cabeza, la fiebre, las picaduras de insectos, las alteraciones nerviosas, la diarrea, el asma, la epilepsia, las úlceras y los parásitos intestinales. Las plantas se usan incluso como contraceptivos. A parte de su uso medicinal, la flora y fauna selvática poseen otras utilidades, como por ejemplo el veneno de una rana diminuta y letal que se emplea para untar las flechas y cazar. Una sola de estas flechas puede matar a una docena de humanos. Por otro lado está la ayahuasca, un potente alucinógeno empleado en ceremonias rituales.

Bosque nuboso tropical

Uno de los hábitats más atractivos de Ecuador es el bosque nuboso tropical. Estos ambientes húmedos se encuentran a considerable altura y han adoptado ese nombre a causa de las nubes que atrapan (y que contribuyen a crear), que sumen el bosque en una fina neblina. Este vapor constante permite la supervivencia de algunas plantas especialmente delicadas. El denso dosel de pequeñas hojas y las ramas cubiertas de musgo crean un ambiente ideal para el crecimiento de orquídeas, helechos y bromelias. La densa vegetación a todos los niveles de este bosque le da un aspecto misterioso y delicado, como de cuento de hadas. Hay quien lo encuentra incluso más bonito que la pluvisilva, ya que muchas de las plantas crecen más próximas al suelo, lo que se traduce en un aspecto mucho más frondoso, ideal para muy diversas especies de animales, que además resultan más visibles.

Páramo

Por encima del monte andino, en altitudes superiores a los 2500-3000 m, se hallan los altiplanos, conocidos en Ecuador como "páramos". Se caracteriza por su clima riguroso, sus altos niveles de luz ultravioleta y sus suelos húmedos de turba. Es un hábitat muy especializado y solo se encuentra en las zonas altas de los Andes.

El páramo está dominado por plantas cojín, egilopes y pequeñas plantas herbáceas que se han adaptado bien al duro entorno circundante. Crecen a muy escasa altura, a excepción de las gigantescas plantas del género *Espeletia,* que son de lo más extraño que puede verse. Estas plantas pueden alcanzar la altura de una persona y se han ganado el nombre de frailejones. Son un elemento inconfundible de los páramos norteños de Ecuador, especialmente en la región de El Ángel. El páramo se caracteriza también por densos matorrales de arbolillos, por lo general, de la especie Polylepis que son los árboles que más alto pueden llegar a crecer del mundo.

Las orugas son maestras del disfraz: algunas imitan ramitas; otras, la cabeza de una víbora o, incluso, un montón de heces de pájaro, todo con el fin de defenderse de agresiones.

Manglares

Los mangles son árboles que, con la evolución, han adquirido la extraordinaria capacidad de crecer en agua salada. El mangle rojo es el más común en Ecuador y, al igual que otros de su especie, posee una red muy extendida de raíces, parecidas a pilones entretejidos, para mantener firme al árbol en los inestables terrenos costeros. Estas raíces atrapan sedimentos y dan lugar a una rica tierra orgánica, que crea un hábitat protegido para muchas plantas y peces, así como moluscos, crustáceos y otros invertebrados. Las ramas proporcionan zonas de anidamiento a aves marinas, como pelícanos y rabihorcados. En amplias zonas del litoral se han eliminado los manglares para establecer piscifactorías de gambas, y ahora la mayoría de ellos se encuentra en los extremos norte y sur de la costa. Los mangles más altos del mundo están en la Reserva Ecológica de Manglares Cayapas Mataje.

Bosques secos tropicales

Este hábitat fascinante está desapareciendo rápidamente y se da principalmente en las cálidas zonas costeras cercanas al Parque Nacional Machalilla y en la provincia suroeste de Loja, a mitad de camino de Macará. Su especie vegetal por excelencia es la majestuosa ceiba, un glorioso árbol con tronco en forma de botella y flores blancas estacionales.

Parques nacionales y reservas

Ecuador posee más de 30 parques y reservas protegidos por el Gobierno (de los cuales, nueve tienen categoría de parque nacional), así como numerosas reservas naturales de administración privada. Un total del 18% del país se considera zona protegida. Sin embargo, a pesar de ello, muchas de estas áreas siguen expuestas a las perforaciones petrolíferas, la tala, la explotación minera, la ganadería y los asentamientos humanos.

Muchos parques están habitados por grupos indígenas cuyo vínculo con la zona se remonta a mucho antes de la declaración del estatus de parque o reserva. En el caso de los parques del Oriente, los indígenas conservan el derecho a la caza, lo que también afecta a la ecología. La cuestión de cómo

La hormiga más grande de la selva lluviosa de América del Sur es la conga, u hormiga bala, apodada así porque su mordedura duele como un disparo. Posee un veneno neurotóxico paralizante que causa un dolor agudo que dura hasta 24 h.

PARQUES NACIONALES

NOMBRE	CARACTERÍSTICAS	ACTIVIDADES	MEJOR ÉPOCA PARA VISITARLO
Cajas (p. 188)	páramo, lagos, pequeñas Polylepis, bosques	senderismo, pesca, observación de aves	todo el año
Cotopaxi (p. 134)	páramo, volcán Cotopaxi; cóndores andinos, ciervos, conejos	senderismo, escalada	todo el año
Galápagos (p. 311)	islas de origen volcánico; aves marinas, iguanas, tortugas, abundante vida submarina	observación de la naturaleza, buceo, submarinismo	nov-jun
Llanganates (p. 151)	páramo, bosque nuboso, bosques costeros; ciervos, tapires, jaguares, osos de anteojos	senderismo	todo el año (difícil acceso)
Machalilla (p. 294)	selva seca costera, playas, islas; ballenas, aves marinas, monos, reptiles	senderismo, observación de la naturaleza	todo el año
Podocarpus (p. 200)	páramo, bosque nuboso, bosque tropical húmedo; osos de anteojos, tapires, ciervos, aves	observación de aves, senderismo	todo el año
Sumaco-Galeras (p. 228)	volcán Sumaco, bosque nuboso y selva subtropical	senderismo campo a través	todo el año (difícil acceso)
Sangay (p. 245)	volcanes, páramo, bosque nuboso, bosque de las llanuras; osos de anteojos, tapires, pumas, ocelotes	senderismo, escalada	todo el año
Yasuní (p. 228)	pluvisilva, ríos, lagunas; monos, aves, perezosos, jaguares, pumas, tapires	senderismo, observación de la naturaleza	todo el año

Independientemente de los conocimientos científicos (o falta de ellos) que se tenga, el entretenido y muy ameno clásico, *Naturaleza tropical*, de Adrian Forsyth y Kenneth Miyata, es una excelente lectura antes o durante cualquier viaje a la selva.

Para profundizar en el conocimiento de las plantas, animales y ecosistemas únicos de América del Sur, puede consultarse *Un compañero neotropical*, de John Kricher, con ilustraciones y fotografías a color que complementan una visión detallada que abarca la ecología, la teoría de la evolución, la ornitología, la farmacología y la conservación.

proteger los parques naturales de los daños provocados por la industria pesada (petrolera, maderera y minera) reconociendo al mismo tiempo los derechos de los pueblos indígenas (y todo ello manteniendo la solvencia económica del país) sigue siendo un tema complejo en Ecuador.

Cuestiones medioambientales

Según las Naciones Unidas, Ecuador cuenta con uno de los mayores índices de deforestación de Sudamérica, además de un pésimo historial en materia medioambiental. En la sierra ha desaparecido casi toda la cubierta de bosque natural y solo quedan algunas zonas, principalmente en reservas naturales privadas. Además, a lo largo de la costa, los manglares, antaño abundantes, prácticamente han desaparecido. En ellos crece una gran diversidad de fauna y flora marina y costera, pero se ha eliminado para hacer estanques artificiales en los que se crían gambas para exportar.

Sobre el 95% de los bosques de las laderas y llanuras occidentales se ha convertido en tierra de cultivo. Estos bosques albergan más especies que casi cualquier otro lugar del planeta, y muchos de ellos son endémicos. Los científicos sospechan que innumerables especies se habrán extinguido antes incluso de haber podido identificarlas, y en los últimos años ha ido arraigando un pequeño movimiento conservacionista.

Aunque gran parte de la pluvisilva de la Amazonia ecuatoriana aún se conserva, está gravemente amenazada. Los principales peligros son la tala de árboles, la cría de ganado y las extracciones petrolíferas. El descubrimiento de petróleo ha traído consigo carreteras y nuevos asentamientos por lo que la eliminación de la selva lluviosa ha aumentado exponencialmente.

Cuando se redactaba esta obra habían comenzado las perforaciones para explotar las enormes reservas petroleras en el subsuelo del Parque Nacional Yasuní, una de las reservas más vírgenes del país y una de las regiones de mayor biodiversidad del planeta. (En una sola hectárea, por ejemplo, hay más especies de hoja caduca que en toda Norteamérica). El proyecto se aprobó en el 2014 y se prevé que la extracción de crudo empiece a partir del 2016. Los ecologistas han mostrado su preocupación por el devastador impacto que podría tener un más que posible derrame de petróleo.

Otra gran amenaza para el medio ambiente es la minería, que puede llegar a causar tanta destrucción en el sur de la Amazonia como el petróleo en el norte. Uno de los mayores motivos de preocupación es la contaminación de las aguas freáticas y de los ríos cercanos con las sustancias químicas usadas para el procesamiento de los minerales.

Evidentemente, estos asuntos están estrechamente vinculados con la economía ecuatoriana. El petróleo, la minería, los plátanos y las gambas se cuentan entre las principales exportaciones del país. Los defensores de la industrialización sostienen que el coste que tendría abandonar estas fuentes de ingresos no es asumible para un país pequeño en vías de desarrollo. Por su parte, los ambientalistas afirman que el Gobierno ha dado carta blanca a la industria pesada. En el 2011, tras 18 años de proceso judicial, se zanjó por fin la demanda colectiva tristemente célebre que obligaba a Chevron (actual propietario de Texaco) a pagar 18 000 millones de dólares en concepto de daños por el vertido de miles de millones de barriles de desechos tóxicos en el Amazonas, así como por el abandono de 900 fosas de desechos. Con todo, Chevron estima que la condena es ilegítima y planea recurrirla, por lo que la resolución del conflicto no parece estar cerca.

Los habitantes originarios de la selva, que dependen de los ríos para conseguir agua potable y alimento, también se han visto afectados de manera espectacular. Los residuos de la industria petrolera, los químicos utilizados en ella, la erosión y los fertilizantes contaminan los ríos, matando así a los peces y haciendo imbebible lo que antes era agua potable. Con todo, encontrar el equilibrio entre el desarrollo y la conservación sigue siendo hoy en día uno de los temas políticos más candentes.

Cocina ecuatoriana

La cocina ecuatoriana sabe sacar partido a la rica variedad del país. Las frutas tropicales, los fresquísimos mariscos y pescados, y las recetas típicas del campo contribuyen a la abundancia de la mesa andina. Muchos platos han evolucionado con el paso del tiempo, mezclando influencias españolas e indígenas. Y pese a ser poco conocida a nivel internacional, la cocina ecuatoriana ofrece multitud de experiencias gastronómicas de primera a través de un variado repertorio y técnicas que difieren de una región a otra.

Cocina serrana

Es imposible concebir la cocina de la sierra sin su ingrediente más venerado, el maíz, alimento básico de la dieta andina desde hace mil años y base de un sinnúmero de especialidades locales. Los granos pueden tostarse y servirse como aperitivo, convertirse en canguil (palomitas), hervirse para hacer *mote* (maíz desgranado) o molerse para producir harina de maíz. Esta última se puede utilizar para preparar una masa aderezada o rellena, envuelta en farfolla o en hojas de achira, y cocida al vapor, que da como resultado algunas de las mayores delicias de la sierra, ya sean los tamales (parecidos a las versiones mexicanas), las humitas (masa de maíz al vapor con un toque dulce) o los quimbolitos (pastel de maíz al vapor; más dulce).

La patata es otro alimento básico en la sierra. Además de un amplio abanico de diminutas y coloridas patatas, pueden verse creaciones como los llapingachos, tortitas fritas de patata y queso, a menudo servidas como guarnición. La quinoa es un grano de altísimo contenido proteico, fundamental en la dieta de los pueblos indígenas de la sierra y muy utilizado en la nueva cocina ecuatoriana.

Uno de los platos más famosos es el cuy (conejillo de Indias), una especialidad indígena de la época de los incas, rica en proteínas y baja en grasas. Normalmente se asa la pieza entera, al espetón, y aunque puede resultar inquietante ver sus patitas y su mandíbula prominente, es un bocado muy recomendable para carnívoros. Cuenca y Loja son buenos lugares para degustarlo.

Otra especialidad muy llamativa es el cerdo asado entero, que se conoce como hornado y es uno de los platos más famosos de la región. Cuando se pide en los mercados, la jugosa carne se extrae directamente de la crujiente y dorada carcasa. El hornado casi rivaliza en popularidad con la fritada, presas de cerdo fritas, invariablemente acompañadas de mote. En Latacunga se prepara una famosa interpretación de este plato conocida como *chugchucara*, ideal para un festín de fin de semana, aunque no muy saludable.

Como en el resto de Ecuador, las sopas son un pilar de la dieta serrana y se sirven de infinidad de maneras distintas. El viajero encontrará locros (sopas algo cremosas y más sustanciosas), sancochos (más consistentes) y secos (estofados normalmente acompañados de arroz). El seco de chivo (estofado de cabrito) se cuenta entre los platos favoritos del país. A quien no le guste el cabrito puede pedir seco de pollo. Para calentar el cuerpo no hay nada como el locro de papa, una cremosa sopa de patatas y queso acompañada de aguacate.

En los días previos al viernes de Cuaresma, los ecuatorianos acostumbran a comer fanesca, un delicioso y reconfortante guiso de bacalao cuya laboriosa preparación incluye varios cereales y legumbres. ¡No hay que dejar de probarla si se tiene oportunidad!

REPÚBLICA BANANERA

La banana desempeña un papel fundamental en Ecuador: mantiene la economía boyante (se exportan 5 millones de toneladas al año, lo que le convierte en el mayor exportador del mundo) y supone la base de un sinfín de recetas. Es incluso parte de la cultura popular. De hecho, la gran fiesta de la localidad costera de Machala es la Feria Mundial del Banano, que culmina con la elección de la Reina del banano.

Cuando se viaje por el país se encontrarán bananas y plátanos macho de muchas formas y tamaños; estos son algunos de los platos más populares en los que aparecen:

Chifles *Chips* de plátano frito con sal; ideales como tentempié o acompañamiento de sopas y ceviches.

Empanadas de verde Masa de plátano macho que puede estar rellena de queso.

Patacones Rodajas gruesas de plátano macho aplastadas y fritas.

Bolones de verde Bolas de plátano macho fritas y, a menudo, rellenas de queso o carne.

Tigrillo Plátano macho machacado y servido con huevo y queso y, en ocasiones, salchicha o carne.

El sabor de la costa

En la costa es donde la cocina ecuatoriana se luce de verdad. Todo el litoral está premiado con exquisiteces, y es fácil dar con comida deliciosa y saludable. La cocina de la provincia de Manabí está considerada una de las mejores del país, y es motivo de añoranza de muchos emigrantes ecuatorianos.

El pescado y el marisco son elementos básicos de la cocina costera y la corvina, la variedad de pescado más habitual, aunque lo cierto es que engloba cualquier clase de pescado blanco del día. Cuando realmente se trate de corvina, sin duda habrá que probarla.

Una de las delicias locales es el ceviche, una combinación fría de pescado crudo marinado con zumo de lima, cebolla y hierbas. El ceviche puede prepararse con pescado, camarones (gambas), calamares, concha (moluscos) o cangrejo, aunque admite diferentes combinaciones (mixto). El único ingrediente que se cocina previamente son los camarones.

En la provincia de Esmeraldas, donde reside una gran población afroecuatoriana, se preparan sabrosas especialidades de influencia africana como el sublime encocado, camarones o pescado cocinados con leche de coco y especias. La provincia de Guayas, y especialmente la localidad de Playas, es conocida por sus cangrejos, que se cocinan enteros y se sirven en generosas raciones; vienen con una maza para abrir el caparazón y resulta una de las experiencias culinarias más memorables del país.

El plátano macho y la banana también son ingredientes clave de la cocina costera. Entre los platos más suculentos y singulares figura la sopa de bolas de verde, una espesa sopa hecha a base de cacahuetes, con bolas de plátano macho machacado y marinado. Además, al recorrer la costa septentrional es habitual que cada tanto suban a los autobuses vendedores ambulantes de corviche (deliciosa masa de plátano macho rellena de marisco o camarones) provistos de grandes cestas.

También se preparan exquisitas sopas de pescado, a destacar el famoso (y baratísimo) encebollado, sopa de pescado, yuca y cebolla, servida con chifles (plátano frito) y palomitas, que suele tomarse a modo de desayuno o almuerzo. No menos sabrosa es la sopa marinera, a base de pescado y marisco.

Para obtener más información sobre recetas y tradiciones culinarias ecuatorianas, se puede visitar www. laylita.com, una vistosa web llena de imágenes diseñada por Layla Pujol, oriunda de Vilcabamba; muy recomendable también su libro de cocina.

"Chocolate sin queso es como amor sin besos" es un viejo dicho que tiene su origen en Ecuador.

Guía
práctica

Datos prácticos A-Z

Acceso a internet

Hay wifi por todas partes. Las pensiones de todo el país ofrecen conexión a internet, por lo general gratis. Las reseñas de esta guía indican dónde hay wifi con el símbolo 🔊.

Los cibercafés están desapareciendo, aunque las grandes ciudades suelen tener algunos; cobran 1,50 US$/h aproximadamente. Algunos hoteles también tienen un ordenador o dos para uso de los huéspedes. Los alojamientos que disponen de ordenador para conectarse a internet están señalados en esta guía con el símbolo @.

Aduanas

Se puede entrar al país con un litro de alcohol y 300 cigarrillos libres de impuestos por viajero. No hay problemas para introducir los objetos personales habituales.

No se permite sacar de Ecuador ni importar en casi cualquier otro país objetos prehispánicos ni productos elaborados con animales en peligro de extinción, lo que incluye mariposas y escarabajos.

Alojamiento

Ecuador cuenta con un amplio registro de alojamientos, desde chozas de madera en los manglares hasta refugios de lujo en la selva amazónica, haciendas andinas llenas de encanto u hostales propicios para los viajeros y agradables casas de huéspedes familiares por todo el país.

Casi todos los pueblos de cierta importancia cuentan con un hotel, pero a menos de limitarse a los destinos más turísticos, habrá que tolerar a veces camas hundidas, duchas no muy limpias o vecindarios ruidosos.

Casi todas las habitaciones de hotel tienen baño privado. El agua caliente es cada vez más habitual, aunque no siempre está presente en los alojamientos más económicos, sobre todo en el Oriente y la costa. En la sierra se da por supuesto que sí la hay si no se indica otra cosa.

Resulta bastante fácil conseguir habitación sin reserva en todo el país, excepto durante las fiestas principales o en vísperas del mercado local.

Al margen de donde cada cual se aloje, pagar con tarjeta de crédito suele traducirse en una comisión de un 5 o 10%.

B&B

Los Bed and Breakfasts son especialmente populares en destinos turísticos como Quito, Baños, Cuenca y Otavalo. En otros lugares hay muy poca diferencia entre los B&B y las hosterías.

'Camping'

Se puede acampar en los terrenos de algunos hoteles rurales, en el campo y en casi todos los parques nacionales. En las ciudades no hay *campings*. Existen refugios para montañeros en algunos de los picos principales de ciertos parques nacionales, pero hay que llevar saco de dormir.

Haciendas y hosterías

En la sierra ecuatoriana hay algunas haciendas fabulosas, históricos ranchos familiares que han sido renovados para acoger turistas. Suelen

---

GAMA DE PRECIOS DE ALOJAMIENTO

Los siguientes precios reflejan el coste de una habitación doble en temporada alta, con baño incluido. Las excepciones se indican en los listados específicos.

$	< 30 US$
$$	30 US$-80 US$
$$$	> 80 US$

entrar en la categoría más alta, pero el precio puede incluir comidas caseras y actividades como equitación o pesca. Las haciendas más conocidas están en la sierra septentrional y central.

Las hosterías son parecidas pero a menudo más pequeñas e íntimas, y suelen incluir pensión completa y/o actividades en el precio.

Casas particulares

A menudo se puede conseguir alojamiento en casas particulares, donde los viajeros pueden dormir, comer y relacionarse con una familia local. Este tipo de alojamiento abunda sobre todo en Quito y Cuenca, pero es más difícil de conseguir en el resto del país.

En algunas comunidades rurales, donde no hay hoteles, se puede a menudo encontrar, preguntando por la calle, alguna familia dispuesta a alojar al viajero. Esto solo ocurre en los lugares menos visitados, y siempre hay que ofrecerse a pagar (aunque quizá no lo acepten)

Albergues

El sistema de albergues no está muy desarrollado en Ecuador, aunque abundan en Quito. Los más baratos cuestan a partir de unos 7 US$ por persona en dormitorios colectivos. Pueden ser descuidados, oscuros y ajados o alegres enclaves de viajeros.

Hoteles

Los hoteles de precio económico cuestan de 10 a 15 US$ por persona y, aunque son muy básicos, con apenas cuatro paredes y una cama, los hay bien cuidados y limpios y con una excelente relación calidad-precio. Los más baratos tienen baños compartidos, pero a menudo se encontrará habitación con baño privado por poco más.

El precio de una habitación doble en hoteles de precio medio oscila entre 30 y 80 US$. Tienen, a menudo, un poco más de encanto y

más prestaciones (televisión por cable, agua caliente sin problemas y mejor situación) que los económicos.

En las grandes ciudades y centros turísticos hay hoteles de categoría. Suelen ser algo más lujosos, es decir, que tienen habitaciones más amplias u ocupan sedes históricas con buenas vistas, servicio de calidad y similares.

En cualquier tipo de alojamiento hay que echar siempre una ojeada a la habitación antes de aceptarla.

Refugios

Los refugios (*lodges*) ecológicos son una forma fantástica de conocer la naturaleza de Ecuador. Son especialmente populares en el Oriente y en los bosques nubosos de la vertiente occidental andina. Los del Oriente suelen estar disponibles solo como parte de un paquete organizado de tres a cinco días, e incluyen todas las comidas y actividades. El alojamiento organiza cualquier transporte fluvial o por la selva, pero uno debe llegar por su cuenta a la ciudad de partida más cercana.

Precios

Las tarifas aumentan en todo Ecuador en las Navidades y Año Nuevo, en Semana Santa y de julio a agosto, así como durante las fiestas locales. Los hoteles de las poblaciones costeras cobran, a veces, precios más altos

(y algunos consiguen mayor ocupación) durante los fines de semana. Los hoteles cobran un 12% de IVA, que suele incluirse en el precio anunciado. Los mejores hoteles suelen añadir un 10% por el servicio, por lo que hay que comprobar si el precio señalado lo lleva ya incluido.

Muchos hoteles anuncian sus precios por persona.

Reservas

Casi todos los hoteles aceptan reservas sin pedir el número de la tarjeta de crédito. Sin embargo, si no se ha pagado antes, siempre hay que confirmar la reserva si se llega a última hora del día para evitar que den la habitación a otro huésped. Los hoteles de precio alto pueden pedir una señal.

Comida

Ecuador tiene una cocina rica y variopinta. Para más información, véase p. 373. Los sitios más caros suelen cobrar un 12% de IVA y el servicio (10%).

Comunidad homosexual

Las parejas del mismo sexo que viajan a Ecuador no deben ser muy explícitas en las muestras públicas de cariño. Las uniones entre personas del mismo sexo

GAMA DE PRECIOS DE COMIDA

En las reseñas de esta guía se emplean los siguientes parámetros orientativos para indicar el precio estándar de un plato principal:

$	< 7 US$
$$	7 US$-14 US$
$$$	> 14 US$

han sido contempladas en la nueva Constitución del 2008, aunque para muchos ecuatorianos los derechos de los gays siguen siendo irrelevantes en un contexto político. La homosexualidad fue técnicamente ilegal hasta 1998 y sigue estando mal vista por muchos.

En varias fiestas de Ecuador hay desfiles en los que los hombres se travisten. Lo hacen por diversión, más que como una aceptación abierta de alternativas sexuales, pero proporciona al público en general (gay y heterosexual) una situación cultural popular para disfrutar en un ambiente más permisivo.

Webs y organizaciones

FEDAEPS (✆02-255-9999; www.fedaeps.org; av. 12 de Octubre N18-24, oficina 203, Quito) Un centro para la comunidad de gays, lesbianas, bisexuales y transexuales, así como una organización de activistas contra el sida.
Gay Guide to Quito (www.quitogay.net)
Zenith Travel (✆02-252-9993; www.galapagosgay.com; Juan León Mera norte 24-264 esq. Luis Cordero, Quito) Especializada en circuitos para gays y lesbianas.

Correos

El servicio postal de Ecuador es de fiar. En las localidades importantes hay servicios de mensajería como FedEx, DHL y UPS, pero sale caro.

Cuestiones legales

En los últimos años se han reducido las penas por posesión de pequeñas cantidades de drogas ilegales. La tenencia por debajo de 10 g de canabis y 2 g de cocaína ya no se castiga con cargos criminales.

Los conductores deben llevar su pasaporte, así como el permiso de conducir. En caso de accidente, a menos que sea muy leve, los vehículos deben quedarse en el lugar hasta que la policía y redacte un informe. Es esencial para cualquier parte al seguro. Si alguien resulta herido pero el viajero está ileso, debe llevar a la víctima a un lugar donde le proporcionen atención médica, en especial si el accidentado es un peatón. El conductor es legalmente responsable de las lesiones que sufra el peatón y será encarcelado a menos que pague las indemnizaciones que correspondan, aunque el accidente no sea culpa suya.

Descuentos

Aparte de precios reducidos en la entrada a museos (por lo que puede compensar), el único descuento considerable es el del 15% en temporada baja en los vuelos a las Galápagos. El **carné internacional de estudiante** (ISIC; www.isic.org) suele aceptarse solo cuando está expedido en el país de origen del viajero y se presenta junto a un carné de estudiante en vigor.

Dinero

La divisa oficial de Ecuador es el dólar estadounidense. Aparte de euros, soles peruanos y pesos colombianos, en Ecuador es muy difícil cambiar moneda extranjera. En casi todas las ciudades grandes hay sucursales de Western Union.

Cajeros automáticos

Los hay hasta en las ciudades más pequeñas, aunque a veces no funcionan. Hay que asegurarse de tener un PIN (número de identificación personal) de cuatro dígitos; muchos cajeros automáticos ecuatorianos no los reconocen si son más largos.

Efectivo

Los billetes de dólares estadounidenses son la moneda oficial. Son idénticos a los emitidos en EE UU. Las monedas (1, 5, 10, 25 y 50 centavos) también son idénticas a sus equivalentes estadounidenses, pero muestran imágenes de ecuatorianos famosos. Las monedas estadounidenses y ecuatorianas son intercambiables. La moneda de 1 US$ se usa mucho.

Tarjetas de crédito

Visa, MasterCard y Diners Club son las más aceptadas. Los restaurantes de primera clase, hoteles, tiendas de recuerdos y agencias de viajes suelen aceptar MasterCard o Visa. Los hoteles, tiendas y restaurantes pequeños, no. Aunque un establecimiento tenga la pegatina de las tarjetas de crédito en la puerta, no hay que dar por sentado que la acepte. Los comerciantes que aceptan tarjetas suelen añadir entre un 5 y un 10% a la factura. A menudo sale más a cuenta pagar en efectivo.

Cambio de moneda

Es mejor cambiar dinero en Quito, Guayaquil o Cuenca, donde los tipos son mejores. Como el horario de los bancos es limitado, las casas de cambio son a veces la única opción. Suelen abrir de 9.00 a 18.00 de lunes a viernes y los sábados, por lo menos, hasta las 12.00.

Propinas

Los mejores restaurantes suman a la cuenta un 12% de IVA y un 10% por el servicio. Si ha sido satisfactorio, se puede añadir otro 5% para el camarero. Los locales más baratos no incluyen impuestos ni servicio. Para dar una propina hay que hacerlo directamente, no dejar el dinero en la mesa.

No se suele dar propina a los taxistas, pero se les puede dejar el cambio.

Los guías tienen sueldos bajos y agradecen mucho las propinas. Si se va en grupo, a un guía de primera conviene darle unos 5 US$ por día. Al conductor se le da la mitad. Si se contrata una guía privado, lo normal es una propina de 10 US$ al día.

En los cruceros por las Galápagos (p. 41), las propinas oscilan entre 10 y 20 US$ por cliente y día. En los refugios de la jungla es habitual dejar de 5 a 10 US$ por persona y día.

Electricidad

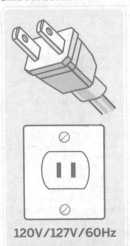

120V/127V/60Hz

120V/127V/60Hz

Embajadas y consulados

Los horarios son cortos y cambian regularmente, por lo que conviene llamar antes.

Embajada colombiana (☑02-333-0268; quito.con sulado.gov.co; Catalina Aldaz N34-131, cerca de Portugal, 2ª planta, Quito)
Consulado colombiano, Guayaquil (☑04-263-0674; guayaquil.consulado.gov. co; Francisco de Orellana 111, World Trade Center, Torre B, 11ª planta)
Consulado colombiano, Lago Agrio (☑06-283-2114; nuevaloja.consulado.gov.co; av. Quito, cerca de Colombia, Edificio Moncada, 4ª planta)
Consulado colombiano, Tulcán (☑06 298-0559; tulcan.consulado.gov.co; Calle Bolívar, entre Junín y Ayacucho; ☺8.00-13.00 y 14.30-15.30 lu-vi)
Embajada francesa (☑02-294-3800; www.ambafrance-ec.org; Leonidas Plaza 127 esq. av. Patria, Quito)
Consulado francés (☑04-232-8442; José Mascote 909 esq. Hurtado, Guayaquil)
Embajada alemana (☑02-297-0820; Naciones Unidas E10-44 con República de El Salvador, Edificio Citiplaza, 12ª planta, Quito)
Consulado alemán (☑04-220-6867/8; www.quito.diplo. de; av. Las Monjas 10 esq. CJ Arosemena, km 2,5, Edificio Berlín, Guayaquil)
Embajada peruana (☑02-225-2582; www.embajadadel peru.org.ec; av. República de El Salvador 495 esq. Irlanda, Quito)
Consulado peruano, Guayaquil (☑04-263-4014; www. consuladoperuguayaquil.com; av. Francisco de Orellana 501, 14ª planta)
Consulado peruano, Loja (☑07-257-9068; av. Zoilo Rodríguez 03-05, Ciudadela Zamora)
Consulado peruano, Machala (☑07-293-7040; Urbanización Unioro Manzana 14, villa 11)
Embajada del Reino Unido (☑02-297-0800; http://uki necuador.fco.gov.uk/en; cnr Naciones Unidas & República de El Salvador, Edificio Citiplaza, 14th fl, Quito)
Consulado del Reino Unido (☑04-256-0400; Córdova 623 esq. Padre Solano, Guayaquil)
Embajada estadouni-dense (☑02-398-5000; http://ecuador.usembassy.gov; av. Avigiras E12-170 esq. Eloy Alfaro, Quito)
Consulado estadouni-dense (☑04-371-7000; http:// guayaquil.usconsulate.gov; Santa Ana, cerca de av. José Rodríguez Bonín, Guayaquil)

Fiestas oficiales

En las fiestas principales, los bancos, oficinas y otros servicios cierran. Los transportes se llenan, por lo que conviene comprar con antelación los billetes de autobús. A veces, las fiestas se celebran durante varios días en torno a la fecha en sí. Si una fiesta pública oficial cae en fin de semana, puede que las oficinas cierren el viernes o lunes más cercano.

Año Nuevo 1 de enero.
Epifanía 6 de enero.
Semana Santa marzo/abril.
Día del Trabajo 1 de mayo.
Batalla de Pichincha 24 de mayo. Conmemora la decisiva batalla de independencia de España en 1822.
Nacimiento de Simón Bolívar 24 de julio.
Independencia de Quito 10 de agosto.
Independencia de Guayaquil 9 de octubre. Se une a la del 12 de octubre y es una importante fiesta en Guayaquil.
Día de la Raza 12 de octubre.
Día de Todos los Santos 1 de noviembre.
Día de los Difuntos 2 de noviembre. Se conmemora llevando flores a los cementerios.
Independencia de Cuenca 3 de noviembre. Se une a las fiestas nacionales del 1 y 2 de noviembre para dar a Cuenca su fiesta más importante del año.
Nochebuena 24 de diciembre.
Navidad 25 de diciembre.

Hora local

El Ecuador continental va 5 h por detrás del meridiano de Greenwich; 6 h en las Galápagos. Cuando es mediodía en Quito, son las 18.00 en España. Debido a la situación del país en el ecuador, los días y las noches duran lo mismo todo el año, y no se cambia la hora para aprovechar la luz diurna.

Horarios

Se ofrecen cuando difieren de los siguientes horarios habituales:

NEGOCIOS	HORARIOS
Restaurantes	10.30-23.00 lu-sa
Bares	18.00-24.00 lu-ju, hasta 2.00 vi y sa, cerrado do

NEGOCIOS	HORARIOS
Tiendas	9.00-19.00 lu-vi, 9.00-12.00 sa
Bancos	8.00-14.00 u 8.00-16.00 lu-vi
Oficinas de correos	8.00-18.00 lu-vi, 8.00-13.00 sa
Locutorios	8.00-22.00 diario

Información turística

El sistema ecuatoriano de oficinas de turismo gestionadas por el Gobierno está mejorando. En Quito y Cuenca es excelente.

El **Ministerio de Turismo** (http://ecuador.travel) es la entidad responsable de la información turística de ámbito nacional. Muchas ciudades tienen algún tipo de agencia de turismo municipal o provincial. La calidad de la información depende por completo del entusiasmo de la persona que haya detrás del mostrador. En general, es aceptable.

Una buena fuente de información, sobre todo una vez en Ecuador, es **South American Explorers** (SAE; plano p. 66; ☎02-222-7235; www.saexplorers.org; Mariana de Jesús Oe3-32 esq. Ulloa, Mariana de Jesús; 🖥), una organización sin ánimo de lucro financiada por sus socios con sedes en Quito; Lima y Cuzco en Perú; Buenos Aires, y una sede central en Ithaca, Nueva York. Las sedes funcionan como centros de información para viajeros, aventureros, investigadores, etc., y ofrecen buenos consejos sobre cómo viajar por Latinoamérica. Hay que hacerse socio para usar sus instalaciones.

Lavabos públicos

Al igual que en toda Sudamérica, las tuberías ecuatorianas tienen muy baja presión y no se puede echar el papel higiénico en el inodoro, salvo en los hoteles más elegantes. El papel higiénico usado se tira a una papelera. Un hotel barato y bien gestionado garantiza que todos los días se vacíe el recipiente y se limpie el servicio.

Los lavabos públicos se limitan principalmente a los de terminales de autobuses, aeropuertos y restaurantes. Se llaman "servicios higiénicos" y suelen estar señalizados como SS. HH. En un restaurante se puede preguntar simplemente por el baño. Rara vez hay papel higiénico por lo que conviene llevar.

Mujeres viajeras

En general, las mujeres encontrarán Ecuador seguro y agradable, a pesar de que el machismo está a la orden del día. Los hombres ecuatorianos suelen hacer comentarios insinuantes y silbar a las mujeres que van solas por la calle, ya sean ecuatorianas o extranjeras. Lo mejor es ignorarlos.

En la costa las insinuaciones son más agresivas. Se aconseja ser cautas y mantenerse lejos de bares y discotecas donde puedan ser abordadas, y optar por ir en taxi en vez de a pie, etc. No hay que aceptar jamás bebidas de extraños, ni dejar las copas desatendidas, pues en ocasiones se aderezan con drogas.

Lonely Planet ha recibido advertencias en el pasado de mujeres que se han visto molestadas durante circuitos organizados. De viajar en solitario, es esencial investigar un poco antes de contratar el circuito: averiguar quién lo dirige, qué otros turistas formarán parte del grupo, etc. En algunos casos hay circuitos y guías solo para mujeres.

Salud

Normalmente, en las ciudades grandes es fácil encontrar asistencia sanitaria, pero en las zonas rurales puede resultar muy difícil. Tanto en los hospitales como en las consultas privadas hay que pagar en efectivo, aunque se disponga de seguro médico. Dar con medicamentos de importación es difícil. Se recomienda viajar con las medicinas y productos de higiene esenciales, pues en Ecuador suelen ser más caros.

Peligros medioambientales

MAL DE ALTURA

Esta dolencia puede aparecer cuando el viajero asciende rápidamente a altitudes superiores a los 2500 m. Los síntomas son dolor de cabeza, náuseas, vómitos, mareos, malestar, insomnio y pérdida de apetito. Algunos casos pueden complicarse debido a la entrada de líquido en los pulmones (edema pulmonar de altura) o a la hinchazón del cerebro (edema cerebral de altura). El edema pulmonar es la causante de la mayor parte de las muertes.

Para reducir los riesgos, se recomienda ascender gradualmente, evitar el alcohol y tomar comidas ligeras.

Enfermedades infecciosas

CÓLERA

Es el peor tipo de diarrea, por lo que precisa de asistencia médica inmediata. Las zonas de riesgo están claramente delimitadas. Lo primero que hay que hacer es reponer líquidos, pues el riesgo de deshidratación es muy elevado (se pueden perder hasta 20 l de líquido al día). Si no se puede ir a un hospital inmediatamente, se recomienda tomar tetraciclina. La dosis para un adulto es de 250 mg cuatro veces al día.

SALUD

Antes de partir, es buena idea consultar la web sobre salud que los gobiernos de los países de origen ponen al servicio del viajero (si las hay):

➡ **Ecuador** (www.msp.gov.ec/)

➡ **España** (www.msc.es)

➡ **México** (http://portal.salud.gob.mx/)

➡ **EE UU** (wwwnc.cdc.gov/Travel)

DENGUE

El mosquito *Aedes aegypti* es más activo durante el día y se encuentra principalmente en las ciudades.

Los síntomas son fiebre alta, fuerte dolor de cabeza, muscular y de las articulaciones (de ahí su antiguo nombre, "fiebre rompe huesos"), náuseas y vómitos. Hay que encontrar atención médica lo antes posible.

MALARIA

Se transmite a través de la picadura de un mosquito, muy activo entre la puesta del sol y el amanecer. El principal síntoma es la fiebre, acompañada a menudo de escalofríos, sudores, dolor de cabeza, debilidad, vómitos o diarrea. Puede afectar al sistema nervioso central y provoca convulsiones, confusión, coma y finalmente la muerte.

Se recomienda tomar la profilaxis contra la malaria en las zonas rurales situadas a menos de 1500 m de altitud. En Ecuador el riesgo más elevado se localiza en la costa del extremo septentrional y al norte del Oriente. En la sierra no hay riesgo de malaria.

FIEBRE TIFOIDEA

Esta grave infección intestinal se contagia a través del agua y la comida contaminada. Requiere asistencia médica inmediata.

En un primer momento, el viajero puede pensar que tiene un resfriado o la gripe, pues los síntomas iniciales son dolor de cabeza, dolores corporales y fiebre, que cada día aumenta unas décimas hasta llegar a los 40°C o más. El pulso del paciente suele ser muy lento si se compara con la gravedad de la fiebre. También puede provocar vómitos, dolores abdominales, diarrea o estreñimiento.

FIEBRE AMARILLA

Esta enfermedad vírica, trasmitida por mosquitos, es endémica en Sudamérica. Los primeros síntomas son fiebre, dolor de cabeza, dolores abdominales y vómitos. Hay que dirigirse inmediatamente a un hospital y beber mucho líquido. Si se viaja al Amazonas, es imprescindible vacunarse antes de salir. La vacuna es muy efectiva y dura diez años.

Seguridad en el viaje

Que no cunda el pánico; casi todos los incidentes desagradables pueden evitarse usando el sentido común. Se vaya donde se vaya, es aconsejable contratar un seguro de viaje.

Drogas

Hay que ser cauto ante los ofrecimientos de bebida o comida por parte de extraños, pues puede que lleven alguna sustancia y uno acabe drogado y robado.

Secuestros

Los secuestros exprés son improbables, pero en las zonas urbanas se dan algunos. Los llevan a cabo ladrones armados (generalmente con taxis ilegales) que obligan al viajero a sacar dinero de un cajero y luego lo abandonan en las afueras. Para evitarlos, lo mejor es pedir al personal de hoteles o restaurantes que llame a un taxi. También se puede usar la aplicación Easy Taxi para pedir uno.

En teoría los taxis están ya equipados con un botón del pánico conectado a un GPS para emergencias. Está en el brazo del asiento trasero y alerta a la policía de forma automática, al tiempo que pone en marcha una graba-ción de audio y vídeo. Pero en el momento de escribir esta guía solo lo tenía un 30% de los taxis. Se identifican con la etiqueta que reza "transpor-te seguro".

Atracos

Hay que evitar llevar objetos de valor durante las excursio-nes, especialmente en zonas muy frecuentadas por turistas.

Las habitaciones de ho-tel cerca de estaciones de autobuses son más baratas, pero suelen ser peligrosas y a menudo hacen las veces de burdeles.

Si se conduce un automó-vil en Ecuador, nunca hay que dejarlo desatendido ni dejar objetos de valor a la vista en su interior (incluso si se está vigilándolo, algún ladrón puede romper las ventanas, robar y echar a correr).

En el desafortunado caso de sufrir un atraco, hay que denunciarlo a la policía lo antes posible. Es un requisito imprescindible para dar cualquier parte al seguro, aunque no es probable que la policía pueda recuperar lo perdido.

Robos

Los atracos a mano armada son poco frecuentes en Ecuador, aunque hay partes de Quito y algunas zonas costeras peligrosas. En los capítulos regionales de esta

obra se da información es-pecífica.

Es más común el hurto, por lo que siempre hay que vigilar el bolso (y los bolsillos traseros) en las estaciones de autobuses concurridas, en los autobuses urbanos abarrotados y en mercados con mucho movimiento. Los robos en los autobuses son habituales, especialmente en recorridos nocturnos entre Quito, Latacunga, Baños y Riobamba, en la sierra cen-tral. En todos estos lugares hay carteristas, pero se pue-de evitar cualquier problema con un poco de sentido común.

Es mejor llevar en el bolsi-llo delantero una cartera con una pequeña cantidad de dinero para utilizar y guardar el resto en un cinto bajo la ropa.

Normalmente, uno puede fiarse de dejar el dinero en la caja fuerte del hotel, pero hay que guardarlo en un sobre cerrado y precintado. Algu-nos lectores han denunciado la desaparición de su dinero en hoteles baratos.

Sitios peligrosos

Debido al conflicto armado ocasional en la vecina Co-lombia, las zonas compar-tidas con la frontera colom-biana (en especial el Oriente septentrional) pueden ser peligrosas. Los circuitos por el Oriente suelen ser segu-ros, pero ha habido algún incidente aislado de atracos a mano armada.

Seguro de viaje

Además de seguro de salud y de automóvil, es buena idea contratar una póliza que proteja el equipaje y objetos de valor, como cámaras y videocámaras. Conviene guardar los documentos del seguro separados de las demás pertenencias por si hubiera que reclamar.

Se puede contratar un seguro de viajes internacio-nal en www.lonelyplanet.

com/travel-insurance. Con contratación, ampliación o reclamación disponible por internet en cualquier momento, incluso durante el viaje.

Teléfono

En Ecuador el móvil es om-nipresente, por lo que están desapareciendo locutorios y cabinas. Si no se tiene uno y se necesita llamar, lo mejor es usar Skype donde haya wifi. Si no se tiene ordenador, todavía quedan unos cuantos cibercafés en casi todas las ciudades.

Con respecto a los teléfo-nos públicos, algunos funcio-nan con tarjeta, de venta en los quioscos. Los demás solo aceptan monedas. Todos los hoteles, salvo los más senci-llos, permiten hacer llamadas urbanas.

Los hoteles que proporcio-nan conexiones telefónicas internacionales suelen apli-car un recargo muy alto.

Todos los números de teléfono tienen siete dígitos, salvo los móviles, que tienen 10, incluido el 0 inicial.

Teléfono móvil y redes de telefonía ecuatorianas

Los números de teléfonos móviles siempre van pre-cedidos por el ☑09. Si se viaja con teléfono propio, los móviles con GSM que ope-ren a 850MHz (GSM 850) funcionan con las redes de Claro y Movistar. Alegro usa 1900MHz (GSM 1900). La forma más barata de conec-tarse es comprar una tarjeta SIM, o un chip, de uno de los operadores mencionados, que salen por unos 5-10 US$. Para obtener crédito se com-pra una tarjeta prepago del operador en cuestión, dispo-nibles en colmados, super-mercados y farmacias.

Códigos telefónicos

En todo el país se usan pre-fijos de dos dígitos que em-piezan por "0". Los prefijos regionales no se marcan si se llama desde la misma provincia, a menos que se haga desde un móvil.

El prefijo nacional de Ecuador es el ☎593. Para llamar a un número local desde el extranjero hay que marcar el prefijo internacional, el nacional, el regional sin el 0 y el número local de siete dígitos (o el de nueve del móvil, también sin el 0 inicial).

Trabajo

Ecuador tiene una tasa de desempleo baja, pero la de subempleo es alta (por encima del 50%), por lo que no es fácil encontrar trabajo. Oficialmente, se precisa un permiso y aparte de algún puesto ocasional en un refugio turístico o bar de expatriados, pocos extranjeros encontrarán trabajo remunerado. La única excepción es la enseñanza.

Las escuelas anuncian a veces sus ofertas de trabajo para maestros (de inglés habitualmente) en los tablones de anuncios de hoteles y restaurantes. El salario basta apenas para vivir, a menos que se haya conseguido un trabajo a tiempo completo antes de llegar. Cuanto mejores credenciales docentes, más probable será encontrar algo. Hay que mirar los anuncios en los hoteles y periódicos de la zona.

Viajar con niños

Los extranjeros que viajan con niños siguen provocando curiosidad en Ecuador y los pequeños rompen rápidamente barreras con los lugareños. Es probable que se trate a los padres con mucha más atención y amabilidad. Como suele pasar en el resto del mundo, a los ecuatorianos les encantan los críos. La guía de Lonely Planet *Travel with Children* es una excelente fuente de información.

Lo básico

Los niños pagan la tarifa completa en los autobuses si ocupan un asiento, pero suelen viajar gratis si se sientan en el regazo de los padres. El precio para menores de 12 años se reduce a la mitad en los vuelos nacionales (con asiento), mientras que los bebés de menos de dos años pagan el 10% del precio (pero no tienen asiento). En los hoteles se puede (y suele) regatear.

Aunque normalmente no se ofrecen comidas para niños en los restaurantes, es perfectamente aceptable pedir un plato para compartir entre dos niños o entre un niño y un adulto.

Los cambiadores en los restaurantes son raros, salvo en los mejores. Es aceptable dar el pecho en público. Puede que cueste encontrar preparado para biberón en lugares que no sean los mayores supermercados de las ciudades grandes, pero los pañales desechables se venden en casi todos los mercados del país.

No abundan los asientos de seguridad en los automóviles de alquiler (hay que solicitarlo con tiempo), y en los taxis son impensables. Al fin y al cabo, en este país, una familia de cuatro miembros puede desplazarse por la ciudad en una motocicleta.

Puntos de interés y actividades

En Ecuador no abundan los parques de atracciones ni los espectáculos organizados para niños. Dicho eso, no les faltarán diversiones, como explorar la selva, bajar en canoa por un río o jugar con las olas.

En Puerto López no hay que perderse las ballenas. Probablemente, los niños mayores disfrutarán buceando y contemplando animales en las Galápagos. Quito ofrece una saludable cantidad de actividades de las que disfrutarán los más jóvenes, como

un zoológico de reptiles, un parque temático y museos de calidad.

Viajeros con discapacidades

Lamentablemente, Ecuador carece por completo de infraestructuras para personas con discapacidad. Hay pocas rampas para sillas de ruedas y las aceras están a menudo en muy mal estado y llenas de baches. Los cuartos de baño son con frecuencia demasiado pequeños para las sillas de ruedas, y las señales en Braille o los teléfonos para las personas con problemas de audición son prácticamente desconocidos.

A pesar de todo, los ecuatorianos con discapacidades consiguen desplazarse, sobre todo con la ayuda de otros. No es raro ver algún discapacitado aupado a un autobús, por ejemplo. Legalmente, los autobuses deberían transportar gratuitamente a estos pasajeros. Los autobuses urbanos, siempre atestados, no lo hacen, pero sí a veces los de larga distancia. Las personas con discapacidades también pueden solicitar un descuento del 50% en los viajes nacionales en avión.

En cuanto a los hoteles, las únicas habitaciones realmente accesibles están en los establecimientos de las cadenas internacionales en Quito y Guayaquil.

Visados

Casi todos los viajeros que entran como turistas, incluidos los ciudadanos de la Unión Europea y EE UU, no necesitan visado. Al entrar, se expide una tarjeta de embarque T-3, válida durante 90 días.

Todos los viajeros que entren como diplomáticos, estudiantes, trabajadores, empresarios, voluntarios y visitantes en intercambio cultural necesitan visados de no inmigrante.

Extensión del visado

Las nuevas normativas hacen muy difícil la prolongación del visado. A menos que se provenga de un país afiliado al Pacto Andino, los visados de turista no se pueden prolongar. Si se desea permanecer más de 90 días, hay que solicitar un visado 12-IX. Es posible tramitarlo estando ya en Ecuador, pero se tarda muchísimo más que si se tramita en un consulado ecuatoriano en el país de origen. En el **Ministerio de Relaciones Exteriores** (☑02-299-3200; cancilleria. gob.ec; Carrión E1-76 esq. av. 10 de Agosto, Quito) se puede tramitar todo el papeleo para el visado 12-IX y pagar los 230 US$. Para saber cómo solicitar un visado paso a paso, se aconseja consultar el excelente artículo de este blog de un viajero canadiense: roama holic.com/tourist-visa-ecuador.

Sea como fuere, no hay que esperar a que el visado expire para tramitar el papeleo, ya que la multa por exceso de permanencia puede ser cuantiosa, entre 200 y 2000 US$.

Voluntariado

Numerosas organizaciones buscan voluntarios, aunque la gran mayoría exige un compromiso mínimo de varias semanas o meses, además de tarifas (desde unos 10 US$ al día hasta 700 US$ al mes) para cubrir los costes de alojamiento y manutención. Los voluntarios pueden trabajar en programas de conservación, ayudar a niños de la calle, dar clases, construir carreteras, sitios web, llevar a cabo trabajo médico o agrícola... Las posibilidades son ilimitadas. Muchos refugios de la selva también

aceptan voluntarios de larga estancia. Para disminuir los costes del voluntariado, lo mejor será buscar algo una vez en Ecuador.

South American Explorers (SAE; plano p. 66; ☑02-222-7235; www.saex plorers.org; Mariana de Jesús Oe3-32 esq. Ulloa, Mariana de Jesús; ☎) en Quito tiene un departamento de voluntariado que anuncia ofertas actualizadas. La sección de anuncios por palabras del **Ecuador Explorer** (www.ecuadorexplorer.com) publica una larga lista de organizaciones que buscan voluntarios.

Algunas organizaciones de voluntariado en Ecuador:

AmaZOOnico (www. amazoonicorescuecenter.com) Acepta voluntarios para el sector de rehabilitación animal.

Andean Bear Conservation Project (www. andeanbear.org) Forma a rastreadores de osos. Con ellos se penetrará en remotos bosques nubosos para dar con el esquivo oso andino, cuya predilección por el maíz está modificando su comportamiento salvaje. También se ocupa del mantenimiento de los senderos y de trabajar con agricultores locales para reparar los daños en sus campos y disuadirlos de cazar a los osos. Las estancias pueden ser de solo una semana, pero se recomienda quedarse un mes (700 US$).

Bosque Nuboso Santa Lucía (www.santaluciae cuador.com) Proyecto comunitario de ecoturismo en los bosques nubosos del noroeste de Ecuador. Contrata voluntarios regularmente para trabajar en reforestación, mantenimiento de sendas, construcción y otros proyectos.

FEVI (Fundación para la Educación y Voluntariado Intercultural; www.fevi.org) Trabaja con niños, ancianos, grupos de mujeres y

comunidades indígenas de todo el país.

Fundación Arte del Mundo (Plano p. 154; ☑03-274-2244; www.artedel mundoecuador.com; Oriente y Cañar, Baños; ☻15:30-18.00) Dirige un programa extraescolar de arte y lectura.

Inti Sisa (www.intisisa.org) En Guamote, este hotel ofrece información sobre opciones de voluntariado en educación infantil.

Junto con los Niños (www.juconi.org.ec) Organización que trabaja con niños de la calle en los barrios bajos de Guayaquil. Se prefiere una estancia mínima de un mes.

Merazonia (www.merazonia. org) Es un refugio para animales heridos situado en la sierra central.

Fundación New Era Galápagos (www.neweragala pagos.org) Oferta sin ánimo de lucro de voluntariado centrado en el turismo sostenible en las Galápagos. Los voluntarios viven y trabajan en la isla San Cristóbal.

Progreso Verde (www. progresoverde.org) Acepta voluntarios para ayudar en la reforestación, la agricultura ecológica, la enseñanza y otros asuntos.

Rainforest Concern (www.rainforestconcern.org) Organización británica sin ánimo de lucro que ofrece puestos de voluntariado en entornos forestales de Ecuador.

Reserva Biológica Los Cedros (www.reserva loscedros.org) Esta reserva biológica en los bosques nubosos de la vertiente occidental andina suele necesitar voluntarios.

Río Muchacho Organic Farm (☑05-258-8184; www. riomuchacho.com; vía Canoa Jama km 10) Proyecto de ecoturismo costero que ofrece cursos de aprendizaje de un mes sobre agricultura ecológica.

Siempre Verde (☑ en EE UU 404-262-3032, ext.

1460; www.siempreverde.org) Está a 2 h a pie del desvío antes de Santa Rosa. Es un pequeño centro de investigación dirigido por una pequeña comunidad. Fomenta la educación sobre conservación tropical y ofrece excelente excur-

sioniso y observación de aves. Acoge a estudiantes e investigadores mediante solicitud previa.

Yanapuma Foundation (Plano p. 56; ☎02-228-7084; www.yanapuma.org; Guayaquil E9-59, cerca de Oriente, Quito) Ofrece amplias

posibilidades de voluntariado: enseñanza de inglés, construcción de casas en comunidades remotas, participación en proyectos de reforestación o limpieza de las costas. Más información dirigiéndose en persona a su sede en Quito.

Transporte

CÓMO LLEGAR Y SALIR

Llegada al país

Resulta sencillo entrar en el país, los aduaneros son eficaces y rápidos, sobre todo en los aeropuertos.

En las fronteras terrestres es posible que dediquen algo más de tiempo a examinar el pasaporte. Oficialmente hace falta disponer de un billete de salida y de algún documento que acredite disponer de fondos suficientes para sufragar la totalidad del viaje, aunque casi nunca lo solicitan. Normalmente basta con demostrar que se dispone de 20 US$ diarios o con mostrar una tarjeta de crédito. Sin embargo, es posible que las aerolíneas internacionales que vuelan a Quito exijan al pasajero que disponga de un billete de ida y vuelta o de un visado de residencia en Ecuador antes de permitirle embarcar; el viajero debe estar preparado para esta eventualidad, aunque sea muy poco habitual. Aunque no está obligado por ley, el viajero también debe demostrar que ha sido vacunado contra la fiebre amarilla si entra en Ecuador desde una zona infectada.

En el sitio web www.lonelyplanet.com/bookings se pueden reservar vuelos, circuitos y billetes de tren.

Avión

Aeropuertos y líneas aéreas

Ecuador tiene dos aeropuertos internacionales.

El nuevo **aeropuerto internacional de Quito** (www.aeropuertoquito.aero)

está unos 38 km al este del centro. El **aeropuerto José Joaquín de Olmedo** (GYE; ☑04-216-9000; www.tagsa.aero; av. de las Américas s/n), en Guayaquil, está a unos kilómetros del centro.

TAME (☑en Quito 02-396-6300; www.tame.com.ec) es la principal línea aérea de Ecuador y en los últimos años ha mantenido un buen historial de seguridad con su moderna flota de Boeing, Airbus y Embraer, así como varios ATR con turbohélice. Ofrece vuelos internacionales de Quito y Guayaquil a Nueva York, Fort Lauderdale, Lima, São Paulo, La Habana, Bogotá, Cali y Buenos Aires.

Billetes

La temporada alta, de mediados de junio a principios de septiembre y de diciembre a mediados de enero, es la peor época para encontrar

---

EL CAMBIO CLIMÁTICO Y LOS VIAJES

Todos los viajes con motor generan una cierta cantidad de CO_2, la principal causa del cambio climático provocado por el hombre. En la actualidad, el principal medio de transporte para los viajes son los aviones, que emplean menos cantidad de combustible por kilómetro y persona que la mayoría de los automóviles, pero también recorren distancias mucho mayores. La altura a la que los aviones emiten gases (incluido el CO_2) y partículas también contribuye a su impacto en el cambio climático. Muchas páginas web ofrecen "calculadoras de carbono" que permiten al viajero hacer un cálculo estimado de las emisiones de carbono que genera en su viaje y, si lo desea, compensar el impacto de los gases invernadero emitidos participando en iniciativas de carácter ecológico por todo el mundo. Lonely Planet compensa todos los viajes de su personal y de los autores de sus guías.

buenas tarifas. Una buena opción es acudir a una agencia de viajes especializada en destinos latinoamericanos.

Los impuestos de salida se incluyen en el billete; ya no se pagan en el aeropuerto.

Por tierra

Pasos fronterizos

Los dos únicos países que comparten fronteras con Ecuador son Perú y Colombia. Los trámites para entrar y salir del país suelen ser muy rápidos si la documentación está en orden. Los turistas no deben pagar ninguna tasa para entrar o salir del país por tierra.

Si el viajero abandona el país y ha perdido la tarjeta de embarque, puede solicitar que le entreguen otra sin ningún coste adicional en la frontera, siempre que el sello del pasaporte no haya expirado. Si el viajero ha pasado más días de los permitidos en el país, tendrá que abonar una cuantiosa multa o será enviado de vuelta a Quito. Si no dispone de un sello de entrada en Ecuador, también será enviado a Quito.

COLOMBIA

El único paso fronterizo seguro que hay en la actualidad es el de Tulcán, en la sierra norte. El paso situado al norte de Lago Agrio, en el Oriente, no es seguro debido al contrabando y a la inestable situación del país.

PERÚ

Hay tres pasos fronterizos que conectan Ecuador y Perú.

Huaquillas Este paso, situado al sur de Machala, recibe la mayor parte del tráfico internacional de viajeros entre los dos países. Consiste en puestos fronterizos contiguos situados en la carretera a unos kilómetros al norte de la ciudad Los autobuses a Huaquillas no paran allí, o los internacionales (Ecuador-Perú)

sí, y esperan a que todo el mundo cumpla con las formalidades. También se puede ir y volver en taxi desde Huaquillas.

Macará Cada vez más concurrido, se accede desde Loja a través de la bella sierra meridional. Hay autobuses directos entre Loja y Piura, en Perú (8 h), con parada en Macará; los conductores esperan a que el viajero realice los trámites antes de seguir camino. Es una opción bastante cómoda.

La Balsa, en Zumba Al sur de Vilcabamba se halla este pequeño y remoto paso fronterizo, conveniente y con poco tráfico. Algunos visitantes pasan unos días en Vilcabamba antes de dirigirse a Zumba para entrar en Perú.

Autobús

Viajar a Ecuador en autobús desde Colombia o Perú es fácil. Suele incluir un cruce a pie por una de las fronteras internacionales y el transbordo a otro autobús al llegar al otro lado (en Huaquillas es más complicado). Algunas compañías de autobuses internacionales ofrecen servicios directos desde ciudades importantes como Lima o Bogotá.

Automóvil y motocicleta

Acceder en un vehículo particular puede ser un auténtico quebradero de cabeza, aunque depende en gran medida del humor del funcionario que caiga en suerte. Para entrar un automóvil en Ecuador hay que disponer de un Carnet de Passage en Douane (CPD), un documento aduanero de validez internacional que permite al viajero "importar" temporalmente un vehículo sin tener que pagar impuestos. El documento se puede obtener en un club automovilístico del país donde está registrado el automóvil, y se recomienda encarecida-

mente solicitarlo con mucha antelación. Cruzar la frontera en motocicleta resulta mucho más sencillo.

Por río

No es fácil pero se puede viajar de Ecuador a Perú por el Napo, que se une al Amazonas cerca de Iquitos. Las instalaciones de la frontera son muy austeras y las barcas no pasan con frecuencia. También es posible recorrer el río Putumayo hasta Colombia y Perú, pero es una región peligrosa debido al tráfico de drogas y al terrorismo.

CÓMO DESPLAZARSE

Ecuador cuenta con un eficaz sistema de transportes y su reducido tamaño permite casi siempre llegar a la mayor parte de los lugares fácilmente.

Avión

Líneas aéreas en Ecuador

La única nacional es Tame. Tiene vuelos nacionales de Guayaquil a Quito, Cuenca, Loja, Esmeraldas y Latacunga, así como a Baltra y San Cristóbal, en las Galápagos. Desde Quito, vuela a Guayaquil, Manta, Loja, Lago Agrio, Esmeraldas, Cuenca y Salinas.

Con la excepción de los vuelos a las islas Galápagos, los trayectos internos suelen ser bastante económicos; el precio de un trayecto de ida rara vez supera los 100 US$. Todos los vuelos dentro del territorio continental duran menos de 1 h, y permiten admirar fantásticas vistas de los Andes.

Los vuelos a casi todos los destinos salen de Quito o Guayaquil. Las siguientes son líneas aéreas de Ecuador:

Avianca (en Quito 1-800-003-434; www.avianca.com) Tiene vuelos a Quito, Gua-

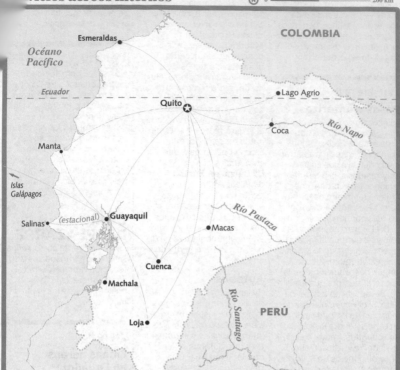

yaquil, Cuenca, isla Baltra (Galápagos), isla San Cristóbal (Galápagos), Manta y Coca, además de a Bogotá (Colombia) y a Lima (Perú).

Emetebe (☏en Guayaquil 04-230-9209; www.emetebe. com.ec) Compañía con sede en las Galápagos que ofrece vuelos entre las islas Baltra, San Cristóbal e Isabela.

LAN (☏en Quito 1-800-842-526; www.lan.com) Vuela de Quito a Cuenca, Guayaquil y las Galápagos (San Cristóbal e isla Baltra, ambas por Guayaquil), y también a Miami (EE UU) y otros destinos internacionales.

Tame (☏en Quito 02-396-6300; www.tame.com.ec) Lleva a Coca, Cuenca, Esmeraldas, isla Baltra (Galápagos), isla San Cristóbal (Galápagos),

Guayaquil, Lago Agrio, Loja, Macas, Manta, Quito, Lima (Perú), São Paulo (Brasil), Nueva York y Fort Lauderdale (EE UU).

Bicicleta

Recorrer los Andes en bicicleta es extenuante, no solo debido al terreno montañoso sino también a la altitud. Las normas de circulación son escasas y hay pocos carriles-bici. Pero, tras la gran inversión nacional en obras públicas, las carreteras están en buen estado.

Las tiendas de bicicletas escasean fuera de Quito y las que hay suelen tener muy pocos recambios, por lo que se aconseja llevar los más habituales y las herramientas

desde el país de origen. Los mejores operadores de circuitos en bicicleta de montaña están en Quito y Riobamba.

Alquiler

El alquiler de bicicletas solo se utiliza para excursiones cortas, sobre todo desde Quito, Riobamba, Cuenca y Baños.

Barco

El transporte en barco es habitual en ciertas partes del país y puede dividirse en varios tipos.

Canoa

La embarcación más común es la canoa a motor, que se utiliza como taxi o autobús acuático en los principales ríos del Oriente (sobre todo en el Napo) y en partes de la costa septentrional. La mayoría de los viajeros utiliza este medio de transporte al realizar un circuito por el Amazonas, pues es el único modo de acceder a los refugios situados en la selva.

A menudo estas canoas transportan hasta 30 pasajeros. Normalmente son largas y muy incómodas, con bajos bancos de madera con capacidad para dos personas cada uno. El mejor consejo es llevar una almohadilla para sentarse: el viaje será otro.

Otras embarcaciones

En las Galápagos el viajero puede elegir entre todo tipo de embarcaciones, desde un pequeño velero hasta un crucero equipado con camarotes con aire acondicionado y baño privado. Varios ferris de pasajeros de servicio poco frecuente cubren el trayecto entre las islas; es la opción más asequible para desplazarse de una a otra. De todos modos, solo son útiles para los viajeros que visitan las islas de forma independiente.

Además de las canoas utilizadas en el Oriente, también hay un crucero relativamente lujoso, el *Amazon Manatee Explorer*, que recorre el río Napo.

Autobús

El autobús es el principal medio de transporte del país y garantiza servicios a casi todos sus rincones. El trayecto puede ser estimulante, abarrotado, cómodo, maloliente, divertido, espeluznante, social o agotador, dependiendo del estado de ánimo de cada uno, del destino y del conductor.

En los últimos años ha habido varios accidentes trágicos. Casi ningún autobús tiene cinturones de seguridad, pero se aconseja abrochárselo donde lo haya.

En casi todas las ciudades principales hay una terminal de autobuses, aunque en algunas hay muchas otras, privadas, con distintos destinos. Casi todas las estaciones están a una distancia que se puede cubrir fácilmente a pie o en una corta carrera de taxi desde el centro. En los pueblos pequeños, los autobuses paran en la carretera y el viajero debe andar hasta su destino final. Normalmente el trayecto es corto, puesto que solo los pueblos más pequeños carecen de terminal de autobuses.

El equipaje más voluminoso se guarda en el compartimento de abajo y suele quedar a buen recaudo. Hay más robos dentro del autobús. Para evitarlos, se aconseja llevar lo que se suba en el regazo, no en el suelo ni en la rejilla sobre el asiento.

Los trayectos en autobús cuestan como media 1 US$ por hora de viaje. Cabe recordar que debe tenerse siempre el pasaporte a mano, pues en las carreteras puede haber controles (sobre todo en el Oriente).

Clases

Normalmente no se puede elegir el asiento, sino que al viajero se le asigna cualquiera disponible. La mayor parte de los vehículos carece de lavabo, excepto en los trayectos de más de 4 h. Algunas rutas de larga distancia entre las grandes ciudades disponen de autobuses con aire acondicionado y lavabo, aunque no son muy numerosos.

Autobuses de larga distancia

Suelen hacer una parada de 20 min para cada comida del día. La comida en los restaurantes de las terminales es bastante sencilla.

Reservas y horarios

Casi todas las empresas de autobuses tienen horarios fijos de salidas, pero pueden cambiar a menudo y no son siempre fiables. Si se llena pronto, el autobús puede salir antes de hora. Al contrario, un autobús casi vacío podrá pasar ½ h dando vueltas con el asistente del conductor gritando asomado a la puerta para atraer a más pasajeros.

Las terminales de mayor tamaño suelen tener quioscos de información donde se puede consultar rutas, horarios y precios.

Excepto los fines de semana y festivos, no suele haber problemas de disponibilidad, pero nunca está de más adquirir los billetes con un día o dos de antelación o llegar a la estación 1 o 2 h antes de la salida.

Automóvil y motocicleta

Desplazarse por Ecuador en automóvil o motocicleta puede ser un desafío, con baches, curvas sin visibilidad y camioneros que conducen a velocidades de vértigo. La buena noticia es que las infraestructuras han mejorado mucho, pues hay nuevos puentes y carreteras, y mejores señales de tráfico, lo cual hace más seguro el viaje sobre ruedas.

Asociaciones automovilísticas

La asociación automovilística de Ecuador se llama **Aneta** (☎1-800-556-677; www.aneta. org.ec) y ofrece algunos servicios a los miembros de clubes automovilísticos extranjeros. También ofrece asistencia en carretera las 24 h a sus socios.

Permiso de conducir

El viajero está obligado a llevar el permiso de conducir y el pasaporte siempre que se desplace en automóvil. El permiso internacional también puede ser útil al alquilar un automóvil, aunque oficialmente no es imprescindible.

...olina

...Ecuador hay dos tipos ...gasolina con distintos ...veles de octanaje: la extra ...82 octanos) y la súper (92 ...octanos). La gasolina se vende por galones (3,7 l); el galón de Extra cuesta unos 1,50 US$, y el de súper unos 2 US$; esta no siempre se encuentra en las zonas rurales.

Alquiler

Debido a la eficacia del transporte público, son pocos los viajeros que optan por alquilar un automóvil. Casi todas las compañías de alquiler internacionales, como **Avis** (www.avis.com), **Budget** (www.budget.com), **Hertz** (www.hertz.com) y **Localiza** (www.localiza.com) tienen oficinas en Ecuador, pero es difícil encontrar una fuera de Quito, Guayaquil o Cuenca.

Para alquilar un automóvil hay que tener al menos 25 años y disponer de tarjeta de crédito, permiso de conducir válido y pasaporte. Algunas compañías alquilan automóviles a clientes de entre 21 y 25 años, pero el depósito suele ser mayor. El alquiler oscila entre los 40 US$ diarios de un pequeño turismo y los 100 US$ o más por un todoterreno (que suelen ser muy útiles para adentrarse en pistas sin asfaltar). Es importante preguntar si la tarifa incluye seguro, kilometraje ilimitado y el IVA (normalmente no lo están).

El mejor lugar para alquilar una motocicleta es Quito. En el Mariscal, **Freedom** (☑02-250-4339; www.freedombike rental.com; Mera N22-37, Quito; motocicletas por día desde 39 US$) alquila motos de ciudad o para explorar el campo con equipo, así como bicis y ciclomotores.

También se pueden alquilar motos en Baños, donde hay Enduros de 250 cc desde 10 US$/h o 40 US$/día. Los conductores con vehículo propio hallarán información práctica en **Horizons Unlimited** (www.horizonsunlimited.com).

Seguro

Las agencias de alquiler ofrecen pólizas de seguro en sus vehículos, pero en ocasiones incluyen una elevada penalización en caso de accidente (entre 1000 y 3500 US$, en función de la agencia), por lo que conviene leer la letra pequeña del contrato. Incluso si el accidente no es culpa del viajero, es muy probable que tenga que abonar la penalización.

Peligros en la carretera

Los riesgos más habituales son los baches, las curvas sin visibilidad y, sobre todo, los conductores de autobús y los camioneros que adelantan a otros vehículos de gran tonelaje sin tomar la más mínima precaución. Hay que tener cuidado con los vehículos estacionados en la carretera, los cortes repentinos de las mismas y el ganado que a veces se cruza. La señalización de las carreteras brilla por su ausencia.

Autostop

No se recomienda practicarlo en ningún país. Los viajeros que decidan hacerlo deben tener claro que asumen un riesgo considerable. Siempre es aconsejable viajar en parejas e informar a alguien del destino al que uno se dirige.

Hacer autostop en Ecuador no merece la pena por tres razones: poca gente tiene automóvil privado, el transporte público es relativamente asequible y los camiones suelen utilizarse como transporte público en las zonas remotas, por lo que intentar que a uno le recoja un camionero es como intentar viajar gratis en un autobús. Muchos conductores se ofrecen a llevar al viajero a cambio de una pequeña cantidad de dinero.

Transporte local

Autobús

Los autobuses locales suelen ser lentos y van muy llenos, pero también son muy baratos. En casi todas las poblaciones el viajero puede desplazarse por 0,25 US$. A menudo los servicios locales se desplazan a pueblos cercanos, una opción asequible para explorar los alrededores de una ciudad.

Fuera de Quito, el concepto de parada de autobús fija es prácticamente inexistente. Los conductores de autobús paran cada vez que alguien les hace señas desde la calle. Para apearse de un autobús local, hay que gritar: "¡Baja!'". Para conseguir que el autobús pare, también es una buena opción gritar: "¡Gracias!".

Taxi

En Ecuador hay taxis de distintas formas y tamaños, pero todos son amarillos. En general muestran un letrero iluminado con la palabra "Taxi" en la parte superior, o una pegatina con la misma en el parabrisas.

Siempre debe negociarse el precio antes de subir, pues muchos cobran de más a los turistas. Rara vez se ven taxímetros fuera de Quito y Guayaquil. Un trayecto largo en cualquiera de ambas ciudades no debería sobrepasar los 5 US$ (a menos que se viaje a las estaciones de autobuses de la capital, que están muy lejos del centro). La bajada de bandera es de 1 US$, y en Quito siempre hay que pagar este importe aunque el taxímetro solo indique 0,80 US$. Los fines de semana y por la noche, el precio de las carreras aumenta entre un 25 y 50%.

El viajero puede alquilar un taxi para todo un día por entre 40 y 60 US$. Alquilar un taxi para varios días es como alquilar un automóvil, pero con la diferencia de que el viajero no debe conducir. Eso sí, hay que pagar el alojamiento y la manutención del taxista. Algunas agencias de viajes de Quito alquilan vehículos todo terreno con conductores experimentados.

Camioneta

En algunas localidades, sobre todo en las zonas rurales donde las carreteras no están asfaltadas, las camionetas se utilizan como taxis. Si el viajero necesita desplazarse a un parque nacional, un refugio de escalada o una ruta de senderismo, la mejor opción es informarse entre los lugareños y alquilar una camioneta.

Circuitos

Si no se dispone de mucho tiempo, lo mejor es organizar un circuito desde Quito, donde hay cantidad de agencias para todos los presupuestos y todos los destinos, incluidos los cruceros por las Galápagos, las salidas de excursionismo, equitación o ciclismo de montaña, circuitos por la selva o visitas a alguna hacienda.

El precio de los circuitos varía enormemente en función de los requisitos del viajero. La tarifa mínima de un circuito de acampada por la selva es de 40 US$ por persona y día, mientras que los alojamientos más caros pueden alcanzar los 200 US$ por persona y noche, incluidas todas las comidas y las excursiones. La ascensión a un volcán cuesta una media de 160 US$ por persona en una expedición de dos días. Los cruceros por las Galápagos cuestan entre 800 y más de 3000 US$ por semana, sin contar el vuelo, los impuestos y la entrada al parque nacional. Un circuito de un día por los alrededores de Quito cuesta entre 30 y 80 US$.

Tren

Para deleite de los amantes de los trenes, el sistema ferroviario de Ecuador ya se ha restablecido. Por desgracia, ya no sirve para viajar, pues las rutas ofrecen excursiones de un día pensadas para turistas. Las rutas son breves, suelen limitarse a los fines de semana y a veces la vuelta es en autobús. La línea más famosa cubre el impresionante descenso desde Alausí por La Nariz del Diablo, un espectacular tramo que en su día representó uno de los mayores logros de ingeniería ferroviaria del mundo. La segunda es el tren que cada fin de semana cubre el trayecto entre Quito y el Área de Recreación Nacional El Boliche, cerca de Cotopaxi.

Otras rutas salen desde Durán (cerca de Guayaquil), Ibarra, Ambato, Riobamba y El Tambo (cerca de Ingapirca).

Para consultar los horarios, precios de los billetes e itinerarios hay que visitar **Tren Ecuador** (www.trenecuador.com).

Camioneta (ranchera y chiva)

En las zonas remotas, los camiones suelen hacer las veces de autobuses de pasajeros. En ocasiones son grandes camiones con plataforma con el techo de hojalata, laterales de madera abiertos e incómodos asientos de madera. Estos curiosos autobuses reciben el nombre de rancheras o chivas, y se utilizan en la costa y en el Oriente.

En las regiones rurales de la sierra, también se utilizan camionetas abiertas (las clásicas *pickups* estadounidenses) para el transporte de pasajeros; lo único que hay que hacer es subirse a la parte posterior. Si el tiempo acompaña, se pueden admirar fantásticas vistas de los Andes y disfrutar de la suave brisa. Si hace mal tiempo, los pasajeros se refugian bajo una lona impermeable.

En estas camionetas el conductor fija el precio, que suele depender de la distancia recorrida. Se aconseja preguntar a los otros pasajeros el importe que les han cobrado; suelen costar lo mismo que el autobús.

Glosario

AGAR – Asociación de Guías de Aguas Rápidas del Ecuador

aguardiente – aguardiente de caña

arte tigua – vistosas escenas andinas cotidianas que se pintan sobre piel de cordero enmarcada en madera; esta técnica se utilizaba en sus orígenes para decorar la piel de los tambores, sobre todo en la región de Tigua

ASEGUIM – Asociación Ecuatoriana de Guías de Montaña

autoferro – autobús sobre raíles (una especie de tranvía); entre Ibarra y el lugar conocido como Primer Paso se ha desarrollado este sistema de transporte colectivo

avenida de los volcanes – valle enclavado entre dos cadenas montañosas de origen volcánico que ocupa el corazón del altiplano septentrional. La expresión se debe al científico alemán Alexander von Humboldt

bongo – embarcación de fondo plano utilizada para la pesca

buseta – autobús rápido con capacidad para 22 personas que realiza recorridos interurbanos

cabaña – alojamiento rústico en la costa y el oriente

cañari – miembro de la etnia del mismo nombre

casa de cambio – oficina de cambio de moneda

casilla – apartado de correos

chachi – miembro de la etnia del mismo nombre, también denominados cayapas

chagra – vaquero andino que se viste con un grueso poncho de lana, un mono de piel de oveja y un sombrero de fieltro para combatir el frío del altiplano

charango – instrumento musical de 5 cuerdas con la caja formada por el caparazón de un armadillo

chifa – restaurante chino

chiva – autobús abierto, o camioneta a la que se le han añadido incómodos bancos estrechos; también llamada ranchera

Ciudad Blanca – nombre con el que se conoce a Ibarra debido a la abundancia de casas de paredes blancas que hay en esta ciudad de la sierra septentrional

cofán – miembro de la etnia del mismo nombre

colectivo – taxi compartido

coliseo de gallos – recinto en el que se celebran peleas de gallos

comedores – restaurante económico

Conaie – acrónimo de la Confederación de Nacionalidades Indígenas de Ecuador, el poderoso sindicato ecuatoriano que defiende los intereses de las comunidades indígenas

cuencano – gentilicio de Cuenca

ejecutivo – en autobuses, primera clase

El Niño – fenómeno climatológico que ocurre cuando se registran temperaturas oceánicas anormalmente altas durante la estación lluviosa, lo que provoca lluvias torrenciales. Suele producirse cerca de Navidad, época en la que se celebra el nacimiento del Niño Jesús, y de ahí su nombre

el oriente – región amazónica que se extiende en la parte este de Ecuador

Escuela Quiteña – corriente artística de los ss. XVI y XVI que incorporaba conceptos de las bellas artes de la antigua metrópoli e influencias indígenas

flete – embarcación de propiedad privada

flujo piroclástico nube compuesta de ceniza volcánica caliente y roca que se forma tras una erupción

frailejón – nombre utilizado para designar a la *Espeletia,* una planta gigantesca que crece en el páramo ecuatoriano

garúa – llovizna

guadua – especie local de bambú que crece muy rápidamente

guayacos o guayaquileños – ciudadanos de Guayaquil

hostería –hotel pequeño de precio medio que, a menudo, aunque no siempre, se encuentra en zonas rurales

huaorani – miembro de la etnia del mismo nombre

IGM – Instituto Geográfico Militar, el instituto gubernamental ecuatoriano encargado de la creación de mapas topográficos y de otros tipos

otavaleño – gentilicio de Otavalo

paja toquilla – paja de la toquilla (palmera pequeña), usada en artesanía y para fabricar sombreros

Panamericana – Carretera Panamericana. Es la ruta principal que une todos los países de Latinoamérica; en algunos países se la llama Interamericana

panga – barco pequeño utilizado para el transporte de pasajeros, sobre todo en las Galápagos, pero también en ríos y lagos del oriente y de la costa

páramo – praderas de altitud andinas de Ecuador, que continúan hacia el norte, adentrándose en Colombia, con relictos en las zonas más altas de Costa Rica

pasillo – un tipo de música tradicional de Ecuador

peña – bar o club con música folklórica en directo

piladora – máquina para descascarillar y secar el grano

popular – el autobús urbano más barato de Quito, que es de color azul claro.

pucarás – fortalezas preincaicas situadas en colinas

quechua – etnia indígena e idioma propio de esta comunidad

quena – flauta rústica, hecha de caña, hueso, barro cocido, madera o metal, que utilizan los indígenas para acompañar sus cantos y bailes. Su origen es preincaico y los indígenas la denominan pingullo

quinta – villa o casa grande del campo

quinua – en quechua, árbol pequeño que pertenece a la especie Polypelis, que crece en el páramo

quiteño – gentilicio de Quito

ranchera – véase chiva

refugio – sencillos refugios de montaña para pasar la noche

residencial –hotel barato

rondador – instrumento popular ecuatoriano a modo de flauta de bambú formada por una serie de canutos de carrizo de diversa longitud y calibre

salasaca – miembro de la etnia del mismo nombre

salsateca – (también salsoteca) club nocturno donde se baila salsa

selectivo – autobús urbano de Quito de color rojo

serranos – gentes de la sierra

shigra – pequeño bolso de ganchillo

shuar – miembro de la etnia del mismo nombre, más conocidos como jíbaros

siona – miembro de la etnia del mismo nombre, también denominada secoya

sombrero panamá – sombrero de paja de toquilla; lo utilizaban los obreros que trabajaron en la construcción del canal de Panamá y de ahí su nombre

soroche – mal de altura, cuyos síntomas pueden aparecer a partir de los 2500 m de altitud

sucre – unidad monetaria nacional anterior a la dolarización; el nombre procede del mariscal Antonio José de Sucre, héroe de la independencia de Ecuador

tagua – semillas duras de un tipo de palmera que crece en la selva local; se tallan para convertirlas en adornos diversos

tambo – lugar de   época incaica descanso en la

terminal terrestre – terminal central de autobuses usada por diferentes compañías

trole – nombre popular para referirse al trolebús

tsachila – indígenas de la región de Santo Domingo de los Colorados, de ahí que también se conozcan como colorados

tupu – alfiler de plata labrada que usan las mujeres de la etnia saraguro para sujetar el chal; pasa de madres a hijas

tzantza – cabeza reducida

usnu – plataforma elíptica de la época incaica

varzea – ecosistema formado por tierras bajas que se inundan periódicamente.

viejo – muñeco de tamaño real que se confecciona con ropa gastada y que encarna el año que se acaba; se quema en las hogueras en Nochevieja. Esta fiesta alcanza su apogeo en Guayaquil

Entre bastidores

LA OPINIÓN DEL LECTOR

Agradecemos a los lectores cualquier comentario que ayude a que la próxima edición pueda ser más exacta. Toda la correspondencia recibida se envía al equipo editorial para su verificación. Es posible que algún fragmento de esta correspondencia se use en las guías o en la web de Lonely Planet. Aquellos que no quieran ver publicados sus textos ni su nombre, deben hacerlo constar. La correspondencia debe enviarse, indicando en el sobre Lonely Planet/ Actualizaciones, a la dirección de geoPlaneta en España: Av. Diagonal 662-664. 08034 Barcelona. También puede remitirse un correo electrónico a: viajeros@lonelyplanet.es. Para información, sugerencias y actualizaciones, se puede visitar www.lonelyplanet.es.

NUESTROS LECTORES

Gracias a los viajeros que consultaron la última edición y escribieron a Lonely Planet para enviar información, consejos útiles y anécdotas interesantes: Aafke Nijhuis, Aeryca Steinbauer, Agnieszka Szafran, Alex Müller, Alicia McDermott, Andrew S. Pfeiffer, Anna-Maria Fischer, Anne van der Heijden, Arnoud de Vrij, Bruce Cook, Carol Patterson, Charlotte Siemens, David Cupery, David González, Elke Ganter, Emily Workman, Ezequiel Natali, Franziska Breu, Graham Lee, Heike Kumpfmüller, Hilda Gallardo, Howie Peterson, Irene Palma Varo, Jack Curry, Jan Bruggers, Jason White, Jim Habermehl, Johanna Thalhammer, Johannes de Jong, José Spooner, Josefina Uguccioni, Karen Baxter, Leire Orduna, Leticia Feippe, Lin Chen, Lina Silverklippa, Lisette Kobel, Lyndy Palmer, Marc van der Elst, Maria Antonia Bennassar Bota, Miguel Pérez Cerdá, Nadine Dijkshoorn, Nina Ball, Núria y Daniel Rojo Badenas, Oliver Thieser, Padmini Sekar, Paul Jurado Ruiz, Phil Sutcliffe , Philipp Otte, Rachel Oliphant, Rick Romea, Rudolf Hoeberigs, Sam Baléé, Savaş Adsiz, Selva Verde, Sophie Briant, Tjeerd Osinga, Tom Gray, Valeria Rodríguez, Viviana Proano

AGRADECIMIENTOS

Regis St. Louis

Quisiera dar las gracias a los incontables lugareños y expatriados que me han ayudado durante mi viaje, y en especial, a Christopher Jiménez, en Guayaquil; a John y Eva, en Quito; a Claudio Cruz y Aura, por la información sobre la isla Floreana; a Christoph Köhncke, por sus consejos también acerca de Floreana; a Jacqueline Bruns, por compartir sus conocimientos sobre la isla Isabela; y a los Ryan, Sarah, Kara, Owian, Amy, Nat, Havard y Mette, compañeros de viaje a bordo del *Eden*. Gracias también a mis compañeros de autoría por su dedicación y entrega. Y, como siempre, un agradecimiento muy especial a Cassandra y a nuestras hijas, Magdalena y Genevieve, por su amor y apoyo.

Greg Benchwick

Esta guía no habría sido posible sin el encomiable trabajo de mi editora jefe, MaSovaida Morgan, y todo el equipo de editores, coautores y cartógrafos de Lonely Planet. Muchas gracias, en Ambato, a Patricio Asadobay y, en Baños, a Cindy, por indicarme el camino. Y, por supuesto, muchísimas gracias a mi familia; os quiero.

Michael Grosberg

Gracias a John Potts y Eva; Paul Parreno; Rodrigo Ontaneda Hidalgo; Alejandra Teran, Alejandro Bonilla y Manuel Hernández; Martín, de Runa Tupari, en Otavalo; Andrea Schnoor; Fernando Arias; Warren y Rocío Flax; Joshua Carter; Ingo, de Mindo. Y un último agradecimiento muy especial a Carly y a nuestro mullido Boonsies, por cuidar del hogar y por su cálido recibimiento.

Luke Waterson

Gracias en especial, en Quito, a Mark Thurber; en Baeza, a Koos; en Tena, a Matt Terry; a Cristina, del Wild Sumaco Lodge; a Lee, de la librería Carolina, en Cuenca; en Loja, a Arno; a los chicos del Jardín Escondido y la Hostería Izhcayluma, en Vilcabamba; al motociclista que me ayudó en Misahuallí; y a tantos y tantos conductores de autobuses, taxistas y guardabosques, por ser tan buena gente y hacer de Ecuador un país maravilloso.

RECONOCIMIENTOS

Fotografía de portada: iguana terrestre, isla Plaza Sur, frente a la isla Santa Cruz, islas Galápagos, Danita Delimont Stock/AWL.

ESTE LIBRO

Esta es la traducción al español de la décima edición de la guía *Ecuador & the Galápagos Islands*, documentada y escrita por Regis St. Louis, Greg Benchwick, Michael Grosberg y Luke Waterson.

VERSIÓN EN ESPAÑOL

GeoPlaneta, que posee los derechos de traducción y distribución de las guías Lonely Planet en los países de habla hispana, ha adaptado para sus lectores los contenidos de este libro.
Lonely Planet y GeoPlaneta quieren ofrecer al viajero independiente una selección de títulos en español; esta colaboración incluye, además, la distribución en España de los libros de Lonely Planet en inglés e italiano, así como un sitio web, www.lonelyplanet.es, donde el lector encontrará amplia información de viajes y las opiniones de los viajeros.

Índice

La **negrita** indica los mapas.
El azul indica las fotografías.

NOTAS